Ernst-Wilhelm Luthe
Bildungsrecht

de Gruyter Handbuch

Ernst-Wilhelm Luthe

Bildungsrecht

Leitfaden für Ausbildung, Administration und Management

De Gruyter Recht · Berlin 2003

Dr. *Ernst-Wilhelm Luthe,* Professor für Öffentliches Recht und Sozialrecht, Direktor des Instituts für angewandte Rechts- und Sozialforschung, lehrt an der Fachhochschule Braunschweig/Wolfenbüttel sowie an der Universität Oldenburg

♾ Gedruckt auf säurefreiem Papier,
das die US-ANSI-Norm über Haltbarkeit erfüllt.

ISBN 3-89949-076-2 (br.)
ISBN 3-89949-116-5 (geb.)

Bibliografische Information Der Deutschen Bibliothek

Die Deutsche Bibliothek verzeichnet diese Publikation in der Deutschen Nationalbibliografie; detaillierte bibliografische Daten sind im Internet über http://dnb.ddb.de abrufbar.

Printed in Germany
Einbandgestaltung: Christopher Schneider, Berlin
Datenkonvertierung/Satz: WERKSATZ Schmidt & Schulz GmbH, Gräfenhainichen
Druck und Bindung: WB-Druck, Rieden am Forggensee

Vorwort

Die Erarbeitung eines „Bildungsrechts" war eine reizvolle Herausforderung. Es handelt sich hierbei um den ersten und bislang einzigen Versuch einer systematischen Gesamterfassung des Bildungsrechts der Bundesrepublik Deutschland. Vorläufer, an denen man sich hätte orientieren können, gab es insofern nicht. Das Buch ist deshalb in besonderem Maße auf Kritik und Anregungen durch den Leser angewiesen. Nicht ohne Reiz war im übrigen die konzeptionelle Ausrichtung auf den vergleichsweise breiten Adressatenkreis. Die Darstellung ist um Verständlichkeit auch für den Nicht-Juristen bemüht. Dies sollte jedoch nicht mit Abstrichen in der Darstellungstiefe erkauft werden. Es bleibt daher zu hoffen, daß die nachfolgenden Ausführungen ihren Zweck einer Studienlektüre ebenso erfüllen wie als Nachschlagewerk der bildungsrechtlichen Praxis. Wie gewohnt danke ich Frau Sabine Meyer (Braunschweig) an dieser Stelle für die umsichtige Anfertigung der maschinenschriftlichen Manuskriptfassung.

Emmerthal, April 2003 Ernst-Wilhelm Luthe

Inhaltsverzeichnis

Abkürzungsverzeichnis

a. F.	alte Fassung
Abl.	Amtsblatt
Abs.	Absatz
AcP	Archiv für die civilistische Praxis
AEVO	Ausbilder-Eignungs-Verordnung
AFG	Arbeitsförderungsgesetz
AG	Aktiengesellschaft
AiB	Arbeitsrecht im Betrieb (Zeitschrift)
ALG	Gesetz über die Alterssicherung der Landwirte
ANBA	Amtliche Nachrichten der Bundesanstalt für Arbeit
Anm.	Anmerkung
AöR	Archiv des öffentlichen Rechts
AP	Arbeitsrechtliche Praxis (Entscheidungssammlung)
APlFG	Arbeitsplatzförderungsgesetz
ArbG	Arbeitsgericht
ArbGG	Arbeitsgerichtsgesetz
AR-Blattei SD	Arbeitsrecht-Blattei Systematische Darstellungen (Loseblatt)
ArbPlSchG	Arbeitsplatzschutzgesetz
ArbZG	Arbeitszeitgesetz
Art.	Artikel
AS	Amtliche Sammlung
ASchO	Allgemeine Schulordnung
ASiG	Arbeitssicherheitsgesetz
AT	Allgemeiner Teil
AuA	Arbeit und Arbeitsrecht (Zeitschrift)
AuB	Arbeit und Beruf
Aufl.	Auflage
AÜG	Arbeitnehmerüberlassungsgesetz
AuR	Arbeit und Recht (Zeitschrift)
AVG	Angestelltenversicherungsgesetz
AVO	Ausführungsverordnung
AZO	Arbeitszeitordnung
BA	Bundesanstalt für Arbeit
BABl.	Bundesarbeitsblatt
BAföG	Bundesausbildungsförderungsgesetz
BAG	Bundesarbeitsgericht
BAnz.	Bundesanzeiger
BArbBl.	Bundesarbeitsblatt (Zeitschrift)
BASS	Bereinigte Amtliche Sammlung der Schulvorschriften (NW)
BAT	Bundesangestelltentarif
BayVBl.	Bayerische Verwaltungsblätter
BayVerfGH	Bayerischer Verfassungsgerichtshof
BayVGH	Bayerischer Verwaltungsgerichtshof

BB	Betriebsberater (Zeitschrift)
BBG	Bundesbeamtengesetz
BBiG	Berufsbildungsgesetz
BBTV	Tarifvertrag über die Berufsbildung im Baugewerbe
Bd.	Band
BDSG	Bundesdatenschutzgesetz
BeamtVG	Beamtenversorgungsgesetz
BerBiFG	Berufsbildungsförderungsgesetz
BErzGG	Bundeserziehungsgeldgesetz
BeschFG	Beschäftigungsförderungsgesetz
Beschl.	Beschluss
BeschlSmlgKMK	Beschlusssammlung der Kultusministerkonferenz
BeschSchG	Beschäftigtenschutzgesetz
BetrAVG	Gesetz über die betriebliche Altersversorgung
BetrVG	Betriebsverfassungsgesetz
BfA	Bundesversicherungsanstalt für Angestellte
BFH	Bundesfinanzhof
BGB	Bürgerliches Gesetzbuch
BGBl.	Bundesgesetzblatt
BGH	Bundesgerichtshof
BGHZ	Entscheidungen des Bundesgerichtshofs in Zivilsachen
BGJ-Anr.VO	Berufsgrundbildungsjahr-Anrechnungs-Verordnung
BIBB	Bundesinstitut für Berufsbildung
BKGG	Bundeskindergeldgesetz
BKK	Betriebskrankenkasse
BMinG	Bundesministergesetz
BPersVG	Bundespersonalvertretungsgesetz
BSeuchG	Bundesseuchengesetz
BSG	Bundessozialgericht
BSGE	Entscheidungen des Bundessozialgerichts
BSHG	Bundessozialhilfegesetz
BT-Drs.	Bundestagsdrucksache
BtMG	Betäubungsmittelgesetz
Buchholz	Sammel- und Nachschlagewerk der Rechtsprechung des Bundesverwaltungsgerichts (Loseblattsammlung), Nr. 421 Kultur- und Schulwesen, Nr. 421.0 Prüfungswesen)
BUrlG	Bundesurlaubsgesetz
BVerfG	Bundesverfassungsgericht
BVerfGE	Entscheidungen des Bundesverfassungsgerichts
BVerwG	Bundesverwaltungsgericht
BVerwGE	Entscheidungen des Bundesverwaltungsgerichts
BVerwGE	Sammlung der Entscheidungen des BVerwG
BVG	Bundesversorgungsgesetz
BWP	Berufsbildung in Wissenschaft und Praxis (Zeitschrift)
BWPr.	Baden-Württembergische Verwaltungspraxis (Zeitschrift)
bzw.	beziehungsweise
DAngVers	Die Angestelltenversicherung (Zeitschrift)
DB	Der Betrieb (Zeitschrift)
ders.	derselbe
dies.	dieselben
Diss.	Dissertation

DJT	Deutscher Juristentag
DJT-SchulGE	Schule im Rechtsstaat, Entwurf für ein Landesschulgesetz (Bericht der Kommission Schulrecht des Deutschen Juristentages. 2 Bände) Beck-Verlag 1981
DNotZ	Deutsche Notarzeitschrift
DÖD	Der Öffentliche Dienst (Zeitschrift)
DOK	Die Ortskrankenkasse (Zeitschrift)
DöV	Die öffentliche Verwaltung (Zeitschrift)
DRiZ	Deutsche Richterzeitung
DRV	Deutsche Rentenversicherung
DVBl.	Deutsches Verwaltungsblatt (Zeitschrift)
DVO	Durchführungsverordnung
ebd.	ebenda
EFA	Europäisches Fürsorgeabkommen
EFZG	Entgeltfortzahlungsgesetz
EG	Europäische Gemeinschaft
EGMR	Entscheidungen des Europäischen Gerichtshofs für Menschenrechte
EGMRK	Europäische Menschenrechtskonvention
EGV	Vertrag über die Europäische Gemeinschaft
EKD	Evangelische Kirche in Deutschland
ErfK/Bearbeiter	Erfurter Kommentar, 2. Aufl. 2001
Erl.	Erlaß
EStG	Einkommensteuergesetz
et. al.	et. alteri (und andere)
EU	Europäische Union
EuGH	Europäischer Gerichtshof
EuGHE	Entscheidungen des Europäischen Gerichtshofs
EuGRZ	Europäische Grundrechtszeitschrift
EuR	Europarecht (Zeitschrift)
EuZW	Europäische Zeitschrift für Wirtschaftsrecht
EWG	Europäische Wirtschaftsgemeinschaft
EzB	Entscheidungssammlung zum Berufsbildungsrecht
EZB-VjA	Entscheidungssammlung zum Berufsbildungsrecht – Verjüngungsausgabe
f. / ff.	folgende
FamRZ	Zeitschrift für das gesamte Familienrecht
FEVS	Fürsorgerechtliche Entscheidungen der Verwaltungs- und Sozialgerichte
FGG	Gesetz über die freiwillige Gerichtsbarkeit
FS	Festschrift
FuR	Familie und Recht (Zeitschrift)
GAL	Gesetz über die Altershilfe der Landwirte
Gbl.	Gesetzblatt
GemAbl.	Gemeinsames Amtsblatt
GewArch	Gewerbearchiv (Zeitschrift)
GG	Grundgesetz
GjSM	Gesetz über die Verbreitung jugendgefährdender Schriften und Medieninhalte
GK-SGB	Gemeinschaftskommentar zum Sozialgesetzbuch
GSiG	Gerätesicherheitsgesetz

GVBl.	Gesetz- und Verordnungsblatt
GVG	Gerichtsverfassungsgesetz
h. M.	herrschende Meinung
HandwO	Handwerksordnung
HdbStKirchR	Handbuch des Staatskirchenrechts der Bundesrepublik Deutschland
HdbStR	Handbuch des Staatsrechts der Bundesrepublik Deutschland
HGB	Handelsgesetzbuch
Hrsg.	Herausgeber
HS-KV	Handbuch der Sozialversicherung-Krankenversicherung
i. d. F.	in der Fassung
i. S. d.	im Sinne des
i. V. m.	in Verbindung mit
IAO	Internationale Arbeitsorganisation
IHK	Industrie- und Handelskammer
IHKG	Gesetz über die Industrie- und Handelskammern
ILO	International Labour Organisation
InsO	Insolvenzordnung
IPR	Internationales Privatrecht
ISR	Internationales Sozialrecht
JArbSchG	Jugendarbeitsschutzgesetz
JArbSchUV	Jugensarbeitschutzuntersuchungsverordnung
JÖSchG	Gesetz zum Schutz der Jugend in der Öffentlichkeit
Jura	Juristische Ausbildung (Zeitschrift)
JuS	Juristische Schulung (Zeitschrift)
JWG	Jugendwohlfahrtsgesetz
JZ	Juristenzeitung
KassKomm	Kasseler Kommentar zum Sozialversicherungsrecht
KÄV	Kassenärztliche Vereinigung
KindArbSchVO	Kinderarbeitsschutzverordnung
KJHG	Kinder- und Jugendhilfegesetz
KMK	Kultusministerkonferenz
KMK-BeschlS	Sammlung der Beschlüsse dere Ständigen Konferenz der Kultusminister der Länder in der Bundesrepublik Deutschland
KO	Konkursordnung
KOV	Kriegsopferversorgung
KrV	Die Krankenversicherung (Zeitschrift)
KSchG	Kündigungsschutzgesetz
LAG	Landesarbeitsgericht
LG	Landgericht
LKV	Landes- und Kommunalverwaltung (Zeitschrift)
LSG	Landessozialgericht
LV	Landesverfassung
LVA	Landesversicherungsanstalt
m. w. N.	mit weiteren Nachweisen
MBl.	Ministerialblatt
MdE	Minderung der Erwerbsfähigkeit
MDR	Monatsschrift für deutsches Recht

MR	Monatsrente
MRK	Menschenrechtskonvention der Vereinten Nationen
MTV-Azubi	Manteltarifvertrag für Auszubildende
MünchArbR	Münchener Handbuch zum Arbeitsrecht
MuSchG	Mutterschutzgesetz
MusterPrO	Musterprüfungsordnung
NDV	Nachrichtendienst des Deutschen Vereins für öffentliche und private Fürsorge
NJW	Neue Juristische Wochenschrift (Zeitschrift)
NordÖR	Zeitschrift für öffentliches Recht in Norddeutschland
Nr.	Nummer
NVwZ	Neue Zeitschrift für Verwaltungsrecht
NVWZ-RR	Neue Zeitschrift für Verwaltungsrecht, Rechtsprechungsreport
NWVBl.	Nordrhein-westfälische Verwaltungsblätter
NZA	Neue Zeitschrift für Arbeits- und Sozialrecht
NZA	Neue Zeitschrift für Arbeitsrecht
NZS	Neue Zeitschrift für Sozialrecht
öD	öffentlicher Dienst
OEG	Opferentschädigungsgesetz
OHG	Offene Handelsgesellschaft
OLG	Oberlandesgericht
OVG	Oberverwaltungsgericht
OVGE	Amtliche Sammlung der Entscheidungen des OVG
PflegeV	Pflegeversicherung
RdA	Recht der Arbeit (Zeitschrift)
RdErl.	Runderlaß
RdJ	Recht der Jugend
RdJB	Recht der Jugend und des Bildungswesens
RehaAnglG	Rehabilitationsangleichungsgesetz
RGZ	Entscheidungen des Reichsgerichts in Zivilsachen
RiA	Recht im Amt (Zeitschrift)
RKG	Reichsknappschaftsgesetz
Rn.	Randnummer
Rspr.	Rechtsprechung
RV	Rentenversicherung
RVO	Reichsversicherungsordnung
RWS	Recht und Wirtschaft der Schule
SächsBSO	Sächsische Berufsschulordnung
SächsSchulG	Sächsisches Schulgesetz
SächsVBl.	Sächsische Verwaltungsblätter (Zeitschrift)
SAE	Sammlung arbeitsrechtlicher Entscheidungen (Zeitschrift)
SchFG	Schulfinanzierungsgesetz
SchfkVO	Schülerfahrkostenverordnung
SchMG	Schulmitwirkungsgesetz
SchOG	Schulordnungsgesetz
SchpflG	Schulpflichtgesetz
Schr. z. ÖR	Schriften zum Öffentlichen Recht

SchulG/SchG	Schulgesetz
SchulGE	(s. DJT-SchulGE)
SchulG-LSA	Schulgesetz Sachsen-Anhalt
SchVerfG	Schulverfassungsgesetz
SchVG	Schulverwaltungsgesetz
SchwbG	Schwerbehindertengesetz
SeemannG	Seemannsgesetz
SG	Sozialgericht
SGb	Die Sozialgerichtsbarkeit (Zeitschrift)
SGB	Sozialgesetzbuch
SGBSozVersGesKomm	Sozialgesetzbuch/Sozialversicherung Gesamtkommentar (hrsg. von Bley/Gitter u. a.
SMAusbV	Schiffsmechanikerausbildungsverordnung
SoldatenG	Soldatengesetz
SozR	Sozialrecht (Entscheidungssammlung)
SozVers	Sozialversicherung (Zeitschrift)
SPE	Sammlung schul- und prüfungsrechtlicher Entscheidungen (Loseblattsammlung, alte und neue Fassung mit unterschiedlichen Zitierweisen), Luchterhand Verlag; herausgegeben von Seipp und Knudsen
SRH	Sozialrechtshandbuch (hrsg. von Ruland und von Maydell)
StGB	Strafgesetzbuch
StGH	Staatsgerichtshof
StPO	Strafprozeßordnung
StuW	Steuer und Wirtschaft (Zeitschrift)
TVG	Tarifvertragsgesetz
TzBfG	Teilzeit und Befristungsgesetz
u. a.	unter anderem
Übk.	Übereinkommen
UNO	United Nation Organization
UnterhVG	Unterhaltsvorschußgesetz
U.	Urteil
USiG	Unterhaltssicherungsgesetz
UV	Unfallversicherung
VBl. BW	Verwaltungsblätter für Baden-Württemberg
VerfGH	Verfassungsgerichtshof
VerwArch	Verwaltungsarchiv (Zeitschrift)
VerwRspr.	Verwaltungsrechtsprechung
VG	Verwaltungsgericht
VGH	Verwaltungsgerichtshof
vgl.	vergleiche
VO	Verordnung
VOE	Verbrechensopferentschädigung
VSSR	Vierteljahresschrift für Sozialrecht
VVdStRL	Veröffentlichungen der Vereinigung der Deutschen Staatsrechtslehrer
VVG	Versicherungsvertragsgesetz
VwGO	Verwaltungsgerichtsordnung
VwVfG	Verwaltungsverfahrensgesetz (zitiert ist das BundesVwVfG; wegen der zumeist gleich lautenden Verwaltungsverfahrensgesetze der Länder

	vgl. Stelkens/Bonk/Sachs, Verwaltungsverfahrensgesetz, 5. Aufl. 1998, Dritter Teil, S. 2111 ff.).
WHO	World Heath Organization (Weltgesundheitsorganisation)
WoGG	Wohngeldgesetz
WRV	Weimarer Reichsverfassung
ZAS	Zeitschrift für Arbeits- und Sozialrecht
ZDG	Zivildienstgesetz
ZfB	Zeitschrift für Beamtenrecht
ZfevglK	Zeitschrift für evangelisches Kirchenrecht
ZfS	Zeitschrift für Sozialrecht (Zeitschrift)
ZfS	Zentralblatt für Sozialversicherung, Sozialhilfe und Versorgung
ZfSH/SGB	Zeitschrift für Sozialhilfe und Sozialgesetzbuch
ZIAS	Zeitschrift für ausländisches und internationales Arbeits- und Sozialrecht
ZPO	Zivilprozeßordnung
ZRP	Zeitschrift für Rechtspolitik
ZSR	Zeitschrift für Sozialreform
ZVersWiss	Zeitschrift für die gesamte Versicherungswissenschaft

A. Struktureller Rahmen

I. Bildungsbegriff

„Alle Schulen aber, deren sich nicht ein einzelner Stand, sondern die ganze Nation, oder der Staat für diese annimmt, müssen nur allgemeine Menschenbildung bezwecken".[1] Diese Sentenzen Wilhelm von Humboldts gelten vielen als Beleg für die Entfaltung eines neuen Bildungsverständnisses im Übergang von der ständischen zur modernen Gesellschaft. Gemeint war indes „höhere Bildung" im Gegensatz zu dem, „was das Bedürfnis des Lebens oder eines Einzelnen seiner Gewerbe erheischt". Dieses spezielle Wissen sollte vielmehr erst „nach vollendetem allgemeinen Unterricht" erworben werden. **„Allgemeine Menschenbildung"** dagegen legt den Schwerpunkt auf die ästhetische Anschauung, verweist auf den Zusammenhang von Mensch und Welt und sieht in der Bildung die entscheidende Bedingung menschlicher Freiheit.[2]

Es versteht sich nahezu von selbst, daß die institutionalisierte Ausbildung in Schule und Beruf hiermit allenfalls bedingt zu tun hat. Die Institutionen unterrichten „Schulwissen" und „Berufswissen", immer bezogen auf große Schülerzahlen, gerichtet auf ein mittleres Leistungsniveau und durchschnittliche Lerngeschwindigkeiten und am Ende stets an **funktionalen Gesichtspunkten** orientiert (Berufsbildungsfähigkeit, Studierfähigkeit, auch Schlüsselqualifikation), so daß von Bildung im emphatischen Sinne hierbei kaum gesprochen werden kann. Bildung als kultivierter Geschmack und am Objekt geschulte Urteilskraft ist eine Lernaufgabe des Lebens und nicht der Schule und beruflichen Ausbildung.

Mit „lebenslangem Lernen" hat all dies ebenfalls nichts zu tun. Arbeiten und Lernen rücken im Längsschnitt des Lebens immer näher zusammen. Weiterbildungsabschnitte lösen sich auf zu ganz alltäglichen Formen des Lernens am Arbeitsplatz bzw. des Lernens mit der Arbeit. Nie zuvor befand sich **Bildung und Lernen** in einem unversönlicheren Gegensatz. Die Kultur souveräner und prinzipiell mißtrauischer Persönlichkeitsbildung zerfließt in den vielfältigen Strömungen affirmativer Unternehmenskulturen.[3] Nichtsdestoweniger hat von Humboldt eine bis

---

1 von Humboldt, Der Königsberger und litauische Schulplan (1809), in: ders., Werke 13, Hg. v. Leitzmann, 1920, Abdruck durch Walter de Gruyter und Co. 1968, 259 ff.

2 Oelkers, Und wo, bitte, bleibt Humboldt?, in: Die Zeit Nr. 27, 27. 06. 02, 36.

3 Döring/Ritter-Manczek, Weiterbildung im lernenden System, 1999, 212 (zum Unternehmenskultur-Konzept).

heute wirkende Idee freigesetzt: Emanzipation durch Bildung. Ihr konkreter Gehalt versteht sich zweifelsohne längst nicht mehr von selbst. Geblieben ist jedoch die eigentümliche Ahnung, daß Lernen noch eine andere Seite haben muß, die sich fundamental unterscheidet von den allgegenwärtigen Formen kontrollierter Selbstanpassung an Verhaltenszumutungen der Gesellschaft.

Luhmann beschreibt die **Funktion** von Bildung und Erziehung vor allem als Mittel der Auseinandersetzung über **Sinnfragen** bei der Verhältnisbestimmung von Individuum und Gesellschaft.[4] Im Übergang von der geschichteten zur modernen Gesellschaft muß das Individuum ein neues Verhältnis zur Gesellschaft finden. Denn es wird herausgerissen aus seiner quasi naturgemäßen Bestimmung als Standes- oder Familienmitglied und erlebt sich nunmehr bewußt in Differenz zu anderen. Die Aufgabe der Bildung und Erziehung steht nunmehr vor der paradoxen Situation, einerseits die Einzigartigkeit des Individdums und andererseits seine gleichzeitige Verbundenheit mit der Gesellschaft reflektieren zu müssen. Eben dieses Streben nach eigener Perfektibilität unter Berücksichtigung des Sozialen leisten nach Luhman sog. Inklusionsformeln, wie etwa die Humboldt'sche Bildungsidee der freiesten Wechselwirkung von Ich und Welt. Indes stößt die religös fundierte Perfektibilitätsidee auf in den Rollenzumutungen funktional differenzierter Gesellschaften gezogene Grenzen. „Wirkliche Individuen, die heute leben, pflegen ihre Individualität recht locker zu handhaben, und dafür müßte eine zeitgemäße Semantik entwickelt werden, die unnötige Insuffizienzgefühle abräumt. Es gibt, realistisch gesehen, keine andere Möglichkeit, als den Individuen zu konzedieren, daß Individualität ihre eigene Angelegenheit ist. Demnach muß die Leitvorstellung einer Steigerung von Individualität aufgegeben werden".[5] Wollte Bildung immer auch die Harmonie mit der äußeren Welt finden, so tritt diese in der funktional differenzierten Moderne in ihrer Eigenart und Eigenständigkeit gegenüber dem Individuellen umso deutlicher hervor. Die Differenzerfahrung von Individuum und Gesellschaft aber bleibt bildungstheoretisch ebenso sprachlos wie der Verlust der übergreifenden gesellschaftlichen Perspektive. Bildung als Versuch der Perfektionierung jener Einheit von Person und Gesellschaft wird illusionär, entartet vielmehr zur selbstgefälligen Bezeichnung eines gesellschaftlichen Funktionsbereichs, der auf die Selektion und Verteilung von Karrierechancen hin ausgerichtet ist. Zumindest aber das Ideal der „höheren Bildung", wie es noch in der Aufklärungsphilosphie etwa als Teilhabe an der Geschichte der Menschheit oder der Welt des Vernünftigen zum Ausdruck gelangte, entfällt im Pluralismus der Moderne zugunsten entwicklungspsychologischer Anforderungen an „Sozialisation" und politischer Vorstellungen von Chancengleichheit und Risikoabwehr. Bildung reduziert sich auf Lernen im Schema des vergleichenden Beobachtens der Leistungs- und Anpassungsfähigkeit anderer.[6] Hier hat derjenige an Autonomie dazugewonnen,

---

4 Luhmann, Gesellschaftsstruktur und Semantik, Bd. 3, 1989, 171, 156, 214.

5 Ebenda, 229.

6 Luhmann/Schorr (Hg.), Zwischen Intransparenz und Verstehen. Fragen an die Pädagogik, 1986, 102.

der die Erfahrung der Selbstbehauptung in institutionalisierten Kontexten des Wissenserwerbs in neuartigen Situationen reproduzieren kann.
Der Verlust des gesellschaftlichen Telos von Bildung im Sinne der alten Perfektibilitätsvorstellung hat dazu geführt, daß der **Bildungsbegriff** selbst mehrdeutig geworden ist. Insbesondere Bildungsinstutionen haben eigene Zuständigkeiten für spezifische Aufgabenfelder erworben und unterliegen einer eigenen Typik der Informationsverarbeitung im Kontakt mit ihrer gesellschaftlichen Umwelt. So lassen sich **Bildung und Ausbildung** heute nicht mehr im Sinne der Unterscheidung von Persönlichkeitsentwicklung und Berufsqualifikation gegenüberstellen.[7]
Auch die Unterscheidung von **Bildung und Erziehung** verliert an Überzeugungskraft. Bildung als selbstbestimmte Allgemeinbildung wurde seit jeher als schulische Aufgabe verstanden, setzt aber streng genommen den bildungsfähigen Erwachsenen voraus, während der heranwachsende Schüler doch nur erzogen werden kann. Die berufliche Weiterbildung des Erwachsenen hingegen ist stets auf einen hochgradig spezialisierten Wissenserwerb bezogen, ohne daß dies als Erziehung, geschweige denn als Allgemeinbildung aufgefaßt werden könnte. Gleichwohl wird man sagen können: Erwachsenen- und Weiterbildung sind ein Angebot, auf das man sich einlassen kann oder auch nicht; Erziehung ist dagegen eine Zumutung, auf die man sich mangels ausreichender Reife einzulassen hat.[8] Aber sind Ausbildung und Weiterbildung wirklich freigestellt von Verhaltenszumutungen oder erfolgen sie unter wirtschaftlichem Druck? Wie man schnell bemerkt, dürfte es entscheidend auf die Bezugspunkte von Bildungsbegriffen ankommen, wenn man deren Bedeutung erschließen will, je nachdem, ob der **Reifegrad** der Person, der **Funktionalisierungsgrad** des Wissenserwerbs, der **Institutionalisierungsgrad** des Lernens oder der **Selbstbestimmungsgrad** der Lernformen in den Vordergrund gerückt wird. Insofern ist es letztlich eine Frage der Definition, ob man den Bildungsbegriff für Erwachsene reserviert, Kinder dagegen der Erziehung unterstellt oder ob man beides im Begriff der Qualifizierung aufgehen läßt. Ebenso kann man Bildung und Erziehung mit dem Etikett der Extrafunktionalität ausstatten, Aus- und Weiterbildung dagegen als Qualifizierungsaufgabe mit freiwilligen und unfreiwilligen Anteilen einzuordnen versuchen. Bildung als Pflege von Geschmack und Urteilskraft zeichnet sich im Gegensatz zur Qualifizierung und Erziehung dagegen durch ihren geringen Institutionalisierungsgrad aus. Und der Selbstbestimmungsgrad von Bildung wäre demgemäß als hoch, derjenige von Qualifizierung (als Aus- und Weiterbildung), erst recht derjenige von Erziehung als vergleichsweise gering zu veranschlagen.

---

7 Richter, in: Böckenförde/Jekewitz/Ramm (Hg.), Soziale Grundrechte, 1981, 127: „Die für die akademischen Berufe charakteristische Verbindung von Bildung und Ausbildung gilt heute allgemein, d.h., daß der Erwerb scheinbar extrafunktionaler Qualifikationen sich aufgrund des Wandels beruflicher Anforderungen als äußerst funktional erweisen kann ... Die Voraussetzungen für den Erwerb dieser Zusatzqualifikationen überläßt man heute nun nicht mehr allein der beruflichen Praxis, sondern gewährleistet sie durch Grundbildung und Weiterbildung, die freilich vom bürgerlichen Ideal der Persönlichkeitsentwicklung abrücken".

8 Luhmann, Erziehung als Formung des Lebenslaufs, in: ders./Lenzen, Bildung und Weiterbildung im Erziehungssystem, 1997, 12.

Ein solches Begriffsystem dient allerdings zunächst nur analytischen Zwecken und sagt über die **gesellschaftliche Verankerung** und Funktionsbestimmung solcher Formgebungen des Lernens nichts aus.[9] Hierbei geht es um die Frage, wie die gesellschaftlichen Funktions- und Leistungsbeziehungen des Erziehungssystems angemessen reflektiert werden können und ob insbesondere Formen der Aus- und Weiterbildung angesichts ihrer ausgeprägten Wirtschaftsnähe sich einem einheitlichen Kommunikationszusammenhang von Erziehung zuordnen lassen. Denn Bildung kann auf Berufe oder Teilqualifikationen, auf betriebliche Karrierestrukturen oder Arbeitsmarkterfordernisse, auf den Zugang zu Beruf und Studium oder auch nur auf das Stiften von Sozialkontakten zugeschnitten sein; sie formt die kindliche Entwicklung ebenso wie den gesamten Lebenslauf, beinhaltet Früherziehung ebenso wie Altenpädagogik und erstreckt sich in ihren Lernmodellen von konditionierter Anpassung bis hin zu autopoietischer Selbstorganisation des Lernenden. Ein festgefügtes Verständnis und Konzept von Bildung dürfte sich somit weder analytisch noch empirisch in Aussicht stellen lassen. Schon dies berechtigt zu der Annahme, daß sich das Recht einen eigensinnigen Zugang zu Fragen der Bildung, Ausbildung und Erziehung geschaffen haben wird.

II. Bildung im Recht

Das **moderne Recht** wird nicht durch Interpretation anerkannter und geheiligter Traditionen fortgebildet, sondern durch Konventionalität; es unterstellt den Rechtsgenossen abgesehen von einem generellen Rechtsgehorsam keine sittlichen Motive, sondern unterwirft sie der Allgemeinheit des demokratischen Gesetzes; es definiert Bereiche der legitimen Willkür von Privatpersonen und unterstellt, daß sie diesen Bereich zweckrational und risikobewußt nutzen.[10] Die Funktion des modernen Rechts beschränkt sich somit auf Willkür ausschließendes, verläßliches und konsistentes Entscheiden; die Erzeugung von Lernfortschritten oder gar die Veränderung von Personen im Dienste staatstragender Werte ist dem modernen Recht wesensmäßig fremd.

Zweifelsohne aber hat Recht einen bestimmenden Einfluß auf die Organisation von Bildungsprozessen, bemüht sich um ein Höchstmaß von Freiheit und Gleichheit bei der Einräumung von Bildungs- und somit zumeist auch Lebensführungschancen und gibt nicht selten auch die allgemeinen Ziele des Bildungsprozesses vor. In dieser Hinsicht kann Bildung selbst den Endzweck staatlicher Bildungsbemühungen darstellen, wenn wir etwa an die schulische Bildung oder die Erwachsenenbildung denken.[11] Bildung ist jedoch auch als „Mittel zum Zweck" möglich, vor allem im Sozialrecht, wo Bildung Arbeitsmarktchancen verbessern will, wo Rehabilitations-

9 Hierzu Lenzen/Luhman, Bildung und Weiterbildung im Erziehungssystem, 1997.
10 Habermas, Zur Rekonstruktion des Historischen Materialismus, 1976, 264.
11 Die Entwicklung zu einer selbstbestimmten und gemeinschaftsfähigen Persönlichkeit wird vom Bildungsbegriff hierbei implizit miterfaßt.

ziele erreicht werden sollen, Erziehungsdefizite auszugleichen sind oder auch Aufklärung über gesellschaftliche Risikopotentiale geleistet werden muß. Gerade hier geht das Recht über seine klassische Funktionsbestimmung als Willkür ausschließendes Mittel des Rechtsstaates hinaus, indem es auch die **Wirkung** rechtlicher Entscheidungen im Rechtanwendungsprozeß berücksichtigt wissen will. Es fragt deshalb nicht nur danach, ob ein Rechtsanspruch auf Bildungsleistungen besteht, sondern macht diesen Anspruch selbst davon abhängig, daß bestimmte Voraussetzungen an die Qualität der Bildungsleistung und ihre Geeignetheit für die einzelne Person in Ansehung der jeweiligen gesetzlichen Bildungsziele erfüllt sind. Aber ist dies bereits als Versuch einer **gezielten Beeinflussung** des Bildungsprozesses selbst zu werten und wenn ja, welche Konsequenzen hätte dies für die auf Verständigung und Verstehen angelegten Basisbedingungen von Bildung?

Schulischer Unterricht etwa findet keineswegs im rechtsfreien Raum statt. Es gilt als unbestritten, daß der Lehrer prinzipiell an die schulgesetzlichen Ziele, die verfassungsrechtlichen Wertvorstellungen und curriculare Vorgaben gebunden ist. Gleichwohl ist diese Bindung nicht als den Lehrer lähmendes und damit den Unterrichtsprozeß gefährdendes „Damoklesschwert“ zu begreifen. Denn die Rechtsordnung stellt dem Lehrer den Grundsatz der pädagogischen Freiheit zur Seite, der die Feinheiten des pädagogischen Prozesses dem staatlichen Zugriff entzieht. Ebenso beschränken sich die Aktivitäten der Arbeitsverwaltung oder der staatlichen Rehabilitationsträger bei der Bestimmung ihrer Bildungsangebote auf Mindestanforderungen an die Angebotsqualität, überlassen die Durchführung im einzelnen jedoch privaten Dienstleistungsanbietern. Berufliche Weiterbildung hat zwar grundsätzlich den „Grundsätzen der Erwachsenenbildung“ zu entsprechen, was in den wesentlichen Zügen jedoch nichts anderes als ein „kooperatives Lernen in wechselseitigem Respekt“, also eine möglichst non-direktive Vermittlung von Lerninhalten beinhaltet. Und was die berufliche Ausbildung im Dualen System anbetrifft, so wird man einräumen müssen, daß staatlicherseits zwar gewisse Ausbildungsinhalte vorgegeben werden, für das eigentliche Lernen im Betrieb jedoch die dortigen Zustände und der flankierende Schutz durch Arbeitsrecht und Arbeitsschutzrecht gegenüber den staatlichen Bildungsvorgaben eine weitaus größere Prägekraft für das Ausbildungsergebnis besitzen. In der Gesamtbetrachtung beschränkt sich staatliches Bildungsrecht somit auf die Vorgabe eines institutionellen Rahmens willkürfreier Steuerung von Organisation und Verfahren der Bildungsangebote, überläßt die konkrete Durchführung jedoch den Beteiligten vor Ort und greift mit den Mitteln der Aufsicht tendentiell nur zur Behebung eklatanter Fehlentwicklungen ein.

Zweifelsohne wird der **Bildungsprozeß** als interaktives, auf Verständigung basierendes und insofern eigendynamisch verlaufendes Geschehen durch den staatlichen Ordnungsrahmen durchaus mitbeeinflußt. Vorgegebene Zeiteinheiten, Förderungszeiträume, Kostensätze sowie Anforderungen an Personal und Sachausstattung und nicht zuletzt der direkte (Schule) und indirekte (sozialrechtliche Mitwirkungspflicht) staatliche Zwang zur Inanspruchnahme von Bildungsangeboten leisten einer Tendenz zur **Bürokratisierung** des Bildungsprozesses Vorschub und gefährden in dieser Weise gerade den informellen Handlungszusammenhang, der für ein Gelingen von Bildung schlechthin konstitutiv ist.[12] Dies gilt zu allererst für den Grundbildungsbereich. Aber auch im Bereich der beruflichen Bildung werden rein instrumentelle Vermittlungsformen mehr und mehr durch die Orientierung am Leitbild des kreativen Mitarbeiters ersetzt.[13] In der Gesamtbetrachtung folgt hieraus für das Bildungsrecht nicht nur eine Steuerungs-, sondern auch eine Reflexionsaufgabe: Es muß seine **Wirkungsgrenzen** und Steuerungsdysfunktionen in Bezug auf Bildungsprozesse erkennen und den Autonomiebereich von Bildung verstehen lernen. Denn jener durch die Ressource „Sinn" vermittelte, durch kommunikative Elemente gekennzeichnete Prozeßcharakter sozialer Bildungsdienstleistungen ist in den letzten Einzelheiten sinnvoll weder programmierbar noch kontrollierbar. Ohne strukturelle Vorgaben, die das Verhältnis von Kontrolle und Autonomie, also von administrativen und pädagogischen Arbeitsweisen ihrerseits reflektieren und systematisch kombinieren, besteht die Gefahr, daß sich beide Handlungsbereiche wechselseitig behindern oder neutralisieren. Insofern ist es an der Zeit, darüber nachzudenken, inwiefern es gelingen kann, die jeweiligen Gegenstände staatlicher Bildungskontrolle analytisch weiter auszudifferenzieren und unterschiedlichen Kontrollformen zugänglich zu machen.[14] Eine rechtliche Reflexionsverpflichtung dieser Art ist im Recht selbst indes nur schwer zu verankern. Als sozialstaatliches (Optimierungs-) Gebot der Wahrung von Bildungsautonomie im Kontext der Persönlichkeitsentfaltung und Berufsfreiheit des Bürgers hätte es allerdings zumindest eine heuristische Stoßrichtung bei der Erarbeitung und Anwendung von Gesetzen.

III. Strukturprinzipien des Bildungsrechts

Bildungsrecht ist **Öffentliches Recht**. Als solches regelt es die Rechtsbeziehungen zwischen Staat und Bürger in Bildungsfragen. Die privat beschaffte Bildungsdienstleistung beruht dagegen auf einem zivilrechtlichen Vertragsverhältnis zwischen Privatanbieter und Bürger. Dieses weist jedoch keine bildungsrechtlichen Besonderheiten auf und unterliegt den allgemeinen Vorschriften des Bürgerlichen Gesetzbuches.[15]

Die staatliche Herrschaft über das Bildungswesen wird jedoch durch bereichsspezifische verfassungsrechtliche Grundsätze **modifiziert**[16]: Durch die Freiheitsrechte der Grundrechtsträger (Eltern, Schüler und Auszubildende, private Anbieter und Ausbildungsstätten), durch Gleichheitsrechte der Grundrechtsträger (Chancen-

---

12 Habermas, Theorie des kommunikativen Handelns, Bd. 2, 1981, 531–547.
13 Lange/Harney/Rahn/Stachowski (Hg.), Studienbuch Theorien der beruflichen Bildung, 2001.
14 Luthe, Die sozialpädagogische Freiheit – Rechtsgrundlagen funktionaler Autonomie in der Sozialverwaltung (m. w. N.), ZfSH/SGB 1993, 514 ff.
15 Hierzu Gounalakis/Gounalakis, RdJB 1997, 229.
16 Richter, Bildungsrecht – was ist das eigentlich?, RdJB 1997, 6.

gleichheit, Diskriminierungsverbot, Prüfungsgleichheit) sowie durch Autonomiegebote im Kontext von Demokratie und Selbstverwaltung (kommunale Selbstverwaltungsgarantie, Autonomie von Schule und Unterricht, Bürgerpartizipation). Der Staat als Ordnungsmacht über das Bildungswesen wird auf Verfassungsebene ausdrücklich nur bei der Aufsicht über die Schule (Art. 7 GG), indirekt zudem in den Gesetzgebungskompetenzen von Bund und Ländern (Art. 70ff. GG) angesprochen. Im wesentlichen also beruht das staatliche Bildungswesen somit auf Entscheidungen des parlamentarischen Gesetzgebers, der in dieser Weise seine bildungs-, sozial- und wirtschaftspolitischen Ziele realisiert.

Der Begriff Bildungsrecht weist unterschiedliche **Nebenbedeutungen** auf: Im „Recht des Bildungswesens“ kommt eine Schwerpunktbildung im Bereich der Institutionen zum Ausdruck, die Bildung vermitteln. Im „Recht der Bildung“ ist es die Eigengesetzlichkeit und Professionalität des pädagogischen Prozesses, in dem Bildung zum Tragen kommt. „Bildungsverfassung“ kann meinen die für Bildung relevanten Strukturen des Verfassungsrechts, aber auch die prägenden Merkmale des Bildungswesens schlechthin.

Innerhalb der rechtlichen Fächersystematik gilt das **„Bildungsverwaltungsrecht“** neben dem **„Wissenschafts- und Kunstverwaltungsrecht“** als einer der drei großen Bestandteile des **„Kulturverwaltungsrechts“**.[17] Bildungsrecht besteht jedoch nicht nur aus verwaltungsrechtlichen, sondern auch aus verfassungsrechtlichen Anteilen. In dieser Hinsicht ist die genannte Einteilung somit erweiterungsbedürftig. Im übrigen läßt sich das Bildungsrecht auch nicht auf die ihm üblicherweise zugeteilten Materien des Schul-, Berufsbildungs- und Erwachsenenbildungsrechts begrenzen. Denn weite Teile des Bildungsrechts entstammen dem Sozialrecht. Bildungsrecht ist somit ein Sammelbegriff für unterschiedlichste Regelungskomplexe von bildungsrechtlicher Relevanz. Es integriert verschiedene Einzelmaterien des Besonderen Verwaltungsrechts und ist in dieser Hinsicht vergleichbar mit dem Umweltrecht, dem Öffentlichen Wirtschaftsrecht oder auch dem Sozialrecht.

Bildungsrecht beruht teils auf einer **steuerfinanzierten**, teils auf einer **beitragsfinanzierten** Ordnung. Grundsätzlich beitragsfinanziert sind die bildungsrechtlichen Leistungen der Sozialversicherung (insbesondereTeile der beruflichen Rehabilitation sowie die Arbeitsförderung). Alle weiteren Materien des Bildungsrechts beruhen dagegen auf einer Steuerfinazierung. Dazu gehört auch das Sozialhilfe- und Jugendhilferecht. Von der Finanzierungsgrundlage zu unterscheiden ist der **Finanzierungsträger.** Im Schulbereich trägt das jeweilige Bundesland die Verantwortung für die Finanzierung der allgemeinen Schulverwaltung und das Personal, die Kommune dagegen für die sachliche Ausstattung. Im Sozialhilfe- und Jugendhilferecht werden Bildungsmaßnahmen aus den Steuereinnahmen des kommunalen Trägers finanziert, obgleich die inhaltlichen Vorgaben durch Bundesgesetz erfolgen.

17 Oppermann, Bildungsrecht, in: von Münch (Hg.), Besonderes Verwaltungsrecht, 5. Aufl. 1979, 619; anders Richter, Bildungsverfassungsrecht (2. Aufl. 1977), der das Wissenschaftsrecht und insbesondere das Hochschulrecht dem Komplex des Bildungsverfassungsrechts unterordnet.

A. Struktureller Rahmen

Im Sozialversicherungsrecht erfolgt die Finanzierung im wesentlichen aus den Beiträgen der Versicherten, während die Inhalte durch Bundesgesetz geregelt werden. Die Erwachsenen- und Jugendbildung dagegen finanziert sich teils aus Landesmitteln, teils aus kommunalen Mitteln. Besonders kompliziert ist die Finanzierung des beruflichen Ausbildungswesens, an der Länder, Kommunen, Berufsverbände und Arbeitgeber beteiligt sind.

Dem Bildungsrecht liegen unterschiedliche Strukturen von **Verrechtlichung** zugrunde. Hochgradig am Einzelfall und damit an ihren Wirkungen orientiert sind die bildungsrechtlichen Vorgaben des Arbeitsförderungsrechts, des Rehabilitationsrechts und des Sozialhilfe- und Jugendhilferechts. Hier kommt die Leistung überhaupt dann nur in Betracht, wenn die gesetzlichen Ziele mit Aussicht auf Erfolg erreicht werden können. Nicht zuletzt wegen der grundsätzlichen Schul- und Berufsschulpflicht entfällt dieses Erfordernis zwar für den Schulbereich; dennoch sind auch hier die rechtlichen Strukturen offen für den Einzelfall und situationsbedingte Besonderheiten, vor allem bei der Gestaltung des Unterrichts und der Beurteilung des Schülers. Das Ausbildungsförderungsrecht (BAföG) ist dagegen nicht am individuellen Ausbildungsbedarf, sondern als rein monetäre Unterstützungsleistung im wesentlichen auf einen abstrakten (Unterhalts-) Bedarf zugeschnitten. Das gilt im übrigen auch für die flankierenden Unterhaltsleistungen des Rehabilitations- und Arbeitsförderungsrechts, die neben der eigentlichen Bildungsmaßnahme gewährt werden. Teils also besteht das Bildungsrecht aus flexiblen Rechtsstrukturen, die eine Orientierung an den Entscheidungswirkungen ermöglichen und die Autonomie des pädagogischen Prozesses sicherstellen sollen, teils aber auch aus starren Vorgaben, die in typisierender Weise einen irgendwie gearteten Durchschnittsbedarf insbesondere bei der Unterhaltssicherung des Teilnehmers an Bildungsmaßnahmen zum Gegenstand haben.

Unterschiede bestehen auch beim **Grund der Inanspruchnahme** von Bildungsleistungen. Bildung läßt sich entweder von der Angebots- oder von der Nachfrageseite her steuern. Im Schulbereich folgt die Inanspruchnahme einer direkten rechtlichen Verpflichtung. Auf indirekter rechtlicher Verpflichtung beruht die Inanspruchnahme dagegen im Sozialrecht, insofern der Leistungsberechtigte im Rahmen der staatlichen Hilfestellungen zur Mitwirkung verpflichtet ist und im Weigerungsfall mit der Versagung insbesondere von Unterhaltsleistungen rechnen muß. Die Möglichkeit freiwilliger Inanspruchnahme besteht dagegen bei Angeboten der Jugend- und Erwachsenenbildung, beim BAföG sowie letztlich bei allen Sozialleistungen, die nicht von einer Sanktionsdrohung flankiert werden.

Auch die **Auswahl des vornehmlich privaten Bildungsträgers** kann von der Nachfrageseite oder von der Angebotsseite her ausgestaltet werden. So ist dem Schüler bzw. seinen Eltern im Rahmen der Schulpflicht die Inanspruchnahme von Privatschulunterricht anheimgestellt. Das Sozialrecht sieht in vielen Bereichen ein Einrichtungswahlrecht des Leistungsempfängers bei qualitativer und wirtschaftlicher Eignung des Anbieters vor. Namentlich die sog. freien Maßnahmen der arbeitsförderungsrechtlichen Weiterbildung sind per se nachfragegesteuert. Trotz allem sollte nicht verkannt werden, daß die Wahlentscheidung unter den Vorbehalt vorhandener Kapazitäten gestellt ist und nicht selten von der Verwaltung in eine bestimmte Richtung gedrängt wird.

Bildungsrecht kann unter Bezügen der Planung und unter Bezügen der Einzelfallentscheidung thematisiert werden.[18] **Bildungsplanung** kann als ein Mittel verstanden werden, „das Bildungswesen eines Landes oder eines seiner Teilbereiche in seinen Strukturen systematisch zu beschreiben und auf dieser Grundlage nach bestimmten Zielvorstellungen ein Modell für seine Weiterentwicklung oder Umwandlung zu entwerfen".[19] Sie kommt auf sämtlichen Ebenen des Staatsaufbaus in Betracht, ist in vertikaler Richtung (Bund/Länder) ebenso möglich wie in horizontaler Richtung (im Verhältnis der Länder), betrifft staatliche und halbstaatliche Organisationen (Schulverwaltungen, Berufsverbände), zielt auf Bildungsinhalte und Bildungskapazitäten und ist maßgeblich eingebunden in die allgemeine Haushalts- und Finanzplanung des Staates. Ihr Verrechtlichungsgrad ist, abgesehen von Einzelbereichen (Berufsbildungsförderungsgesetz, Schulentwicklungsplanung), gering. Abgestuft nach Verbindlichkeitsgraden kann Bildungsplanung einen indikativen (Information), influenzierenden (Anreiz) oder imperativen (Befehl) Charakter annehmen. Grundrechtssensible Planungsvorhaben (etwa Bezug zu Elternrechten) sind bestimmten rechtsstaatlichen Planungsgrundsätzen unterworfen.[20] Insbesondere im Sozialleistungsbereich ist Bildungsplanung aufgehoben innerhalb übergeordneter formeller (etwa Jugendhilfeplanung) oder informeller Planungen sozialer Dienste und Einrichtungen. Wachsenden Einfluß auf die deutsche Bildungspolitik hat schließlich das europäische Bildungsrecht, das vor allem mittels influenzierender Planung auf Entscheidungen der Mitgliedstaaten einwirkt.

Einzelleistungen des Bildungsrechts können danach unterschieden werden, ob sie in begünstigender (etwa Erwachsenenbildung) oder in belastender Weise (Nicht-Versetzung) auf den Bürger einwirken, ob sie Verwaltungsaktqualität (Abiturzeugnis) oder schlicht-hoheitlichen Charakter (Unterrichtstätigkeit) besitzen, ob sie als Anspruchs- bzw. Ermessensleistung oder als Sach- oder Geldleistung ausgestaltet sind, schließlich ob sie den Bereich der Leistungsbewilligung oder der Leistungserbringung betreffen.

Der **Anerkennung und Finanzierung privater Bildungsanbieter** durch den Staat kann das Modell des Leistungs- und Qualitätswettbewerbs oder das Modell des staatlich gepflegten Paternalismus zugrunde liegen. In seiner reinsten Form kommt das Wettbewerbsmodell dann zum Tragen, wenn Bildungsdienstleistungen im Rahmen eines geregelten Vergabeverfahrens öffentlich ausgeschrieben werden und der Leistungsberechtigte ein Wunsch- und Wahlrecht ausüben kann. Das paternalistische Modell kommt dagegen dann zum Tragen, wenn die Leistungserbrin-

---

18 Zur staatlichen Bildungsplanung: von Friedeburg/Oehler, Staatliche Bildungsplanung, in: Lenzen (Hg.), Enzyklopädie Erziehungswissenschaft, Bd. 5 (hg. von Baethge/Nevermann), 2. Aufl. 1997, 244ff.

19 a. a. O., 247.

20 Luthe, Sozialplanungsrecht, Zeitschrift für Sozialreform, 1994, 717ff., 781ff.

gung bestimmten Anbietern vorbehalten ist, sich die Qualitätssicherung auf eine ex-post-Kontrolle beschränkt und die Leistungsberechtigten zur Inanspruchnahme des Anbieters verpflichtet sind.[21] Vollständig dem Wettbewerb entzogen sind staatliche Ausbildungsmonopole (Schulwesen). Bildungsoligopole finden sich vor allen bei den Bildungseinrichtungen der staatlichen Rehabilitationsträger sowie den zumeist gemeinnützigen Bildungseinrichtungen der Jugend-, Erwachsenen-, Aus- und Weiterbildung. Bildungsdienstleistungen beruhen wesentlich auf der Möglichkeit ihrer wohnortnahen Inanspruchnahme. Bildungsmärkte sind daher in fast allen Bildungssegmenten Regionalmärkte. Jeder Beschreibungsversuch hat dies in Rechnung zu stellen.

---

21 Vgl. im einzelnen H. II.

B. Bildungsverfassungsrecht

Weiterführende Literatur:

Richter, Bildungsrecht – was ist das eigentlich?, RdJB 1997, 6; ders., Ausbildung und Arbeit, JZ 1981, 176; ders., Bildungsverfassungsrecht, 2. Aufl. 1977; ders., Überlegungen zur Kodifikation von Grundrechten auf Bildung, in: Böckenförde/Jekewitz/Ramm (Hg.), Soziale Grundrechte 1981, 119; Schlink, Überlegungen zur Kodifikation von Grundrechten auf Bildung, in: Böckenförde/Jekewitz/Ramm, Soziale Grundrechte 1981, 129; Stein, Das Recht des Kindes auf Selbstentfaltung in der Schule 1967; Reuter, Soziales Grundrecht auf Bildung, DVBl. 1974, 7; Galwass, Das Grundrecht auf Ausbildung gem. Art. 128 der Bayerischen Verfassung, BayVBl. 1976, 385; Niehues, Schul- und Prüfungsrecht, Bd. 1., 3. Aufl. 2000, 166; Pieroth, Erziehungsauftrag und Erziehungsmaßstab der Schule im freiheitlichen Verfassungsstaat, DVBl. 1994, 949; Müller, Das Recht der Freien Schule nach dem Grundgesetz, 2. Aufl. 1982; Bothe, VVDStRL 54 (1995), 29; Jarass, Zum Grundrecht auf Bildung und Ausbildung, DÖV 1995, 674; Mückl, Staatskirchenrechtliche Regelungen zum Religionsunterricht, AöR 1997, 513; Jach, Schulvielfalt als Verfassungsgebot, 1991; Glotz/Faber, Richtlinien und Grenzen des Grundgesetzes für das Bildungwesen, in: Benda/Maihofer/Vogel, Handbuch des Verfassungsrechts, 2. Aufl. 1994, § 28; Peters, Grundrechtseingriffe durch schulische Erziehungs- und Ordnungsmaßnahmen, RdJB 1994, 233; Avenarius, Schulische Selbstverwaltung – Grenzen und Möglichkeiten, RdJB 1994, 256; Luthe, Die Mindestsicherung des Kindeswohls, in: ders., Optimierende Sozialgestaltung, 2001, 82; Schmidt-Bleibtreu, Zur Entscheidung des Bundesverfassungsgerichts zum Ausbildungsplatzförderungsgesetz, DB 1981, 743; Hoffmann, Die objektiv-rechtliche Einwirkung der Berufsfreiheit auf arbeits-, sozial- und ausbildungsrechtliche Freiheitsprobleme, AöR 107 (1982), 177; Oppermann, Kulturverwaltungsrecht, 1969.

I. Einführung

Das Bildungsverfassungsrecht ist alles andere als eine einheitliche, in sich gegliederte und nach klaren Bildungsgrundsätzen geordnete Rechtsmaterie. Es rekrutiert sich viel mehr aus einer Ansammlung unterschiedlichster Verfassungsbestimmungen von direkter oder auch nur indirekter bildungspolitischer Relevanz. In dieser Hinsicht lassen sich Bezüge herstellen zu den **Freiheitsrechten** (etwa das Elternrecht gem. Art. 6 Abs. 2 GG), zur **Kompetenzordnung** des Grundgesetzes (Gesetzgebungs- und Verwaltungskompetenzen von Bund, Ländern und Gemeinden), zu staatlichen **Handlungsaufträgen** (etwa der staatliche Bildungs- und Erziehungsauftrag gem. Art. 7 GG) sowie zu allgemeinen **Verfassungsgrundsätzen** (etwa das Sozialstaatsprinzip gem. Art. 28 Abs. 1 GG).

Ein ausdrückliches **Recht auf Bildung** enthält das Grundgesetz jedoch nicht. Ein solches ist jedoch den meisten Landesverfassungen zu entnehmen.[1] Der Verbind-

1 Art. 11 Abs. 1 und 2 b – w. LV, Art. 128 Bay. LV, Art. 29 brand. LV, Art 127 brem. LV, Art. 4 Abs. 1

lichkeitsgrad dieser Landesregelungen ist jedoch eher als gering zu veranschlagen. Sie haben im wesentlichen nur Programmcharakter und sollen in dieser Weise den jeweiligen Landesgesetzgeber zur Schaffung bildungsgerechter Gesetze animieren.[2]

Im weiteren Sinne ist auch das **internationale Recht** Teil der Bildungsverfassung.[3] So gewährt Art. 2 des I. Zusatzprotokolls zur Europäischen Menschenrechtskonvention ein Recht auf Bildung und insbesondere einen Anspruch auf Vermittlung des für soziale Integration unabdingbaren Kernbestandes von Bildung.[4] Von Bedeutung sind zudem das Recht auf Erziehung in Art. 26 Abs. 1 der UN-Menschenrechtsdeklaration von 1948, die UN-Charta der Rechte des Kindes von 1957, das UNESCO-Übereinkommen gegen Diskriminierung im Unterrichtswesen von 1960, die Europäische Sozialcharta (1961) mit Rechten im Berufsbildungsbereich sowie Art. 13 des Internationalen Paktes über wirtschaftliche, soziale und kulturelle Rechte (1966). Diese Rechte gehen über die Gewährleistungen des Grundgesetzes und der Landesverfassungen jedoch nicht hinaus.[5]

Im Rahmen der Gegenstandsbereiche und Regelungsebenen des Bildungsverfassungsrechts verdient die Individualrechtsposition des Bürgers besondere Hervorhebung. So werden unterschiedliche „Gewährleistungsschichten" bzw. **„Grundrechtsfunktionen"** aktiviert, je nachdem, ob der Bürger staatliches Handeln abwehren will, ob er staatliche Leistungen oder die Teilhabe an vorhandenen Bildungsangeboten begehrt, schließlich ob er im Bildungsprozeß mitbestimmen will oder ob er besonderen Schutz beansprucht. Bei all dem werden zugleich grundlegende Wertentscheidungen der Verfassung berührt, so insbesondere die abwehrend-schützenden Prinzipien des Rechtsstaats (wie Grundrechtsgeltung, Gesetzesvorbehalt, Rechtsschutz), die leistende und aktivierende Funktion des Sozialstaatsgebots sowie die Prinzipien der Demokratie auf der Basis repräsentativ-parlamentarischer Willensbildung und gebotener Toleranz in einer pluralistisch verfaßten Gesellschaft:

- Das **Abwehrrecht:** Im Kern beruht Verfassungsstaatlichkeit auf einem Verständnis der Grundrechte als Abwehrrechte gegen (willkürliche) Eingriffe des Staates. Wegweisend für diese originär liberalstaatliche Verfassungsfunktion ist der Gedanke des selbstherrlichen (Markt-) Individuums, in dessen Entfaltungsraum der Staat nur unter besonderen Bedingungen (insbesondere verhältnismäßige und inhaltlich bestimmte Gesetze, transparente und ausreichend begründete Vollzugsentscheidungen) eingreifen darf. Es gilt die Devise „Alles ist erlaubt, was

---

nds. LV, Art. 31 rh.-pf. LV, Art. 8 nrw. LV, Art. 102 Abs. 1 sächs. LV, Art. 25 Abs. 1 sachs.-anh. LV, Art. 20 thür. LV.

2 So jedenfalls der Bayerische Verfassungsgerichtshof: VGH NF 28 II, 99; anders aber VG Freiburg, das aus der Landesverfassung einen Anspruch auf Hausunterricht für ein behindertes Kind abgeleitet hat: SPE II A II, 101.

3 Vgl. nachfolgend unter C.

4 Die Regelung gilt in der Bundesrepublik mit dem Rang eines Bundesgesetzes.

5 Staupe, Schulrecht von A–Z, 5. Aufl. 2001, 192.

nicht ausdrücklich verboten ist". Typisches Beispiel für die Aktivierung der Abwehrdimension ist die Verweisung des Schülers von der Schule.

- Das **Leistungsrecht:** Daß Grundrechte auch eine Leistungsdimension haben können, folgt aus dem Gedanken, daß sie als Abwehrrechte von vornherein wertlos wären, würde sich der Staat völlig aus der gesellschaftlichen Sphäre zurückziehen. Das Grundrecht auf Meinungsfreiheit etwa liefe leer ohne den mündigen Bürger, dem deshalb ein Mindestmaß an schulischer Bildung eingeräumt werden muß. Ein Grundrecht auf Berufsfreiheit wäre ohne jede Ordnungsbildung im Bereich der Berufsausbildung und Arbeitsförderung wertlos. Das Recht auf menschenwürdige Behandlung wäre ohne ein Minimalrecht auf Sicherung des Existenzminimums unvollständig. Deshalb ist in der Verfassungsdogmatik die liberal-staatliche durch weitere Grundrechtsfunktionen mit entsprechenden Leistungs-, Teilhabe- und Verfahrensrechten angereichert worden. Jedoch sind derartige Rechte zumeist mit finanziellen Lasten für den Staatshaushalt und letztlich auch den Steuerzahler verbunden. Insbesondere ein unmittelbar aus der Verfassung ableitbares Recht auf staatliche Leistungen kollidiert mit anderen Verfassungsprinzipien. Namentlich die dem Demokratieprinzip entstammende Haushaltsverantwortung des Gesetzgebers über die Verteilung der verfügbaren Haushaltsmittel sowie das Abwehrrecht des Bürger gegen übermäßige Besteuerung haben zur Folge, daß verfassungsunmittelbare Leistungsrechte in der rechtlichen Praxis eine nur untergeordnete Bedeutung besitzen. Eine Leistungspflicht des Staates ist deshalb nur im Falle unerträglicher gesellschaflicher Armutszustände (Existenzminimum)[6] und ein Teilhaberecht des Bürgers zudem nur nach Maßgabe verfügbarer Kapazitäten (Recht auf Hochschulzugang)[7] zugestanden worden.
- Das **Aktivbürgerrecht:** Das Aktivbürgerrecht gewährt dem Bürger ein Recht auf Mitgestaltung in staatlichen Angelegenheiten. Hierzu zählen insbesondere das aktive und passive Wahlrecht, das Recht auf Zugang zum öffentlichen Dienst sowie das Widerstandsrecht.[8]
- **Einrichtungsgarantien:** Einrichtungsgarantien wie das Recht auf Ehe und Familie, die Privatschulfreiheit, das Eigentums- und das Erbrecht oder auch das Berufsbeamtentum verbürgen nicht nur subjektive Rechte des Bürgers, sondern sind auch objektiv als Einrichtungen der Verfassung besonders geschützt.
- Die **objektiv-rechtliche Funktion der Grundrechte:** Gleichsam quer zu diesen vier klassischen Grundrechtsfunktionen liegt die objektiv-rechtliche Funktion

---

6 BVerfGE 1, 97, 104; BVerfGE 1, 159, 162; vor allem BVerfGE 40, 121, 133; dazu auch Luthe, Optimierende Sozialgestaltung 2001, 7 ff.

7 BVerfGE 33, 303 (Numerus-clausus-Entscheidung); BVerwGE 23, 347; 27, 360 (Subventionierung einer Privatschule).

8 Zweifelhaft ist, ob diese Rechtsdimension auch ein Verfassungsrecht auf Partizipation an Verwaltungsentscheidungen (etwa Elternbeteiligung im Rahmen der Schulverfassung) enthält. Dagegen spricht zum einen der Grundsatz der parlamentarischen Verantwortung der Regierung und zum anderen der staatliche Schulgestaltungsauftrag.

der Grundrechte, die den Staat bei der Anwendung und Aufstellung der Gesetze verpflichtet, die in den Grundrechten liegenden Wertentscheidungen der Verfassungsordnung auch unabhängig vom Rechtsschutzersuchen des Bürgers quasi aus sich heraus zu berücksichtigen. In dieser Hinsicht kommt den Grundrechten Maßstabsfunktion zu bei der Auslegung und Gestaltung des Rechts. So haben sich etwa Verwaltung und Gerichte bei der Interpretation der Gesetze an den Grundrechten zu orientieren. Selbst Rechtsbeziehungen zwischen Privatleuten können am Maßstab der Grundrechte bewertet werden (sog. Drittwirkung der Grundrechte). Die objektive Bedeutung der Grundrechte als Leitbilder für das gesamte staatliche Handeln bedeutet in unserem Zusammenhang vor allem, daß der Staat die Existenz und Funktionsfähigkeit eines allgemein zugänglichen Bildungswesens gewährleisten, eine gleiche Bildungsbeteiligung ermöglichen und für ein bedarfsorientiertes Curriculum Sorge tragen muß.[9]

- **Schutzrechte:** Schutzpflichten des Staates, denen zumindest ansatzweise auch entsprechende Schutzrechte des Bürgers zugeordnet sind, bilden den bisherigen Endpunkt innerhalb der historischen Entwicklung der Freiheitsrechte. Ihre konkrete Bedeutung und Einordnung innerhalb der Grundrechtsfunktionen ist umstritten.[10] Mit dem Leistungsrecht verbindet sie die Erkenntnis, daß ein reines Abwehrrecht nicht ausreicht, um die Freiheit des Bürgers zu sichern. Ebenso wie beim Leistungsrecht ist auch das Schutzrecht des Bürgers auf einen aktiven Staat angewiesen und nicht auf einen Staat, der sich prinzipiell aus der gesellschaftlichen Sphäre heraushält. Wie das Abwehrrecht beruht auch das Schutzkonzept auf der klassischen Funktion der Grundrechte, Verletzungen abzuwehren. Nur ist diese Funktion nicht mehr nur auf Verletzungen durch den Staat beschränkt, sondern umfaßt auch solche Verletzungen, die sich allgemein aus der Teilnahme des Bürges am gesellschaftlichen Leben ergeben. So ist der Bürger nicht nur gegen Übergriffe durch den Staat, sondern auch gegen Übergriffe durch private Dritte zu schützen, letzteres insbesondere dann, wenn der Staat hierfür eine Mitverantwortung trägt.[11] Das Schutzkonzept beinhaltet nicht nur die staatliche Verpflichtung zur Abwehr eingetretener Störungen, sondern auch und gerade eine präventive staatliche Verantwortung gegenüber Gefahren, die etwa mit der Einführung neuer Technologien, der Regelung wirtschaftlicher Geschäftsbeziehungen oder auch der Billigung des Schwangerschaftsabbruchs für den Grundrechtsträger verbunden sind.[12]

Die Bildungsverfassung weist dem **Staat** die tragende Rolle bei der Verwirklichung individueller Freiheits-, Gleichheits- und Mitbestimmungsrechte im Bildungs-

---

9 Richter, Ausbildungsförderung, in: von Maydell/Ruland (Hg.), Sozialrechtshandbuch, 2. Aufl. 1996, 1481.

10 Pieroth/Schlink, Grundrechte, 15. Aufl. 1999, 24.

11 Etwa bei Genehmigung gesundheitsgefährdender Anlagen und Techniken oder im Zuge der staatlichen Schulpflicht.

12 Der Stein wurde ins Rollen gebracht durch die Abtreibungsrechtsprechung des Bundesverfassungsgerichts: BVerfGE 39, 1, 41; auch BVerfGE 88, 203, 254.

wesen zu. Von der staatlichen Verantwortung umfaßt werden insofern sowohl die schulische und berufliche Bildung als auch die Förderung von Bildung und Ausbildung auf dem Gebiet des Sozialrechts. Das ist keine Selbstverständlichkeit. Vorstellbar ist demgegenüber auch ein radikales **pluralistisches Modell** des Bildungswesens, das offen ist für Individuen, Unternehmen, Verbände, Kirchen und sonstige gesellschaftliche Interessen und das den Staat auf eine allgemeine Ordnungsaufgabe reduziert.[13] Freilich würde hiermit einer Tendenz zur Partikularisierung und verstärkten Eigennutzorientierung des Bildungswesens Vorschub geleistet. Eine weitere Alternative besteht darin, das Bildungswesen stärker für **Marktprozesse** zu öffnen, das öffentliche Gut „Bildung" also der freien Preisentwicklung zu überlassen und allenfalls im Falle bedarfswidriger Ungleichgewichte qua Staatsaufsicht einzugreifen.[14] Ein solches Modell allerdings birgt zu viele Gefahren für die Chancengleichheit der Bildungsinteressenten und – angesichts eher kurzfristiger Verwertungsinteressen der Wirtschaft – die zukünftige Sicherstellung des gesellschaftlichen Bildungs- und Ausbildungsbedarfs, als daß ihm ungeteilte Akzeptanz entgegengebracht werden könnte.[15]

Insofern ist im Rahmen der staatlichen Verantwortung zwar die Ungleichheit der Bildungsbeteiligung nach Geschlecht und Religion beseitigt worden, nach Schicht und Herkunft allerdings nur bedingt. Dies mag vereinzelt auf eklatante Versorgungsdefizite zurückzuführen sein. In der Grundtendenz aber beruht der Bildungsstaat auf sozialisatorischen Voraussetzungen, die er selbst nicht garantieren kann, letztlich also auf einer Kulturgemeinschaft als einer Verfassungsvoraussetzung, in der sich die klassischen Gedanken von Freiheit, Gleichheit und Brüderlichkeit materialisieren. Einem „totalen Bildungsstaat" dagegen stünde nicht nur die Einsicht in die prinzipielle Begrenztheit des staatlichen Steuerungsinstrumentariums gegenüber kulturspezifischen Phänomenen entgegen[16], sondern auch die rechtsstaatlich gebotene Ablehnung eines Totalintegration leistenden Staates, der sein Gewaltmonopol im Falle eines Falles nicht mehr im Sinne eines bloßen Vollzugsinstruments, sondern im Sinne eines volkspädagogisch aufgeladenen Führungsinstruments zu verstehen gedenkt.

---

13 Ansatzweise ist dies freilich geschehen mit der Einschaltung privater Bildungsanbieter, mit der Beteiligung von Schülern und Eltern im Schulbereich, mit der Beteiligung gesellschaftlicher Gruppen im Rahmen der Jugend- und Erwachsenenbildung sowie schließlich im Rahmen der Dualen Berufsausbildung.

14 Zu beiden Modellen vgl. Richter, Bildungsrecht – was ist das eigentlich?. RdJB 97, 10, in Bezug auf Jach, Schulvielfalt als Verfassungsgebot, 1991, sowie von Lieth, Der Markt als Ordnungsprinzip des Bildungsbereichs, 1985.

15 Jenseits staatlicher Kernaufgaben ist die Monetarisierung des Bildungswesens gleichwohl eine weit verbreitete Erscheinung. Man denke an private Hochschulen und Schulen, an privat betriebene und finanzierte Bildungsdienstleistungen im Weiterbildungsbereich oder an die Mitfinanzierung der Berufsausbildung durch das Wirtschaftsunternehmen.

16 Luhmann, Politische Theorie im Wohlfahrtsstaat, 1981, 94.

II. Schulische Bildung

Schulrecht ist über weite Strecken **„konkretisiertes Verfassungsrecht"**. Dies dürfte kaum verwundern. Denn mit der Normierung einer Schulpflicht greift der Staat unmittelbar in den Entfaltungsraum der Schüler und die Erziehungsverantwortung der Eltern ein, nimmt direkten Einfluß auf die Entwicklung der Heranwachsenden (und sei es nur, daß er ihnen die Möglichkeit außerschulischen Lernens weithin versperrt), teilt im Wege des Prüfungswesens weit in die Zukunft wirkende Lebensführungschancen zu und unterwirft den Schüler einem anstaltsförmig geprägten Ordnungsrahmen mit entsprechenden Handlungs- und Duldungspflichten in curricularer und organisatorischer Hinsicht.[17] Gleichzeitig aber trägt dieser zwanghafte Rahmen auch Züge einer positiven Staatsleistung. Wer nicht vollständig auf den Flügeln einer Anti-Pädagogik durch die Lüfte schwebt, wird zuzugestehen haben, daß Schule eben auch der Vorbereitung auf das Leben dient. Die Eigentümlichkeit schulischer Rechtsbeziehungen scheint also gerade darin zu liegen, daß die Grenzen zwischen dem belastenden Eingriff und der begünstigenden Leistung nicht immer eindeutig gezogen werden können und die dauerhafte Eingliederung des Schülers in den schulischen Organismus sich fundamental unterscheidet von den eher flüchtigen Rechtsbeziehungen zwischen Staat und Bürger außerhalb. Bildlich gesprochen: Ist das selten spaßige Geräteturnen im Sportunterricht nun der Eingriffs- oder Leistungsdimension der Schule zuzurechnen? Nur im ersteren Fall wären die rechtsstaatlichen Rechtsschutzinstrumente wirklich gefordert. Rechtsprechung und Lehre versuchen hier freilich den pragmatischen Kompromiß im Sinne eines „Weder – noch". Bei derartigen **Maßnahmen des laufenden Schulbetriebes** befinde man sich grundsätzlich unterhalb der Schwelle rechtsrelevanter Fragen.[18] Auf diese Weise wird freillich das gesamte curriculare und organisatorische Vorfeld des Scheiterns von Schülerkarrieren dem rechtlichen Einfluß von Schülern und Eltern entzogen. Ebenso kurios die Frage der Nicht-Versetzung: Handelt es sich um einen Eingriff in das Recht auf selbstbestimmte Gestaltung des eigenen Ausbildungsweges oder um die Versagung einer schulischen Leistung in Gestalt der Teilnahme am Unterricht der nächsthöheren Klasse? Und wie schließlich ist das Recht von Schülern bzw. Eltern auf Teilhabe (nicht jedoch: Schaffung und Ausgestaltung) an öffentlichen Bildungseinrichtungen zu bewerten, – als Einforderung von Schulzwang, als Abwehr bestimmter Formen staatlich aufgezwungener Teilhabe (bei der Schulwahl) oder als Recht auf schulische Leistungsgewährung? Unbestreitbar haben Lehre und Rechtsprechung hier fallgruppenspezifische Lösungen entlang der Freiheitsrechte und der staatlichen Schulgestaltungsmacht (Art. 7 GG) längst gefunden. Die eigentlichen Aporien des schulischen Regelkreises unter den Vorzeichen von Schulpflicht und staatlichem Bildungsauftrag, rechtsfreier Räume und Grundrechte im Sinne abwehrender und herzustellender Freiheit werden mit den stark auf Abwägungsfragen und damit auf den

17 Luchterhandt, Grundpflichten als Verfassungsproblem in Deutschland, 1988.
18 So, anstatt vieler, Niehues, Schul- und Prüfungsrecht, Bd. 1., 3. Aufl. 2000, Rn. 640.

Einzelfall zugespitzten Rechtskonstruktionen jedoch kaum ausgeräumt. Sie bleiben virulent auch in den kleinsten Verästelungen der Schulrechtspraxis und erklären auf diese Weise den prägenden Einfluß der Verfassung auf den schulischen Rechtsalltag. Deshalb wird vieles, was mit Fug und Recht auch innerhalb dieses Kapitels zum Bildungsverfassungsrecht behandelt werden könnte, erst bei den Ausführungen zum Schulrecht und zum Prüfungsrecht zur Sprache gebracht. An dieser Stelle werden wir uns also auf einige Kernprobleme beschränken können.

1. Recht auf Bildung

Das „Recht auf Bildung“ ist Gegenstand vielfältiger politischer Proklamationen, von seiner juristischen Bedeutung jedoch streng zu unterscheiden. Immerhin geht es nicht nur um die objektive Bedeutung einer Verpflichtung, wonach der Staat im Rahmen seiner Bildungs- und Erziehungsverantwortung (Art. 7 GG) und als Garant der Grundrechte in ihrer Ausprägung als von allen Staatsorganen zu beachtende Leitideen der Verfassung für ein funktionsfähiges Bildungssystem zu sorgen hat, sondern um einklagbare „subjektive“ Rechte, und dies auf der Ebene der Verfassung, somit unabhängig vom Willen des demokratischen Gesetzgebers.[19] In dieser Hinsicht liefern die Freiheitsrechte des Grundgesetzes zahlreiche, in ihrer Bedeutung und Reichweite indes unterschiedliche Anknüpfungspunkte für ein Recht auf Bildung[20]:

Das Grundrecht der **freien Berufswahl** (Art. 12 Abs. 1 GG) ist nicht nur als Abwehrrecht gegen jede Form staatlicher Behinderung der berufsbezogenen Ausbildung anerkannt, sondern gewährt auch ein Recht auf Teilhabe an den staatlichen Einrichtungen insbesondere der berufsbezogenen Ausbildung.[21] In den Bereich der berufsbezogenen Ausbildung werden jedoch auch Teile der schulischen Ausbildung einbezogen, auch wenn die Ausbildungsinhalte somit allgemeiner Natur sind. Insbesondere dann, wenn der Besuch einer bestimmten Schulform Voraussetzung für das Erlernen und damit die Wahl eines bestimmten Berufes ist, wird das Grundrecht der Berufsfreiheit aktiviert. Dies gilt namentich für die höheren Klassenstufen des Gymnasiums als Eingangsvoraussetzungen des Hochschulstudiums. So ist die zwangsweise Entlassung aus einem Gymnasium grundsätzlich als Eingriff in die Berufsfreiheit des Schülers anzusehen, nicht aber die Nichtversetzung eines Gymnasialschülers. Da diese die freie Wahl der Ausbildungsstätte nicht berührt, ist lediglich die allgemeine Handlungsfreiheit und das allgemeine Persönlichkeitsrecht (Art. 2 Abs. 1 GG) betroffen.[22] Soweit also das Grundrecht der Berufsfreiheit für die Schulausbildung relevant wird, gewährt es einerseits ein Recht auf Teilhabe an vorhandenen schulischen Bildungsangeboten und andererseits ein Recht auf

19 Vgl. auch unter B. I. (Gewährleistungspflichten der Grundrechte).
20 Zum Ganzen: Jarass, Zum Grundrecht auf Bildung und Ausbildung, DÖV 1995, 674.
21 BVerfGE 33, 303, 331; 59, 1, 25; 85, 36, 54.
22 So BVerfGE 58, 257, 273.

Abwehr der (willkürlichen) zwangsweisen Entlassung. Wie alle Freiheitsrechte kann auch das Grundrecht der Berufsfreiheit durch Gesetz eingeschränkt bzw. näher ausgestaltet werden. Sowohl das Gesetz als auch sein weiterer Vollzug sind im Rahmen der Eingriffslegitimation bei Art. 12 GG jedoch einer strengen Verhältnismäßigkeitsprüfung unterworfen. Das Recht auf Teilhabe an vorhandenen Bildungsangeboten wird jedoch durch den Vorbehalt des finanziell Möglichen stark relativiert und ist in hohem Maße der Gestaltungsfreiheit von Gesetzgebung und Schulverwaltung überlassen.

Außerhalb der berufsbezogenen (schulischen) Ausbildung sind Rechte auf Bildung bisweilen auch auf Art. 2 Abs. 1 GG gestützt worden, etwa als „Grundrechte des Schülers ... auf eine möglichst ungehinderte **Entfaltung seiner Persönlichkeit** und damit seiner Anlagen und Befähigungen".[23] So wird konstatiert, das allgemeine Persönlichkeitsrecht umfasse „auch Elemente eines Rechts auf Bildung".[24] Mehr als ein Minimalstandard von Bildungseinrichtungen sei hiermit jedoch nicht gewährleistet.[25] Überdies schützt Art. 2 Abs. 1 GG primär auch nur den autonomen Bereich privater Lebensführung und ist für ein Recht auf Bildung demgemäß nur begrenzt verwertbar. Gerade Art. 7 Abs. 1 GG weist dem Staat im schulischen Bereich eine erhebliche Gestaltungsfreiheit zu, die dem Recht auf ungehinderte Entfaltung der Persönlichkeit legitime Grenzen setzt.[26]

Allerdings ist die in Art. 7 Abs. 1 GG aufgeführte **Aufsicht des Staates** über das Schulwesen nicht in sein Belieben gestellt. Vielmehr umfaßt sie „die Befugnis ... zur zentralen Ordnung und Organisation des Schulwesens mit dem Ziel, ein Schulsystem zu gewährleisten, das allen jungen Bürgern gemäß ihren Fähigkeiten die dem heutigen gesellschaftlichen Leben entsprechenden Bildungsmöglichkeiten eröffnet".[27] Zwar wird der Staat auf diese Weise zur gesetzlichen Begrenzung von Grundrechten und näheren Ausgestaltung des Schulbetriebes in die Lage versetzt, dies aber letztlich im Interesse der Schüler. Im Rahmen ihres weiten Ausgestaltungsspielraums sind Gesetzgebung und Verwaltung somit einem bindenden Verfassungsauftrag zur Gewährleistung eines leistungsfähigen Schulwesens unterworfen.[28] Nach allgemeiner Auffassung erwachsen aus dem Verfassungsauftrag jedoch keine subjektiven Rechte.[29] Ein Recht auf Errichtung staatlicher Schulen oder gar auf nähere Ausgestaltung bestehender Bildungsangebote wird somit im Gegensatz zum Recht auf Teilhabe an vorhandenen öffentlichen Bildungseinrichtungen nicht anerkannt. Aber auch das maßgeblich auf dem Gleichheitsgrundsatz basierende Teilhaberecht[30] unterliegt der staatlichen Schulgestaltungsmacht. Diese benötigt jedoch für alle wesentlichen Fragen von grundrechtlicher Bedeutung eine

23 BVerfGE 58, 257, 272.
24 BVerwGE 47, 201, 206; 56, 155, 158; HessStGH, NJW 1982, 1385.
25 Niehues, Schul- und Prüfungsrecht, Bd. 1, 3. Aufl. 2000, Rn. 357.
26 BVerfGE 53, 185, 203.
27 BVerfGE 26, 228, 238; 47, 46, 71; 53, 185, 196; 59, 360, 377.
28 Jarass, a. a. O., 677.
29 Jarass, a. a. O., 677; Niehues, a. a. O., 357.
30 Niehues, Schul- und Prüfungsrecht, Bd. 1, 3. Aufl. 2000.

gesetzliche Grundlage, und diese muß ihrerseits im Hinblick auf die Ziele des staatlichen Bildungs- und Erziehungsauftrages, vor allem im Hinblick auf das Entfaltungsrecht der Schüler, sachgerecht und geeignet sein.[31]

Einrichtungen, die nicht auf eine gewisse Dauer angelegt sind, werden vom Geltungsbereich des Rechts auf Bildung und Ausbildung jedoch nicht erfaßt (etwa Arbeitsgemeinschaften, Vortragsreihen).[32] Ebensowenig ist dies bei Einrichtungen der **Erwachsenenbildung** und der Erwachsenenfortbildung der Fall. Denn Grundvoraussetzung für ein Recht auf Bildung außerhalb des beruflichen Bereichs ist, daß die Institution als Schule im Sinne des Art. 7 Abs. 1 GG angesehen werden kann. Erst in diesem Kontext materialisieren sich das Persönlichkeits- und Gleichheitsrecht als objektives Recht auf Funktionssicherung und subjektives Recht auf Teilhabe. Kennzeichen für eine Schule ist allerdings das Vorhandensein einer gewissen Programmkontinuität und ein Mindestmaß an Leistungsdifferenzierung. Die **Privatschulfreiheit** des Art. 7 Abs. 4, 5 GG kommt hingegen nicht den Schülern, sondern allein den privaten Schulträgern zugute. Inhalt ist die Errichtung und das Betreiben privater Schulen, die als sog. Ersatzschulen, in denen die Schulpflicht abgeleistet werden kann, einem Genehmigungsvobehalt unterliegen und bei Gleichwertigkeit mit staatlichen Schulen einen Rechtsanspruch auf Genehmigung und staatliche Subventionierung haben.[33]

2. Schutzverantwortung der Schule

Die vorstehenden Ausführungen haben deutlich gemacht, daß die Verfassung lediglich ein Recht auf Teilhabe an vorhandenen Bildungseinrichtungen gewährt, Eltern und Schüler aber weder ein einklagbares Recht auf Errichtung noch auf nähere Ausgestaltung von Bildungseinrichtungen haben. Zwar hat der Staat im Rahmen einer objektiven, also nicht einklagbaren Verpflichtung für ein funktionsfähiges und insbesondere der kindlichen Entfaltung angemessenes Schulsystem zu sorgen. Hierbei steht ihm jedoch ein weiter Gestaltungsspielraum zu, der ausschließt, daß Eltern und Schüler rechtswirksam Einfluß nehmen auf **Unterricht und Organisation** der Schule. Hiergegen dürfte im Grundsatz nichts einzuwenden sein: Das Grundgesetz unterstellt die Schule der Aufsicht des Staates, unterwirft sie damit gezielt der Kontrolle durch Parlament und Regierung und läßt daher die Einwirkung von Betroffenenseite grundsätzlich nur im Falle gravierender Gleichheits- und Freiheitsprobleme zu.

Allerdings kann diese Sichtweise nur für den schulischen „Normalfall" überzeugen. Längst aber geht es nicht mehr nur um den üblichen Unterrichtsausfall, veraltete Unterrichtsmethoden oder um die Erprobung neuer Schulformen, also um ein bloßes und scheinbar beherrschbares Mehr oder Weniger im Bereich von Kapazitäten

---

31 Jarras, Zum Grundrecht auf Bildung und Ausbildung, DÖV 1995, 678.
32 Ebenda.
33 BVerwGE 23, 347; 27, 360.

und Begabungen. Schule ist gleichsam zur überlebenswichtigen Bedingung im Horizont der Ansprüche globalisierter Wissensgesellschaften geworden und droht an ihnen zu scheitern. Insofern sind die Erwartungen an Schule enorm gewachsen, etwa mit der Forderung nach Entlastung der familiären Versorgung oder nach zielgenauer Vorbereitung der Schüler auf neue, technologisch anspruchsvolle Arbeitswelten. Demgegenüber sind die Schüler, um es in den Worten der Praktiker auszudrücken, „schwieriger" geworden, nicht zuletzt ablesbar an der sprunghaften Zunahme von Disziplin- und Gewaltproblemen an Schulen. Schule als Ort krimineller Infizierung, von Gewalt und edukativer Verwahrlosung hat die öffentliche Blickrichtung vermutlich grundlegend verändert. Sie ist über den Status einer lediglich suboptimalen Institution hinausgewachsen und zu einer ernsthaften Bedrohung geworden: Als Bedrohung der körperlichen und psychischen Integrität des Schülers sowie als Bedrohung seiner Entwicklung zu einer Persönlichkeit, die als Staatsbürger und Wirtschaftsteilnehmer Verantwortung übernehmen kann. Deshalb sind es nicht mehr nur die sattsam bekannten „Versäumnisse", sondern die strukturellen Eigenanteile von Schule bei der gesellschaftlichen Produktion von sozialer Ungleichheit, Unwissenheit und Gewalt, die den Schulbesuch heute weniger unter Nutzen- als unter Risikoaspekten in Erscheinung treten lassen.

Damit aber erleidet die **Legitimationsfähigkeit staatlicher Zwangsverschulung** empfindliche Einbußen. Vor allem die vielbeschworen soziale Integrationsaufgabe von Schule, die darin besteht, Schüler aus unterschiedlichen Gesellschaftsschichten zusammenzuführen, vermag nur vor dem Hintergrund eines funktionsfähigen Ganzen zu überzeugen, bei dem gewisse Mindeststandards an Ausbildung und Erziehung gewährleistet sind. M. a. W. das Anordnen einer Schulpflicht setzt prinzipiell das Gelingen von Schule voraus oder doch zumindest Möglichkeiten rechtlicher Gegenwehr bei eklatantem Schulversagen.[34] Aber abgesehen von Prüfungsfehlern, Disziplinarmaßnahmen und Fragen der Aufnahme in Schulen gibt es so gut wie nichts, was von Betroffenseite rechtlich beanstandet werden könnte. Damit aber bleibt das gesamte Vorfeld des Scheiterns von Schülerkarrieren dem undurchsichtigen Wirken der Schulbürokratie überlassen. Deshalb ist es an der Zeit, über einen **Rechtsanspruch auf Schutz und Schadensabwehr** nachzudenken. Dieser hat mit der Dimension sozialstaatlicher Leistungsrechte nur bedingt zu tun.[35] Im Kern geht es um Schadens- „Abwehr". Daß der Staat, wenn er Schaden abwenden und Schutz gewähren muß, ggf. auch gewisse Leistungen zu erbringen hat, indem

---

34 Insofern geht es auch nicht um ein „Recht auf Unterricht" u. dgl. Das Bedrohungs- und Risikopotential von Schule ist mittlerweile in Ausmaße hineingewachsen, denen gegenüber sich ein Recht auf Unterricht als Verharmlosung der vorfindlichen Bedingungen ausnehmen würde. Hierzu auch Richter, Die sieben Todsünden der Bildungspolitik, 2001: „Es kommt also wohl darauf an, was ‚Gewalt' ist und was unter ‚großen' und ‚leichten' Problemen zu verstehen ist. Wenn nach derselben Untersuchung 28 % der Lehrer an Gesamtschulen sagen, daß sich der Gebrauch von Waffen in der Schule ‚im Rahmen' hält, fragt man sich, was das für ein Rahmen ist. Halten diese Lehrer den Waffengebrauch auch nur eines Schülers an Gesamtschulen bereits für normal? Das gleiche gilt für den Vandalismus, den anscheinend über 50 % der Sekundarstufe-I-Lehrer für normal halten."

35 Zu den Gewährleistungsschichten der Grundrechte vgl. B. I.

er etwa die Versorgung besonders „schadensgeneigter“ Klassen erhöht, ist gleichwohl nur eine der möglichen Folgen staatlicher Schutzverantwortung und spricht nicht gegen die abwehrrechtliche Stoßrichtung staatlicher Verantwortung.

Vor diesem Hintergrund jedenfalls vermag der Verweis auf den **„laufenden Schulbetrieb“** kaum zu überzeugen, nämlich das schulische Alltagsgeschehen, das in geradezu prägender und existentieller Weise auf die Entwicklung des Schülers Einfluß nimmt, rechtlicher Kontrolle gänzlich zu entziehen. Denn Lernende können sich von staatlicher Zwangsverschulung selbst unter schlechtesten Lernbedingungen nicht befreien. Zwar wäre die bloße „Mangelverwaltung“ in erster Linie politisch zu verantworten. Dem Gefahrenpotential von Schule darf sich das Recht unter dem Blickwinkel psychischer und physischer Integrität der Schülerschaft jedoch nicht verschließen. Zweifelsohne wird dies den schulischen Alltag nicht unberührt lassen mit der Konsequenz, daß der Grenzlinienverlauf zwischen kindlicher Schutz- und staatlicher Handlungssphäre nicht immer klar nachzuzeichnen sein wird. Letztlich aber handelt es sich hierbei nur um ein Problem sachgerechter Fallgruppenbildung. Die erfolgreichen Klagen gegen koedukativen Sportunterricht oder das „Lernen unter dem Kreuz“ zeigen, daß der „laufende Schulbetrieb“ unter bestimmten Bedingungen durchaus gerichtlicher Kontrolle zugänglich sein kann.[36]

Man ist schnell geneigt, Probleme des Schullebens der **Polarität von Individuum und Gemeinschaft** einzuverleiben und damit das eine zugunsten des anderen zu relativieren. Zweifelsohne ist Schule eine „Gemeinschaftsveranstaltung“, in die der Staat mit dem Ziel des Ausgleichs unterschiedlicher Eltern- und Schülerinteressen regelnd eingreifen muß. Kompromißfindung ist jedoch von vornherein die falsche, weil zu Mißverständnissen verleitende Kategorie, wo Eltern und Schüler sich gegen grundsätzlich alle betreffenden Mißstände zur Wehr setzen wollen. In dieser Hinsicht scheint ein Umdenken notwendig, wo der Staat nur zu etwas angehalten wird, was er im Rahmen seines Bildungs- und Erziehungsauftrages ohnehin leisten müßte. Das Bundesverfassungsgericht hat mehrfach betont, daß der schulische Bildungsauftrag letztlich um der **kindlichen Entfaltung** willen gegeben ist.[37] So sei das Recht des Schülers auf Entfaltung seiner Anlagen und Befähigungen im Rahmen schulischer Ausbildung zwar in einem Spannungsverhältnis zu dem Bildungs- und Erziehungsauftrag des Staates zu sehen. Einschränkungen seines Persönlichkeitsrechts muß sich der Schüler aber nur dann gefallen lassen, wenn diese durch den staatlichen Bildungs- und Erziehungsauftrag selbst „gerecht-

---

36 BVerfGE 94, 82, 83; 92, 1. Nun sind religiös-weltanschauliche Fragen zwar in hohem Maße grundrechtssensibel, nicht minder grundrechtssensibel ist jedoch die Frage einer staatlichen Schutzverantwortung auch und gerade im organisatorischen und curricularen Vorfeld des Scheiterns von Schülerkarrieren. Die schulrechtliche Bewertung läßt hier bislang ein grobes Mißverhältnis erkennen. Das „Lernen unter dem Kreuz“ oder unter koedukativen Bedingungen kann dem Einzelnen nicht zugemutet werden. Das Lernen unter Bedingungen schlechtester Unterrichtsversorgung, mit allen weiteren Implikationen für die psychische und physische Integrität des Schülers, bleibt von Betroffenenseite prinzipiell unangreifbar.

37 BVerfGE 47, 74, 81; 59, 380 f.; 24, 144 f.; 26, 238; 34, 182; 59, 376; 45, 417; 53, 202; 98, 257.

fertigt" sind. Insofern begrenze das Entfaltungsrecht auch die staatlichen Befugnisse.[38]

Allerdings sind die Anforderungen an die **Rechtfertigung von Grundrechtseinschränkungen** nicht beliebig. Ein irgendwie geartetes Allgemeininteresse erfüllt die Anforderungen nicht. Sind dem Staat entsprechende Gestaltungsbefugnisse ausschließlich im Dienste des Kindeswohls eingeräumt, so greifen fiskalische Gründe für Einschnitte in das Bildungssystem nur noch bedingt. Das kindliche Entfaltungsinteresse fungiert insofern nicht nur als Grenze für Freiheitseinschränkungen, sondern bestimmt als Richtwert gleichzeitig von höherer Warte die Anforderungen an die Legitimität staatlicher Schulgestaltungsmacht schlechthin. Im Umkehrschluß muß sich das Bundesverfassungsgericht deshalb die Frage gefallen lassen, welche rechtlichen Konsequenzen es hat, wenn der Staat seine Erziehungs- und Bildungsverantwortung nicht mehr in einer dem Kindeswohl genügenden Weise wahrnimmt. Es wäre falsch, diese Frage allein dem Gesetzgeber zu überlassen. Denn Schutzpflichten sind grundsätzlich an alle Staatsorgane adressiert.[39] Der Gesetzgeber wäre hierfür im übrigen auch der ungeeignetste Kandidat. Die Misere liegt im schulischen Alltag und damit maßgeblich in der Hand von Regierung und Schulbürokratie, weist darüber hinaus einen stark lokalspezifischen Zuschnitt auf (Problemregionen) und muß daher von den unmittelbar Betroffenen selbst aufgegriffen werden können.

Staatliche Schutzpflichten wurden erstmalig in der Abtreibungsrechtsprechung des Bundesverfassungsgerichts thematisiert. Gegenstand der Schutzpflicht ist der Schutz des ungeborenen Lebens. Der Staat, welcher Abtreibungen unter bestimmten Voraussetzungen billigt, übernimmt hiermit gleichzeitig eine besondere Verantwortung gegenüber dem ungeborenen Kind. Hieraus ergibt sich für das Bundesverfassungsgericht die staatliche Verpflichtung, mittels Beratung und sozialer Absicherung der Schwangeren diejenigen Rahmenbedingungen zu schaffen, die das Abtreibungsrisiko größtmöglich minimieren.[40] Die Entscheidung fußt im wesentlichen auf einem Dreiecksverhältnis zwischen Staat, abtreibungswilliger Mutter und dem ungeborenen Kind. Da das Bundesverfassungsgericht ein absolutes Abtreibungsverbot, durchgesetzt mit den Mitteln des Strafrechts, gegenüber der Mutter einerseits als unverhältnismäßige Maßnahme einstuft, andererseits aber auch das Leben des Kindes schützen will, bemüht sich das Gericht um einen schonenden Ausgleich des vorliegenden Interessenkonfliktes. Diesen findet das Gericht in der Beratungspflicht der Abtreibungswilligen und in flankierenden sozialpolitischen Maßnahmen, die es der Mutter erleichtern sollen, sich im Zweifel für das Kind zu entscheiden. Nur als ultima ratio darf der Staat auch auf den Einsatz des Strafrechts zurückgreifen.

---

38 BVerfGE 98, 257.

39 Isensee, Das Grundrecht als Abwehrrecht und staatliche Schutzpflicht, in: ders./Kirchhof (Hg.), Handbuch des Staatsrechts, Bd. V, 1992, Rn. 139.

40 BVerfGE 39, 1, 41 ff.; auch Jean d'Heur, Grundrechte, staatliche Schutzpfichten und Untermaßverbot, RdJB 1994, 91.

In dieser Weise mutiert die **Abwehrfunktion** der Schutzpflicht in ein verfassungsunmittelbares **Leistungsrecht**.

In der hier zugrunde liegenden **Dreiecksbeziehung** zwischen Staat – Störer – Opfer zeigen sich erste Parallelen zur Schulrechtssituation: Im Vordergrund steht die Gewaltproblematik und insofern das Verhältnis der Schüler untereinander. Bezogen auf dieses Verhältnis hat der Staat seine Schutzaufgabe zu erfüllen. Er tut dies normalerweise durch den Einsatz insbesondere des schulischen Disziplinarrechts. Folgt man der Linie der Abtreibungsentscheidung, so darf repressives Staatshandeln jedoch nur als ultima ratio in Betracht gezogen werden. Nicht zuletzt vor dem Hintergrund des staatlichen Bildungsauftrages hat der Staat seine Anstrengungen deshalb ganz besonders auf das Vorfeld möglicher Schäden auszurichten, also in **präventiver Weise** auf Gewaltsituationen einzuwirken und diesbezüglich günstige Rahmenbedingungen zu schaffen. Zumal: Die Gewaltproblematik wird durch den Schulbesuch selbst im Wege einer Summierung und interdependenten Verzahnung negativer Einflüsse nicht unerheblich gefördert. Gerade für die Komponente einer solchen **staatlichen Mitverantwortung** aber bietet die Abtreibungsrechtsprechung noch keine ausreichende Bewertungsgrundlage. Insbesondere das Problem struktureller Defizite an Schulen im Bereich von Unterricht und Organisation bleibt in der Konstruktion einer Dreiecksbeziehung mit ihrer Versteifung auf eine „private Störungsquelle“ unterbelichtet. Die Abtreibungsrechtsprechung ist zwar ein erster Schritt zur rechtlichen Bewertung der Gewaltprobleme „zwischen“ den Schülern; die unbeabsichtigten Nebenfolgen des Schulalltags sind rechtlich jedoch weiter klärungsbedürftig.

Bei der **Klassifizierung schulischer Beeinträchtigungslagen** können wir im wesentlichen drei Anwendungsebenen des Schutzgedankens voneinander unterscheiden:

- Gefahren und Störungen, die von Schülern ausgehen und sich gegen Mitschüler wenden,
- Gefahren und Störungen, die von Schülern ausgehen, weil den verantwortlichen staatlichen Instanzen strukturelle Defizite hinsichtlich der Rahmenbedingungen von Schule anzulasten sind,
- Gefahren und Störungen, die ausschließlich durch Strukturdefizite der Schule bedingt sind (etwa mangelnde Lehrerversorgung, überfüllte Klassen, mangelnder Förderunterricht usw.).

Der **ersten Konstellation** liegt das für den Schutzgedanken **typische Dreiecksverhältnis** von Staat – Opfer – Störer zugrunde. Die zu ergreifenden Schutzmaßnahmen sind einzelfallabhängig. Gefahrgeneigte Klassenverbände wären besonderer Aufsicht und Förderung zu unterstellen. Namentlich bei der Anwendung des Schulgesetzes müssen die Schutzrechte gefährdeter oder geschädigter Schüler gewahrt werden. Insofern kann die Schutzkategorie dazu verhelfen, daß ein staatliches Einschreiten von Elternseite eingeklagt werden kann. Der staatliche Mitbeteiligungsanteil beschränkt sich jedoch auf die bloße Statuierung einer Schulpflicht und den dadurch gestifteten sozialen Kontakt zwischen gewaltbereitem und gefährdetem Schüler. Hier kann zweifelhaft sein, ob aus der bloßen Mitverursachung auch eine rechtliche Mitverantwortung folgt.

Die **zweite Konstellation** ist gleichsam eine **Zwischenstufe** zwischen privater und staatlicher Störung, bei der die Grenzen zwischen staatlicher und privater Verantwortung in den vom Staat gestifteten engen Kontaktverhältnissen fließend sind. Zwar liegt eine eindeutig lokalisierbare Störungsquelle vor in Gestalt des problematischen Schülerverhaltens. Gleichwohl wäre es mit dem staatlichen Bildungs- und Erziehungsauftrag nicht zu vereinbaren, die Ursachenverantwortung in derartigen Konstellationen gleichsam zu privatisieren und dem jeweiligen Schüler zuzuschreiben. Der Staat steht vielmehr in der rechtlichen Mitverantwortung. Für ihn gelten somit zum Teil auch die Kriterien der folgenden Konstellation.

Die **dritte Konstellation** ist juristisch am schwierigsten zu bewältigen. Wir haben es mit **strukturellen Defiziten** zu tun. Es mangelt an der klar abwehrfähigen, eindeutig lokalisierbaren Störungsquelle. Auch der Blickwinkel auf das Schutzgut weitet sich aus. Im Vordergrund steht nicht die von Gewalt bedrohte Gesundheit oder das Eigentum des schutzbedürftigen Schülers, sondern im weitesten Sinne die Gefährdung seiner persönlichen Entwicklung. Anstatt festgefügter Entscheidungskriterien haben wir es mit prinzipiell unsicheren Ursachenzuschreibungen und Prognosen zu tun.[41] Die Gefahr bzw. der Schaden resultiert aus der dilemmatischen Verquickung von staatlicher Schulpflicht und Schulversagen. Durch den hohen Grad anstaltlicher Eingebundenheit des Schülers weisen schulische Strukturdefizite ein hohes Gefährdungspotential für die Persönlichkeitsentwicklung des Schülers auf. Insofern – wir wiederholen uns – hat der Schüler zwar Einschränkungen seiner Freiheitsrechte als Konsequenz des staatlichen Bildungs- und Erziehungsauftrages zu dulden, jedoch nur im Rahmen ordnungsgemäßer Erfüllung der schulischen Aufgaben. Gravierende Strukturdefizite hingegen sind vom schulischen Bildungsauftrag nicht gedeckt. Hier lebt das elterliche Erziehungsrecht gegenüber der staatlichen Machtsphäre in vollem Umfang wieder auf. Die Übertragung der elterlichen Treuhänderfunktion auf den Staat entspricht, so könnte man sagen, im wesentlichen einer geliehenen Kompetenz, die dem Staat nur unter dem Vorbehalt des Gelingens von Schule eingeräumt wurde.[42] Dabei kann es nicht entscheidend darauf ankommen, daß dem Staat im Rahmen seiner Mitverantwor-

---

41 Aus diesem Grund ist die juristische Gefahrendigagnose und Entwicklungsprognose in diesem Beispielsfeld mehr als sonst auf das flankierende erziehungswissenschaftliche Facharteil angewiesen.

42 Zwar hat der schulische Erziehungsauftrag des Grundgesetzes eine bedeutende soziale Integrationsfunktion zu erfüllen und dient maßgeblich auch der Vereinheitlichung von Bildungschancen. Diese Rechtfertigungsgründe staatlicher Schulgestaltungsmacht können jedoch nur ernstgenommen werden, wenn der Unterricht „läuft" und die Sicherheit der Schüler gewährleistet ist. Verständlicherweise können seitens der Eltern keine Unterrichtslösungen für jedes einzelne Kind erwartet werden. Insofern werden die Rechte des Kindes und der Eltern schon von kollidierenden Grundrechten der anderen Eltern begrenzt. Gründe wie diese aber versagen ihren Dienst, wenn das Defizit schlichtweg alle betrifft und von struktureller Mangelverwaltung mit erheblichen Auswirkungen auf die kindliche Entfaltung gesprochen werden muß.

tung[43] ein **Verschulden** oder eine adäquate Mitverursachung nachgewiesen werden kann. Schon die Funktion als Friedensstifter ist dem Staat als ureigene Aufgabe vorgegeben und damit vorleistungs- und verschuldensunabhängig zu erfüllen. Schule als „oktroyiert Wohltat“[44] hat zudem auch in ihren alltäglichsten Vollzügen neben der positiv dargebotenen Leistung noch Eingriffscharakter und ist in dieser Hinsicht in hohem Maße rechtfertigungsbedürftig. Der „fürsorgende“ Schutz erscheint insofern als gebotene Kompensation des Freiheitsverlusts.[45] Daneben aber ist es das Entfaltungsinteresse des Kindes selbst, welches der **präventiven Förderung** einen grundsätzlichen Vorrang einräumt gegenüber repressiven Formen der Umsetzung der Schutzaufgabe.[46] Die insofern gebotene Vorverlagerung der Eingriffschwelle darf jedoch nicht in überzogenes Anspruchsdenken ausarten. Insofern hat der Staat seine Pflicht und Schuldigkeit getan, wenn er im Rahmen seines Auftrages, auch unter Berücksichtigung des finanziell Möglichen, alles Erdenkliche getan hat, um seiner Schutzaufgabe gerecht zu werden. Die Einhaltung der Lehrpläne und Stundentafel aber ist in dieser Hinsicht ein „Muß“ und erweist sich gewissermaßen als Verlängerung der verfassungsrechtlichen Schutzaufgabe in den Schulalltag hinein.[47]

Somit stellt sich die Frage, wie eine **Grundrechtsverletzung** im Schulbereich strukturiert erfaßt werden kann. Nach klassischer Methode muß das infrage stehende Verhalten vom Schutzbereich des jeweiligen Grundrechts erfaßt werden. Es muß ein Eingriff in diesen Schutzbereich vorliegen. Und der Eingriff muß rechtswidrig sein.

Hauptgegenstände staatlicher Schutzverpflichtungen sind nach bisheriger Rechtsprechung und Lehre vor allem Leben und körperliche Unversehrtheit. Insbesondere im Blick auf die schulische Erziehung hat das Bundesverfassungsgericht dem Schutzbereich von Grundrechten des Kindes und Heranwachsenden eine weite Fassung gegeben. Die Kinder haben nach Art. 2 Abs. 1 GG ein Recht auf möglichst ungehinderte Entfaltung ihrer Persönlichkeit.[48] Da die Persönlichkeit des Kindes jedoch nur bei ausreichender Organisation und Versorgung einer Schule zur Entfaltung gelangen kann, umfaßt die Schutzverantwortung des Staates auch und in

---

43 Zur Mitverantwortung des Staates für Gefährdungen vgl. generell BVerfGE 53, 30, 58.
44 Isensee, Das Grundrecht als Abwehrrecht und staatliche Schutzpflicht, in: Isensee/Kirchhof (Hg.), Handbuch des Staatsrechts, Bd. V, 1992, 174.
45 Loschelder, Vom besonderen Gewaltverhältnis zur öffentlich-rechtlichen Sonderbindung, 1982, 223, 342.
46 Das bedeutet nicht, daß gewaltbereiten Schülern gegenüber jeder Schulverweis und jedwede Sonderbeschulung als unverhältnismäßige Maßnahme einzustufen wäre, belegt vielmehr die Notwendigkeit eines abgestuften Verhaltens, das bei aktiver Bekämpfung struktureller Defizite und individueller Förderung beginnt und bei härteren Maßnahmen wie dem Schulverweis endet.
47 Im gewaltenteilenden Kompetenzgefüge des Grundgesetzes hat die Legislative somit die erforderlichen Sach- und Verfahrensnormen sowie Haushaltsmittel bereitzustellen, der Exekutive obliegt die effektive Durchsetzung der schutzpflichtrelevanten Normen, und die Gerichte haben die Gesetze im Zweifel so auszulegen, daß die Exekutive ihrer Schutzaufgabe vollauf genügen kann.
48 BVerfGE 98, 257.

besonderem Maße das Funktionieren der Schule als Basisinstitution. Die Funktionsfähigkeit der Basisinstitution Schule kann für sich genommen jedoch zunächst nur im Sinne eines **objektiven staatlichen Schutzauftrages** verstanden werden.[49] Nur bei evidenter Untätigkeit des Staates entfaltet das Schutzgut jedoch auch subjektiv-rechtliche Wirkung. Diese der wohl herrschenden Lehre entsprechende Sichtweise[50] impliziert jedoch einen Bereich sanktionsloser Auftragsbindung. Erst bei Überschreiten der Mißbrauchsschwelle (s. u.) kann es demnach überhaupt nur zu einer objektiven Pflichtverletzung kommen, ohne daß damit zwangsläufig bereits der Individualanspruch wachgerufen wäre. Dieser hätte gewissermaßen noch eine weitere Hürde zu nehmen. Allerdings sieht die Bindung der staatlichen Gewalten in Art. 1 Abs. 3, 20 Abs. 3 GG sowie die Schutzverpflichtung in Art. 1 Abs. 1 GG einen solchen sanktionsfreien Raum nicht vor. Deshalb besteht kein Grund für ein Zurückbleiben des einklagbaren Individualanspruchs hinter dem objektiven Anforderungsrahmen.[51] Der Schutzbereich ist deshalb in vollem Umfang auch in subjektivrechtlicher Hinsicht ausgeformt, erfährt durch staatliche Funktionsgesichtspunkte jedenfalls keine Vorfestlegung im Sinne eines institutionsdienlichen Freiheitsgebrauchs.

Der **Eingriffsbegriff** in seiner herkömmlichen Bedeutung ist ganz wesentlich durch das bürgerlich-liberale Traditionsverständnis von Staat und Gesellschaft geprägt. Im Vordergrund steht deshalb der punktuelle, d. h. der unmittelbare und gezielte staatliche Eingriff in die Freiheitsrechte. Die gesellschaftliche Allgegenwart des modernen Staates heutiger Prägung und die Formenvielfalt gesellschaftlicher Steuerung haben das klassische Eingriffsabwehrdenken jedoch an Grenzen geführt. Deshalb ist der Eingriffsbegriff für nicht direkt von staatlichen Maßnahmen betroffenen Bürgern um zahlreiche Nuancen erweitert worden.[52] In dieser Hinsicht ist die Eingriffsschwelle für staatliches Handeln im Rahmen aktiver Schutzpflichten weit vorverlagert worden.[53] Prinzipiell ist nunmehr jegliches staatliche Verhalten eingriffsrelevant. Selbst ein staatliches Unterlassen kann sich in Ansehung evidenter Gefährdungslagen zu einem Eingriff verdichten. Der Staat darf – so das herkömmliche Eingriffsabwehrdenken – die Grundrechte des Bürgers nicht mehr als unbedingt notwendig beeinträchtigen (sog. Übermaßverbot); ebensowenig aber darf der Staat im Rahmen seiner Schutzverantwortung den gebotenen Schutz des gefährdeten Grundrechts aus dem Auge verlieren (sog. Untermaßverbot). Je mehr die Eingriffsschwelle im Sinne eines präventiven Schutzes vorverlagert wird, umso mehr weitet sich der Eingriffsbegriff und umso größer ist das rechtlich bewertungs-

---

49 Vorbehaltlich der Frage, ob der einzelne Lehrer im Rahmen seiner pädagogischen Verantwortung die objektive Staatspflicht auch vor den Gerichten einklagen kann.

50 Etwa Bethge, Zur Problematik von Grundrechtskollisionen, 1977, 299.

51 So Sachs, Leistungsrechte, in: Stern, Das Staatsrecht der Bundesrepublik Deutschland, Bd. III/1, § 67 IV 1 c); ebenso Alexy, Theorie der Grundrechte, 2. Aufl. 1994, 470; Luthe, Optimierende Sozialgestaltung, 2001, 69, 72.

52 Aus neuerer Zeit hierzu: Albers, Praktische Grundrechtsbeeinträchtigungen als Schutzbereichsproblem, DVBl. 1996, 233; Hufeld, Verfassungswidrige Rechtschreibreform?, JuS 1996, 1072; Lege, Nochmals: Staatliche Warnungen, DVBl. 1999, 569.

53 Umfassend kritisch: Hesse, Der Schutzstaat, 1994.

bedürftige Ausmaß staatlicher Verstrickung in gesellschaftliche Handlungszusammenhänge, umso offener ist schließlich der Zurechnungszusammenhang zwischen Schadensursache und Grundrechtsbeeinträchtigung:

- **Zur ersten Konstellation:** Es liegt ein gezielter und unmittelbarer Übergriff vor, welcher die staatlichen Instanzen zur Abwehr verpflichtet. Der sich in dieser Weise materialisierende Positivschutz des Opfers stellt sich gegenüber dem Störer jedoch als Eingriff dar. Bezogen auf den Störer gelten deshalb die allgemeinen rechtsstaatlichen Grundsätze, wie Verhältnismäßigkeit und gesetzliche Eingriffserlaubnis. Aus diesem Grund ist der Gebrauch repressiver Instrumente zurückzuweisen, wenn mit Aussicht auf Erfolg auch durch ein präventives Vorgehen Erfolge erzielt werden können. So oder so aber ist die staatliche Schulinstanz in Ansehung strukturell verfestigter Gewaltprobleme zum Handeln verpflichtet.
- **Zur zweiten Konstellation:** Es liegt eine eindeutig lokalisierbare Störungsquelle vor. Die Mitverantwortung des Staates setzt diesen unter gesteigerte Begründungspflichten bei der Frage ausreichender Gefahrenvorsorge im Bereich von Organisation und Unterricht. Es liegt jedoch kein gezielter und unmittelbarer Eingriff des Staates in Grundrechte vor. Der staatliche Ursachenanteil wird vielmehr indirekt, über den störenden Mitschüler, vermittelt.
- **Zur dritten Konstellation:** Würde sich das Recht in derartigen Fällen allein auf einige der sichtbaren Folgewirkungen struktureller Defizite konzentrieren und die Verantwortung für Fehlverhalten im Sinnbild der justitiablen Zeugnisnote weiterhin auf die Zweierbeziehung von Lehrer und Schüler abwälzen, so mag dies der rechtlichen Entscheidbarkeit von Fällen dienlich sein. Die Forderungen der Verfassung reichen jedoch weiter. Die Beurteilung der gesamten Dimension von Schulversagen verlangt daher nach flexibleren Zurechnungsmustern für staatliches Fehlverhalten und Unterlassen.[54] Auf Fallkonstellationen wie diese reagiert der sog. erweiterte Eingriffsbegriff. Auch die „bloß tatsächliche und mittelbare Betroffenheit des Grundrechtsträgers“ kann einen Grundrechtseingriff durch den Staat bedeuten. Auch die „voraussehbare und in Kauf genommene Nebenfolge“ staatlichen Handelns kann Grundrechte verletzen.[55] Die bloß tatsächliche Beeinträchtigung zählt jedoch nur im Falle einer „schwerwiegenden“ und „nachhaltigen“ Grundrechtsbeeinträchtigung. Einwirkungen hingegen, die von ihrer Zielrichtung auf Grundrechte gerichtet sind, müssen sich indes nicht an derart gesteigerten Anforderungen an die Verletzungsintensität des staatlichen Handelns messen lassen. Ob insofern Strukturdefizite der Schule Rückschlüsse auf ein zielgerichtetes staatliches Verhalten zulassen, ist im wesentlichen eine Frage des Blickwinkels und nicht zuletzt erziehungswissenschaftlicher Prognosefähig-

---

54 Zumal: Wichtiger als die Note ist heutzutage der Wissensstand und das soziale Integrationsvermögen des Schülers. Denn die Schulnote verliert in der beruflichen Einstellungspraxis oder beim Hochschulzugang zunehmend an Bedeutung.

55 Aus der reichhaltigen Rechtsprechung etwa BVerfGE 87, 37, 43; 90, 112, 120 sowie Schlink, Freiheit durch Eingriffsabwehr – Rekonstruktion der klassischen Grundrechtsfunktion, EuGRZ 1984, 467; Pietzcker, Drittwirkung – Schutzpflicht – Eingriff, in: Festschrift für Dürig, 1990, 345.

keit.[56] Hierbei dürfte es auch darauf ankommen, ob die tatsächlichen Nebenwirkungen staatlicher Verfügung über den Schüler zusammengenommen mit dem allgemeinen Ziel des Unterrichts zu einer „einheitlichen grundrechtsbeeinträchtigenden Handlung" zusammengefaßt werden können.[57] Insofern zeigt sich deutlich, daß die effiziente Wahrnehmung des Schutzauftrages im Grund genommen beides bedingt – den Schutz der Basisinstitution Schule im Sinne einer staatlichen Funktionsgewährleistung sowie den Schutz des Grundrechtsträgers gleichermaßen.

Die Ausweitung des klassischen Eingriffsbegriffs mit der Tendenz zur Vorverlagerung der Eingriffs- und Gefahrenschwelle in den präventiven Bereich führt zu der Notwendigkeit, neue Kriterien der Begrenzung zu finden.[58] Analytisch bieten sich für die Bestimmung der **Gefahren- und Eingriffsschwelle** verschiedene Differenzierungsmöglichkeiten, etwa nach abstrakt vorliegenden Gefahrenlagen, nach dem Grad der Realisierung einer allgemeinen Gefahr oder nach eingetretener individueller Schadensbetroffenheit. Eine rein subjektive Betroffenheit allein ist nicht ausreichend; das mutmaßliche institutionelle oder individuelle Risiko ist einer rechtlichen Bewertung zu unterziehen. Erst aus der Wertigkeit des betroffenen Schutz gutes läßt sich begründen, welche Schutzanstrengungen der Staat zu unternehmen hat und ab wann und in welchen Hinsichten die allgemeine Schwelle offenkundiger staatlicher Untätigkeit überschritten ist bzw. ab wann die bloße Belästigung in eine Grundrechtsbeeinträchtigung umschlägt. Zweifelsohne sind bloße Zivilisationsrisiken aus gesteigerten sozialen Kontakten als bloße Belästigung von den Betroffenen hinzunehmen. Das Bundesverfassungsgericht scheint indes nur begrenzt zu Zugeständnissen bereit zu sein, wenn es die staatlichen Steuerungsbefugnisse, die sich mit dem Erziehungsauftrag verbinden, ihrerseits einem Rechtfertigungszwang nach Maßgabe des Kindeswohls unterwirft und damit letztlich zeigt, daß nachweisbares Schulversagen alles andere als eine Bagatelle ist.[59] Den an sich bestehenden und im übrigen sehr weitgehenden Regelungsbefugnissen des Staates beim allgemeinen Persönlichkeitsrecht des Art. 2 Abs. 1 GG dürfte damit eine Absage erteilt worden sein.[60] Denn die schulische Erziehung betrifft der Kernbereich der Person des Schülers unmittelbar. Eben deshalb sieht sich der Staat einem besonderen Rechtfertigungszwang für das Gelingen von Schule ausgesetzt und ist daher auch

56 Wenn der Schüler in eine Klasse mit schlechter Unterrichtsversorgung und hoher Gewaltbereitschaft eingewiesen wird, so sind die hieraus erwachsenen Schädigungswirkungen und -gefahren (etwa nachweisbarer Leistungsabfall) von staatlicher Seite durchaus voraussehbar, bei dauerhafter staatlicher Untätigkeit sogar bewußt in Kauf genommen worden. Das staatliche Erdulden schädigender Umstände, zumal sich der schulpflichtige Schüler ihnen nicht entziehen kann, trägt Züge einer gezielten Einwirkung auf die Person des Schülers.

57 BVerfGE 90, 112, 120.

58 Denn ein uferloser Eingriffstatbestand wäre ungeeignet, das konkrete Objekt staatlicher Schutzbemühungen juristisch zu bestimmen.

59 BVerfGE 98, 257.

60 Zur Beweislastverteilung zwischen Staat und Bürger im Kontext des Art. 2 Abs. 1 GG vgl. Kriele, Grundrechte und demokratischer Gestaltungsspielraum, in: Isensee/Kirchhof (Hg.), Handbuch des Staatsrechts, Bd. V, 1992, § 110, Rn. 46 ff.

einer vergleichsweise niedrigen Schwelle für das Einsetzen von Schutzpflichten unterworfen.

Nicht jeder Grundrechtseingriff ist zwangsläufig eine Grundrechtsverletzung. Es kommt darauf an, ob der Staat **rechtfertigende Gründe** für sich beanspruchen kann. Die Duldung von Gewalt und Disziplinlosigkeit, von edukativer Verwahrlosung oder krimineller Infizierung durch Unterversorgung, Organisationsdefizite oder auch inadäquate Unterrichtsinhalte kann durch den Bildungsauftrag aber niemals gerechtfertigt sein. Im Rahmen seiner Schutzpflicht ist der Staat deshalb gehalten, die ihm rechtlich wie tatsächlich verfügbaren Mittel so effektiv wie möglich einzusetzen, um seinem Bildungsauftrag in ordnungsgemäßer Weise nachkommen zu können.

Der jeweilige **Schutzbedarf** ist in hohem Maße einzelfallabhängig. Abzustellen ist zum einen auf das betroffene Schutzgut, zum anderen auf das jeweilige Ausmaß der Realisierung der Gefahr oder der bereits eingetretenen Verletzung am Schutzgut.[61] Dasjenige, was im Schulsektor schutzrechtlich geboten ist, wird sich – wie sonst auch – deshalb durch nahe am Fall entwickelte Kriterien bestimmen müssen. Die Notwendigkeit grundlegender gesetzlicher Reformen dürfte jedoch eher die Ausnahme sein. Vielfach wird es nur darum gehen, daß die bereits vorhandenen gesetzlichen Bestimmungen ernstgenommen und in ihrer schutzrechtlichen Dimension umgesetzt werden. In dieser Hinsicht kommt die Schutzverantwortung der Schule vor allem als Richtmaß der Auslegung vorhandener Gesetze in Betracht. Bei vorherrschenden Gewaltproblemen gilt dies namentlich für das schulische Disziplinarrecht sowie für die häufig als Bildungsziel verankerte Förderungsverpflichtung im psychosozialen Bereich.[62] Die staatliche Verpflichtung beschränkt sich auf den nach Lage der Dinge größtmöglichen Schutz. Absoluten Schutz kann es nicht geben. Die Bandbreite reicht vom gesteigerten Rechtfertigungszwang bis hin zu konkreten Interventions- und Leistungspflichten (insbesondere Organisations-, Finanzierungs-, Unterrichtungs-, Informations- und Gefahrenabwehrpflichten). Den politischen Instanzen wird hierbei regelmäßig ein weiter Ermessensspielraum von den Gerichten eingeräumt.[63] Mit gerichtlicher Kontrolle ist deshalb grundsätzlich erst dann zu rechnen, wenn die verantwortlichen staatlichen Instanzen gänzlich untätig geblieben sind oder wenn offensichtlich ist, daß die eingeleiteten Schutzmaßnahmen völlig ungeeignet oder unzulänglich sind. Gerade bei der Behebung struktureller Defizite von Schule muß es den staatlichen Instanzen überlassen bleiben, wie sie ihrer Schutzverantwortung gerecht werden wollen. Aber insofern wird man es bereits als

61 Es zeigt sich ein altbekanntes Methodenproblem. Norm und Tatsache sind wechselseitig aufeinander bezogen. Der Rechtsanwendungsprozeß trägt Züge einer zirkulären Struktur. Erst über die Bestimmung der Wertigkeit des betroffenen Schutzgutes läßt sich die Dringlichkeit und das jeweilige Ausmaß der staatlich geforderten Schutzaktivitäten bestimmen. Erst die diagnostische und prognostische Einschätzung des Falles gibt Aufschluß über den Anforderungscharakter jener Wertgrößen, wie sie sich nach Lage des Falles zu behaupten haben.

62 Methodisch betrachtet gibt sich das Schutzprinzip nicht als feststehendes Programm, sondern lediglich als Optimierungsgebot zu erkennen.

63 BVerfGE 56, 54, 80f.; 77, 170, 214f.; 77, 381, 405.

Erfolg verbuchen können, wenn die verantwortlichen Schulaufsichtsinstanzen in Ansehung der von Elternseite dargelegten Mißstände zunächst in eine umfassende Überprüfung der Misere eintreten und alles weitere von den ermittelten Ergebnissen abhängig gemacht wird.

Die Schutzverantwortung der Schule ist zunächst eine objektive Staatsaufgabe. Um gerichtlichen Rechtsschutz in Anspruch nehmen zu können, benötigt der Bürger jedoch ein sog. **subjektiv-öffentliches Recht auf staatlichen Schutz** (§ 42 VwGO). Ein solches Recht folgt grundsätzlich aus der elterlichen Erziehungsverantwortung und dem kindlichen Entfaltungsrecht (Art. 6, 2 GG). Insofern wird das Recht auf Teilhabe an vorhandenen Bildungseinrichtungen um ein Recht auf Schadensvorsorge und Schadensabwehr im Falle untermäßigen staatlichen Handelns erweitert. Da den staatlichen Instanzen im Rahmen ihrer Schutzverantwortung jedoch ein weiter Ermessensspielraum zugestanden wird, kann das Recht des Bürgers nur eine fehlerfreie Betätigung des staatlichen Ermessens beinhalten. Auf die Durchführung einer bestimmten Maßnahme hat der Bürger deshalb im Normalfall keinen Anspruch. Im wesentlichen also kann von den staatlichen Entscheidungsträgern nur die sachgerechtige Berücksichtigung des individuellen Schutzbedürfnisses im Rahmen der Ermessensentscheidung verlangt werden. Die Weite dieser Formulierung ist zweifelsohne unbefriedigend. Sie ist jedoch nur Ausdruck jenes weithin offenen Wertungshintergrundes, auf dem die Schutzpflichtendogmatik des Rechts insgesamt beruht. Die Annahme einer Schutzverantwortung der Schule läßt somit einen eo ipso von der Rechtsschutzgarantie des Art. 19 Abs. 4 GG freigestellten Bereich von der Art eines **schulischen Betriebsverhältnisses** nicht mehr zu. Maßgeblich ist allein, wo die Gefährdungs- und Schädigungspotentiale aufzufinden sind. Diese können sich eben auch aus dem betrieblichen Bereich ergeben. Zwar wird dem staatlichen Handeln häufig das Merkmal der Verwaltungsaktqualität fehlen. Die Möglichkeit des von Art. 19 Abs. 4 GG garantierten Rechtsschutzes ist jedoch nicht ausschließlich an das Vorliegen eines Verwaltungsakts geknüpft. Der Begriff der „öffentlichen Gewalt" reicht weiter. Er umfaßt alle Tätigkeiten, die in Ausübung von Hoheitsgewalt vorgenommen werden, mithin auch Maßnahmen des laufenden Schulbetriebes.[64] Zulässige Klageart bei Maßnahmen ohne Verwaltungsaktqualität ist die allgemeine Leistungsklage analog § 42 Abs. 2 VwGO.

Das Ergebnis ist folgenreich, wie kurz an einem **Beispiel** vorgeführt: Ist angesichts unzumutbarer Lernbedingungen auch ein Wechsel auf eine andere Schule eines anderes Schulbezirks erzwingbar? Im Normalfall haben die Schülerinnen und Schüler diejenige Schule zu besuchen, in deren Schulbezirk sie ihren Wohnsitz haben. Hiervon kann die Schulbehörde jedoch Ausnahmen erteilen. In den Schulgesetzen der Länder ist die Ausnahmeerteilung häufig in das Ermessen der Behörde gestellt sowie an unbestimmte Gesetzesbegriffe („Härte" sowie „pädagogische Gründe") geknüpft. Die Schulverwaltungspraxis macht dies letztlich davon abhängig,

---

64 Ohne Verwaltungsaktcharakter ist auch keine Lahmlegung des Schulbetriebes durch die mit § 80 VwGO verbundene aufschiebende Wirkung von Widerspruch und Anfechtungsklage gegeben.

ob die gewünschte Schule noch Platz hat, sie in der Nähe des Wohnsitzes des Kindes liegt und wenn die eigentlich zuständige Schule dadurch nicht unterfrequentiert wird. Ferner müssen besondere persönliche Umstände vorliegen.[65] Grundsätzlich hat sich der Einzelne etwaigen schulplanerischen Erfordernissen unterzuordnen. Keineswegs aber rechtfertigt dies schutzpflichtenwidrige Zustände. Zwar ist die Schulbehörde grundsätzlich berechtigt, auch die Funktionsfähigkeit der einzelnen Schule im Auge zu behalten. Indes verschieben sich unter dem Einfluß verfassungsrechtlicher Schutzpflichten die Gewichte. Als Ausprägung eines wirksamen und optimierungsbedürftigen Grundrechtsschutzes kommt der staatlichen Schutzverantwortung ein prinzipieller Vorrang zu gegenüber dem staatlichen Kollektivinteresse. Sorgt die in Rede stehende Problemschule nicht in kürzester Zeit für Abhilfe, so „schrumpft“ der Ermessensspielraum der Behörde zusammen auf die einzig nur noch mögliche Entscheidung: Erteilung der Ausnahmebewilligung.

Allein der Hinweis auf das schwierige soziale Umfeld der Schule wird als Ausnahmegrund prinzipiell nicht ausreichen. Denn ein wesentliches Ziel der staatlichen Schulpflicht besteht gerade darin, die soziale Integration der Gesellschaft voranzutreiben und Kinder unterschiedlicher Herkunft zusammenzuführen. Ein Recht auf **Privatbeschulung** ihrer Kinder haben die Gerichte deshalb stets zurückgewiesen.[66] Letztlich aber kann es ausschließlich nur darauf ankommen, welche Zustände man hierbei im Auge hat. Auf den Ausgangsfall übertragen: Ist in zumutbarer Entfernung zur Elternwohnung keine geeignete Schule in Sicht, die den schutzrechtlichen Anforderungen an Sicherheit und Entfaltung entspricht, so kommt als ultima ratio – entgegen der gesetzlichen Schulpflicht – auch eine Privatbeschulung in Betracht.

Gleichwohl muß von vornherein auf das hohe Prozeßrisiko hingewiesen werden. Ob in der Abwägung das staatliche oder das Grundrechtsinteresse überwiegt, hat sich im Einzelfall zu erweisen. Den Eltern des Schülers kann in Fällen wie diesen daher nur empfohlen werden, die schulischen Verhältnisse in ihren Auswirkungen auf die kindliche Entwicklung (Leistungsverfall?, psychische Störungen?) so minutiös wie möglich darzustellen. Die Schulbehörde ist dann von Amts wegen zur umfassenden **Aufklärung** des Sachverhalts verpflichtet. Kommt die Behörde ihrer Aufklärungspflicht nicht nach oder werden in der Begründung eines etwaigen Ablehnungsbescheides wichtige Aspekte nicht zur Sprache gebracht, so liegt ein rechtswidriger Verfahrens- und/oder Abwägungsfehler der Behörde vor. Grundsätzlich aber dürfte es die Behörde umso schwerer haben, den Gedanken der Funktionsfähigkeit der Schule als Ablehnungsgrund anzuführen, je deutlicher die vorfindlichen Defizite ihr selbst zuzurechnen sind.

---

65 Etwa OVG Hamburg, ZfJ 2000, 149.
66 BVerfG, NJW 1981, 180.

III. Berufliche Bildung

1. Berufsfreiheit

Art. 12 Abs. 1 GG gewährtleistet das Recht, Beruf, Arbeitsplatz und Ausbildungsstätte frei zu wählen. Die Berufsausübung kann durch Gesetz oder aufgrund eines Gesetzes geregelt werden. Das Grundgesetz unterscheidet somit zwischen der Freiheit der Berufswahl und der Berufsausübung. Insbesondere zwischen der Freiheit der Berufswahl und der Freiheit der **Wahl der Ausbildungsstätte** besteht ein enger Zusammenhang. So ist die Entscheidung für einen bestimmten Beruf nicht realisierbar, solange die Zulassung zu dem betreffenden Ausbildungsgang versagt wird.[67] Beschränkungen des freien Zugangs zu Ausbildungsgängen sind daher ähnlich streng zu beurteilen wie Zulassungsvoraussetzungen zum Beruf selbst. Es stellt sich daher die Frage, in welcher Weise der Staat in das Grundrecht der Berufsfreiheit regelnd eingreifen darf. Hierzu hat das Bundesverfassungsgericht mit Hilfe des Grundsatzes der Verhältnismäßigkeit eine **Stufentheorie** entwickelt. Sie beruht auf der Überlegung, daß die Grenzen zwischen Berufswahl und Berufsausübung fließend sind, was insbesondere daran deutlich wird, daß der Beginn der Berufsausübung stets auch Aspekte der Berufswahl enthält. Deshalb darf entgegen dem Gesetzeswortlaut auch die Berufswahl geregelt werden, allerdings unter strengen Voraussetzungen. Denn gerade die Berufswahl hat größte Bedeutung für die Persönlichkeit des Menschen und darf deshalb nur zur Bekämpfung erheblicher Gefahren für die Allgemeinheit reglementiert werden. Dabei ist der Gesetzgeber umso freier, je mehr er sich mit einer bloßen Regelung der Berufsausübung begnügt, und umso stärker gebunden, je mehr er auch die Berufswahl beschränkt. Wenn der Gesetzgeber also auf der **ersten Stufe** ausschließlich die Berufsausübung regelt, so muß er hierfür lediglich auf sachliche Gründe verweisen können. Soweit er auf einer **zweiten Stufe** jedoch die Aufnahme der Berufstätigkeit von bestimmten subjektiven Voraussetzung abhängig macht, so handelt es sich bereits um einen besonders rechtfertigungsbedürftigen Eingriff in die Berufswahl. Subjektive Zulassungsvoraussetzungen etwa sind Anforderungen an die persönliche Qualifikation von Berufsanwärtern, insbesondere an ihre Vor- und Ausbildung. So sind etwa **Prüfungsregelungen** im Bereich der Hochschul- und Berufsausbildung oder auch Ausbildungsordnungen von Industrie und Handwerk nur möglich, wenn der Gesetzgeber als Regelungsgrund auf „wichtige Gemeinschaftsgüter" verweisen kann. In Frage kommen in dieser Hinsicht Gemeinschaftsgüter von unmittelbarem Verfassungsrang (etwa die Volksgesundheit), aber auch Gemeinschaftswerte, die sich erst aus den wirtschafts-, sozial- und gesellschaftspolitischen Vorstellungen des Gesetzgebers ergeben.[68] Die **dritte und insofern empfindlichste Stufe** ist jedoch erst erreicht, wenn die Aufnahme der Berufstätigkeit von objektiven Zulassungsvoraussetzungen abhängig gemacht wird. Es handelt sich hierbei also um Gegeben-

---

67 Näher Stein/Frank, Staatsrecht, 17. Aufl. 2000, 358.
68 BVerfGE 7, 377, 397 ff.; 13, 97, 107.

heiten, auf die die Person des Berufsanwärters keinen Einfluß hat. Dies ist etwa der Fall bei der Verknüpfung der Berufszulassung mit einer Bedürfnisprüfung oder im Zuge staatlicher **Berufslenkungsmaßnahmen**. Objektive Zulassungsvoraussetzungen sind deshalb nur zulässig, wenn sie dem Schutz eines überragend wichtigen Gemeinschaftsguts dienen, dessen Wert sich allein aus den Vorgaben der Verfassung ergibt (also nicht vom Gesetzgeber „geschaffen" werden kann) und dem im übrigen schwere Gefahren drohen, wenn der Staat nicht von einer objektiven Beschränkung Gebrauch macht. Im Rahmen der Verhältnismäßigkeit hat der Gesetzgeber die Berufsausübung zudem jeweils auf derjenigen Stufe zu regeln, die den geringsten Eingriff in die Freiheit der Berufswahl mit sich bringt. Er darf die nächste Stufe erst dann betreten, wenn mit hoher Wahrscheinlichkeit die Mittel der vorigen Stufe zur Bekämpfung der Gefahr nicht ausreichen.

Die vorgenannten Kriterien betreffen jedoch ausschließlich die **Abwehrfunktion** der Berufsfreiheit.[69] Gerade im Zusammenhang mit der freien Wahl der Ausbildungsstätte wurde vom Bundesverfassungsgericht desweiteren die Funktion der **Teilhabe** an vorhandenen Ausbildungseinrichtungen deutlich herausgestellt.[70] Ein solches Teilhaberecht wird dem Einzelnen grundsätzlich dann zugestanden, wenn die öffentlichen Berufsausbildungseinrichtungen durch den Staat rechtlich oder tatsächlich monopolisiert sind, wie dies etwa bei Hochschulen, Fachschulen oder in den oberen Klassen der Gymnasien der Fall ist.[71] Insofern folgt aus dem Recht auf freie Wahl des Berufs und der Ausbildungsstätte in Verbindung mit Art. 3 Abs. 1 GG und dem Sozialstaatsgebot das Recht eines jeden hochschulreifen Bewerbers auf Zulassung zum Hochschulstudium seiner Wahl. Zulassungsbeschränkungen wie etwa der Numerus clausus sind trotz des Rechtsanspruchs unter bestimmten Voraussetzungen aber zulässig. Der Anspruch ist insofern nur unter dem Vorbehalt des finanziell und kapazitär Möglichen gewährleistet. Deshalb besteht nach Meinung vieler weder ein objektiver sozialstaatlicher Verfassungsauftrag zur Bereitstellung ausreichender Ausbildungskapazitäten noch ein einklagbarer Individualanspruch des einzelnen Staatsbürgers auf Schaffung von Studienplätzen.[72] Ein Individualanspruch kommt allenfalls im Falle einer evidenten Verletzung eines möglichen Verfassungsauftrages zur Bereitstellung ausreichender Ausbildungskapazitäten in Betracht.[73]

Bei der Frage, auf welcher **Regelungsebene** eine Reglementierung der Berufsfreiheit statthaft ist, enthält Art. 12 Abs. 1 GG die Formulierung „durch Gesetz oder aufgrund eines Gesetzes". Mit „Gesetz" sind Bundes- oder Landesgesetze gemeint. „Aufgrund eines Gesetzes" betrifft untergesetzliche Normen wie Rechtsverordnungen oder Satzungen, wenn sie ihrerseits auf einer Ermächtigung in einem formellen

69 Zu den Gewährleistungsschichten der Grundrechte vgl. B. I.

70 BVerfGE 33, 303; 43, 291, 313.

71 Vgl. dazu auch B. II. 1.

72 Gubelt, Berufsfreiheit, in: von Münch/Kunig (Hg.), Grundgesetzkommentar, Bd. 1, 4. Aufl. 1992, Art. 12, Rn. 32 (m. w. N.).

73 So zumindest im Ansatz BVerfGE 33, 303.

Gesetz beruhen. Hierbei gilt, wie sonst auch, daß besonders wichtige Inhalte mit hoher Eingriffsqualität durch den parlamentarischen Gesetzgeber selbst zu regeln sind, während alles Weitere auf der Ebene von Satzungen und Rechtsverordnungen, die technischen Details sogar auf der Ebene von Verwaltungsvorschriften umgesetzt werden kann. Insbesondere statusbildende Regelungen, die die Freiheit der Berufswahl, mithin auch Berufsanwärter berühren (etwa Regelungen zur Mindestdauer der Ausbildung, die wesentlichen Ausbildungsinhalte, Grundlegendes zum Prüfungswesen) müssen vom Gesetzgeber selbst getroffen werden. Regelungen der Berufsausübung können jedoch auch durch Satzung oder Rechtsverordnung erfolgen.[74]

2. Berufslenkung

Art. 12 Abs. 1 GG umfaßt das Recht der freien Wahl der Ausbildungsstätte. Hierunter fallen alle Einrichtungen, „die ein Bewerber durchlaufen haben muß, um nach Ablegung der nur über diese Einrichtungen erreichbaren Prüfung Berufe ergreifen oder öffentliche Ämter bekleiden zu können, welche die durch die Prüfung erlangte Qualifikation voraussetzen".[75] Hierunter fallen somit Hochschulen, Vorbereitungsdienste für den öffentlichen Dienst, weiterführende Schulen (insbesondere die Sekundarstufe II) sowie die privaten Betriebe hinsichtlich der Lehrlingsausbildung.[76]

Die Wahl der Ausbildungsstätte darf jedoch nicht zu Zwecken der Berufslenkung behindert werden. **Bedürfnisprüfungen** etwa wegen Überlastung einer Berufssparte, aus Gründen des Konkurrenzschutzes oder in direkter Anpassung an die Bedürfnisse des Arbeitsmarktes sind sog. objektive Zulassungsvoraussetzungen, auf die der Berufsanwärter keinen Einfluß hat (s. o.) und nach allgemeiner Auffassung verfassungswidrig. Berufe gehören zu „den" Konstitutionsbedingungen individueller Identitätsbildung im sozialen Raum.[77] Sie besitzen einen ausgeprägten personalen Bezug, – auch in Zeiten dynamischer Berufsbildentwicklungen und gebrochener Erwerbsbiographien. Sie werden zulässigerweise vom Staat geformt und teilweise auch entwickelt. Gleichwohl sind sie der staatlichen Regelungsgewalt nicht selten über weite Strecken vorgegeben. Das Berufsfreiheitsrecht wäre also gleichsam aus den Angeln gehoben, wenn der Staat ganze Berufsbilder im Wege der Berufslenkung beseitigen oder doch zumindest massiv in ihrer soziologischen Vorgegebenheit verändern würde, nur um einen wirtschaftlichen Bedarf zu befriedigen, ohne also hierbei die Nachfrage bzw. das Interesse von Berufsanwärtern zu berücksichtigen.[78] Man wird sogleich einwenden wollen, der geradezu endemi-

---

74 BVerfGE 33, 125, 155 ff.; 38, 373, 381; 76, 171, 185; 57, 121, 132 f.; BVerwGE 51, 235, 239.
75 BVerwGE 47, 330, 332; NJW 1978, 2258.
76 Vgl. m. w. N. Gubelt, a. a. O., Art. 12, Rn. 26.
77 Luthe, Rechtsanwendung in den Kernzonen aktiver Arbeitsmarktpolitik des SGB III, SGb 2001, 345, 349.
78 BVerfGE 33, 303, 332; VGH Mannheim, DVBl. 1969, 931 f.

sche Mangel an Ausbildungsplätzen, nicht zuletzt aber auch die staatliche oder berufsverbandliche Regelung beruflicher Ausbildungsinhalte hindere ohnehin an einer freien Wahl des Berufs und der Ausbildungsstätte. Allerdings müssen die Ebenen hierbei fein auseinandergehalten werden. Im ersten Fall reguliert nicht der Staat, sondern das freie Spiel der Marktkräfte das Angebot von und die Nachfrage nach bestimmten Berufen. Im zweiten Fall handelt es sich um durchaus zulässige sog. subjektive Zulassungsvoraussetzungen, für deren Einführung zwar besondere Rechtfertigungsgründe vonnöten sind (etwa Qualitätserfordernisse), auf die der Einzelne im Rahmen seines Leistungsvermögens aber immer noch einen Einfluß ausüben kann.

Gleichwohl sollte nicht verkannt werden, daß der Staat zumindest **indirekt** durchaus eine Art von **Berufslenkung** und insbesondere Einflußnahme auf Ausbildungsstätten betreibt. So kommt es bei der institutionellen Förderung von Ausbildung und Weiterbildung ganz wesentlich auf die „arbeitsmarktliche Zweckmäßigkeit“, also die Verwertbarkeit der Qualifikation auf dem Arbeitsmarkt an.[79] Die Ausbildung im Bereich des öffentlichen Dienstes wird – allerdings nach der Sonderregelung des Art. 33 GG – in selbstverständlicher Weise am staatlichen Bedarf ausgerichtet.[80] Auch die Berufsberatung der Arbeitsverwaltung orientiert sich regelmäßig an der Arbeitsmarktlage. Weiterhin wird bei der Ordnung der Ausbildungsberufe immer mehr von herkömmlichen Berufsbildern abgerückt, indem Vollberufe in Teilqualifikationen aufgelöst werden; so etwa bei der Stufenausbildung des Berufsbildungsgesetzes.[81] In ähnlicher Weise läßt sich eine Differenzierung akademischer Berufe beobachten, etwa im Verhältnis des Volljuristen zum Wirtschafts- und Sozialjuristen, im Verhältnis des Sozialpädagogen zum Sozialmanager oder im Verhältnis des Maschinenbau- zum Fahrzeugbauingenieurs. Sogar die Selektivität des Schulsystem besitzt mittelbar berufslenkenden Charakter.[82] Und letztlich auch bei der Bereitstellung von Studienplätzen darf sich der Staat nach offizieller Leseart im Rahmen seiner Planungen nach Bedarfsgesichtspunkten richten, solange für die individuelle Studienplatznachfrage noch genügend Raum verbleibt. Insofern hat das Bundesverfassungsgericht nur eine „ausschließliche Ausrichtung an den ohnehin schwierigen Bedarfsermittlungen“ verboten.[83] M. a. W.: Solange die Bedarfsorientierung der Kapazitätsplanung nicht zur individuellen Berufslenkung führt, bleibt sie verfassungsrechtlich zulässig.[84]

---

79 Vgl. H.

80 Art. 33 Abs. 2 GG gibt nur ein gleiches Zugangsrecht zum öffentlichen Dienst, keinen Beschäftigungsanspruch.

81 Vgl. G; hierbei wird die Ausbildung in Stufen gegliedert, die aufeinander aufbauen. Jede Stufe gewährt einen Abschluß, der sowohl zu einer Berufstätigkeit als auch zur Fortsetzung der Ausbildung befähigt (§ 26 BBiG).

82 So etwa Richter, Ausbildung und Arbeit, JZ 1981, 179.

83 BVerfGE 33, 332.

84 So Richter, Ausbildung und Arbeit, JZ 1981, 179; differenzierend auch Pitschas, Berufsfreiheit und Berufslenkung, 1983, 262 ff., 296 ff.

Man wird bei pragmatischer Betrachtung überdies zugestehen müssen, daß es keinen Sinn macht, das Berufsfreiheitsrecht dafür zu nutzen, daß am Arbeitsmarkt vorbei ausgebildet wird. Man braucht deshalb zwar nicht sogleich auf (rechtswidrige) Ausbildungshöchstquoten u. dgl. zurückgreifen. Im Rahmen seiner sozialstaatlichen Aufgaben steht der Staat dennoch in der Pflicht, fortwährend zu prüfen, welche Ausbildungs- und Studieninhalte in kurz-, mittel- und langfristiger Perspektive von der Wirtschaft benötigt werden. Dies kann auf die Notwendigkeit der Differenzierung in vertikaler (Stufenausbildung; Berufsakademie, Fachhochschulstudium, Universitätsstudium) oder horizontaler (Volljurist, Wirtschaftsjurist) Richtung hinauslaufen und somit Veränderungen bei überkommenen Berufsbildern hervorrufen. So oder so betreibt der Staat mithin Berufslenkung, wenn er bei der Festlegung von Berufsbildern etwa zu dem Ergebnis kommt, untypische Qualifikationsbündel ausschließen, Teilqualifikationen zu Berufen zusammenlegen und Berufe in Teilqualifikationen auseinandernehmen zu müssen. Und wer oder was wollte dem Staat diese Kompetenz zur Anpassung an die Bedürfnisse des Arbeitsmarktes streitig machen? In eben diese Richtung zielt das Argument, der Staat schaffe mit der Reglementierung des Ausbildungswesens überhaupt erst die **Voraussetzungen dafür**, daß der Einzelne von seinem Berufswahlfreiheitsrecht in einer der Arbeitsmarktrealität entsprechenden Weise Gebrauch machen kann.[85] Die innere Abneigung gegen eine derartige **Funktionalisierung** von Freiheitsrechten erscheint zwar allzu verständlich, ist argumentativ hingegen nur schwer zu bewältigen. Assoziationen mit dem Beruf des Tischlers oder auch des Arztes im Sinne eingelebter Lebensformen werden wach. Auch das Bundesverfassungsgericht hebt die enge Beziehung des Berufs zur Persönlichkeit des Menschen im Ganzen hervor.[86] Aber sind die sinnstiftenden Elemente von Beruflichkeit als Lebensform auch heute noch so prägend für die Berufsbiographie und damit die Persönlichkeit des Einzelnen, daß dem unaufhaltsamen Trend einer Funktionalisierung beruflicher Freiheit hierdurch nennenswerte Grenzen gesetzt werden können? Ist der „Point of no return" nicht schon längst überschritten im Signum einer Moderne, in der die Funktion das Personale längst in ihren Bann gezogen hat? Man mag dann zu dem Ergebnis kommen, der Staat dürfe den Beruf zwar konkretisieren, aber nicht „abschaffen".[87] Aber was bedeutet das schon in Ansehung heutiger Realitäten zweckrationaler Berufsbildkonstruktion, in der das Berufsbild längst zum stets vorläufigen Ergebnis der jeweils arbeitsmarktgängigen Qualifikationen geworden ist?

---

85 Hege, Das Grundrecht der Berufsfreiheit im Sozialstaat, 1977, 111 ff.

86 BVerfGE 7, 377, 397; ganz auf dieser Linie auch Hesse/Filthuth, Beruf und Verweisbarkeit in der gesetzlichen Rentenversicherung und in der privaten Berufsunfähigkeitsversicherung, Mitteilungen aus der Arbeitsmarkt- und Berufsforschung, 1993, 529.

87 Richter, Ausbildung und Arbeit, JZ 1981, 183.

IV. Förderung von Bildung und Ausbildung

1. Recht auf Förderung

Wir hatten bereits im Zusammenhang mit der schulischen Bildung darauf hingewiesen, daß das Recht auf Bildung grundsätzlich nur ein Recht auf Teilhabe an vorhandenen Bildungseinrichtungen umfaßt. Im Rahmen seiner Schutzverantwortung aber kann der Staat durchaus auch zur Gewährleistung einer funktionsfähigen Schule und damit zur Förderung des schulischen Leistungsangebots verpflichtet sein, wenn Gefahren und Schäden für die kindliche Entwicklung zu befürchten sind (s. o.). Der Gedanke der Förderung der beruflichen Ausbildung als Staatspflicht ist jedoch eine prekäre Angelegenheit. Würde sie in staatlicher Verantwortung oder auf dem sog. zweiten Arbeitsmarkt wahrgenommen, so ist das Risiko finanzieller Überforderung des Staates ebenso hoch wie das Risiko, daß am wirtschaftlichen Bedarf vorbei ausgebildet wird und die Ausgebildeten mit der erworbenen Qualifikation letztlich ein Versprechen erhalten, das nicht eingelöst werden kann. Würde dagegen der Versuch unternommen, die private Wirtschaft zur Bereitstellung von Ausbildungsplätzen zu verpflichten, so wäre dies in rechtlicher Hinsicht nicht nur ein unverhältnismäßiger und systemsprengender Eingriff in die wirtschaftlichen Freiheitsrechte der Unternehmen, sondern wirtschaftlich überdies, insbesondere wenn zusätzlich eine Übernahmeverpflichtung nach der Ausbildung vorgeschrieben wäre, ein Wettbewerbs- und Wachstumshindernis deutscher Unternehmen im internationalen Wirtschaftsverkehr. Zwar betont das Bundesverfassungsgericht eine Handlungspflicht des Staates zur Bekämpfung von Arbeitslosigkeit und insofern auch von Jugendarbeitslosigkeit als Problem mangelnder Ausbildungsplätze.[88] Insbesondere wurde die Beseitigung von Massenarbeitslosigkeit, somit auch in ihren ausbildungsrelevanten Bezügen, mittlerweile als Aufgabe von Verfassungsrang anerkannt.[89] Zu einem Schutzanspruch der Arbeits- und auch Ausbildungsplätze suchenden Menschen konnte sich das Bundesverfassungsgericht bislang jedoch nicht durchringen.[90]

In der Tat wäre ein **Recht auf Berufsausbildung** als Schutz- und Leistungsrecht etwa nach Maßgabe der Menschenwürde, des Rechts der Persönlichkeitsentfaltung und der freien Berufswahl vor dem Hintergrund der überkommenen Struktur der Grundrechte als Eingriffsabwehrrechte mit vielen Fragezeichen zu versehen.[91] Es würde entweder den Gesetzgeber in seinem Recht auf freie Prioritätenbildung beschränken, wenn er aus verfassungsrechtlichen Gründen bestimmte Politik-

---

88 BVerfGE 21, 245, 251: „Daß die Arbeitslosigkeit auf der einen Seite und der Mangel an Arbeitskräften auf der anderen Seite gemindert und behoben werden, ist für das ganze Volk von entscheindender Bedeutung und gehört zu der dem Staat obliegenden, nun durch das Gebot der Sozialstaatlichkeit vom Grundgesetz auch besonders aufgegebenen Daseinsvorsorge".

89 BVerfGE 100, 271.

90 BVerfGE 84, 133, 146f.; einen Schutzanspruch bejahend dagegen Stein/Frank, Staatsrecht, 17. Aufl. 2000, 446.

91 Vgl. B. I. zu den Gewährleistungsschichten der Grundrechte.

segmente mit Finanzmitteln bedienen müßte, oder es würde den Wirtschaftsbetrieb in seiner beruflichen Entfaltungsfreiheit und Eigentumsfreiheit empfindlich tangieren, wenn er Ausbildungsplätze zur Verfügung stellen müßte. Originäre Leistungsansprüche auf individuelle Ausbildungsförderung, sei es durch BAföG oder staatliche Ausbildungsmaßnahmen, sei es durch staatliche Auferlegung privater Ausbildungspflichten, sind der Verfassung deshalb für den gesellschaftlichen Normalfall nicht zu entnehmen. Gleichwohl folgt aus dem Charakter der Grundrechte als **objektives Recht und der Auslegung der Sozialstaatsklausel,** daß der Staat dazu verpflichtet ist, diejenigen Voraussetzungen zu schaffen, die für die Wahrnehmung der Grundrechte der Bürger und somit auch ihrer beruflichen Entfaltung erforderlich sind.[92] Es entspricht somit einer objektiven Rechtspflicht, daß der Staat in sorgfältiger Abschätzung eigener und privater Möglichkeiten Ausbildungsförderung betreiben muß, wobei ebenso unstreitig ist, daß alles weitere der gesetzgeberischen Gestaltungsbefugnis anheim gestellt ist.

Das gleiche Ergebnis läßt sich, möglicherweise prägnanter, jedoch auch über das verfassungsrechtlich garantierte **Existenzminimum** erzielen. In dieser Hinsicht gehört die Fürsorge für Hilfsbedürftige zu den selbstverständlichen Pflichten des Sozialstaats: „Die staatliche Gemeinschaft muß ihnen jedenfalls die Mindestvoraussetzungen für ein menschenwürdiges Dasein sichern und sich darüber hinaus bemühen, sie so weit wie möglich in die Gesellschaft einzugliedern, ihre angemessene Betreuung in der Familie oder durch Dritte zu fördern sowie die notwendigen Pflegeeinrichtungen zu schaffen".[93] Auch hierbei ist das Bundesverfassungsgericht zunächst von einer objektiven Förderverpflichtung ausgegangen, erkennt aber an, daß, wenn der Gesetzgeber seiner Pflicht zu sozialer Aktivität willkürlich nicht nachkomme, dem Einzelnen ein mit der Verfassungsbeschwerde verfolgbarer Anspruch durchaus zukommen könne.[94] Die hier angeschnittene Frage staatlicher Untätigkeit ist freilich interpretationsbedürftig. Da das Existenzminimum maßgeblich in der Menschenwürde aufgehoben ist, die wiederum auf andere Grundrechte, wie insbesondere das Berufsfreiheitsrecht, ausstrahlt, und zusammengenommen mit der sozialstaatlichen Schutzpflicht eine gesteigerte Aktivitätsverantwortung des Staates begründet, ist der Schwellenwert, der staatliche Untätigkeit justitiabel macht, durchaus nicht so hoch, wie von vielen angenommen.[95] Wenn, wie das Bundesverfassungsgericht betont, die staatliche Gemeinschaft jene Mindestvoraussetzungen für ein menschenwürdiges Dasein sichern muß, zu dem letztlich auch die Möglichkeit beruflicher Betätigung als Grundvoraussetzung eines selbstbestimmten wirtschaftlichen Überlebens gerechnet werden kann, so spricht nichts dagegen, auch die Frage der Ausbildungsförderung in den Garantiegehalt eines sozialen Menschenwürdeschutzes zu überführen. Der verfassungsrechtliche Bildungsmindestbedarf beinhaltet zwar keine Garantie bestimmter Versorgungsstan-

92 BVerfGE 75, 40 (Privatschulförderung).
93 BVerfGE 40, 121, 133.
94 BVerfGE 1, 97, 104 f.
95 Luthe, Optimierende Sozialgestaltung, 2001.

dards. Diese bestimmt der Gesetzgeber im Rahmen seiner politischen Prioritäten und nach Maßgabe des finanziell Möglichen. Als verfassungsunmittelbares Leistungsrecht ist der Bildungsmindestbedarf deshalb nur als Optimierungsprinzip gegeben, das die Individualrechtsposition in der Abwägung mit kollidierenden Entscheidungsgesichtspunkten insbesondere politischer Prägung stärkt. Der Schwellenwert, der ein Recht auf Ausbildungsschutz aktiviert, ist in dieser Hinsicht grundsätzlich bereits dann erreicht, wenn staatliche Instanzen spezifische, insbesonderes in den Einzelgrundrechten verankerte Begründungsanforderungen verletzen und nicht erst bei willkürlicher staatlicher Untätigkeit. Leitgesichtspunkt einer möglichen Verletzung von Begründungspflichten im Bereich der beruflichen Bildung ist, daß der hohe personale Bezug beruflicher Ausbildung in den Entscheidungen des Gesetzgebers oder der Vollzugsorgane verkannt oder falsch gewichtet wurde. Gegenüber dem Unternehmen als Grundrechtsträger kann ein Leistungsrecht auf Bildungsschutz jedoch nur als besondere Berechtigung zum Grundrechtseingriff angeführt werden, nicht jedenfalls als dem grundrechtlichen Abwehrrecht gleichrangige Rechtsposition. „Unmittelbar" verpflichtend wirkt die Bildungsverantwortung deshalb nur auf der Ebene staatlicher Förderungsaktivitäten, nicht jedoch auf der Ebene der Rechtsbeziehungen zwischen Arbeitgebern und Auszubildenden.

2. Anbieterrechte

Es gehört zu den Eigentümlichkeiten des deutschen Systems, das sozialstaatlich geförderte Angebot von Bildung von privaten Dienstleistungsanbietern erbringen zu lassen. Hierbei kann es sich um gewerbliche oder auch gemeinnützige Anbieter von Bildungsleistungen handeln. Diese sind somit in ein unterschiedlich ausgestaltetes **System staatlicher Finanzierung** von Bildungsdienstleistungen eingebunden.[96] In dieser Hinsicht unterliegen die Anbieter staatlichen Preisbindungen, Maßnahmen der Investitionslenkung und Qualitätssteuerung und konkreten Kontrollen vor Ort. Trotz der zweifelsohne vorhandenen Abhängigkeit vom staatlichen Geldgeber ist und bleibt der Privatanbieter als sog. juristische Person dennoch Träger von Grundrechten.

Privatanbieter genießen **Eigentumsschutz** nach Art. 14 Abs. 1 GG. Nach herkömmlicher Ansicht ist Eigentum auch der „eingerichtete und ausgeübte Gewerbebetrieb".[97] Geschützt sind der Bestand des Gewerbebetriebes und sein ungestörtes Funktionieren. Geschützt ist deshalb auch der Kundenstamm. Bloße Verwertungschancen werden jedoch nicht dem geschützten Bestand zugerechnet.[98] Das Eigentum ist jedoch nicht nur als Individualrechtsposition, sondern auch objektiv-rechtlich als Institutsgarantie geschützt. In dieser Hinsicht soll es in der Hand des

---

96 Dazu näher unter H. II. Insbesondere für den Problemkreis der Privatschulfinanzierung wird auf die Ausführungen zum Schulrecht unter F. verwiesen.
97 BHZ 23, 157, 162; BVerwGE 62, 224, 226.
98 BVerfGE 51, 193, 221 f.

Rechtsträgers als Grundlage privater Initiative und im eigenverantwortlichen privaten Interesse „von Nutzen“ sein.[99] Allerdings bleibt es dem Gesetzgeber unbenommen, Eigentum durch Gesetz näher auszugestalten und insbesondere sozial zu binden (Art. 14 Abs. 2 GG). Der notwendige Ausgleich zwischen Freiheit und Bindung wird hierbei durch das Verhältnismäßigkeitsprinzip hergestellt. Häufig berühren staatliche Eingriffe in die wirtschaftliche Betätigungsfreiheit auch das Grundrecht der Berufsfreiheit, was die Frage der Abgrenzung zwischen beiden Freiheitsrechten aufwirft. Grundsätzlich schützt die Eigentumsgarantie das Erworbene, das Berufsfreiheitsrecht dagegen den Erwerb und die Tätigkeit.[100] Wird staatlicherseits also etwa in bestehende Verträge eingegriffen, so betrifft dies zuvorderst den Bestand des Unternehmens und damit die Eigentumsgarantie, so daß es maßgeblich darauf ankommt, ob hierdurch die Existenz des Unternehmens gefährdet wird.[101]

Anders als die Freiheitsrechte soll der **Gleichbehandlungsgrundsatz** dem Anbieter keinen Freiheitsraum erhalten, sondern eine Ungleichbehandlung verhindern (Art. 3 Abs. 1 GG). Hierbei ist entscheidend, genau diejenigen Elemente zu bestimmen, in denen die Grundrechtsträger gleich bzw. ungleich sind. Dies ist letztlich eine Frage der Wertung und obliegt in dieser Hinsicht in erster Linie dem Gesetzgeber, dem hierbei jedoch verfassungsrechtliche Grenzen gezogen sind. Dieser benötigt einen vernünftigen und einleuchtenden Grund, wenn er auf die ungleichen Elemente abstellt und hieraus eine Ungleichbehandlung ableitet. Insofern müssen Unterschiede „von solchem Gewicht“ bestehen, daß sie die ungleiche Behandlung rechtfertigen können. Ein irgendwie gearteter sachlicher Grund für die Ungleichbehandlung ist somit nicht ausreichend. Würde etwa ein Privatanbieter von Fördermaßnahmen im Gegensatz zu anderen ausgeschlossen werden, nur weil die finanziellen Mittel nicht reichen, wäre dies allein kein akzeptabler Grund.

Praktisch bedeutsam ist vor allem das **Berufsfreiheitsrecht.**[102] Es gewährt die Freiheit der Berufswahl und der Berufsausübung (Art. 12 Abs. 1 GG) und schützt auch die berufliche Betätigung von Unternehmen, unabhängig davon, ob diese gemeinnützig oder gewerblich tätig sind. Bestandteil der Berufsausübungsfreiheit ist insbesondere der freie **Unternehmenswettbewerb.**[103] Dies impliziert den freien Zugang zur Kundschaft, das Bestimmungsrecht über die Ausgestaltung der Leistung und die Möglichkeit freier Preisgestaltung.[104] In diese Betätigungsrechte wird reglementierend eingegriffen, wenn die Zulassung als öffentlich finanzierter Leistungserbringer von bestimmten Kriterien abhängig gemacht wird (Qualität, Wirtschaftlichkeit, Kontrollnotwendigkeiten).[105] Hierbei muß jedoch grundsätzlich danach unterschieden werden, ob der Anbieter direkt betroffen ist, weil ihm die

---

99 BVerfGE 52, 1, 31.
100 BVerfGE 30, 292, 334 f.
101 BVerfGE 68, 193, 223.
102 Vgl. dazu bereits unter B. III. 1.
103 BVerfGE 32, 311, 317; 46, 120, 137; 70, 1, 28.
104 Schwerdtfeger, Grundrechtsgeleitete Pflegeberechtigung der privaten Pflegedienste, 2001, 36.
105 Etwa BVerfGE 11, 30; 16, 296; 25, 236; 78, 155.

persönliche Zulassung zum System der Dienstleistungserbringung versagt wurde, oder ob er nur mittelbar betroffen ist, weil sein Leistungsangebot nicht oder nicht mehr mit den üblichen staatlichen Anforderungen an die Leistung übereinstimmt. Nur im ersten Fall liegt im herkömmlichen Sinn eine Grundrechtsbetroffenheit vor.[106] Im zweiten Fall kommt es letztlich darauf an, wie eng der Zusammenhang zwischen der staatlichen Regelung und der Berufsausübung des Anbieters ausgestaltet ist, ob möglicherweise sogar eine Wirkung auf den Anbieter beabsichtigt oder zumindest in Kauf genommen oder auch nur voraussehbar war. Ist der Zusammenhang ausreichend deutlich, so spricht man von einer sog. berufsregelnden Tendenz des staatlichen Handelns, die einem Eingriff gleichkommt.[107]

Freiheitsrechte sind freilich niemals absoluter Natur. Der Gesetzgeber kann und muß diese für das gesellschaftliche Miteinander regeln (Art. 12 Abs. 1 S. 2 GG). Wie weit die **Regelungsbefugnis** des Gesetzgebers reicht, ergibt sich übergreifend aus dem Grundsatz der Verhältnismäßigkeit (Geeignetheit, Erforderlichkeit, Angemessenheit) und im Zusammenhang mit dem Berufsfreiheitsrecht aus der hierzu entwickelten Stufenlehre des Bundesverfassungsgerichts.[108] Für die bloße Berufsausübung genügen in dieser Hinsicht sachliche Gründe. Subjektive Zulassungsvoraussetzungen sind hingegen nur zum Schutz besonders wichtiger Gemeinwohlgüter zulässig. Objektive Zulassungsvoraussetzungen dagegen erfordern das Vorliegen schwerer Gefahren für ein überragend wichtiges Gemeinschaftsgut. Ist der jeweilige Anbieter im Rahmen seiner beruflichen Betätigung von staatlicher Finanzierung dagegen essentiell abhängig und wird er ohne jede Möglichkeit positiver „subjektiver“ Beeinflussung der Zulassung „objektiv“ vom Leistungssystem ausgeschlossen, so kommt dies einer objektiven Zulassungsvoraussetzung zumindest nahe, so daß die Gründe, die der Gesetzgeber für die Einschränkung benötigt, von großer Bedeutung sein müssen. Aus diesem Grund sind staatliche **Dienstleistungsmonopole** oder staatlich geförderte **Dienstleistungskartelle** von Privatanbietern nicht nur nach nationalem und europäischem Wettbewerbsrecht, sondern auch aus verfassungsrechtlichen Gründen zumeist unzulässig. Das staatliche Interesse etwa an größerer Wirtschaftlichkeit bei der Leistungserbringung oder an einer flächendeckenden Versorgung der Bevökerung läßt sich zumeist auf weniger einschneidende Weise erreichen (etwa durch eine regional abgestufte Förderung sowie durch transparente Ausschreibungsverfahren) und scheidet als Eingriffslegitimation regelmäßig aus.

Gleichwohl sollte nicht verkannt werden, daß Bildungsanbieter als **„Nutznießer“** des staatlichen Leistungssystems sich im Regelfall größere Einschränkungen gefallen lassen müssen als andere.[109] Häufig nämlich wenden sich die in das System einbezogenen Anbieter nicht eigentlich gegen eine staatliche Maßnahme, die ihre eigene Tätigkeit und Leistung auf einem freien Markt betrifft, sondern gegen

---

106 BSGE 67, 251, 254; LSG NRW, NZS 2000, 245.
107 BVerfGE 13, 181, 185 f.; 46, 120, 173 f.; 75, 108, 153 f.; 82, 209, 233 f.; 87, 37, 42.
108 Vgl. B. III. 1.
109 BVerfGE 70, 1, 30 f.

eine bestimmte Art und Weise der Ausgestaltung ihrer Beteiligung am sozialen Leistungssystem, für dessen Funktionsfähigkeit aber der Staat die Verantwortung trägt und das deshalb in erhöhtem Maße der Einwirkung sozialstaatlicher Gesetzgebung unterliegt. Zwar verlieren die Anbieter hierdurch nicht ihre Stellung als Grundrechtsträger, so daß jede Grundrechtsbeschränkung einer ausdrücklichen gesetzlichen Ermächtigung bedarf. Inhaltlich jedoch erweitert sich der Eingriffs- und Kontrollspielraum des Staates, je weniger der jeweilige Anbieter im staatlichen Kontakt den üblichen Konkurrenzbeziehungen der freien Wirtschaft und den hierdurch gegebenen wirtschaftlichen Risiken ausgeliefert ist.

V. Kompetenzordnung

Die Bundesrepublik ist ein **Bundesstaat** (Art. 20 Abs. 1 GG), in dem die Gesetzgebungs- und Verwaltungskompetenzen auf Bund und Länder verteilt sind (Art. 30, 70 ff., 83 ff. GG).

Im Bereich der **Schule** sind die Gesetzgebungs- und Verwaltungskompetenzen den Ländern zugewiesen (Art. 70 GG). Gleichwohl sind die in Art 7 GG (Aufsicht über die Schule) enthaltenen Regelungen für den Landesgesetzgeber verbindlich. Gem. Art. 142 GG sind jedoch auch die Landesverfassungen für das Schulrecht bedeutsam, soweit sie mit den Bestimmungen des Grundgesetzes übereinstimmen. Ferner bestimmt Art. 91 b GG, daß Bund und Länder bei der Bildungsplanung und bei der Förderung der wissenschaftlichen Forschung von überregionaler Bedeutung zusammenwirken können. Hierauf basiert die Bund-Länder-Kommission für Bildungsplanung und Forschungsförderung. Überdies ist auch eine informelle Zusammenarbeit zwischen den Ländern möglich, wie etwa die Kultusministerkonferenz zeigt.

Die anderen Materien des Bildungsrechts sind hingegen durchweg Gegenstände der **konkurrierenden Gesetzgebung.** Insofern haben die Länder die Befugnis zur Gesetzgebung, solange und soweit der Bund von seiner Gesetzgebungszuständigkeit nicht durch Gesetz Gebrauch gemacht hat (Art. 72 Abs. 1 GG). Der Bund hat insbesondere dann das Gesetzgebungsrecht, wenn dies zur Herstellung gleichwertiger Lebensverhältnisse oder zur Wahrung der Rechts- oder Wirtschaftseinheit nötig ist.[110] Dem Bund stehen somit folgende Gesetzgebungskompetenzen zu:

- Die **öffentliche Fürsorge** (Art. 74 Abs. 1 Nr. 7 GG): Hierzu gehören die Bereiche der Jugendfürsorge einschließlich des Jugendschutzes, der Jugendpflege und der Sozialhilfe. Das bildungsrechtlich relevante Kinder- und Jugendhilferecht sowie Sozialhilferecht sind deshalb durch Bundesgesetz geregelt worden.
- Das **Recht der Wirtschaft** (Art. 74 Abs. 1 Nr. 11 GG): Dieses enthält die Materien Bergbau, Industrie, Energiewirtschaft, Handwerk, Gewerbe, Handel, Bank- und

110 Hierzu BVerfGE 2, 213, 224 f.; 1, 264, 272 f.; 26, 338, 382 f.; 67, 299, 327.

Börsenwesen, privatrechtliches Versicherungswesen. In bildungsrechtlicherr Hinsicht hat der Bund insofern von seiner Kompetenz beim Berufsbildungsgesetz und bei der Handwerksordnung mit ihren ausbildungsrelevanten Vorschriften Gebrauch gemacht.

- Das **Arbeitsrecht** einschließlich der Betriebsverfassung, des Arbeitsschutzes und der Arbeitsvermittlung sowie die **Sozialversicherung** einschließlich der Arbeitslosenversicherung (Art. 74 Abs. 1 Nr. 12 GG): Bildungsrechtliche Anteile finden sich im Betriebsverfassungsgesetz (insbesondere bei den Mitbestimmungsrechten der Auszubildenden und des Betriebsrates bei der Ausbildung und Weiterbildung) sowie bei einigen berufsausbildungsrelevanten Arbeitsschutzbestimmungen. Durch die Bundeskompetenz im Bereich der Sozialversicherung wurde ferner die Aus- und Weiterbildung nach Arbeitsförderungsrecht sowie die berufliche Rehabilitation auf eine bundesgesetzliche Grundlage gestellt.
- Die Regelung der **Ausbildungsbeihilfen** (Art. 74 Abs. 1 Nr. 13 GG): Ausbildungsbeihilfen sind Maßnahmen individueller Förderung von in Ausbildung stehenden Menschen, jedoch keine Beihilfen zur Förderung von Bildungseinrichtungen. Insofern hat der Bund von seiner Gesetzgebungskompetenz beim Bundesausbildungsförderungsgesetz Gebrauch gemacht.

Für das Recht der **Erwachsenen- und Jugendbildung** sind hingegen Besonderheiten zu beachten. Das Erwachsenenbildungsrecht ist ebenso wie das Bildungsurlaubsrecht Ländersache. Eine konkurrierende Gesetzgebungszuständigkeit des Bundes hierfür besteht nicht. So ist es zu erklären, daß das Recht auf Bildungsurlaub nur in einigen Bundesländern verwirklicht wurde. Das Jugendbildungsrecht ist dagegen in der konkurrierenden Gesetzgebungszuständigkeit des Bundes für den Bereich der öffentlichen Fürsorge aufgehoben. Es ist deshalb im Kinder- und Jugendhilfegesetz des Bundes verwirklicht worden.[111] Soweit die Länder eigene Jugendbildungsgesetze erlassen haben, handelt es sich hierbei nur um nähere Ausgestaltungen der bundesgesetzlichen Vorgaben, die im übrigen für die Länder bindend sind.

---

111 BVerfGE 22, 180 ff.; BVerfGE 42, 281 f.; BVerwG, DVBl. 1967, 825.

C. Europäisches Bildungsrecht

Weiterführende Literatur:

Caspar, Die EU-Charta der Grundrechte und das Bildungsrecht, RdJB 2001, 165; Uebersohn, Europarechtliche Entwicklungen im Bildungsrecht und in der Bildungspolitik, RdJB 1998, 267; Berggreen-Merkel, Europäische Harmonisierung auf dem Gebiet des Bildungswesens, RdJB 1998; Dohm, Die Kompetenz der EG im Bereich der allgemeinen Bildung nach Art. 126 EGV, RdJB 1992, 451; Feuchthafen/Brackmann, Berufliche Bildung im Maastrichter Unionsvertrag, RdJB 1992, 468; Dittmann/Fehrenbacher, Die bildungsrechtlichen Harmonisierungsverbote (Art. 126 Abs. 4, 127 Abs. 4 EGV) und ihre Bedeutung für die nationale Bildungshoheit, RdJB 1992, 478; Hochbaum, Nationales und gemeinschaftliches Interesse, RdJB 1992, 505; Falke, Die Flankierung nationaler Politiken zur Berufsbildung und Beschäftigungsförderung durch den Europäischen Sozialfonds, RdJB 1992, 521; Konow, Bildungspolitik nach „Maastricht", RdJB 1992, 438; Conrad, Rechtsprobleme bei der Anerkennung ausländischer Zeugnisse und Examina, RdJB 1995, 292; Seidel/Beck, Rechtliche Aspekte der Bildungspolitik der EG, Jura 1997, 393; Becker, Bildung in der Europäischen Union, 2001; Benicke, EG-Wirtschaftsrecht und die Einrichtungen der Freien Wohlfahrtspflege, ZfSH/SGB 1998, 22; Luthe, Privilegien der Freien Wohlfahrtspflege in gemeinschaftsrechtlicher Sicht, Die Sozialgerichtsbarkeit 2000, 505, 585; Beckedorf/Henze, Neuere Entwicklungen in der Bildungspolitik der Europäischen Gemeinschaft, NVwZ 1993, 125; Hilpold, Bildung in Europa 1995.

I. Verständnishilfen

Die Europäische Gemeinschaft ist ursprünglich als Wirtschaftsgemeinschaft mit dem Ziel eines freien Marktwettbewerbs gegründet worden. Hierin liegt auch heute noch ihre Hauptbedeutung. Andere Politikbereiche, wie etwa Bildung und Soziales, sind erst später hinzugetreten.[1] Das bedeutet jedoch nicht, daß die Mitgliedstaaten ihre sozialpolitischen und bildungspolitischen Kompetenzen nunmehr vollständig an die Europäische Union abgetreten hätten. Das Gegenteil ist der Fall. Die EU besitzt in dieser Hinsicht nur **Minimalkomptenzen.** Im Kern verbleibt die Zuständigkeit für Bildungs- und Sozialpolitik bei den Mitgliedstaaten. So will es die offizielle Kompetenzverteilung. Trotzdem ist der europarechtliche Einfluß auch im Sozial- und Bildungssektor viel weitreichender als ursprünglich geplant: Wenn Privatanbieter von Sozial- und Bildungsdienstleistungen, ihre Dienstleistungskunden, aber auch die EU-Arbeitnehmer auf freien Zugang zu den europäischen Dienstleistungsmärkten bestehen, durch sozialpolitisch oder bildungspolitisch motivierte Zugangsbeschränkungen der einzelnen Mitgliedstaaten hiervon jedoch abgehalten werden, wird die wirtschaftliche Dimension des freien Binnenmarktes

1 Insbesondere durch den Vertrag von Maastricht und Amsterdam.

berührt (insbesondere Niederlassungsfreiheit, Dienstleistungsfreiheit, Arbeitnehmerfreizügigkeit, Warenverkehrsfreiheit, Wettbwerbsregeln), die gegenüber nationalstaatlichen Sonderinteressen eine prinzipielle Vorrangstellung einnimmt und deshalb nur aus zwingenden Gründen eingeschränkt werden kann. In erster Linie wollen die **wirtschaftlichen Freiheitsrechte** und **Wettbewerbsregeln** eine Gleichstellung von EU-Ausländern und Inländern bewirken (sog. Inländergleichbehandlung), darüber hinaus aber auch alle nicht wirklich erforderlichen Marktbehinderungen auf nationaler Ebene (wie etwa Subventionen, Zugangsbeschränkungen, Unternehmenskartelle) beseitigen. Das hat dazu geführt, daß viele soziale Dienstleistungen heute auch im europäischen Ausland in Anspruch genommen werden können, daß staatliche Dienstleistungsmonopole, wie etwa das Arbeitsvermittlungsmonopol der Bundesanstalt für Arbeit, beseitigt und für ausländische Anbieter geöffnet wurden, daß EU-Arbeitnehmer den gleichen Zugang zu Bildungseinrichtungen haben wie Inländer und zudem eine europaweite Anerkennung ihrer Bildungsabschlüsse in Gang gesetzt wurde.

Das europäische Recht besteht aus **Primärrecht** und **Sekundärrecht.** Die beiden wichtigsten primärrechtlichen Grundlagen der Europäischen Union ist der Vertrag zur Gründung der Europäischen Gemeinschaft (EGV) sowie der Vertrag über die Europäische Union (EUV). Insbesondere der EGV beinhaltet die wirtschaftlichen Grundfreiheiten (Warenverkehrsfreiheit, Freizügigkeit, Niederlassungsfreiheit, Dienstleistungsfreiheit, Freiheit des Kapital- und Zahlungsverkehrs) sowie die Wettbewerbsregeln (Kartellverbot, Mißbrauch einer marktbeherrschenden Stellung, Unzulässigkeit staatlicher Beihilfen). Außerdem finden sich hier eng umgrenzte Zuständigkeiten für bestimmte Politikbereiche, wie etwa die Sozial- und Bildungspolitik. Insbesondere die sozial- und bildungspolitischen Ziele der Europäischen Gemeinschaft werden in einem abgestuften System von Bindungswirkungen gegenüber den Mitgliedstaaten umgesetzt: teils durch rechtsverbindliche Regelungen (imperative Steuerung), teils durch Fördermaßnahmen (influenzierende Steuerung) und teils durch Empfehlungen bzw. Informationen (indikative Steuerung). Das dem Primärrecht rangmäßig untergeordnete Sekundärrecht besteht aus Verordnungen und Richtlinien. Diese erläßt der aus Ministern der Mitgliedstaaten zusammengesetzte Rat der Europäischen Gemeinschaft. In besonderen Fällen darf das Europäische Parlament hierbei (lediglich) mitentscheiden. Es ist also kein Parlament im üblichen Sinne. Der Rat wiederum entscheidet teils einstimmig, teils mit qualifizierter, teils mit absoluter Mehrheit. Häufig geht dem die Anhörung bestimmter Ausschüsse, etwa des Ausschusses der Regionen oder des Wirtschafts- und Sozialausschusses, voraus. Insbesondere die bildungspolitischen Ziele des EGV werden zumeist im Wege einer Förder- und Informationspolitik umgesetzt. Neben dem Rat wird die Aufgabe der Rechtssetzung in Teilbereichen aber auch von der Europäischen Kommission wahrgenommen.

Die Tätigkeit der Gemeinschaftsorgane beschränkt sich auf die in den Gemeinschaftsverträgen umschriebenen **Kompetenzen** (sog. Prinzip der begrenzten Einzelermächtigung). Im übrigen darf die Gemeinschaft in jenen Bereichen, in denen sie nicht ausschließlich zuständig ist, nur tätig werden, wenn und soweit die

Ziele der in Betracht gezogenen Maßnahmen auf der Ebene der Mitgliedstaaten nicht ausreichend erreicht werden können und daher wegen ihres Umfanges oder ihrer Wirkung besser auf Gemeinschaftsebene erreicht werden können (sog. Subsidiaritätsprinzip).[2] Die den Gemeinschaftsorganen gezogenen Grenzen sind jedoch dehnbar, wenn offensichtliche Lücken in den Kompetenzbestimmungen der Verträge geschlossen werden und bestehende Kompetenzen näher ausgestaltet werden müssen.[3]

Im Rahmen ihrer jeweiligen Kompetenzen liegt die Hauptbedeutung des aus Vertretern jedes Mitgliedstaates bestehenden **Europäischen Rates** in der Aufgabe der Rechtsetzung von sekundärem Gemeinschaftsrecht, der **Kommission** in der Ausführung des Gemeinschaftsrechts und der Kontrolle seiner Einhaltung gegenüber den Mitgliedstaaten, des **Europäischen Parlaments** in der Mitwirkung in bestimmten Entscheidungsverfahren, der **Ausschüsse** in der Beratung insbesondere von Rat und Kommission sowie des **Europäischen Gerichtshofs** in der Gewährung von Rechtsschutz gegenüber dem Handeln der Gemeinschaftsorgane und Mitgliedstaaten.[4]

Zur Entwicklung des wirtschaftlichen und sozialen Zusammenhalts der Gemeinschaft, zur Verbesserung der Beschäftigungsmöglichkeiten im Binnenmarkt sowie schließlich allgemein zur Umsetzung der sozial- und bildungspolitischen Ziele wurde im Rahmen sog. **Strukturfonds** ein differenziertes System von Fördermaßnahmen geschaffen. Bildungs-, beschäftigungs- und sozialpolitische Maßnahmen werden vor allem durch den Europäischen Sozialfonds sowie den Europäischen Regionalfonds unterstützt, in geringerem Maße auch durch den Innovationsfonds und bestimmte Gemeinschaftsinitiativen. Da mit den Strukturfonds eine Verminderung des Wohlstandsgefälles in der Europäischen Union erreicht werden soll, kommt es auf einen zielgenauen Einsatz der Mittel an. Insofern ist die Förderung auf bestimmte Zielgebiete mit einer besonderen Problematik ausgerichtet, wie schwaches Bruttoinlandsprodukt (Ziel-1-Gebiete), hoher Strukturwandel (Ziel-2-Gebiete) sowie hohe Arbeitslosigkeit (Ziel-3-Gebiete).

Die von der Kommission gewährten **Fördermittel** fließen über unterschiedliche Kanäle. Antragsteller sind vor allem Organe der Mitgliedstaaten (Bund, Länder, Kommunen) sowie nationale Agenturen (staatliche Stellen, Nichtregierungsorganisationen, Institute, Verbände). Sie nehmen die Mittel entweder selbst in Anspruch

---

2 Es ist jedoch umstritten, inwieweit das Subsidiaritätsprinzip rechtliche Verbindlichkeit besitzt oder nur als politische Handlungsmaxime anzusehen ist.

3 Die Kompetenz der Lückenschließung besitzt ausschließlich der Rat. Konkretisierungskompetenzen besitzt hingegen auch die Kommission (sog. Implied Powers).

4 So kann das Gericht angerufen werden durch die Kommission, wenn ein Mitgliedstaat Gemeinschaftsrecht verletzt hat, durch einen Mitgliedstaat, wenn ein anderer Mitgliedstaat Gemeinschaftsrecht verletzt, durch ein europäisches Organ gegen ein anderes europäisches Organ, durch Klage einer juristischen oder natürlichen Person gegen Handlungen der Gemeinschaft sowie durch Vorabentscheidung über Fragen der Vertragsauslegung, wenn das Gericht eines Mitgliedstaates, **welches bestehendes Gemeinschaftsrecht in eigener Zuständigkeit anzuwenden hat**, Zweifel über die richtige Auslegung von Gemeinschaftsrecht hat.

oder vergeben diese im Rahmen eigener Förderprogramme. Zur Sicherstellung der zweckentsprechenden Mittelverwendung ist zumeist eine Co-Finanzierung durch den Mittelempfänger erforderlich.[5]

II. Rechtsgrundlagen

1. Primärrecht

Nach der **Vertragszielbestimmung** des Art. 3q) EGV erstreckt sich die Tätigkeit der Gemeinschaft auch auf einen Beitrag zu einer qualitativ hochstehenden und beruflichen Bildung. Allgemeine Zielbestimmungen sind im allgemeinen nur von geringer rechtlicher Bindungsqualität. Die eigentliche Bedeutung dieser Bestimmung liegt vor allem darin, daß der Rat unter Berufung auf seine Lückenfüllungskompetenz (Art. 308 EGV) nunmehr Vorschriften über Bildungsfragen erlassen könnte. Dagegen stehen jedoch die eindeutigen Harmonisierungsverbote in den Art. 149, 150 EGV als Bestätigung einer nach wie vor bestehenden nationalstaatlichen Sourveränität auf dem Gebiet der Bildungspolitik.[6]

Gem. Art. 18 EGV hat jeder Unionsbürger das Recht, sich im Hoheitsgebiet der Mitgliedstaaten frei zu bewegen und aufzuhalten. Das praktisch bedeutsamere Recht auf **Freizügigkeit** insbesondere als Arbeitnehmer in Art. 39 EGV zählt zu den vier Grundfreiheiten des Gemeinschaftsrechts und gewährt das Recht auf freie Einreise und Aufenthalt sowie flankierende Begleitrechte, wie das Recht auf gleichen Zugang zur Beschäftigung, auf Gewährung gleicher Beschäftigungs- und Arbeitsbedingungen, auf Anerkennung von Befähigungsnachweisen sowie auf gleiche soziale und steuerliche Vergünstigungen im Vergleich zu inländischen Arbeitnehmern. Geschützt sind jedoch auch die Familienangehörigen des Arbeitnehmers insbesondere bei der Inanspruchnahme sozialer Vergünstigungen, beim Zugang zum allgemeinen Unterricht und zur Berufsausbildung. Zur Herstellung der Freizügigkeit kann der Rat Richtlinien und Verordnungen erlassen, insbesondere auch auf dem Gebiet der sozialen Sicherheit (Art. 40, 42 EGV). Im Hinblick auf die Dimension von Bildung hat gerade das Freizügigkeitsrecht wichtige Impulse freigesetzt. Systematisch läßt sich europarechtlich insofern von einem **freizügigkeitsspezifischen Bildungsrecht** sprechen.

Gem. Art. 12 EGV ist in den Mitgliedstaaten jede **Diskriminierung** aus Gründen der Staatsangehörigkeit verboten. Die Bedeutung des allgemeinen Diskriminierungsverbotes liegt in der Frage des freien Zugangs zur Ausbildung in anderen Mitgliedstaaten, auch wenn der Unionsbürger keinen Arbeitnehmerstatus besitzt, er mithin allein zu Ausbildungszwecken einreist. Allerdings muß mit der Diskrimini-

5 Einen guten Überblick über die Förderpolitik der EU im Bereich der Bildung mit Hinweis auf wichtige Internetadressen gibt Helle Becker, Bildung in der Europäischen Union, 2001.

6 Zum Ganzen Hablizel, Subsidiaritätsprinzip und Bildungskompetenzen im Vertrag über die Europäische Union, 1994, 49.

nierung der „Anwendungsbereich des Vertrages" betroffen sein. Zwar gehört das Bildungswesen nicht zu den Kernmaterien der Gemeinschaft. Allerdings ist gerade die Berufsausbildung so eng mit dem Freizügigkeitsgedanken verbunden, daß der freie Zugang zu akademischen und sonstigen Einrichtungen der Berufsausbildung vom Europäischen Gerichtshof in den Geltungsbereich des Gemeinschaftsvertrages und insbesondere des Diskriminierungsverbots einbezogen wurde.[7]

Art. 49 EGV statuiert ein Verbot von Beschränkungen des **freien Dienstleistungsverkehrs** innerhalb der Gemeinschaft. Geschützt ist das grenzüberschreitende Angebot von Dienstleistungen. Allgemeine Anwendungsvoraussetzung ist das Vorliegen einer wirtschaftlichen Betätigung. Deshalb muß die Dienstleistung Entgeltcharakter haben und mit ihr ein unternehmerischer Erwerbszweck verfolgt werden.[8] Schutzadressaten sind daher Privatanbieter von Bildungsleistungen (Privatschulen, Privathochschulen, Weiterbildungseinrichtungen).[9] Sie genießen das Recht der sog. aktiven Dienstleistungsfreiheit, wenn sie ihre Dienste grenzüberschreitend anbieten wollen, während sich der Dienstleistungsempfänger auf sein Recht der sog. passiven Dienstleistungsfreiheit berufen kann, wenn er Bildungsangebote aus dem europäischen Ausland entweder in seinem Herkunftsland oder in einem anderen Mitgliedstaat in Anspruch nehmen will. Ob staatliche Bildungsangebote ebenfalls unter den **Dienstleistungsbegriff** fallen und unter dem Aspekt der passiven Dienstleistungsfreiheit ein freier Zugang von EU-Bürgern garantiert sein muß, hängt davon ab, inwiefern der Staat hierbei unternehmerähnlich am Wirtschaftsleben teilnimmt. Dies wäre bei einem Staat der Fall, der seine Bildung (nahezu) kostendeckend über Schulgeld oder Studiengebühren finanziert und sich damit in Konkurrenz zu privaten Bildungsanbietern begibt. Weiterhin wäre eine **Beschränkung** des freien Dienstleistungsverkehrs erforderlich. Insofern ist jede nationale Regelung verboten, die die Leistung oder Inanspruchnahme von Diensten zwischen Mitgliedstaaten insbesondere gegenüber der Leistung von Diensten in Inneren eines Mitgliedstaats erschwert (etwa besondere Zugangsvoraussetzungen oder Kontingentierungen). Vor allem staatliche Bildungsmonopole sowie berufliche Aus- und Weiterbildungsordnungen geraten damit auf den Prüfstand des Europarechts (etwa Ausschließlichkeitsgrs. nach BBiG sowie Schulzwang in Staatsschulen). Derartige Beschränkungen sind jedoch dann gerechtfertigt, wenn der jeweilige Mitgliedstaat zwingende **Gemeinwohlgründe** für die Beschränkung nachweisen kann. In Betracht kommen insofern Gründe der Planbarkeit und Finanzierbarkeit des Bildungswesens, der Qualitätssicherung sowie der Herstellung von Chancengleichheit unter den Absolventen.[10] Je mehr die staatlich dargebotene Bildungsleistung jedoch

---

7 Insbesondere durch EuGH, Rs. 293/83 „Gravier", Slg. 1985, 593.

8 EuGH, Rs. 263/86, Slg. 1988, 5365 (Humbel und Edel). Es ist jedoch nicht erforderlich, daß die Dienstleistung von demjenigen bezahlt wird, dem sie zugute kommt. Außerdem liegt der Entgeltcharakter der Dienstleistung bereits dann vor, wenn eine wirtschaftliche Gegenleistung gewährt wird; eine Gewinnerzielungsabsicht ist nicht erforderlich.

9 Hierzu Staudenmeyer, WissR 1994, 249, 270 ff.

10 Vgl. zur Frage des Erwerbscharakters des öffentlichen Bildungswesens: EuGH 1993 I – 6447 (Max Wirth). Wesentlicher Legitimationsgrund staatlicher Zwangsverschulung in Deutschland ist

den Charakter einer entgeltlichen Dienstleistung annimmt oder je weniger der jeweilige Mitgliedstaat eine qualitativ ausreichende Bildung anbieten kann, umso geringer dürfte das Gewicht seiner Rechtfertigungsgründe in der Abwägung mit der grundsätzlich vorrangigen Dienstleistungsfreiheit sein.[11] So hat der Europäische Gerichtshof das Vermittlungsmonopol der Bundesanstalt für Arbeit nicht zuletzt aus Qualitätsgründen, insbesondere weil das Arbeitsamt nicht in der Lage war, die Nachfrage nach Vermittlungsleistungen zu befriedigen, aufgehoben und damit private Konkurrenz zugelassen.[12]

Art. 43 EGV statuiert ein Verbot von Beschränkungen der **freien Niederlassung** von Staatsangehörigen eines Mitgliedstaats im Hoheitsgebiet eines anderen Mitgliedstaats. Die Niederlassungsfreiheit als eine der vier Grundfreiheiten umfaßt die Aufnahme und Ausübung selbständiger Erwerbstätigkeiten sowie die Gründung und Leitung von Unternehmen und damit jede wirtschaftliche Betätigung, die gegen Entgelt und unter Wettbewerbsbedingungen erbracht wird. Die Anforderungen (Erwerbszweckverfolgung, Niederlassungsbeschränkung, Rechtfertigung) sind im wesentlichen identisch mit denen der Dienstleistungsfreiheit.

Neben den hier einschlägigen Grundfreiheiten (Niederlassungsfreiht, Dienstleistungsfreiheit, Freizügigkeit) existieren eine Reihe von **Wettbewerbsregeln**, wie das Verbot wettbewerbsbeschränkender Vereinbarungen und Verhaltensweisen (Art. 81 EGV), das Verbot des Mißbrauchs einer marktbeherrschenden Stellung (Art. 82 EGV), die Anwendbarkeit der Wettbewerbsregeln auf öffentliche Unternehmen (Art. 86 EGV) sowie die Unzulässigkeit von wettbewerbsverfälschenden Beihilfen (Art. 87 EGV). Angewendet werden die Bestimmungen jedoch nur auf die Tätigkeit von Unternehmen. Hierbei kommt es weder auf die Rechtsform noch die Art der Finanzierung an.[13] Wichtig ist die Teilnahme am Wirtschaftsverkehr, die Erwerbszweckverfolgung sowie das Bestehen einer zumindest potentiellen Wettbewerbssituation zu kommerziellen Einrichtungen. Diese Voraussetzungen sind bei privaten Bildungsdienstleistern regelmäßig erfüllt. Bei staatlichen Bildungsdienstleistungen kommt es dagegen auf das Ausmaß erwerbswirtschaftlicher Betätigung an. Die kulturelle Grundausrichtung von Bildungsleistungen ist für sich genommen ohne Aussage. Entscheidend ist letztlich die zumindest potentielle Konkurrenz mit privaten Anbietern.[14] Die Schul- und Hochschulbildung ist in Europa jedoch weitestgehend staatlich monopolisiert oder steht zumindest unter

---

insofern der Gedanke einer integrativen Beschulung von Kindern und Jugendlichen aus sämtlichen Gesellschaftsschichten.

11 In dieser Hinsicht ermöglicht die Pisa-Studie erstmalig einen tragfähigen Vergleich der Angebotsqualität.

12 EuGH, Rs. C-41/90 (Höfner und Elser), Slg. 1991, I – 1979. Hierbei ging es jedoch um die Anwendung des Art. 86 EGV (öffentliche und monopolartige Unternehmen), der jedoch ähnliche Rechtfertigungsfragen aufwirft.

13 Die Vorschriften gelten somit auch für gemeinnützige Unternehmen: Luthe, Die Sozialgerichtsbarkeit 2000, 505 (Teil 1), 585 (Teil 2).

14 So jedenfalls die Entscheidung zum Arbeitsvermittlungsmonopol der Bundesanstalt für Arbeit: EuGH, Rs. C-41/90, Slg. 1991, I – 1979.

strenger staatlicher Kontrolle. Für die Annahme einer Unternehmenstätigkeit, d. h. eines wirtschaftlichen Geschäftsverkehrs unter Konkurrenzbedingungen, gibt es von daher nur wenig Anhaltspunkte. Ob sich zukünftig (staatlich geduldete) „graue Bildungsmärkte" oder gar eine das staatliche Bildungsmonopol in Frage stellende (Teil-) Privatisierung der üblichen schulischen und universitären Bildungsleistungen entwickeln werden, bleibt abzuwarten. Im Bereich beruflicher Weiterbildung ist die Entwicklung zu einem europäischen Weiterbildungsmarkt jedoch bereits weit vorangeschritten. Es besteht transnationale Konkurrenz zwischen Privatanbietern und staatlichen oder halbstaatlichen, insbesondere berufsverbandlichen Bildungsträgern, die häufig eine „marktbeherrschende Stellung" aufweisen und ggf. auch staatlich subventioniert werden. Wie bei den Marktfreiheiten (s. o.) spricht auch im Kontext der Wettbewerbsregeln einiges dafür, daß dem komplex gelagerten Problem eines europäischen Marktwettbewerbs für Bildungsdienstleistungen zukünftig größere Beachtung auch in gemeinschaftsrechtlicher Hinsicht zukommen wird. Neben dem freizügigkeitsspezifischen Bildungsrecht statuieren Grundfreiheiten und Wettbewerbsregeln bei systematischer Betrachtung somit einen weiteren Bereich eines **wettbewerbsspezifischen Bildungsrechts** auf europäischer Ebene. Das freizügigkeitsspezifische und wettbewerbsspezifische Bildungsrecht berührt die wirtschaftliche Dimension des Binnenmarktes und genießt aus diesem Grund Vorrang gegenüben nationalen Souveränitätsansprüchen im Bildungssektor. Daß Bildungspolitik nach wie vor eine Angelegenheit des einzelnen Mitgliedstaats ist und insbesondere die bildungspolitischen Ziele des Gemeinschaftsvertrages ein klares Harmonisierungsverbot enthalten (Art. 149 Abs. 4, 150 Abs. 4 EGV), ändert hieran nichts, sobald Bildung eine marktwirtschaftliche Stoßrichtung erkennen läßt.

Von den Marktfreiheiten nunmehr zu den Bildungszielen des EGV: Nach Art. 149 Abs. 1 EGV trägt die Gemeinschaft zur Entwicklung einer qualitativ hochstehenden **Bildung** dadurch bei, daß sie die Zusammenarbeit zwischen den Mitgliedstaaten fördert und deren Tätigkeit unter strikter Beachtung ihrer Verantwortung für die Lehrinhalte und die Gestaltung des Bildungssystems sowie der Vielfalt ihrer Kulturen und Sprachen erforderlichenfalls unterstützt und ergänzt. Art. 149 Abs. 2 enthält in abschließender Weise einen Katalog von Handlungszielen: Erwähnt wird die Entwicklung der europäischen Dimension im Bildungswesen und die Förderung der Mobilität von Lernenden und Lehrenden, die Förderung der Zusammenarbeit der Bildungseinrichtungen, die Erweiterung des Informations- und Erfahrungsaustauschs, die Förderung des Jugendaustauschs und der Fernlehre. Art. 149 Abs. 3 behandelt die Förderung der Zusammenarbeit mit dritten Ländern und den für den Bildungsbereich zuständigen Organisationen, insbesondere dem Europarat.[15] Zur Verwirklichung der Ziele kann der Rat gem. Art. 149 Abs. 4 EGV nach dem Verfahren des Art. 251 und nach Anhörung des Wirtschafts- und Sozialausschusses und des Ausschusses der Regionen Fördermaßnahmen sowie mit mit qualifizierter

15 Hierzu Blanke, Europa auf dem Weg zu einer Bildungs- und Kulturgemeinschaft, 1994, 13 ff.

Mehrheit auf Vorschlag der Kommission Empfehlungen erlassen.[16] Die Möglichkeit einer Harmonisierung der Rechts- und Vewaltungsvorschriften der Mitgliedstaaten ist ausdrücklich untersagt. Der Gemeinschaft stehen somit nur stark eingeschränkte Kompetenzen zu. Die bildungspolitische Souveränität der Mitgliedstaaten bleibt weitgehend unangetastet.

Der ähnlich gefaßte Art. 150 EGV behandelt die durch die Gemeinschaft geführte Politik der **beruflichen Bildung**, welche die Maßnahmen der Mitgliedstaaten unter strikter Beachtung ihrer Verantwortung für Inhalt und Gestaltung der beruflichen Bildung unterstützt und ergänzt. Art. 150 Abs. 2 enthält die Ziele der Gemeinschaftstätigkeit: u. a. die Erleichterung der Anpassung an die industriellen Wandlungsprozesse, insbesondere durch berufliche Bildung und Umschulung, die Verbesserung der beruflichen Erstausbildung und Weiterbildung, die Erleichterung der Aufnahme einer beruflichen Bildung sowie Förderung der Mobilität der Ausbildung und der in beruflicher Bildung befindlichen Personen, die Förderung der Zusammenarbeit in Fragen der beruflichen Bildung zwischen Unterrichtsanstalten und Unternehmen sowie den Ausbau des Informations- und Erfahrungsaustauschs über gemeinsame Probleme im Rahmen der Berufsbildungssysteme der Mitgliedstaaten. In Art. 150 Abs. 4 EGV wird der Rat nach dem Verfahren des Art. 251 und nach Anhörung des Wirtschafts- und Sozialausschusses sowie des Ausschusses der Regionen zum Erlaß von Maßnahmen ermächtigt, die zur Verwirklichung der Ziele beitragen. Wie bei Art. 149 wiederum besteht das Verbot jeglicher Harmonisierung der Rechts- und Verwaltungsvorschriften der Mitgliedstaaten. Zwar sind die vom Rat zu erlassenen Maßnahmen nicht wie in Art. 149 EGV auf bloße Anreize oder Empfehlungen beschränkt. Gleichwohl setzt das Harmonisierungsverbot des Abs. 4 den Handlungsmöglichkeiten der Gemeinschaft enge Grenzen.[17] Deshalb dürften auch hier wie bei der allgemeinen Bildung Fördermaßnahmen und Aktionsprogramme im Vordergrund stehen.

Schon von daher ist die praktische Bedeutung der früher heftig diskutierten Frage der **Abgrenzung** zwischen allgemeiner und beruflicher Bildung gering. Hinzu kommt, daß für beide Bereiche mittlerweile das gleiche Verfahren (Art. 251 EGV) gilt. Zum allgemeinen Bildungsbereich des Art. 149 EGV gehört das Schulwesen. Der Sekundarbereich II und das Hochschulwesen ist nach dem Verständnis des EuGH jedoch der beruflichen Bildung und damit Art. 150 EGV zuzurechnen.[18] Die Sicht des EuGH entstammt jedoch einer Zeit, wo die Gemeinschaftskompetenz nur die berufliche Bildung umfaßte. Es ist daher fraglich, ob der Sekundarbereich II und das Hochschulwesen unter heutigen Bedingungen schon im Blick auf die jeweiligen

---

16 Finanzielle Zusagen dürfen zwar nicht an eine bestimmte Ausrichtung des mitgliedstaatlichen Rechts oder seiner Bildungspolitik geknüpft werden (mittelbare Harmonisierung); rechtsverbindliche Maßnahmen sind jedoch möglich, solange die grundsätzliche Kompetenzverteilung zwischen Gemeinschaft und Mitgliedstaaten hierdurch nicht untergraben wird: Callies/Ruffert (Hg.), Kommentar zu EU-Vertrag und EG-Vertrag, Art. 149, Rn. 13, 14.

17 Dittmann/Fehrenbacher, Die bildungsrechtlichen Harmonisierungsverbote und ihre Bedeutung für die nationale „Bildungshoheit", RdJB 1992, 478, 485.

18 EuGH, Rs. 293/83, Slg. 1985, 593 (Gravier); Rs. 242/87, Slg. 1989, 1425 (Erasmus).

Zielkataloge nicht besser in Art. 149 EGV aufgehoben wären. Das Berufsschulwesen aber ist Teil der beruflichen Bildung des Art. 150 EGV.[19]

Wichtige Anstöße erhält die europäische Bildungspoltitik jedoch nicht nur von den speziellen Bildungszielen, sondern auch durch die Vorschriften über die **Sozial- und Beschäftigungspolitik** sowie den Europäischen Sozialfonds. Wichtig ist hierbei vor allem die Frage, ob hierdurch weitergehende Bildungskompetenzen als in den speziellen Bildungsvorschriften vorgesehen geschaffen worden sind:

Art. 140 EGV gehört den sozialpolitischen Kompetenzvorschriften an und ermächtigt die Kommission zur **Förderung der Zusammenarbeit** zwischen den Mitgliedstaaten, u.a. auf dem Gebiet der beruflichen Ausbildung und Fortbildung. Hierzu kann die Kommission Untersuchungen vornehmen, Stellungnahmen abgeben oder Beratungen der Mitgliedstaaten vorbereiten. Es handelt sich hierbei also um rechtsunverbindliche Handlungsformen; die Vorschrift hat deshalb lediglich programmatischen Charakter.

Der in Art. 146 EGV geregelte **Europäische Sozialfonds** will die Beschäftigungsmöglichkeiten der Arbeitskräfte im Binnenmarkt verbessern, u. a. durch berufliche Bildung und Umschulung. Die Verwaltung des Fonds obliegt der Kommission (Art. 147 EGV). Im Mitentscheidungsverfahren des Art. 251 erläßt der Rat die entsprechenden Durchführungsbeschlüsse (Art. 148 EGV).[20] Der Europäische Sozialfonds beschränkt sich auf die Unterstützung mitgliedstaatlicher Maßnahmen durch Förderleistungen[21] und leistet hiermit einen wesentlichen Beitrag zur Kohäsionspolitik der Gemeinschaft in Art. 159 EGV.[22] Weitergehende Bildungskompetenzen sind Art. 146 EGV nicht zu entnehmen; finanzierbar sind somit nur Maßnahmen innerhalb der Kompetenzgrenzen der speziellen Bildungsvorschriften der Art. 149, 150 EGV.

Gem. Art. 137 Abs. 1 EGV wird die Tätigkeit der Mitgliedstaaten zur **Verwirklichung der sozialpolitischen Ziele** (Art. 136) u. a. auf dem Gebiet der beruflichen Eingliederung der aus dem Arbeitsmarkt ausgegrenzten Personen durch die Gemeinschaft unterstützt und ergänzt. Die Kompetenz besteht jedoch nur „unbeschadet" des Art. 150 EGV (berufliche Bildung). Bildungsmaßnahmen zur beruflichen Eingliederung sind damit auf die in Art. 150 Abs. 4 EGV aufgeführten Maßnahmen

19 Hierzu sowie zu einer anderen Einteilung: Callies/Ruffert, Kommentar zu EU-Vertrag und EG-Vertrag, Art. 149, Rn. 9.

20 Hierbei handelt es sich um verschiedene Verordnungen, insoweit diese den Europäischen Sozialfonds betreffen: VO Nr. 2081/93 vom 20.07.93 (als Rahmenvorgabe der Strukturfonds); VO Nr. 2084/93 vom 20.07.93 i.V.m. VO Nr. 2052/88 (als Konkretisierung der Rahmenvorgabe für den ESF); VO Nr. 2082/93 vom 20.07.93 (zur Koordinierung der verschiedenen Finanzinstrumente) sowie zahlreiche Nachfolgeregelungen.

21 Conrad, Der Europäische Sozialfonds, ZfSH/SGB 1994, 409.

22 VO Nr. 2081/93; zur Bekämpfung der Arbeitslosigkeit und zur Erleichterung der Anpassung an industrielle Wandlungsprozesse ist eine ESF-Förderung gemeinschaftsweit möglich. Die Förderung von Regionen mit Entwicklungsrückstand, mit rückläufiger industrieller Entwicklung oder des ländlichen Raums kommt nur in den von der Kohäsionspolitik betroffenen Regionen in Betracht.

„unter Ausschluß jeglicher Harmonisierung" begrenzt.[23] Die begrenzten Bildungskompetenzen können durch Maßnahmen der Sozialpolitik somit nicht unterlaufen werden.

III. Einzelprobleme

1. Anerkennung von Befähigungsnachweisen

Die Verwirklichung der Grundfreiheiten, insbesondere der Niederlassungsfreiheit und der Freizügigkeit, hängt wesentlich von der Anerkennung der in einem anderen Mitgliedstaat erworbenen Befähigungsnachweise und der gemeinschaftsweiten Vereinheitlichung nationaler Rechtsvorschriften ab. Während die harmonisierende bzw. koordinierende Angleichung nationaler Rechtsvorschriften normalerweise durch sekundäres Gemeinschaftsrecht (Verordnungen und Richtlinien) umgesetzt wird, hat bei der gemeinschaftsweiten Anerkennung insbesondere von Befähigungsnachweisen auch die Rechtsprechung des Europäischen Gerichtshofs eine bedeutende Rolle gespielt. Zwar sind den Gemeinschaftsorganen spezifische **Rechtsetzungskompetenzen** im Bereich der Freizügigkeit und Niederlassungsfreiheit eingeräumt worden (Art. 40, 47, 52 EGV). Hier können ihrer Funktion und Zielsetzung nach vor allem Anerkennungs-, Koordinierungs- und Angleichungsrichtlinien erlassen werden.[24] Unabhängig hiervon sind die Mitgliedstaaten jedoch bereits direkt aus den wirtschaftlichen **Grundfreiheiten** (hier vor allem die Dienstleistungsfreiheit, Niederlassungsfreiheit, Arbeitnehmerfreizügigkeit) heraus verpflichtet, mitgliedstaatliche Befähigungsnachweise auf ihre Gleichwertigkeit mit den inländischen Anforderungen hin zu überprüfen. Denn zentrale Forderungen der Grundfreiheiten sind einerseits das Verbot jeglicher Diskriminierung von Unionsbürgern durch andere Mitgliedstaaten (Inländergleichbehandlung) sowie andererseits ein darüber hinausgehendes allgemeines Behinderungsverbot gegenüber dem niederlassungswilligen oder dienstleistungsbereiten Marktteilnehmer, welches entgegenstehende nationale Regelungen einer strengen Verhältnismäßigkeitsprüfung unterwirft. Aus diesem Grund hat der **EuGH** etwa nationale Regelungen, nach denen von vornherein nur inländische Qualifikationen zugelassen waren sowie rechtstaatlich unzureichende Verfahren der Anerkennung von Befähigungsnachweisen als mit den Grundfreiheiten unvereinbar zurückgewiesen.[25]

---

23 A. A. Krebber, in: Callies/Ruffert (Hg.), Kommentar zu EU-Vertrag und EG-Vertrag, Art. 137, Rn. 21.

24 Anerkennungsrichtlinien beziehen sich auf vorhandene Ausbildungsabschlüsse, während Koordinierungsrichtlinien und Angleichungsrichtlinien die Ausbildung, Zulassung und Tätigkeit regeln.

25 EuGH, Rs. C-340/89, Slg. 1991, I – 2357 (Vlassopoulou); vgl. auch EuGH, Rs. C-19/92, Slg. 1993, 1663 (Kraus): Genehmigungsverfahren für die Führung ausländischer akademischer Grade; EuGH, Rs. 71/76, Slg. 1977, 765 (Thieffry): Anwendbarkeit von Primärrecht bei der Überprüfung der Gleichwertigkeit von Befähigungsnachweisen.

Im Kontext der Niederlassungsfreiheit und damit zur Erleichterung der Aufnahme und Ausübung „selbständiger Tätigkeiten“ erläßt der **Rat** Richtlinien für die gegenseitige **Anerkennung** von Diplomen, Prüfungszeugnissen und sonstigen Befähgungsnachweisen sowie Richtlinien zur **Koordinierung** der Rechts- und Verwaltungsvorschriften der Mitgliedstaaten über die Aufnahme und Ausübung selbständiger Tätigkeiten (Art. 47 Abs. 1 und 2 EGV). Verfahrensmäßig erfolgt dies im Mitentscheidungsverfahren des Art. 251 EGV und grundsätzlich mit qualifizierter Mehrheit.[26] Insbesondere in den Heilberufen wurde bereits früh für die Koordinierung der jeweiligen Ausbildungen gesorgt. Deshalb konnte eine pauschale Anerkennung für die geregelte Berufsgruppe erfolgen und auf eine Einzelprüfung der Qualifikation durch die Mitgliedstaaten verzichtet werden.[27] Angesichts der abweichenden Ausbildungssysteme der Mitgliedstaaten stieß die auf den einzelnen Berufszweig bezogene Koordinierung jedoch immer wieder auf Schwierigkeiten. Deshalb wurde mit der 1989 erlassenen allgemeinen **Hochschulanerkennungsrichtlinie** ein anderer Weg beschritten.[28] Auf eine der Anerkennung vorausgehende Koordinierung der Ausbildung wurde verzichtet.[29] Dem Inhaber eines den Anforderungen der Richtlinie entsprechenden Diploms kann seitdem nicht mehr entgegengehalten werden, es fehle ihm an der notwendigen Qualifikation. Die Mitgliedstaaten sind jedoch befugt, zur **Kompensation** unterschiedlich langer Ausbildungszeiten bestimmte Zeiten der Berufserfahrung zu verlangen und unterschiedliche Ausbildungsinhalte wahlweise durch einen Anpassungslehrgang oder eine Eignungsprüfung auszugleichen. Werden die erforderlichen Zeiten jedoch nachgewiesen, so kann nur noch überprüft werden, „ob der in einem anderen Mitgliedstaat erwobene Grad von der hierfür zuständigen Hochschule im Anschluß an ein tatsächlich absolviertes Studium ordnungsgemäß verliehen worden ist“.[30] Mangels eingehender Qualitätsprüfung des akademischen Abschlusses allerdings wird so einer mißbräuchlichen Praxis Vorschub geleistet: Zu beobachten sind Kooperationen ausländischer Hochschulen mit in Deutschland ansässigen Bildungseinrichtungen, die gegen hohe Gebühren, aber auf niedrigem Ausbildungsniveau eine Ausbildung betreiben, deren Abschluß zur Führung des ausländischen Hochschulgrades auch in Deutschland berechtigt. Während die Einrichtung den Schutz der Dienstleistungsfreiheit für sich in Anspruch nehmen kann, ist der Absolvent durch das Freizügigkeitsrecht geschützt. Gleichwohl sind hier Gegenmaßnahmen durch Rat und Kommission ebenso möglich wie nötig.

---

26 Eine Besonderheit gilt für Richtlinien, deren Durchführung eine Änderung bestehender Berufsordnungen hinsichtlich der Ausbildung und der Bedingungen zum Berufszugang umfaßt (Art. 47 Abs. 2 EGV). Diese Regelung geht auf den deutschen Druck zum Schutz der Handwerksordnung zurück und kommt im Ergebnis einem Verhinderungsrecht gleich, da hierfür eine einstimmige Beschlußlage erforderlich ist.

27 Vgl. etwa RL 98/5/EG vom 16.02.98 (Niederlassungsfreiheit der Rechtsanwälte); RL 93/16/EWG vom 05.04.93 (zur Erleichterung der Freizügigkeit für Ärzte, zuletzt RL 98/21/EG vom 08.04.98)

28 RL 89/48/EWG des Rates vom 21.12.88 über eine allgemeine Regelung zur Anerkennung der Hochschuldiplome, die eine mindestens 3jährige Berufsausbildung abschließen.

29 Grundlage war EuGH vom 20.02.79, Slg. 1979, 649 (Cassis de Dijon).

30 EUGH, Rs. C-1919/92 (Kraus), Slg. 1993, 1663, Rn. 32.

Das durch die Richtlinie geschaffene System der allgemeinen Anerkennung vom Hochschuldiplomen wurde 1992 durch eine allgemeine Anerkennungsrichtlinie für **berufliche Befähigungsnachweise** ergänzt.[31] Soweit ein Handwerk oder Gewerbe jedoch durch eine Einzelrichtlinie erfaßt ist, gehen deren Bestimmungen vor.[32] Der Meistertitel der dualen Berufsausbildung kann auf Grund sog. Übergangsrichtlinien durch Zeiten der Berufserfahrung ersetzt werden.

Zusammen mit dem Freizügigkeitsrecht hat die Hochschulanerkennungsrichtlinie für den **Zugang zum öffentlichen Dienst** große Veränderungen gebracht. Nunmehr steht auch Staatsangehörigen aus anderen Mitgliedstaaten der Zugang zu den Ämtern des öffentlichen Dienstes und zum Berufsbeamtentum offen (§§ 4, 14c BRRG). Für die Berufung in das deutsche Beamtenverhältnis ist, wie sonst auch, jedoch erforderlich, daß der Bewerber jederzeit für die freiheitlich demokratische Grundordnung des Grundgesetzes eintritt, er die für seine Laufbahn erforderliche übliche Vorbildung besitzt und die deutsche Sprache beherrscht. Die Ableistung eines für die Laufbahn vorgeschriebenen speziellen Vorbereitungsdienstes darf nicht verlangt werden, wenn der Bewerber ein Diplom für einen Beruf im öffentlichen Dienst des Herkunftsstaates besitzt. § 4 Abs. 2 BRRG enthält jedoch unter Verweis auf Art. 39 Abs. 4 EGV die Ausnahmeregelung, daß „wenn es die Aufgaben erfordern“, nur Deutsche im Sinne des Art. 116 GG in ein Beamtenverhältnis berufen werden dürfen.[33] Für bestimmte hoheitliche Befugnisse bleiben Zugangsbeschränkungen somit auch weiterhin möglich. **Lehrtätigkeiten** im Bereich des Bildungswesen dürfen den eigenen Staatsangehörigen jedoch nicht vorbehalten bleiben.[34] Insbesondere die Tätigkeit an einer Schule stellt gemeinschaftsrechtlich keine Beschäftigung in der öffentlichen Verwaltung dar, so daß Art. 39 Abs. 4 EGV nicht greift. Ein Verstoß gegen das freizügigkeitsspezifische Diskriminierungsverbot liegt auch dann vor, wenn EG-Arbeitnehmer nicht wie die vergleichbaren inländischen Kollegen zu **Beamten auf Lebenszeit** ernannt werden, sondern nur befristete Arbeitsverträge erhalten.

2. Zugang zu Bildungseinrichtungen

Nach der vom Rat erlassenen Verordnung (EWG) Nr. 1612/68 vom 15.10.68 über die Freizügigkeit der Arbeitnehmer innerhalb der Gemeinschaft haben **Wanderarbeitnehmer** gem. Art. 7 Abs. 3 das Recht, unter den gleichen Bedingungen wie die inländischen Arbeitnehmer Berufsschulen und Umschulungszentren in

---

31 RL 92/51/EWG des Rates vom 18.06.92 über eine zweite allgemeine Regelung zur Anerkennung beruflicher Befähigungsnachweise in Ergänzung zur Richtlinie 89/48/EWG.

32 Siehe dazu Anhang A zur Richtlinie.

33 Art. 39 Abs. 4 EGV wird im Bereich der Niederlassungs- und Dienstleistungsfreiheit durch Art. 45 sowie Art. 55 EGV ergänzt.

34 EuGH, Rs. 66/85, Slg. 1986, 2121 (L. Blum): Studienreferendare; EuGH, Rs. 33/88, Slg. 1989, 1591 (Allué): Fremdsprachenlektoren; EuGH, Rs. C-4/91, Slg. 1991, I – 5627 (Bleis) sowie Rs. C-473/93, Slg. 1996, I – 3207 (Kommission/Luxemburg): Lehrer.

Anspruch zu nehmen. Gem. Art. 12 der Verordnung ist den **Kindern** von Wanderarbeitnehmern der Zugang zu den öffentlichen Bildungseinrichtungen garantiert. Außerdem müssen alle Hindernisse beseitigt werden, die der Mobilität der Arbeitnehmer entgegenstehen. Dazu gehört auch das Recht des Arbeitnehmers auf Familiennachzug und auf Integration der **Familie** im Aufnahmeland. Der EuGH hat aus der Verordnung jedoch nicht nur ein Recht auf Teilnahme der Kinder von Wanderarbeitnehmern am Unterricht zu den gleichen Bedingungen wie die Staatsangehörigen der Mitgliedstaaten abgeleitet, sondern auch ein Recht auf Inanspruchnahme von Leistungen, welche die Teilnahme am Unterricht erleichtern sollen. Hierzu zählen auch Leistungen der **Ausbildungsförderung**, die Wanderarbeitnehmerkindern zu den gleichen Bedingungen offenstehen müssen wie Inländern. Zwar wurde vom EuGH eingeräumt, daß die Bildungspolitik nicht zu den originären Gemeinschaftskompetenzen gehört. Im Vordergrund steht jedoch die konsequente Verwirklichung der Arbeitnehmerfreizügigkeit, die sich deshalb in legitimer Weise auch auf den Bereich der Bildungspolitik der Mitgliedstaaten auswirken darf.[35]

In einem weiteren Fall ging es um den BAföG-Antrag einer französischen Klägerin, die zuvor als Arbeitnehmerin im Bundesgebiet tätig war. Entscheidungsgrundlage war Art. 7 Abs. 2 der VO 1612/68, wonach ein Wanderarbeitnehmer die gleichen sozialen und steuerlichen Vergünstigungen genießt, wie ein inländischer Arbeitnehmer. Auch **nach Beendigung des Arbeitsverhältnisses** können jedoch bestimmte an die Arbeitnehmereigenschaft gebundene Rechte fortbestehen, wenn sich ein entsprechender Zusammenhang zwischen vorheriger Tätigkeit und Studium herstellen läßt.[36] Es reicht jedoch nicht aus, daß das vorherige Arbeitsverhältnis nur ein notwendiger Ausbildungsbestandteil des darauf aufbauenden Studiums ist.[37]

Auch **Referendare** unterfallen dem Begriff des Arbeitnehmers im Sinne von Art. 39 EGV und können sich daher auf die VO 1612/68 berufen. Insbesondere gilt der Schuldienst nicht als Beschäftigung in der öffentlichen Verwaltung, für die Art. 39 Abs. 4 EGV Ausnahmen bei der Freizügigkeit der Arbeitnehmer zuläßt.[38]

Während es in den vorgenannten Fällen um die Arbeitnehmerfreizügigkeit ging, folgen eine Reihe weiterer Entscheidungen dem **Diskriminierungsverbot** des Art. 12 EGV, wonach jede Diskriminierung aus Gründen der Staatsangehörigkeit im Anwendungsbereich des Vertrages verboten ist. Die Frage ist somit, ob Unionsbürger nach dieser Vorschrift die gleichen Rechte auf Zugang zur Ausbildung wie Inländer haben. Die besondere Problematik besteht hier darin, daß Diskriminierungen nur „im Anwendungsbereich des Vertrages“ verboten sind, die Bildungspolitik dagegen nicht zu den originären Gemeinschaftskompetenzen zählt. Gleichwohl – so der EuGH – stehen der **Zugang** zum und die **Teilnahme** am Unterricht

---

35 EuGH, Rs. 9/74 „Casagrande“, Slg. 1974, 773; vgl. auch EuGH, Rs. 68/74 „Alaimo“, Slg. 1975, 109 sowie Rs. 32/75 „Cristini“, Slg. 1975, S. 1085.
36 EuGH, Rs. 39/86 „Lair“, Slg. 1988, S. 3161.
37 EuGH, Rs. 197/86 „Brown“, Slg. 1988, S. 3205 (voruniversitäres Praktikum).
38 EuGH, Rs. 66/85 „Lawrie Blum“, Slg. 1986, S. 2121.

im Bildungswesen, zumal im Bereich der Berufsausbildung, nicht außerhalb des Gemeinschaftsrechts. Der Zusammenhang von Arbeitnehmerfreizügigkeit und dem in Art. 150 EGV genannten Ziel der beruflichen Bildung lasse eine gemeinsame, sich schrittweise entwickelnde **Bildungspolitik von Gemeinschaft und Mitgliedstaaten** erkennen: „Insbesondere der Zugang zur Berufsausbildung ist geeignet, die Freizügigkeit innerhalb der gesamten Gemeinschaft zu fördern, indem er den Einzelnen die Möglichkeit gibt, eine Qualifikation in dem Mitgliedstaat zu erwerben, in dem sie die Berufstätigkeit ausüben wollen, so wie die Möglichkeit, in dem Mitgliedstaat, dessen berufliches Bildungwesen die entsprechende Spezialisierung anbietet, ihre Ausbildung zu vervollkommnen und ihre besonderen Fähigkeiten zu entwickeln. Aus dem Vorherstehenden ergibt sich, daß die Voraussetzungen für den Zugang zur Berufsausbildung in den Anwendungsbereich des EWG-Vertrages fallen“.[39] Danach gehört jede Form der Ausbildung, die auf eine Qualifikation für einen bestimmten Beruf und eine bestimmte Beschäftigung vorbereitet, zur Berufsausbildung, unabhängig vom Alter und vom Ausbildungsniveau der Schüler oder Studenten, selbst dann, wenn der Lehrplan allgemeinbildenden Unterricht enthält. Die Entscheidung wird von einem sehr weiten Begriff der Berufsausbildung getragen und führt im Ergebnis zu einer Ausdehnung des Anwendungsbereichs von Art. 12 EGV durch Richterrecht. Auch das Hochschulstudium wird somit unschwer zu einem Teil der beruflichen Bildung, selbst dann, wenn es keine unmittelbare Qualifikation zur Berufsausübung verleiht, sondern nur besondere, nicht näher vorgeschriebene Fähigkeiten und Kenntnisse vermittelt.[40] Selbst ein Schuljahr des staatlichen Sekundarunterrichts wurde dem Begriff der beruflichen Bildung gem. Art. 150 EGV unterstellt, trotz der hier ausschließlich vermittelten Allgemeinbildung.[41] Nach alledem läßt sich festhalten:

- Wanderarbeitnehmer und ihre Kinder genießen alle Ausbildungsvergünstigungen (Ausbildungsförderung, Stipendien), die auch Inländern des Aufnahmestaates zustehen. Von EU-Ausländern erhobene Studiengebühren sind ebenso unzulässig wie besondere Zugangsbeschränkungen.
- Die gleichen Rechte stehen Wanderarbeitnehmern zu, die nach Beendigung ihrer Berufstätigkeit im Aufnahmestaat hier eine Ausbildung oder ein Studium aufnehmen wollen. Voraussetzung ist jedoch ein Zusammenhang zwischen Berufstätigkeit und Ausbildung.
- Wanderarbeitnehmer und deren Angehörige erhalten jedoch nur dann soziale Vergünstigungen für die Ausbildung, wenn diese im Ausbildungsstaat leben.[42] In diesem Fall aber erstreckt sich der Anspruch auch auf Förderungsleistungen für ein Auslandsstudium (auch im eigenen Herkunftsland).[43]

---

39 EuGH, „Gravier“, Slg. 1985, 613.
40 EuGH, Rs. 24/86 „Blaizot“, Slg. 1988, 379.
41 EuGH, Rs. 263/86 „Humbel“, Slg. 1988, 5365.
42 Vgl. oben „Humbel“.
43 EuGH vom 13. 11. 90, „Carmina di Leo“.

- Auch nach (bilateralen) Kulturverträgen gewährte Stipendien gelten als soziale Vergünstigung i. S. d. Art. 7 Abs. 2 der Verordnung 1612/68, die somit von Wanderarbeitnehmern und ihren Angehörigen in Anspruch genommen werden können.[44]
- Die auf Art. 40 EGV gestützte Richtlinie 77/486 vom 25. 07. 77 über die schulische Betreuung von Kindern von Wanderarbeitnehmern verpflichtet die Mitgliedstaaten zur Einrichtung spezieller Einführungskurse, zur Unterweisung der Kinder in ihrer Muttersprache und zur Förderung ihrer heimatlichen Landeskunde. Die Richtlinie ist in der Bundesrepublik inzwischen in allen Bundesländern umgesetzt.
- Gemeinschaftsangehörige, die allein zu Ausbildungszwecken in einen anderen Mitgliedstaat einreisen, genießen ein Recht auf Zugang zu beruflichen Ausbildungseinrichtungen, wie es auch Inländern zusteht. Zur Berufsausbildung zählt auch das Hochschulstudium sowie der schulische Sekundarunterricht. Ein Recht auf Finanzierung der Ausbildung besteht für diese Personengruppe jedoch nicht. Denn der Bereich der Ausbildungsförderung gehört zur Bildungs- und Sozialpolitik der Mitgliedstaaten und wird deshalb von den wirtschaftlichen Freiheitsrechten des EGV nicht erfaßt. Deshalb greift das Diskriminierungsverbot hier auch nicht. Besondere Studien- und Einschreibegebühren sind dagegen unzulässig, wenn auch Inländer diese nicht entrichten müssen.

3. Das Subsidiaritätsprinzip

Nach dem **Subsidiaritätsprinzip** des Art. 5 EGV darf die Gemeinschaft außerhalb ausschließlicher Zuständigkeiten nur dann tätig werden, wenn und insoweit die damit verfolgten Ziele „auf der Ebene der Mitgliedstaaten nicht ausreichend erreicht werden können und daher wegen ihres Umfangs oder ihrer Wirkungen besser auf Gemeinschaftsebene erreicht werden können“. Das Subsidiaritätsverständnis des Gemeinschaftsvertrages wird gestützt durch das ebenfalls in Art. 5 EGV verankerte Prinzip der **begrenzten Einzelermächtigung**, welches besagt, daß die Gemeinschaft nur innerhalb vertraglicher Befugnisse und Ziele tätig werden darf.[45] Die Gemeinschaft darf somit nur tätig werden, wenn sie hierzu befugt ist. Außerdem hat sie den Nachweis zu erbringen, daß von ihr ergriffene Maßnahmen auf Gemeinschaftsebene besser als auf der Ebene der Mitgliedstaaten erreicht werden können. Und schließlich hat sie dabei die zur Verwirklichung des Vertragsziels am wenigsten belastenden Mittel einzusetzen.[46] Allerdings wird dem Rat vom Europäischen Gerichtshof ein weiter Ermessensspielraum bei der Beach-

---

44 EuGH, „Matteucci“, Slg. 1988, 5589.

45 Hierzu Hablizel, Subsidiaritätsprinzip und Bildungskompetenzen im Vertrag über die Europäische Union, 1994, 13; Seidel/Beck, Jura 1997, 398; Hochbaum, DÖV 1992, 285, 291; Fechner, RdJB 1996, 35, 38.

46 Zuleeg, DVBl. 1992, 1329.

tung des Subsidiaritätsprinzips eingeräumt.[47] Die der Gemeinschaft zuerkannten Spielräume sind im wesentlichen darauf zurückzuführen, daß Subsidiarität einerseits als dynamisches Prinzip entsprechend dem jeweiligen Entwicklungsstand der Gemeinschaft begriffen werden muß, und daß andererseits die eingeräumten Gemeinschaftsbefugnisse auf die größtmögliche Verwirklichung der Vertragsziele hin ausgerichtet sind (effet utile). Insofern wird man sagen können, daß der Nachweis transnationaler Belange sowie eindeutiger Regelungsvorteile auf europäischer Ebene nahezu immer einen Vorrang der Gemeinschaft gegenüber den Mitgliedstaaten bei der Ausübung der zumeist auslegungsbedürftigen Kompetenzen begründen wird.

Für den Bildungssektor ist zwar zuzugestehen, daß die Gemeinschaft mitgliedstaatliche Bildungsmaßnahmen nur unterstützen und ergänzen kann (Art. 149, 150 EGV). Außerdem hat das Wirken der Gemeinschaft unter strikter Beachtung der Verantwortung der Mitgliedstaaten für Inhalt und Gestaltung der Bildung zu erfolgen, und es besteht ein Verbot jeglicher Harmonisierung der Rechts- und Verwaltungsvorschriften der Mitgliedstaaten. Trotz dieser **Kompetenzsperren** ist im Feinbereich der Bildungsartikel vieles offen. So „führt" die Gemeinschaft eine Politik der beruflichen Bildung (Art. 150 EGV), ist hier im Gegensatz zur allgemeinen Bildung nicht auf Fördermaßnahmen festgelegt und hat teilweise eindeutig Ziele mit transnationalem Charakter umzusetzen. In Anbetracht seiner Offenheit dürften sich durch den Subsidiaritätsgrundsatz demgegenüber Grenzen kaum ziehen lassen, erst recht nicht gegenüber den wirkungsstarken Grundfreiheiten des Vertrages.

Problematisch ist diese Situation vor allem für die deutschen Bundesländer, denen im Rahmen des **Kulturförderalismus** die Zuständigkeit für das Schul-, Berufsschul- und Hochschulwesen zukommt. Zwar ermöglicht Art. 203 EGV den Mitgliedstaaten, in den Rat der Gemeinschaft auch Minister eines Bundeslandes zu entsenden. Komplementär bestimmt Art. 23 Abs. 4 GG, daß die Rechte der Bundesrepublik in der Gemeinschaft von einem durch den Bundesrat benannten Vertreter der Länder wahrgenommen werden können. Und Art. 23 Abs. 5 GG sieht vor, daß bei der Willensbildung des Bundes in Länderangelegenheiten die Auffassung des Bundesrates maßgeblich zu berücksichtigen ist. Schließlich muß die Bundesregierung auf Verlangen des Bundesrates im Bereich von Ländergesetzgebungsbefugnissen von ihren Klagerechten in Verfahren vor dem Europäischen Gerichtshof Gebrauch machen (§ 7 Abs. 1 des Gesetzes über die Zusammenarbeit von Bund und Ländern in Angelegenheiten der Europäischen Union). Gleichwohl trägt die Bundesrepublik die alleinige Verantwortung – auch für das Handeln der Bundes-

47 Insbesondere wenn es sich „um ein Gebiet handelt, auf dem der Gesetzgeber sozialpolitische Entscheidungen zu treffen und komplexe Abwägungen zu tätigen hat. Die Ausübung einer solchen Befugnis kann daher gerichtlich nur daraufhin überprüft werden, ob ein offensichtlicher Irrtum oder ein Ermessensmißbrauch vorliegt, oder ob das Organ die Grenzen seines Ermessens offenkundig überschritten hat": EuGH, Rs. C-84/94, Slg. 1996, I – 5755 (Vereinigtes Königreich/Rat), Rn. 57 ff.; Rs. C-233/94, Slg. 1997, I – 2405 (Deutschland/EPu. Rat), Rn. 54 ff., 65 ff.

länder – gegenüber der Europäischen Gemeinschaft. Innerstaatliche Koordinierungsdefizite haben prinzipiell keinen Einfluß auf die Rechtsverbindlichkeit von Handlungen des deutschen Mitgliedstaats nach außen.[48]

4. EU-Charta der Grundrechte

Die Charta der Grundrechte der EU wurde im Dezember 2000 anläßlich des EU-Gipfels von Nizza durch die Staats- und Regierungschefs der Mitgliedstaaten proklamiert und von Rat, Kommission und EU-Parlament unterzeichnet. Sie ist rechtlich jedoch nicht unmittelbar verbindlich und besitzt in erster Linie nur symbolische Bedeutung.[49] Es bleibt abzuwarten, ob und in welcher Weise die Grundrechtscharta zukünftig in den europäischen Verträgen umgesetzt wird. Hierfür bedürfte es der Ratifizierung durch sämtliche Mitgliedstaaten.

Über den Hebel des Art. 6 Abs. 2 EUV könnte die Charta jedoch auch bereits heute schon Bedeutung erlangen. Danach besteht die bisherige europäische Grundrechtsordnung aus den **gemeinsamen Verfassungsüberlieferungen** der Mitgliedstaaten, aus den allgemeinen Grundsätzen des Gemeinschaftsrechts sowie aus den Bestimmungen der Europäischen Menschenrechtskonvention. Durch die Zustimmung der Mitgliedstaaten zur Grundrechtscharta kann diese als Ausdruck ihrer gemeinsamen Verfassungsüberlieferungen angesehen werden.[50] Es ist deshalb nicht auszuschließen, daß die Charta auch ohne rechtsverbindliche Verankerung in den europäischen Verträgen einen Einfluß auf die europäische und mitgliedstaatliche Rechtsprechung ausüben wird.[51]

Von unmittelbarer bildungsrechtlicher Bedeutung ist Art. 14 Ch, der jeder Person das Recht auf Bildung sowie auf Zugang zur beruflichen Aus- und Weiterbildung garantiert (Abs. 1) sowie das Recht, unentgeltlich am Pflichtschulunterricht teilzunehmen (Abs. 2). Ferner wird die Freiheit zur Gründung von Lehranstalten unter Achtung der demokratischen Grundsätze geschützt (Abs. 3) sowie das Recht der Eltern, die Erziehung und den Unterricht ihrer Kinder entsprechend ihren eigenen religösen, weltanschaulichen und erzieherischen Überzeugungen sicherzustellen.

Das **Recht auf Bildung** umfaßt die allgemeine schulische Bildung sowie die Hochschulbildung. Zusammen mit dem garantierten Zugang zur beruflichen Aus- und Weiterbildung wird hierdurch gewissermaßen ein Recht auf lebenslanges Lernen

---

48 EuGH, Rs. 9/74 „Casagrande", Slg. 1974, 773, Rn. 6; Art. 6 Abs. 3 EU-Vertrag fordert zwar zur Achtung mitgliedstaatlicher Identität auf. Gemeint ist jedoch nur die nationale Identität. Die Gliederung des Bundes in Länder gehört deshalb nicht zur Achtungsverpflichtung des Art. 6 Abs. 3. Überdies läßt Art. 47 EUV die Gemeinschaftsverträge grundsätzlich unberührt, so daß aus Art. 6 Abs. 3 EUV keine Schranken für Gemeinschaftskompetenzen abgeleitet werden können.

49 Caspar, RdJB 2001, 165.

50 Grabenwarter, DVBl. 2001, 1, 11; skeptisch insofern Magiera, DÖV 2000, 1017, 1019.

51 Vgl. auch die Schlußanträge in den Rechtssachen C-173/99, Rn. 26ff.; C-122/99 P, Rn. 97; C-340/99, Rn. 94.

verankert und so der Umwandlung der Industriegesellschaft in eine Wissensgesellschaft Rechnung getragen.

Offen ist jedoch der Anspruchscharakter des Bildungsrechts. Zweifellos beinhaltet es einen Anspruch auf Teilhabe an bestehenden Bildungsangeboten. Insofern wird es durch die jeweils vorhandenen Kapazitäten und die persönliche Eignung des Bewerbers für den angestrebten Bildungsgang beschränkt.[52] Ob hiermit jedoch auch ein Leistungsanspruch auf Bereitstellung und Ausweitung bestimmter Bildungsgänge verbunden ist, bleibt unbeantwortet. Denkbar erscheint ein solcher Leistungsanspruch aber wohl nur bei massiver Unterversorgung im Bildungsbereich. Im Rahmen seiner Teilhabewirkungen dürfte indes auch der freie Zugang zu privaten Bildungsträgern geschützt sein, wenn man der Auffassung folgt, daß es sich bei den Grundrechten der Charta um objektive Rechtsprinzipien mit Drittwirkung auch im Bereich privater Rechtsverhältnisse handelt.[53]

Art. 14. Abs. 2 Ch garantiert den **unentgeltlichen Pflichtschulunterricht** (in Deutschland: Grund- und Hauptschule). Dieses Recht bringt jedoch nichts Neues, da die Unentgeltlichkeit des Pflichtschulbesuchs in allen europäischen Ländern realisiert ist. Wichtiger ist der aus der Vorschrift zu ziehende Umkehrschluß, daß nämlich andere Formen der schulischen, beruflichen und akademischen Ausbildung durchaus gegen Entgelt angeboten werden können.

Die in Art. 14 Abs. 3 Ch garantierte **Privatschulfreiheit** ermöglicht die Gründung privater Schulen, Hochschulen und Erwachsenenbildungsstätten. Sie wird überdies durch die Dienstleistungs- sowie Niederlassungsfreiheit aufgefangen (Art. 43, 49 EGV), die dazu berechtigen, grenzüberschreitend Bildungs- bzw. Weiterbildungsmöglichkeiten anzubieten. Ausgenommen hiervon ist jedoch der Unterricht im öffentlichen Bildungswesen.[54] Denn Voraussetzung für die Anwendung der beiden Grundfreiheiten ist der Entgelt- und Erwerbscharakter der Tätigkeiten. Ohnehin aber sind die Grundfreiheiten vor allem an die Adresse der Mitgliedstaaten gerichtet, während die Grundrechtscharta die Gemeinschaftsgewalt bindet. Gesteigerte Bedeutung kommt der Privatschulfreiheit deshalb im Zusammenhang mit bildungsrechtlichen Fördermaßnahmen gem. Art. 149, 150 EGV zu.

Das **elterliche Erziehungsrecht** des Art. 14 Abs. 3 Ch steht ausdrücklich unter dem Vorbehalt der einzelstaatlichen Gesetze und ist von daher in die jeweiligen mitgliedstaatlichen Traditionen des Bildungswesens eingebunden, insbesondere was das Verhältnis von Schule und Kirche anbetrifft. Gleichwohl dürfte zur gesamteuropäischen Verfassungstradition des Art. 6 Abs. 2 EUV auch die negative Religionsfreiheit gehören. Sie verpflichtet den jeweiligen Mitgliedstaat zwar nicht zu religiöser oder moralischer Neutralität, wohl aber zu angemessener Toleranz in Ansehung der Vielfalt der Kulturen, Religionen und Sprachen (vgl. auch Art. 10, 22 Ch).

---

52 So Caspar, RdJB 2001, 168.
53 Zur Drittwirkung der wirtschaftlichen Grundfreiheiten vgl. EuGH, Slg. 1974, 1405, Rn. 16ff. (Walrave).
54 EuGH 1993 I – 6447 (Max Wirth).

Von bildungsrechtlicher Bedeutung sind zudem das **Diskriminierungsverbot** (u. a.) wegen einer Behinderung sowie das **Recht des Kindes** auf Schutz und Fürsorge sowie auf Berücksichtigung seines Wohls bei Maßnahmen öffentlicher und privater Einrichtungen (Art. 24 Abs. 1, Abs. 2 Ch). In beiderlei Hinsicht sind Interessenkollisionen zu bewältigen: Das Diskriminierungsverbot, dem die Forderung nach integrativer Beschulung in der Regelschule immanent ist, reibt sich mit den organisatorischen und finanziellen Möglichkeiten des Staates sowie dem Elterninteresse an leistungsbezogenem Unterricht.[55] Auch das Recht des Kindes auf Fürsorge und Schutz ist nicht ohne finanzielle Rücksichten zu haben.[56] Schließlich kann die Orientierung allein am Kindeswohl leicht zu Spannungen mit den Eltern führen, etwa wenn das Kind gegen den Elternwillen auf eine weiterführende Schule geschickt werden soll. In sämtlichen Hinsichten stärkt die Charta das Gewicht des kindlichen bzw. behinderten Grundrechtsträgers in der Abwägung mit entgegenstehenden Belangen. Im praktischen Ergebnis werden die staatlichen Instanzen hierdurch unter erhöhten Argumentationsdruck gesetzt, wenn von den genannten Grundrechtspositionen abgewichen werden soll.

Die **Reichweite der Grundrechtscharta** ist jedoch stark eingegrenzt. Art. 51 Abs. 1 Ch bestimmt, daß die Charta für die Mitgliedstaaten ausschließlich bei der Durchführung des Rechts der Union gilt. Überdies wird in Abs. 2 betont, daß die Charta weder neue Zuständigkeiten noch neue Aufgaben für die Gemeinschaft und für die Union begründet und eine Änderung der festgelegten Zuständigkeiten hierdurch nicht erfolgen kann. Die Reichweite der Grundrechtsgarantien wird somit begrenzt durch die Kompetenzen der Gemeinschaft.[57] Die in Art. 149, 150 EGV aufgeführten Bildungskompetenzen der Gemeinschaft (s. o.) sind jedoch im wesentlichen auf Fördermaßnahmen beschränkt und enthalten zudem das Verbot jeglicher Harmonisierung der Rechts- und Verwaltungsvorschriften der Mitgliedstaaten. Mangels eigener Harmonisierungskompetenzen der Gemeinschaft auf dem Gebiet des Bildungsrechts aber werden die Auswirkungen der EU-Grundrechtecharta auf den Bildungsbereich der Mitgliedstaaten zukünftig, also auch im Falle einer Aufnahme der Charta in die europäischen Verträge, eher als gering zu erachten sein. Insofern wird von der Charta ein Versprechen abgegeben, das die EU mangels eigener Kompetenzen gar nicht halten kann.[58] Nicht völlig von der Hand zu weisen ist jedoch ein dosierter Einfluß der Grundrechtscharta auf das Grundrechtsverständnis des EuGH (s. o.). Wird das bildungsrechtliche Bekenntnis der Charta als Ausprägung gemeinsamer Verfassungsüberlieferungen der Mitgliedstaaten begriffen, so kann dies für die zukünftige Auslegung des Gemeinschaftsrechts nicht ohne Bedeutung sein. Denn als allgemeine Leitgedanken einer europäischen Verfassungsordnung wirken die Bildungsprinzipien der Charta bereits aus sich heraus, auch wenn sich an der bestehenden Zuständigkeitsordnung durch sie nichts verändert.

---

55 Dazu BVerfG 96, 288.
56 Luthe, Optimierende Sozialgestaltung 2001, 82 ff.
57 Caspar, RdJB 2001, 174.
58 Pernice, DVBl. 2000, 847, 853.

IV. Sonstiges Bildungsrecht auf internationaler und europäischer Ebene

Art. 26 der **Allgemeinen Erklärung der Menschenrechte** (AEMR) vom 10. 12. 48 sieht vor, daß jeder Mensch ein Recht auf Bildung hat. Völkerrechtliche Verbindlichkeit wird der Erklärung jedoch überwiegend abgesprochen.[59] Als menschenrechtliches Grundsatzdokument der UNO dient sie aber zumindest als Auslegungshilfe für einzelne Übereinkommen.

Im **Internationalen Pakt über wirtschaftliche, soziale und kulturelle Rechte** vom 19. 12. 66 erkennen die Vertragsstaaten das Recht eines jeden auf Bildung an (Art. 13). Der Garantiegehalt beschränkt sich im wesentlichen auf den unentgeltlichen Zugang zum Grundschulunterricht sowie zum höheren Schulwesen. Art. 13 Abs. 2 lit. d) erwähnt zudem Maßnahmen der Erwachsenenbildung, woraus ein Recht auf Weiterbildung abgeleitet werden könnte.[60] Die Rechte sind gerichtlich jedoch nicht durchsetzbar. Die Vertragsstaaten, zu denen auch die Bundesrepublik Deutschland gehört, sind lediglich verpflichtet, die genannten Rechte als Ziel anzustreben und alle hierzu geeigneten Maßnahmen unter Ausschöpfung aller Mittel zu ergreifen. Insbesondere für die Rechtsprechung ergibt sich hieraus die Möglichkeit, die genannten Bildungsrechte als Auslegungshilfen bei der Umsetzung innerstaatlichen Rechts heranzuziehen.

Wichtigste Aufgabe der **Internationalen Arbeitsorganisation** (IAO) ist die internationale Normsetzung auf dem Gebiet des Arbeits- und Sozialrechts durch Empfehlungen und Übereinkommen. Letztere werden rechtsverbindlich, wenn die zuständigen gesetzgebenen Körperschaften sie ratifizieren. Art. 6 a) i) des Übereinkommens Nr. 88 über die Organisation der Arbeitsmarktverwaltung vom 09. 07. 48 verpflichtet die Arbeitsmarktverwaltung zu beruflicher Um- und Nachschulung. Verpflichtungen zur Förderung der Gewährung eines bezahlten Bildungsurlaubs enthält das von der Bundesrepublik ratifizierte Übereinkommen Nr. 140 über den bezahlten Bildungsurlaub vom 24. 06. 74. Zur Festlegung und Entwicklung koordinierter Grundsatzmaßnahmen für die Berufsbildung verpflichtet schließlich Art. 1 des ebenfalls ratifizierten Übereinkommens Nr. 142 vom 23. 06. 75 über die Berufsberatung und die Berufsbildung im Rahmen der Erschließung des Arbeitskräftepotentials.

Zum vorstehend aufgeführten universalen Völkervertragsrecht tritt das regionale Völkervertragsrecht in Gestalt der Konventionen des Europarats. In dieser Hinsicht statuiert die **Europäische Menschenrechtskonvention** im ersten Zusatzprotokoll vom 20. 03. 52 ein Recht auf Bildung (Art. 2). Es heißt dort: „Niemandem darf das Recht auf Bildung verwehrt werden. Der Staat hat bei Ausübung der von ihm auf dem Gebiet der Erziehung und des Unterrichts übernommenen Aufgaben das

---

59 Däubler/Kittner/Lörcher, Internationale Arbeits- und Sozialordnung: Dokumente, 2. Aufl. 1994, 134.

60 Käufer, Weiterbildung im Arbeitsverhältnis 2001, 173.

Recht der Eltern zu achten, die Erziehung und den Unterricht entsprechend ihren eigenen religiösen und weltanschaulichen Überzeugungen sicherzustellen." Gegen Verletzungen der Menschenrechte kann der Europäische Gerichtshof für Menschenrechte nach Erschöpfung des innerstaatlichen Rechtsweges direkt angerufen werden. Darüber hinaus bindet Art. 6 Abs. 2 des Vertrages über die Europäische Union die Europäische Union und damit auch die Europäische Gemeinschaft an die Europäische Menschenrechtskonvention. Das in der Menschenrechtskonvention aufgeführte Recht auf Bildung wird daher für die Europäische Gemeinschaft unmittelbar verbindlich. Die Vorschriften des Gemeinschaftsrechts wiederum genießen einen grundsätzlichen Vorrang gegenüber dem Recht der einzelnen Mitgliedstaaten, einschließlich dem nationalen Verfassungsrecht. Sie können vor dem Europäischen Gerichtshof durchgesetzt werden. Damit ist das **Recht auf Bildung auch in der Bundesrepublik Deutschland einheitlich garantiert.** Seine Inhalte dürften jedoch als Minimalprogramm zu verstehen sein: als Recht auf diskriminierungsfreien Zugang zu vorhandenen Bildungsmitteln und auf Bereitstellung eines Mindestbestandes an Bildungseinrichtungen durch den Staat.[61]

Als soziales Gegenstück zur Europäischen Menschenrechtskonvention statuiert die **Europäische Sozialcharta** vom 18. 10. 61 das Recht Behinderter auf berufliche Ausbildung, Eingliederung und Wiedereingliederung (Teil 1 Nr. 15 ESC), das Recht auf Berufsberatung, (Art. 9 ESC) sowie das Recht auf berufliche Ausbildung (Art. 10 ESC).[62] Die Europäische Sozialcharta ist jedoch nur für die Vertragsstaaten bindend. Der Einzelne kann keine Rechte aus ihr ableiten.

61 Fischer/Köck, Europarecht, 1997, 204.

62 Das Recht auf Berufsausbildung umfaßt auch die Ausbildung erwachsener Arbeitnehmer sowie ihre berufliche Umschulung. Art. 10 Nr. 4 ESC ist die Bundesrepublik gem. Art. 20 Abs. 1 c) jedoch nicht beigetreten. Die Vorschrift betrifft finanzielle Vergünstigungen für Ausbildungsmaßnahmen sowie die Arbeitgeberverpflichtung zur Anrechnung von Fortbildungszeiten auf die Arbeitszeit, schließlich die Verpflichtung zur Überwachung des Systems der Lehrlingsausbildung.

D. Verwaltungsrechtliche Grundlagen

Weiterführende Literatur:

W. Wolff, Allgemeines Verwaltungsrecht, 1999; D. Schmalz, Allgemeines Verwaltungsrecht und Grundlagen des Verwaltungsrechtsschutzes, 1998; G. Püttner, Allgemeines Verwaltungsrecht, 1995; H. Maurer, Allgemeines Verwaltungsrecht, 2000; H. Suckow, Allgemeines Verwaltungsrecht und Verwaltungsrechtsschutz, 2000; H.-J. Koch/R. Rubel, Allgemeines Verwaltungsrecht, 2001; J. Ipsen, Allgemeines Verwaltungsrecht, 2001; V. Götz, Allgemeines Verwaltungsrecht, 1997; H. P. Bull, Allgemeines Verwaltungsrecht, 2000; U. Battis, Allgemeines Verwaltungsrecht, 1997; F.-J. Peine, Allgemeines Verwaltungsrecht, 2000; H.-D. Sproll, Allgemeines Verwaltungsrecht, 2 Bde., 1998, 1997; N. Zuleeg, Fälle zum allgemeinen Verwaltungsrecht, 2001; H.-J. Drihaus/R. Pietzner, Einführung in das Allgemeine Verwaltungsrecht, 1996; H. Faber, Verwaltungsrecht, 1995; H. J. Wolff/U. Bachof/R. Stober, Verwaltungsrecht, 2 Bde., 2000; T. Würtenberger, Verwaltungsprozeßrecht, 1998; G. Erbel/J. Albracht, Verwaltungsprozeßrecht, 2001; W. Schmitt-Gläser/H. D. Horn, Verwaltungsprozeßrecht, 2000; F. Hufen, Verwaltungsprozeßrecht, 2000; W.-R. Schenke, Verwaltungsprozeßrecht, 2000; S. Broß/M. Ronellenfitsch, Besonderes Verwaltungsrecht und Verwaltungsprozeßrecht, 1998; G. Dörr/J. Makswit, Repetitorium zum Sozialverwaltungsrecht mit Klausurbeispielen, 1996; Wenner/Terdenge/Martin, Grundzüge der Sozialgerichtsbarkeit, 1999; M. Schaaf, Das sozialrechtliche Verwaltungsverfahren, 1998; Papenheim/Baltes/Tiemann, Verwaltungsrecht für die soziale Praxis, 1998.

I. Zur Bedeutung des Allgemeinen Verwaltungsrechts für die bildungsrechtliche Praxis

Die Vermittlung von Bildung und insbesondere die Anerkennung und Verleihung von Bildungsabschlüssen ist im wesentlichen eine staatliche Angelegenheit. Sie erfolgt im Verhältnis Staat – Bürger und ist demnach dem öffentlichen Recht zuzurechnen. Im öffentlichen Recht unterscheidet man zwischen dem allgemeinen und dem besonderen Verwaltungsrecht. Das **Besondere Verwaltungsrecht** ist eine Sammelbezeichnung für einzelne Gebiete, wie etwa das Schulrecht, Baurecht, Gewerberecht oder Sozialrecht. **Das Allgemeine Verwaltungsrecht** ist die übergeordnete Sichtweise. Es stellt dem Rechtsanwender bestimmte, teils gesetzlich fixierte, teils ungeschriebene, zumeist durch richterliche Rechtsfortbildung und rechtswissenschaftliche Arbeit am Recht entstandene Rechtsgrundsätze zur Verfügung, die systematisierend und anleitend wirken bei der Anwendung der einzelnen Gesetze. Eine Vielzahl dieser Rechtsgrundsätze sind in speziellen Verfahrensgesetzen geregelt: Das sozialrechtliche Verfahren findet sich im 10. Buch des Sozialgesetzbuches (**SGB X**) und das für alle sonstigen Materien des öffentlichen Rechts geltende Verwaltungsverfahren im Verwaltungsverfahrensgesetz des Bundes (**VwVfG**). In der Praxis des öffentlichen Rechts und insbesondere des Bildungsrechts sind es gerade jene allgemeinen Strukturen des Verwaltungsrechts, die das Entscheidungsverhalten der Gerichte und Behörden prägen. Gleichwohl kann im folgenden nur ein kurzer Überblick gewährt werden.

II. Rechtsquellen des Bildungsrechts

Die **Verfassung** und insbesondere das Grundgesetz ist die rechtliche Grundordnung des Gemeinwesens. Mit dem Bundesstaatsprinzip, dem Demokratieprinzip, dem Sozialstaatsprinzip und insbesondere dem Rechtsstaatsprinzip als Rahmenvorgabe der Grundrechte sind die wesentlichen **Strukturprinzipien** des Grundgesetzes bezeichnet. Bedeutsam für die bildungsrechtliche Praxis, insbesondere bei der Überprüfung der Verfassungsmäßigkeit von Rechtsnormen sowie ihrer verfassungskonformen Anwendung sind das **elterliche Erziehungsrecht** (Art. 6 GG), der **staatliche Bildungsauftrag** (Art. 7 GG), die **Berufsfreiheit** (Art. 12 GG), die Regelung des **Berufsbeamtentums** (Art. 33 GG) sowie die **Gesetzgebungskompetenzen** der Länder im Kultusbereich (Art. 70 GG) sowie des Bundes im Bereich der öffentlichen Fürsorge (Art. 74 Ziff. 7 GG), im Bereich des Rechts der Wirtschaft (Art. 74 Ziff. 11 GG), im Bereich der Sozialversicherung (Art. 74 Ziff. 12 GG) sowie im Bereich der Ausbildungsbeihilfen (Art. 74 Ziff. 13 GG).[1]

(Parlaments-)Gesetze sind allgemeinverbindliche Rechtsnormen, die Rechte und Pflichten für den Bürger und juristische Personen begründen.

Rechtsverordnungen sind der Unterfall einer allgemeinverbindlichen gesetzlichen Regelung, werden jedoch nicht vom Parlament, sondern von Organen der Exekutive (Regierung, einzelne Minister, Verwaltungsbehörden) erlassen. Im Grunde genommen markieren sie einen Bruch mit dem Gewaltenteilungsprinzip und bedürfen daher gem. Art. 80 GG einer gesetzlichen Ermächtigung, welche die Normsetzungsbefugnis der Verwaltung in den Grundzügen vorstrukturiert. Ihre Vorteile liegen vor allem in der Entlastung der Parlamente, der häufig größeren Sachkompetenz des administrativen Normgebers sowie in ihrer relativ flexiblen Änderbarkeit. Typischerweise auf dem Verordnungsweg geregelt werden im schulischen Kontext etwa Fragen der Versetzung, des Schulabschlussen und -wechsels sowie der Schüler- und Elternvertreterwahl, im sozialhilferechtlichen Kontext etwa die Ausbildungsförderung von Behinderten (sog. Eingliederungshilfeverordnung) oder im Kontext der regulären Berufsausbildung die der Vereinheitlichung der Berufsausbildung dienen Ausbildungsverordnungen.

Satzungen sind sog. autonomes Recht und werden von juristischen Personen des öffentlichen Rechts (Sozialversicherungskörperschaften, Gemeindeverbände, Berufsverbände usw.) im Rahmen der ihnen gesetzlich verliehenen Selbstverwaltungsbefugnisse erlassen. Sie sind allgemeinverbindliches Recht für die Mitglieder der juristischen Person (Gemeindevolk, Berufsangehörige, Versicherte). Im Schulbereich

---

1 Vgl. hierzu auch unter B.

werden Satzungen durch den kommunalen Schulträger (Gemeinden, Landkreise, kreisfreie Städte) zur Regelung etwa der sachlichen Schulausstattung oder im Hinblick auf das Haus- und Verwaltungspersonal erlassen. Mancherorts geschieht dies aber auch durch Verwaltungsvorschriften. Auch die Bundesanstalt für Arbeit kann Satzungen für ihre Qualifizierungsaufgabe erlassen; sie heißen hier allerdings Anordnungen, ohne daß sich an ihrem Rechtscharakter damit etwas ändern würde. Das Berufsbildungs- und Handwerksrecht kennt die von den „zuständigen Stellen" (IHK, Handwerkskammer usw.) als Satzung erlassenen Prüfungsordnungen.

Richterrecht ist die rechtsfortbildende und rechtsschöpfende Tätigkeit von Richtern zur Ausfüllung von Lücken und Unbestimmtheiten der Rechtsordnung. Im engeren Sinne dient Richterrecht dazu, Lücken zu füllen, die der Gesetzgeber gewissermaßen versehentlich hinterlassen hat. Im weiteren Sinne bezeichnet Richterrecht die Konkretisierungsverantwortung der Gerichte bezogen auf interpretationsbedürftige Gesetze. Auch und gerade im Bildungsrecht ist dem Gesetz selbst angesichts seiner unbestimmten Formulierungen zumeist keine eindeutige Antwort zu entnehmen. Deshalb tragen die rechtsanwendenden Instanzen, zunächst also die Verwaltung und sodann – im Streitfall – die Gerichte nicht selten die Hauptlast bei der Bewältigung der dem Staat angetragenen Regelungsprobleme.

Verwaltungsvorschriften sind generelle Anweisungen der Exekutivspitze an nachgeordnete Behörden oder Organisationsbereiche in Gestalt von Erlassen, Dienstanweisungen, Richtlinien, Verfügungen, – zumeist zur Konkretisierung und Interpretation offen formulierter Rechtsvorschriften oder auch zur Organisation der Verwaltung. Gegenüber dem Bürger entfalten sie grundsätzlich keinerlei Bindungswirkung. Denn sie ergehen im Innenbereich der Verwaltung als Anweisungen an die Mitarbeiter. Durch ihre ständige Anwendung kommt es bei den Verwaltungsvorschriften jedoch zu einer gleichmäßigen Verwaltungspraxis, an die sich die Verwaltung über den Gleichbehandlungsgrundsatz des Art. 3 GG **selbst bindet**, da sie gleichgelagerte Fälle ohne sachlichen Grund nicht unterschiedlich behandeln darf. In diesem Fall kann sich der Bürger auf die Einhaltung auch von Verwaltungsvorschriften berufen. Ihnen kommt deshalb mittelbar eine ähnliche Wirkung zu wie allgemeinverbindlichen Rechtsnormen. Das gilt jedoch nur, insofern die Verwaltungsvorschrift selbst mit höherrangigem Recht vereinbar ist („keine Gleichheit im Unrecht"). Die **Gerichte** sind im Regelfall nicht an (interne) Verwaltungsvorschriften gebunden, sondern nur an Außenrecht (Gesetze, Rechtsverordnungen, Satzungen). Es ist deshalb relativ häufig der Fall, daß eine ganze Verwaltungspraxis vom Gericht aus den Angeln gehoben wird, weil die Verwaltungsvorschrift, auf der diese basierte, nicht mit dem Gesetz bzw. der letztverbindlichen gerichtlichen Interpretation des Gesetzes übereinstimmte. Für den Verwaltungsmitarbeiter mutieren Verwaltungsvorschriften leider häufig genug zum Gesetzesersatz, was die Gefahr begründet, daß er sich nicht mehr vom Buchstaben des Gesetzes, sondern von der politischen Handlungsstrategie seiner Verwaltung leiten läßt. Dadurch kommt es häufig zu schweren Rechtsfehlern, insbesondere bei der Ausübung von **Ermessen** (s. u.). Ermessen (sog. Kann-Vorschriften) wird der Verwaltung vom Gesetz im wesentlichen deshalb eingeräumt, damit sie flexibel auf den Einzelfall reagieren kann. Das schließt zwar nicht aus, daß sich die Verwaltung für die typischen Fälle und zur Vermeidung von Gleichheitsverstößen eine Verwaltungsvorschrift gibt. Gleichwohl ist die Verwaltung in **besonders gelagerten Fällen zur Abweichung** von der Verwaltungsvorschrift verpflichtet. Im Gegensatz zu den außenverbindlichen Vorschriften müssen Verwaltungsvorschriften nicht veröffentlicht werden. Der Bürger hat jedoch einen **Anspruch auf Vorlage** derjenigen Verwaltungsvorschriften, die „seinen Fall betreffen". Im Sozialleistungsbereich wird dies zusätzlich gefordert von der allgemeinen **Beratungspflicht** in § 14 SGB I. Organisationserlasse, curriculare Richtlinien, Konferenzordnungen, Regelungen zur Schulbuchgenehmigung oder zur Durchführung von Schulfahrten, Haushalts- und Förderrichtlinien für die Durchführung von Bildungsprojekten oder auch Richtlinien für berufliche Rehabilitationsmaßnahmen sind typische Verwaltungsvorschriften des Bildungssektors.

Sonderverordnungen dienen als Gesetzesersatz zur Regelung besonderer Gewaltverhältnisse. Das besondere Gewaltverhältnis ist eine Umschreibung für besonders enge Staat – Bürger – Verhältnisse (Soldaten-, Schul-, Beamten-, sonstige Anstaltsverhältnisse). Ihre heutige Bedeutung ist umstritten. Denn nachdem das Bundesverfassungsgericht 1971 die Grundrechtsgeltung auch im besonderen Gewaltverhältnis anerkannt hat, müssen wesentliche Entscheidungen des Staates auch im besonderen Gewaltverhältnis durch Gesetz geregelt werden. Typischer Anwendungsfall für Sonderverordnungen ist die Anstaltsordnung.

Eine besondere Form der Steuerung des Bildungswesens ist die **Bildungsplanung.** Generell lassen sich staatliche Planungen nach dem Ausmaß ihrer jeweiligen Bindungswirkung unterscheiden. Pläne mit rein **informatorischem Charakter** sind für die Adressaten rechtlich unverbindlich und gipfeln zumeist in bestimmten Empfehlungen für die Bildungspraxis. Beispiele in dieser Richtung liefern die Landesinstitute für Bildungsplanung und Schulentwicklung, die Bund-Länder-Kommission für Bildungsplanung und Forschungsförderung sowie schließlich die dem Bundesinstitut für Berufsbildung nach dem Berufsbildungsförderungsgesetz obliegende Planung überbetrieblicher Ausbildungsstätten. **Influenzierende Pläne** zeichnen sich dagegen dadurch aus, daß ein bestimmtes Verhalten insbesondere durch finanzielle Anreize innerhalb entsprechender Förderprogramme herbeigeführt werden soll. Förderprogramme haben zumeist nur den Stellenwert einer verwaltungsinternen Regelung. Ihre rechtliche Bedeutung ergibt sich jedoch daraus, daß die in Aussicht gestellten Fördermittel nach sachlichen Gesichtspunkten unter Wahrung des Gleichbehandlungsgebots zu vergeben sind und die jeweilige staatliche Instanz bei der Mittelvergabe dadurch an ihre eigenen Fördervoraussetzungen gebunden ist.[2] **Imperative Pläne** schließlich sind gegenüber den Adressaten verbindlich. Im Ausmaß ihrer Verbindlichkeit sind indes Differenzierungen möglich.

---

2 Beispielhaft: BVerwGE 32, 217 (Vergabe von Mitteln nach dem Bundesjugendplan); allgemein zum Problem der Bindungswirkung staatlicher Planungen: Brohm, Jus 1986, 776; Schmidt-Aßmann, DÖV 1981, 237, 239; ders., VVDStRL 34 (1976), 231; Luthe, Zeitschrift für Sozialreform, 1994, 762 (Heft 1) sowie 838 (Heft 2).

Schulische Lehrpläne etwa enthalten teils verbindliche, teils fakultative Lehrinhalte. Sie sind jedoch kein typisches Planungsinstrument, sondern eher mit einer Verwaltungsvorschrift im Sinne einer verbindlichen Dienstanweisung an den einzelnen Lehrer zu vergleichen. Die Bindungswirkung von Landesschulplänen und Schulentwicklungsplänen ist dagegen eher mittelbarer Natur. Sie sind „zu berücksichtigen" etwa bei der Zusammenarbeit zwischen Schulen, der Festlegung von Schulbezirken, der Übertragung von Schulträgerschaften, der Errichtung, Auflösung und Organisation von Schulen und schließlich bei der Gewährung von Zuwendungen für den Schulbau. Ihre Rechtsnatur als Rechtsverordnung, Satzung oder Verwaltungsvorschrift ist umstritten.[3] Im Bereich der beruflichen Bildung werden Inhalt und Ablauf der Ausbildung durch die in den Ausbildungsverordnungen enthaltenen Ausbildungsrahmenpläne verbindlich vorgegeben, die wiederum durch betriebliche Ausbildungspläne weiter konkretisiert werden. Staatliche Bildungspläne sind jedoch zu unterscheiden von Qualifizierungsplänen privater Bildungsträger zum Nachweis ihrer Anerkennungsfähigkeit als Bildungseinrichtung bzw. der jeweiligen Maßnahmequalität gegenüber dem staatlichen Finanzierungsträger. Unabhängig von ihrem Verbindlichkeitsanspruch lassen sich Bildungspläne schließlich danach unterscheiden, ob sie in **generalisierter oder individualisierter Form** erstellt werden. Die vorstehenden Beispiele sind ausschließlich Formen generalisierter Bildungsplanung. Wichtigstes Beispiel individualisierter Bildungsplanung ist dagegen die Eingliederungsvereinbarung gem. § 6 SGB III. Sie hat die Aufgabe, die Aktivitäten des Arbeitslosen und des Arbeitsamtes zu verdeutlichen, zu dokumentieren und ihre zeitliche Abfolge festzulegen. Hierbei kann es sich auch und gerade um Qualifizierungsmaßnahmen des Arbeitsamtes handeln.[4]

Europarecht und hier insbesondere der Vertrag über die Europäische Union sowie der Vertrag zur Gründung der Europäischen Gemeinschaft überformen das nationale Recht nicht nur im Wirtschafts- und Sozialsektor, sondern auch im Bildungssektor mehr und mehr. Die genannten Verträge bilden das europäische **Primärrecht.** Als **Sekundärrecht** bezeichnet man die vom Europäischen Rat erlassenen Verordnungen (gelten in den Mitgliedstaaten unmittelbar) und Richtlinien (sind von den Mitgliedstaaten umzusetzen). Das primäre und sekundäre Europarecht genießt Vorrang gegenüber den Regelungen des nationalen Rechts, prinzipiell sogar gegenüber dem nationalen Verfassungsrecht. Europarecht ist supranationales Recht. Internationales Völkerrecht ist dem nationalen Recht dagegen zumeist nicht über-, sondern, wenn überhaupt, nur gleichgeordnet.[5]

Zwischen den vorgenannten Rechtsquellen besteht eine festgefügte Rangordnung:

---

3 BVerfG, NJW 1969, 1843; BVerwG, DÖV 1977, 754; BayVGH, BayVBl. 1971, 475; VGH Mannheim, DVBl. 1968, 117; Wimmer, DVBl. 1970, 305; OVG Lüneburg, DVBl. 1981, 872; OVG Lüneburg, DVBl. 1973, 151.

4 Zur Verbindlichkeit von Eingliederungsvereinbarungen: Luthe, Die Sozialgerichtsbarkeit, 2002, Heft 2.

5 Vgl. hierzu C.

- Ranghöheres Recht verdrängt rangniedrigeres Recht. Ranghöchstes Recht ist die Verfassung, gefolgt vom Gesetz, der Rechtsverordnung und der Satzung als rangniedrigstes Recht.
- Bei Normkollisionen auf derselben Normstufe verdrängt die speziellere die allgemeine und die jüngere die ältere Norm.
- Supranationales Recht hat Vorrang vor nationalem Recht.
- Bundesrecht verdrängt inhaltsgleiches Landesrecht (Art. 31 GG).
- Gerichte prüfen jede Rechtsnorm auf ihre Vereinbarkeit mit höherrangigem Recht und stellen im Falle eines Widerspruchs ihre Nichtigkeit fest. Für Parlamentsgesetze liegt diese Kompetenz beim Bundesverfassungsgericht (Art. 100 GG).
- Im Rahmen seines Remonstrationsrechts hat der Verwaltungsmitarbeiter die Möglichkeit, rechtswidrige Vorschriften seinem Vorgesetzten vorzulegen, der sich ebenso zu verhalten hat, bis die Angelegenheit zur Regierung gelangt, die ihrerseits eine Normenkontrolle beim Bundesverfassungsgericht gem. Art. 93 Abs. 1 GG beantragen kann. Satzungen und Rechtsverordnungen des Landesrechts sind im Rahmen der Normenkontrolle gem. § 47 VwGO beim Oberverwaltungsgericht überprüfbar.

Die Rangordnung der Rechtsquellen ist eng mit dem rechtsstaatlichen Prinzip der Gesetzmäßigkeit der Verwaltung verbunden. Es besagt zum einen, daß staatliches Handeln nicht gegen Rechtsnormen verstoßen darf (**Vorrang des Gesetzes**). Es besagt zum anderen, daß belastende Eingriffe in die Freiheitssphäre des Bürgers ebenso wie Angelegenheiten von existentieller Grundrechtsbedeutung einer gesetzlichen Grundlage bedürfen (sog. **Gesetzesvorbehalt**). Besonders wichtige Angelegenheiten dürfen nicht durch Rechtsverordnung oder Satzung, sondern müssen durch Parlamentsgesetz geregelt werden.

Die geringe **Regelungsdichte** der meisten Gesetze des Bildungssektors hat zwei wesentliche Gründe. Der eine ergibt sich gewissermaßen aus der Natur der Sache. Die Vermittlung von Bildung erfolgt in **hochdynamischen Prozessen**. Ein Zuviel an Verrechtlichung wirkt deshalb eher kontraproduktiv. Speziell im Schulbereich gilt deshalb als anerkannt, daß der Gesetzgeber das Schulverhältnis nur in den Grundzügen zu strukturieren hat, die restliche Entscheidungsmasse je nach ihrer Bedeutung auf Rechtsverordnungen und Verwaltungsvorschriften verteilt werden darf, wobei dem einzelnen Lehrer jedoch ein letztverantwortlicher Entscheidungsspielraum im Rahmen seiner pädagogischen Freiheit verbleiben muß.[6] In ähnlicher Weise sind berufliche Rehabilitationsmaßnahmen nach Art und Umfang wesensmäßig vom jeweiligen Einzelfall abhängig, so daß ihrer gesetzlichen Einbindung sachnotwendige Grenzen gesetzt sind. Der andere Grund für die geringe gesetzliche Regelungsdichte läßt sich dadurch erklären, daß staatliche Bildungsmaßnahmen zumeist nur einen **rein fördernden Charakter** aufweisen, die Freiheitssphäre des Bürgers hierdurch

6 BVerfGE 47, 46 (83); 58, 257 (271).

regelmäßig keinen oder nur geringen Einschränkungen unterliegt. Im Beispielsfall arbeitsförderungsrechtlicher Qualifizierungsmaßnahmen hat der Gesetzgeber dem Arbeitsamt deshalb weitreichende Entscheidungsspielräume eingeräumt und dies nicht zuletzt zur Berücksichtigung der verfügbaren Haushaltsmittel. Im Gegensatz dazu sind schulische Zwangsmaßnahmen und Versetzungsentscheidungen von hoher grundrechtlicher Bedeutung und deshalb vergleichsweise detailliert im Gesetz bzw. in Versetzungsordnungen (Rechtsverordnungen) geregelt.

III. Das Verwaltungsverfahren

Das Verwaltungsverfahren ist für die Sozialverwaltung im SGB X und für alle sonstigen Verwaltungen im VwVfG geregelt. Das Verwaltungsverfahren dient der Vorbereitung von Verwaltungsakten und öffentlich-rechtlichen Verträgen. Die folgende kursorische Darstellung betrifft insofern die wichtigsten Regelungen.

Einleitung des Verfahrens (§§ 18 SGB X, 22 VwVfG): Das Verfahren wird von Amts wegen oder auf Antrag oder nach pflichtgemäßem Ermessen der Behörde eingeleitet. Von Amts wegen schreitet die Behörde ein in Sozialhilfeangelegenheiten („bei Bekanntwerden der Notlage"); typischerweise auf Antrag eingeleitet werden berufliche Rehabilitationsmaßnahmen. Ob das Arbeitsamt eine Qualifizierungsmaßnahme durchführen will, entscheidet dieses nach pflichtgemäßem Ermessen.

Beteiligte des Verfahrens (§§ 11, 13 VwVfG; 10, 12 SGB X): Beteiligte sind der Antragsteller, der Antragsgegner, der Adressat eines Verwaltungsaktes sowie von der Behörde hinzugezogene Dritte. Letzteres sind etwa private Bildungsträger, soweit deren rechtliche Interessen durch den Ausgang des Verfahrens berührt werden können. Dies kommt dann in Betracht, wenn sich der Bürger für ein privates Bildungsangebot entschieden hat, das von der zuständigen staatlichen Stelle jedoch abgelehnt wird.

Untersuchungsgrundsatz (§§ 20 SGB X; 24 VwVfG): Die Behörde ermittelt den Sachverhalt von Amts wegen. Dabei hat sie alle für den Einzelfall bedeutsamen, auch die für die Beteiligten günstigen Umstände zu berücksichtigen.

Beweismittel (§§ 21 SGB X; 26 VwVfG): Im Rahmen ihrer Untersuchungspflicht kann die Behörde Auskünfte einholen, Beteiligte, Zeugen und Sachverständige vernehmen, Urkunden und Akten beiziehen sowie den Augenschein einnehmen. Die Beteiligten sollen bei der Ermittlung des Sachverhalts mitwirken. Kommen die Beteiligten ihrer **Mitwirkungspflicht** nicht nach, so darf die Behörde im Rahmen ihrer Beweiswürdigung sich vom für den Bürger ungünstigsten Ergebnis leiten lassen. Belastende Tatsachen hat die Behörde zu beweisen. Begünstigende Tatsachen hat der Betroffene zu beweisen, wenn die Behörde ihrerseits in zumutbarem Umfang ermittelt hat. Besondere Mitwirkungspflichten (etwa Offenlegung der Vermögensverhältnisse, ärztliche Untersuchung) enthalten für den Sozialleistungsbereich §§ 60 bis 64 SGB I. Kommt der Sozialleistungsberechtigte den hier aufgeführten Mitwirkungspflichten nicht nach, so kann die Leistung gem. § 66 SGB I gekürzt oder gänzlich versagt werden. Besondere Mitwirkungspflichten in Gestalt von Auskunftspflichten etwa des Ehegatten oder Arbeitgebers finden sich zudem in den einzelnen Leistungsgesetzen (etwa § 315–319 SGB III, § 116 BSHG).

Recht auf Anhörung (§§ 28 VwVfG, 24 SGB X): Bevor ein Verwaltungsakt erlassen wird, der in Rechte eines Beteiligten eingreift, sind diese anzuhören. Unter bestimmten Voraussetzungen kann von der Anhörung jedoch abgesehen werden (Abs. 2). Das Anhörungsrecht betrifft üblicherweise nur belastende Verwaltungsakte (etwa schulische Ordnungsmaßnahmen). Ein Eingriff liegt insbesondere nicht schon dann vor, wenn die Behörde einen erstmaligen Leistungsantrag ablehnt. Anders ist es, wenn die Behörde eine bereits bewilligte Leistung nachträglich wieder aufhebt. Denn dann liegt ein Eingriff in ein durch Bewilligung entstandenes Recht vor, der zur Anhörung verpflichtet. Von der Anhörung abzuheben sind die in den Schulgesetzen aufgeführten Informationsrechte von Eltern bei der Wahl von Bildungsgängen sowie über Leistungsschwächen der Schüler vor der Versetzung.

Recht auf Akteneinsicht (§§ 29 VwVfG, 25 SGB X): Die Behörde hat den Beteiligten – und nur diesen – Akteneinsicht zu gewähren, wenn dies zur Wahrnehmung ihrer rechtlichen Interessen erforderlich ist. Zu den Unterlagen gehören nahezu alle Vorgänge, die den zuständigen Instanzen für ihre Entscheidung vorliegen. Hierzu gehören auch medizinische oder psychologische Gutachten, insbesondere zur Vorbereitung beruflicher Rehabilitationsentscheidungen. Ihr Makel liegt häufig in einer überzogenen Schematisierung des Falles, weshalb in Fällen wie diesen grundsätzlich immer vom Einsichtsrecht Gebrauch gemacht werden sollte.

Geheimhaltungspflicht der Behörde (§§ 30 VwVfG, 39 BRRG, 67 ff. SGB X): Persönliche Daten der Beteiligten unterliegen der Geheimhaltung und der beamtenrechtlichen Verschwiegenheitspflicht. Im Sozialverwaltungsverfahren wurde der Schutz von Sozialdaten in besonders differenzierter Weise ausgestaltet. Im schulischen Bereich bezieht sich die Geheimhaltungspflicht im wesentlichen auf die während der Unterrichtstätigkeit, in Konferenzen sowie in Gesprächen mit Eltern und Schülern bekanntgewordenen Informationen. Sie gilt auch gegenüber Polizei und Gericht, solange der Dienstvorgesetzte dem Lehrer keine Aussagegenehmigung erteilt hat. Besonders hohe Anforderungen hat das Bundesverfassungsgericht an die Verschwiegenheit von Schulpsychologen gestellt. Sie dürfen selbst dem Erziehungsberechtigten nicht alles mitteilen, was ihnen der Schüler anvertraut hat.

Begründung des Verwaltungsaktes (§§ 39 VwVfG, 35 SGB X): Kommt die Behörde dem Bürgerbegehren nicht oder nicht in vollem Umfang nach, so sind in der Entscheidung die wesentlichen tatsächlichen und rechtlichen Gründe anzugeben, damit der Bürger weiß, wogegen er sich ggf. zur Wehr setzen kann. Besonders intensiv zu begründen sind Ermessensentscheidungen. Hier muß die Begründung vor allem die Auseinandersetzung mit dem Einzelfall erkennen lassen.

Zusicherung (§§ 38 VwVfG, 34 SGB X): Eine von der zuständigen Behörde erteilte Zusage, einen bestimmten Verwaltungsakt später zu erlassen oder zu unterlassen bedarf zu ihrer Wirksamkeit der Schriftform.

Heilung von Verfahrens- und Formfehlern (§§ 45 VwVfG, 41 SGB X): Durch die Verletzung von Verfahrensvorschriften wird der Verwaltungsakt zunächst formell-rechtswidrig. Die Heilung von Verfahrensmängeln (durch Nachholung der Begründung, nachträgliche Stellung des Antrages, Nachholung der Anhörung, nachträgliche Beschlußfassung eines zur Mitwirkung befugten Auschusses) kann bis zum Abschluß des gerichtlichen Verfahrens vorgenommen werden. Im Verwaltungsprozeß kann das Gericht der Verwaltung die Möglichkeit zur Ergänzung ihrer Ermessenserwägungen einräumen (§ 114 S. 2 VwGO). Im Zuge einer derart großzügigen Behandlung behördlicher Verfahrensfehler werden die Verfahrensrechte der Beteiligten zur Farce.[7]

Folgen von Verfahrens- und Formfehlern (§§ 46 VwVfG, 44 a VwGO, 42 SGB X): Verfahrensmängel führen nur dann zur Aufhebung der angegriffenen Entscheidung, wenn sie erheblich sind, d. h. wenn nicht ausgeschlossen werden kann, daß die Behörde bei Beachtung der Verfahrensvorschrift ein anderes Ergebnis erzielt hätte. Praktische Bedeutung hat dieser Grundsatz vor allem bei Verstößen gegen die Konferenzordnung, im Falle einer unrichtigen Zusammensetzung des Prüfungsausschusses, bei aktiver Teilnahme von Nichtmitgliedern an der Beratung des Prüfungsergebnisses oder bei Verletzung der Chancengleichheit im Prüfungsverfahren. Näheres hierzu enthält das Kapitel zum Prüfungsrecht.

IV. Handlungsformen der Verwaltung

1. Der Verwaltungsakt

Zur Durchsetzung der gesetzlichen Vorgaben stehen der Verwaltung unterschiedliche Instrumente zur Verfügung. Von zentraler Bedeutung ist der **Verwaltungsakt**, mit dem das Gesetz auf den konkreten Einzelfall hin angewandt wird (§§ 35 VwVfG, 31 SGB X). Verwaltungsakte können **begünstigender** oder auch **belastender** Natur sein. Ersteres betrifft Genehmigungen, Entscheidungen über Leistungsansprüche oder finanzielle Fördermaßnahmen. Letzteres betrifft Zwangsmaßnahmen jeder Art wie schulische Ordnungsmaßnahmen oder die Verhängung einer Sperrzeit durch das Arbeitsamt. Von der Frage einer belastenden oder begünstigenden Wirkung hängt insbesondere ab, ob der Widerspruch gegen den Verwaltungsakt aufschiebende Wirkung hat (so bei Belastungen) und welche Klageart die richtige ist (Leistungs- und Verpflichtungsklage bei begünstigenden Verwaltungsakten, Anfechtungsklage bei belastenden Verwaltungsakten). Außerdem gestaltet sich der vorläufige Rechtsschutz in dieser Hinsicht unterschiedlich (Antrag auf Anordnung oder Wiederherstellung der aufschiebenden Wirkung bei belastenden Verwaltungsakten, Antrag auf einstweilige Anordnung bei begünstigenden Verwaltungsakten).

---

7 Berkemann, Verwaltungsprozeßrecht auf „neuen Wegen", DVBl. 1998, 446.

Die Verwaltung kann mit dem Bürger jedoch auch **sog. öffentlich-rechtliche Verträge** abschließen (§§ 54ff. VwVfG, 53ff. SGB X). Die praktische Bedeutung solcher Verträge im Bereich des Bildungswesens liegt vor allem bei den Rechtsbeziehungen zu privaten Bildungsträgern und Leistungserbringern. Insbesondere dort, wo das Gesetz detaillierte Anforderungen über Qualität und Wirtschaftlichkeit der vom privaten Träger zu erbringenden Leistung vorsieht (so etwa bei §§ 93ff. BSHG), sind entsprechende Vereinbarungen zwischen Verwaltung und Privatanbieter als öffentlich-rechtliche Verträge anerkannt. Im Streitfall sind dann die Verwaltungsgerichte zuständig. Es ist aber auch möglich, daß entsprechende Vereinbarungen in Privatrechtsform ergehen; so etwa bei den Vereinbarungen zwischen Arbeitsamt und Qualifizierungsträger. Nicht selten organisiert sich die Verwaltung selbst in privatrechtlichen Formen (etwa als kommunale Beschäftigungsgesellschaft).

Die Hauptbedeutung des Verwaltungsaktes liegt in seiner **Rechtsschutz- und Vollstreckungsfunktion.** Rechtsschutzmöglichkeiten besitzt der Bürger grundsätzlich nur gegen Verwaltungsakte, und nur diese kann die Verwaltung selbstherrlich, also ohne Inanspruchnahme der Gerichte, vollstrecken, wenn nach Ablauf der Rechtsmittelfristen Bestandskraft eingetreten ist. Die Dogmatik des Verwaltungsaktes ist ein bändefüllendes Thema. Definitionsgemäß handelt es sich hierbei um die Maßnahme einer Behörde auf dem Gebiet des öffentlichen Rechts zur Regelung eines Einzelfalles mit unmittelbarer Rechtswirkung nach außen. Sämtliche der vorgenannten fünf Merkmale sind Gegenstand einer nahezu uferlosen juristischen Interpretationsarbeit. Für die Schulrechts- und Prüfungspraxis haben vor allem die Begriffsmerkmale der **„Regelung“** und der „Rechtswirkung nach außen“ Bedeutung erlangt. Da die behördliche Maßnahme ihrem Regelungsgehalt nach auf die Setzung einer Rechtsfolge, d. h. auf die rechtsverbindliche Festsetzung von Rechten und Pflichten gerichtet sein muß, wird etwa der Zeugnisnote als Teilakt der umfassenden, als Verwaltungsakt ergehenden Versetzungsentscheidung der Regelungscharakter im Regelfall abgesprochen, so daß hiergegen isoliert nicht geklagt werden kann. Gleiches gilt für die einzelne Klassen- oder Prüfungsarbeit. Diese kann nur innerhalb der angegriffenen Versetzungsentscheidung oder des Prüfungsbescheides überprüft werden. Ebenso ist die Aufforderung, sich einer ärztlichen Untersuchung zu unterziehen, kein Verwaltungsakt. Denn der eigentliche Verwaltungsakt – etwa die Bewilligung der Rehabilitationsmaßnahme – wird hierdurch nur vorbereitet.

Das Merkmal der **rechtlichen Außenwirkung** bereitet der Rechtswissenschaft vor allem im Bereich des Schul- und Beamtenrechts seit je große Anwendungsschwierigkeiten, die quasi aus der Natur dieser besonderen Rechtsgebiete resultieren. Denn im Gegensatz zu den im Regelfall flüchtigen Kontakten zwischen Verwaltung und Bürger (Bewilligung des Arbeitslosengeldes, Baugenehmigung) ist die schulische und beamtenrechtliche Beziehung ein Dauerkontakt, häufig verbunden mit einer räumlichen Inkorporation des Betroffenen. Noch in den siebziger Jahren des 20. Jahrhunderts wurden derartige Staat-Bürger-Beziehungen als „rechtsfreier Raum“ angesehen, in den das Individuum – entkleidet aller staatsbürgerlichen Rechte – als unselbständiges staatliches Funktionsorgan umfassend eingegliedert war. Diese Sichtweise wurde mittlerweile aufgegeben. Dennoch bleibt die Unsicherheit, welche Maßnahmen im Rahmen derart enger Kontakte konkret der grundrechtlich geschützten **Außenrechtssphäre** des Schülers oder Beamten und welcher der staatlichen **Funktionsebene** zuzurechnen sind. Denn nicht alle Maßnahmen, insbesondere nicht solche des geregelten Schul- oder Behördenalltags, können Gegenstand einer verwaltungsgerichtlichen Klage sein, – die Lahmlegung des Schul- und Behördenbetriebes wäre ansonsten vorprogrammiert. So betreffen innerdienstliche Weisungen, Verwaltungsvorschriften, Organisationsakte und die normale Unterrichtsgestaltung nur den Innenbereich der Verwaltung. Das gesamte curriculare und organisatorische Vorfeld eines Scheiterns von Schülerkarrieren ist damit dem rechtlichen Zugriff der Betroffenen entzogen. Die konkrete Zuordnung der Lebenssachverhalte zum rechtlich geschützten Außenbereich oder zum grundsätzlich ungeschützten Innenbereich ist im wesentlichen eine Wertungsfrage, die – anschaulich hierfür die Prügelstrafe – dem Wandel der kulturellen Anschauungen und politischen Interessen unterliegt. So hat im Laufe der zurückliegenden Jahrzehnte der Freiheitsbereich des Schülers bzw. Beamten mehr und mehr Teile des (ehemals) staatlichen Funktionsbereichs erobert und der gerichtlichen Kontrolle zugänglich gemacht.[8] Speziell im Schulrecht und Beamtenrecht geschah und geschieht dies auf der begrifflichen Basis der wenig präzisen Unterscheidung von **Grund- und Betriebsverhältnis** (Schule) sowie der Unterscheidung von **Amt im funktionell-rechtlichen Sinn und Amt im statusrechtlichen Sinn** (Beamte). Das außenrechtlich relevante Grundverhältnis bzw. das Statusverhältnis betrifft den Bürger als wehrhaften Träger von Grundrechten, das Betriebsverhältnis bzw. Funktionsverhältnis betrifft ihn als wehrloses Glied der Verwaltungsorganisation bzw. der Schulgemeinschaft. Maßnahmen im Grundverhältnis bzw. Statusverhältnis sind mithin als Verwaltungsakte zu qualifizieren und mit Rechtsmitteln angreifbar. Im Betriebsverhältnis bzw. Funktionsverhältnis ist dies nur in begründeten Ausnahmefällen möglich, insbesondere bei Willkürentscheidungen.[9]

Typische Verwaltungsakte sind etwa die Überweisung in die Sonderschule, die Nichtversetzung, Ordnungsmaßnahmen, die Bewilligung einer Qualifizierungsmaßnahme oder einer beruflichen Rehabilitationsmaßnahme, die berufsbezogene Behindertenhilfe durch das Sozialamt oder auch Abschlußzeugnisse des betrieblichen oder handwerklichen Ausbildungswesens. Typische **Betriebsakte** liegen vor bei der Unterrichtsgestaltung, der Einführung von Schulbüchern, bei Organisationserlassen (Stundentafeln, Zahl der schriftlichen Arbeiten, Differenzierungsmodelle), der Erteilung von Hausaufgaben, der Durchführung von Wander- und Studienfahrten, beim Rauchverbot oder der Beurlaubung vom Unterricht, der Ver-

---

8 Loschelder, Vom besonderen Gewaltverhältnis zur öffentlich-rechtlichen Sonderbindung, 1982; Merten (Hg.), Das besondere Gewaltverhältnis, Schriftenreihe der Hochschule Speyer, Bd. 97, 1985; Luthe, Das besondere Gewaltverhältnis – Selbstregulationsmodell des öffentlichen Rechts, 1989.

9 Beispiel: Der Lehrer „bestraft“ den Schüler im Sportunterricht mit der Aufforderung, 100 Liegestütze zu machen; Mobbing im Unterricht; der Beamte wird aus sachlich nicht gerechtfertigten Gründen innerhalb seiner Behörde auf einen anderen Dienstposten umgesetzt.

teilung der Lehrkräfte und Klassenbildung, bei der Stunden- und Pausenordnung oder den Erziehungsmitteln (etwa die vorübergehende Verweisung aus dem Unterrichtsraum).

2. Gebundene Akte und Ermessensakte

Das Ausmaß gesetzlicher Einbindung des Verwaltungshandelns ist sehr unterschiedlich. Beim sog. **gebundenen Verwaltungsakt** „muß" die Behörde den Verwaltungsakt erlassen, wenn die Voraussetzungen hierfür vorliegen. Das Gesetz hat dann die Struktur: „Immer dann, wenn bestimmte Voraussetzungen vorliegen, muß die Verwaltung eine bestimmte Rechtsfolge ergreifen". Das Gesetz kann jedoch auch elastisch und interpretationsoffen ausgestaltet sein, um der Verwaltung größere Freiheiten bei seiner Anwendung einzuräumen: „Immer dann, wenn unbestimmte Voraussetzungen vorliegen, kann die Verwaltung eine mehr oder weniger bestimmte Rechtsfolge ergreifen".

Auf der Seite der Normvoraussetzungen (sog. Tatbestandsvoraussetzungen) haben wir es hier mit sog. **unbestimmten Rechtsbegriffen** (etwa arbeitsmarktliche Zweckmäßigkeit, öffentliches Interesse, Zuverlässigkeit, Sicherheit und Ordnung, Wirtschaftlichkeit und Sparsamkeit), auf der Seite der Rechtsfolgen mit sog. **Ermessensregelungen** zu tun. Der wesentliche Unterschied zwischen unbestimmten Rechtsbegriffen und Ermessensregelungen liegt im **Ausmaß der gerichtlichen Kontrolle**. Unbestimmte Rechtsbegriffe sind von den Gerichten grundsätzlich voll überprüfbar, Ermessensbetätigungen jedoch nur in relativ engen Grenzen. Hier wird der Verwaltung vom Gesetzgeber ein Entscheidungsspielraum eingeräumt, um den besonderen Umständen des Einzelfalles gerecht werden zu können.[10]

- Beispiel: Die gesetzliche Regelung schulischer Ordnungsmaßnahmen hat nicht selten folgende Struktur: „Immer dann, wenn der Schüler seine Pflichten grob verletzt und die von ihm geforderten Leistungen verweigert (unbestimmte Rechtsbegriffe), kann/darf (Ermessen) die Schule (mehr oder weniger) bestimmte Ordnungsmaßnahmen ergreifen. Das Merkmal der „groben Pflichtverletzung" wird von den Gerichten in vollem Umfang überprüft, nicht dagegen, ob überhaupt eine Ordnungsmaßnahme ergriffen (sog. Handlungsermessen) und welche Maßnahme getroffen werden soll (sog. Auswahlermessen).

Es kann aber auch sein, daß sich das Gericht sogar im Bereich der gesetzlichen Entscheidungsvoraussetzungen mit seiner Kontrolle zurückhält und im Ausnahmefalle der Verwaltung die Letztkonkretisierungsbefugnis des unbestimmten Rechtsbegriffs überläßt. Das Gericht räumt der Verwaltung in diesem Fall einen sog. **Beurteilungsspielraum** ein. Das tut es vor allem dann, wenn die Interpretation der unbestimmten Gesetzesvoraussetzungen so stark von fachlichen Wertungen oder auch Prognosen abhängig ist, daß die gerichtliche Kontrollaufgabe hierbei

---

10 Vgl. hierzu bereits unter C. II.

keinen vernünftigen Anknüpfungspunkt mehr findet. Ein klassisches Anwendungsbeispiel ist in dieser Hinsicht die Bewertung von Prüfungsleistungen.

- Beispiel: „Immer dann, wenn die Qualifizierungsmaßnahme arbeitsmarktlich zweckmäßig ist (unbestimmter Rechtsbegriff mit Beurteilungsspielraum), kann (Ermessen) die Maßnahme vom Arbeitsamt bewilligt werden". Die arbeitsmarktliche Zweckmäßigkeit ist eine Prognoseentscheidung, die vom Gericht nur daraufhin überprüft werden kann, ob das Arbeitsamt von zutreffenden sachlichen Voraussetzungen ausgegangen ist und grobe Bewertungsfehler vermieden hat. Ansonsten aber ist die Verwaltung in der Beurteilung des Falles frei, mag der um Rechtsschutz nachsuchende Bürger nun eine andere Sicht der Dinge haben oder auch nicht.

Gerade im sozialrechtlichen Kontext des Bildungsrechts aber ist das Gesetz häufig so **komplex** gelagert und in seinem Aufbau so unübersichtlich, daß sich der Rechtsanwender die fallrelevanten Entscheidungsvoraussetzungen innerhalb und außerhalb des Gesetzes gewissermaßen selbst zusammenstellen muß. Häufig genug kommt es dabei zu **Zielkonflikten**, wenn das Gesetz einerseits den größtmöglichen Bildungs-, Behandlungs- oder Eingliederungserfolg für den Einzelnen will, andererseits aber zugleich auch die Verpflichtung zu wirtschaftlichem Handeln oder zur Berücksichtigung sonstiger überindividueller Belange (besondere Planungsschwerpunkte, verfügbare Einrichtungskapazitäten, arbeitsmarktliche Zweckmäßigkeit) enthält. Ein solcher Zielkonflikt kann sowohl bei der Auslegung des unbestimmten Rechtsbegriffs im Bereich der Entscheidungsvoraussetzungen als auch bei Betätigung des gesetzlich eingeräumten Ermessens auftreten. Er läßt sich regelmäßig nur durch Abwägung der widerstreitenden Interessen lösen.[11] Beurteilungs- und Ermessensspielräume werden dann zu **Abwägungsspielräumen** der Verwaltung.

- Beispiel: Bei der Bewilligung von Qualifizierungsmaßnahmen hat das Arbeitsamt einen weiten Ermessensspielraum, wie § 3 Abs. 5 i. V. m. § 77 Abs. 1 SGB III zeigt. Das Ermessen umgreift hier sowohl das „Ob" als auch das „Wie" der Maßnahmen. Bei der Ausübung von Ermessen ist das Arbeitsamt jedoch an zahlreiche Belange gebunden, die sich teils aus dem SGB III selbst ergeben, teils aber auch aus ganz anderen Gesetzesmaterien. So ist zwar die für den Einzelfall am besten geeignete Leistung zu wählen, allerdings unter Beachtung des Grundsatzes der Wirtschaftlichkeit und Sparsamkeit (§ 7 SGB III). Zur Vermeidung von Langzeitarbeitslosigkeit sind überdies die Risikomerkmale des Leistungsberechtigten zu ermitteln und bei der Ermessensentscheidung zugrundezulegen (§ 6 SGB III). Frauen etwa sind hierbei in besonderer Weise zu fördern (§ 8 SGB III). Unter anderem aber muß die Maßnahme notwendig und arbeitsmarktlich zweckmäßig sein (§ 77 Abs. 1 Ziff. 1 i. V. m. § 86 Ziff. 8 SGB III). Selbst wenn dies der Fall ist, kann das Arbeitsamt jedoch die Maßnahme versagen, wenn es auf der Basis seiner regionalen arbeitsmarktpolitischen Schwerpunktsetzungen die Förderung anderer Leistungs-

---

11 Luthe, Optimierende Sozialgestaltung. Bedarf – Wirtschaftlichkeit – Abwägung, 2001.

arten als sinnvoller erachtet (§ 71 b Abs. 3 SGB IV i. V. m. § 11 SGB III). Gleichwohl dürfen die persönlichen Wünsche des Betroffenen und seine bisherige Erwerbsbiographie dabei nicht unberücksichtigt bleiben (§§ 33 SGB I, Art. 12 GG).

Wie man hier deutlich sieht, erinnert die Verrechtlichung aktiver Arbeitsmarktpolitik an die Quadratur des Kreises. Hoher Gestaltungsbedarf auf der einen Seite, rechtstaatliche Vollzugsbindung auf der anderen; Gemeinwohlerfordernisse des Arbeitsmarktes und der Ressourcenschonung „hier" sowie individuelle Berufsperspektiven „dort". Hinzu tritt der überaus vielschichtig gelagerte Regelungszusammenhang: Der eigentliche Anweisungsgehalt des Gesetzes erschließt sich dem Rechtsanwender erst nach gewissenhafter Zusammenstellung der zahlreichen, weit vertstreut liegenden und zudem offen formulierten Entscheidungsbelange. Mit einem logisch-deduktiven Gesetzesautomatismus hat dies alles nichts mehr zu tun; die Struktur des Gesetzes läßt sich nur noch im Zuge einer möglichst **transparenten, informierten** und **ausgewogenen** Interessenabwägung bewältigen. Das Ganze hat eine unschöne Seite: Die Gesetzesbindung der Verwaltung lockert sich. Gleichwohl bietet sich keine Alternative. Je komplexer und dynamischer die Gesellschaft wird, umso flexibler muß die Verwaltung handeln können und desto offener müssen die Gesetze sein.

3. Bindungen des Ermessens

In einem Rechtsstaat ist Ermessen stets **pflichtgemäß** auszuüben; „freies Ermessen" kann es nicht geben. Das bedeutet, daß die Behörde bei der Ausübung von Ermessen bestimmte Rechtsgrundsätze zu beachten hat. Darauf und nur darauf hat der Bürger einen Anspruch: Bei Ermessensleistungen gibt es zwar keinen Rechtsanspruch auf eine bestimmte Leistung, wohl aber ein sog. **subjektiv-öffentliches Recht auf fehlerfreie Ermessensausübung.** Umgekehrt darf das Gericht die Ermessensbetätigung der Verwaltung nur darauf überprüfen, ob und inwieweit Ermessensfehler vorliegen. Es darf nicht sein eigenes Ermessen an die Stelle des Ermessens der Verwaltungsbehörde setzen (§§ 54 Abs. 2 SGG, 114 VwGO).

Üblicherweise unterscheidet man bei den Ermessensfehlern zwischen Ermessensüberschreitung, Ermessensmißbrauch und Ermessensunterschreitung.[12] Diese Klassifizierung ist jedoch wenig plastisch und läßt überdies die gebotene Trennschärfe vermissen. Wir folgen einer pragmatischen Behandlungsweise und orientieren uns an den wichtigsten Prinzipien, die das Ermessen steuern:

- **Verhältnismäßigkeitsgrundsatz:** Der Verhältnismäßigkeitsgrundsatz unterfällt unter die drei Bestandteile der Geeignetheit, Erforderlichkeit und Angemessenheit: Die Maßnahme muß zur Erreichung des Gesetzesziels überhaupt geeignet sein. Von allen gleichgeeigneten Maßnahmen ist diejenige auszuwählen,

---

12 Anstatt vieler: Wenner/Terdenge/Martin, Grundzüge der Sozialgerichtsbarkeit, 2. Aufl. 1999, Rn. 154.

die den Betroffenen am wenigsten belastet (Übermaßverbot). Das Gewicht der Maßnahme darf nicht außer Verhältnis stehen zum Gewicht des erstrebten Erfolgs. Der Verhältnismäßigkeitsgrundsatz ist jedoch regelmäßig nur bei belastenden Entscheidungen des Staates anwendbar (Beispiel: schulische Ordnungsmaßnahmen).

- **Berücksichtigung der Grundrechte:** Grundrechte schützen nicht nur den privaten Freiheitsraum vor dem staatlichen Übergriff, sondern gelten auch als objektive Leitvorstellungen der Verfassung, an denen sich sämtliche staatliche Instanzen zu orientieren haben. Im Schulrecht sind dies die Grundrechte von Schülern und Eltern (Art. 2, 6 GG) oder im Bereich der beruflichen Rehabilitation sowie im Bereich der Berufsausbildung das Grundrecht der Berufsfreiheit (Art. 12 GG).
- **Gleichbehandlungsgrundsatz** (Art. 3 GG): Der Gleichbehandlungsgrundsatz spielt in der Rechtspraxis eine außerordentlich wichtige Rolle. Er verpflichtet zur prinzipiellen Gleichbehandlung von Personen in gleicher Ausgangslage und knüpft Ungleichbehandlungen an das Vorliegen sachlicher Gründe. Insbesondere Verwaltungsvorschriften erhalten durch den Gleichbehandlungsgrundsatz eine mittelbare Außenwirkung[13], so daß der Bürger sich auf ihre Einhaltung berufen kann, wenn die Behörde von der durch Verwaltungsvorschriften hervorgerufenen Verwaltungspraxis ohne zwingenden Grund abweicht.
- **Gebot der Beachtung der Gesetzesziele:** Die Gesetzesziele finden sich zumeist am Anfang eines Gesetzes. So soll beispielsweise die Soziallhilfe gem. § 1 Abs. 2 der Würde des Menschen entsprechen. Damit unvereinbar wäre die Gewährung von Gebrauchtkleidung bei der Ermessensentscheidung über die Form der Hilfe gem. § 4 Abs. 2 i. V. m. § 8 Abs. 1 BSHG. Häufig aber sind die Gesetzesziele widersprüchlich gelagert und deshalb durch Abwägung im Einzelfall aufeinander zuzuführen.
- **Verbot des Ermessensnichtgebrauchs:** Hat der Gesetzgeber zur Berücksichtigung des Einzelfalles Ermessen angeordnet, so muß dieses auch ausgeübt werden. Typisch in dieser Hinsicht ist der Ermessensfehler, daß der zuständige Verwaltungsbedienstete sich irrtümlich an eine das Ermessen regulierende Verwaltungsvorschrift gebunden fühlt, ohne zu überprüfen, ob er im besonders gelagerten Einzelfall von dieser abweichen muß.
- **Individualisierungsgrundsatz** (§ 33 SGB I): Für das Sozialleistungsrecht wird die an sich selbstverständliche Ermessenspflicht zur Berücksichtigung des Einzelfalles durch den Individualisierungsgrundsatz noch gesondert hervorgehoben. Insbesondere sollen der Bedarf, die Leistungsfähigkeit und die Wünsche des Leistungsberechtigten sowie schließlich die örtlichen Verhältnisse in der Ermessensentscheidung berücksichtigt werden.

---

13 Vgl. und D. II.

- **Wirtschaftlichkeitsgrundatz:** Der Wirtschaftlichkeitsgrundsatz gehört zu den umstrittensten Konkretisierungsdirektiven des Gesetzes.[14] Analytisch läßt sich das Wirtschaftlichkeitsgebot als Gebot der Berücksichtigung der Haushaltslage, als Effizienzgebot, als Wettbewerbsmaxime und als Kollektivgut verstehen.[15] Im Sozialversicherungsbereich ist das Wirtschaftlichkeitsgebot als Ausdruck der Solidarmaxime gesetzlich ausdrücklich verankert. Hier gilt, daß ein Mangel an Haushaltsmitteln als alleiniger Grund die Versagung der Leistung nicht zu rechtfertigen vermag, vielmehr stets nur in der Abwägung mit den jeweiligen Bedarfsdeckungszielen bzw. Förderungszielen des Gesetzes ernstgenommen werden kann. Außerhalb des Sozialversicherungsbereichs enthalten die Gesetze regelmäßig keine Wirtschaftlichkeitsgebote. Grundsätzlich gilt hier: Das Recht und nicht das Geld bestimmt das Handeln der Verwaltung. Die nicht-wirtschaftlichen Gesetzesziele genießen daher einen prinzipiellen Vorrang, was nicht heißt, daß haushaltswirtschaftliche Überlegungen von vornherein unstatthaft wären, wo das Gesetz hinreichend interpretationsoffen ist und der Fall nicht eindeutig von individuellen Belangen dominiert wird. Die Realität der Verwaltung wird über weite Strecken ohnehin durch wirtschaftliches Denken bestimmt. Häufig kommt es zu verdeckten Rationierungen, weil das offizielle Argumentieren mit dem rechtlich ungesicherten Wirtschaftlichkeitsgrundsatz für die Verwaltung ein hohes Prozeßrisiko beinhalten würde. Hierdurch aber wird der Bürger stärker in seinen Rechtsschutz- und Versorgungsbedürfnissen eingeschränkt, als dies bei unvoreingenommer Offenlegung aller Entscheidungsgesichtspunkte – auch wirtschaftlicher Art – der Fall wäre.
- **Ermessensschrumpfung:** Bei Gefährdung hoher Rechtsgüter reduziert sich der Entscheidungsspielraum der Behörde „auf Null", d. h. die normalerweise im Ermessensbereich mögliche Auswahl von Entscheidungsalternativen reduziert sich auf eine einzige Entscheidungsvariante. Stoßen etwa die Polizeibeamten auf ihrer Streifenfahrt auf einen Schwerverletzten, so reduziert sich ihr Handlungsermessen bei der Frage, ob überhaupt gehandelt werden muß, auf die die einzig verbleibende Alternative einer Einschreitenspflicht.

Das Gericht kann auf Ermessensfehler nur mit einem sog. **Bescheidungsurteil** reagieren (§ 113, Abs. 5 VwGO, § 131 Abs. 3 SGG). Die Urteilsformel lautet: „Die Beklagte wird verurteilt, den Kläger unter Beachtung der Rechtsauffassung des Gerichts erneut zu bescheiden". Wird von der Behörde also ein weiteres Mal entschieden, so hat diese lediglich darauf zu achten, daß der vom Gericht gerügte Ermessensfehler vermieden wird. Es ist also keineswegs gesagt, daß der Bürger nunmehr genau das erhält, was er ursprünglich wollte. Bestand der Ermessensfehler der Behörde etwa darin, daß die beruflichen Neigungen des Betroffenen nicht ausreichend berücksichtigt wurden, so wird sie dies in der erneuten Entscheidung zwar

---

14 Im einzelnen Mußgnug, Der Haushaltsplan als Gesetz, 1976, 311, 313, ders., in: VVDStRL 47 (1989), 113, 133; P. Kirchhof, Die Steuerung des Verwaltungshandelns durch Haushaltsrecht und Haushaltskontrolle, NVwZ 1983, 505; für das Sozialversicherungsrecht: BSG, SGb 1991, 487 ff.
15 Luthe, Optimierende Sozialgestaltung, 2001, 321 ff.

nachholen. Gleichwohl kann es sein, daß sie in der Abwägung der beruflichen Neigungen mit dem Wirtschaftlichkeitsgrundsatz, mit vorhandenen Einrichtungskapazitäten oder in Ansehung der Arbeitsmarktchancen der den Neigungen entsprechenden Qualifikation auch jetzt zu dem gleichen Ergebnis gelangt, wie in der von dem Betroffenen angegriffenen Entscheidung. Das Gericht kann insofern nur den Ermessensfehler beanstanden; ansonsten aber bleibt die Entscheidung über Inhalt und Umfang der Maßnahme dem Entscheidungsspielraum der Behörde überlassen (vgl. etwa § 13 SGB VI). Eine abschließende Entscheidung kann das Gericht nur bei gebundenen Verwaltungsakten treffen, wenn die Angelegenheit also **Spruchreife** erlangt hat.

4. Sonstiges zum Verwaltungsakt

Auch ein rechtswidriger Verwaltungsakt erlangt **Bestandskraft**, wenn er von seinen Adressaten nicht fristgerecht angefochten wurde und kann von der Verwaltung dann vollstreckt werden. Sie kann einen solchen rechtswidrigen Verwaltungsakt jedoch nachträglich aufheben; bei der Aufhebung rechtswidriger Verwaltungsakte spricht man von Rücknahme (§ 48 VwVfG). Selbst rechtmäßige Verwaltungsakte können unter ganz bestimmten Voraussetzungen aufgehoben werden; hier spricht man von **Widerruf** (§ 49 VwVfG). Sofern eine begünstigende Entscheidung der Behörde von dieser aufgehoben wird, ist auf das **Vertrauen** des Betroffenen in den Erhalt wohlerworbener Rechte Rücksicht zu nehmen. Im Sozialrecht ist die Aufhebung von Verwaltungsakten in den §§ 44–50 SGB X geregelt. Etwaige zu Unrecht erbrachte Leistungen sind hier gem. § 50 SGB X zu erstatten. Eine Besonderheit im sozialrechtlichen Verwaltungsverfahren ist die Aufhebung eines Verwaltungsaktes mit **Dauerwirkung** bei Änderung der Verhältnisse, – so beim Krankengeld oder auch bei den Unfallrenten.

Verwaltungsakten können unter besonderen Voraussetzungen **Nebenbestimmungen** hinzugefügt werden (§§ 36 VwVfG, 32 SGB X), nämlich: Befristungen, Bedingungen, Widerrufsvorbehalte, Auflagen und Auflagenvorbehalte. Ein Beispiel hierfür sind die unter Auflage erteilten Verpflichtungen des privaten Bildungsträgers zum Nachweis der zweckentsprechenden Verwendung gewährter Fördermittel.

V. Rechtsschutz

1. Subjektiv-öffentliches Recht

Für Widerspruch und Klage benötigt der Bürger ein **subjektiv-öffentliches Recht.** Allein die Rechtswidrigkeit eines Verwaltungsaktes, also der Verstoß gegen Rechtsquellen (s. o.), führt noch nicht zur Widerspruchs- und Klagebefugnis des Bürgers (vgl. etwa § 42 Abs. 2 VwGO). Vielmehr muß der Bürger in eigenen Rechten verletzt sein. Denn es ist nicht Aufgabe des Bürgers, sich als Sachwalter des Allgemeinwohls zu betätigen. Verstöße gegen rein objektives Recht ohne subjektiv-rechtliche Bedeutung werden in der rechtstaatlichen Kompetenzordnung von staatlichen Aufsichtsinstanzen kontrolliert. Deshalb muß für die in Inanspruchnahme von Rechtsschutz grundsätzlich zweierlei erfüllt sein: Erstens muß ein **rechtswidriger Verwaltungsakt** vorliegen; zweitens muß dieser **subjektive Rechte** des Betroffenen verletzen.

Rechte auf staatliche Leistungen sind in den Gesetzen häufig **explizit aufgeführt**, wenn es heißt, daß bestimmte Leistungen „zu erbringen sind" oder jemand auf etwas einen „Anspruch" hat. Ist der Bürger **Adressat** eines „belastenden" Verwaltungsaktes, so ist er grundsätzlich immer in seiner subjektiven Rechtsstellung berührt (sog. Adressatentheorie). Es gibt jedoch viele Zweifelsfälle, wo ein subjektiv-öffentliches Recht nur durch Auslegung ermittelt werden kann. Üblicherweise wird hierbei danach gefragt, inwiefern das Gesetz nicht nur dem öffentlichen Interesse, sondern auch dem individuellen Interesse des Bürgers dienen soll. Diese Auslegungshilfe ist in ihrer Vagheit jedoch kaum zu überbieten. Häufig wird daher auf den jeweiligen Kontext abzustellen sein, in den die jeweilige Gesetzesvorschrift gestellt ist:

§ 13 SGB VIII verpflichtet den jeweiligen Jugendhilfeträger zwar zur Unterbreitung von Angeboten der Jugendsozialarbeit, insbesondere auch im Bereich der schulischen und beruflichen Ausbildung sowie zur Eingliederung in die Arbeitswelt. Ein subjektiv einklagbares Recht enthält die Vorschrift jedoch nicht. Es handelt sich lediglich um einen **objektiven Handlungsauftrag** an den Jugendhilfeträger. Wie er diesem Auftrag nachkommt, ist eine Frage seiner politischen Prioritäten und seines finanziellen Leistungsvermögens. Als weiteres Beispiel ist das Arbeitsamt nach § 8 SGB III zwar zur Verbesserung der beruflichen Situation von Frauen verpflichtet. Mehr als eine allgemeine **Zielbestimmung** zur Interpretation des Gesetzes und insbesondere zur Steuerung des gesetzlichen Förderermessens gibt die Vorschrift jedoch nicht her. Gem. § 10 Abs. 3 BSHG „sollen" die Verbände der freien Wohlfahrtspflege zwar angemessen unterstützt werden. Trotz der relativ starken Soll-Forderung des Gesetzes wird den Wohlfahrtsverbänden hier jedoch nur ein **Anspruch auf fehlerfreie Ermessensausübung**, insbesondere auf Gleichbehandlung mit anderen geförderten Verbänden, eingeräumt. Ein subjektiv-öffentliches Recht auf Förderung dem Grunde nach, geschweige denn in einer bestimmten Höhe, gewährt die Vorschrift jedenfalls nicht. Rechtsnormen also, die politisch in hohem Maße ausgestaltungsbedürftig sind, insbesondere Fragen sozialstaatlicher Infrastrukturgestaltung betreffen oder die als gesetzliche Zielvorgaben nur die Konkretisierung des Gesetzes anleiten wollen, dienen ihrer Schutzrichtung nach zumeist nur dem öffentlichen, nicht dem Individualinteresse.

2. Widerspruchsverfahren

Vor Erhebung der **Anfechtungs- oder Verpflichtungsklage** ist regelmäßig ein Widerspruchsverfahren durchzuführen (§§ 68 ff. VwGO, 77 ff. SGG). Ohne vorheriges Widerspruchsverfahren ist die Klage unzulässig. Der Widerspruch ist regelmäßig binnen **Monatsfrist** zu erheben. Liegt keine Rechtsmittelbelehrung vor, so beträgt die Rechtsmittelfrist ein Jahr. Widerspruch und Klage haben **aufschiebende Wirkung** (§§ 80 Abs. 1 VwGO, 86a SGG). Die aufschiebende Wirkung führt dazu, daß der Verwaltungsakt bis zum Abschluß des Klageverfahrens von der Behörde nicht vollzogen werden kann. Dies macht jedoch nur Sinn bei belastenden Verwaltungsakten. Widersprüche gegen die Ablehnung oder das Unterlassen einer Begünstigung haben keine aufschiebende Wirkung. Im verwaltungsgerichtlichen Verfahren entfällt die aufschiebende Wirkung, wenn dies durch Gesetz besonders angeordnet wird oder die Behörde im öffentlichen Interesse die **sofortige Vollziehbarkeit** des Verwaltungsaktes gesondert angeordnet hat (§ 80 Abs. 2 VwGO). Im sozialgerichtlichen Verfahren entfällt die aufschiebende Wirkung u. a. in dem wichtigen Fall des Entzuges oder der Herabsetzung einer laufenden Leistung (§ 86a Abs. 2 SGG).

Der Widerspruch führt zur Eröffnung des **Widerspruchsverfahrens**. Zunächst prüft die Erstbehörde, ob sie dem Bürgerbegehren **abhelfen** will. Kommt dies nicht in Betracht, so wird die Angelegenheit der **Widerspruchsinstanz** vorgelegt. Normalerweise ist dies die nächsthöhere Behörde, in Selbstverwaltungsangelegenheiten jedoch der Selbstverwaltungsträger selbst. Die Widerspruchsinstanz ist Teil der Verwaltung, das Widerspruchsverfahren also ein Selbstüberprüfungsverfahren. Bei Ablehnung des Bürgerbegehrens erläßt die Widerspruchsintanz einen **Widerspruchsbescheid**. Dieser enthält wiederum eine Rechtsmittelbelehrung. Erst jetzt kann **Klage** vor dem Verwaltungs- oder Sozialgericht erhoben werden.

3. Kosten des Widerspruchs- und Klageverfahrens

Das Verfahren vor den **Sozialgerichten** ist **kostenfrei** (§§ 183 ff. SGG). Dies gilt im Regelfall auch für die häufig hohen Kosten einer Beweisaufnahme. Auch für das sozialrechtliche **Verwaltungs- und Widerspruchsverfahren** fallen keine Kosten an (§ 64 SGB X), selbst wenn der Bürger im Rechtsstreit unterliegt. Kosten des eigenen **Anwalts** werden jedoch nur übernommen, wenn Widerspruch bzw. Klage erfolgreich waren (§ 63 SGB X, 193 Abs. 2 SGG). Bietet die Klage Aussicht auf Erfolg und bezieht der Kläger nur ein niedriges Einkommen, so wird **Prozeßkostenhilfe** gewährt und ein Anwalt beigeordnet (§§ 73a SGG, 166 VwGO i. V. m. §§ 114, 119 ZPO). **Kostenfreiheit im verwaltungsgerichtlichen Verfahren** besteht insbesondere auch für die Sozial- und Jugendhilfe, die Schwerbehindertenfürsorge und die Ausbildungsförderung (§ 188 VwGO). Die erstattungsfähigen Kosten im verwaltungsrechtlichen Widerspruchsverfahren regelt § 80 VwVfG. Ansonsten, etwa im Schul-, Prüfungs- und Berufsbildungsrecht, fallen für das Widerspruchs- und Gerichtsverfahren jedoch Kosten an, wenn der Bürger im Rechtsstreit unterliegt.

4. Klageverfahren

Es gibt verschiedene **Klagearten.** Der Bürger ist jedoch nicht verpflichtet, in der Klageschrift die Klageart deutlich zu machen. Es muß lediglich das Ziel der Klage hinreichend erkennbar sein. Außerdem müssen Kläger, Beklagter und Streitgegenstand bezeichnet werden (§§ 92 SGG, 82 VwGO). Man hat die Möglichkeit, die Klage entweder schriftlich oder zur Niederschrift des Gerichts einzureichen. Der zuständige Mitarbeiter der jeweiligen Geschäftsstelle kann sich in letzterem Fall als hilfreicher Partner erweisen. Die Sozialgerichte sind im wesentlichen in Angelegenheiten der Sozialversicherung zuständig (§ 51 SGG). Die Zuständigkeit der Verwaltungsgerichte ist dagegen in allen sonstigen Angelegenheiten des öffentlichen Rechts gegeben, auch im Bereich der Sozial- und Jugendhilfe sowie des BAföG (§ 40 VwGO).

Vor den Verwaltungsgerichten kommen als wichtigste Klagearten die **Anfechtungsklage,** die **Verpflichtungsklage** und die **Leistungsklage** in Betracht. Die Anfechtungsklage wendet sich gegen belastende Verwaltungsakte, die Verpflichtungsklage richtet sich auf den Erlaß eines begünstigenden Verwaltungsaktes und die allgemeine Leistungslage betrifft Nicht-Verwaltungsakte (§ 42 Abs. 1 VwGO).

Sowohl im Verwaltungsgerichts- als auch im Sozialgerichtsverfahren besteht die Möglichkeit der **Untätigkeitsklage** (§§ 75 VwGO, 88 SGG). Voraussetzung ist, daß über einen Antrag oder über einen Widerspruch nicht in angemessener Frist entschieden wurde: Gem. § 75 VwGO beträgt die Frist mindestens 3 Monate; gem. § 88 SGG beträgt diese für den Erstantrag 6 Monate, für den Widerspruchsbescheid 3 Monate. Konsequenz ist, daß dann ausnahmsweise kein Vorverfahren (Widerspruchsverfahren) durchgeführt werden muß und direkt geklagt werden kann.

Im **sozialgerichtlichen Verfahren** ist die Bestimmung der richtigen **Klageart** etwas komplizierter. Wichtigste Klagearten:

- Verpflichtungsklage: Angestrebt wird der Erlaß eines Verwaltungsaktes (Leistungsbescheides). Die Verpflichtungsklage ist nur dann zulässig, wenn der Bürger nicht unmittelbar auf die Leistung klagen kann, insbesondere bei Ermessensentscheidungen, auf die kein Rechtsanspruch besteht. Besteht ein Rechtsanspruch, so kommt regelmäßig die kombinierte Anfechtungs- und Leistungsklage in Betracht.

- Kombinierte Anfechtungs- und Leistungsklage (§ 54 Abs. 4 SGG): Dies ist die häufigste Klageart. Besteht die Leistung in Geld (etwa Rente, Krankengeld), so muß der Klageantrag nicht beziffert werden (§ 130 SGG). Zwar ist das Grundurteil nicht vollstreckungsfähig. Der Verwaltungsträger ist jedoch verpflichtet, das Urteil auszuführen und die Höhe der Leistungen richtig festzusetzen.

- Isolierte Anfechtungsklage: Sie ist selten, denn meist wird nicht die Vernichtung eines Verwaltungsaktes, sondern eine positive Leistung begehrt. Anfechtungsklagen kommen vor bei Verwaltungsakten mit Dauerwirkung (§ 48 SGB X), bspw. wenn die Behörde die sog. Minderung der Erwerbsfähigkeit wegen Besserung des

Gesundheitszustandes herabsetzt, wenn ein rechtswidriger begünstigender Verwaltungsakt (die Leistung erfolgte zu Unrecht) zurückgenommen (§ 45 SGB X) oder wenn Leistungen vom Bürger zu erstatten sind (§ 50 SGB X).

- Herstellungsanspruch: Speziell das sozialgerichtliche Verfahren kennt den Herstellungsanspruch. Er kommt in Frage, wenn die Verwaltung eine Begünstigung zu Unrecht abgelehnt hat, eine gebotene Betreuung unterlassen oder eine unrichtige Auskunft erteilt hat. Dann ist derjenige Zustand herzustellen, der gegeben sein würde, wenn sich die ursprünglichen Vorgänge dem Recht gemäß entwickelt hätten. Verschulden ist – im Gegensatz zum zivilrechtlichen Amtshaftungsanspruch gem. § 839 BGB – nicht erforderlich.

Ist die Sache eilbedürftig, so wird **vorläufiger Rechtsschutz** gewährt. Geregelt wird insofern ein vorläufiger Rechtszustand bis zum Abschluß des sog. Hauptsacheverfahrens. Bei belastenden Verwaltungsakten ist vorläufiger Rechtsschutz vor allem dann erforderlich, wenn Widerspruch und Klage **keine aufschiebende Wirkung** haben: Im Verfahren haben Widersprüche bzw. Klagen gegen belastende Verwaltungsakte zunächst aufschiebende Wirkung (§ 80 Abs. 1 VwGO, § 86a Abs. 1 SGG). Die aufschiebende Wirkung kann jedoch durch behördliche Anordnung sofortiger Vollziehbarkeit aufgehoben werden. Hiergegen kann der Bürger beim Sozial- oder Verwaltungsgericht einen **Antrag auf Wiederherstellung der aufschiebenden Wirkung** stellen (§ 80 Abs. 5 VwGO, § 86b Abs. 1 SGG). Bei begünstigenden Verwaltungsakten (etwa Sozialhilfe) läuft der vorläufige Rechtsschutz im sozial- und verwaltungsgerichtlichen Verfahren anders: Hier kommt eine **einstweilige Anordnung** gem. § 123 VwGO sowie § 86b Abs. 2 SGG in Betracht.

Das wohl wichtigste Prinzip der einstweiligen Anordnung heißt **„Keine Vorwegnahme der Hauptsache"**. Es sollen im Vorgriff auf das Hauptsacheverfahren keine vollendeten Tatsachen geschaffen werden (etwa durch Verbrauch der vorläufig gewährten Leistung). Einem Antrag auf einstweilige Anordnung wird daher nur zur Abwendung schwerer und unzumutbarer Nachteile für den Antragsteller stattgegeben. Die hierfür erheblichen Tatsachen sind „glaubhaft" zu machen.

Das Verwaltungs- und Sozialgericht ermittelt den **Sachverhalt von Amts wegen** (§§ 103 SGG, 86 VwGO). **Beweisanträge** sind nur Anregungen an das Gericht. Ohne hinreichende Begründung abgelehnte Beweisanträge sind jedoch ein Grund für die Berufung oder die Revision. Verwaltung und Gerichte müssen unbeschadet ihres Rechts auf freie Beweiswürdigung sich der Hilfe von **Sachverständigen** bedienen, wenn dies erforderlich ist. Meistens holt das Gericht zusätzlich zu den vorliegenden Verwaltungsgutachten dann weitere Gutachten ein, wenn sich aus dem klägerischen Vortrag ergibt, daß die Verwaltungsgutachten unvollständig oder widersprüchlich sind. Das Gericht muß sich mit divergierenden Sachverständigenaussagen nachprüfbar auseinandersetzen. Unklare Sachverständigenaussagen sind nicht durch freie Beweiswürdigung, sondern durch Nachfrage beim Sachverständigen zu klären. Gerade Verwaltungsgutachten lassen häufig die gebotene Auseinandersetzung mit dem jeweiligen Einzelfall vermissen.

Die Beteiligten können sich durch **Prozeßbevollmächtigte** vertreten lassen. Der Beteiligte kann sich ferner in der mündlichen Verhandlung eines **Beistandes** bedienen. Gleiches gilt für das Verwaltungsverfahren. Von der Mitwirkung als Prozeßbevollmächtigte oder Beistände sind solche Personen ausgeschlossen, die gegen das Rechtsberatungsgesetz verstoßen würden: Zur **geschäftsmäßigen Besorgung** fremder Rechtsangelegenheiten sind nur zugelassene Rechtsanwälte befugt. Es reicht insofern aus, daß die Tätigkeit auf Dauer verrichtet wird. Auf eine Gewinnerzielungsabsicht kommt es nicht an. Die Praxis verfährt hier jedoch großzügig. Ein sporadisches Auftreten als Beistand dürfte unschädlich sein. In der Praxis ist es ohnehin so, daß Widerspruch und Klage nicht selten von nicht-juristischen Bildungs- und Sozialexperten angefertigt werden, ohne daß diese nach außen in Erscheinung treten.

E. Prüfungsrecht

Weiterführende Literatur:

P. Theuersbacher, Gerichtliche Kontrolle der Prüfungsentscheidungen im Antwort-Wahl-Verfahren der medizinischen und pharmazeutischen Prüfung, BayVBl. 1991, 649; J. Steike, Akteneinsicht bei der Prüfungsanfechtung, NVwZ 2001, 868; G. Borchert, Geltendmachung krankheitsbedingter Prüfungsunfähigkeit, RDV 1990, 223; F. Kopp, Die Neubewertung fehlerhaft bewerteter Prüfungsaufgaben, BayVBl. 1990, 684; I. von Münch, Prüfungen, NJW 1995, 2016; I. Richter, Eignungsbeurteilung von Schülern, NVwZ 1990, 35; J. Rozek, Neubewertung einer fehlerhaft bewerteten Prüfungsarbeit im Prüfungsrechtsstreit, NVwZ 1992, 33; B. Stür, Systemgerechtigkeit in der Punktbewertung, NVwZ 1985, 545; R. Brehm/W. Zimmerling, Die Entwicklung des Prüfungsrechts seit 1996, NVwZ 2000, 875; C. Gusy, Prüfungsentscheidungen vor Gericht: Die Beschlüsse des Bundesverfassungsgerichts, Jura 1991, 633; O.-W. Jakobs, Der vorläufige Rechtsschutz im Prüfungsrecht, VBlBW 1984, 129; F. Kopp, Rechtsbehelfe in Bezug auf Prüfungsbewertungen, JuS 1990, 944; W. Löwer/T. Linke, Rechtsprechung zum Prüfungsrecht seit 1991, WissR 1997, 128; A. von Mutius, Chancengleichheit im Prüfungsrecht, Jura 1980, 448; P. Becker, Der Parlamentsvorbehalt im Prüfungsrecht, NJW 1990, 273; F.-H. Fredebeul, Punkte und Noten in Prüfungsordnungen rechtlich betrachtet, GewArch 1983, 249; W. Veelken, Schutzrechtsfragen im Hochschulbereich – Studien- und Diplomarbeiten, WissR 1993, 93; N. Niehues, Stärkere gerichtliche Kontrolle von Prüfungsentscheidungen, NJW 1991, 3001; ders., Schul- und Prüfungsrecht, Bd. 2, 3. Aufl. 1994; Knigge, Das Prüfungswesen nach dem Berufsbildungsgesetz und der Handwerksordnung, RN-Blattei SD 400.4, 1999; Wohlgemuth, Rechtliche Anforderungen an die Qualität und Organisation von Kammerprüfungen nach dem Berufsbildungsgesetz, DB 1992, 1777; Fliegauf, Prüfungsrecht, 1996; Zimmerling/Brehm, Prüfungsrecht, 1998; S. Muckel, Die Entwicklung des Prüfungsrechts in den Jahren 1996 bis 1998, RdJB 1999, 235; M. Eule, Die Befugnisse der Prüfungsausschüsse bei überregionalen Prüfungsaufgaben für Abschlußprüfungen nach dem Berufsbildungsgesetz, RdJB 1995, 415; Luthe/Hesse, Prüfung und Berufswahlfreiheit, KritV 1987, 217.

I. Die Kompetenzordnung

Schulische Leistungsbewertungen sind Bestandteil der in Art. 7 Abs. 1 GG geregelten **staatlichen Schulheit**. Diese Aufgaben nehmen im föderativen System der Bundesrepublik Deutschland generell die Bundesländer (Art. 30, 70f., 91a GG) wahr. Eine wichtige Ausnahme besteht für den Bereich der beruflichen Bildung (Art. 74 Nr. 11, 73, Nr. 8 GG). Hier besitzt der Bund die entsprechenden Gesetzgebungskompetenzen. Insofern ist die schulische Bildung in Landesschulgesetzen, die **berufliche Bildung** dagegen im Berufsbildungsgesetz des Bundes und den hierzu ergangenen Ausbildungs- und Prüfungsordnungen geregelt. Eine Besonderheit gilt für den Bereich des Wissenschaftsrechts. Als Ausfluß der **Hochschulautonomie** dürfen Hochschulen die prüfungsrechtlichen Details der Hochschulabschlüsse durch Prüfungs-, Promotions- und Habilitationsordnungen selbst bestimmen. Lediglich für Zugangsberechtigungen für den öffentlichen **Dienst** existieren sog. Staatsprüfungen, die, wenn die Einzelausgestaltung auch wiederum der Hochschule obliegt, in den Grundzügen durch staatliche Rechtsverordnungen oder gar Gesetze vorgeprägt sind. Auch die beruflichen **Qualifizierungsmaßnahmen** des Sozialrechts unterliegen den Regelungen des Berufsbildungsgesetzes, wenn eine Aus- oder Weiterbildung in einem anerkannten Ausbildungsberuf erfolgt. Qualifizierungsmaßnahmen außerhalb geregelter Ausbildungs- und Weiterbildungsbereiche müssen zwar zumeist mit einem Zeugnis abschließen. Hierbei handelt es sich jedoch im Regelfall um trägerinterne Zertifikate, an welche die einschlägigen Gesetze zumeist keine besonderen Anforderung knüpfen.

Bei der Ausgestaltung der **Prüfungs- und Versetzungsordnungen** besitzt der Gesetzgeber einen weiten Gestaltungsfreiraum. Diesem bleibt unbenommen, etwa zu regeln, in welcher Weise schlechte Leistungen auf bestimmten Gebieten durch gute Leistungen auf anderen Gebieten kompensierbar sind oder wie das Verhältnis von mündlichen und schriftlichen Leistungen zu behandeln ist. Eine andere Frage ist, auf welcher **Regelungsebene** die jeweiligen Prüfungsvorschriften anzusiedeln sind. Nach der Lehre vom Gesetzesvorbehalt[1] sind besonders wichtige Fragen im Parlamentsgesetz zu regeln, während in weiterer Abstufung Probleme von geringerer Bedeutung durch Rechtsverordnungen bzw. Satzungen oder in letzter Konsequenz auch durch Verwaltungsvorschriften festgelegt werden können. Während Versetzungsordnungen früher etwa als Verwaltungsvorschriften ergingen, ist die Rechtsprechung mittlerweile dazu übergegangen, für Versetzungen eine Rechtsverordnung zu fordern. Je größer der **Grundrechtsbezug** der Prüfung ist, umso bestimmter müssen die prüfungsrechtlichen Anforderungen formuliert sein, und umso mehr ist der parlamentarische Gesetzgeber selbst zur Regelung aufgerufen. Das gilt insbesondere bei berufsbezogenen Prüfungen, weil hier das Grundrecht der Berufsfreiheit tangiert ist. Als problematisch muß in dieser Hinsicht die Vernachlässigung des **trägerinternen Zertifizierungswesens** privater Bildungseinrichtungen durch den Gesetzgeber angesehen werden. Zwar handelt es sich hier nicht um hoheitliche Leistungsbewertungen. Im Sinne der Wesentlichkeitstheorie, wonach wesentliche Entscheidungen mit Grundrechtsrelevanz gesetzlich vorzustrukturieren sind, wird man jedoch sagen müssen, daß der Bereich des privaten Zertifizierungswesens im Zuge des lebenslangen Lernens eine immer größere Bedeutung für die Berufswahl und Berufsausübung des Bürgers einnimmt und daher nicht mehr nur der privaten Gestaltungsmacht überlassen bleiben sollte.

Über Vor- und Nachteile des **föderativen Bildungssystems** in der Schule ist viel gestritten worden.[2] Insbesondere den üblichen Vereinbarungen der Kultusministerkonferenz wird regelmäßig zum Vorwurf gemacht, den dringend notwendigen Wettbewerb zwischen den einzelnen Bundesländern bei der Ausgestaltung von

---

1 Vgl. D.

2 Richter, Alternativen zur Kompetenzverschiebung im Bildungsföderalismus, DÖV 1979, 185; Hufen, Gegenwartsfragen des Kulturföderalismus, BayVBl 1985, 1 und 37; Klöpfer, Die Verfassungsmäßigkeit des „Mängelberichts", Zeitschrift für Rechtspolitik 1978, 121.

Schulformen und schulischen Inhalten zu verhindern. Dieser Vorwurf mag im einzelnen gerechtfertigt sein. Indes sollte nicht verkannt werden, daß der **Wechsel des Schülers in ein anderes Bundesland** oder die Anerkennbarkeit der **Hochschulzugangsberechtigungen** ein gewisses Maß an Vereinheitlichung der Bildungsabschlüsse und damit auch der Ausbildungsgänge zwingend erfordert. Zwar sind die einzelnen Bundesländer nicht verpflichtet, weniger qualifizierte Abschlüsse anzuerkennen. Denn grundsätzlich genießt die föderale Vielfalt Vorrang vor der Gleichbehandlung von Absolventen.[3] Nach dem Grundsatz bundesfreundlichen Verhaltens müssen die Bundesländer jedoch Rücksicht aufeinander nehmen[4], zumal Schüler und Prüflinge in ihrer Grundrechtsbetätigung durch landesspezifische Besonderheiten empfindlich beeinträchtigt werden können. Gleichwohl hat das Bundesverwaltungsgericht einen übergreifenden Anspruch auf Anerkennung anderer, in anderen Ländern abgelegter Prüfungen bislang abgelehnt.[5] Bildungspolitisch initiierte Mobilitätsbarrieren für die Familien sind damit vorprogrammiert.

Die Beurteilung der **Gleichwertigkeit** von Bildungsabschlüssen stellt einen vergleichenden Abwägungsprozeß dar, in welchem Gesichtspunkte des Einzelfalles die beherrschende Rolle spielen. In keinem Fall kann das aufnehmende Bundesland dazu gezwungen werden, in eine umfassende Prüfung des Gleichwertigkeitspostulats einzutreten, sofern hiermit ein erheblicher Verwaltungs- und Ermittlungsaufwand verbunden wäre. Sachlich hat die Gleichwertigkeitsprüfung darauf abzustellen, ob sich die Anforderungen des Herkunftsbundeslandes in den Grundzügen zumindest annähernd auf dem gleichen Niveau bewegen wie diejenigen des Aufnahmebundeslandes. Obgleich diese keine Bindungswirkung entfalten, lassen sich etwaigen Staatsverträgen oder Verwaltungsvereinbarungen zwischen den Ländern hierbei häufig wertvolle Anhaltspunkte entnehmen. Unter Grundrechtsaspekten ist jedoch eine großzügige Betrachtungsweise geboten, so daß nur bei offensichtlich ungleichwertigen Leistungsnachweisen eine Ablehnung gerechtfertigt ist. Die Beweislast für den Nachweis der Gleichwertigkeit der Leistungen trägt grundsätzlich der Bewerber. Lediglich in Zweifelssituationen ist zugunsten des Bewerbers zu entscheiden.

- Beispiel: Verlangt das Bundesland für die Erlangung der Hochschulreife den Nachweis einer entsprechenden Fremdsprache und kann der Betroffene diesen Nachweis nicht erbringen, so darf das jeweilige Bundesland die Anerkennung versagen. Wurde der Schüler zwar in der erforderlichen Fremsprache unterrichtet, jedoch in einer erheblich kürzeren Zeitspanne, so dürfte es bei der Anerkennung ebenfalls an der erforderlichen Gleichwertigkeit mangeln. Unerheblich sind dagegen geringe Abweichungen bei der Wochenstundenzahl des betreffenden Unterrichtsfachs oder ein Unterrichtsausfall im erforderlichen Fach, sofern der

---

3 BVerfGE 10, 354, 371; 33, 224, 231.
4 BVerfGE 34, 216, 232, 59, 360, 377.
5 NVwZ 1983, 470; a. A. Niehus, Schul- und Prüfungsrecht, Bd. 2 (Prüfungsrecht), 3. Aufl. 1994, Rn. 14.

Stoff vom Schüler nachgeholt werden kann. Regelmäßig ist zu überprüfen, ob Kompensationsmöglichkeiten bestehen: Entsprechende Defizite können durch Leistungen ausgeglichen werden, die unter Abwägung aller Umstände dem Gesamtprofil des jeweiligen Schultyps im Aufnahmebundesland und der hier geforderten Leistungsnachweise entsprechen.[6]

II. Das Prüfungsverfahren

1. Allgemeine Verfahrensgrundsätze

Unregelmäßigkeiten im Prüfungsverfahren besitzen die größte praktische Bedeutung bei der Anfechtung von Prüfungsentscheidungen. Dagegen führen aus inhaltlichen Gründen geführte Klagen gegen Prüfungen angesichts des Beurteilungsspielraums der prüfenden Instanz seltener zum Erfolg. Da die Grundrechte mittlerweile auch in ihrer verfahrensrechtlichen Dimension anerkannt sind, besitzt jeder Bürger einen Anspruch auf faire Durchführung des Prüfungsverfahrens. Dies folgt in erster Linie aus dem Grundsatz der Chancengleichheit (Art. 3 Abs. 1 GG), wonach bei Prüfungen grundsätzlich gleiche Prüfungsbedingungen und Bewertungsmaßstäbe zugrunde zu legen sind. Die Rechtsprechungsentwicklung ist in diesem Bereich mittlerweile unüberschaubar. Jedoch haben sich einige Grundlinien herauskristallisiert:

Nach dem Grundsatz **gleicher Notengebung für gleichwertige Leistungen** darf die objektiv ermittelte Leistung des Prüflings nicht nachträglich durch Rücksichtnahme auf dessen persönliche Situation wieder relativiert werden. Dieser Grundsatz gilt allerdings nur für Prüfungen, die Voraussetzung für den Zugang zum Hochschulbereich oder zu einem bestimmten Beruf sind, im wesentlichen also für Abschlußprüfungen. Während der Schulzeit mag es aus pädagogischen Gründen gerechtfertigt sein, eine Versetzung etwa davon abhängig zu machen, ob die aus Anlaß einer Krankheit aufgetretenen Leistungsdefizite im nächsten Schuljahr nachgeholt werden können. Gleichbehandlungsprobleme treten typischerweise auf bei ungleicher Gewährung von Schreibzeitverlängerungen oder bei Unterschieden in der Gewährung wichtiger Hilfsmittel.[7] Ebenso unstatthaft sind einseitige Informationen eines Teils der Prüflinge wie überhaupt jede Abweichung von zwingend vorgegebenen Verfahrensabläufen, letzteres auch dann, wenn diese als **ständige Prüfungspraxis** auf tatsächlicher Übung beruhen.[8]

Bereits im Prüfungsverfahren, und nicht erst im späteren Klageverfahren, muß darauf geachtet werden, daß der Prüfling sein **Rechtsschutzinteresse** wirksam wahrnehmen kann (Art. 19 IV GG). Dies begründet spezifische Anforderungen an

---

6 Zur Gleichwertigkeitsproblematik: BVerwG, NVwZ 1983, 470; NVwZ 1983, 223; BVerwGE 64, 142 (Lehramtskandidaten).
7 OVGNW, NVwZ 1993, 93; BVerwG, Buchholz 421.0 Prüfungswesen Nr. 97.
8 BVerwG, NJW 1983, 407.

die Aufklärung des Prüflings über Möglichkeiten rechtlicher Gegenwehr, an die Begründung von Prüfungsergebnissen oder auch an die Beweisbarkeit des Prüfungsgeschehens. Dazu später.

Ein weiteres wichtiges Verfahrensprinzip ist der Grundsatz des **Vertrauensschutzes.** Er soll den Prüfling vor unliebsamen Überraschungen schützen. Ein typisches Beispiel bilden nachträgliche Verschärfungen von Prüfungsanforderungen. Zumeist hat der Prüfling seine Ausbildung auf eine bestimmte Prüfung ausgerichtet. Darauf ist Rücksicht zu nehmen: Der Prüfling muß sich in zumutbarer Weise auf die veränderten Bedingungen einstellen können. Wo dies nicht möglich ist, ist für **Übergangsregelungen** zu sorgen, die unzumutbare Benachteiligungen vermeiden.[9] Der Prüfling soll darauf vertrauen dürfen, daß der Prüfungsstoff und die Leistungsanforderungen sich in dem durch die Prüfungsordnung und den Prüfungszweck vorgegebenen Rahmen halten. Deshalb sind dem Prüfling die für die Prüfung bestehenden Anforderungen **rechtzeitig bekanntzugeben,** um in dieser Weise rechtswidrigen Überraschungsentscheidungen vorzubeugen. Den Prüfungsordnungen mangelt es jedoch häufig an klaren Formulierungen. Gleichwohl kann der Prüfling nicht auf die gerade für ihn günstige Auslegung vertrauen, insbesondere dann nicht, wenn die Prüfungsordnung Ausnahmebestimmungen enthält, von denen seitens des Prüfers Gebrauch gemacht wurde. Gegenüber **Fehlentscheidungen** des Prüfers **zugunsten** des Prüflings ist der Schutz des Vertrauens stark vom jeweiligen Einzelfall abhängig. Das Vertrauen wächst, je länger die Prüfung zurückliegt.[10] Der Vertrauensschutz entfällt, insofern der Prüfling selbst hierzu beigetragen hat, etwa weil er mit der Abweichung vom vorgesehenen Prüfungsverfahren einverstanden war.

2. Die Zulassung zur Prüfung

Die Zulassung zur Prüfung berührt unmittelbar das **Grundrecht der Berufsfreiheit** sowie der persönlichen Handlungsfreiheit (Art. 12 Abs. 1 GG, Art. 2 Abs. 1 GG). Deshalb ist für jede Prüfung und jedwede Beschränkung des Zugangs zu Prüfungen eine gesetzliche Grundlage erforderlich. Das gilt allerdings nicht für eher randständige Regelungen der Prüfungsbedingungen, wie Anmeldefristen und sonstige Terminbestimmungen. Neben diesem formalen Erfordernis besteht jedoch auch ein **inhaltlicher Rechtfertigungsbedarf.** Zulassungsvoraussetzungen müssen im Sinne des Bildungsauftrages stets **geeignet** sein; sie müssen darüber hinaus **erforderlich** sein, dürfen den Grundrechtsträger also nicht mehr als unbedingt notwendig belasten; schließlich müssen sie individuell **zumutbar** sein, wobei es auf das jeweilige Gewicht der staatlicherseits verfolgten Interessen im Vergleich zum Gewicht der Individualinteressen ankommt. Zulassungsvoraussetzungen, die sich nicht voll-

---

9 BVerfG, NVwZ 1989, 645; BVerwG, NVwZ 1987, 592.

10 Es gilt § 48 Abs. 1 und 3 VwVfG; bei benachteiligenden rechtswidrigen Prüfungsentscheidungen gilt § 48 Abs. 1 Satz 1 VwVfG.

ständig auf den jeweiligen Bildungsauftrag der Ausbildungsinstitution zurückführen lassen, halten den Anforderungen nicht stand. Umgekehrt muß der Bildungsauftrag der Ausbildungsinstitution, jedenfalls bei entsprechendem Berufsbezug der Ausbildung, selbst in einem angemessenen Verhältnis zum Zweck ordnungsgemäßer Erfüllung der Berufstätigkeit stehen.

Je weniger der Bewerber auf die Erfüllung der Zulassungsvoraussetzungen persönlich Einfluß nehmen kann, desto bedeutender müssen jene öffentlichen Belange sein, mit denen die Einführung solcher **objektiver Zulassungsbeschränkungen** gerechtfertigt wird. Deshalb ist die Festsetzung von Bedarfskontingenten wie überhaupt jeder Versuch staatlicher Bedarfslenkung im schulischen, universitären oder beruflichen Ausbildungsbereich in Ansehung des Berufsfreiheitsgrundrechts regelmäßig verfassungswidrig. **Subjektive Zulassungsvoraussetzungen** für den Beruf in Gestalt von Prüfungen sind grundsätzlich zwar zulässig. Völlig überzogene Prüfungsanforderungen, die sich durch das Ausbildungsziel in keiner Weise mehr rechtfertigen lassen, sind mit der Berufsfreiheit allerdings nicht zu vereinbaren. Die Beschränkung von Wiederholungsmöglichkeiten gilt dagegen als rechtmäßig, da sie lediglich eine subjektive Zulassungsbeschränkung darstellt. Bei Erfüllung aller Voraussetzungen (etwa § 39 BBiG, 36 HandwO) besteht ein Anspruch auf Zulassung zur Prüfung. Insbesondere das Berufsbildungsrecht kennt die vorzeitige Zulassung zur Abschlußprüfung bei über dem Durchschnitt liegenden Leistungen im Betrieb und in der Berufsschule.[11]

3. Der Informationsanspruch des Prüflings (insbesondere Begründung und Anspruch auf Überdenken)

Der Prüfling hat einen Anspruch auf **Information** über die Prüfungsanforderungen und das Prüfungsverfahren gem. § 25 VwVfG. Auf welchem Weg die Information erfolgen muß, ergibt sich zumeist aus der Prüfungsordnung. Anmelde- und Prüfungsfristen können, wenn es der üblichen Praxis entspricht, auch durch Aushang bekanntgegeben werden, es sei denn, die Prüfungsordnung enthält die Pflicht zur Ladung. Auf Besonderheiten der Prüfung, mit denen der Prüfling den Umständen nach nicht rechnen mußte, hat die Prüfungsinstanz hinzuweisen. Insbesondere bei Anmeldung zur Prüfung über eine Internet-Hompage sind die Aufklärungspflichten der Prüfungsbehörde von größter Bedeutung, wenn bspw. verlangt wird, die Anmeldung durch den Ausdruck einer Anmeldebestägigung nachzuweisen.[12]

Ein Recht auf **Anhörung** vor Mitteilung der (negativen) Prüfungsentscheidung steht dem Prüfling nicht zu (§ 2 Abs. 3 Nr. 2 VwVfG). Dagegen besteht ein Anspruch auf **Akteneinsicht** (§ 29 VwVfG). Voraussetzung hierfür ist die Verteidigung rechtlicher Interessen des Antragstellers. Vom Einsichtsrecht erfaßt werden Entscheidungsentwürfe, nicht jedoch die zu den Akten genommenen persönlichen Notizen

---

11 OVG Rheinland-Pfalz, Beschluß vom 24. 01. 83, 2 B 7/83.
12 VG Saarlouis, NJW 1998, 3221, 3222.

und Vorüberlegungen des Prüfers. Der Antrag auf Akteneinsicht kann jedoch abgelehnt werden, wenn durch die Einsichtnahme die ordnungsgemäße Erfüllung behördlicher Aufgaben beeinträchtigt wird oder Vorgänge ihrem Wesen nach geheimzuhalten sind (§ 29 Abs. 2 VwVfG). Die Ablehnung ist zu begründen.

Speziell bei berufsbezogenen Prüfungen hat das Bundesverfassungsgericht unmittelbar aus Art. 12 Abs. 1 GG einen Anspruch des Prüflings auf **„Überdenken"** der prüfungsspezifischen Bewertungen abgeleitet.[13] Dies bedeutet, daß der Prüfling die Möglichkeit haben muß, möglichst zeitnah zur Prüfung substantiierte Einwände geltend zu machen. Bislang stand hierfür das Widerspruchsverfahren zur Verfügung. Hier jedoch ist von der Widerspruchsinstanz der Bewertungsspielraum des Prüfers zu respektieren (s. u.). Der Anspruch auf „Überdenken" ist jedoch direkt an den Prüfer adressiert, dem hiermit die Möglichkeit gegeben wird, vor allem auch seine originär prüfungsspezifischen Bewertungen, die von den Gerichten nicht voll kontrollierbar sind, neu zu überdenken. Ein Überdenken dürfte bereits vor Bekanntgabe des Prüfungsergebnisses in Betracht kommen, wenn der Prüfling während der Prüfung bzw. kurz danach etwaige Prüfungsmängel entdeckt, sei es, daß die Prüfungsfragen nicht mit der Ausbildungsordnung übereinstimmen, sei es, daß das Verfahren nicht ordnungsgemäß durchgeführt wurde. Deshalb reicht der Hinweis auf die üblichen Rechtsbehelfe (Widerspruch und Klage) für einen **rechtzeitigen und wirkungsvollen Rechtsschutz**, wie ihn das Bundesverfassungsgericht seit 1991 fordert, grundsätzlich nicht aus. Den Anforderungen wird nur ein eigenständiges verwaltungsinternes Kontrollverfahren gerecht. Auch hierüber sollte der Prüfungskandidat demgemäß informiert sein. Das gilt vor allem für die Darlegungslast des Prüflings, wenn dieser ein Rechtsschutzersuchen zu erkennen gibt. Dann ist die Prüfungsbehörde zur Abgabe eines **Hinweises** auf die Darlegungsobliegenheit des Prüflings verpflichtet.[14] Auf die **substituiert vorgetragenen Einwände** des Prüflings müssen die beteiligten Prüfer mit einer **Stellungnahme** reagieren.[15] Muß das Gericht hierbei den Eindruck gewinnen, daß an einer ernsthaften Auseinandersetzung mit den erhobenen Rügen seitens der Prüfer kein Interesse besteht, so ist die abgebene Stellungnahme ohne eigenständige Bedeutung[16], gleichwohl aber Indiz für die Stichhaltigkeit der Einwände des Prüflings. Der Prüfungskandidat hat jedoch nur einen Anspruch darauf, daß überhaupt eine Stellungnahme erfolgt. Ist diese (wiederum) fehlerhaft, so besteht jedenfalls kein Anspruch auf eine erneute Stellungnahme innerhalb des Klageverfahrens.[17]

Das Prüfungsergebnis muß gegenüber dem Betroffenen bekanntgegeben werden. Die Modalitäten der **Bekanntgabe** sind zumeist in den Prüfungsordnungen ge-

---

13 BVerfGE 84, 34, 48; BVerwG, NVwZ 1993, 681, 686.

14 BVerfG, NJW 1998, 323, 326; BVerwGE 99, 185, 192, 195 f; zur Mitwirkungspflicht vgl. auch II. 13.

15 Ausreichend ist die Stellungnahme desjenigen Prüfers, dessen Bewertung gerügt wurde, es sei denn, die gesamte Prüfungskommission hat eine einheitliche Bewertung herbeizuführen: OVG NW, NWVBl. 1997, 377, 379 f.; Hess. VGH, DVBl. 1997, 621, 622.

16 OVG NW, NWVBl. 1999, S. 2.

17 BVerwG, DVBl. 1999, 1594, 1595.

regelt. Eine schriftliche **Begründung** der Prüfungsentscheidung – zumindest in den wesentlichen Zügen – wurde bislang nicht für erforderlich gehalten. Die höchstrichterliche Betonung der Grundrechtsrelevanz von Prüfungen dürfte indes ein Umdenken erfordern. Insbesondere der Anspruch auf Überdenken jener originär prüfungsspezifischen Bewertungen[18] setzt voraus, daß der Prüfling in die Lage versetzt wird, die prüfungsspezifischen Bewertungen seines Prüfers im einzelnen nachzuvollziehen. Zumindest bei berufsbezogenen Prüfungen mit Auswirkungen auf das Grundrecht der Berufsfreiheit (berufliche Ausbildung, Hochschulausbildung) ist eine Begründung zwingend erforderlich.[19] Die Reichweite der Begründungspflicht ist im wesentlichen abhängig von den geäußerten Einwänden des Kandidaten, die insofern die fachspezifischen Wertungen, die persönlichen Wertungen des Prüfers (etwa bei Bildung eines Gesamteindrucks), die Schwierigkeit der Prüfungsaufgaben oder auch die Überzeugungskraft der Argumente betreffen können.[20] Die schriftliche Arbeit ist stets zu begründen entweder durch Randbemerkungen oder auch einen abschließenden Kommentar. Das Ergebnis mündlicher Prüfungen braucht dagegen nur begründet zu werden, wenn der Prüfling es verlangt.[21] Das Verlangen muß jedoch **substantiiert** vorgetragen werden unter deutlicher Benennung der beanstandeten Prüfungsteile.[22] Pauschale Verdächtigungen und undifferenzierte Bemerkungen braucht die Prüfungsinstanz nicht zur Kenntnis zu nehmen. Der ggf. mitwirkende Zweitprüfer darf sich der Begründung mit „einverstanden" anschließen, ohne daß daraus geschlossen werden kann, er habe die Arbeit überhaupt nicht gelesen.

Im schulischen Bereich sind Besonderheiten zu beachten. Bei minderjährigen Schülern steht den **Eltern ein Auskunftanspruch** zu. Dieser bezieht sich auf die Leistungen des Kindes sowie auf das sonstige persönliche Verhalten. Der Lehrer muß für die Eltern erreichbar sein, entweder durch Einrichtung einer Sprechstunde oder durch Telefonkontakt. Unter besonderen Voraussetzungen können die Eltern die Bekanntgabe eines Notenspiegels verlangen, nicht jedoch nach jeder Klassenarbeit. Die Information über den Leistungsstand des Schülers wird regelmäßig durch Mitteilung der Leistungsnote erreicht. Sie kann jedoch auch in beschreibender Form ergehen (beispielsweise in den Grundschulklassen) und besondere Akzente beim Sozialverhalten des Schülers setzen.[23]

Die Gefährdung der Versetzung muß den Eltern in Gestalt einer **Vorwarnung** mitgeteilt werden. Allerdings besteht kein Rechtsanspruch der Eltern auf Mitteilung eines jedweden Leistungsabfalls, da die Eltern sich selbst frühzeitig informieren können. Lediglich ein plötzlicher, nicht zu erwartender Leistungsabfall muß den Eltern von der Schule unverzüglich angezeigt werden.

---

18 Zum Beurteilungsspielraum siehe E. IV. 1.
19 BVerwGE 99, 185, 195; BVerwGE 91, 262, 2267; BVerwG, NJW 1998, 3657, 323.
20 Muckel, RdJB 1999, 238.
21 BVerwGE 99, 185, 195; 91, 262, 2267; NJW 1998. 3657. 323.
22 BVerwGE 99, 185, 190.
23 Zum Ganzen: BVerwG, DÖV 1978, 845.

Die **Verletzung von Informationspflichten** führt zur (formellen) Rechtswidrigkeit der Prüfungsentscheidung und der Nichtversetzung, auch wenn die Leistungen den Anforderungen nicht genügen. Daraus ergibt sich jedoch nicht automatisch ein Recht auf Versetzung.[24] Die Klassenkonferenz kann nunmehr darüber entscheiden, ob der Schüler den Anforderungen der nächsthöheren Klasse etwa durch Erteilung von Förderunterricht gewachsen ist. Ein etwaiger Förderunterricht muß von der Schule selbst angeboten werden. Geschieht dies nicht, so hätte der Schüler bzw. dessen Eltern unter der Prämisse, daß der Schüler nachweisbar bei rechtzeitiger Vorwarnung die reale Möglichkeit gehabt hätte, das Klassenziel zu erreichen, einen Anspruch auf Ersatz der durch einen privat in Anspruch genommenen Nachhilfeunterricht entstandenen Kosten.

4. Täuschungsversuche

Verständlicherweise darf sich der Prüfling nur derjenigen Hilfsmittel bedienen, die auch anderen Prüflingen zur Verfügung gestellt werden. Textsammlungen mit eigenen Anmerkungen des Prüflings sind daher ebenso unzulässig wie Vorabinformationen über die Klausuraufgaben. Bereits der Versuch einer Täuschung ist unstatthaft. Die Mitführung unzulässiger Hilfsmittel darf als Indiz dafür gewertet werden, daß der Prüfling einen Täuschungsversuch geplant hat, so daß dieser die sich daraus zu seinen Lasten ergebende Vermutung im Rechtsstreit zu widerlegen hat. Ein erst nach Durchführung der Prüfung aufgedeckter Täuschungsversuch führt zum Widerruf der Prüfungsentscheidung gem. § 48 Abs. 1 und 2, Satz 3 Nr. 1 VwVfG im Ermessen der zuständigen Behörde. Regelmäßig sehen die einschlägigen Prüfungs- und Versetzungsordnungen für Täuschungsversuche das Nichtbestehen der Prüfung vor.

5. Der Prüfungsausschuß

Die **unrichtige Besetzung** eines Prüfungsausschusses gilt als wesentlicher Verfahrensfehler, zumindest dann, wenn die korrekte Besetzung mit einer gewissen Wahrscheinlichkeit zu einem anderen Prüfungsergebnis geführt hätte. Einzelheiten sind den jeweiligen Prüfungsordnungen zu entnehmen. Regelmäßig kommt eine Vertretung von Ausschußmitgliedern bei der Prüfung nicht in Betracht, es sei denn, entsprechende Vorschriften gestatten dies ausdrücklich. Stets ist darauf zu achten, daß der Prüfungsausschuß bzw. die Versetzungskonferenz **beschlußfähig** ist, daß nur berechtigte Personen mitwirken und der etwaige Ausschluß von Ausschußmitgliedern nicht zu Unrecht erfolgt. Sind an der Prüfung ein Erst- und ein Zweitprüfer beteiligt, so hat der Zweitprüfer eine eigenständige Bewertung abzugeben und darf sich nicht vom Urteil des Erstprüfers leiten lassen, solange die Prüfungsordnung dies nicht ausdrücklich billigt.

---

24 Vgl. zur Erheblichkeit von Verfahrensfehlern E. III.

Auch bei hoher Arbeitsbelastung ist es dem Prüfungsausschuß verwehrt, bis auf weiteres nur einen Prüfer zu bestellen, wenn die Prüfungsordnung mehrere Prüfer vorsieht.[25]

Im **Berufsbildungsrecht** liegt die Zuständigkeit bei der Erstellung und Auswahl der Aufgaben ausschließlich beim Prüfungsausschuß. Die Zuständigkeit darf also grundsätzlich nicht auf eine andere Instanz übertragen werden.[26] Jedoch ist der örtliche Prüfungsausschuß gehalten, überregional erstellte Prüfungsaufgaben zu übernehmen, wenn das erstellende Gremium paritätisch besetzt ist.[27] Zumeist bestimmt die Prüfungsordnung, daß die Prüfungsleistung von den Mitgliedern des Prüfungsausschusses getrennt und selbständig beurteilt werden muß.[28] Jeder der Prüfer hat sich dann ein eigenes Gesamturteil zu bilden. Bei Neubewertung einer Prüfungsleistung muß diese zur Wahrung von Chancengleichheit von den gleichen Prüfern bzw. dem gleichen Prüfungsausschuß vorgenommen werden.

6. Die Unabhängigkeit und fachliche Qualifikation des Prüfers

Grundsätzlich darf nur prüfen, wer aufgrund eigener fachlicher Qualifikation hierzu in der Lage ist. Die Anforderungen sind jedoch nicht überzustrapazieren. Der Prüfer muß nicht in jedem Spezialgebiet der Prüfung über eine besondere Qualifikation verfügen.

Den Prüfer trifft die Pflicht, die Prüfungsarbeit **selbständig** zu beurteilen. Seine persönliche Teilnahme an der Beurteilung und Bewertung der erzielten Prüfungsleistung ist eine grundlegende Voraussetzung dafür, daß das Prüfungsverfahren frei von Mängeln durchgeführt wird.[29] Zwar darf sich der Prüfer der Hilfe von Korrekturassistenten bedienen und hat die Voten anderer Prüfer zur Kenntnis zu nehmen. Er muß sich jedoch immer ein eigenes Urteil über die Leistung bilden.

Häufig sieht die Prüfungsordnung vor, daß hinsichtlich des Prüflings **Anonymität** zu wahren ist. Manchmal entspricht dies auch nur ständiger Prüfungspraxis. Wird die Person des Prüflings dennoch bekannt, so führt dies nur dann zur Aufhebung der Prüfungsentscheidung, wenn der Verdacht besteht, daß sich dieser Umstand negativ auf das Prüfungsergebnis ausgewirkt hat.

Für mündliche Prüfungen besteht eine **Anwesenheits- und Beteiligungspflicht** der Prüfer. So kann bereits eine zehnminütige Abwesenheit des Prüfungsvorsitzenden als Verfahrensfehler gewertet werden. Lediglich in Ausnahmefällen ist die Abwesenheit des Vorsitzenden oder sonstiger Prüfer wegen Krankheit unerheblich,

---

25 OVG NW, DVBl. 1999, 562 (L).
26 Wohlgemuth, DB 1992, 1777.
27 OVG Münster, EzB Nr. 15 zu PO-AP Prüfungsaufgaben; BVerwG, EzB PO-AP Prüfungsaufgaben Nr. 16; kritisch Eule, RdJB 1995, 415.
28 OVG NRW, vom 28. 02. 97, 19 A 2626/96 (Gesellenprüfungen); OVB NW, DVBl. 2000, 724 (L).
29 VG Amsberg, Urteil vom 08. 04. 76, 1 K 1651/75.

wenn eine Verschiebung der Prüfung für den Prüfling größere Nachteile mit sich bächte als ihre termingerechte Durchführung.

Die **Befangenheit** eines Prüfers verletzt grundsätzlich die Chancengleichheit der Prüflinge. Befangenheit kann bei persönlichen oder wirtschaftlichen Beziehungen zwischen Prüfling und Prüfer vorliegen, aber auch aus einem bestimmten Verhalten des Prüfers während der Prüfung (etwa abfällige Bemerkungen) zu folgern sein. Angehörige oder der berufliche Praxisausbilder des Prüflings kommen als Prüfer daher nicht in Betracht. Allgemein sind Prüfungsfehler seitens des Prüflings ohne schuldhaftes Verzögern, also mindestens vor Mitteilung der Prüfungsentscheidung, zu beanstanden. Ansonsten tritt Verwirkung ein. Die Befangenheitsrüge sollte also möglichst unmittelbar nach dem Prüfungsgespräch erhoben werden. Berechtigte, auch harte Kritik ist selbstverständlich nicht ausgeschlossen. In der Abschlußprüfung insbesondere der Berufsausbildung braucht sich ein Prüfling jedoch nicht der Lächerlichkeit preisgeben zu lassen, auch dann nicht, wenn seine Leistungen unzulänglich sind.[30] Herabsetzende und sarkastische Bemerkungen können deshalb zur Unwirksamkeit des negativen Prüfungsbescheides führen.

Gegen den Befangenheitsvorwurf rechtfertigende Reaktionen des Lehrers im Unterricht steht dem Schüler lediglich das Recht zu, in eine Parallelklasse umgesetzt zu werden. Der befangene Lehrer darf nicht an der Versetzungsentscheidung mitwirken.

7. Erkrankung des Prüflings

Die Prüfungsunfähigkeit wegen Krankheit ist nur dann prüfungsrechtlich von Bedeutung, wenn der Prüfling noch vor **Mitteilung des Prüfungsergebnisses** seinen Rücktritt von der Prüfung erklärt hat. Ein nach Bekanntgabe des Prüfungsergebnisses erklärter Rücktritt wird regelmäßig als mißbräuchlich angesehen. Es kommen jedoch nur außergewöhliche gesundheitliche Belastungen in Betracht. **Dauerhafte Erkrankungen**, auch Prüfungsstreß und Examensängste, fallen in den Risikobereich des Prüflings, da man bei Nichtbestehen davon ausgehen kann, daß dieser angesichts seiner Leiden auch nicht die geforderte Eignung für einen bestimmten Beruf oder eine bestimmte Ausbildung besitzen wird. Es spricht jedoch nichts dagegen, dem Prüfling zum Ausgleich seiner gesundheitlichen Defizite die Benutzung von Hilfsmitteln oder eine Schreibzeitverlängerung zuzugestehen.

Zum Nachweis der Erkrankung ist regelmäßig ein **amtsärztliches Attest** vorzulegen. Einzelheiten ergeben sich in dieser Hinsicht zumeist aus den Prüfungsordnungen. Ist die amtsärztliche Untersuchung unmittelbar im Anschluß an die Prüfung hingegen nicht möglich und sind die Krankheitssymptome zum Zeitpunkt der Untersuchung wieder abgeklungen, so muß aus dem Befund zumindest die Wahrscheinlichkeit einer Krankheit zum Prüfungszeitpunkt ersichtlich sein. Liegen mehrere Ursachen vor, die die Leistungsfähigkeit des Prüflings beeinträchtigen, so

30 VG Braunschweig, Urteil vom 03. 02. 99, 1 A 1131/97.

kommt es darauf an, daß die wesentliche Ursache auf eine Krankheit zurückgeführt werden kann. Die Betäubung mit Schmerzmitteln oder anderen psychogenen Stoffen wird als Rücktrittsgrund normalerweise nicht anerkannt.

Häufig treten die Krankheitssymptome erst **während der Prüfung** auf. Dann kann der Prüfling auch während der Prüfung noch von dieser zurücktreten, ohne sein Rücktrittsrecht zu verlieren. Gleiches gilt für eine sich während der Prüfung in unvoraussehbarer Weise zeigende Verschlimmerung einer Krankheit. In beiden Fällen muß der Prüfling eindeutig und unverzüglich seinen Rücktritt erklären und ebenso unverzüglich einen Arzt, normalerweise einen Amtsarzt aufsuchen. Ist die Erkrankung des Prüflings offensichtlich, so muß auch der Prüfer aktiv werden und den Prüfling über die Möglichkeit des Rücktritts belehren und ihm deutlich machen, daß das Rücktrittsrecht verloren geht, wenn er sich der Prüfung gleichwohl unterzieht.[31] Ein privatärztliches Attest muß unverzüglich durch ein amtsärztliches Attest bestätigt werden. Ein Rücktritt kommt jedenfalls dann nicht mehr Betracht, wenn der Prüfling eine in der Prüfungsordnung vorgesehene Ausschlußfrist versäumt oder eine hier vorgesehene Rücktrittsgenehmigung nicht einholt. Bei berechtigtem Rücktritt von der Prüfung kann diese wiederholt werden. Üblicherweise ist die Wiederholungsmöglichkeit auf den abtrennbaren Teil der Prüfung beschränkt.

8. Die Bestimmung der Prüfungsinhalte

Der Prüfungsstoff ergibt sich in den Grundzügen aus den maßgeblichen Prüfungs-, Ausbildungs- oder Versetzungsordnungen. Die Auswahl der Prüfungsinhalte liegt im Ermessen der jeweiligen Prüfungsinstanz. Bei Abfassung der Prüfungsfragen ist auf Verständlichkeit zu achten; mehrdeutige Fragen sind unzulässig.

Die abverlangten Anforderungen haben dem in der Prüfungsordnung vorausgesetzten **Leistungsstand** zu entsprechen. In den Abschlußprüfungen der anerkannten Ausbildungsberufe (§§ 34 Abs. 1, 35 BBiG) darf der allgemeinbildende Lehrstoff der **Berufsschule** nur insoweit überprüft werden, als sich ein sachlicher Zusammenhang mit dem konkreten Ausbildungsberuf herstellen läßt.[32] Wird insbesondere in einer berufsbezogenen Prüfung von einem Multiple-Choice-Verfahren Gebrauch gemacht, so muß dies in der Prüfungsordnung im Hinblick auf Bestehensvoraussetzungen und Aufgabenstellung hinreichend deutlich zum Ausdruck kommen.[33] Auf einen etwaigen Unterrichtsausfall ist in der Prüfung Rücksicht zu nehmen. Denn grundsätzlich muß der Prüfungsstoff dem Lehrstoff folgen.[34] Eine Abschwächung erfährt dieser Grundsatz jedoch bei der Hochschulausbildung, die traditionell hohe Anteile des Selbststudiums enthält.

---

31 VGH BW, BVBl. 2003, 341.
32 VG Braunschweig vom 09.01.76, EzB Prüfungsordnung – Abschlußprüfung, Gliederung Nr. 5.
33 SächsVG, DVBl. 2003, 348.
34 Niehues, Schul- und Prüfungsrecht, Bd. 2, 3. Aufl. 1994, Nr. 206.

Bei der Beurteilung von Fachprüfungen darf das **Schriftbild** kein Maßstab sein, es sei denn, die jeweilige Arbeit ist völlig unleserlich. Dagegen dürfen allgemeine Fähigkeiten wie das Beherrschen der deutschen Sprache mit Ausnahme rein versehentlicher Schreibfehler durchaus in die Bewertung einfließen. Gleiches gilt für **Allgemeinwissen**, wo dies, wie insbesondere bei den akademischen Berufen, sich in prägender Weise mit dem Berufsbild verbindet. Einzelheiten sind insofern der jeweiligen Ausbildungs- und Prüfungsordnung zu entnehmen.

Die **Versetzungserheblichkeit** der einzelnen Fächer ist in den jeweiligen Versetzungsordnungen geregelt. Da das Sozialverhalten des Schülers Gegenstand des in Art. 7 GG enthaltenen staatlichen Erziehungsauftrags ist, darf die Schule auch hier Bewertungen vornehmen.[35] Zudem kann das Fach Religionslehre durchaus versetzungserheblich sein, solange das reine Bekenntnis zu religiösen Werten nicht in die Bewertung eingeht.

9. Der äußere Prüfungsablauf

Der Prüfungsablauf ergibt sich aus der Prüfungs- bzw. Versetzungs- sowie Konferenzordnung. Auf die Durchführung des formalisierten Verfahrens hat der Prüfling einen Rechtsanspruch, selbst dann, wenn der nähere Ablauf in einer Verwaltungsvorschrift geregelt sein sollte. Besonderheiten ergeben sich bei der bundesgesetzlich geregelten Abschlußprüfung des **Berufsausbildungsrechts**, wo unterschiedliche Zuständigkeiten für die sog. zuständigen Stellen[36] und Prüfungsausschüsse bestehen. Insbesondere die Vorbereitung und Nachbereitung der Prüfung unterliegt den zuständigen Stellen, während für die Abnahme der Prüfung der von der zuständigen Stelle zu errichtende Prüfungsausschuß zuständig ist (§§ 34, 36 BBiG). Hierbei ist fraglich, ob die Auswahl der schriftlichen Prüfungsaufgaben zur Abnahme der Prüfung gerechnet werden kann und damit dem Prüfungsausschuß zusteht.[37]

Vor **Konzentrationsstörungen** ist der Prüfling zu bewahren (Unruhe im Prüfungsraum, große Hitze oder Kälte, intensiver Lärm, störende Zuhörer). Zur Wahrung seiner Rechte hat er – zumindest bei schriftlichen Prüfungen – dann jedoch eine sofortige Rüge zu erteilen. Den Prüflingen eines Prüfungsjahrganges sind **gleiche Startchancen** einzuräumen. Die einseitige Vorabinformation eines Teils der Prüflinge über Prüfungsthemen führt deshab zur Rechtswidrigkeit des Prüfungsverfahrens. Die Prüfungsordnung gibt jedoch nur einen **äußeren Rahmen** für die Gestaltung der Prüfung vor; die Konkretisierung dieses Rahmens unterliegt der Gestaltungsfreiheit der Prüfungsinstanz, die in sachlich begründeten Fällen von

---

35 BVerwG, NJW 1982, 250.

36 Handelskammer, Industrie- und Handelkammer, Landwirtschaftskammer, Rechtsanwaltskammer, Wirtschaftsprüferkammer, Ärzte-, Zahnärzte- und Apothekerkammer sowie besondere Stellen des öffentlichen Dienstes (§§ 74, 75, 79, 87, 89, 91, 84, BBiG).

37 OVG NW, GewA 1990, 26 (verneinend); OVG Hamburg, EzB Nr. 5 zu § 37 BBiG (bejahend).

der Prüfungsordnung auch abweichen kann, wenn diese lediglich als Soll-Vorschrift ausgestaltet ist und eine bestimmte Verfahrensweise nur für den Regelfall vorsieht. Zur Wahrung der Chancengleichheit sind jedem Prüfling die gleichen Hilfsmittel bei der Anfertigung von Prüfungsarbeiten zuzugestehen.

Lediglich für **schreibbehinderte** Prüflinge kann die Bearbeitungszeit verlängert oder können auch Schreibhilfe zur Verfügung gestellt werden. Treten in der Vorbereitungs- bzw. Lösungsphase erhebliche Störungen auf, die den vorgesehenen Zeitrahmen über Gebühr verkürzen, so ist der **Prüfungszeitraum** zu verlängern. Die Chancengleichheit ist nur gewahrt, wenn die **Aufsicht** in sämtlichen Prüfungsgruppen des Jahrgangs in gleicher Weise gewissenhaft ausgeübt wird. Verläßt die aufsichtführende Person aus Kulanzgründen während der Prüfung das Zimmer, um den Prüflingen das Abschreiben zu ermöglichen, ist die Prüfung rechtswidrig. Der Prüfer sollte sich möglichst einen einheitlichen Prüfungsstil zurechtlegen. Die Chancengleichheit der Prüflinge ist verletzt, wenn der Prüfer, anstatt die Prüflinge zum Zuge kommen zu lassen, in der mündlichen Prüfung nur Monologe hält oder den vorgesehenen Prüfungszeitraum über- oder unterschreitet, es sei denn, der Prüfling ist damit einverstanden.[38] Insbesondere schriftliche Prüfungen sind in ihrer Dauer zumeist in den Prüfungsordnungen festgelegt. Bei mündlichen Prüfungen ist dies seltener der Fall. Gerade hier darf der Prüfer festgelegte **Mindestzeiten auch überschreiten**, bis er einen treffsicheren Eindruck von den Leistungen des Prüflings gewonnen hat.[39]

10. Verfahrensregeln der Leistungsbeurteilung

Zwischen der vorstehend skizzierten äußeren Gestaltung des Prüfungsablaufs und den Verfahrensregeln der Leistungsbeurteilung besteht ein gravierender Unterschied: Fehler im **äußeren Prüfungsablauf** führen regelmäßig zu einer Wiederholung der Prüfung. Ein Verstoß gegen die **Verfahrensregeln der Leistungsbeurteilung** hat eine erneute Bewertung der Prüfungsleistungen zur Folge. Es kommt also maßgeblich darauf an, ob sich der Verfahrensfehler nur auf die Bewertung der Prüfungsleistung (dann Neubewertung) oder auch auf die Prüfungsleistung selbst ausgewirkt hat (dann Wiederholung der Prüfung).[40] Die Verfahrensregeln der Leistungsbeurteilung erstrecken sich jedoch nicht auf die eigentliche inhaltliche Bewertung der Leistung, sondern auf den Bewertungsvorgang. Einzelheiten hierzu enthalten die jeweiligen Versetzungs-, Prüfungs- und Konferenzordnungen.

So ist der Prüfungsordnung zu entnehmen, ob die Bewertung etwa nach dem **arithmetischen Mittel** oder durch Bildung eines **Gesamturteils** zu erfolgen hat.[41] Die Auswahl des falschen Beurteilungsmodus macht die Prüfung rechtswidrig und

38 VGH Bad.-Wttbg. NVwZ 1992, 83.
39 VGH BW, NVwZ 1992, 83; OVG NW, NWVBl. 1992, 66, 67.
40 BVerwG, DÖV 1981, 62; VGH Baden-Württemberg, DVBl. 1982, 449.
41 OVG NW, DVBl. 2000, 719 („Gleichwertigkeit" von Noten).

führt zur Neubewertung der Prüfungsleistung. Wird der Prüfungserfolg in der Prüfungsordnung vom Erreichen einer **Durchschnittspunktzahl** abhängig gemacht, so ist eine Aufrundung des Prüfungsergebnisses unzulässig. Eine nach dem Gesamteindruck vorzunehmende Bewertung hat stets den **individuellen Fall** im Auge zu behalten; schematische Beurteilungen sind mit diesem Bewertungsmodus nicht zu vereinbaren.[42] Das arithmetische Mittel darf hierbei allenfalls ein Hilfsmittel sein, um den Bewertungsrahmen abzustecken und Anhaltspunkte zu gewinnen.

Im Regelfall ist der Prüfer nicht daran gehindert, Arbeiten anderer Prüflinge **vergleichend** heranzuziehen. Diese Vorgehensweise kommt lediglich dann nicht in Betracht, wenn die Prüfungsordnung die Bestehensgrenze vom Erreichen einer Prozentzahl richtig beantworter Fragen abhängig macht.

Bei der **Beratung** über das Prüfungsergebnis sind alle Prüfer anwesenheitspflichtig. Auch eine kurzzeitige Abwesenheit während der Beratung oder die Stimmenthaltung von Prüfern bei der Abstimmung führt zu Rechtswidrigkeit der Prüfung, es sei denn, die Prüfungsordnung läßt dies ausdrücklich zu. Die Beratung sollte möglichst zeitnah zur Prüfung stattfinden. Jedenfalls darf nicht soviel Zeit verstrichen sein, daß eine treffsichere Beurteilung nicht mehr möglich ist. Insbesondere im Berufsbildungsrecht ist die Bewertung einer Prüfungsleistungs verfahrensfehlerhaft, wenn sie nicht, wie in der Prüfungsordnung vorgesehen, von sämtlichen Mitgliedern des Prüfungsausschusses getrennt und selbständig beurteilt und bewertet worden ist.[43]

Die Einhaltung der Verfahrensregeln der Leistungsbewertung muß in den wesentlichen Zügen **äußerer Kontrolle** zugänglich sein. Die Prüfungsordnung erhält daher zumeist das Erfordernis einer Niederschrift über den Ablauf der Prüfung. Das Fehlen der Niederschrift führt jedoch nur dann zur Rechtswidrigkeit des festgestellten Prüfungsergebnisses, wenn hierdurch das Prüfungsergebnis beeinflußt worden ist.[44] Gleiches gilt, wenn die Niederschrift unzureichend erstellt wurde. Auch die **Begründung** der Bewertung dient äußeren Kontrollbedürfnissen. Es besteht jedoch keine Verpflichtung des Prüfungsausschusses, die Bewertung einer mündlichen Prüfungsleistung in jedem Fall von sich aus mündlich oder schriftlich zu begründen, es sein denn, der Prüfling macht deutlich, daß er mit der Bewertung nicht einverstanden ist. Die Bewertung schriftlicher Prüfungsleistungen ist, insofern die Prüfung Auswirkungen auf die freie Berufswahl hat (Art. 12 Abs. 1 GG), dagegen stets zu begründen.[45] Insbesondere im Rahmen der berufsbildungsrechtlichen (praktischen) **Fertigkeitsprüfungen** muß das Gericht in die Lage versetzt werden, zu überprüfen, daß die Prüfungsleistungen von den Prüfern richtig und vollständig zur Kenntnis genommen wurden.[46] Die Begründung kann in der Stel-

42 OVG NW, DVBl. 2000, 719.
43 OVG NW, EzB, Prüfungsordnung für Gesellenprüfungen (PO-AP) Bewertung Nr. 37.
44 Ebenda.
45 Niehues, Schul- und Prüfungsrecht, Bd. 2., 3. Aufl. 1994, Rn. 280.
46 VG Karlsruhe, EzB, Prüfungsordnungen für Abschlußprüfungen (PO-AP), Bewertung Nr. 36.

lungnahme des Prüfungsausschusses im Widerspruchsverfahren jedoch nachgeholt werden.[47]

Grundsätzlich ist die **Klassenkonferenz** nicht befugt, die Note eines Fachlehrers abzuändern. Eine Ausnahme besteht dann, wenn dieser nach der Versetzungsordnung lediglich Vorschläge zu unterbreiten hat, über welche die Konferenz abschließend entscheidet.

Wird die Prüfung im **Antwort-Wahl-Verfahren** (auch Multiple Choice-Verfahren) durchgeführt, so muß gewährleistet sein, daß sich die richtigen von den falschen Antworten klar trennen lassen. Mehrdeutige Fragen sind unzulässig, führen jedoch nur dann zur Rechtswidrigkeit der Prüfungsentscheidung, wenn sie sich auf das Prüfungsergebnis ausgewirkt haben.[48] Auch im Antwort-Wahl-Verfahren darf der Prüfer bei der Abfassung der Fragestellungen nicht von falschen Tatsachen ausgehen oder sich von sachfremden Erwägungen leiten lassen. Richtige Antworten auf fachwissenschaftlicher Basis, die im Gerichtsverfahren durch Einschaltung eines Sachverständigen geklärt werden können, dürfen unter Verweis auf den Beurteilungsspielraum des Prüfers nicht mehr als fehlerhaft bewertet werden.[49]

Bei der Abschlußprüfung nach **Berufsbildungsgesetz** werden nur die in der Prüfung gezeigten Leistungen berücksichtigt. Die Bewertungskriterien ergeben sich allein aus der Prüfungsordnung. Zeugnisse der Berufsschule oder Berichtshefte dürfen das Prüfungsergebnis nicht beeinflussen.[50] Fertigkeitsprüfung und Kenntnisprüfung sind gesondert zu bewerten. Wird die Gesamtleistung rein rechnerisch aus Einzelleistungen gebildet und werden die Leistungen nach Punkten bewertet, denen wiederum Noten zugeordnet sind, so wird die Note für die Gesamtleistung auf der Grundlage der in den Einzelleistungen erzielten Punkte und nicht der jeweiligen Noten errechnet.[51]

Begünstigende Prüfungsentscheidungen, die sich nachträglich als fehlerhaft herausstellen, weil etwa die Leistung vorgetäuscht wurde oder ein Rechenfehler vorliegt, können unter den Voraussetzungen des § 48 VwVfG **zurückgenommen** werden. Nach längerem Zeitablauf genießt der Prüfling jedoch einen besonderen Vertrauensschutz auf Fortbestand der erreichten Note, was innerhalb der Ermessensentscheidung über die Rücknahme berücksichtigt werden muß. Bei benachteiligenden fehlerhaften Prüfungsentscheidungen trifft die Behörde eine Rechtspflicht zur Rücknahme der als Verwaltungsakt ergehenden Prüfungsentscheidung, es sei denn, diese ist nach Ablauf der Rechtsmittelfrist bestandskräftig geworden (vgl. §§ 58, 68, 70 VwGO). Nach Eintritt der Bestandskraft liegt die Aufhebung der Prüfungsentscheidung im pflichtgemäßen Ermessen der Prüfungsbehörde.

---

47 VG Köln, EzB, BBiG § 38, Nr. 15.

48 Vgl. E. III.

49 BVerfG, NJW 1991, 2010 f.; zur früheren Ansicht: BVerwG, DÖV 1984, 804 f.; vgl. hierzu E. IV. 1.

50 Opolony, Taschenbuch Berufsausbildungsrecht, 2001, Rn. 644.

51 VG Frankfurt, EzB, Prüfungsordnung für Gesellenprüfungen (PO-GP) Bewertung Nr. 4.

11. Die Protokollierung der Prüfung und sonstige Vorkehrungen zur Beweissicherung

Die Anfertigung einer Prüfungsniederschrift bzw. eines Prüfungsprotokolls dient in erster Linie **Beweiszwecken.**[52] Gerade bei Täuschungsversuchen hat das Prüfungsprotokoll erhebliche Bedeutung. Insbesondere alle atypischen Vorgänge sollten protokolliert werden. Ansonsten gilt die Vermutung, daß vom regelmäßigen Prüfungsverlauf nicht abgewichen wurde. Eine fehlerhafte Protokollierung wirkt sich zwar nicht auf die Rechtmäßigkeit der Prüfung selbst aus, sondern schmälert nur die Beweisführung. Wurden im Protokoll jedoch überwiegend gute Leistungen des Kandidaten festgehalten, letztlich aber schlechte Noten vergeben, so gilt diese in jedem Fall als unbewiesen und nicht begründbar.

Wurde von den in der Versetzungsordnung vorgesehenen Beurteilungsschemata zu Lasten des Schülers abgewichen, so sollte die Beratung im Prüfungsprotokoll detailliert wiedergegeben sein, weil sich ansonsten der Nachweis von Ausnahmegründen nur schwer führen läßt. Beweismängel des Prüfungsprotokolls können jedoch durch **Zeugenaussagen** ausgeglichen werden.[53] Insbesondere bei der berufsbildungsrechtlichen **Fertigkeitsprüfung** genügt das Protokoll den Anforderungen, wenn es den Verlauf der Prüfung, den Bewertungsvorgang und das Zustandekommen der Endnote in den wesentlichen Punkten – ggf. auch stichwortartig – wiedergibt.[54] Im übrigen aber braucht nicht jede einzelne Frage und Antwort protokolliert zu werden.

Die Zeugen- und Parteienvernehmung ist häufig jedoch nur bedingt brauchbar, da das Erinnerungsvermögen schwindet. Diesbezüglich kommt es stark auf die Einzelfallumstände an. Ohne ausreichende Beweisgrundlage wird aber allenfalls nur eine Wiederholung, nicht aber die Neubewertung der Prüfung möglich sein. An der Wiederholung ist dem Prüfling jedoch häufig nicht gelegen, wenn das erlernte Wissen nicht mehr präsent ist. Ein besonderes Ärgernis bietet diese Situation dann, wenn die Beweisprobleme von der Prüfungsinstanz selbst verursacht worden sind. Der von den Gerichten nunmehr für möglich gehaltene vorläufige Rechtsschutz gem. § 123 VwGO bietet jedoch keine zureichende Lösung. Denn hier erhält der Prüfling zumeist nur ein vorläufiges Zeugnis bis zum Abschluß des Hauptsacheverfahrens oder wird auf die spätere Bekanntgabe des Prüfungsergebnisses im Hauptsacheverfahren verwiesen.[55] Deshalb spricht vieles für eine **Aufzeichnung** mündlicher Prüfungen durch Video- und Tonbandgeräte.

---

52 Die Anfertigung eines Wortprotokolls ist nicht zwingend geboten: BVerfG NWVBl 1996, 468.
53 VG Braunschweig, EzB, Prüfungsordnungen für Abschlußprüfungen (PO-AP), Niederschrift Nr. 8.
54 Ebenda.
55 Hierzu (m. w. N.) Muckel, RdJB 1999, 235, 236 sowie D. VI.

12. Wiederholung und Neubewertung

Verfahrensfehler bei der Durchführung des **äußeren Prüfungsablaufs** führen zur **Wiederholung** der Prüfung, da das Leistungsbild durch den fehlerhaften Ablauf völlig verfälscht ist. Denn hier hat sich der Prüfungsfehler direkt auf die Prüfungsleistung und nicht nur die Bewertung der Prüfung ausgewirkt. Zu wiederholen sind aber nur die von dem Verfahrensfehler beeinflußten Prüfungsabschnitte, sofern die fehlerhaften Prüfungsteile von den anderen Teilen ohne Verfälschung des Gesamtbildes isoliert werden können. Ein Recht des Prüflings auf Wiederholung auch der fehlerfreien Prüfungsphasen besteht nicht. In der Wiederholungsprüfung kann der Prüfungsausschuß auch in anderer Zusammensetzung zusammentreten. Dem Prüfling ist ein angemessener Vorbereitungszeitraum einzuräumen.

Ist das Verfahren bei der **inhaltlichen Bewertung** der erbrachten Leistungen fehlerhaft, so ist lediglich die Beratung und Entscheidung erneut vorzunehmen, nicht jedoch die Prüfung selbst. Im Gegensatz zu den äußeren Verfahrensfehlern muß eine **Neubewertung** der Prüfungsleistung aus Gründen der Chancengleichheit jedoch in aller Regel von denjenigen Prüfern vorgenommen werden, die die beanstandete frühere Bewertung vorgenommen haben.[56] Die Gerichte sind angesichts des zu wahrenden Wertungsspielraums des Prüfers jedoch nicht befugt, selbständig „nach Fehlern“ zu suchen.[57] Bei der berufsbildungsrechtlichen **Fertigkeitsprüfung** ist Voraussetzung einer Neubewertung verständlicherweise das Vorhandensein der erbrachten Prüfungsleistung; ansonsten führt der Rechtsfehler zu einem Anspruch auf erneute Zulassung zur Fertigkeitsprüfung im Rahmen des ersten Prüfungsversuchs.[58] Im Regelfall führt die rechtswidrige Zusammensetzung eines Prüfungsausschusses zur Wiederholung der jeweiligen Prüfung. Der Prüfungsausschuß kann sich allerdings dann auf eine Neubewertung beschränken, wenn das Leistungsbild an sich fehlerfrei zustande gekommen und lediglich die Bewertung fehlerhaft ist.[59]

Üblicherweise gilt im Klageverfahren das sog. **Verschlechterungsverbot**, welches beinhaltet, daß dem Bürger durch die Inanspruchnahme von gerichtlichem Rechtsschutz kein Nachteil entstehen soll. Prinzipiell gilt dies auch im Prüfungsrecht, allerdings unter komplizierten Bedingungen. Denn aus Gründen der Chancengleichheit darf der Prüfling aus seiner Klage gegenüber den anderen Prüflingen keinen Vorteil ziehen, was bedeutet, daß zumindest die Verhinderung einer Verbesserung des Prüfungsergebnisses geradezu geboten sein kann.[60] Ein klarer Verstoß gegen das Verschlechterungsverbot liegt dann vor, wenn der Prüfer im Rahmen der Neubewertung seine **Bewertungskriterien ändert**, also etwa den Schwierigkeitsgrad der Aufgaben, die Qualität der Darstellung, die Gewichtung der Fehler oder

---

56 OVG NW, EzB, Prüfungsordnung für Gesellenprüfungen (PO-AP) Bewertung Nr. 37.
57 BVerwGE 105, 328, 334.
58 VG Karlsruhe, EzB, Prüfungsordnungen für Abschlußprüfungen (PO-AP), Bewertung Nr. 36.
59 VG Darmstadt, EzB, BBiG § 37, Nr. 14.
60 Hierzu und zum folgenden: BVerwG, DVBl. 1999, 1594; BVerfG, NJW 1991, 2005, 2008.

auch den Durchschnittsmaßstab in der Neubewertung der einzelnen Leistung anders beurteilt als bei den anderen Prüflingen. Hält sich der Prüfer jedoch an sein Bewertungssystem, so kann eine Verschlechterung der Prüfungsnote zumindest dann in Betracht kommen, wenn in der Neubewertung ein bislang übersehender Fehler des Prüfungskandidaten entdeckt wird, der auch bei den anderen Prüflingen beanstandet worden ist bzw. nach dem Bewertungssystem des Prüfers beanstandet worden wäre. Gleiches gilt, wenn der Prüfer im Rahmen der Neubewertung entdeckt, daß er sich zugunsten des einzelnen Prüflings bei der Addition zu vergebener Punkte verrechnet hat. Die **Gerichte** sehen dies jedoch anders: die absolute Note darf nicht zu Lasten des Prüflings verändert werden. Anderes gilt jedoch für die **Beibehaltung einer Note.** Die Beibehaltung einer Note trotz Rücknahme eines Korrekturmangels kann geboten sein, wenn das Bewertungssystem unverändert bleibt, der Prüfer aber gerade deshalb neue Einwände geltend macht.[61] Denn eine Verbesserung der Note würde hier dazu führen, daß einzelne Kandidaten, indem sie einen Gerichtsprozeß anstrengen, die Chance einer vom bisherigen Bewertungssystem unabhängigen Bewertung erhielten, was dem Grundsatz der Chancengleichheit widersprechen würde.

Ist die Erstprüfung mit Verfahrensmängeln belastet, so ist dem Prüfling zu raten, zunächst einen Antrag auf Zulassung zur **Wiederholungsprüfung** zu stellen und diese auch durchzuführen, da hierin kein Verzicht auf eine Korrektur der angegriffenen Prüfungsentscheidung zu erblicken ist und auch die aufschiebende Wirkung der Klage gegen eine fehlerhafte Erstprüfung kein Hemmnis für die Durchführung der Wiederholungsprüfung darstellt. Wird zwischenzeitlich die Wiederholungsprüfung bestanden und später die Erstprüfung als fehlerhaft aufgehoben, so gilt die Prüfung als im ersten Versuch bestanden. Wird die fehlerhafte Erstprüfung gerichtlich vor Abschluß der Wiederholungsprüfung aufgehoben, so wird letztere als Erstprüfung fingiert und ist im Regelfall fortzusetzen oder, wenn der Prüfling dies begehrt, abzubrechen, um die Prüfung von neuem zu beginnen.[62]

Ganz unabhängig von etwaigen Prüfungsfehlern ist in den Prüfungsordnungen die einmalige **Wiederholung** nicht bestandener Prüfungen zumeist garantiert. Weitere Wiederholungsmöglichkeiten sind hiermit jedoch in rechtmäßiger Weise ausgeschlossen, da niemand ein Recht auf uneingeschränkte Wiederholung von Prüfungen für sich beanspruchen kann. Eine etwaige Beschneidung auch der einmaligen Wiederholungsmöglichkeit ist jedoch als unverhältnismäßiger Eingriff in die Berufsfreiheit (des Studenten, Auszubildenden) und das Recht auf Persönlichkeitsentfaltung (des Schülers) zu werten, es sei denn, die Prüfungsordnung beschneidet die Wiederholbarkeit für Fälle groben Versagens, bei der auch die Wiederholungsprüfung keinen Erfolg verspricht.

---

61 So kann dem Prüfer nicht verwehrt werden, die nunmehr als vertretbar zu behandelnde Lösung bspw. auch daraufhin zu überprüfen, ob der Lösungsweg stimmig ist oder die Begründung sachgerecht erscheint.

62 Luthe, Prüfungsrecht, Neue Praxis der Schulleitung 1992, F 7.2, 15.

13. Mitwirkungspflichten des Prüflings

Einwände gegen den Verlauf oder die Bewertung von Prüfungen hat der Kandidat auf der Basis seiner gem. § 26 Abs. 2 VwVfG bestehenden Mitwirkungspflichten **unverzüglich** (ohne schulhaftes Zögern) schlüssig, substantiiert und nachvollziehbar geltend zu machen.[63] Der **Zeitpunkt der Fehlerrüge** ist jedoch von den Umständen der Prüfung abhängig. Während bei **schriftlichen** Prüfungen bereits während des Prüfungsvorgangs reagiert werden muß, ist dies bei der **mündlichen** Prüfung je nach den Umständen entweder bereits vor oder erst nach der Prüfung erforderlich. Läßt sich der Kandidat trotz des ihm bekannten Prüfungsfehlers auf die Prüfung ein, so wäre die nachträgliche Fehlerrüge – insbesondere nach Bekanntgabe des Prüfungsergebnisses – als rechtsmißbräuchlich zurückzuweisen.[64]

Insbesondere die **Befangenheitsrüge** ist seitens des Prüflings unverzüglich geltend zu machen. Das gilt jedoch nur, wenn dieser die zur Befangenheit führenden Gründe bereits „vor" der Prüfung kennt.[65] Spätestens also im Widerspruchsverfahren muß reagiert werden. Im Klageverfahren kommt die erstmals erhobene Rüge zumeist zu spät. Auch der **Rücktritt wegen Erkrankung** ist unverzüglich geltend zu machen[66]; zunächst mindestens telefonisch, solange das Attest noch nicht vorliegt, sodann durch Vorlage des ärztlichen Attests.

III. Die Erheblichkeit von Verfahrensfehlern

Die vorstehend skizzierte Möglichkeit der Wiederholung und Neubewertung von Prüfungen ist jedoch erst dann gegeben, wenn sich der Verfahrensfehler auf das Prüfungsergebnis auch ausgewirkt hat. Anders formuliert: Die Aufhebung eines Verwaltungsaktes wegen eines Verfahrensfehlers kommt dann nicht in Betracht, „wenn **offensichtlich** ist, daß die Verletzung die Entscheidung in der Sache nicht beeinflußt hat" (§ 46 VwVfG). In diesem Fall hat der Bürger also keinen Anspruch auf Aufhebung der Prüfungsentscheidung. Diese bleibt durch den Verfahrensfehler zwar rechtswidrig. Ihre Aufhebung wird jedoch aus rein verfahrensökonomischen Gründen ausgeschlossen, daß die Behörde jederzeit einen neuen fehlerfreien Verwaltungsakt mit gleichem Inhalt erlassen könnte.

Die Vorschrift über die Unbeachtlichkeit von Verfahrens- und Formfehlern kommt jedoch nicht zur Anwendung, wenn der Fehler bereits nach § 45 VwVfG **geheilt** wurde. Denn dann kann der Fehler keinerlei Auswirkungen auf die Rechtmäßigkeit

---

63 BVerwGE 92, 132, 138 f.; 96, 126, 129 f.; BVerwG, DVBl. 1998, 1341, 1342 f.; BVerwGE, 69, 46, 51; OVG NW, DVBl. 2000, 718.
64 OVG M.-V., DVBl. 1998, 972, 974.
65 OVG NW, NVwZ 1998, 458; a. A. OVG Rh.-Pf., DVBl. 1999, 1597; krit. hierzu Abramenko, DVBl. 1999, 1599.
66 BVerwG, DVBl. 1998, 1341; BVerwGE 80, 282.

der Prüfungsentscheidung haben. Deshalb ist gem. § 45 VwVfG zunächst zu prüfen, ob beispielsweise die fehlende oder unzureichende Begründung der Prüfungsentscheidung, die Beschlußfassung des Prüfungsausschusses, die Stellung eines Antrages oder die Mitwirkung einer anderen Behörde bis zum Abschluß des verwaltungsgerichtlichen Verfahrens nachgeholt wurde.[67]

Ein weiteres Problem, das vom Nachholen der fehlenden Begründung im Verwaltungsverfahren (§§ 39, 45 VwVfG) zu unterscheiden ist, ist das **Nachschieben von Gründen** im Verwaltungsprozeß. Beim Nachschieben von Gründen geht es nicht um das völlige Fehlen oder eine gänzlich unzulängliche Begründung eines Verwaltungsaktes, sondern um die Berücksichtigung solcher Sach- oder Rechtserwägungen im Verwaltungsprozeß, die bei Erlaß des Verwaltungsaktes schon vorhanden waren, durch die Behörde jedoch erst im Prozeß eingebracht wurden. Nach herrschender Meinung ist das Vorbringen neuer Tatsachen und Abwägungsgesichtspunkte im Verwaltungsprozeß erlaubt, wenn dadurch die Verwaltungsentscheidung nicht geändert, nicht eine widersprüchliche tatsächliche Grundlage der Entscheidung angenommen und die Rechtsverteidigung Betroffener nicht beeinträchtigt wird.[68]

Der Verfahrensfehler hat offensichtlich nur dann keinen Einfluß auf die Sachentscheidung, wenn die Prüfungsinstanz bei Einhaltung der verletzten Vorschrift zum gleichen Prüfungsergebnis gekommen wäre, der Verfahrensfehler für das Prüfungsergebnis mithin nicht **kausal** geworden ist.[69] Die fehlende Kausalität zwischen Verfahrensfehler und Prüfungsergebnis ist jedoch nur dann „offensichtlich“ im Sinne des Gesetzes, wenn sie ohne weiteres erkennbar ist und auch einem außenstehenden Dritten unmittelbar auffällt. Die **Beweislast** für die fehlende Kausalität des Verfahrensfehlers trägt regelmäßig die Prüfungsbehörde. Sie hat gewissermaßen die Vermutung der Erheblichkeit des Verfahrensfehlers zu entkräften.[70]

Hat in der Prüfung beispielsweise ein Prüfer mitgewirkt, mit dem der Prüfling wegen eines Nachbarschaftsstreits verfeindet ist, so ist der Prüfer nach § 21 VwVfG **befangen** und durfte damit nicht an der Prüfung mitwirken. Ist die Prüfungsleistung jedoch objektiv unzureichend und hätte dies auch ein unbeteiligter Dritter zweifelsfrei so gesehen, dann ist offensichtlich, daß sich der Verfahrensfehler nicht auf das Prüfungsergebnis ausgewirkt haben kann. Unabhängig hiervon hat die Prüfungsbehörde jedoch schon im Vorfeld der Prüfung sicherzustellen, daß ein befangener Prüfer im gesamten Prüfungsverlauf nicht in Erscheinung tritt, um die Ungleichbehandlung des Prüfungskandidaten und eine Verletzung seines Berufs-

---

67 Fehlt einer Prüfungsentscheidung die erforderliche Begründung und ist deshalb die rechtzeitige Anfechtung der Entscheidung versäumt worden, so gilt die Versäumung der Rechtsbehelfsfrist gem. § 45 Abs. 3 i. V. m. § 32 Abs. 2 VwVfG als nicht verschuldet.

68 BVerwGE, 65, 356; 19, 252, 257; NVwZ 1989, 152, 153; BVerwG, NVwZ-RR 2000, 501; NVwZ 2001, 922.

69 Badura, in: Erichsen, Allgemeines Verwaltungsrecht, 11. Aufl. 1998, Rn. 35; kritisch Berkemann, Verwaltungsprozeßrecht auf „neuen Wegen“, DVBL. 1998, 446, 448.

70 BVerwGE 70, 143, 148; BVerwG, NVwZ 2000, 915 sowie 921.

freiheitsrechts auszuschließen.[71] Im Falle eines Verstoßes gegen diese Verfahrenspflicht dürfte es der Behörde jedenfalls schwerfallen, die Vermutung der Erheblichkeit des Verfahrensfehlers für das Prüfungsergebnis in überzeugender Weise zu entkräften, da nicht ausgeschlossen werden kann, daß die Mitwirkung des befangenen Prüfers auf die Leistungsfähigkeit des Prüflings einen hemmenden oder gar einschüchternden Einfluß hatte.

Von **mangelnder Kausalität** wird aber dann auszugehen sein, wenn der Verfahrensfehler in einem späteren Prüfungsabschnitt erfolgte, in dem schon feststand, daß die Leistungen des Prüflings nicht ausreichend sind; oder wenn Mängel im Unterricht oder in der Organisation der Schule alle Schüler gleichmäßig treffen und der Leistungsvergleich mit den übrigen Schülern entscheidend ist. Im Regelfall dürfte auch das Fehlen der von der Prüfungsordnung geforderten Niederschrift über den Verlauf der schriftlichen Prüfung keinen Einfluß auf das Prüfungsergebnis haben.[72]

Die unrichtige Zusammensetzung des Prüfungsausschusses, die Verletzung der Chancengleichheit durch Vorabinformation eines Teils der Prüflinge über die Prüfungsthemen oder die aktive Teilnahme von Nichtmitgliedern an der Beratung des Prüfungsergebnisses dürfte dagegen als ein für das Prüfungsergebnis **erheblicher Verfahrensfehler** einzustufen sein; ebenso der Verzicht auf eine ordnungsgemäße und sachliche Beratung der Leistung im Prüfungsausschuß.[73]

Die mangelhafte oder unterbliebene **Prüfungsberatung** im Prüfungsausschuß dürfte gem. § 45 Abs. 1 Ziff. 4 VwVfG einer Heilung indes nicht zugänglich sein. Da die Prüfungsberatung die persönliche Teilnahme voraussetzt, kann die zeitweise Abwesenheit eines Prüfers während der Beratung aber in keinem Fall dadurch geheilt werden, daß dieser später sein Einverständnis mit der Konferenzentscheidung erklärt. Ein anderes Ergebnis wäre allenfalls dann denkbar, wenn dieselbe Konferenz im Widerspruchsverfahren eine völlig neue Beratung vornimmt und nicht zu besorgen ist, daß die Konferenz wegen ihrer ursprünglichen Entscheidung befangen ist. Ein unzureichende oder unterbliebene **Begründung** der Prüfungsentscheidung ist dagegen durch Nachholung heilbar (§ 45 Abs. 1 Ziff. 2 VwVfG).

Die Frage der Erheblichkeit von Verfahrensfehlern gem. § 46 VwVfG stellt sich jedoch nur bei rein formalen Verfahrensfehlern, wie etwa die Überschreitung der Prüfungsdauer oder die unrichtige Besetzung des Prüfungsausschusses. Auf **inhaltliche Bewertungsfehler** ist § 46 VwVfG hingegen nicht anwendbar. Gleichwohl ist in der Rechtsprechung der Grundsatz anerkannt, daß auch Inhaltsfehler nur dann von rechtlicher Bedeutung sind, wenn sie sich auf das Prüfungsergebnis ausgewirkt haben.[74] Allerdings ist der fehlende Einfluß des Fehlers auf das Prüfungsergebnis

---

71 BVerwG, DVBl. 1999, 561 (L).
72 OVG NW, EzB, Prüfungsordnung für Gesellenprüfungen (PO-AP) Bewertung Nr. 37.
73 VG Oldenburg, EzB, Prüfungsordnung für Gesellenprüfungen (PO-AP) Bewertung Nr. 25.
74 BVerwGE 78, 280, 284; Niehues, Schul- und Prüfungsrecht, Bd. 2, 3. Aufl. 1994, Rn. 364 f.

seltener nachweisbar als bei den Verfahrensfehlern. Wenn der Prüfer also beispielsweise unberechtigte Kritik geübt hat, die Antwort des Prüflings aber dennoch falsch war, so kann ein negatives Prüfungsergebnis nicht beanstandet werden.

IV. Die inhaltliche Bewertung

1. Der Beurteilungsspielraum des Prüfers

Die Aufhebung von Prüfungsentscheidungen erfolgt aus inhaltlichen Gründen eher selten. Denn bei der inhaltlichen Bewertung steht dem Prüfer ein sog. Beurteilungsspielraum zu, der dazu führt, daß sich die Gerichte im Feinbereich der Bewertung mit ihrer Kontrolle stark zurückhalten. In der Tat macht es nur wenig Sinn, dem Juristen die Letztbeurteilung auch intimster Fachfragen etwa der Medizin oder des Handwerks zu überlassen. Ebenso deutlich muß jedoch darauf geachtet werden, daß der gerichtliche Kontrollverzicht vor dem Hintergrund der verfassungsrechtlichen Rechtsschutzgarantie (Art. 19 Abs. 4 GG) und dem Berufsfreiheitsrecht des Bürgers (Art. 12 Abs. 1 GG) nicht zu einer Blankett-Vollmacht für beliebiges Bewertungsverhalten des Prüfers degeneriert. Im Kern geht es also um die Frage, wie weit sich die Gerichte in den Bereich inhaltlicher Fragen aus rechtsstaatlichen Gründen notwendig einzumischen haben und wo dies bereits entweder aus faktischen Gründen ausscheiden oder als Anmaßung fremder Fachkompetenz angesehen werden muß.

Lange Zeit war es so, daß die Gerichte nur bei willkürlichen Prüfungsentscheidung eingegriffen haben: Der Beurteilungsspielraum war (und ist auch heute noch!) dann überschritten, wenn die Prüfungsbehörden „allgemeingültige Bewertungsmaßstäbe“ verletzten, sich von **„sachfremden Erwägungen“** leiten ließen, **Verfahrens- und Rechtsverstöße** vorlagen oder der Prüfer von einem **unrichtigen Sachverhalt** ausging. Ansonsten aber galt: das Gericht dürfe seine Meinung oder die von Sachverständigen nicht an die Stelle des Fachwissens der Prüfer setzen[75]. Selbst das Festhalten des Prüfers an einer Mindermeinung war zulässig. Wegen seiner beruflichen oder wissenschaftlichen Qualifikation wurde diesem also ein erheblicher Vertrauensvorschuß gewährt.

In seinen Beschlüssen vom 17.04.91[76] hat das Bundesverfassungsgericht diese Argumente zwar nicht vollständig verworfen, aber – für berufsbezogene Prüfungen (Abiturprüfung, Hochschulprüfungen, Berufsausbildungsprüfungen) – mit Rücksicht auf das Grundrecht der Berufsfreiheit dennoch erheblich relativiert. Zwar seien insbesondere mündliche Prüfungssituationen vor Gericht nur unvollständig rekonstruierbar. Auch könne man Prüfungsnoten nur in einem **Bezugssystem** finden, das durch die persönlichen Erfahrungen und Vorstellungen der Prüfer be-

---

75 So durfte die Bewertung nicht gegen allgemeine Denkgesetze verstoßen oder den Bereich des wissenschaftlich Diskutablen soweit verlassen, daß sich dem Gericht die Unhaltbarkeit auch ohne Sachverständigenbeweis geradezu aufdrängt; beispielhaft: BVerwGE, 8, 272.

76 BVerfGE 84, 34; 84, 59; auch BVerwGE 99, 74, 76.

einflußt werde. Insofern dürfe die gerichtliche Kontrolle nicht dazu führen, daß die persönlichen Bewertungsmaßstäbe des Prüfers verzerrt und damit der Grundsatz der Chancengleichheit verletzt würden. Das **„höchstpersönliche Fachurteil"** des Prüfers hätten die Gerichte daher grundsätzlich zu respektieren.

Hingegen seien **fachliche Meinungsverschiedenheiten** zwischen Prüfer und Prüfling der gerichtlichen Kontrolle nicht generell entzogen. Eine vertretbare, mit gewichtigen Argumenten folgerichtig begründete Lösung dürfe nicht als falsch bewertet werden. Notfalls habe das Gericht sich hierbei sachverständiger Hilfe zu bedienen. Denn grundsätzlich müsse die Prüfungsentscheidung in tatsächlicher und rechtlicher Hinsicht vollständig überprüft werden. Damit seien fachwissenschaftliche Fragen vom Beurteilungsspielraum des Prüfers ausgenommen. Entsprechend sei dem Prüfling in den Bandbreiten fachlich vertretbarer Antworten ein sog. Antwortspielraum zuzugestehen.

Der eigentliche, gerichtlich unüberprüfbare Beurteilungsspielraum des Prüfers liegt demnach nur noch im Bereich originärer Wertungsfragen. Insbesondere wenn es auf den Gesamteindruck bzw. die **Gesamtnote** oder auf den **Vergleichsrahmen** des Prüfers zur Erfassung einer durchschnittlichen Leistung ankommt, haben die Gerichte von eigenen Bewertungen abzusehen. Vor allem bei **standardisierten** und leichter objektivierbaren Prüfungsverfahren wie dem Multiple Choice-Verfahren ist der fachwissenschaftliche und damit auch sachverständiger Bewertung zugängliche Bereich der Leistung indes vom Gericht vollständig kontrollierbar.

Freilich sind die **Grenzen** zwischen überprüfbaren Fachfragen und unüberprüfbaren Wertungen häufig nicht eindeutig auszumachen. Ob etwa Prüfungsaufgaben den Anforderungen der Prüfungsordnung entsprechen[77], sich die Prüfung tatsächlich nur auf die geforderten „Grundzüge" beschränkt[78], in der praktischen Prüfung zu viel Theorie abgefragt wird[79] oder der Lösungsaufbau einer schriftlichen Arbeit nicht stimmt[80], dürfte letztlich immer auch von den nicht vollständig objektivierbaren Maßstäben des jeweiligen Prüfers und seinem persönlichen Bewertungssystem abhängen. Trotzdem hat die Rechtsprechung in all diesen Fällen eine umfassende Kontrolle vorgenommen.[81] Demgegenüber ist die Bildung eines „Gesamteindrucks"[82], die Gewichtung einzelner Prüfungsleistungen im Gesamtzusammenhang der Prüfung, die Einschätzung des Schwierigkeitsgrads einer Aufgabe, die Bewertung der Qualität der Darstellung und der Überzeugungskraft der Argumente sowie schließlich die Bildung eines Durchschnittsmaßstabes bei der Leistungseinschätzung dem gerichtlich unkontrollierbaren Wertungsspielraum des Prüfers zugeschlagen worden.[83]

---

77 BVerwG, NVwZ-RR 1998, 176, 177.
78 BVerwG, NJW 1988, 323, 327.
79 VGH BW, NVwZ-RR 1998, 106.
80 OVG NW, NWVBl. 1997, 380.
81 Näher Muckel, RdJB 1999, 239.
82 OVG NW, NWVBl. 1997, 380, 381; BVerwGE 99, 74, 76.
83 BVerwG, DVBl. 1999, 1594, 1995 f.

Macht der Prüfling Einwände gegen die Prüfung geltend, so hat er einen Anspruch auf rechtzeitiges und wirkungsvolles **Überdenken** der Prüfungsentscheidung durch den Prüfer.[84] Dieser Anspruch ist gewissermaßen eine Kompensation für den Beurteilungsspielraum. In diesem verwaltungsinternen Kontrollverfahren hat der Prüfer die Möglichkeit, auch seine höchstpersönlichen Bewertungen nochmals zu überprüfen.[85] Das Überdenken der Prüfungsentscheidung ist auch in einem vor allem zeitnah zur Prüfung stattfindenden Widerspruchsverfahren möglich, wenn der ursprüngliche Prüfer hierbei beteiligt wird und insbesondere seine prüfungsspezifischen Bewertungen überdenken kann. In jedem Fall ist die Entscheidung mit einer Begründung auszustatten, wenn der Prüfling sein Recht auf Überdenken geltend macht.

Es ist offen, ob und inwieweit die strengen Prüfungsmaßstäbe des Bundesverfassungsgerichts auch für **Prüfungen ohne Berufsbezug**, namentlich für schulische Prüfungsleistungen gelten. Das Recht auf freie Persönlichkeitsentfaltung (Art. 2 Abs. 1 GG) sowie die Rechtsschutzgarantie des Art. 19 Abs. 4 GG unterliegen zwar nicht den strengen Verhältnismäßigkeitsanforderungen des Berufsfreiheitsrechts. Wie im gesamten Prüfungsrecht muß sich jedoch auch der Lehrer an die allgemein anerkannten (pädagogischen) Grundsätze halten, darf seine Entscheidung nicht von sachfremden Erwägungen leiten lassen und auch nicht von falschen Tatsachen ausgehen. Indes ist die Bewertung des Schülers viel stärker als sonst von den im Unterricht gewonnenen Eindrücken, schülerspezifischen Prognosen und Persönlichkeitsbeurteilungen abhängig, weshalb dem Beurteilungsspielraum hier eine größere Legitimation als bei berufsbezogenen Prüfungen (Abschlußprüfungen des BBiG, Abiturprüfung, Hochschulprüfungen) zukommt.

2. Die Prüfungsziele

Zwar sind die Prüfungsziele zumeist durch Gesetz oder Rechtsverordnung vorgegeben. Ihr Anweisungsgehalt ist jedoch gering. Zumeist bleibt es bei schwammigen Formulierungen. Deshalb sind regelmäßig weitere **allgemeine Grundsätze** zu beachten, wie etwa die an sich selbstverständliche Pflicht zur Vermeidung irrationaler Erwägungen, zur Bewertung aller Prüfungsleistungen nach einheitlichen Maßstäben und zur korrekten Gewichtung der Prüfungsfragen entsprechend ihrem Schwierigkeitsgrad. Insbesondere eine vertretbare und mit gewichtigen Gründen vollgerichtig begründete Lösung darf nicht als falsch bewertet werden; lediglich höchstpersönliche Wertungen des Prüfers im Feinbereich der Maßstabsbildung und Gewichtung unterliegen dem gerichtlich nicht kontrollierbaren Beurteilungsspielraum des Prüfers.

Bei den Schul- und Hochschulprüfungen werden die Prüfungsziele ergänzt und konkretisiert durch den **Ausbildung- bzw. Unterrichtsstoff**, der wiederum auf

84 BVerwG, NVwZ 1993, 686 sowie E. II. 3 sowie E. II. 13.
85 Vgl. auch E. II. 3.

Lehr- oder Studienordnungen zurückgeführt werden kann. Ob und inwieweit die vorangegangene Ausbildung also zur Konkretisierung der Prüfungsziele herangezogen werden oder gar auf die Prüfungsleistung angerechnet werden darf, ist der jeweiligen Prüfungsordnung zu entnehmen. In der Abschlußprüfung des **Berufsbildungsrechts** etwa ist nur der für die Berufsausbildung relevante Lehrstoff von Bedeutung. Allgemeinbildende Fächer dürfen nur geprüft werden, wenn zwischen ihnen und dem einzelnen Ausbildungsberuf ein sachlicher Zusammenhang besteht.[86] Im übrigen gilt hier nur die in der Prüfung gezeigte Leistung. Zeugnisse der Berufsschule oder Berichtshefte dürfen das Prüfungsergebnis nicht beeinflussen.[87] Kommt es nach der Prüfungsordnung jedoch auch auf die vorangegangene Ausbildung an, so darf verständlicherweise nur das geprüft werden, was vorher auch unterrichtet wurde, es sei denn, man hat es, wie in der Hochschule, mit hohen Selbstlernanteilen im Studium zu tun. Insbesondere in praktischen Prüfungen haben theoretische Prüfungsfragen in den Hintergrund zu treten.[88] Die Prüfung von „Grundzügen" eines Faches schließt Spezialwissen als Prüfungsstoff aus.[89] Prüfungsthemen außerhalb des durch die Prüfungs- oder Versetzungsordnung markierten Rahmens führen regelmäßig zu einem Anspruch auf **Wiederholung der Prüfung**, weil für eine bloße Neubewertung die Beurteilungsgrundlage fehlt.[90]

3. Gewichtungsfehler

Inhaltliche Gewichtungsfehler sind häufig die Konsequenz einer Verletzung von Verfahrensregeln bei der Leistungsbeurteilung.[91] Grundsätzlich haben diejenigen Leistungen bei der Bewertung in den Vordergrund zu treten, die für das Ausbildungsziel wesentlich sind. Unerhebliche Leistungen dürfen sich auf die Beurteilungen nicht oder jedenfalls nicht in gleichem Ausmaß auswirken. Entscheidend ist der den Gepflogenheiten oder der Prüfungsordnung zugrunde liegende Bewertungsmodus, der ein standardisiertes Verfahren ebenso beinhalten kann wie eine Gesamtbewertung der Leistung im Einzelfall unter Einbeziehung von Persönlichkeitsmerkmalen des Prüflings. Angreifbar sind jedoch nur schwerwiegende und fachlich inkorrekte Gewichtungsfehler. Denn die **Feingewichtung** einzelner Leistungen insbesondere im Gesamtzusammenhang der Prüfung obliegt der höchstpersönlichen Bewertung durch den Prüfer und nötigt dem Gericht Zurückhaltung auf.[92]

---

86 VG Braunschweig vom 09.01.76, EzB Prüfungsordnung – Abschlußprüfung, Gliederung Nr. 5.
87 Opolony, Taschenbuch Berufsausbildungsrecht, 2001, Rn. 644.
88 VGH BW, NVwZ-RR 1998, 106.
89 BVerwG, NJW 1998, 323, 327.
90 Ist die Prüfungsentscheidung wegen Ablaufs der Rechtsmittelfristen jedoch bestandskräftig geworden, so kommt nur die Möglichkeit eines Wiederaufgreifens des Verfahrens (§ 51 Abs. 1 VwVfG) oder der Aufhebung der Prüfungsentscheidung nach pflichtgemäßem Ermessen (§ 48 Abs. 1 VwVfG) in Betracht; vgl. auch D. II. 12.
91 Vgl. E. II. 10.
92 Vgl. E. IV. 1.

Fehler bei der grundsätzlichen Gewichtung des Prüfungsstoffs sowie der jeweiligen Einzelleistung führen zur Wiederholung der Bewertung.

4. Fehler bei der Sachverhaltsaufklärung

Der Prüfer hat sich ein **hinreichendes Bild** von den Leistungen des Prüflings zu machen. Prüfungsrelevante Darlegungen und Äußerungen des Prüflings sind vollständig zu erfassen und der Bewertung zugrunde zu legen. Das gilt auch und gerade für die gerichtliche Überprüfung der Fertigkeitsprüfung des Berufsbildungsrechts. Diese leidet unter einem rechtserheblichen Bewertungsfehler, wenn das Gericht nicht feststellen kann, daß die vom Prüfling erbrachten Prüfungsleistungen von den Prüfern richtig und vollständig zur Kenntnis genommen wurden. Die genaue Protokollierung einzelner Fertigungsschritte ist daher dringend anzuraten.[93]

Ein Sachaufklärungsfehler kann auch durch eine zu **kurze Prüfungszeit** zustande kommen. Da es insoweit aber auch auf das Einschätzungsrecht der Prüfer ankommt, ist dies nur dann der Fall, wenn es aufgrund der zur Verfügung stehenden Zeit praktisch ausgeschlossen gewesen ist, sich eine ausreichend fundierte Meinung zu bilden.[94]

Im schulischen Bereich sind Sachaufklärungsmägel jedoch relativ selten. Denn gerade hier kann sich der Lehrer bei der Bildung des Gesamteindrucks auf seine Unterrichtserfahrungen stützen, so daß der Vorwurf mangelnder Sachaufklärung zumindest im Bereich der **Zeugnisnoten** praktisch ausgeschlossen sein dürfte. Anderes gilt bei Abschlußprüfungen wie dem Abitur, wenn der Prüfer die Prüfung zu früh abgebrochen hat oder die Befragung nicht mit der notwendigen Sorgfalt erfolgte.

Die **Folgen** von Sachaufklärungsmängeln sind stark vom Einzelfall abhängig. Bezieht sich der Aufklärungsmangel auf die Bewertung der ansonsten vollständig vorhandenen Prüfungsleistung, weil der Prüfer die schriftliche Prüfungsleistung nur oberflächlich bearbeitet hat, so ist lediglich eine Neubewertung vorzunehmen. Beruht der Aufklärungsmangel jedoch auf einer unzureichenden Kenntnisnahme einer nicht vollständig reproduzierbaren mündlichen Prüfungsleistung, so ist die Wiederholung der Prüfung erforderlich.

93 VG Karlsruhe vom 26.10.94, EzB, Prüfungsordnungen für Abschlußprüfungen (PO-AP), Bewertung, Nr. 36.

94 VG Oldenburg vom 08.10.87, EzB, Prüfungsordnung für Gesellenprüfungen (PO-AP), Bewertung, Nr. 25.

5. Die Einbeziehung falscher tatsächlicher oder rechtlicher Gesichtspunkte

Geht der Prüfer von falschen **Tatsachen** aus, so ist die Prüfung fehlerhaft. Dies ist etwa der Fall, wenn der Prüfer zu Unrecht von einem Täuschungsversuch, einer unentschuldigten Verweigerung der Leistung oder von falschen Vorstellungen über die verwendeten Hilfsmittel ausgeht. Welche Tatsachen beachtlich sind, ist wiederum der Prüfungsordnung zu entnehmen: In Prüfungen des Berufsbildungsrechts sind nur die berufsbildbezogenen Inhalte bzw. Leistungen des Prüflings zugrunde zu legen. Allgemeinwissen, Rechtschreibmängel und sprachliche Fähigkeiten können hier zwar bei der Bildung eines „Gesamteindrucks" mitberücksichtigt werden, dürfen jedoch nicht, wie in schulischen Prüfungen des Primarbereichs, in den Vordergrund treten.

Der Prüfer läßt sich von falschen **rechtlichen** Gesichtspunkten leiten, wenn er die nach der Versetzungs- oder Prüfungsordnung vorgeschriebenen Bewertungsschemata verkannt oder falsch angewandt hat. Dann kommt es regelmäßig auch zu einem Fehler bei der Gewichtung der Prüfungsleistung und damit, zumindest wenn der Sachverhalt umfassend ermittelt wurde, zu einer Neubewertung der Leistung.

6. Sachfremde Erwägungen

Erwägungen, die in keinem sachlichen Zusammenhang mit dem Sinn der Leistungskontrolle stehen, überschreiten die Grenzen des Beurteilungsspielraums und sind generell unstatthaft. Schon als bloßes Verfahrenserfordernis darf der **befangene** Prüfer nicht an der Prüfung mitwirken. Das gilt natürlich auf für die inhaltliche Seite der Prüfung: Emotional aufgeladene oder übertrieben abwertende Randbemerkungen bei schriftlichen Prüfungsarbeiten oder polemische Reaktionen während der mündlichen Prüfung sind ein sicheres Indiz dafür, daß die Leistungsbewertung von sachfremden Erwägungen bestimmt wurde. **Konfessionelle** oder **parteipolitische** Gesichtspunkte sind aus der Bewertung herauszuhalten, zumal die Schule zu besonderer parteipolitischer Neutralität gegenüber Schülern und Eltern verpflichtet ist. Mit Ausnahme des Grundschulbereichs gilt jede Überbewertung des Schriftbildes oder sonstiger **äußerer Formen** als sachfremde Entscheidung. Die Beherrschung der deutschen Sprache, das Schriftbild oder Rechtschreibmängel dürfen bei Fachprüfungen allenfalls nur von untergeordneter Bedeutung sein, es sei denn, die sprachlichen Mängel sind von vornherein so groß, daß sie einem Prüfungserfolg von vornherein entgegenstehen.[95]

---

95 Niehues, Schul- und Prüfungsrecht, Bd. 2, Prüfungsrecht, 3. Aufl. 1994, Nr. 336.

7. Bewertungsgleichheit

Gleiche Leistungen sind gleich zu bewerten: Dieses Prinzip aber zeigt häufig keineswegs die Wirkungen, die es auf den ersten Blick zu versprechen scheint. Denn die eigentliche Schwierigkeit besteht in der Beurteilung der Gleichheit der zu beurteilenden Leistungen, die in letzter Konsequenz der persönlichen Einschätzung des jeweiligen Prüfers obliegt und von daher von seinem Beurteilungsspielraum erfaßt wird.

Das Lösungsergebnis muß mit den Ergebnissen anderer Prüflinge übereinstimmen. Hierauf kommt es jedoch nicht an, wenn besonderer Wert auf den **Lösungsweg** gelegt wurde.

Der Grundsatz der Bewertungsgleichheit verlangt jedoch, daß die gebotene **Neubewertung** einer Prüfungsleistung in aller Regel von denjenigen Prüfern vorgenommen wird, die für die beanstandete frühere Bewertung verantwortlich waren.[96]

Ein Anspruch auf „Gleichheit im Unrecht" ist ausgeschlossen. Deshalb kann ein Prüfling sich nicht auf die sachlich ungerechtfertigte **Bevorzugung** anderer Prüflinge berufen. Der Grundsatz der Chancengleichheit ist ebenfalls nicht verletzt, wenn der Prüfling das Glück hatte, Prüfungsfragen zu erhalten, auf die er sich besonders gut vorbereitet hat oder wenn er seine Prüfung nach endgültigem Scheitern im Inland im Ausland erfolgreich abgeschlossen hat und nunmehr die Gleichwertigkeitsanerkennung betreibt.[97]

Gleichheitswidrig aber wäre die Zugrundelegung einer **hypothetischen Leistung** des Betroffenen, um auf diese Weise auf die besonders schlechten äußeren Prüfungsbedingungen Rücksicht zu nehmen, weil der Prüfling bei deren Fortfall vermutlich bessere Leistungen erzielt hätte. In diesem Fall müßte die Prüfung vielmehr wiederholt werden.

Die Bewertungsgleichheit ist ferner verletzt, wenn die Beurteilung allein auf die **bloße Begabung** (etwa Sport oder Musik) oder auf die **religiöse Gesinnung** (im Fach Religion) abstellt, es sei denn, die Note ist für die Versetzung unerheblich. Anders ist es, wenn der Unterricht so ausgerichtet ist, daß die Leistungen in Sport und Musik auch von weniger begabten Schülern erbracht werden können. Dann darf die Sport- bzw. Musiknote bei der Versetzungsentscheidung zumindest den „Ausschlag" geben.[98]

---

96 OVG NW vom 28.02.97, EzB, Prüfungsordnung für Gesellenprüfungen (PO-AP), Bewertung, Nr. 37.

97 M.w.N. Muckel, RdJB 1999, 242.

98 OVG Bremen vom 04.11.75, SPE II C IV, S. 11.

8. Verstoß gegen allgemeine Bewertungsregeln und Denkgesetze

Die Möglichkeit eines Verstoßes gegen allgemeine Bewertungsregeln und Denkgesetze beruht auf der Erwägung, daß es neben den besprochenen Verfahrens- und Bewertungsfehlern noch einen spezifischen Typ von Prüfungsfehlern gibt, der mit den hergebrachten Grundsätzen des Prüfungsrechts nicht erfaßt werden kann. Bei genauer Betrachtung aber sind viele der allgemein anerkannten Bewertungsregeln und Denkgesetze nichts anderes als eine kasuistische Aufbereitung des Gleichbehandlungsgrundsatzes. Mit dem Verweis auf die allgemeinen Bewertungsregeln und Denkgesetze haben die Gerichte vor allem in früherer Zeit versucht, ein Gegenmodell zum gerichtlich unkontrollierbaren Beurteilungsspielraum des Prüfers zu entwickeln.[99] Die gerichtliche Kontrollpraxis hat sich aber gerade in diesem Punkt stark verändert.[100] Während der Prüfer früher noch abweichende Lehrmeinungen oder individuelle methodische Ansätze als Prüfungsmaßstab zugrunde legen durfte, so hat die Rechtsprechung neuerdings zumindest für die berufsbezogenen Prüfungen den Grundsatz aufgestellt, daß eine vertretbare und mit gewichtigen Argumenten folgerichtig begründete Lösung nicht als falsch bewertet werden darf. Insbesondere fachspezifische Standards der Bemessung und Bewertung von Leistungen sind grundsätzlich voll überprüfbar. **Widersprüchliche Bewertungen** als Verstöße gegen Denkgesetze oder **weit überzogene Prüfungsanforderungen** außerhalb der maßgeblichen Prüfungsziele sind es damit jedoch erst recht und bedürfen an sich keiner besonderen Hervorhebung im Sinne einer eigenständigen Prüfungskategorie mehr. Auch die Frage, wie einzelne Prüfungsleistungen zu einer **Gesamtleistung** zusammenzuführen sind oder inwiefern die Zulassung zur mündlichen Prüfung von Mindestleistungen im schriftlichen Bereich abhängig gemacht werden kann, entscheidet sich nach den Verfahrensregeln der Leistungsbeurteilung und damit maßgeblich nach der Prüfungsordnung und nicht nach allgemeinen Bewertungsgrundsätzen.[101]

Der eigentliche, heute noch tragfähige Sinn allgemeiner Bewertungsgrundsätze dürfte jedoch im Versuch einer **Abstimmung** der gängigen Prüfungsgrundsätze mit fachspezifischen Besonderheiten des Prüfungswesens zu suchen sein: In Fachprüfungen können bestimmte Einzelleistungen selbst dann zum Nichtbestehen der gesamten Prüfung führen, wenn ansonsten eine ausreichende Durchschnittsleistung erbracht wurde.[102] Weiterhin kann die Prüfung im Gesamtzusammenhang der Ausbildung unter Berücksichtigung fachspezifischer Prüfungstraditionen eine derart starke Stellung haben, daß auf vorherige Ausbildungsabschnitte (Noten in der Berufsschule, in Seminaren oder Zwischenprüfungen) keine Rücksicht genommen werden muß.[103] Auch sind Mindestleistungen im schriftlichen Teil der Prüfung als

---

99 Vgl. E. IV. 1.
100 BVerfGE 84, 59.
101 Hierzu OVG RhPf. vom 14.05.86, DVBl. 1986, 1116; BVerwG, NJW 1988, 2813; zum Ganzen: Niehues, Schul- und Prüfungsrecht, Bd. 2, 3. Aufl. 1994, Rn. 347 ff.
102 BVerwG vom 04.11.80, Buchholz, 421.0 Prüfungswesen Nr. 132.
103 BVerwG, DVBl. 1966, 35.

Zulassungvoraussetzung für die mündliche Prüfung anerkannt.[104] Schließlich sind es immer auch von Fachlichkeit getragene Motive, welche den höchstpersönlichen Bewertungsspielraum des Prüfers bei der Bildung seines Bezugssystems für die durchschnittliche Leistung mitbegründen und – wie in den anderen der genannten Fälle auch – den notwendigen Ausschluß von Prüfungswillkür erst hinreichend verständlich machen.[105]

V. Die staatliche Aufsicht über das Prüfungswesen

Mit Rücksicht auf den Beurteilungsspielraum des Prüfers darf die **Aufsichtsbehörde** Leistungsbeurteilungen grundsätzlich nur begrenzt überprüfen. Das gilt auch und gerade dann, wenn die Aufsichtsbehörde als nächsthöhere Behörde gem. § 73 Abs. 1 Nr. 1 VwGO im Widerspruchsverfahren zu entscheiden hat. Zwar beinhaltet das Widerspruchsverfahren nicht nur eine Rechtmäßigkeits-, sondern auch eine Zweckmäßigkeitsüberprüfung der angefochtenen Maßnahme (§ 68 Abs. 1 S. 1 VwGO). Die umfassende Zweckmäßigkeitskontrolle wird jedoch durch prüfungsrechtliche Besonderheiten eingeschränkt:

Umfassende Kontroll- und Aufhebungsbefugnisse besitzt die Aufsichtsbehörde bei Rechtsfehlern wie der Verletzung von Prüfungs- und sonstigen Verfahrensvorschriften. Überprüfbar sind zudem die Grenzen des Beurteilungsspielraums. Nach neuerer Rechtsprechungsmeinung besitzt der Prüfer insbesondere bei Fachfragen keinen uneingeschränkten Beurteilungsspielraum mehr.[106] Die Aufsichtsbehörde hat sich daher nur im Rahmen höchstpersönlicher Bewertungsfragen mit eigenen Einschätzungen noch zurückzuhalten.

Im Bereich **schulischer Leistungsbewertungen** gelten jedoch Sonderbedingungen. Hier sichert das Prinzip der **pädagogischen Freiheit** den Lehrern einen Kernbereich prüfungsrechtlicher Unabhängigkeit, den die Aufsichtsbehörde zu respektieren hat. Schulische Leistungsbewertungen sind zumeist derart intensiv verknüpft mit den pädagogisch-fachlichen Konzepten des einzelnen Lehrers auf der Basis von Langzeitbeobachtungen und hochgradig individualisierten Einschätzungen des einzelnen Schülers, daß eine behördliche Totalkontrolle über das Ziel hinausschießen würde. Hier sollte klar gesehen werden, daß der Fall gewissermaßen aus der Akte heraus nur begrenzt reproduzierbar ist und daher im Feinbereich der pädagogischen Bewertung Sache des einzelnen Lehrers bleiben sollte. Die Kontrollkompetenz der Aufsichtsbehörde beschränkt sich daher – neben klaren Rechts- und Verfahrensverstößen – auf Verstöße gegen **„allgemein anerkannte pädagogische Grundsätze“**.[107] Erhebliche Kontrollbeschränkungen bestehen überdies bei den Prüfungen des **Berufsbildungsgesetzes**, welches dem Prüfungsausschuß ein hohes

---

104 BVerwG, NJW 1988, 2813.
105 Vgl. E. IV. 1.
106 Vgl. E. IV. 1.
107 BVerwG, DVBl. 1988, 1121.

Maß an Unabhängigkeit verliehen hat, das auch von der Widerspruchsbehörde zu respektieren ist.[108]

Weitere Besonderheiten werden durch den sog. **Anspruch auf Überdenken** in das prüfungsrechtliche Widerspruchsverfahren hineingetragen.[109] Der Prüfer kann seine prüfungsspezifischen Wertungen nur dann überdenken, wenn gegenüber der Aufsichtsinstanz ein angemessener Freiraum verbleibt. Abgesehen von der Besorgnis der Befangenheit ist deshalb auch der gleiche Prüfer mit der angegriffenen Prüfungsentscheidung erneut zu befassen, wenn Gleichheitsverstöße durch Einschaltung anderer Prüfer mit ihren je eigenen Bewertungsmaßstäben vermieden werden sollen.

Liegt ein korrigierbarer Prüfungsfehler im obigen Sinne vor, so wird die Aufsichtsbehörde entweder eine **erneute Prüfung** ansetzen (bei Verfahrensfehlern) oder den Prüfer anweisen, die Leistungen des Prüflings unter Beachtung der einschlägigen rechtlichen Bindungen **erneut zu beurteilen.** Eine abschließende Entscheidung kann die Aufsichtsbehörde nur dann treffen, wenn nach den anwendbaren Bewertungsregeln nur eine einzige Entscheidung rechtmäßig sein kann. Dies wäre beispielsweise dann der Fall, wenn Prüfungsnoten ohne Ansehen der zugrunde liegenden Leistung falsch berechnet wurden.

Obgleich über die Versetzung des Schülers regelmäßig durch Konferenzbeschluß entschieden wird, ist die **Konferenz** vorbehaltlich landesrechtlicher Sonderbestimmungen nicht befugt, die Notengebung des einzelnen Lehrers abzuändern. Allerdings sind Konferenz und Schulleitung schon aus beamtenrechtlichen Gründen verpflichtet, den Vorgang an die Aufsichtsbehörde weiterzuleiten, wenn sich Zweifel an der rechtlichen Haltbarkeit des Prüfungsergebnisses zeigen.

VI. Besonderheiten des Rechtsschutzes

Für Streitigkeiten um die Rechtmäßigkeit von Prüfungs- und Versetzungsentscheidungen ist gem. § 40 Abs. 1 VwGO der **Verwaltungsrechtsweg** gegeben. Dies gilt auch für (beliehene) staatlich anerkannte Ersatzschulen, nicht dagegen für staatlich nicht anerkannte Ergänzungsschulen.

Gegenstand der gerichtlichen Kontrolle sind nur abschließende Entscheidungen, die als Verwaltungsakte ergehen. **Einzelbewertungen** wie Klassenarbeiten oder Vorzensuren sind regelmäßig nur unselbständige Teile einer Gesamtentscheidung, wie sie etwa bei dem insofern angreifbaren Versetzungs- oder Abschlußzeugnis vorliegt. Wenn allerdings die Einzelnote von besonderer Bedeutung ist für die Zulassung zu einem bestimmten Beruf oder Studium, dann stellt sie – nicht ganz unumstritten – eine selbständige Regelung dar, die entsprechend als Verwaltungsakt oder zumindest als anfechtbarer Teil eines Verwaltungsakts zu beurteilen ist.[110]

---

108 BVerwGE 70, 4.
109 Vgl. D. II. 3 sowie IV. 1.
110 OVG Berlin, DVBl. 1975, 731 (Anfechtung als Verwaltungsakt): OVG Koblenz, DÖV 1980, 614 (kein Verwaltungsakt, daher Leistungsklage); vgl. auch E. IV. 1.

Läßt die Beurteilung der Leistung ausnahmsweise nur eine einzige Entscheidung zu (etwa weil die Prüfungsnote falsch berechnet wurde), so verdichtet sich der Beurteilungsspielraum des Prüfers in einem Maße, daß jede andere Enscheidung willkürlich wäre. Dann ist die **Verpflichtungsklage** die zutreffende Klageart (§ 42 Abs. 1 VwGO). Der Klageantrag ist also auf eine bestimmte Prüfungsentscheidung ausgerichtet.

Diese Konstellation liegt jedoch nur selten vor. Normalerweise muß die Prüfung neu bewertet, wiederholt oder der Rücktritt genehmigt werden. Hierauf hat das Gericht wegen bestehender Beurteilungs- und Ermessensspielräume letztlich keinen Einfluß. Insbesondere bei Bewertungsfehlern erstreckt sich die Verpflichtungsklage daher zumeist nicht auf ein bestimmtes Bewertungsergebnis, sondern darauf, bei der Neubewertung die vom Gericht beanstandeten Fehler zu vermeiden. Das Gericht kann deshalb lediglich die Verpflichtung aussprechen, den Kläger unter **Beachtung seiner Rechtsauffassung erneut zu bescheiden** (§ 113 Abs. 5 S. 2. VwGO). Entsprechend richtet sich der Klageantrag auf die Verpflichtung zur Neubescheidung durch die Prüfungsinstanz unter Vermeidung des bisherigen Bewertungsfehlers.

Die **Anfechtungsklage** richtet sich dagegen in erster Linie gegen Fehler im Verfahrensablauf. Mit ihr wird die Aufhebung der Prüfungsentscheidung begehrt. Denn für die Verpflichtung zur Neubewertung fehlt es an den notwendigen Grundvoraussetzungen, da der Prüfling in dem erneut vorzunehmenden Verfahren seine Leistung erst noch unter Beweis zu stellen hat. Die Behörde wird im Falle der Aufhebung von sich aus die Wiederholung der Prüfung anordnen, so daß es eines weitergehenden Klageantrages nicht bedarf, es sei denn, die Prüfungsordnung verlangt eine ausdrückliche Zulassung zum betreffenden Verfahren. Denn diese ist ein selbständiger, allerdings mit der Verpflichtungsklage zu erstreitender Verwaltungsakt.

Hat der Kläger während des Gerichtsverfahrens die Wiederholungsprüfung zwischenzeitlich bestanden, so kann er die ursprüngliche Anfechtung auf einen **Fortsetzungsfeststellungsantrag** umstellen, da er ein berechtigtes Interesse an der Feststellung der Rechtswidrigkeit der Erstentscheidung hat (§ 113 Abs. 1 S. 4 VwGO).

Da mit der Anfechtungs- oder Verpflichtungsklage nur die Aufhebung bzw. der Erlaß eines Verwaltungsaktes begehrt werden kann, wenn es um die Verbesserung von **Einzelnoten oder Zwischenergebnissen** geht, die **allgemeine Leistungsklage** in Gestalt der – je nach Klageziel – Beseitigungsklage oder der Unterlassungsklage einschlägig.[111]

Bei der gerichtlichen Entscheidung ist der **Zeitpunkt** des Prüfungsverfahrens zugrunde zu legen. Spätere Leistungsverbesserungen sind deshalb regelmäßig ohne rechtliche Bedeutung. Schulische Leistungsbeurteilungen sind jedoch häufig von Prognosen über die zukünftige Entwicklung des Schülers abhängig. In einem

111 So OVG Koblenz, DÖV 1980, 614; VGH Baden-Württemberg, DÖV 1982, 164.

solchen Fall, wie etwa bei der Überweisung in die Sonderschule, ist eine während des Rechtsmittelverfahrens eintretende Leistungsverbesserung hingegen zu berücksichtigen.

Das Gericht ermittelt den **Sachverhalt von Amts wegen** (§ 86 VwGO). Es hat darauf hinzuwirken, daß sachdienliche **Anträge** gestellt werden, unklare Anträge erläutert werden, ungenügende tatsächliche Angaben ergänzt und alle sonstigen wesentlichen Erklärungen abgegeben werden. Gegenüber noch ungeklärten Fragen ist den Verfahrensbeteiligten Gelegenheit zur Stellungnahme zu geben. Mitglieder von Konferenzen oder Prüfungsausschüssen können als **Zeugen** geladen werden. Die Beiziehung eines externen **Sachverständigen** ist nur dann erforderlich, wenn das Gericht aus dem Vorbringen der Prüfer keine sichere Überzeugung gewinnen kann. Jedenfalls kommt es für sich genommen nicht darauf an, ob das Gericht selbst über die jeweilige Fachkunde im Prüfungsfach verfügt.[112] Die Prüfungsinstanzen sind zur Vorlage ihrer **Akten** verpflichtet, es sei denn, ihr Inhalt ist ihrem Wesen nach geheimzuhalten. Gleiches gilt für die den Ablauf der Beratungen und die Beschlußfassung festhaltenden Niederschriften und Besprechungsvermerke.

Insbesondere der Widerspruch des Prüflings umfaßt die gesamte Prüfungsentscheidung, auch wenn zunächst nur einzelne Prüfungsleistungen beanstandet wurden. Der Prüfling kann deshalb eine unrichtige Bewertung, wenn gegen den Prüfungsbescheid rechtzeitig Klage erhoben wurde, noch bis zum Schluß der mündlichen Verhandlung vor dem Tatsachengericht rügen.[113]

Bis zum Abschluß des gerichtlichen Verfahrens können manchmal Jahre vergehen. Ist die Entscheidung eilbedürftig, so kann unter bestimmten Voraussetzungen **vorläufiger Rechtsschutz** in Anspruch genommen werden. Der Sicherung des positiven Anspruchs auf fehlerfreie Durchführung der Prüfung und sachgerechte Bewertung dient die **einstweilige Anordnung** gem. § 123 VwGO. Bei der einstweiligen Anordnung soll die Vorwegnahme der Hauptsacheentscheidung jedoch möglichst vermieden werden. Deshalb muß der Kläger die Unzumutbarkeit eines weiteren Abwartens glaubhaft machen. Zudem muß die Klage hohe Erfolgsaussichten erkennen lassen. Richtet sich die Klage etwa auf die **Versetzung** in die nächsthöhere Klasse, so wird dem Schüler zumeist die Teilnahme am Unterricht dieser Klasse gewährt, da er ansonsten den Anschluß verpassen würde. Erreicht der Schüler hier das Klassenziel noch bevor das Gerichtsverfahren abgeschlossen ist, so ist er in jedem Fall weiter zu versetzen. Denn er hat gezeigt, daß die geforderten Kenntnisse vorliegen.[114] Wegen der Vorläufigkeit einstweiliger Anordnungen können Prüfungszeugnisse bis zum Abschluß des Hauptsacheverfahrens einbehalten werden oder nur als vorläufiges Prüfungszeugnis ausgestellt werden, es sei denn, für die Klage im Hauptsacheverfahren bestehen besonders hohe Erfolgsaussichten.

---

112 BVerwG, NJW 1998, 323, 328.
113 BVerwG, NVwZ 2000, 921.
114 Hierzu näher Niehues, Schul- und Prüfungsrecht, Bd. 2, 3. Aufl. 1994, Rn. 418.

Eine Dringlichkeitssituation, wie beim sog. Anordnungsgrund der einstweiligen Anordnung gefordert, dürfte jedoch dann nicht vorliegen, wenn der Prüfling in absehbarer Zeit noch regulär an einer Wiederholungsprüfung teilnehmen kann.

Gegen belastende Eingriffsakte wie den Widerruf einer Prüfungszulassung oder den Prüfungsausschluß wegen eines Täuschungsversuchs entfaltet die Erhebung von Widerspruch und Klage dagegen **aufschiebende Wirkung**, es sei denn, die Behörde hat die sofortige Vollziehung angeordnet (§ 80 Abs. 1, Abs. 2 Nr. 4 und Abs. 5 VwGO).

Konnte wegen des notwendigen Rechtsschutzverfahrens und der dadurch eingetretenen Verzögerung des Prüfungsabschlusses eine bereits zugesagte Arbeitsstelle nicht angetreten werden, so führt der Prüfungsfehler zu einem **Amtshaftungsanspruch** des Prüfungskandidaten gegen die Prüfungsbehörde (§ 839 BGB), welche die verantwortlichen Prüfer bei Vorsatz oder grober Fahrlässigkeit ihrerseits in Regreß nehmen kann.[115]

---

115 BGH, DVBl. 1983, 586, 587; BGH, NJW 1998, 2738, 2740; BGH KMK HSchR/NR 21 C. 1 Nr. 6 (120.000 DM Schadensersatz).

F. Schulrecht

Weiterführende Literatur:

Stein/Roell, Handbuch des Schulrechts, 2. Aufl. 1992; Niehues, Schul- und Prüfungsrecht, Bd. 1 (Schulrecht), 3. Aufl. 2000; Avenarius/Heckel, Schulrechtskunde, 7. Aufl. 2000; Staupe, Schulrecht von A–Z, 5. Aufl. 2001; Woltering/Bräth, Niedersächsisches Schulgesetz, Handkommentar, 4. Aufl. 1998; Galas/Habermalz/Schmidt, Niedersächsisches Schulgesetz, 4. Aufl. 2001; Lemnitzer/Wiater (Hg.), Kompendium Schulrecht und Schulkunde in Bayern, 3. Aufl. 2002; Avenarius/Jeand'Heur, Elternwille und staatliches Bestimmungsrecht bei der Wahl der Schullaufbahn, Schriften zum Öffentlichen Recht, Bd. 616, 1992; Becker, Möglichkeiten und Grenzen staatlicher Einflußnahme auf den Betrieb von Privatschulen, BayVBl. 1996, 609; Falkenberg, Grundriss des Schulrechts in Bayern, 2. Aufl. 1995; Eiselt/Heinrich, Grundzüge des Schulrechts in Berlin, 3. Aufl. 1991; Bothe, Erziehungsauftrag und Erziehungsmaßstab der Schule im freiheitlichen Verfassungsstaat, VVDStRL 54, 1995, 7; Czybulka, Rechtsprobleme des Schulfinanzierungsrechts, Schriften zum Öffentlichen Recht, Bd. 644, 1993, 38; Füssel, Elternrecht und Sonderschule, 1987; Faller, Die Meinungsfreiheit der Schüler und Studenten, RdJB 1985, 487; Wißmann, Pädagogische Freiheit als Rechtsbegriff, 2002; Hennecke, Klagen gegen bzw. auf bestimmte Unterrichtsinhalte?, RdJB 1986, 272; Jach, Privatschulfreiheit am Scheideweg, DÖV 1990, 506; Ladeur, Elternrecht, kulturstaatliches Vielfaltsgebot und gesetzliche Regelung der Schulschließung, DÖV 1990, 945; Mahrenholz, Schul- und Hochschulrecht, in: Niedersächsisches Staats- und Verwaltungsrecht (Hg. von Heiko Faber und Hans-Peter Schneider), 1985; Kühne, Zum Vollzug landesverfassungsrechtlicher Erziehungsziele – am Beispiel Nordrhein-Westfalens, DÖV 1991, 763; Jach/Jenkner (Hg.), Autonomie der staatlichen Schule und freies Schulwesen, Festschrift für J. P. Vogel, 1998; Hufen, Verfassungsrechtliche Möglichkeiten und Grenzen schulischer Selbstgestaltung, Festschrift für J. P. Vogel, 1998, 51; Jürgens/Römer, Aufnahme von Behinderten in allgemeine Schulen, NVwZ 1999, 847; Leuze, Datenschutz – eine schwierige, aber wichtige Aufgabe der Schule, RdJB 1984, 2; Richter, Gestaltungsspielräume der kommunalen Schulträger beim Schulangebot, DÖV 1992, 144; Oebbecke, Reichweite und Voraussetzungen der grundgesetzlichen Garantie des Religionsunterrichts, DVBl. 1996, 336; Luthe, Das besondere Gewaltverhältnis – Selbstregulationsmodell des Öffentlichen Rechts, 1989; Loschelder, Vom besonderen Gewaltverhältnis zu öffentlich-rechtlichen Sonderbindung, 1982; Renck, Bekenntnisunterricht und Ethikunterricht, NVwZ 1999, 713; Pieroth, Die staatliche Ersatzschulfinanzierung und der Schulhausbau, DLV 1992, 593; Theuersbacher, Die Entwicklung des Schulrechts in den Jahren 1997 und 1998, NVwZ 1999, 838; Schmidt, „Schulprogramm" und pädagogische Eigenverantwortung der Schule, NVwZ 1997, 456; Koch, Das Recht des öffentlichen Dienstes im Bildungswesen: Bestandsaufnahme und Entwicklungsperspektiven, RdJB 1997, 71; Böhm, Grundriss des Schulrechts in Deutschland, 1995; Habermalz, Geldbuße und Schulzwang – die andere Seite der Schulpflicht, RdJB 2001, 218; Meredith, Schadensersatzpflicht für Fehlerziehung, RdJB 2001, 370; Margies/Rieger, Aufsicht und Haftung in der Schule, RdJB 2000, 280; Böhm, Überblick über Schwerpunkte der Rechtsprechung im Schulrecht der letzten Jahre, RdJB 2000, 314; Püttner, Die Sprengel-Pflicht, RdJB 1992, 230; Bryde, Neue Entwicklungen im Schulrecht, DÖV 1982, 661; Luthe, Der Lehrer im Kontext des Schul- und Beamtenrechts, in: Neue Praxis der Schulleitung, 1991, 3; ders., Die Rechtsstellung von Schülern und Eltern, in: Neue Praxis der Schulleitung, 1992, 1; ders., Rechtliche Autonomie im Verwaltungsinnenbereich, RdJB 1991, 194; Rennert, Entwicklungen in der Rechtsprechung zum Schulrecht, DVBl. 2001, 504; Böhm, Aufsicht und Haftung in der Schule, 1998; Füssel, Rechts-

ABC für Lehrerinnen und Lehrer, 2. Aufl. 1998; Jach, Schulverfassung und Bürgergesellschaft in Europa, 1999; Müller/Gampe/Rieger/Risse (Hg.), Leitung und Verwaltung einer Schule, 8. Aufl. 1997.

I. Allgemeines

Schulrecht gilt vielen als Testfall für die **Liberalität** staatlicher Bildungs- und Sozialpolitik schlechthin. Hieran scheint sich zu bemessen, inwiefern der Gesellschaft die Befreiung aus obrigkeitsstaatlichen Zwängen und von bürokratischer Bevormundung gelungen ist. Noch in den 60er Jahren des letzten Jahrhunderts galt Schule als „rechtsfreier Raum“. Schüler und Eltern waren dem schulischen Regime über weite Strecken schutzlos ausgeliefert. Kaum eine andere Materie des Öffentlichen Rechts ist seitdem so intensiv Gegenstand rechtsstaatlicher Kontroversen gewesen wie das Schulrecht.

Im übrigen gehört die Schulgesetzgebung zu den wenigen Politikfeldern der Länder, in denen diese noch zu eigener politischer Profilierung gegenüber der Bundespolitik in der Lage sind: Nach dem Grundgesetz fällt die Schulpolitik in die ausschließliche **Zuständigkeit der Länder**. Gleichwohl ist nicht zu verkennen, daß die Bundesländer die ihnen hiermit gegebenen Gestaltungschancen kaum wahrgenommen haben und zwischen den Landesschulgesetzen verblüffende Ähnlichkeiten existieren.

Ob und inwieweit der schulische Alltag durch die Vorgaben der Schulgesetze und Gerichte geprägt wird, hängt vor allem im Schulbereich von den Ausführenden vor Ort selbst ab. Man könnte diese Ausssage als Binsenweisheit abtun, wenn nicht hinzuzufügen wäre, daß die Lehrerschaft im großen und ganzen eine ganz andere **professionelle Orientierung** für ihre Arbeit mitbringt als die übrigen, auf Rechtsanwendung hin geschulten Mitarbeiter im Öffentlichen Dienst. Obwohl die Unterrichtstätigkeit des Lehrers immer auch Gesetzesvollzug darstellt, so konkretisiert sich dieser vor allem im Gefolge pädagogischer und fachdidaktischer Gesichtspunkte, wird also geprägt auch durch Lehrerausbildung, Berufsverbandswesen und pädagogische Wissenschaft. Aus dieser Perspektive ließe sich somit kontrastierend zum normativen Programm unschwer folgern, daß die Schule so „liberal“ oder „bürokratisch“ ist, wie das professionelle Selbstverständnis der Lehrerschaft bzw. die bewährten Verhaltensrezepte des einzelnen Lehrers es zulassen. Auch innerhalb des Rechts muß in dieser Hinsicht differenziert werden: Der Zwang zur justizfesten Absicherung der Schülerbeurteilung und die vielfältigen Verwaltungsvorschriften zur Organisation von Schule und Unterricht prägen den Schulalltag zweifelsohne in einem viel stärkeren Ausmaß als die zumeist leerformelhaften Proklamationen des Schulgesetzgebers im Rahmen seiner Bildungs- und Erziehungsziele. Hierbei aber offenbart sich ein nur schwer handhabbarer Konflikt zwischen rechtlicher Formalstruktur und pädagogisch vermittelter Interaktion im Unterricht und den schulischen Gremien. Wenngleich sich das Schulsystem wie kaum sonst mit der rechtlichen Anerkennung von Autonomiebereichen, seiner vergleichsweise flachen Hierarchie, der pädagogischen Orientierung des Aufsichtsstabes, der Installierung gruppenpartizipatorischer Strukturen sowie im Zuge einer generellen Zielorientierung bei der Programmgebung dem Modell einer situativen Organisation zumindest angenähert hat, bleibt dennoch festzuhalten, daß die verschiedenen Formen einer **Verrechtlichung** des Schulwesens (Vergesetzlichung, Justizialisierung, Bürokratisierung) nach wie vor mit einer der eigentlichen Erziehungsaufgabe nur schwer zu vereinbarenden Einengung schulischer Gestaltungsmöglichkeiten vor Ort verbunden sind.

Gleichwohl kann es nicht darum gehen, nunmehr unter anderen Vorzeichen zum „rechtsfreien Raum" des ehemals obrigkeitsstaatlichen Schulverhältnisses zurückzukehren.[1] Schule verteilt Lebensführungschancen, so daß sichergestellt sein muß, daß hierbei der Gleichheitssatz nicht verletzt wird. Im Wege des Schulzwangs disponiert der Staat zudem über Freiheitsräume seiner Bürger (Schüler und Eltern), was ohne demokratisches Gesetz und gerichtliche Kontrolle in Machtmißbrauch und Unterdrückung ausarten kann. Eine andere Frage ist die der Vereinheitlichung des Bildungswesens, sei es im Verhältnis der einzelnen Schulen, sei es im Verhältnis der Länder zueinander. Gerade dieses Argument hat der deutschen Bildungslandschaft über die Jahre hinweg eine regelrechte Regulierungswut der Kultusbürokratien beschert. Natürlich muß ein möglichst reibungsloser Schulwechsel stattfinden können. Aber bedarf es hierzu einheitlicher Unterrichtsinhalte und Organisationsformen? Entscheidend dürfte letztlich sein, „daß" und nicht „wie" ein bestimmter Leistungsstand erreicht wird.

Die rechtlichen Verhältnisse des Schulwesens werden in den wesentlichen Zügen durch **Verfassungsrecht** strukturiert. Der **Lehrer** als Beamter oder Angestellter des öffentlichen Dienstes unterliegt bestimmten dienstrechtlichen Verpflichtungen, ist an die vorgegebenen Erziehungsziele gebunden und im Rahmen der Verfassung zu besonderer Toleranz insbesondere in weltanschaulichen und politischen Dingen gegenüber Schülern und deren Eltern verpflichtet. Angesichts der Eigengesetzlichkeiten des pädagogischen Prozesses kommt ihm jedoch im Bereich der Feinausgestaltung des Unterrichts ein gewisses Maß an Gestaltungsfreiheit zu, das im Verhältnis zur Schulaufsicht die beamtenrechtliche Weisungsgebundenheit beschränkt.

Obgleich der **Schüler** im Rahmen der staatlichen Schulhoheit (Art. 7 GG) gewisse Einschränkungen seiner Freiheitsrechte hinzunehmen hat, steht er der Schule dennoch nicht rechtlos gegenüber. Das Schulverhältnis ist schon lange kein Besonderes Gewaltverhältnis mehr, das dem Staat nahezu unbeschränkte Handlungsfreiheiten im Umgang mit dem Schüler garantierte.[2] Trotzdem bleibt die Frage, durch welche Maßnahmen der Schule die Rechtssphäre des Schülers wirklich beeinträchtigt wird. Auch heute noch sind Maßnahmen des laufenden Schulbetriebs und insbesondere

---

1 Zum besonderen Gewaltverhältnis: Luthe, Das besondere Gewaltverhältnis – Selbstregulationsmodell des öffentlichen Rechts, 1989; Loschelder, Vom besonderen Gewaltverhältnis zur öffentlich-rechtlichen Sonderbindung, 1982.

2 Zur Verabschiedung des Besonderen Gewaltverhältnisses: BVerfGE 33, 1.

Unterricht und Organisation der Schule dem rechtlichen Einfluß von Schülern und Eltern entzogen.

Rechte des minderjährigen Schülers werden durch die Eltern wahrgenommen.[3] Mit zunehmendem Alter des Kindes gewinnt sein Selbstbestimmungsrecht, auch gegenüber den Eltern, jedoch an Kontur. Außerhalb der originär schulischen Angelegenheiten hat die Schule jedoch keine Möglichkeit rechtlicher Einflußnahme auf das Kindeswohl.[4] Ohnehin ist der Staat nur auf eine Mißbrauchskontrolle der elterlichen Erziehung beschränkt (Art. 6 Abs. 2 S. 2 GG). Diese Aufgabe wird ausschließlich von der Familiengerichtsbarkeit wahrgenommen.[5] Die Schule ist insbesondere in der Zusammenarbeit mit dem Jugendamt jedoch nicht daran gehindert, im Vorfeld eines Erziehungsmißbrauchs auf Schüler, Eltern und das soziale Umfeld mittels geeigneter Förderleistungen einzuwirken.

Zwar umfaßt das **Elternrecht** die Pflege und Erziehung ihrer Kinder (Art. 6 Abs. 2 GG). Da jedoch auch der Staat einen eigenständigen Erziehungsauftrag hat (Art. 7 Abs. 1 GG), kommt es häufig, etwa bei der Bestimmung der Schulform, zu Interessenkollisionen. Da man nicht von einem grundsätzlichen Übergewicht der einen oder anderen Seite ausgehen kann, kommt es maßgeblich darauf an, ob originär schulische, insbesondere organisatorische Fragen betroffen sind oder ob es um Entscheidungen geht, die für den weiteren Lebensweg des Kindes oder die persönlichen Erziehungsideale der Eltern von unmittelbarer Bedeutung sind.[6] Schule ist grundsätzlich eine „Gemeinschaftsveranstaltung", so daß elterliche Partikularvorstellungen gegenüber gesetzlich festgelegten Erziehungskonzepten und notwendigen Vereinheitlichungen zumeist nicht durchdringen können. Gleichwohl genießen Eltern ein Wahlrecht zwischen den zur Verfügung gestellten Schulformen, können mitwirken innerhalb schulischer Gremien und besitzen ein Informationsrecht bezüglich des Leistungsstandes ihrer Kinder und der Ausgestaltung des Unterrichts. Nicht zuletzt hierin materialisiert sich die verfassungsgerichtliche Forderung nach einem sinnvollen Zusammenwirken von Schule und Eltern in Fragen der Kindeserziehung, mit der ein Ausgleich geschaffen werden soll zwischen dem elterlichen Erziehungsrecht und dem schulischen Erziehungsauftrag.[7]

Die **Organisation des Schulwesens** ist in wesentlichen Zügen wiederum durch die in Art. 7 Abs. 1 GG geregelte staatliche Schulhoheit vorgegeben. Der Staat hat insofern für eine bildungsmäßige und erzieherische Grundversorgung zu sorgen, gleiche Bildungschancen zu gewährleisten und ein Mindestmaß an Freizügigkeit innerhalb der Bundesrepublik Deutschland durch vergleichbare Bildungsabschlüsse zu ermöglichen. Eine vollständig staatsfreie oder „autonome" Schule

3 §§ 1626ff., 1629, 1631a BGB.
4 Zum Kindeswohl: BVerfGE 59, 360ff.
5 §§ 1631b, 1632 Abs. 3 und 4 BGB.
6 Ähnlich Niehues, Schul- und Prüfungsrecht, Schulrecht, 3. Aufl. 2000, Rn. 44.
7 BVerfGE 34, 165 (Förderstufenurteil); beim Kooperationsgebot geht es jedoch stets nur um das einzelne Kind. Kollektive Gruppenmitwirkungsrechte an schulischen Entscheidungen können hieraus nicht abgeleitet werden: BVerfGE 59, 360, 380.

kann es unter der Herrschaft des Grundgesetzes deshalb nicht geben.[8] Bestimmte Formen der Verselbständigung von Schulen auf der Basis von Entscheidungen ihrer Gremien und unter Beteiligung von Eltern, Schülern und Schulträgern sind hierdurch jedoch keineswegs ausgeschlossen, solange die Letztverantwortung des Staates hierdurch nicht ausgehebelt wird.[9] Die kollektive Beteiligung von Lehrern, Schülern und Eltern am Schulwesen findet jedoch dort ihre Grenze, wo Glaubens- und Gewissensfragen, die Intimsphäre von Erziehung, die prüfungsrechtliche Gleichbehandlung der Schüler, mithin der persönliche Bereich von Schülern und Eltern unmittelbar betroffen ist. Hier ist zunächst das Parlament zur Regelung der wesentlichen Angelegenheiten von grundrechtlicher und bildungspolitischer Bedeutung im Rahmen des sog. Gesetzesvorbehalts gefordert. Als Instanzen des Vollzuges von Gesetz und Regierungspolitik haben die **Schulbehörden** jedoch den weitaus größten Teil der staatlichen Regelungs- und Kontrollverantwortung zu tragen: Der Kultusminister als oberste Schulbehörde, die Bezirksregierungen als obere Schulbehörden sowie, soweit vorhanden, die Schulaufsichtsämter als untere Schulbehörden. Am untersten Ende ist es der Schulleiter, der über den staatlichen Erziehungs- und Bildungsauftrag im Rahmen der Schulgesetze wacht. Er ist nicht nur der einzelnen Schule, sondern auch dem staatlichen Ganzen verpflichtet.[10] Von der Schulbehörde im engeren Sinne abzugrenzen ist schließlich der **Schulträger**. Während die Verantwortung für das Personal, die Unterrichtsinhalte und die Unterrichtsorganisation dem originär staatlichen Bereich von Schule und Schulbehörde zukommt, trägt der Schulträger die Verantwortung für die sachliche Ausstattung des Schulwesens. Die Schulträgerschaft gehört zu den kommunalen Selbstverwaltungsaufgaben (Art. 28 Abs. 2 GG). Im Regelfall (abgesehen von kommunal- und staatseigenen Schulen) ist das Schulwesen daher eine staatlich-kommunale Angelegenheit.

---

8 Auch Privatschulen stehen unter staatlicher Aufsicht, vgl. Art. 7 Abs. 4, 5 GG.

9 Ausgeschlossen ist jedoch ein Mitbestimmungsrecht von Eltern- und Schülervertretern bei Entscheidungen über Zeugnisse und Versetzungen, bei der Bestimmung des Schulleiters und der Anstellung von Lehrern und bei wesentlichen Fragen der inneren Organisation der einzelnen Schule, während die Entwicklung eines schulpolitischen Profils durchaus den Beteiligten vor Ort überlassen bleiben kann. Gewisse Abweichungen von der Stundentafel oder die Zusammenfassung einzelner Fächer zu Lehrbereichen ist daher in schulischer Eigenverantwortung möglich, solange Schulleiter und Fachaufsicht hierdurch ihrer Aufgaben nicht vollständig enthoben werden: Nds. StGH, NVwZ 1997, 267; Hess. StGH, SPE 740, Nr. 1; BayVerfGH, DVBl. 1995, 419.

10 Deshalb wäre es mit dem staatlichen Erziehungs- und Bildungsauftrag des Grundgesetzes unvereinbar, wenn der Schulleiter durch die Beteiligten der einzelnen Schule gewählt würde. Ein Vorschlagsrecht der unmittelbar Beteiligten, wie in einzelnen Schulgesetzen der Länder vorgesehen, ist dagegen verfassungsrechtlich unproblematisch.

II. Die Organisation des Schulwesens

1. Grundlagen

Da die Organisation des Schulwesens Grundrechte von Eltern und Kindern berührt, müssen die wesentlichen Fragen des Schulaufbaus nach dem sog. Vorbehalt des Gesetzes durch den Gesetzgeber geregelt werden. Diesem steht hierbei jedoch ein weiter Gestaltungsspielraum zu. Denn das Grundgesetz gibt keinen Maßstab für die pädagogische Beurteilung von Schulsystemen vor.[11] Aus diesem Grund kann der **Schulaufbau** (Primarstufe, Sekundarstufe I, Sekundarstufe II) unterschiedlich strukturiert werden und läßt verschiedene **Schularten** bzw. Schulformen (Grundschule, Hauptschule, Realschule, Gymnasium, Gesamtschule sowie berufsbildende Schulen) zu. Gleichwohl gilt der **gemeinsame Grundschulbesuch** aller Kinder als wesentlicher Integrationsfaktor einer demokratischen Gesellschaft, weshalb private Volksschulen (Art. 7 Abs. 5 GG) im Gegensatz zu sonstigen privaten Schulen (Art. 7 Abs. 4 GG) nur im Ausnahmefall vom Grundgesetz anerkannt werden. Die Feinausgestaltung des Schulaufbaus folgt landesspezifischen Besonderheiten, etwa was die Dauer des Schulbesuchs in der Primarstufe oder Sekundarstufe II anbetrifft oder die Erteilung von Unterricht als Ganztags- oder Halbtagsunterricht. Zudem gibt es schulartübergreifende Angebote in der Orientierungsstufe oder Gesamtschule, außerdem Schulen des zweiten Bildungsweges (Kollegs) und Sonderschulen. Neben diesen allgemeinbildenden Schulen sorgen berufsbildende Schule für die berufsbezogene Bildung.[12]

In Anbetracht der Erziehungsverantwortung der Eltern hat der Staat ein **differenziertes Schulangebot** zur Verfügung zu stellen.[13] Dem steht der staatliche Schulgestaltungsauftrag gem. Art. 7 Abs. 1 GG entgegen. Wie weit die Gestaltungsrechte des Staates gehen ist zweifelhaft. Fehlt – etwa bei einer flächendeckenden Einführung der Gesamtschule – die externe Differenzierung nach Schulformen, so hat jedenfalls eine hinreichende Binnendifferenzierung zu erfolgen, um den unterschiedlichen Begabungen der Schüler, jedenfalls ab Jahrgangsstufe 5, Rechnung zu tragen.[14] Auch die Einführung einer Ganztagsschulpflicht reibt sich mit dem Erziehungsrecht der Eltern, insbesondere dann, wenn zusätzlich außerschulische Inhalte vermittelt werden und der Betreuungsaspekt hierbei im Vordergrund steht.[15] Ob dagegen aus der verfassungsrechtlichen der Gleichstellung von Männern und Frauen (Art. 3 Abs. 2 GG) ein Anspruch auf Aufnahme des Kindes in eine Ganztagsschule außerhalb des eigenen Schulsprengels hergeleitet werden kann, ist weithin offen.[16]

---

11 BVerfGE 34, 165, 185.
12 Zum Berufsbildungsrecht vgl. G.
13 BVerfGE 34, 165, 184; 96, 288, 303.
14 Hierzu BVerwGE 104, 1, 9.
15 OVG Hamburg, NordÖR 1999, 112.
16 OVG, NVwZ-RR 2000, 679.

2. Schulverwaltung und Schulträgerschaft

Zur näheren Umschreibung der Kompetenzbereiche von Schulträger, Schulverwaltung und Schule haben sich die Begriffe der **inneren und äußeren Schulangelegenheiten** eingebürgert. Regelungen der Schulbesuchspflicht, die Lehrplangestaltung und die Unterrichtsführung gelten als innere Angelegenheiten mit flankierender staatlicher Aufsicht, während die Errichtung, Unterhaltung und Bereitstellung der erforderlichen Mittel herkömmlich zu den äußeren Angelegenheiten der Schulträger gerechnet werden. Bei den äußeren Angelegenheiten kommt es wiederum darauf an, wie die Organisation des Schulträges geregelt ist. Bei den **staatlich-kommunalen Schulen** ist Schulträger im engeren Sinne die Kommune, die ihrerseits für die Bereitstellung der Sachmittel verantwortlich ist. Die Schulverwaltung trägt dagegen die Personalkosten des Lehrpersonals.[17] Bei dieser Organisationsform plant und finanziert der Schulträger den Schulbau und trägt die Kosten für die Ausstattung der Schule. Die Landesverwaltung nimmt hierauf jedoch Einfluß durch finanzielle Förderung, staatliche Richtliniengebung beim Schulbau sowie bei der Lehr- und Lernmittelanschaffung.

Einige Bundesländer haben **kommunaleigene Schulen** eingerichtet. Hier ist der Schulträger Dienstherr des gesamten Schulpersonals, wobei ein Teil der Personalkosten vom Land erstattet wird. Zumeist sind bei diesem Modell aber nur einzelne Schulformen, insbesondere Realschulen, berufsbildende und höhere Schulen in die kommunale Alleinverantwortung gestellt.

Daneben gibt es **staatseigene Schulen**, die ausschließlich vom Land getragen werden. Von dieser organisatorischen Gestaltung haben in erster Linie Stadtstaaten Gebrauch gemacht. In manchen Bundesländern werden Schulen des Sekundarbereichs II, Kollegschulen sowie Heimsonderschulen in staatlicher Regie geführt.

Entsprechend unterschiedlich ist der **Verwaltungsaufbau** ausgestaltet. Teilweise wird die Verwaltung von einer Instanz bestritten, teils sind es zwei oder drei Instanzen. Oberste Instanz ist landesübergreifend der Kultusminister bzw. Senator (für landwirtschaftliche Fachschulen der Landwirtschaftsminister, für besondere Wohlfahrtsschulen und Sonderschulen teilweise auch der Arbeits- und Sozialminister). Als Mittelinstanz zuständig sind in den einzelnen Ländern die sog. Oberschulämter, Landesschulämter oder Bezirksregierungen bzw. Regierungspräsidien. Als untere Instanzen fungieren die Kreise und die kreisfreien Städte.

Die Schulträgerschaft gehört zu den **kommunalen Selbstverwaltungsaufgaben** gem. Art. 28 Abs. 2 GG. Die staatliche Aufsicht über die Kommune beschränkt sich in diesem Bereich auf die Ausübung von Rechtsaufsicht.[18] Zwischen Selbst-

---

17 Dem Schulträger steht aber häufig ein Auswahlrecht bei der Einstellung und Versetzung des Lehrerpersonals zu.

18 Überwacht wird somit die Einhaltung gesetzlicher Vorschriften, während der Bereich des Ermessensgebrauchs und der Zweckmäßigkeit des Verwaltungshandelns völlig der kommunalen Autonomie überantwortet ist.

verwaltung und Staatsaufsicht besteht ein nicht unerhebliches Spannungsverhältnis, das aufgrund der unscharfen gemeindlichen und staatlichen Kompetenzen in Einzelfällen immer wieder Anlaß zu Auseinandersetzungen gibt.[19] Bei der **Schulentwicklungsplanung** der Landesverwaltung etwa hat sich der kommunale Träger übergeordneten Interessen zwar zu fügen, darf jedoch in seiner eigenen Entwicklungsplanung nicht völlig an den Rand gedrängt werden.[20] Insbesondere die Errichtung, Änderung und Aufhebung von öffentlichen Schulen bedarf regelmäßig der Zustimmung des kommunalen Trägers. Das gilt auch für die Festlegung von **Schulbezirken** (Schulsprengeln) und deren Änderung. Insbesondere müssen Schulträger Schulen errichten und fortführen, wenn und solange hierfür ein öffentliches Bedürfnis, also eine hinreichende Nachfrage bei den Eltern vor Ort besteht.[21] Ist ein **Bedürfnis** feststellbar, so ist der kommunale Schulträger zur Errichtung der Schule verpflichtet, – dies auch bei angespannter Finanzlage.[22] Zwar steht den Gemeinden ein unantastbarer Kernbereich der Selbstverwaltung zu. Im übrigen aber genießt die staatliche Schulhoheit Vorrang vor kommunalen Interessen, so daß die Organisationsmacht des kommunalen Trägers in seiner Reichweite entscheidend von der Grenzdefinition jenes Kernbereichs abhängt. Grundsätzlich ist hierbei abzustellen auf die Bedeutung der jeweiligen Schulangelegenheit für die örtliche Gemeinschaft auf der einen Seite und überörtlichen Koordinierungsnotwendigkeiten auf der anderen. So ist die Schulaufsichtsbehörde beispielsweise auch gegen den Widerstand der Kommune zur Anordnung der Einrichtung eines weiteres Klassenzuges berechtigt oder darf Schulen zusammenlegen. Besteht hierfür ein Bedürfnis, kann die Gemeinde auch zwangsweise an einen Schulzweckverband angeschlossen werden. Bei sämtlichen Organisationsmaßnahmen dieser Art sind jedoch nicht nur die Interessen zwischen staatlicher Schulverwaltung und kommunalem Schulträger gegeneinander abzuwägen, sondern häufig auch diejenigen benachbarter Gemeinden oder Kreise, insbesondere bei der Festlegung der Schulbezirke.[23]

Die Schulträgerschaft beinhaltet die Verpflichtung, die erforderlichen baulichen und organisatorischen Maßnahmen zur Bereitstellung des erforderlichen Schulangebots durchzuführen. Gleichzeitig genießen die Gemeinden einen rechtsverbindlichen **Anspruch auf Übertragung** der Schulträgerschaft für die allgemeinbildenden Schulformen. Im Regelfall ist jedoch eine Übereinstimmung mit der überörtlichen Schulentwicklungsplanung hierfür Voraussetzung.[24] Die Ein-

---

19 Hierzu näher Rennert, DVBl. 2001, 505; Luthe, Die Schulorganisation zwischen kommunaler Selbstverwaltung und Staatsaufsicht, in: Neue Praxis der Schulleitung, 1992, D 5.1.

20 BwgVerfG, LKV 1997, 449, 452 f.

21 Das öffentliche Bedürfnis wird von der staatlichen Schulaufsicht nach eigenen Kriterien wie Mindestzügigkeit oder Mindestklassenstärke festgestellt: Hierzu VG Gießen, NVwZ – RR 2000, 358.

22 Grundsätzlich BVerfGE 79, 127 (Rastede).

23 BayVGH, BayVBl. 1998, 691; BwgVerfG, LKV 1997, 449.

24 So kann bestimmt sein, daß die Schulen der verschiedenen Schulformen im Sekundarbereich I am gleichen Standort eingerichtet werden. Sofern eine bestimmte Schulgröße unterschritten wird, kann bei gleichbleibender Schulträgerschaft ein Zusammenschluß mit einer anderen Schule

räumung der Schulträgerschaft ist davon abhängig, daß die Kommune auch tatsächlich in der Lage ist, ein Schulangebot bereitzustellen. Weitere Voraussetzung ist, daß die Gemeinde in der Schulentwicklungsplanung als Standort eingeplant ist. Die Gemeinde besitzt jedoch das Recht zum Rücktritt von der Schulträgerschaft, sofern der Landkreis an ihre Stelle tritt.[25] Die Übertragung der Schulträgerschaft bzw. ihre Versagung ist ein vor den Gerichten angreifbarer Verwaltungsakt. Sofern dies in den einzelnen Landesgesetzen vorgesehen ist, können Schulträger die Schulträgerschaft auf Zweckverbände übertragen; zudem können Schulträger Vereinbarungen miteinander treffen, etwa um bestimmte Angebote gemeinsam zu nutzen. Insbesondere bei der **Errichtung von Schulen** darf die Aufsichtsbehörde die Genehmigung nur dann versagen, wenn schulische Interessen der Allgemeinheit entgegenstehen. Etwaige Prognoseerwägungen der Kommune über einen bestehenden oder zukünftigen Bildungsbedarf sind, zumindest im Bereich der örtlichen Belange, von den Gerichten nur beschränkt überprüfbar. Besteht ein Bedürfnis (s. o.) für die Errichtung der Schule, so hat der kommunale Schulträger, ebenso wie andere Kommunen, ein Recht auf finanzielle staatliche Unterstützung, auch wenn die staatliche Planungsinstanz bislang von anderen Planungen ausgegangen ist.

Gemeinden und Landkreise sind grundsätzlich nur zur Bereitstellung von Einrichtungen für ihre Einwohner verpflichtet. Dieser Grundsatz wird jedoch in komplizierter Weise mit der Verpflichtung zur Aufnahme **auswärtiger Schüler** durchbrochen. Dies ist insbesondere dann der Fall, wenn die Schulbezirke über die örtlichen Grenzen der Schulträger hinausreichen. Eine Aufnahmepflicht besteht jedoch nur im Rahmen der gegebenen Kapazitäten.[26] Beim Ländergrenzen überschreitenden Schulbesuch können Kostenvereinbarungen benachbarter Schulträger getroffen werden.

Behördenentscheidungen zur **Einengung bereits vorhandener Schulen**, d. h. die Zusammenlegung, Teilung oder Aufhebung der Schule, sind Organisationsakte in Gestalt von Verwaltungsakten, die seitens der **Betroffenen (Schüler, Eltern)** vor den Verwaltungsgerichten angefochten werden können. Der Anfechtungsklage hat ein behördeninternes Widerspruchsverfahren voranzugehen. Wenn die genannten Organisationsentscheidungen im eigenen Wirkungskreis des kommunalen Schulträgers anzusiedeln sind, ist dieser, nicht die Schulbehörde, sachlich zuständig für die Durchführung des Widerspruchsverfahrens.

Ausweitende Organisationsmaßnahmen wie etwa die Errichtung und Erweiterung von Schulen sind grundsätzlich nicht als Verwaltungsakte zu qualifizieren, so daß

---

der gleichen Schulform angeordnet werden. Die Einrichtung von Schulzentren erfolgt nur bei einheitlicher Schulträgerschaft, da eine Aufspaltung auf mehrere Schulträger die angestrebte Zusammenarbeit der Schulen erheblich erschweren würde.

25 Manche Schulgesetze gewähren der Gemeinde die Möglichkeit, die Schulträgerschaft auf einen Teil ihres Gemeindegebietes, allerdings unter Berücksichtigung der Schulentwicklungsplanung und im Benehmen mit anderen beteiligten Schulträgern, zu beschränken.

26 Deshalb sind Kriterienbildungen unerläßlich. Als Kriterien kommen in Betracht Eignung und Leistung, Wartezeit, soziale Umstände, Verkehrsverhältnisse, Klassenfrequenz, Richtwerte und Schulbaurichtlinien mit Kapazitätsanforderungen.

hiergegen nur in Ausnahmefällen mit der allgemeinen Leistungsklage in Gestalt der Unterlassungsklage vorgegangen werden kann. Die Durchführung eines Widerspruchsverfahrens ist in diesem Fall entbehrlich.[27]

Bestimmte Organisationsmaßnahmen, wie insbesondere die Errichtung und Erweiterung einer Schule[28], ihre Umwandlung etwa in eine Koedukationsschule sowie die Veränderung des Schulstandorts bei großflächigen Gemeinden bedürfen der **Genehmigung** durch die Schulbehörde. Diese hat sich hierbei an der Schulentwicklungsplanung zu orientieren.[29] Die Entscheidung der Schulbehörde über das „Bedürfnis" nach entsprechenden Organisationsmaßnahmen stellt einen vom Schulträger anfechtbaren Verwaltungsakt dar. Insbesondere die innerörtliche Standortverteilung ist regelmäßig eine rein kommunale Angelegenheit, so daß entgegenstehende überörtliche Planungsgesichtspunkte nur im Ausnahmefall Bedeutung erlangen können.

Von der näheren Ausgestaltung der einzelnen Landesschulgesetze abhängig ist die Frage, ob der sog. **Regelschule ein Vorrang** vor anderen Schultypen (Gesamtschulen, Fachgymnsasien, Berufsaufbau- und Berufsfachschulen) einzuräumen ist. Hierzu bedarf es einer umsichtigen Auslegung des jeweiligen Schulgesetzes, wobei auf den Wortlaut und Zweck der einzelnen Vorschriften, ihren Sinnzusammenhang sowie den Willen des Gesetzgebers abgestellt werden muß. Grundsätzlich ist der Staat nicht verpflichtet, ein flächendeckendes Angebot sämtlicher Schultypen zur Verfügung zu stellen. Maßgeblich sind vielmehr die Orientierungsdaten der Schulentwicklungspläne, die wiederum den übergeordneten landesgesetzlichen Strukturdaten zu entsprechen haben. Der danach verbleibende Gestaltungsfreiraum der kommunalen Schulträger dient im wesentlichen der vor Ort stattfindenden Ermittlung des besonderen Bedürfnisses nach entsprechenden Errichtungs- und Gestaltungsmaßnahmen, wobei die Bedarfsermittlung vom Schulträger vorzunehmen ist, während die Bedarfsfeststellung in vielen Bundesländern durch die Schulbehörde zu erfolgen hat.

3. Belange der Eltern und Schüler

In verfassungsrechtlicher Hinsicht darf das **Wahlrecht der Eltern** zwischen den vom Staat zur Verfügung gestellten **Schulformen** nicht mehr als notwendig begrenzt werden.[30] Zur Gewährleistung gleicher Bildungschancen sind jedoch zen-

27 Organisationsmaßnahmen bedürfen zumeist der ortsüblichen Bekanntmachung (§ 35 Abs. 2 VwVfG). Nicht selten macht die Gemeinde von der Anordnung der sofortigen Vollziehung Gebrauch. Hiergegen steht dem klagenden Bürger die Möglichkeit der Wiederherstellung der aufschiebenden Wirkung beim Verwaltungsgericht offen.

28 Als Erweiterung einer Schule gilt auch die Einrichtung zusätzlicher Züge unter Einführung neuer Fachrichtungen.

29 Eine Planabweichung kann jedoch zulässig sein, wenn neuere, unvorhersehbare Entwicklungen dies erfordern.

30 BVerfG, NVwZ 1997, 781.

trale Regelungen der Schulorganisation unerläßlich. Deshalb ist es in der Rechtsprechung durchweg anerkannt, daß die organisatorische Gliederung der Schule zu dem der elterlichen Bestimmung grundsätzlich entzogenen staatlichen Gestaltungsbereich gehört.[31] Die Einrichtung besonderer Schulformen wie Gesamtschulen, Förderstufen oder Vorschulklassen sowie Reformen der gymnasialer Oberstufe unterliegen allein der Entscheidung von Parlamenten und Verwaltungen. Die Eltern müssen es grundsätzlich hinnehmen, wenn der Staat neue Schulformen einrichtet oder vorhandene verändert oder abschafft, solange die gebotene Differenzierung zwischen den Schulformen gewahrt ist.

Nach Maßgabe ihrer Erziehungsverantwortung (Art. 6 GG) dürfen die Eltern jedoch zwischen **vorhandenen Schularten wählen.** Das Wahlrecht erstreckt sich jedoch nicht nur auf die Wahl der konkreten Schulart, sondern wirkt sich bereits auf die **Bereitstellung** des örtlichen Schulangebots aus, da nur solche Schulen eingerichtet oder fortgeführt werden dürfen, für die ein Bedürfnis (s. o.) besteht und die von den Eltern tatsächlich nachgefragt werden.[32]

Schulansiedlungsentscheidungen sind Organisationsakte mit planerischem Einschlag und unterliegen daher dem rechtstaatlichen Gebot der **gerechten Abwägung.**[33] Hierbei sind die Belange von Eltern und Schülern zu berücksichtigen: So muß die Schule in zumutbarer Entfernung erreichbar sein. Zudem besitzt der Schüler einen Anspruch auf Aufnahme in diejenige Schulform, die einen seiner Eignung entsprechenden universellen Schulabschluß ermöglicht.[34] Aufnahmebeschränkungen aus Kapazitätsgründen an der einzelnen Schule sind jedoch zulässig, sofern in zumutbarer Entfernung eine andere Schule zur Verfügung steht.[35] Die abzuwägenden Belange von Schülern und Eltern sind jedoch im Regelfall nur objektiver Natur. Ein subjektives Recht, das die Beteiligten in die Lage versetzt, etwa gegen Schulschließungen oder Schulverlegungen mit Widerspruch und Klage vorzugehen, ist nur dann anzunehmen, wenn das Interesse des Einzelnen trotz seiner Erheblichkeit nicht in die Abwägung eingestellt worden ist oder die Maßnahme sich gar als eine schwere Beeinträchtigung des Einzelnen darstellt.[36] Dies gilt gerade auch für etwaige Änderungen der Schulwege, die mit Schulschließungen oder -verlegungen verbunden sind. Sind die bereitgestellten Beförderungsmittel unzureichend oder sind gerade jüngere Schüler durch die Schulwegänderung Ver-

---

31 Niehues, Schul- und Prüfungsrecht, Bd. 1, Schulrecht, 3. Aufl. 2000, Rn. 158, BVerfG, NVwZ 1984, 781 sowie NVwZ 1984, 89.

32 Rennert, Entwicklungen in der Rechtsprechung zum Schulrecht, DVBl. 2001, 507.

33 BVerwG, Buchholz, 421, Nr. 106.

34 Die Aufnahmepflicht des Staates beschränkt sich damit auf den Besuch des Gymniasiums, der Berufsfachschule, der Berufsschule, der Fachschule, der Fachoberschule, der Realschule, der Grund- und Hauptschule sowie der Sonderschule, während etwa bestimmte Gymnasialformen (altsprachlich Gymnasien, Fachgymnasein) nicht bereitgehalten werden müssen.

35 Grundsätzlich Eiselt, Die Begrenzung schulorganisatorischer Entscheidungen durch Kindes- und Elternrechte, DÖV 1979, 846.

36 BVerwG, NJW 1979. 823; BVerfG, NVwZ 1997, 781 (Vertrauensschutz der Eltern).

kehrsgefährdungen ausgesetzt, so können Schüler und Eltern die Aussetzung der schulorganisatorischen Maßnahme verlangen.[37]

Auf die **Auswahl einer bestimmten Schule** haben die Eltern grundsätzlich keinen Anspruch. Nicht auszuschließen ist jedoch, daß einzelnen Schulgesetzen ein Anspruch auf Aufnahme des Schülers in eine für ihn örtlich zuständige Schule innerhalb der Aufnahmekapazität zu entnehmen ist.[38] Im übrigen aber muß die Entscheidung über die Aufnahme des Kindes in die Schule ermessensfehlerfrei ausgeübt werden. Hierbei darf der Staat zunächst organisatorische Aspekte anführen und auf bestehende Schulbezirke verweisen.[39] Die Schulgesetze lassen jedoch Ausnahmen von der Schulbezirkspflicht zu.[40] **Für weiterführende Schulen** ist mit Rücksicht auf das **Elternwahlrecht** grundsätzlich ein differenziertes Schulangebot vorzuhalten.[41] Die differenzierungsfeindliche Einheitsschule jedenfalls ist mit dem Grundgesetz nicht zu vereinbaren. Das bedeutet aber auch, daß der Staat den Übertritt in weiterführende Schulformen nicht länger als unbedingt nötig hinauszögern darf.[42] Von besonderem Gewicht ist das Elternrecht bei der Wahl zwischen mehreren weiterführenden Schulformen mit unterschiedlichen Inhalten, unterschiedlicher Schuldauer und unterschiedlichen Abschlüssen (etwa Hauptschule, Realschule, Gymnasium) und entsprechend schwächer ausgeprägt bei der Wahl zwischen Schulen mit demselben Abschluß (etwa Abitur). Der volljährige Schüler kann sich auf das Grundrecht der freien Wahl der Ausbildungsstätte (Art. 12 Abs. 1 GG) für schulische Einrichtungen des zweiten Bildungsweges und für die gymnasiale Oberstufe berufen.[43] Um von bestimmten Schulformen hierfür ungeeignete Kinder fernzuhalten, darf staatlicherseits auf die **Eignung** des Kindes abgestellt werden.[44] Ebenso zulässig sind Kapazitätserwägungen und die Einführung eines Losverfahrens.[45] Das grundsätzliche Gebot der Herstellung von Angebotsvielfalt beinhaltet jedoch nicht die Verpflichtung zur Einrichtung bestimmter Bildungsgänge mit besonderer sprachlicher, musischer oder naturwissenschaftlicher Ausrichtung.[46] Ob dagegen die integrierte Gesamtschule gegenüber dem Gymnasium einen gleichwertigen Bildungsabschluß ermöglicht und daher als Regelschulform eingeführt werden kann, ist in vielerlei Hinsicht zweifelhaft.[47]

---

37 BVerwG, NJW 1979, 828; BVerwG, Buchholz, 421, Nr. 114, S. 9 (Zumutbarkeit des Schulweges und Bestimmung des Ausbildungsgangs).
38 So OVG 11 M.-V., DVBl. 2003, 348.
39 VGH Bad.-Württ., DVBl. 1989, 1267.
40 OVG M.-V., LKV 1999, 466 (Wunsch von außerschulischem Leistungssport); VG Gera, LKV 1997, 297 (kein atypischer Grund, wenn die Schwierigkeiten eine größere Anzahl von Schülern betreffen).
41 BVerfGE 45, 400, 415.
42 Hess VGH, ESVGH 48, 286, 291.
43 BVerfGE 41, 251, 260 f.; 58, 257, 272 ff.
44 BVerfGE 96, 288, 306; BVerwGE 5, 153.
45 OVG Rh.-Pf., NVwZ-RR 2000, 680.
46 BVerwG, Buchholz, 411, Nr. 114, S. 9 (großes Latinum); VGH Bad.-Württ., NVwZ -RR 2000, 162 (sprachlich-musischer Schultyp).
47 Verneinend Rennert, Entwicklungen in der Rechtsprechung zum Schulrecht, DVBl. 2001, 508.

Bei der Organisation des Schulwesens ist zudem auf das Interesse **behinderter Schüler** besonders Rücksicht zu nehmen (Art. 3 Abs. 3 S. 2 GG).[48] Insofern sind zielgruppenbezogene Förder- und Sonderschulen vorzuhalten.[49] Grundsätzlich hat das Bundesverfassungsgericht eine staatliche Verpflichtung zur integrativen Beschulung behinderter und nicht-behinderter Kinder bejaht, diese jedoch unter den Vorbehalt des organisatorisch, personell und sachlich Möglichen gestellt.[50] Es hat dem Schulträger bzw. der einzelnen Schule im Falle der Ablehnung von Integrationsmaßnahmen jedoch besondere Beweis- und Begründungslasten auferlegt, so daß die bloße Behauptung entgegenstehender Gründe nicht ausreicht, woraus letztlich ein Anspruch auf Verbleib in der Regelschule erwachsen kann. Im übrigen aber obliegt es dem Staat, über die Überweisung auf die Förder- oder Sonderschule im Rahmen seiner fachlich-pädagogischen Beurteilung unter Berücksichtigung des Elternwillens zu entscheiden, ob das Kind eine allgemeine Schule mit Aussicht auf Erfolg besuchen kann.[51]

4. Schulaufsicht und Schule

Der Begriff der Schulaufsicht enthält ein enges und ein weites Verständnis. Nach dem weiten Verständnis von Schulaufsicht handelt es sich um die allgemeine **Aufsicht des Staates über das Schulwesen** gemäß Art. 7 Abs. 1 GG. Schulaufsicht ist in dieser Hinsicht weitgehend deckungsgleich mit dem Begriff der Schulhoheit. Diese ist jedoch nicht grenzenlos, sondern vielmehr durch die Grundrechte der Schüler und Eltern (Art 2, 6 GG), die Privatschulgarantie (Art. 7 Abs. 4 GG) und das Selbstverwaltungsrecht der Gemeinden (Art. 28 Abs. 2 GG) eingeschränkt. Schulaufsicht als Schulhoheit betrifft „die Gesamtheit der staatlichen Befugnisse zur Organisation, Planung, Leitung und Beaufsichtigung des Schulwesens".[52] Enthalten ist somit auch die inhaltliche Festlegung der Ausbildungsgänge, der Unterrichtsziele und des Unterrichtsstoffes. Schließlich zählt hierzu die Organisation der Schule durch sog. Schulorganisationsakte, wie die Errichtung oder Schließung von Schulen, die Umwandlung oder Verlegung von Schulen, die Bildung oder Auflösung von Klassen oder die Änderung der Schulbezirkseinteilung.[53] Insoweit Schulorganisationsakte in die Rechtstellung von Schülern und Eltern eingreifen, sind sie vor den Verwaltungsgerichten als Verwaltungsakte anfechtbar.[54] Dies gilt

---

48 BVerfGE 96, 288; Luthe, Optimierende Sozialgestaltung, 2001, 123.
49 Es handelt sich jedoch nur um eine objektive Verpflichtung, aus der subjektive Rechtsansprüche nicht abgeleitet werden können: BVerwG, Buchholz, 421 Nr. 123; BayVGH, VGHE 50, 116 (kein Anspruch auf individuellen Förderunterricht bzw. auf Schaffung von Integrationsklassen); offener dagegen OVG LSA, NVwZ 1999, 898 (Individualförderpflicht bei vertretbarem Aufwand).
50 BVerfGE 96, 288, 304.
51 BayVGH, BayVBl. 1998, 180.
52 BVerfGE 47, 46, 80.
53 Näher hierzu Stein/Roell, Handbuch des Schulrechts, 1992, 316 (m. w. N.).
54 BVerwGE 18, 40; OVG Hamburg, DVBl. 1981, 51; HessVGH NVwZ 1984, 114.

jedoch nicht für Organisationsmaßnahmen innerhalb einzelner Schulen, die als einfache Regelungen des laufenden Schulbetriebes anzusehen sind.[55] Schulorganisatorische Planungsmaßnahmen können von den Gerichten aus Gründen planerischer Gestaltungsfreiheit jedoch nur begrenzt überprüft werden. Die Prüfung beschränkt sich im wesentlichen darauf, ob die beteiligten öffentlichen und privaten Belange in der Zusammenstellung des Abwägungsmaterials hinreichend berücksichtigt worden sind.[56]

Die Schulaufsicht im engeren Sinne betrifft die **Aufsicht über die einzelne Schule**, die Lehrerschaft und den Schulträger. Sie gliedert sich in Rechtsaufsicht, Fachaufsicht und Dienstaufsicht und wird im Regelfall von den staatlichen Schulaufsichtsbehörden ausgeübt. Die Rechtsaufsicht ist auf eine Rechtmäßigkeitskontrolle beschränkt, d. h. es geht ausschließlich um die Einhaltung der Schulgesetze.[57] Die Fachaufsicht beinhaltet neben der Rechtmäßigkeitskontrolle auch die Kontrolle der Zweckmäßigkeit von Entscheidungen, insbesondere in Fragen der Unterrichtsinhalte und Schulorganisation (innere Schulangelegenheiten). Die Fachaufsicht wird entweder von unteren Schulaufsichtsbehörden (Schulämter, Schulaufsichtsämter etc.) ausgeübt oder von mittleren Schulaufsichtsbehörden (Bezirksregierungen, Oberschulämter etc.). Die Dienstaufsicht umfaßt im wesentlichen Personalangelegenheiten (Einstellung, Beförderung, Beurlaubung, Versetzung, Disziplinarangelegenheiten) und wird von den staatlichen Schulaufsichtsbehörden wahrgenommen.

Von sämtlichen Aufsichtsformen verdient die **Fachaufsicht** besondere Hervorhebung. Typisches Mittel der Fachaufsicht ist die allgemeine (Verwaltungsvorschrift) und im Einzelfall ergehende (Weisung im engeren Sinne) fachliche Weisung. Das Schulwesen kennt darüber hinaus die fachliche Beratung (Unterrichtsgespräch) sowie die Unterrichtung vor Ort (Unterrichtsbesuche). Es herrscht das Hierarchieprinzip. Die obere Behörde kann der unteren Weisungen erteilen. Sie kann, wird die Weisung nicht befolgt, für die untere Behörde tätig werden und macht insofern von ihrem Selbsteintrittsrecht Gebrauch. Schulaufsicht beinhaltet insofern eine Weisungskompetenz, Beratungskompetenz und eine Gestaltungskompetenz gegenüber der Basisinstitution Schule, dem einzelnen Lehrer sowie den Konferenzen. Indes korrespondiert dem Kontrollrecht der übergeordneten Instanz ein **Selbstregulationsrecht** des subalternen Bereichs: Der pädagogische Freiraum des einzelnen Lehrers sowie der zumeist in den einzelnen Schulgesetzen an die Aufsicht adressierte Grundsatz, die Selbständigkeit der Schule als Institution zu achten. Schulaufsicht und Schulleben vollziehen sich damit in einem fortwährenden Span-

---

55 BVerwG, NJW 1976, 864.

56 OVG Hamburg, SPE I A VI 21; OVG Münster, SPE I A IX 61 (Berücksichtigung der Rechtspositionen von Eltern und Schülern); OVG Münster, NVwZ 1991, 193 (Bedürfnis für die Errichtung einer Gesamtschule).

57 Insbesondere die Verwaltung der äußeren Schulangelegenheiten durch die Gemeinde unterliegt der Rechtsaufsicht, da die Gemeinden ein Selbstverwaltungsrecht genießen und daher nur in ihrem rechtlichen Verhalten kontrolliert werden können.

nungsverhältnis zwischen Selbst- und Fremdregulation.[58] Wo ihre Grenzen im Einzelfall zu ziehen sind, läßt sich den generalklauselartig verfassten Gesetzesbestimmungen über die Schulaufsicht naturgemäß nicht entnehmen. Zwar ist im Gedanken der Autonomie von Schule und Lehrer ein gewisses Maß an Kooperationsbereitschaft der Aufsichtsinstanz sachnotwendig vorausgesetzt. Das Gebot kooperativen Verhaltens ist jedoch nur objektiv-rechtlicher Natur. Ein subjektives Klagerecht gegenüber fachlichen Aufsichtsmaßnahmen steht weder der Basisinstitution Schule noch, jedenfalls der herrschenden Meinung nach, dem einzelnen Lehrer zu.[59] Nicht zuletzt deshalb bewegen sich Schulaufsichtsmaßnahmen im Bereich der Fachaufsicht in einer juristischen Grauzone. Das gilt auch für unterrichtsrelevante Beschlüsse der eigenen Schulorgane.[60] Nur wenn eine Aufsichtsmaßnahme „schwerwiegend und offenkundig fehlerhaft" ist, wird vereinzelt ein Klagerecht des einzelnen Lehrers angenommen.[61]

Gleichwohl entspricht das vielfach verbreitete kritische Bild einer rigiden Normorientierung der Aufsichtsbehörde nicht immer der Wirklichkeit. Es wird insofern mehr über das Außerordentliche als über das Alltägliche berichtet. Die Masse der administrativen Vorschriften ergeht im Bereich der Haushaltsmittel und der Personalverwaltung. Und die Unterrichtsrichtlinien zeichnen sich häufiger durch einen Mangel an Orientierung für den einzelnen Lehrer als durch eine Einengung seiner Unterrichtsarbeit aus. Viel ist daher auf die wissenschaftliche Lehrersozialisation zurückzuführen, in der Bürokratiekritik sich als fester Bestandteil der Ausbildung und als Mittel der Selbststilisierung der Profession etablieren konnte. Dies kann leicht zu einer realitätsfremden Verzerrung zweifelsfrei vorhandener Bürokratieprobleme führen.[62]

Professionelles und **kooperatives Aufsichtsverhalten** zeichnet sich durch einen schonenden Einsatz von formalen Fachaufsichtsmaßnahmen aus.[63] Insbesondere

---

58 Luthe, Das besondere Gewaltverhältnis – Selbstregulationsmodell des öffentlichen Rechts, 1989.

59 OVG Niedersachsen, NVwZ 1998, 94; VGH Bad.-Württ., VBlBW 1998, 108 (zur pädagogischen Freiheit des Lehrers).

60 BVerwG, Buchholz, 421, Nr. 113.

61 OVG Niedersachsen, NVwZ-RR 2000, 161.

62 Im Zentrum des pädagogischen Freiraums steht der konkrete Unterrichtsprozeß. Das komplizierte Gefüge aus Lernzielen, ihrer Operationalisierung in Lehrzieltaxinomien, das Frequentieren und Hierarchisieren des Stoffs, die Diagnose der Lernvoraussetzungen beim Schüler, die Methodenwahl und schließlich die Lernzielkontrolle mit Überprüfung der curricularen Konsistenz, Leistungsmessung und -bewertung – all dies verleiht, wenn man die praktische Bedeutung solcher Unterrichtsmethodik nicht von vornherein negiert, dem Bild vom eigengesetzlichen Bezugsrahmen der Schule in gewissem Maße Kontur. Das von außen uneinsichtige Geschehen im Klassenzimmer läßt sich in abstrakter Weise kaum fixieren und rechtlicher Regelung zugänglich machen. Deshalb kommt dem Erfordernis der Kooperation und Beratung zwischen Aufsicht und Basis die entscheidende Bedeutung zu.

63 Das bedeutet, etwa zunächst eine Besprechung von Unterrichtsdefiziten in der Fachlehrerkonferenz anzuordnen oder den gegenseitigen Unterrichtsbesuch unter Kollegen vorzusehen, bevor durch Spontanbesuche des Schulrates oder durch dienstliche Beurteilungen für Abhilfe gesorgt wird. Die Neigung zu bürokratischem Ritualismus und formalisierter Regelreproduktion

bei der Schülerbeurteilung räumen die Gerichte dem Lehrer jedoch einen gewissen Beurteilungsspielraum ein.[64] Deshalb ist streitig, inwiefern die Aufsichtsbehörde im Wege des Selbsteintrittsrechts Noten ändern darf. Korrekturmaßnahmen sind jedenfalls dann zulässig, wenn gegen Prüfungsgrundsätze oder allgemein anerkannte pädagogische Grundsätze verstoßen wurde und insbesondere der Gleichbehandlungsgrundsatz verletzt wurde.

Im Vergleich zur Fachaufsicht ist der Bereich der Dienstaufsicht und insbesondere der **dienstlichen Beurteilung** wesentlich dichter durch Recht geregelt. Viele Länder haben die früher allgemein übliche Regelbeurteilung (alle 3 bis 6 Jahre) aufgegeben und sind zur Bedarfsbeurteilung übergegangen. Die Zuständigkeit für die dienstliche Beurteilung liegt länderspezifisch teils beim Beamten der Schulaufsichtsbehörde, teils beim Schulleiter.[65] Die Beurteilung ist in einer Note zusammenzufassen unter Bildung eines nicht mathematisch nach Einzelnoten errechneten, sondern nach dem Gesamteindruck ergehenden Urteils über die Kenntnisse, Fähigkeiten und Fertigkeiten der zu beurteilenden Person. Hierbei sind die jeweils geltenden Beurteilungsvorschriften zu beachten.[66] Dienstliche Beurteilungen werden in die Personalakte aufgenommen. Hiervon ist dem Beamten Kenntnis zu geben. Rechtlich fehlerhafte Beurteilungen können gerichtlich angegriffen werden. Sie unterliegen jedoch als höchstpersönliche Wertungen des Vorgesetzen einer nur begrenzten Nachprüfung durch die Gerichte.[67]

Auch der **Schulleiter** besitzt Aufsichtsbefugnisse. Er trägt die Gesamtverantwortung für die Schule und besitzt ein Weisungsrecht zur Durchführung seiner Aufgabe. Dieses unterliegt in seiner Reichweite wiederum länderspezifischen Unterschieden. Teils besteht eine Pflicht zu regelmäßigen Unterrichtsbesuchen, teilweise ist dies dem Ermessen des Schulleiters anheim gestellt. Der Schulleiter besitzt ferner die Befugnis zur Einberufung von Teilkonferenzen und Gesamtkonferenzen. Er vertritt die Schule nach außen gegenüber der Öffentlichkeit, der Schulaufsicht und dem Schulträger.

---

dürfte eher eine Randerscheinung darstellen; wichtig ist, daß der Lehrer seinen Unterricht gegenüber dem Schulrat inhaltlich und methodisch legitimieren kann: Dazu näher Hopf/Nevermann/Richter, Schulaufsicht und Schule, Schriftenreihe des Max-Planck-Instituts für Bildungsforschung, 1980.

64 Dazu unter E., Prüfungsrecht.

65 Typische Beurteilungsanlässe sind Beschwerdefälle, Maßnahmen der Personalplanung, Versetzung in den Bereich anderer Schulbehörden, die Übertragung einer anderen Aufgabe, die Beförderung oder die Übertragung eines höherwärtigen Amtes, der Ablauf der Probezeit oder eine besondere Anordnung der obersten Dienstbehörde.

66 Sofern sie als Verwaltungsvorschriften ergehen, kommt ihnen zwar keine Gesetzeskraft zu. Jedoch ist die Behörde nach dem Grundsatz der Selbstbindung der Verwaltung aus Gründen der Gleichbehandlung des erfaßten Personenkreises an sie gebunden. Gegen willkürliche Abweichungen steht den Beurteilten die Möglichkeit der verwaltungsgerichtlichen Klage offen.

67 Eine Beurteilung ist aufzuheben, wenn sie von unrichtigen Tatsachen ausgeht, wenn der rechtliche Rahmen der Beurteilungsfreiheit überschritten wurde, die Behörde allgemein übliche Beurteilungsmaßstäbe außer Acht läßt oder sich von sachfremden Erwägungen leiten läßt.

Der Schulleiter agiert quasi in doppelter Funktion. Er hat die Selbständigkeit der Schule zu fördern; gleichzeitig aber ist er in den Dienst der staatlichen Aufsicht gestellt. Am deutlichsten kommt dies zum Ausdruck in der Verpflichtung zum Einspruch gegen rechtswidrige Konferenzentscheidungen sowie zur Korrektur rechtswidriger Maßnahmen einzelner Lehrer. Eilbedürftige Maßnahmen im Zuständigkeitsbereich der Konferenzen kann er im Rahmen seiner Notkompetenz zudem vorläufig selbst anordnen. Ist der Schulleiter zur Aufrechterhaltung einer funktionsfähigen Schule nicht in der Lage, hat er dies unverzüglich der Aufsichtsbehörde mitzuteilen.

Der Schulleiter führt im übrigen die laufenden Verwaltungsgeschäfte.[68] Er kümmert sich um die Einhaltung der Schulordnung und kann zur Vorbereitung von Konferenzen anderen Lehrern Aufträge erteilen, wenn weder er noch sein Vertreter hierzu aus zeitlichen oder sachlichen Gründen in der Lage ist. Ein Weisungsrecht gegenüber den Konferenzen steht ihm nicht zu. Schulleiter und Konferenzen sind gleichberechtigte Organe der Schule. Daher darf er den Konferenzen auch nicht bestimmte Beratungsthemen aufzwingen.

Der Schulleiter übt das Hausrecht aus und die Aufsicht über die Schulanlage im Auftrag des Schulträgers. Im Zuge des Hausrechts kann er Dritte am Betreten der Schulanlage hindern. Der vorübergehende Ausschluß des Schülers vom Unterricht oder der Schule gilt jedoch als Erziehungsmaßnahme und wird insoweit nicht vom Hausrecht erfaßt. Bei Durchführung der Aufsicht über die Schulanlage unterliegt der Schulleiter den Weisungen des Schulträgers.

5. Privatschulen

Art. 7 Abs. 4 GG gewährleistet das Recht zur Errichtung von privaten Schulen. Die Privatschule genießt mit dieser Ausgestaltung als Verfassungsinstitution den gleichen Stellenwert wie die staatliche Schule. Damit bringt sich gleichzeitig der Gedanke einer pluralistisch verfaßten Demokratie zur Geltung, mit dem sich ein staatliches Schulmonopol nur schwer vereinbaren ließe. Das Grundgesetz schützt die Privatschule jedoch nicht nur als Institution, sondern gewährt zudem ein subjektives öffentliches **Recht auf Errichung und Betrieb** von Privatschulen. Diese können errichtet werden, auch wenn kein Bedürfnis für die Schulgründung besteht und der öffentlichen Schule dadurch Schüler verlorengehen. Gleichwohl ist die Privatschule nicht von staatlicher Aufsicht freigestellt, wie sich Art. 7 Abs. 1 GG entnehmen läßt, der von der Aufsicht des Staates über das „gesamte“ Schulwesen spricht. Die Errichtung von Privatschulen unterliegt deshalb dem Vorbehalt staatlicher Genehmigung.

---

68 Etwa kurzzeitige Dienstbefreiung, Diensteid, Korrespondenz mit Schulträger und Schulaufsichtsamt, Statistik, Etat, Organisationsplanung, in manchen Bundesländern auch die Lehrerbeurteilung.

Die Privatschule genießt eine relativ weitreichende **Gestaltungsfreiheit** in der Ausrichtung ihrer Ausbildungsinhalte, obgleich sie in personeller und curricularer Hinsicht das Ausbildungsniveau öffentlicher Schulen zu wahren hat und eine Gleichbehandlung der Schüler – unabhängig vom Einkommen der Eltern – gewährleisten muß. Privatschulen genießen das Recht der freien Lehrerwahl und ebenso das Recht der freien Schülerwahl, welches bedeutet, daß die Privatschule ihre Schüler nach anderen Auslese- und Versetzungsgrundsätzen aufnehmen darf als öffentliche Schulen.

Ein **private Volksschule** darf nach Art. 7 Abs. 5 GG nur errichtet werden, wenn ein besonderes pädagogisches Interesse zugrunde liegt oder wenn die Erziehungsberechtigten eine private Gemeinschaftsschule, Bekenntnisschule oder Weltanschauungsschule beantragen, die in der Gemeinde nicht vorhanden ist.

Privatschulen sind prinzipiell als Ersatz für in dem jeweiligen Bundesland anzutreffende Schulformen anzusehen. Sie werden daher auch als **Ersatzschulen** bezeichnet im Gegensatz zu den **Ergänzungsschulen**, die ebenfalls privat geführt werden, jedoch nicht der Schulpflicht genügen. Ergänzungsschulen sind von der staatlichen Schulaufsicht deshalb auch weitgehend freigestellt. Sie werden lediglich registriert und ordnungsrechtlich überwacht.[69]

Der Begriff Ersatzschule beinhaltet das Erfordernis einer gewissen Übereinstimmung zwischen öffentlicher und privater Schule im Hinblick auf den konzeptionellen Gesamtrahmen des jeweiligen öffentlichen Bildungsangebots. Keineswegs begründet dies einen Zwang zur sklavischen Nachahmung der öffentlichen Schule. Die Privatschule muß jedoch zu qualifizierten Abschlüssen befähigen, die mit denjenigen öffentlicher Schulen vergleichbar sind.[70]

Wesentliche **Genehmigungsvoraussetzung** der privaten Ersatzschule ist ihre Gleichwertigkeit zu öffentlichen Schulen. Die private Schule darf weder in curricularer noch in personeller Hinsicht im Hinblick auf die Lehrerqualifikation hinter den öffentlichen Schulen zurück bleiben. Dasselbe gilt für die sachliche Ausstattung.

Hat die Privatschule ihre **Gleichwertigkeit** schlüssig nachgewiesen, so gehen verbleibende Zweifel an der Gleichwertigkeit der Ersatzschule zu Lasten des Staates.[71] Der Unterricht in den privaten Ersatzschulen hat den allgemeinen Bildungs- und Erziehungszielen der Landesschulgesetze zu entsprechen. Damit sind die Wertvorgaben des Grundgesetzes ebenso zu beachten wie das schulrechtliche Toleranzgebot.[72] Für die Gestaltung des Unterrichts gilt eine relativ vage Zielvorgabe: Die

---

69 Bei den Ergänzungsschulen handelt es sich fast ausschließlich um berufsbildende Schulen, wie etwa Sprachschulen oder Gymnastikschulen.

70 BVerwGE 104, 1, 7; BVerfGE 27, 195, 201 f.; 75, 40, 76; 90, 128, 139.

71 BVerwG, RdJB 1993, 352, 360.

72 Das schulische Toleranzgebot als Erziehungziel verpflichtet zur Erziehung im Sinne einer toleranten Geisteshaltung und eines toleranten Sozialverhaltens unter Achtung religiöser, ethnischer und weltanschaulicher Besonderheiten.

Privatschule hat einen öffentlichen Schulen vergleichbaren Bildungsstand zu vermitteln. Ansonsten ist sie weder an Lehrpläne, Stundentafeln oder Rahmenrichtlinien gebunden, noch sind ihr bestimmte Schulbücher vorgeschrieben.[73] Die Privatschule braucht zwar nicht jedes randständige Unterrichtsfach anzubieten, ist jedoch zur Bereitstellung eines gewissen Grundkanons an Fächern (auch Sexualkunde) verpflichtet. Es bleibt ihr unbenommen, ihre besonderen religiösen oder weltanschaulichen Unterrichtskonzepte zur Geltung zu bringen.

Mit der Genehmigung als Ersatzschule ist das Recht, wie bei öffentlichen Schulen **Prüfungen** durchzuführen oder Zeugnisse auszustellen, nicht ohne weiteres verbunden. Hierzu bedarf es einer weiteren besonderen Anerkennung.[74] Grundlegende Anerkennungsvoraussetzung ist die Gleichwertigkeit der Abschlüsse.[75] Hierfür reicht es im allgemeinen aus, daß die Privatschule die staatlichen Aufnahme-, Versetzungs- und Prüfungsregelungen in den wesentlichen Zügen übernimmt.[76]

Die staatliche **Schulaufsicht** wird in Form der Rechtsaufsicht ausgeübt. Überprüft wird damit nur die Übereinstimmung mit den staatlichen Gesetzen, wobei die Verwaltungsvorschriften der Kultusbürokratie grundsätzlich außer Betracht zu bleiben haben. Die Privatschule darf auch auf indirektem Weg, etwa über die Bemessung von Zuschüssen, nicht mehr als sonst rechtlich zulässig in ihrer Gestaltungsfreiheit beeinträchtigt werden.[77]

Das Rechtsverhältnis zwischen **Schüler und Privatschule** unterliegt einer privatrechtlichen Ausgestaltung. Bei Rechtsstreitigkeiten über die Aufnahme in eine Privatschule ist daher Rechtsschutz vor den Zivilgerichten zu suchen, während Prüfungs- und Versetzungsentscheidungen genehmigter und in ihrem Prüfungsrecht anerkannter Privatschulen, da diese hierbei öffentliche Aufgaben wahrnehmen, vor den Verwaltungsgerichten angefochten werden müssen. Besitzt die Privatschule im örtlichen Zusammenhang indes ein Monopol auf ein üblicherweise staatlicherseits wahrgenommenes Bildungsangebot, so gilt der Verwaltungsrechtsweg auch für die Frage der Aufnahme.

Die Privatschule besitzt einen verfassungsrechtlich verbürgten Anspruch auf staatliche **finanzielle Förderung**.[78] Die Förderung ist Teil einer staatlichen Schutzverpflichtung, die jedoch erst dann konkrete Handlungspflichten des Staates be-

73 BVerwG, NVwZ 1990, 864, 865.
74 BVerfGE 27, 195, 204, 207.
75 Zum subjektiven Recht auf Anerkennung: BayVGH, SPE 230, Nr. 6.
76 In diesem Punkt besteht das nicht unerhebliche Risiko, daß der Staat über das Vehikel des Prüfungswesens in einer mit der Privatschulfreiheit nur schwer zu vereinbarenden Weise Einfluß auf Lehrinhalte und Unterrichtsmethoden nimmt. Für korrigierende Eingriffe der Schulaufsicht gilt in dieser Hinsicht deshalb das Übermaßverbot: Die Maßnahme muß zur Gewährleistung „gleichwertiger" Abschlüsse zwingend erforderlich sein.
77 Die Erstattung von Kosten für die Schülerbeforderung darf allerdings auf dasjenige Niveau beschränkt werden, das maßgeblich gewesen wäre, wenn der Schüler eine in seiner Nähe gelegene öffentliche Schule besucht hätte.
78 BVerfGE 75, 40, 63, 67.

gründet, „wenn anderenfalls der Bestand des Ersatzschulwesens als Institution evident gefährdet wäre“[79]. Da das Ersatzschulwesen ohne öffentliche Förderung jedoch kaum existieren könnte, ist die Förderpflicht zum verfassungsrechtlichen Regelfall geworden. Allerdings können die Landesgesetzgeber die Förderung zusätzlich von der konkreten Hilfsbedürftigkeit eines jeden einzelnen privaten Schulträgers abhängig machen. Zudem kann eine angemessene Eigenleistung des Schulträgers verlangt werden, zumal dies für den Privatschulgedanken prägend ist. Einen verfassungsunmittelbaren Rechtsanspruch auf Förderung verleiht das Grundgesetz jedoch nicht. Grundsätzlich ist der Staat nur aus objektivrechtlichen Gründen zum Schutz von Privatschulen verpflichtet. Der konkrete Leistungsanspruch des Privatschulträgers wird deshalb durch das Gesetz bestimmt.[80] Bei Gewährung der gesetzlichen Förderleistungen hat der Staat jedoch den Gleichbehandlungsgrundsatz zu berücksichtigen. An eine einmal gewährte Zuschußhöhe ist der Staat jedoch nicht gebunden. Er kann Kürzungen vornehmen, etwa um eine Angleichung an die Förderungsquoten anderer Länder zu erreichen, ist dabei jedoch aus Vertrauensschutzgründen, insbesondere wenn im Blick auf künftige Leistungen Investitionen getätigt wurden, auf ein behutsames, Fristen- und Übergangsregelungen gewährendes Vorgehen festgelegt. Bezuschussungsfähig sind nicht nur die Erhaltungs- sondern auch die Errichtungskosten. In diesem Zusammenhang ist es dem Gesetzgeber nicht verwehrt, Wartefristen bis zum Einsetzen der Regelförderung vorzusehen.[81] Die Einführung von Wartefristen darf jedoch nicht dazu führen, daß Neugründungen praktisch unmöglich gemacht werden. Deshalb ist ein Mindestmaß an Förderung auch in der Anfangsphase geboten. Eine Vollförderung kommt jedoch nur für Privatschulen in Betracht, die bereits eine Zeitlang erfolgreich tätig waren.[82] Nicht übereinstimmen mit Europarecht und der Verfassung dürfte die Förderpraxis einiger Bundesländer, die Förderung vom Vorhandensein eines Gemeinnützigkeitsstatus abhängig zu machen[83] oder die Förderung auf im Bereich der Bildungsabschlüsse anerkannte Privatschulen zu beschränken.[84]

III. Unterrichtsinhalte

Der auf Art. 7 Abs. 1 GG basierende staatliche Bildungs- und Erziehungsauftrag der Schule berechtigt nicht nur zur organisatorischen Gliederung der Schule, sondern auch zur inhaltlichen Festlegung der Ausbildungsgänge und Unterrichtsziele.[85] Der Erziehungsauftrag ist jedoch nicht auf die reine **Wissensvermittlung** beschränkt,

---

79 Ebenda.
80 BVerfGE 90, 107, 117.
81 BVerfGE 90, 128, 140 f. (Wartefrist von 3 Jahren ist zulässig).
82 Die Förderung erfolgt entweder nach dem Bedarfs- bzw. Defizitdeckungsverfahren oder nach dem Pauschalverfahren.
83 Luthe, Privilegien der freien Wohlfahrtspflege aus gemeinschaftsrechtlicher Sicht, Die Sozialgerichtsbarkeit 2000, Heft 11 und 12, 505, 585.
84 Avenarius/Heckel, Schulrechtskunde, 7. Aufl. 2000, 219.
85 BVerfGE 34, 165, 182; 53, 185, 196; BVerwGE 79, 288, 300, 94, 82, 84; 107, 75, 78.

sondern berechtigt auch zur **Persönlichkeitserziehung** des Kindes. Hierbei gerät der Staat zweifelsohne in eine bedenkliche Nähe zur elterlichen Erziehungsverantwortung. Gleichwohl läßt es das Bundesverfassungsgericht zu, daß der Staat grundsätzlich unabhängig von den Eltern eigene Erziehungsziele verfolgen kann.[86]

Die wichtigsten Unterrichtsinhalte sind als „Erziehungsziele" teils in den Landesverfassungen, teils in den einzelnen **Landesschulgesetzen** zugrunde gelegt.[87] Teilweise ist die Festlegung auf gesetzlicher Ebene sogar verfassungsrechtlich gefordert, da der Vorbehalt des Gesetzes für wesentliche Entscheidungen des Staates eine parlamentsgesetzliche Grundlage fordert. Aus diesem Grund hat etwa der Sexualkundeunterricht mit Rücksicht auf die Erziehungsverantwortung der Eltern in den Schulgesetzen explizit Erwähnung gefunden. Die gesetzlichen Erziehungsziele und Unterrichtsinhalte sind freilich nur eine offen formulierte Rahmenvorgabe. Sie werden konkretisiert durch **Lehrpläne und Richtlinien** („Rahmenrichtlinien") für die einzelnen Fächer, Fächerkombinationen oder fächerübergreifende Lernbereiche. Aber auch diese Vorgaben sind zumeist offen formuliert, um Raum zu geben für das dynamische Unterrichtsgeschehen: Es handelt sich zumeist nicht um stoffliche Festlegungen, sondern um Lernziele und Lernverfahren, die dem Lehrer einen breiten Spielraum inhaltlicher und didaktischer Gestaltung belassen. Ihrem Wesen nach sind die gesetzlichen Bildungsziele und die ihnen korrespondierenden Lehrpläne deshalb auch eher Handlungsmaßstäbe als rechtliche Kontrollgrößen. Gleichwohl geben sie rechtsverbindliche Grenzen für den Unterricht vor, die im Ausnahmefall auch gerichtlicher Überprüfung zugänglich sind.[88]

Bildungsziele müssen in einer freiheitlichen Verfssungsordnung grundsätzlich dem **Pluralismus** gesellschaftlicher Wertvorstellungen Rechnung tragen.[89] Gleichwohl braucht der Staat auf eine religiöse oder weltanschauliche Prägung nicht zu verzichten. Insbesondere besteht in Anbetracht der negativen Religionsfreiheit kein Anspruch darauf, „in der Schule von der Konfrontation mit christlichen Glaubensinhalten überhaupt verschont zu bleiben".[90] Denn die Bundesrepublik Deutschland ist verfassungsrechtlich betrachtet kein laizistischer Staat.[91] Verboten ist lediglich die Indoktrination und Missionierung im Dienste einer Religion oder Weltanschauung.[92] Denn dies wäre mit dem Gebot zur Erziehung zur Toleranz nicht zu vereinbaren (Art. 3 Abs. 3, Art 33 Abs. 3 GG).[93] In neuerer Zeit allerdings hat das Bundesverfassungsgericht der negativen Bekenntnisfreiheit von Schülern und Eltern ein stärkeres Gewicht beigemessen und dem „Lernen unter dem Kreuz" eine deutliche Absage erteilt.[94]

---

86 BVerfGE 47, 46, 71 f.; 93, 1, 21.
87 Hierzu näher Avenarius/Heckel, Schulrechtskunde, 7. Aufl. 2000, 62.
88 VGH Baden-Württemberg, DVBl. 1961, 523; BVerwG, MDR 1981, 608.
89 BVerwGE 107, 75, 81 f. (zur Konzeption des Ethikunterrichts).
90 BVerwG, DÖV 1998, 1058, 1060.
91 BVerfGE 41, 29, 50; BVerwGE 109, 40, 46.
92 BVerfGE 41, 29, 51 f.
93 BVerwGE 79, 288; 94, 82, 91.
94 BVerfGE 93, 1, 17 ff. (sog. Kruzifix-Urteil).

Eine ähnliche Trendwende in Richtigung einer laizistischen Staatsauffassung zeigt sich zudem im Kontext des **Religions- und Ethikunterrichts.** Das Grundgesetz sieht Religionsunterricht zunächst als ordentliches Lehrfach vor, das in Übereinstimmung mit den Grundsätzen der Religionsgemeinschaften erteilt wird (Art. 7 Abs. 3 GG). Das Fach Religion ist somit versetzungsrelevant; es ist sowohl auf Glaubensunterweisung als auch auf Wissensvermittlung hin angelegt. War es früher jedoch ein Pflichtfach, von dem man sich nur ausnahmsweise abmelden konnte, so ist es heute ein unverbindliches Unterrichtsangebot zur freiwilligen Annahme.[95] Schüler, die nicht am Religionsunterricht teilnehmen, können jedoch zur Teilnahme am Ethikunterricht verpflichtet werden.[96] Die verfassungsrechtliche Zulässigkeit des Ethikunterichts als Ersatzfach ist jedoch mehrfach bestritten worden: Die Teilnahme am Religionsunterricht ist gem. Art. 7 Abs. 2 GG freiwillig, weshalb die verpflichtende Anordnung eines Ersatzfaches, auch vor dem Hintergrund des Diskriminierungsverbotes (Art. 3 Abs. 3 GG), unzulässig sei.[97] Gleichwohl hat das Bundesverwaltungsgericht den Ethikunterricht als verbindliche Alternative zum Religionsunterricht anerkannt, wenn er als gleichwertiges Fach eingerichtet werde.[98] Eine weitere Frage ist, ob Ethikunterricht anstelle des Religionsunterricht eingeführt werden kann. Diese Möglichkeit kommt allenfalls für Bundesländer in Betracht, bei denen der Religionsunterricht vor Einführung des Grundgesetzes nicht als ordentliches Lehrfach vorgesehen war (vgl. Art. 141 GG).[99]

Auch die **Rechtschreibung** ist zulässiger Gegenstand staatlicher Gestaltungsmacht und insbesondere der Kultushoheit der Länder unterstellt. Zwar werden durch die Anordnung einer neuen Rechtschreibung die Grundrechte der Eltern und Schüler berührt, allerdings nicht in „wesentlicher" Weise. Vielmehr betreffe die Rechtschreibung den staatlichen Unterricht in seinen alltäglichen Formen, sei mithin durch die staatliche Erziehungsverantwortung gedeckt und brauche deshalb auch nicht gesondert durch Parlamentsgesetz eingeführt zu werden.[100]

Demgegenüber ist das Verfahren der **Schulbuchzulassung** zumindest in den Grundzügen gesetzlich zu regeln, da die Schulbuchgenehmigung die Presse- und Meinungsfreiheit, aber auch das Grundrecht der Berufsfreiheit der Verleger erheblich berührt und Schulbücher im übrigen den Unterricht nachhaltig beeinflussen.[101] Schulbücher bedürfen der ministeriellen Zulassung. Über Auswahl und Einführung im einzelnen entscheidet die Lehrerkonferenz.

---

95 BVerwGE 107, 75 (85, 91).

96 BVerwGE 107, 75 (84, 91).

97 Czermak, Das Pflicht-Ersatzfach Ethikunterricht als Problem der Religionsfreiheit, des Elternrechts und der Gleichheitsrechte, NVwZ 1996, 450; Renck, Verfassungsprobleme des Ethikunterrichts, BayVBl. 1992, 519; Muckel, AöR 122 (1997), 532.

98 BVerwGE 107, 75.

99 Hierzu näher Görlich, Art. 141 GG als zukunftsgerichtete Garantie der neuen Länder und die weltanschauliche Neutralität des Bundes, NVwZ 1998, 819; Theuersbacher, NVwZ 1999, 841; Wißmann, Art. 141 GG als „Brandenburger Klausel"?, RdJB 1996, 368.

100 BVerfG, NJW 1998, 2515.

101 So Avenarius/Heckel, Schulrechtskunde, 7. Aufl. 2000, 244.

IV. Rechtsstellung von Schülern und Eltern

Das Rechtsverhältnis zwischen Schüler und Schule ist eine eigenständige Rechtsbeziehung und keineswegs von den Elternrechten abgeleitet. Für den minderjährigen, beschränkt geschäftsfähigen Schüler handeln die Eltern als gesetzliche Vertreter (§§ 1626ff. BGB).

Schüler und Eltern sind Träger von **Grundrechten**. Sowohl das Elternrecht (Art. 6 Abs. 2 GG) als auch die Grundrechte des Schülers (Art. 2, 4, 5, 12 GG) richten sich als Freiheitsrechte gegen übermäßige staatliche Eingriffe und erfordern in formeller Hinsicht eine gesetzliche Grundlage für bedeutsame Entscheidungen des Staates in schulischen Angelegenheiten (Gesetzesvorbehalt). Die Grundrechte wirken in dieser Hinsicht in ihrer klassischen Funktion als Abwehrrechte gegen den Staat.[102] Allerdings sind auch Konstellationen vorstellbar, in denen das kindliche Autonomierecht mit dem Elternrecht kollidiert. Da das **Kindeswohl** das oberste Gebot elterlicher Erziehung darstellt, beinhaltet die elterliche Gewalt nicht nur ein Grundrecht auf Erziehung, sondern darüber hinaus eine Rechtspflicht, die Selbstbestimmungfähigkeit des Kindes angemessen zu berücksichtigen. Zwar liegt das Letztentscheidungsrecht im Zweifel bei den Eltern. Bei offensichtlich fehlsamen, dem Kindeswohl abträglichen Entscheidungen ist der Staat jedoch befugt, im Rahmen der ihm durch das Grundgesetz verliehenen Mißbrauchskontrolle (Art. 6 Abs. 2 S. 2 GG) im Wege gerichtlicher Maßnahmen (§ 1631 BGB) korrigierend einzugreifen. In der Praxis handelt es sich hierbei vor allem um diejenigen Fälle, wo sich der jugendliche, in seiner Einsichtsfähigkeit also nahezu ausgereifte Schüler dem Elternwillen widersetzt und die elterliche Zustimmung zu bestimmten Rechtshandlungen (Abtreibung der minderjährigen Schülerin, Besuch einer weiterführenden Schule, Heirat des Minderjährigen) ggf. durch vormundschaftsgerichtliches Urteil ersetzt wird oder wo der einzelne Schüler einer Verwahrlosung bzw. Mißhandlungen seitens der Eltern ausgesetzt ist. Über die Teilnahme am Religionsunterricht entscheidet der Schüler im Regelfall selbst nach Vollendung des 14. Lebensjahres.

Nachdem die Rechtsprechung des Bundesverfassungsgerichts in den 70er Jahren Abschied von der Rechtsfigur des sog. **besonderen Gewaltverhältnisses** genommen hatte, war klargestellt, daß die Beziehung des Schülers zur Schule ein Rechtsverhältnis darstellt, welches dem Schüler nicht nur Pflichten abverlangt, sondern diesem auch Rechte gegenüber der staatlichen Gewalt verleiht. So sind bestimmte Maßnahmen der Schule (im wesentlichen Versetzungen sowie Ordnungsmaßnahmen) prinzipiell durch Inanspruchnahme der Gerichte angreifbar, wenn sie das sog. **Grundverhältnis** des Schülers berühren, jenen Bereich also, in dem seine Freiheitsrechte vollen Schutz gegen rechtswidrige staatliche Maßnahmen entfalten. So kann der Schutzbereich des Gleichbehandlungsgrundsatzes oder des Berufsfreiheitsrechts im Falle ungerechtfertigter Beurteilungen bzw. Nichtversetzungen

---

102 Zum Ganzen Luthe, Die Rechtsstellung von Eltern, in: Neue Praxis der Schulleitung, 1992, A 3.5.

tangiert sein, beim Verbot von Schülerstreiks die Meinungs- und Versammlungsfreiheit. Dies ist deshalb von besonderer Bedeutung, weil der Bürger gerichtlichen Rechtsschutz nur dann in Anspruch nehmen darf, wenn ihm ein sog. subjektiv-öffentliches Recht zur Seite steht. Vielfach kann den einfachen Schulgesetzen selbst ein solches Recht – häufig im Wege der Auslegung – entnommen werden, ansonsten greifen die entsprechenden Verfassungsbestimmungen.

Bestimmte Bereiche sind jedoch von vornherein vom Rechtsschutz ausgenommen und nur in sehr gravierenden Ausnahmefällen gerichtlich überprüfbar. Für diesen Bereich hat sich der Begriff **Betriebsverhältnis** eingebürgert. Er betrifft die Sphäre des laufenden Schulbetriebes, dessen Funktionsfähigkeit durch Art 7 Abs. 1 GG (staatlicher Bildungsauftrag) anerkannt ist, weshalb gewisse Einschränkungen im Rechtsschutzbereich gerechtfertigt sind. Klagen gegen die konkrete Unterrichtsgestaltung des Lehres, gegenüber einer kurzzeitigen Verweisung aus dem Klassenzimmer oder dem Verbot, das Schulgelände während der Pause zu verlassen, wird das Gericht ohne nähere Prüfung der Angelegenheit unter Verweis auf das Betriebsverhältnis regelmäßig das Fehlen subjektiv-öffentlicher Rechte entgegenhalten und sie als unzulässig zurückweisen.

1. Das allgemeine Persönlichkeitsrecht des Schülers

Der Schüler besitzt einzelne subjektive Rechte auf bestimmte schulische **Leistungen**. Diese ergeben sich teils aus Einzelgesetzen, teils aus bloßer Leistungsgewährung durch die Verwaltung, so daß aus Gründen der Gleichbehandlung hierbei ein Rechtsanspruch entstehen kann. In dieser Hinsicht bestehen Ansprüche auf Schülerbeförderung, auf Aufnahme in eine bestimmte Schule oder auf Lernmittelfreiheit.

Es ist jedoch fraglich, ob derartige Anspruchspositionen unter der Formel eines **„Rechts auf Bildung"** zusammengefaßt werden können. Im Kern beinhaltet ein solches Verfassungsrecht die Verpflichtung des Staates, zur Sicherung eines angestrebten Bildungsniveaus unter Wahrung gleicher Verwirklichungschancen für den einzelnen Schüler bestimmte Leistungen zu erbringen. Da die Funktion der Grundrechte im wesentlichen in der Abwehr staatlicher Eingriffe liegt und ein überzogenes Verständnis der Freiheitsrechte als Leistungsrechte den Staat schnell an die Grenzen seiner finanziellen Möglichkeiten brächte, läßt sich der Verfassung ein Recht auf Bildung im Sinne einer fest umrissenen, einklagbaren Anspruchsposition nicht entnehmen.[103] Das Verfassungsrecht auf Persönlichkeitsentfaltung (Art. 2 Abs. 1 GG) gewährt allenfalls einen Minimalstandard von Bildungseinrichtungen, dem ein **Zugangsrecht** zu den entsprechenden Institutionen korrespondiert. Zudem enthalten die einzelnen Landesverfassungen zumeist ein Recht auf Bildung. Auch finden sich entsprechende Regelungen im internationalen Recht.[104] In ihrer

---

103 Vgl. unter B.
104 Vgl. unter C.

Abstraktheit bedürfen Verfassungspositionen von bildungsrechtlicher Bedeutung jedoch der gesetzlichen Konkretisierung und führen regelmäßig nicht zu einer Ausweitung von Ansprüchen über den gesetzlichen Umfang hinaus. Im wesentlichen unterliegt das Bildungswesen damit der freien Gestaltung durch den Gesetzgeber, der über den Einsatz der finanziellen Mittel, die Wahl der jeweiligen Schulformen und letztlich über das volkswirtschaftlich sowie sozialpolitisch erforderliche Bildungsniveau selbst zu bestimmen hat.[105]

Wegen der staatlichen Schulgestaltungsmacht insbesondere in Fragen von Unterricht und Organisation ist das von vielen geforderte **Recht auf unverkürzten Schulunterricht** daher mit vielen Fragezeichen zu versehen.[106] Weder auf Verfassungs- noch auf Gesetzesebene lassen sich Ansprüche auf konkrete Bildungsangebote nachweisen. Gleichwohl ist ein einklagbarer Anspruch nur schwer von der Hand zu weisen, wenn ein gesetzlicher Fächerkatalog und eine Stundentafel in Verordnungsform bestimmte Lehrangebote vorsehen. Zweifelsohne ist ein unvorhersehbarer und unvermeidbarer Unterrichtsausfall von kurzer Dauer von Schülern und Eltern hinzunehmen. Ein längerer Unterrichtsausfall oder etwa der völlige Wegfall eines Unterrichtsfachs an einer Schule dürfte jedoch nicht nur dem Persönlichkeitsrecht des Schülers auf Selbstentfaltung in der Schule zuwiderlaufen, sondern auch mit dem staatlichen Bildungs- und Erziehungsauftrag des Art. 7 GG, der auf die Einräumung gleicher Bildungschancen abzielt, nicht zu vereinbaren sein. Zwar wird man vor Gericht nicht mit dem Begehren auf Einstellung weiterer Lehrer durchdringen können, weil hierdurch in die Personalhoheit des Landes und die Kompetenzen des Haushaltsgesetzgebers eingegriffe würde.[107] Das schließt aber nicht aus, daß die bereitgestellten Mittel für Aushilfslehrkräfte in Anspruch zu nehmen sind und durch landesweite Planung und Bedarfskontrolle für entsprechende Ausgleichsmaßnahmen gesorgt werden muß. Für ein Recht auf unverkürzten Unterricht spricht zudem der sich verändernde gesellschaftliche Rahmen schulischer Bildung: Dem tatsächlich Erlernten kommt gegenüber den formalisierten Abschlüssen eine immer größere Bedeutung zu. Das Schulzeugnis verliert zunehmend an Aussagekraft als Wegbereiter für die berufliche Karriere. Schon weil der schulpflichtige Schüler dem staatlichen verordneten Unterricht nicht ausweichen kann, hat der Staat seiner Verantwortung unter den geschilderten Bedingungen auch unter dem Aspekt der Unterrichtsqualität in besonderer Weise Rechnung zu tragen.

Die **freie Wahl der Ausbildungsstätte** (Art. 12 Abs. 1 GG) ermöglicht Schülern und Eltern lediglich die freie Wahl einer bestimmten Schulform, nicht jedoch einer bestimmten Schule.[108] Die Schüler sind daher zum Besuch der nach dem jeweiligen

---

105 Zu einem einklagbaren Recht auf Bildung vgl. Richter, Bildungsverfassungsrecht, 1973, 183 ff., Stein, Das Recht des Kindes auf Selbstentfaltung in der Schule, 1967.

106 Etwa Bryde, Neue Entwicklungen im Schulrecht, DÖV 1982, 673; Staupe, Schulrecht von A–Z, 5. Aufl. 2001, 270.

107 So VG Wiesbaden, Beschluß vom 30. 05. 85 (AZ: I/1 G 329/85); auch VG Hamburg, Beschluß vom 04. 03. 82 (9 VG 3327/81).

108 Vgl. insbesondere C. II. 3.

Schulbezirk für sie zuständigen Schule verpflichtet. Gewisse Wahlmöglichkeiten bestehen jedoch bei der Aufnahme in eine weiterführende Schule, wobei jedoch eine Ablehnung des Schülers aus Kapazitätsgründen zulässig ist, wenn die Schule anderenfalls an die Grenzen ihrer Belastbarkeit geraten würde. Auch aus Gründen mangelnder Eignung oder nicht vorhandenen Alters kann eine Wahlschule Schüler ablehnen, z. B. wenn die Schüler die deutsche Sprache nicht beherrschen oder wenn das Kind die von einer Bekenntnisschule geforderte Religionszugehörigkeit nicht besitzt. Die Abweisung des Schülers ist insbesondere dann zulässig, wenn dieser eine in zumutbarer Entfernung gelegene andere Schule erreichen kann. Dagegen genießen lernbehinderte Schüler nach den Schulgesetzen zumeist einen relativ umfassenden Anspruch auf Förderung, welcher die Aufnahme in die Sonderschule oder die Erteilung von Einzelunterricht oder Kleingruppenunterricht einschließt.

Auch **in der Schule** besitzt der Schüler das Recht auf Persönlichkeitsentfaltung (Art. 2 Abs. 1 GG), das allerdings nur im Rahmen der verfassungsmäßigen Ordnung, zu der auch jener durch Art. 7 Abs. 1 GG geschützte schulbetriebliche Ablauf gehört, ausgeübt werden kann und das durch die „Rechte anderer" – die Gemeinschaft der Mitschüler – begrenzt wird. Die freie Entfaltung des Schülers in der Schule findet insofern ihre Grenzen am Schulzweck, der auf der Basis eines für alle Schüler verbindlichen Ordnungsrahmens sichergestellt wird. Dieser Ordnungsrahmen ist nur zu einem Teil, nämlich im Hinblick auf seine eingriffsintensiven Bestandteile (etwa bei Versetzungen und Ordnungsmaßnahmen) im Schulgesetz aufgeführt. Die alltäglichen Reglements ergeben sich aus der Zwecksetzung der Schule selbst und allenfalls mittelbar aus dem Gesetz, sofern dieses Erziehungsziele und die Kompetenz der Schule zur Aufstellung von Hausordnungen normiert. Zwar folgt aus dem Recht auf freie Entfaltung der Persönlichkeit, daß der Schüler in der Schule keine freiheitseinschränkenden Maßnahmen dulden muß, die nicht durch ein förmliches Gesetz abgestützt sind. Dies gilt jedoch nicht für den Schulalltag betreffende Maßnahmen, die sich einer vorausschauenden gesetzlichen Gestaltung naturgemäß entziehen: Gemeint sind Regeln für das Verhalten auf dem Schulhof, das Einstellen von Fahrrädern und Mopeds, die Garderobenbenutzung, die Schulbusbenutzung, den Aufenthalt in den Klassenräumen, die Sitzordnung in unteren Klassen, die kurzzeitige Verweisung aus dem Klassenzimmer, den einfachen Tadel des Fachlehrers, den Beginn des Unterrichts sowie schließlich die Regeln für das Rauchen auf dem Schulgelände.

Bei all diesen Maßnahmen ist jedoch das Prinzip der **Verhältnismäßigkeit** zu beachten, welches besagt, daß der Schüler nur solchen Einschränkungen seiner Handlungsfreiheit unterworfen ist, welche geeignet sind, den beabsichtigten Erziehungserfolg auch tatsächlich herbeizuführen und die zudem erforderlich sind, weil kein schonenderes, aber gleich wirksames Eingriffsmittel zur Verfügung steht, welches für den Schüler in Anbetracht der Bedeutung der verfolgten Ziele unter Abwägung mit der Schwere des Eingriffs schließlich auch zumutbar sein muß. Ein unzulässiger Eingriff in die Persönlichkeitssphäre des Schülers wäre nach diesen Grundsätzen bei einer willkürlichen Einmischung in den Intimbereich (etwa Bemängelung der Haartracht, der Kleidung) anzunehmen, ebenso bei psychologischen Tests, sofern diese nicht zur therapeutischen Behandlung von Entwicklungsdefiziten, sondern ausschließlich zur Einstufung des Schülers nach seiner Intelligenzleistung durchgeführt werden.

Eng mit dem Persönllichkeitsrecht des Schülers verbunden ist seine **Glaubens- und Gewissensfreiheit** (Art. 4 GG). In allen Bereichen, wo der Schüler im Intimbereich seiner Persönlichkeit betroffen ist, hat die Schule besondere Toleranz walten zu lassen. Das kann so weit gehen, daß der Schüler nicht nur die Befreiung vom koedukativen Sportunterricht, sondern zur Sicherstellung einer lückenlosung Beschulung sogar die Änderung des Schulkonzepts verlangen kann, das gegenüber einer Befreiung somit Vorrang genießt.[109] Voraussetzung für die Befreiung wie für die Änderung des Schulkonzepts ist jedoch, daß dem Staat ein entsprechendes Entgegenkommen organisatorisch und inhaltlich zumutbar ist, wovon dann ausgegangen werden kann, wenn Koedukation als Erziehungsziel in der Lehrplänen nicht hinreichend ausgewiesen ist. In jedem Fall ist es dem Staat verwehrt, die individuelle Glaubensüberzeugung inhaltlich anhand kirchlicher Lehrmeinungen zu überprüfen. Gleichwohl wird demjenigen, der sich auf seine Glaubensfreiheit beruft (etwa die an Bekleidungsvorschriften gebundene Muslimin) die Darlegungslast beim Nachweis der Ernsthaftigkeit seines Verlangens auferlegt.[110]

2. Die Meinungs-, Versammlungs- und Pressefreiheit des Schülers

Der Schüler besitzt innerhalb der Schule das **Recht auf freie Meinungsäußerung** (Art. 5 Abs. 1 und 2 GG). Ebenso wie das Persönlichkeitsrecht kann auch die Meinungsfreiheit nicht schrankenlos ausgeübt werden. Schranken ergeben sich aus den „allgemeinen Gesetzen“, den gesetzlichen Bestimmungen zum „Schutze der Jugend“ und aus dem Recht der „persönlichen Ehre“. Als Beschränkungen der Meinungsfreiheit kommen allerdings nur solche Gesetze in Frage, die nicht gezielt die Unterdrückung einer bestimmten Meinung verfolgen, sondern dem Schutz anerkannter Gemeinschaftswerte dienen, die im jeweiligen Fall gegenüber der Meinungsfreiheit Vorrang genießen. Die Beurteilung einer Meinungskundgabe des Schülers hängt somit davon ab, ob und inwiefern diese mit den schulgesetzlich verankerten Erziehungszielen in einer mit dem Schul- und Unterrichtsbetrieb nicht mehr zu vereinbarenden Weise kollidiert. Das Recht auf freie Meinungsäußerung kann nur schulkonform ausgeübt werden: Es unterliegt Einschränkungen durch die Meinungsfreiheit der Mitschüler sowie des Lehrers und ist schlechthin eingebunden in die Besonderheiten des Schullebens. Umgekehrt darf die Schule Meinungen nicht allein deshalb verbieten, weil sie falsch sind. Die Erziehung des Schülers zur Eigenverantwortlichkeit verlangt von der Schule ein hohes Maß an Toleranz und diskursiver Kritikfähigkeit.

---

109 BVerfGE 94, 82, 83 f.
110 BVerfGE 94, 82, 87 f.

Auch die **politische Werbung** fällt unter den Schutz der Meinungsfreiheit und ist in der Schule grundsätzlich erlaubt, allerdings wiederum nicht schrankenlos. Wann der Bildungs- und Erziehungszweck der Schule durch die Werbemaßnahme tangiert wird, läßt sich abstrakt nicht beantworten. Allgemein ist zu beachten, daß in ihrer Einsichts- und Kritikfähigkeit eingeschränkte jüngere Schüler gegenüber Formen politischer Demagogie älterer Schüler in Schutz zu nehmen sind. Politische Proklamationen außerhalb der Verfassungsordnung sind vom Grundrechtsschutz ausgenommen.

Die Herausgabe von **Schülerzeitungen** unterliegt dem in Art. 5 Abs. 2 GG verbürgten Recht auf Pressefreiheit. Einschränkungen der Pressefreiheit ergeben sich wiederum aus den Allgemeinen Gesetzen (insofern sind die Landespressegesetze zu beachten) den gesetzlichen Bestimmungen zum Schutz der Jugend und aus dem Recht der persönlichen Ehre. Kontrollen von Schülerzeitungen sind grundsätzlich zulässig. Die Herausgabe einer Schülerzeitung ist eine schulische Angelegenheit und hat sich im Einklang mit der schulischen Zweckbestimmung zu befinden. Eine Vorzensur ist jedoch mit Rücksicht auf das Zensurverbot des Art. 5 Abs. 1 S. 3 GG unstatthaft.[111] Die Schulleitung kann lediglich eine nachträgliche Mißbilligung des Zeitungsinhaltes vornehmen (etwa bei Verstoß gegen die freiheilich-demokratische Grundordnung oder bei Diskriminierung bestimmter gesellschaftlicher Gruppen). Unter diesen Voraussetzungen kann die Schule ein sofortiges Vertriebsverbot verhängen. Ist die Schulleitung der Meinung, daß die Schülerzeitung gegen den schulischen Bildungsauftrag oder gesetzliche Verbote verstößt, so hat sie nach Anhörung der verantwortlichen Redakteure der Schulbehörde unverzüglich Bericht zu erstatten, welche daraufhin entscheidet, ob die Bedenken der Schulleitung berechtigt sind. Gleiches gilt für die Herausgabe von Flugblättern. Gegen ein Verbot, das ein Verwaltungsakt ist, steht den Herausgebern der Zeitung der Rechtsweg offen.

Rechtlicher Maßstab von sog. **Schülerstreiks** ist das Grundrecht auf Versammlungsfreiheit (Art 8 Abs. 1 GG). Grundsätzlich trifft den Schüler die Pflicht am Unterricht teilzunehmen. Das unentschuldigte Fehlen ist daher ein schlichter Verstoß gegen die Schulbesuchspflicht und liegt außerhalb des Schutzbereichs politischer Freiheitsrechte. Auf der gleichen Ebene befindet sich die spontane Leistungsverweigerung einzelner oder mehrerer Schüler, um den Lehrer etwa „auflaufen“ zu lassen. Die Schule kann sich hiergegen mit einer entsprechenden Leistungsbeurteilung, in gravierenden Fällen auch durch die Verhängung von Ordnungsmaßnahmen und Bußgeldern zur Wehr setzen.

Eine besondere Form des Schülerstreiks ist der sog. **Unterrichtsboykott**. Er ist eine kollektive Form der Meinungsäußerung und wendet sich zumeist gegen bestimmte Unterrichtsangebote oder bestimmte Lehrer wegen methodischer oder didaktischer Unzulänglichkeiten des Unterrichts. In dieser Weise ist der Unterrichtsboykott von

---

111 Die Schüler brauchen daher weder eine vorherige Genehmigung von der Schulleitung einzuholen, noch müssen sie dieser ein Belegexemplar vorlegen, um die Schulleitung von der Publikationsfähigkeit des Exemplars zu überzeugen.

einem ernsthaften schulischen Anliegen getragen, auch wenn die Auffassungen zwischen Lehrern und Schülern hierüber auseinandergehen können. Da die Unterrichtsgestaltung eine staatliche Aufgabe darstellt, haben die schülerischen Interessen regelmäßig gegenüber dem staatlichen Bildungsauftrag zurückzutreten. Da der Schülerboykott unter den Schutz der Meinungsfreiheit gestellt ist, sind entsprechende Gegenmaßnahmen des Staates strikt am Verhältnismäßigkeitsgrundsatz auszurichten. Ordnungsmaßnahmen kommen deshalb lediglich als „letztes Mittel" in Betracht.

Hinsichtlich der Teilnahme an rechtmäßigen **politischen Demonstrationen** (ohne schulischen Bezug) vertritt die Rechtsprechung bislang eine eher restriktive Auffassung.[112] Zwar gilt als anerkannt, daß auch Schüler das Grundrecht auf Versammlungsfreiheit genießen. In der Abwägung mit der Schulbesuchspflicht wird es regelmäßig als nachrangig angesehen. Schülern bzw. Eltern steht demnach kein Recht auf Unterrichtsbefreiung wegen Teilnahme an politischen Demonstrationen zu. Dies erscheint verfassungsrechtlich bedenklich. Da eine Freistellung des Schülers aus familiären oder sportlichen Gründen nicht unüblich ist und der Verlust einiger weniger Schulstunden kaum als Gefährdung des staatlichen Bildungsauftrages eingestuft werden kann, ist der Versammlungsfreiheit in den Abwägung mit dem staatlichen Bildungsauftrag im Regelfall der Vorrang einzuräumen.

3. Ordnungsmaßnahmen

Ordnungsmaßnahmen dienen der Erfüllung und Sicherung des gesetzlichen Bildungs- und Erziehungsauftrags, der Erfüllung der Schul- und Teilnahmepflicht, der Einhaltung der Schulordnung sowie schließlich dem Schutz von Personen und Sachen innerhalb der Schule. Ordnungsmaßnahmen sind von den **Erziehungsmitteln** zu unterscheiden. Letztere sind von geringerer Eingriffsintensität und berühren das sog. Grundverhältnis (s. o.) des Schülers nicht. Vielmehr dienen sie der Aufrechterhaltung des Schulbetriebes und der Sicherung eines geordneten Unterrichts. Zu den bewährten Erziehungsmitteln gehören:

- der mündliche Tadel sowie die Eintragung in das Klassenbuch,
- die Aufforderung, einen angerichteten Schaden wiedergutzumachen,
- die Verweisung aus dem Unterrichtsraum,
- die Auferlegung zusätzlicher häuslicher Übungsarbeiten,
- die Wiederholung nachlässig gefertigter Arbeiten,
- die Auferlegung besonderer schulischer Arbeitsstunden unter möglichst frühzeitiger Ankündigung und Benachrichtigung der Eltern.

---

112 Hierzu Niehues, Schul- und Prüfungsrecht, Bd. 1, 3. Aufl. 2000, Rn. 424; Perschel, Demonstrationsrecht und Schulbesuchspflicht, RdJB 1968, 289.

Ordnungsmaßnahmen sind in den Schulgesetzen der Länder zumeist abschließend geregelt. Andere als die dort genannten Maßnahmen sind unzulässig. Zu den üblichen Ordnungsmaßnahmen gehören

- die Überweisung in eine Parallelklasse,
- die Überweisung in eine andere Schule derselben Schulform,
- die Androhung des Ausschlusses vom Unterricht bis zu 3 Monaten,
- der Ausschluß vom Unterricht bis zu 3 Monaten,
- die Androhung der Verweisung von allen Schulen,
- die Verweisung von allen Schulen.

Ordnungsmaßnahmen dürfen jedoch nur festgesetzt werden, wenn der betroffene Schüler die Sicherheit der anderen Schüler oder der Lehrer ernsthaft gefährdet oder den Unterricht nachhaltig oder schwer beeinträchtigt und wenn die üblichen Erziehungsmittel nicht ausreichen.[113]

Für die Festsetzung von Ordnungsmaßnahmen existieren in den Landesschulgesetzen besondere **Verfahrensvorschriften**. Im allgemeinen beauftragt der Schulleiter einen Lehrer zur Feststellung des Sachverhalts. Der Schulleiter kann das Verfahren einstellen, wenn der ermittelnde Lehrer zu dem Ergebnis gelangt, daß der Schüler seine Pflichten nicht grob verletzt hat. Für die Festsetzung einer Ordnungsmaßnahme ist zumeist die Klassenkonferenz zuständig, wobei sich die Gesamtkonferenz jedoch die Entscheidung über bestimmte Maßnahmen vorbehalten kann.

Für die Feststellung des entscheidungserheblichen Sachverhalts trägt die Schule die Beweislast. Sie kann vorläufige Sicherheitsmaßnahmen anordnen, wenn die Sachlage noch nicht ausreichend aufgeklärt ist. Ordnungsmaßnahmen sind als Verwaltungsakte vor den **Verwaltungsgerichten** anfechtbar. In der Regel ist ein Vorverfahren bzw. ein Widerspruchsverfahren durchzuführen, wobei der Schüler gegen die Maßnahmen zunächst Widerspruch einzulegen hat, über den die Schulaufsichtsbehörde entscheidet. Gegen den ablehnenden Bescheid der Schulaufsichtsbehörde kann der Schüler Klage einlegen. Der Betroffene bzw. die Erziehungsberechtigten sind vorher anzuhören.[114] Schulpflichtige Schüler dürfen regelmäßig nicht von der Schule entlassen werden. Zumeist kommen Ordnungsmaßnahmen erst dann in Betracht, wenn andere erzieherische Einwirkungen nicht ausreichen.

Ordnungsmaßnahmen dienen ihrem Wesen nach der Erziehung des einzelnen Schülers. Ergänzend kann die Maßnahme auch auf generalpräventive Gründe gestützt werden, wenn das zu ahndende Verhalten des einzelnen Schülers auch Wirkungen für die Mitschüler zeigen soll. Grundsätzlich betreffen Ordnungsmaß-

113 Etwa VG Braunschweig, NVwZ-RR 1998, 754 (zeitweiser Ausschluß vom Unterricht); BayObLG, DÖV 1994, 396 (Überweisung in eine Parallelklasse), VG Mainz, NVwZ 1998, 876 (Ausschluß vom Besuch der bisherigen Schule auf Dauer).
114 OVG Münster, NVwZ-RR 2001, 163; BayVerfGH, NJW 1980, 1838.

nahmen nur die schulischen Aktivitäten des Schülers, wobei aber auch das Verhalten auf dem Schulweg Bedeutung erlangen kann.

Der Schüler kann einer drohenden **Schulverweisung** vorbeugen, indem er sich abmeldet. Die Verhängung einer nachträglichen Wiederaufnahmesperre gegen die Aufnahme in eine andere Schule ist dann möglich, wenn eine gesetzliche Grundlage hierfür existiert. Die Wiederaufnahme eines aus der Schule verwiesenen Schülers bedarf jedoch der Genehmigung durch die Schulaufsichtsbehörde.

Bei der Verhängung von Ordnungsmaßnahmen ist der **Verhältnismäßigkeitsgrundsatz** zu beachten. Die zu ergreifende Maßnahme ist abhängig von der Schwere der Verfehlung. Deshalb verbietet sich eine schematische Vorgehensweise in dem Sinne, daß leichtere Maßnahmen den schwereren vorauszugehen hätten. Soweit das Gesetz die Androhung von Maßnahmen vorsieht, stellt sich die Frage, ob die Schule vor der Verhängung der angedrohten Maßnahme hiervon Gebrauch machen muß. Dies ist grundsätzlich zu verneinen. Jedoch kann ein sofortiger Schulverweis im Einzelfall gegen das Übermaßverbot verstoßen.[115]

Rechtlich kontrovers behandelt wird die Frage des **Nachsitzens.** Während die einen hierfür eine explizite gesetzliche Grundlage fordern, halten die anderen die Ableitung einer solchen Maßnahme aus dem allgemeinen Bildungs- und Erziehungszweck der Schule für ausreichend.[116] In jedem Fall dürfen dem Schüler während der Zeit des Nachsitzens nur pädaogisch sinnvolle Aufgaben übertragen werden, etwa die Nachholung nicht erledigter Hausaufgaben. Auch sollten die Eltern informiert werden. Die Erteilung von Arrest ist jedoch eindeutig rechtswidrig, ebenso die körperliche Züchtigung (mit Ausnahme von Notwehr-, Nothilfe- und Notstandssituationen).

Macht der Lehrer von dem Erziehungsmittel der vorübergehenden **Verweisung aus dem Klassenraum** Gebrauch, so hat er, sofern dies im Grundschulbereich geschieht, aus Haftungsgründen dafür Sorge zu tragen, daß die Kinder beaufsichtigt werden. Ältere Schüler sollten angewiesen werden, wo sie sich während dieser Zeit aufzuhalten haben. Gefährliche Gegenstände können eingezogen werden. Sie sind den Eltern zur Verfügung zu stellen bzw. den volljährigen Schülern nach dem Unterricht zurückzugeben.

Maßnahmen aufgrund des **Hausrechts** sind keine Ordnungsmaßnahmen. Das Hausrecht ist in einer Hausordnung geregelt. In ihr ist das Verhalten der Schüler und der Mitarbeiter der Schule auf dem Schulgrundstück, insbesondere im Schulgebäude als auch außerhalb des Schulgrundstücks, etwa bei Wanderungen und Schulveranstaltungen, geregelt. Die Hausordnung enthält zudem Vorschriften über die Unterrichtszeiten, die Unterrichtspausen und die Zeit vor Unterrichtsbeginn bzw. nach Unterrichtsschluß. Auch kann in besonderen Fällen das Recht zum

---

115 Zur Androhung vgl. OLG Hamm, NJW 1997, 1512.
116 Niehues, Schul- und Prüfungsrecht, Bd. 1, 3. Aufl. 2000, Rn. 449; VG Freiburg, NVwZ 1984, 131; BW VGH, NVwZ 1984, 808.

Verlassen des Schulgrundstücks eingeschränkt oder völlig untersagt werden, um etwa Unterrichtsstörungen zu vermeiden. Regelungsgegenstand ist jedoch ausschließlich der laufende Schulbetrieb. Als Grundlage für gravierende Freiheitseinschränkungen kommt die Hausordnung nicht in Betracht.

4. Schülermitwirkung

Den Schülern stehen innerhalb der Schule bestimmte Informations- und Mitwirkungsrechte zu. So kann der **Schüler** die Offenlegung der Bewertungsmaßstäbe für die Notengebung sowie die Erläuterung der Beurteilungen verlangen. Zu den Rechten der Schülervertretung gehören in der Regel ein Recht auf Information in allen sie betreffenden Angelegenheiten sowie ein allgemeines Beschwerderecht, ein Anhörungs- und Vorschlagsrecht, schließlich ein Recht auf Mitwirkung beim Aufstellen der Hausordnung und bei der Organisation von schulischen Veranstaltungen, auf Erteilung von Anregungen für Kurse und Unterricht sowie auf Vermittlung von Beschwerden einzelner Schüler.

Zuständige Organe der **Schülervertretung** sind der Klassensprecher, der Schülersprecher sowie der Schülerausschuß. Die Schülervertretung genießt regelmäßig nur Mitwirkungsrechte, keine wirklichen Mitentscheidungsrechte. Sie ist darauf beschränkt, Wünsche und Anregungen gegenüber der Schulleitung vorzutragen, bei wesentlichen Entscheidungen der Schule vorher angehört zu werden und Beschwerden vorzubringen. Allerdings unterliegt die nähere Ausgestaltung ihrer Rechtsstellung landesspezifischen Besonderheiten: Teils darf die Schülervertretung selbständig Erklärungen gegenüber der Öffentlichkeit und Presse abgeben. Teils ist ein Recht auf Begründung abgelehnter Anträge der Schülervertretung durch die Schulleitung statuiert. Teils sind Schülervertreter vor Benachteiligungen besonders geschützt. Teils können sie bei der Wahl des Schulleiters mitwirken.

Von der Schülervertretung zu unterscheiden sind dies sog. **Schülergruppen**. Danach können sich Schüler in der Schule zu gemeinsamen Gruppen zusammenschließen, wenn sie Ziele verfolgen, die innerhalb des Bildungsauftrags der Schule liegen. In manchen Bundesländern können derartige Schülergruppen, sofern deren Mitglieder das 14. Lebensjahr vollendet haben, auch für eine bestimmte politische, religiöse oder weltanschauliche Richtung eintreten.

5. Datenschutz

Für die öffentlichen Schulen sind regelmäßig die Landesdatenschutzgesetze maßgebend, deren Aufgabe es ist, den Schutz personenbezogener Daten vor Mißbrauch bei ihrer Verarbeitung in Dateien zu gewährleisten. In dieser Weise sind die Datenschutzgesetze Ausprägungen des allgemeinen Persönlichkeitsrechts, wonach jeder im Rahmen seiner **informationellen Selbstbestimmung** einen Schutzanspruch gegen die unbegrenzte Erhebung, Speicherung, Verwendung und Weitergabe seiner persönlichen Daten besitzt.[117] Verfassungsrechtliche Voraussetzung für die Verpflichtung zur Abgabe personenbezogener Daten ist, daß der Gesetzgeber den Verwendungszweck bereichsspezifisch und präzise bestimmt und daß die Angaben für diesen Zweck geeignet und erforderlich sind. Deshalb haben die meisten Länder das in ihren Datenschutzgesetzen normierte allgemeine Datenschutzrecht durch bereichsspezifische gesetzliche Regelungen zum Datenschutz in der Schule ergänzt.

Personenbezogene Daten sind alle Informationen, die eine Person und ihre Lebenssitution betreffen (Namen, Adresse, Geburtstag und Geburtsort, Alter, Beruf, familiäre Situation, körperliche und verhaltensmäßige Eigenschaften, Bildungsstand, Intelligenzquotient, Noten, Zeugnisse und Prüfungen). Bewertungen von Leistungskontrollen und persönliche Notizen von Lehrern sowie schließlich Vermerke im Klassenbuch sind jedoch von den datenschutzrechtlichen Anforderungen ausgenommen.

Bestimmend für den Anwendungsbereich des Datenschutzes sind **Dateien:** Hierbei handelt es sich um jede Informationssammlung, wie etwa Karteien, Schülerbögen oder Schülerstammblätter sowie in automatischen Datenverarbeitungsanlagen gespeicherte personenbezogene Daten.[118] Daten dürfen nur gesammelt und verarbeitet werden, wenn dies durch **Gesetz zugelassen ist** oder **Schüler und Eltern hiermit einverstanden sind.** Daten außerhalb der schulischen Zwecke (politische Einstellung der Eltern) dürfen weder gesammelt noch verarbeitet werden. Die **Weitergabe** von Daten an andere Behörden ist ohne Einverständnis der Schüler bzw. Eltern nur zulässig, wenn andernfalls die Schule oder die andere Behörde ihre gesetzlich festgelegten Aufgaben nicht erfüllen können (§ 10 Abs. 1 S. 1 BDSG). Ohne Einwilligung des Betroffenen ist in den einzelnen Ländern die Datenübermittlung zumeist nicht erlaubt. Dies gilt auch für die Datenübermittlung zum Jugendamt oder schulärztlichen sowie schulpsychologischen Dienst.

Die Verpflichtung zum Datenschutz ist jedoch nicht mit der allgemeinen **Verschwiegenheitspflicht** des Lehrers zu verwechseln. Im Datenschutzrecht geht es wesensmäßig um den Schutz systematisch aufbereiteter Daten über eine Person. Die Verschwiegenheitspflicht des verbeamteten Lehrers bezieht sich dagegen auf alle dienstlichen Angelegenheiten im Bereich des Unterrichts, der Konferenzen sowie der Beratung von Schülern und Eltern (§ 39 Abs. 1 BRRG, § 61 Abs. 1 BBG). Die Pflicht zur Amtsverschwiegenheit besteht auch gegenüber den Gerichten und der Polizei. Deshalb hat der Dienstvorgesetzte hier stets eine Ausnahmegenehmigung zu erteilen. Ausgenommen von der Verschwiegenheitspflicht sind jedoch Tatsachen, die offenkundig sind und ihrem Wesen keiner Geheimhaltung bedürfen. Deshalb bleibt es dem einzelnen Lehrer unbenommen, wegen offenkundiger Mißstände in Familien, erst recht in offenkundigen Mißbrauchsfällen mit den Jugendämtern und Strafvollzugsbehörden in Kontakt zu treten. Problematisch sind hingegen anver-

---

117 BVerfGE 65, 1, 41 ff.
118 Staupe, Schulrecht von A–Z, 5. Aufl. 2001, 52.

traute Informationen oder im Zuge der Unterrichtstätigkeit gewonnene Verdachtsmomente über Mißstände und Erziehungsdefizite. Hier ist dem einzelnen Lehrer ein gestuftes Vorgehen anzuraten: Zunächst sollte, wo dies möglich und sachdienlich ist, der Kontakt mit Schülern und Eltern aufgenommen werden. Erst wenn dies mißlingt oder dies zu einer Verschärfung der Gefahr beitragen würde, dürfen andere Behörden, jedenfalls zum Schutze hoher Rechtsgüter wie Leben und Gesundheit, auch ohne vorherige Information der Betroffenen eingeschaltet werden.

6. Versetzungen

Die Frage der Versetzung ist von wesentlicher Bedeutung für die Lebensplanung des Schülers. Deshalb bedürfen Versetzungen einer gesetzlichen Grundlage. Eine Regelung durch Verwaltungsvorschriften (Erlasse) ist unzulässig. Die Bundesländer haben diesbezüglich deshalb Rechtsverordnungen, sog. **Versetzungsordnungen**, erlassen. In ihnen ist das bei Versetzungen zu beachtende Verfahren geregelt. Insofern ist der Gesetzgeber nicht gehalten, Einzelheiten der Leistungsbewertung in einem versetzungsrelevanten Fach selbst zu regeln.[119]

Die Versetzungsentscheidung ergeht durch **Konferenzbeschluß**. Ob der Schüler geeignet ist, die Anforderungen des nächsthöheren Jahrgangs zu erfüllen, ergibt sich aus den Vorschriften für die einzelnen Schulformen. Die Beurteilung dieser Frage steht im pflichtgemäßen Ermessen der Konferenz. Auch die Konferenz dürfte, wie der einzelne Lehrer, über einen gerichtlich nur beschränkt überprüfbaren Beurteilungsspielraum verfügen, da es sich hierbei um ein höchstpersönliches Urteil der Lehrerschaft über den einzelnen Schüler handelt, das nicht nur an den Zensuren orientiert ist, sondern auch auf das Gesamtbild, damit etwa auf längere Krankheiten, unfreiwilligen Schulwechsel oder ungünstige häusliche Verhältnisse sowie die Leistungsentwicklung in der nächsthöheren Klasse, Rücksicht zu nehmen hat.[120] Die Versetzungsordnung bestimmt vor allem die für die Versetzung relevanten Zeugnisnoten, die Art der Leistungsbewertung und ggf. auch die sog. Nachversetzung durch gesonderte Prüfung am Ende des Schuljahres.

Sofern in den einzelnen Fächern nur **halbjähriger Unterricht** erteilt wurde, können die Noten gleichwohl in die Versetzungsentscheidung einfließen, wenn die Schüler und Erziehungsberechtigten bereits zu Beginn des Schuljahres darauf hingewiesen wurden. Problematisch ist die Einbeziehung der Halbjahresnote, wenn sich erst nach Ablauf des ersten Halbjahres herausstellt, daß eine Fortsetzung des Unterrichts für das zweite Halbjahr nicht möglich ist und die Schüler bzw. Eltern diesbezüglich nicht unterrichtet wurden. Denn ihr Vertrauen auf eine mögliche Leistungsverbesserung im zweiten Halbjahr dürfte rechtlich besonders geschützt sein.

---

119 BVerfGE 58, 257, 278; BVerwGE 56, 155, 159 f.
120 Vgl. E.

Vom Schüler zu vertretende Unterrichtsversäumnisse sind Gründe, die für eine Nichtversetzung sprechen. Bei einer Gefährdung der Versetzung des Schülers müssen die Erziehungsberechtigten von der Schule frühzeitig **informiert** werden. Regelmäßig geschieht dies durch eine entsprechende Bemerkung im Halbjahreszeugnis oder durch eine gesonderte Mitteilung an die Erziehungsberechtigten bzw. den volljährigen Schüler. Ergibt sich der Leistungsabfall erst später, sind die Betroffenen spätestens vier Wochen vor Zeugniserteilung zu benachrichtigen.

Ein Schüler kann freiwillig **zurücktreten**, sofern zu erwarten ist, daß seine Leistungsschwächen durch die Wiederholung behoben werden können.[121] Bei freiwilligem Rücktritt rückt der Schüler beim nächsten Versetzungstermin ohne erneute Versetzungsentscheidung auf. Für den Rücktrittsantrag gelten bestimmte Fristen. Zuständig für die Entscheidung ist die Klassenkonferenz. Bei Verstreichen der Antragsfrist darf der Schüler nicht an einer anderen Schule der gleichen Schulform in den nächsthöheren Jahrgang versetzt werden, wenn er für eine Versetzung nicht geeignet ist. Die Versetzungsordnungen enthalten zu diesem Problem jedoch besondere Ausnahmebestimmungen.

Das Überspringen einer Klassenstufe ist regelmäßig nur einmal innerhalb bestimmter Jahresabschnitte möglich.

Im Normalfall trifft die Klassenkonferenz die Versetzungsentscheidung. Für den Fall, daß in einer Klasse nicht mehr als zwei Lehrer unterrichten, bestimmen einige Versetzungsordnungen, daß die Gesamtkonferenz oder Bereichskonferenz diese Aufgabe übernehmen kann. Stimmberechtigt sind regelmäßig nur diejenigen Lehrer, die den Schüler unterrichtet haben. Voraussetzung für die Beschlußfähigkeit der Konferenz ist die Anwesenheit eines bestimmten Prozentsatzes der stimmberechtigten Lehrer (zumeist 75 %).

Über die Versetzungskonferenz ist eine Niederschrift zu fertigen. Einzelheiten ihres erforderlichen Inhalts sind in den entsprechenden Versetzungsordnungen festgelegt. Die Konferenz ist nicht befugt, Einzelzensuren der Fachlehrer abzuändern. Sie kann diese lediglich beanstanden, muß den Vorgang dann der Schulaufsichtsbehörde zuleiten, die hierüber zu entscheiden hat. In der Zwischenzeit nimmt der Schüler am Unterricht des nächsthöheren Jahrganges teil.

Zur Teilnahme an den Konferenzen befugt sind Elternvertreter und Schülervertreter, allerdings nur mit beratender Stimme. In manchen Versetzungsordnungen ist vorgesehen, daß Eltern- und Schülervertreter in äußersten Ausnahmefällen von der Versetzungskonferenz ausgeschlossen werden können, wenn eine bestimmte Mehrheit der Lehrer dies für sinnvoll hält.

Die Versetzungsentscheidung ist ein mit **Widerspruch und Klage** anfechtbarer Verwaltungsakt. Ein Abwarten des Hauptsacheverfahrens ist für den jeweiligen

---

121 OVG NW, NVwZ 1986, 399: Eine Entlassung von der Schule wegen zweimaliger Nichtversetzung ist zulässig. War die erste Wiederholung der Klasse jedoch freiwillig, so ist eine Entlassung nicht möglich.

Schüler jedoch zumeist unzumutbar. Deshalb ist er auf die Möglichkeit der Inanspruchnahme von vorläufigem Rechtsschutz angewiesen. Als begünstigende Behördenentscheidung ist die Versetzung daher mit dem Antrag auf Erlaß einer einstweiligen Anordnung vor Gericht zu verfolgen (§ 123 VwGO). Voraussetzung für den Anspruch ist, daß wenigstens eine hohe Wahrscheinlichkeit für die Eignung des Schülers, die Anforderungen des nächsthöheren Jahrgangs zu erfüllen, besteht. Erreicht der Schüler, der im Wege der einstweiligen Anordnung vorläufig in die nächsthöhere Klasse versetzt worden ist, noch vor Abschluß des gerichtlichen Verfahrens das Ziel dieser Klasse, so ist die Schule verpflichtet, ihn weiter zu versetzen. Die umstrittene Nichtversetzung in die untere Klasse ist dann gegenstandslos. Der Schüler kann allerdings die Feststellung beantragen, daß die frühere Nichtversetzung rechtswidrig war (§ 113 Abs. 1 S. 4 VwGO).[122]

7. Individuelles Elternrecht

Da die elterliche Gewalt den Eltern nach bürgerlichem Recht gemeinsam zusteht, können die Eltern entsprechende Rechtshandlungen nur gemeinsam vornehmen. Bei der Einlegung von Beschwerden, Widersprüchen und Klagen ist es jedoch ausreichend, wenn die jeweiligen Elternteile sich durch schriftliche **Vollmachterteilung** gegenseitig vertreten.

Das Elternrecht als Individualrecht beinhaltet die Pflege und Erziehung ihrer Kinder (Art. 6 Abs. 2 GG). Im Bereich der schulischen Erziehung wurde dem Staat durch Art. 7 Abs. 1 GG jedoch ein eigenständiger Erziehungsauftrag erteilt, welcher nur im Zusammenwirken mit den Eltern ausgeführt werden darf. Dieses Kooperationsgebot enthält freilich noch keine Entscheidungsregel für Konflikte. Tendentiell läßt sich feststellen, daß die **Organisation** des Schulwesens, die inhaltliche und didaktische Ausrichtung der Lernvorgänge, die Gestaltung der Lernziele und schließlich die Beurteilung des jeweiligen Schülers eine originär staatliche Angelegenheit darstellt, während den **Eltern** im wesentlichen ein Wahlrecht zwischen den vom Staat zur Verfügung gestellten Schulformen eingeräumt ist, ferner ein Recht auf Information über umstrittene (z. B. Sexualkunde) Unterrichtsinhalte sowie über die Leistungen ihres Kindes, schließlich ein Recht auf einen dem Toleranzgebot entsprechenden, d.h. Indoktrination vermeidenden Unterricht.[123]

In vielen Schulgesetzen ist die Feststellung des Bedürfnisses für die Errichtung und Fortführung bestimmter **Schularten** auch von dem festzustellenden Elternwillen abhängig.[124] Bei staatlicherseits zur Disposition gestellten Schulformen darf das

---

122 Näher Niehues, Schul- und Prüfungsrecht, Bd. 1, 3. Aufl. 2000, Rn. 674.

123 VG Gera, LKV 1997, 293 (Aufnahmeprüfung für das Gymnasium); BVerfGE 34, 165, 185; 45, 400, 415 f. (kein Recht auf Einräumung einer den Wünschen der Eltern entsprechenden Schulart); BVerfGE 59, 360; BVerwG, SPE III G I, 151 (Informationsrecht über Vorgänge im Bereich der Schule, die für die Ausübung des elterlichen Erziehungsrechts von wesentlicher Bedeutung sind).

124 VerfGH NW, NVwZ 1984, 781, 783; vgl. auch unter C. II. 3.

Wahlrecht der Eltern nicht mehr als unbedingt notwendig begrenzt werden. Deshalb ist es dem staatlichen Schulgesetzgeber verwehrt, etwa eine undifferenzierte Einheitsschule anzubieten, die dem Begabungspotential des Kindes nicht gerecht wird und überdies die elterliche Erziehungsverantwortung konterkariert. Demgegenüber läßt sich dem Grundgesetz aber nicht entnehmen, daß der Staat bestimmte Schultypen in ihrer überkommenen Gestalt zu garantieren hat. Die Verfassung hindert ihn nicht daran, Schultypen grundlegend zu reformieren, sofern er nur ein der jeweiligen Begabung des Kindes entsprechendes Leistungsangebot in differenzierter Form zur Verfügung stellt.

Selten erfolgreich sind Gegenmaßnahmen der Eltern bei der **Schließung** einer bestimmten Schule. Der Schulträger überprüft zunächst, ob sich ein Bedürfnis für den Fortbestand der Schule feststellen läßt. Läßt sich der Schulträger hierbei von falschen Annahmen leiten und werden Eltern und Schüler durch die Schließung der Schule schwer und unerträglich getroffen, wird den Betroffenen mithin ein unzumutbares Sonderopfer auferlegt, besteht ein Rechtsanspruch auf den Fortbestand. Ein wichtiges Kriterium ist insofern die Frage, ob der neue Schulweg für die Schüler noch zumutbar ist. Diese Interessenlage hat der Schulträger bei seiner Entscheidung zugrunde zu legen. Tut er dies nicht, hat er im Rahmen der Abwägung insbesondere gewichtige Balange außer Acht gelassen, so können Schüler und Eltern zumindest die Aussetzung der schulorganisatorischen Maßnahme verlangen, bis ein zumutbarer Interessenausgleich herbeigeführt wurde (etwa Beschaffung von Schulbussen).

Grundsätzlich ist es Sache der Eltern, den **Bildungsweg des Kindes** zu bestimmen.[125] Insofern haben die Eltern die Wahl zwischen der öffentlichen Schule und der privaten Ersatzschule. Ferner können die Eltern innerhalb des öffentlichen Schulwesens zwischen den verschiedenen Bildungsgängen und Schularten – allerdings bei entsprechender Eignung des Schülers – frei wählen. Nach der Grundschule darf das Wahlrecht zwischen den verschiedenen Schularten jedoch nicht länger als unbedingt nötig hinausgeschoben werden. Zulässig ist allerdings die Einrichtung einer schulartübergreifenden Orientierungsstufe im Anschluß an die Grundschule, mit der der Schulwechsel um zwei Jahre hinausgeschoben wird. Das Bestimmungsrecht der Eltern wird auch nicht dadurch beeinträchtigt, daß der Staat die weiterführenden Schularten unter Wahrung ihrer pädagogischen Eigenständigkeit in der kooperativen **Gesamtschule** als einziger Regelschule zusammenfaßt.[126] Die Einführung einer integrierten Gesamtschule als einziger Regelschulform ist jedoch allenfalls dann möglich, wenn sie ein nach den verschiedenen Begabungsrichtungen der Schüler differenziertes Unterrichtssystem aufweist.

Ferner haben die Eltern das Recht, über die Teilnahme ihres Kindes am **Religionsunterricht** zu bestimmen. Innerschulische Organisationsakte, wie etwa die Zusammenlegung von Klassen derselben Schule, die Zuweisung eines Schülers in eine

---

125 BVerfGE 34, 165, 183 f.
126 VGH Kassel, NVwZ 1991, 189, 192.

andere Klasse derselben Jahrgangsstufe desselben Bildungsgangs oder die Gestaltung des Stundenplans berühren das Elternrecht jedoch grundsätzlich nicht.[127] Im curricularen Bereich haben die Eltern deshalb lediglich das Recht zur Information und Anhörung. Verletzt der Lehrer allerdings das Toleranzgebot (durch Indoktrination der Schüler, Verletzung der Intimsphäre), können die Eltern auf Unterlassung klagen. Dies ist allerdings nur in gravierenden Fällen möglich.

Die Schule ist berechtigt und verpflichtet, **Sexualunterricht** zu erteilen. Der verfassungsgerichtlichen Forderung nach Schaffung einer gesetzlichen Grundlage für den Sexualunterricht sind die einzelnen Bundesländer mittlerweile nachgekommen. Die Zustimmung der Eltern ist für die Erteilung von Sexualkunde nicht erforderlich. Ein etwaiger Anspruch auf Befreiung des Kindes vom Unterricht besteht nicht. Der Lehrer hat die Eltern jedoch rechtzeitig und umfassend über den Inhalt und den methodischen Weg der Sexualerziehung aufzuklären.

Der **politische Unterricht** beinhaltet die Verpflichtung, die Schüler zu einer positiven Einstellung gegenüber der Verfassungsordnung zu erziehen. Nur in dem Maße, wie politischer Unterricht und Sexualkundeunterricht auf eine ausgewogene Darstellung des Lernstoffs unter Beachtung des Toleranzgebots ausgerichtet sind, bleibt Raum für den verfassungsrechtlich verbürgten elterlichen Einfluß auf die Erziehung der Kinder.

Bei der **Schulbuchzulassung** werden die Eltern insofern beteiligt, als sie in den entsprechenden schulischen Gremien mitwirken und letzteren unter Beachtung des Toleranzgebots und ggf. nach Durchlaufen eines schulbehördlichen Genehmigungsverfahrens die Wahl der entsprechenden Schulbücher freigestellt ist.

8. Kollektives Elternrecht

Im Rahmen des kollektiven Elternrechts wirken die Eltern im Rahmen kollektiver Entscheidungsprozesse der Schule mit. Verfassungsrechtlich ist die kollektive Gruppenmitwirkung nur in Landesverfassungsbestimmungen enthalten. Das Grundgesetz gewährt insofern keinerlei Rechte. Das Kollektivrecht kann jedoch nicht zur Verdrängung von elterlichen Individualrechten führen. Deshalb sind Eltern grundsätzlich zur Klage gegen partizipative Gremienentscheidungen berechtigt, kann umgekehrt ein kollektives Gremium auch keine Rechte aus individuellen Elternpositionen ableiten.[128]

Die rechtliche Ausgestaltung des Elternvertretungsrechts unterliegt landesspezifischen Unterschieden. In der Regel enthalten die Gesetze die Einteilung in Klassenelternschaften, Schulelternrat sowie die Beteiligung in Konferenzen und Ausschüssen.

---

127 BVerwG, SPE n. F. 896, Nr. 5 (Verlegung einer Schule in ein anderes Schulgebäude); OVG Münster, NWVBl. 1991, 86 (Zusammenlegung von Klassen); BVerwG, NVwZ 1993, 355 (Stundenplangestaltung hinsichtlich des Religionsunterrichts).

128 Staupe, Klagebefugnis von Schulgremien im Schulverfassungsstreit, RdJB 1978, 188.

Auf überregionaler Ebene gibt es die Gemeinde- und Kreiselternräte sowie den Landeselternrat.

Die **Klassenelternschaften** bilden die Basis der Elternvertretungen. Ihnen gehören die Erziehungsberechtigten minderjähriger Schüler an. Eltern volljähriger Schüler gehören zumeist nicht zur Klassenelternschaft. Die Erziehungsberechtigten wählen einen Vorsitzenden und mehrere Stellvertreter. Ihre Amtszeit ist befristet (zumeist auf zwei Jahre). Teilweise ist bestimmt, daß das Amt des Stellvertreters und Vorsitzenden durch einen Mann und eine Frau bekleidet werden soll. Der Vorsitzende lädt die Klassenelternschaft zu den Elternversammlungen ein. Er hat die Tagesordnung aufzustellen und die Versammlung zu leiten. Regelmäßig ist er Mitglied im Schulelternrat. Der Vorsitzende vertritt die Interessen der Elternschaft gegenüber den Lehrern und der Schulleitung und hat die Eltern über die für die Klasse wichtigen Erlasse und Beschlüsse zu unterrichten. Für die Wahl des Vorsitzenden und seiner Stellvertreter haben die Länder zumeist Rechtsverordnungen in Gestalt von Elternwahlordnungen erlassen. Nach Ablauf der Amtszeit scheiden die Elternvertreter aus ihrem Amt aus. Sie können jedoch auch zurücktreten bzw. von einer Mehrheit der Wahlberechtigten abberufen werden. Die Eltern verlieren Stimmrecht und Vertretungsrecht, wenn das Kind die Schule verläßt. Bei Ausscheiden des Vorsitzenden findet eine Nachwahl statt.

Die Mitwirkungsrechte der Elternschaft sind auf **schulische Fragen** beschränkt. Politische Probleme und private Angelegenheiten von Schülern und Eltern sind nicht Gegenstand des elterlichen Erörterungsrechts. Daneben besitzt die Elternvertretung das Recht auf Anhörung und Information über wesentliche Entscheidungen der Schule, insbesondere über die Organisation der Schule und über die Leistungsbewertung der Schüler, wobei Schulleitung und Lehrer alle erforderlichen Auskünfte zu erteilen haben.

Viele Schulgesetze gewähren den Erziehungsberechtigten die Möglichkeit, dem **Unterricht** ihrer Kinder beizuwohnen. Elternabende haben regelmäßig in bestimmten Abständen stattzufinden. Die außerplanmäßige Einberufung eines Elternabends ist möglich, wenn eine gewisse Anzahl der Erziehungsberechtigten, die Schulleitung oder der einzelne Lehrer es verlangen.

Der **Schulelternrat** rekrutiert sich in den meisten Bundesländern aus den Vorsitzenden der Klassenelternschaften, so daß keine Wahl stattfindet. Teilweise haben ausländische Erziehungsberechtigte das Recht, einen zusätzlichen Vertreter aus ihrem Kreis in den Schulelternrat zu wählen. Schwerpunktmäßig belaufen sich die Befugnisse des Schulelternrates auf die Erörterung und Information von die gesamte Schule betreffenden Problemstellungen. In manchen Bundesländern kann der Schulelternrat mitbestimmen über die Einführung der 5-Tage-Woche, den Verkauf von Eßwaren in der Schule sowie über die Einführung von Schulbüchern in solchen Fächern, die sich in besonderer Weise auf das Erziehungsrecht der Eltern auswirken.

Die Mitwirkung der Eltern in den **Konferenzen** ist häufig als echtes Mitbestimmungs- bzw. Stimmrecht ausgestaltet. Zu unterscheiden sind Lehrerkonferenzen von den gemeinsamen Gremien der Schüler, Eltern und Lehrer, den sog. Schulkonferenzen.[129] Eltern- und Schülervertreter haben in einigen Ländern Anspruch auf beratende Teilnahme auch an den Lehrerkonferenzen. Bei der Beratung von Noten und Zeugnissen ist das Teilnahmerecht jedoch teilweise eingeschränkt. Näheres enthalten die Konferenz- und Schulordnungen der Länder.

Gemeinde-, Stadt- und Kreiselternräte haben über Angelegenheiten zu beraten, die mehrere Schulen betreffen. Gegenstand der Erörterung kann sein die Schülerbeförderung, die Schulentwicklungsplanung oder die Ausstattung der Schulen.

Der **Landeselternrat** wird von den Elternvertretern in den Kreis- und Stadtelternräten gewählt und hat vor allem beratende Funktion bei Gesetzes- und Verordnungsentwürfen, die die Schule betreffen und sonstigen Fragen von allgemeiner Bedeutung. In manchen Bundesländern besitzt der Landeselternrat ein Vetorecht, dessen Ausübung jedoch nur dazu führt, daß sich die Verwaltungsspitze der Angelegenheit erneut annehmen muß, ohne letztlich zu einer Kurskorrektur verpflichtet zu sein.

V. Rechtsstellung der Lehrer

1. Beamtenrecht und Schulrecht

Der Lehrer steht gem. Art. 33 GG als verbeamteter Staatsbediensteter in einem öffentlich-rechtlichen **Dienst- und Treueverhältnis**, das durch die hergebrachten Grundsätze des Beamtentums ausgefüllt wird. Insofern unterscheidet er sich nicht von anderen Beschäftigten des Öffentlichen Dienstes, denen insgesamt durch den Beamtenstatus bestimmte Rechte und Pflichten zukommen, die für den allgemeinen Staatsbürger nicht gelten und im Grundgesetz, im Beamtenrechtsrahmengesetz des Bundes, dem Bundesangestelltentarifvertrag (für Lehrer im Angestelltenverhältnis) sowie in den einzelnen Landesbeamtengesetzen und in den in ihrem Rahmen ergangenen Rechtsverordnungen niedergelegt sind. Prägend für das Beamtenverhältnis ist die politische Treuepflicht, die Pflicht zu gemäßigtem, der Würde des Beamtenstandes genügendem Verhalten, das Recht auf Lebenszeiteinstellung und auf angemessene Versorgung und Fürsorge durch den Dienstherrn. Der Lehrer ist jedoch nicht nur Beamter, sondern auch Staatsbürger, mithin Träger von **Grundrechten**, die seine beamtenrechtlichen Pflichten in spezifischer Weise begrenzen. Hierbei kommt es stark auf den Einzelfall an, wenn es etwa zu entscheiden gilt, wieviel dem Beamten an Einschränkung seiner Meinungsfreiheit durch dessen staatliche Inpflichtnahme zugemutet werden kann bzw. wo eine solche Einschränkung nicht mehr durch den Zweck des Beamtenverhältnisses und der zu erbringenden Aufgabe gerechtfertigt ist. Hat der Lehrer gegen spezifische beamtenrechtliche

---

129 In Niedersachsen jedoch sind Eltern- und Schülervertreter mit Stimmrecht an der Gesamtkonferenz der Lehrer beteiligt.

Pflichten verstoßen, wird er unter Umständen innerhalb der sog. Dienstaufsicht von seinem Dienstherrn im Wege eines Disziplinarverfahrens zur Verantwortung gezogen. Auch Maßnahmen der Versetzung, Abordnung, Beurteilung und Beförderung sind typischerweise beamtenrechtliche Regelungsformen, die im Wege der Dienstaufsicht durchgesetzt werden und das Schulrecht im engeren Sinn nicht berühren.

Im Rahmen seiner **pädagogischen Tätigkeit** wird die Rechtsstellung des Lehrers durch die jeweiligen Landesschulgesetze und die in ihrem Rahmen ergehenden Rechtsverordnungen (Konferenzordnungen, Versetzungsordnungen, Verordnungen über Schulabschlüsse, über die Organisation bestimmter Schulformen) sowie Verwaltungsvorschriften (Organisationserlasse, Rahmenrichtlinien) bestimmt. Das Schulrecht betrifft den Bereich fachlicher (Curriculum, Schülerbeurteilung, Schulstrafe, Unterrichtsgestaltung, Schülerbeaufsichtigung) und organisatorischer (Schulformen, Mitwirkung von Eltern und Schülern, Kompetenzen von Gremien und Aufsichtsbehörde, Trägerschaft) Angelegenheiten, das vorgenannte Dienstrecht hingegen die allgemeinen Regelungen des Beschäftigungsverhältnisses.

Als Beamter ist der Lehrer nicht nur an die für seine Arbeit relevanten Gesetze, sondern auch an Verwaltungsvorschriften gebunden, die sich von den Gesetzen dadurch unterscheiden, daß sie nicht an die Allgemeinheit, sondern ausschließlich an den Mitarbeiter in der Verwaltung adressiert sind. Außerdem hat er den Einzelweisungen seines Vorgesetzten (in Gestalt des Schulleiters) sowie der Aufsichtsinstanz (den Schulräten und Dezernenten bei den Schulämtern und Bezirksregierungen) Folge zu leisten. Diesem **Direktionsrecht** auf Seiten der übergeordneten Instanz entspricht auf Seiten des Lehrers ein Recht auf einen weisungsfreien pädagogischen Freiraum, der in erster Linie Aspekte der konkreten Unterrichtsgestaltung und Schülerbeurteilung betrifft. Macht die Vorgesetztenebene von ihrem Direktionsrecht Gebrauch, so handelt es sich bei originär schulischen Angelegenheiten um eine Maßnahme der Fachaufsicht, während, wie erwähnt, Maßnahmen des Beamten- bzw. Dienstrechts im Wege der Dienstaufsicht ergehen. Hierzu einige **Beispiele:**

Fachaufsichtliche Weisungen, sei es in Gestalt eines allgemeinen Runderlasses zur Einführung flexibler Ferientage oder zur Durchführung von Wanderfahrten, sei es als individuelle Einzelweisung, etwa in Gestalt der Zuweisung eines Lehrerreferendars durch den Schulleiter, sind nichts Ungewöhnliches. Selbst die Korrektur eines aus Nachlässigkeit oder Unkenntnis gegen Schulrechtsvorschriften verstoßenden Fehlverhaltens des Lehrers wird im Normalfall, insbesondere bei unklarer oder schwieriger Rechtslage, durch fachaufsichtliche Weisung, mithin im Rahmen der rein schulrechtlichen Aufsichtsmöglichkeiten erfolgen. Sie wird ohne Auswirkungen auf die dienstrechtliche Stellung des Lehrers bleiben, allenfalls bei wiederholten Verstößen in die dienstliche Beurteilung einfließen und lediglich in gravierenden Fällen ein nach beamtenrechtlichen Grundsätzen zu entscheidendes Disziplinarverfahren zu Folge haben. Weigert sich der Beamte beharrlich, Vorschriften seines Fachbereichs auszuführen, weil er etwa bestimmte Rahmenrichtlinien für veraltet oder pädagogisch unsinnig hält, so wechselt dieser originär fachaufsichtliche Vorgang ins Lager des Dienstrechts über, da der Lehrer in diesem Fall gegen die beamtenrechtliche Gehorsamspflicht verstößt, – ein schuldhaftes Dienstvergehen, das der Aufsichtsinstanz die Möglichkeit der Einleitung eines Disziplinarverfahrens eröffnet. Wird seitens der Eltern eines Schülers eine Zeugnisnote im Rahmen einer Versetzung angefochten und gerichtlich aufgehoben, so wird auch dies regelmäßig keine disziplinarischen Folgen haben. Würde etwa im Vorfeld des Gerichtsverfahrens der einzelne Lehrer vom Schulleiter zur Erteilung einer besseren Zensur angewiesen, hätte dieser sein Direktionsrecht mit der Konsequenz eines rechtswidrigen Eingriffs in die pädagogische Beurteilungsfreiheit des Lehrers überschritten.

2. Begründung und Beendigung des Beamtenverhältnisses

Das Beamtenrecht kennt **drei Arten** des Beamtenverhältnsses: Das Beamtenverhältnis auf Probe erfaßt diejenigen Beamten, die nach dem Vorbereitungsdienst und nach bestandener Laufbahnprüfung zur späteren Verwendung als Lebenszeitbeamte noch eine Probezeit zu durchlaufen haben. Das Beamtenverhältnis auf Widerruf wird für die Zeit begründet, in der ein Vorbereitungsdienst abzuleisten ist. Regelmäßig wird ein Beamtenverhältnis auf Lebenszeit begründet.

Das Beamtenverhältnis wird durch eine durch den Dienstherrn ausgesprochene **Ernennung** begründet. Dies geschieht durch Aushändigung einer Ernennungsurkunde. Sämtliche Statusänderungen, also auch der Wechsel von einem Probeverhältnis in eine Anstellung auf Lebenszeit, ebenso Beförderungen und Laufbahnwechsel bedürfen der Ernennung. Die erstmalige Begründung des Beamtenverhältnisses wird als Einstellung bezeichnet, während mit der Anstellung die erste Übertragung eines Amtes unter Einweisung in eine Planstelle erfolgt. Bei der Einstellung von Beamten muß der Dienstherr den Grundsatz der Bestenauslese beachten, wonach jeder Deutsche nach seiner **Eignung, Befähigung und fachlichen Leistung** gleichen Zugang zu jedem öffentlichen Amt hat (Art. 33 Abs. 2 GG). Verstößt der Dienstherr gegen diesen Grundsatz, so kann der unterlegene Bewerber seine Rechte im Wege einer sog. Konkurrentenklage gerichtlich geltend machen. Zudem muß die Verfassungstreue des Beamtenbewerbers gewährleistet sein.[130] Insbesondere für die Anstellung in das Beamtenverhältnis auf Lebenszeit ist ein Mindestalter und zumeist auch eine Höchstaltersgrenze festgelegt (§ 6 Abs. 1 BRRG). Erforderlich ist ferner die Ableistung des Vorbereitungsdienstes, die Ablegung der zweiten Lehramtsprüfung, die Zurücklegung einer Probezeit sowie die schriftliche Einweisung in eine im Haushaltsplan ausgebrachte Planstelle. Hat der Bewerber seine zweite Staatsprüfung in einem anderen Bundesland absolviert, so kann der Bewerber ab-

---

130 Vgl. hierzu das Urteil des Europäischen Gerichtshofs für Menschenrechte, wonach die Entfernung einer Lebenszeitbeamtin aus dem Dienst wegen Mitgliedschaft in der DKP als rechtswidrig eingestuft wurde: NJW 1996, 375; auch die frühere Mitgliedschaft in der SED begründet allein keine ernsthaften Zweifel an der Verfassungstreue von Beamten: BVerfGE 92, 140, 156.

gelehnt werden, wenn seine Lehrbefähigung nicht den im aufnehmenden Land geltenden Anforderungen entspricht.[131] Das Beamtenverhältnis steht im übrigen auch Staatsangehörigen eines anderen Mitgliedstaats der Europäischen Gemeinschaften offen, auch wenn sie ihre Lehrbefähigung nicht in der Bundesrepublik Deutschland erworben haben; insofern gilt die Freizügigkeitsregelung des Art. 39 EGV (vgl. auch § 4 Abs. 1 BRRG).[132]

Mit der **Beförderung** wird dem Beamten durch Ernennung ein anderes Amt mit höherem Endgrundgehalt und anderer Amtsbezeichnung verliehen. Hierauf hat der Beamte keinen erzwingbaren Anspruch, da Beförderungen im staatlichen Ermessen ergehen und allenfalls bei willkürlichen Entscheidungen durch den jeweiligen Konkurrenten angreifbar sind. Befördert wird nach „Leistung", nicht nach dem Dienstalter, auch wenn die Praxis diesbezüglich in eine andere Richtung zu weisen scheint. Die frühere Regelbeförderung, wonach der Beamte nach einer bestimmten Zahl von Dienstjahren automatisch befördert wurde, wurde offiziell abgeschafft. Von der Beförderung zu unterscheiden ist die zeitlich begrenzte Wahrnehmung eines höherwertigen Amtes, die durch eine Zulage in Höhe der Differenz zwischen den eigenen und höheren Dienstbezügen vergütet wird (§ 46 Abs. 1, Abs. 2 BBesG).

Mit der **Versetzung** des Beamten in ein anderes Amt einer anderen Dienststelle wird das Beamtenverhältnis keineswegs aufgehoben. Sie erfolgt von Amts wegen, wenn ein dienstliches Bedürfnis hierfür besteht, oder auf Antrag des Betroffenen. Das neue Amt muß allerdings mit gleichhohem Grundgehalt wie das alte Amt ausgestattet sein. Die Versetzung in ein Amt mit geringerem Endgrundgehalt ist nur auf Antrag und mit Zustimmung des Beamten möglich. Im Besoldungsrecht ist als Ausgleich in diesem Fall eine ruhegehaltsfähige Zulage vorgesehen. Eine Strafversetzung ist nach heutigem Beamtenrecht ausgeschlossen. Dennoch ist eine Versetzung aus Gründen, die in der Person des Beamten liegen, zulässig, wenn dieser ein Verhalten gezeigt hat, das ihn als nicht mehr tragfähig für seine Dienststelle ausweist. Als sachlicher Grund für die Versetzung kommt beispielsweise die Reduzierung der Lehrerzahl an einer Schule wegen rückläufiger Schülerzahlen in Betracht. Hierbei können jedoch schwerwiegende persönliche Umstände des Beamten entgegenstehen. Die in § 18 Abs. 1 BRRG geregelte Versetzung ist als Verwaltungsakt vor den Gerichten anfechtbar.[133]

Da diejenigen Schulen, die innerhalb einer Gemeinde liegen, als eine Dienststelle anzusehen sind, gilt die Überweisung an eine andere **Schule des gleichen Dienstortes** nicht als Versetzung, sondern lediglich als im Regelfall nicht anfechtbare interne Umsetzung.

---

131 BVerwG, SPE n. F. 390, Nr. 22; OVG Lüneburg, NVwZ 1995, 803, 804; Beschluß über die gegenseitige Anerkennung von Lehramtsprüfungen und Lehramtsbefähigungen, ergänzt und geändert durch Beschluß vom 08. 12. 95 (KMK-BeschlS. Nr. 715).

132 EuGH, NJW 1987, 1138; vgl. auch C.

133 Wegen § 126 Abs. 3 Nr. 3 BRRG entfalten Widerspruch und Anfechtungsklage jedoch keine aufschiebende Wirkung.

Beim Wechsel in den Schuldienst eines **anderen Landes** muß das Einverständnis des bisherigen und neuen Dienstherrn vorliegen. Auch hierbei handelt es sich um eine Versetzung, so daß das bisherige Beamtenverhältnis unter den Bedingungen des neuen Dienstherrn fortgesetzt wird. Nach einer Empfehlung der Kultusministerkonferenz vom 10. 06. 76 wird die Übernahme von Lehrern aus anderen Ländern insbesondere zum Zweck der Familienzusammenführung ermöglicht.[134] Anträge auf Übernahme sind spätestens 6 Monate vorher auf dem Dienstweg einzureichen, wobei als Übernahmetermine der 1. August und 1. Februar vorgesehen sind.

Mit der **Abordnung** wird der Beamte einer anderen Dienststelle zur vorübergehenden Überlassung unter Beibehaltung der bisherigen Dienstbezüge zugewiesen (§ 17 BRRG). Ebenso wie bei der Versetzung ist die Abordnung ohne Zustimmung des Beamten möglich, jedoch auf maximal 2 Jahre beschränkt. Da Beamte auch zur Übernahme unterwertiger Tätigkeiten abgeordnet werden können, ist es etwa zulässig, einen Gymnasiallehrer der Orientierungsstufe zuzuweisen. Ebenso wie die Versetzung ist auch die Abordnung als Verwaltungsakt durch Widerspruch und Anfechtungsklage angreifbar, insbesondere wenn sie auf willkürlichen oder ungerechtfertigten Gründen beruht.

Der Beamte kann jederzeit seine **Entlassung** beantragen (§ 23 Abs. 1 Nr. 3 BRRG). Sie kann jedoch so lange hinausgeschoben werden, bis der Lehrer seine Amtsgeschäfte ordnungsgemäß erledigt hat. Zumeist wird er also noch bis zum Ende des Schuljahres im Schuldienst verbleiben müssen.

Ohne Antrag wird entlassen,

- wenn der Beamte sich weigert, den Teueeid zu leisten,
- in sehr schwerwiegenden Fällen der Amtspflichtverletzung im Rahmen eines Disziplinarverfahrens,
- bei schweren dienstlichen Verfehlungen oder bei Nichtbewährung in der Probezeit,
- „jederzeit" nach Ableistung des Vorbereitungsdienstes beim Beamten auf Widerruf.

Der entlassene Beamte hat Anspruch auf Erteilung eines Dienstzeugnisses. Der Anspruch auf Bezüge und Versorgung erlischt. Wird nicht auf eigenen Antrag des Beamten entlassen, so hat dieser unter bestimmten Voraussetzungen ein Anrecht auf ein nach der Länge der Dienstzeit gestaffeltes Übergangsgeld bis zum Höchstbetrag von 6 Monatsgehältern (§ 47 Beamtenversorgungsgesetz). Eine Weiterführung der Amtsbezeichnung (mit dem Zusatz a. D.) ist nur mit Erlaubnis der obersten Dienstbehörde zulässig.

Der Beamte verliert insbesondere dann seine Beamtenrechte, wenn er in einem **Strafverfahren** wegen einer vorsätzlich begangenen Tat zu einer Freiheitsstrafe von

---

134 KMK-BeschlS. Nr. 711.

mindestens einem Jahr oder wegen hochverräterischer, landesverräterischer oder staatsgefährdender Handlungen zu einer Freiheitsstrafe von mindestens 6 Monaten verurteilt wird. Gleiches gilt bei Entfernung aus dem Dienst innerhalb eines Disziplinarverfahrens. Er verliert insbesondere den Titel sowie die Ansprüche auf die Bezüge und die Versorgung.

In den **Ruhestand** tritt der Beamte auf Lebenszeit kraft Gesetzes bei Vollendung des 65. Lebensjahres (§ 25 BRRG). Im dienstlichen Interesse kann der Betroffene mit seiner Zustimmung in manchen Bundesländern den Eintritt in den Ruhestand noch um ein Jahr hinausschieben, jedoch nicht über das 68. Lebensjahr hinaus. Auf eigenen Wunsch können Beamte allerdings bereits nach Vollendung des 63. Lebensjahres ohne Nachweis der Dienstunfähigkeit in den Ruhestand versetzt werden (§ 26 Abs. 4 Nr. 2 BRRG). Die Versetzung in den Ruhestand muß gesondert durch Verwaltungsakt verfügt werden, der, ergeht er gegen den Willen des Beamten, verwaltungsgerichtlich überprüft werden kann.

Abgesehen vom Erreichen der Altersgrenze kann die Versetzung in den Ruhestand auch erfolgen bei dauernder **Dienstunfähigkeit** und wenn der Beamte wegen eines körperlichen Gebrechens oder wegen einer Schwäche seiner körperlichen und geistigen Kräfte seine Dienstpflichten nicht mehr erfüllen kann. Dauernde Dienstunfähigkeit, die amtsärztlich festzustellen ist, liegt vor, wenn der Betroffene krankheitsbedingt innerhalb von 6 Monaten mehr als 3 Monate keinen Dienst verrichtet hat und wenn keine Aussicht besteht, daß er innerhalb weiterer 6 Monate voll dienstfähig wird (§ 42 Abs. 1 BBG). Die Zurruhestzung wegen Dienstunfähigkeit wird auf Antrag des Beamten oder als Zwangspensionierung von Amts wegen verfügt.

3. Rechte des Lehrers

Die Rechte des Lehrers ergeben sich im wesentlichen aus den grundgesetzlich geschützten (Art. 33 GG) hergebrachten Grundsätzen des Berufsbeamtentums, die mittlerweile zumeist in den Beamtengesetzen des Bundes und der Länder sowie im Beamtenrechtsrahmengesetz ihren Niederschlag gefunden haben.

Die **Fürsorgepflicht** des Dienstherrn resultiert aus einem gegenseitigen Treueverhältnis zwischen dem Dienstherrn und dem Beamten und gewährt letzterem und seiner Familie ein Recht auf Fürsorge, Schutz und angemessene Vergütung. Der Schutz umfaßt auch die amtliche Tätigkeit. Außerdem besteht ein Anspruch auf Ermöglichung von Fortbildung und Gewährung des Erholungsurlaubs, der bei Lehrern durch die Schulferien abgegolten ist.

Da Lehrern nicht mehr **Urlaub** zusteht als anderen Beamten, müssen sie sich nach Ablauf der Urlaubszeit auch in den Schulferien für die Schule bereithalten, mindestens jedoch ihre Ferienadresse hinterlegen. Eine Erkrankung in den Schulferien begründet kein Recht auf Nachurlaub; Sonderurlaub – aus Anlaß familiärer Ereignisse oder zur Teilnahme an wichtigen Veranstaltungen – kann sich der Lehrer vom Schulleiter und, bei längerer Dauer, von der vorgesetzten Behörde genehmigen lassen.[135]

Die Fürsorgepflicht des Dienstherrn ist im wesentlichen das Ergebnis einer stark einzelfallorientierten Rechtsprechung. So ist es etwa dem Dienstherrn untersagt, einen Beamten durch Kritik an seiner Amtsführung gegenüber Dritten ohne rechtfertigenden Grund bloßzustellen.[136] Die Fürsorgepflicht gebietet dem Dienstherrn jedoch grundsätzlich nicht, seine Beamten von sich aus auf bestimmte Antragsmöglichkeiten aufmerksam zu machen, die für sie in Betracht kommen, es sei denn, die Belehrung entspricht der allgemeinen Verwaltungspraxis. Dann aber kann sich der Dienstherr schadensersatzpflichtig machen, wenn er hiervon im Einzelfall ohne Grund abweicht.[137]

Hinsichtlich der **vermögensrechtlichen Ansprüche** des Beamten soll im folgenden nur ein kurzer Überblick gewährt werden:

- Die **Dienstbezüge** werden durch die Besoldungsgesetze geregelt. Angestellte erhalten ihre Vergütung nach tariflichen Vereinbarungen. Zuviel gezahlte Beträge können zurückgefordert werden (§ 812 BGB).
- Die Dienstbezüge bestehen aus dem Grundgehalt und dem Ortszuschlag.
- Das **Grundgehalt** bestimmt sich nach der Besoldungsgruppe des verliehenen Amtes (A 12 für Grund- und Hauptschule, A 13 für Studienräte und Realschullehrer als Eingangsbesoldung). Die Grundgehälter sind nach Dienstaltersstufen bemessen. Sie steigen bis zur 5. Stufe im Abstand von 2 Jahren, bis zur 9. Stufe im Abstand von 3 Jahren und darüber hinaus im Abstand von 4 Jahren (§ 27 BBesG). Berechnungsgrundlage für einen Aufstieg in den Dienstaltersstufen ist das Besoldungsdienstalter, das bei Lehrern mit der Ernennung beginnt, wobei allerdings Zeiten der Ausbildung, einer praktischen Tätigkeit oder des Wehrdienstes angerechnet werden können.
- Der **Ortszuschlag** orientiert sich an der Tarifklasse, der die Besoldungsgruppe angehört, sowie innerhalb der Tarifklasse an der Stufe, die für den Beamten nach Familienstand und Kinderzahl vorgesehen ist.
- Für herausgehobene Stellungen werden unwiderrufliche, ruhegehaltsfähige **Amtszulagen** gewährt. Stellenzulagen, etwa bei einer besonderen Tätigkeit in der Orientierungsstufe, erhält man bei einer befristeten Wahrnehmung einer herausgehobenen Stellung.
- Anwärterbezüge erhalten Beamte auf Widerruf während der Ableistung ihres Vorbereitungsdienstes.

---

135 Erfolgt die Sonderbeurlaubung im dienstlichen Interesse (insbesondere zu Studienzwecken), so können die Dienstbezüge während dieser Zeit ganz oder teilweise fortgezahlt werden. Dies gilt nach manchen Landessonderurlaubsverordnungen auch im Fall wichtiger persönlicher Anlässe oder der Erfüllung staatsbürgerlicher Pflichten.

136 BVerwGE 99, 56.

137 BVerwG, DVBl. 1997, 1004; BVerwG, ZBR 1993, 182.

- Kindergeld wird nach den Regelungen des Bundeskindergeldgesetzes gewährt.
- § 42a BRRG ermächtigt Bundesregierung und Landesregierungen, jeweils für ihren Bereich zur Abgeltung von herausragenden besonderen Leistungen durch Rechtsverordnung die Gewährung von **Leistungsprämien** und Leistungszulagen an Beamte in Besoldungsgruppen der Besoldungsordnung A zu regeln.
- Bei Erteilung von Unterricht über die Pflichtstundenzahl hinaus besteht die Möglichkeit einer Mehrarbeitsvergütung, wenn die **Mehrarbeit** schriftlich angeordnet und genehmigt wurde (§ 44 BRRG).
- Zusätzlich zu ihren Dienst- oder Anwärterbezügen erhalten Beamte Sonderzuwendungen, vermögenswirksame Leistungen und Urlaubsgeld.
- **Reisekosten** werden nach dem Bundesreisekostengesetz ersetzt. Teilweise erstattungsfähig sind auch Aufwendungen für Schulwanderungen, Studienfahrten, Betriebsbesichtigungen und Schullandheimaufenthalte, insbesondere im Hinblick auf Fahrkosten, Übernachtungsgeld und Nebenkosten.
- **Trennungsgeld** wird infolge einer Versetzung oder Abordnung an einen anderen Ort als dem bisherigen Wohnort vorübergehend gezahlt. Maßgeblich sind die Trennungsgeldverordnungen der Länder.
- Eine Umzugskostenvergütung wird gewährt, wenn sie vorher schriftlich zugesagt wurde.
- **Beihilfen** in Krankheits-, Geburts- und Todesfällen erhalten Beamte, Ruhestandsbeamte und ihre hinterbliebenen Ehegatten nach den Beihilfevorschriften der Länder.
- Die **Beamtenversorgung** ist durch das Beamtenversorgungsgesetz für die Beamten in Bund, Ländern und Kommunen einheitlich und unmittelbar geregelt. In Betracht kommen Ruhegehalt und Unterhaltsbeitrag, Hinterbliebenenversorgung, Unfallfürsorge und Übergangsgeld (§ 2 Abs. 1 BeamtVG). Insbesondere das Ruhegehalt wird mit Beginn des Ruhestandes gezahlt und nach den ruhegehaltsfähigen Dienstbezügen und der ruhegehaltsfähigen Dienstzeit berechnet. Hinterbliebenenversorgung erhält der überlebende Ehegatte des verstorbenen Beamten, nämlich 60 % seines Ruhegehalts. Halbwaisen bzw. Vollwaisen besitzen einen Versorgungsanspruch in Höhe von 12 % bzw. 20 % des Ruhegehalts. Wird der Beamte durch einen Unfall verletzt, der in Ausübung oder infolge des Dienstes eingetreten ist, erhalten er und seine Hinterbliebenen Unfallfürsorge.

In den periodisch oder bei Bedarf anfallenden **dienstlichen Beurteilungen** des Lehrers kommen die Leistung, das Verhalten, die Eignung und die Befähigung des Betroffenen zur Sprache. Sie dienen als Beurteilungsgrundlage für die berufliche Karriere und die dienstliche Verwendung und werden in der Regel vom jeweiligen Dienstvorgesetzten (Schuldezernent, Schulrat) erstellt. Nach einigen Schulgesetzen der Länder kann auch der Schulleiter mit der Berichterstattung beauftragt werden. Die Beurteilung ist dem Beamten bekanntzugeben und zu den

Personalakten zu nehmen. In einigen Bundesländern wird die Beurteilung nur zu besonderen Anlässen vorgenommen, nämlich vor Ablauf der Probezeit, vor der Übertragung einer neuen Aufgabe, vor einer Versetzung oder vor einer Beförderung. Sie erfolgt auf der Grundlage von Unterrichtsbesuchen eines Beamten der Schulbehörde. Fehlerhafte Beurteilungen können vor den Verwaltungsgerichten angefochten werden.[138]

Der Beamte hat ein Recht auf Einsichtnahme in die **Personalakte**. Sie wird dem Betroffenen auf Antrag an den Leiter der Behörde gewährt, bei dem die Akten geführt werden. Dabei darf sich der Beamte oder sein Bevollmächtigter Aufzeichnungen machen und einzelne Schriftstücke abschreiben. Bei der Einsichtnahme ist eine behördliche Aufsichtsperson zugegen. Eintragungen über Disziplinarverfahren, Bußgeldverfahren und Strafverfahren müssen nach Ablauf der entsprechenden Tilgungsfrist entfernt werden. Vor der Aufnahme für den Betroffenen ungünstiger Tatsachen in die Akte muß dieser gehört werden.

Im Rahmen seiner **politischen Rechte** hat der Beamte ein Recht auf Mitwirkung im Personalrat, sofern er in diesen von seinen Kollegen gewählt wurde. Das Mitbestimmungs- und Mitspracherecht sowie Anhörungs- und Unterrichtungsrecht erstreckt sich auf soziale und personelle Angelegenheiten sowie auf die Gestaltung des inneren Dienstbetriebes und soll im Zusammenwirken mit der Gewerkschaft und den Berufsvertretungen der Lehrer erfolgen. Diesbezüglich gelten die Personalvertretungsgesetze der Länder. Für seine Personalratstätigkeit erhält der Lehrer Stundenermäßigung.

Im Rahmen der grundgesetzlich garantierten Koalitionsfreiheit (Art. 9 GG) haben Beamte das Recht, Gewerkschaften und Berufsverbänden beizutreten. Dafür darf der Beamte weder benachteiligt noch bevorzugt werden. Ein Streikrecht steht nur den Angestellten des öffentlichen Dienstes zu.

Der Beamte genießt grundsätzlich das Recht auf Meinungsfreiheit und politische Betätigung. Er muß sich jedoch gewisse Einschränkungen gefallen lassen, die aus seiner besonderen Stellung als Repräsentant des Staates erwachsen, insbesondere hat er in der Öffentlichkeit und im Dienst ein gewisses Maß an Zurückhaltung und Mäßigung zu wahren und muß sich bei der Amtsausübung darüber im klaren sein, daß er dem ganzen Volk und nicht einer bestimmten Partei dient. Schließlich hat er sich zur freiheitlich-demokratischen Grundordnung des Grundgesetzes zu bekennen und für deren Erhalt einzutreten. Die Unterstützung oder Teilnahme an Bestrebungen zur Beseitigung der verfassungsmäßigen Ordnung hat disziplinarische Maßnahmen zur Folge.

138 Dienstliche Beurteilungen sind als Akte wertender Erkenntnis gerichtlich jedoch nur beschränkt überprüfbar: BVerwGE 21, 127; 60, 245; 80, 224.

4. Die pädagogische Freiheit des Lehrers

Professionelle Autonomie innerhalb der Behördenhierarchie ist ein Spezifikum des Schulrechts und anderen Bereichen des Öffentlichen Dienstes unbekannt.[139] Eine Übertragung dieses Gedankens auf staatliche Arbeitsfelder mit ähnlicher Aufgabenstruktur, die sich generell an den Merkmalen einer hohen Interaktionsdichte im Publikumskontakt, einer ausgeprägten professionellen Personalstruktur und einer finalen Programmstruktur bestimmen lassen, stehen noch am Anfang rechtswissenschaftlicher Konstruktionsbemühungen.[140]

Die pädagogische Freiheit beinhaltet grundsätzlich das Recht, innerhalb der gesetzlichen und administrativen Vorgaben eigenverantwortlich zu **beurteilen,** zu **erziehen** und **den Unterricht zu gestalten.** Es schützt sowohl die einzelnen Lehrer als auch ihre kollegiale Entscheidungszuständigkeit in den Konferenzen. Nach Auffassung des Bundesverfassungsgerichts muß dem Lehrer im Unterricht der Spielraum verbleiben, den er braucht, um seiner pädagogischen Verantwortung gerecht zu werden.[141]

Landesrechtlich ist die pädagogische Freiheit sehr unterschiedlich ausgestaltet. Sie setzt insbesondere einer unumschränkten Ausübung der **Fachaufsicht** Grenzen und legt die Aufsichtsinstanz auf ein insgesamt moderates, an den Grundsätzen des Übermaßverbotes und des kollegialen Zusammenwirkens orientiertes Aufsichtsverhalten fest. In dieser Hinsicht ist die pädagogische Freiheit jedoch nur ein objektives Gebot des Schulrechts. Ein wehrfähiges **subjektives Recht** zugunsten des einzelnen Lehrers folgt hieraus nach herrschender Rechtsprechungsmeinung jedoch nicht.[142] Nach einer Einzelmeinung soll der Lehrer seinen Freiraum aber dann im Klagewege verteidigen können, wenn die Aufsichtsmaßnahme „schwerwiegend und offenkundig fehlerhaft" ist.[143] Die Schwierigkeiten einer rechtskonstruktiven Verankerung subjektiver Abwehrrechte des einzelnen Lehrers sind vor allem darauf zurückzuführen, daß die pädagogische Freiheit keine Freiheit im Individualinteresse des einzelnen Lehrers sein kann, sondern nur als funktionale Autonomie im Interesse des Staates und seines Bildungs- und Erziehungsauftrages (Art. 7 GG) zu überzeugen vermag. Prozessual aber kann dem durch die Kategorie des Innenrechtsstreits Rechnung getragen werden.[144] Die pädagogische Freiheit ist mithin

---

139 Zur pädagogischen Freiheit: Stein/Roell, Handbuch des Schulrechts, 2. Aufl. 1992, 42; Avenarius/Heckel, Schulrechtskunde, 7. Aufl. 2001, 341; Wißmann, Pädagogische Freiheit als Rechtsbegriff, 2001.

140 Luthe, Das besondere Gewaltverhältnis – Selbstregulationsmodell des öffentlichen Rechts, 1989; ders., Die sozialpädaogische Freiheit – Rechtsgrundlagen funktionaler Autonomie in der Sozialverwaltung, ZfSH/SGB 1993, 514.

141 BVerfGE 47 (46, 83).

142 OVG Nds., NVwZ 1998, 94; VGH Bad.-Württ., VBlBW 1998, 108, OVG Lüneburg, RdJB 1994, 147: Die pädagogische Freiheit verleiht dem Lehrer kein Abwehrrecht gegen die Weisung, ein bestimmtes Schulbuch im Unterricht einzusetzen.

143 OVG Nds. vom 05. 03. 90 (2 A 59/84); NVwZ-RR 2000, 161.

144 Luthe, Das besondere Gewaltverhältnis – Selbstregulationsmodell des öffentlichen Rechts, 1989, 510 ff.; Wißmann, Pädagogische Freiheit als Rechtsbegriff, 2002, 227 ff.

um der Eigengesetzlichkeiten des Unterrichts willen gegeben, so daß neben dem Handeln von Schulleitung und Schulaufsicht auch die Reglementierung der Unterrichtsarbeit durch Verwaltungsvorschriften am Maßstab des Autonomierechts gemessen werden können. Pädagogische Autonomie beinhaltet somit die Möglichkeit der Auswahl von Unterrichtsinhalten und -methoden, einen Beurteilungsspielraum bei der Bewertung von Schülerleistungen[145] sowie das Recht zur didaktischen und methodischen Einzelausgestaltung des Unterrichts.

Die pädagogische Freiheit darf jedoch kein Freibrief für Willkür, Indoktrination und pädagogische Unbeweglichkeit sein. Daher muß ein Mindestmaß an Fachaufsicht bestehen bleiben, schon um eine gewisse Einheitlichkeit des Bildungsniveaus zu gewährleisten. Der Lehrer wird hierdurch nicht von seiner Pflicht zur Befolgung der bestehenden Gesetze sowie der Erlasse und Richtlinien entbunden. Nur insofern es um die Einhaltung der für die Notengebung allgemein geltenden Grundsätze geht, darf der Schulleiter dem Lehrer deshalb im Einzelfall eine Weisung für die Benotung einer Klassenarbeit erteilen und im Fall der Nichtausführung der Weisung die vom Lehrer erteilte Note durch eine andere Note ersetzen.[146] Geht es jedoch nicht um die unmittelbare Wahrung des Rechts und insbesondere prüfungsrechtlicher Gleichheit, so spricht eine allgemeine (aber widerlegbare) **Vermutung** für die Rechtmäßigkeit und pädagogische Begründetheit des Unterrichts- und Bewertungsverhaltens des Lehrers, welche die Begründungslast für Eingriffe in den Freiheitsraum den übergeordneten Instanzen zuweist. In dieser Hinsicht hat sich der Lehrer auch den ordnungsgemäß zustande gekommenen Konferenzentscheidungen zu fügen, die ihm jedoch noch den erforderlichen Freiraum zur Entfaltung seiner pädagogischen Konzepte belassen müssen.[147] Ebensowenig darf der Lehrer den Unterricht in bestimmten Klassen oder Jahrgangsstufen seiner Schule verweigern, ist jedoch grundsätzlich nicht verpflichtet, Unterricht in Fächern zu erteilen, für die er keine Lehrbefähigung besitzt.[148] In der Gesamtbetrachtung ist die Tätigkeit des Lehrers somit einem fortwährenden Spannungsverhältnis zwischen pädagogischer Freiheit und dem Bedürfnis nach Vereinheitlichung schulischer Zielsetzungen ausgesetzt, das weder zu Lasten der einen noch der anderen Seite gelöst werden kann, sondern unter größtmöglicher Entfaltung beider Bereiche ein vertrauensvolles, kompromißbereites Zusammenwirken aller am Schulleben Beteiligten erfordert.

---

145 Zwar wird der prüfungsrechtliche Beurteilungsspielraum auf die Eigenart der prüfungsrechtlichen Bewertung zurückgeführt, läßt sich jedoch mit originär auf den Unterricht bezogenen Anforderungen zusätzlich begründen.

146 So VGH Mannheim, NVwZ-RR 1989, 305; ähnlich OVG Lüneburg, NVwZ 1999, 94.

147 Zur Verpflichtung des Lehrers, ein bestimmtes, auf Vorschlag der Fachkonferenz und auf Antrag der Gesamtkonferenz beschafftes Schulbuch im Unterricht zu verwenden: BVerwG, NVwZ 1994, 583.

148 So Avenarius/Heckel, Schulrechtskunde, 7. Aufl. 2001, 346.

5. Pflichten des Lehrers

Im Zentrum der beamtenrechtlichen Pflichtendimension steht die **Treuepflicht**, in deren Erfüllung der Beamte dem Gemeinwohl und nicht einer bestimmten Partei oder Interessengruppe zu dienen hat (§ 35 BRRG). Er muß sich durch sein gesamtes Verhalten zur Verfassungsordnung bekennen, für deren Erhaltung eintreten und bei politischer Betätigung angesichts seiner Stellung als Staatsrepräsentant ein gewisses Maß an Zurückhaltung und Mäßigung wahren. Er hat sich seinem Beruf mit voller Hingabe zu widmen und sein Amt uneigennützig und gesetzestreu zu verwalten. Deshalb ist der Beamte grundsätzlich verpflichtet, in seinem Amt ohne zusätzliche Vergütung über die regelmäßige Arbeitszeit hinaus **Mehrarbeit** zu leisten, wenn die dienstlichen Umstände dies erfordern.[149]

Im Rahmen seiner **Weisungsgebundenheit** hat der Beamte den Anordnungen der Vorgesetztenebene (Einzelweisungen sowie allgemeine Weisungen in Gestalt von Verwaltungsvorschriften) Folge zu leisten und die Gesetze zu beachten (§ 37 BRRG). In diesem Rahmen ist er jedoch zu eigenverantwortlicher Aufgabenerfüllung befugt und hat sich eigeninitiativ über die Rechtslage seines Aufgabenbereiches zu informieren (§ 38 BRRG). Hält er Anordnungen seines Vorgesetzen für rechtswidrig, so muß er dies unverzüglich mitteilen. Läßt sich kein Einvernehmen erzielen, so ist der nächsthöhere Vorgesetzte einzuschalten (sog. Remonstrationsrecht, § 38 Abs. 2 BRRG).

Die Amtsführung der Lehrerschaft unterliegt einem schulischen **Neutralitäts- und Toleranzgebot**, wodurch alle Formen der Indoktrination von Schülern verboten sind. Derzeit ist im Streit, wie sich dies mit einem äußerlich sichtbaren Bekenntnis des Lehrers zu seiner eigenen Religion verträgt.[150] Unstreitig ist die aufdringlich-aggressive **Religionsbekundung** als Störung des Schulfriedens anzusehen und mit einer neutralen Amtsausübung unvereinbar. Problematisch ist allein die „schlichte“ Religionsbekundung, durch die eine tolerante Amtsführung für sich genommen nicht in Zweifel gezogen werden muß. Definiert der Staat, wie in den südlichen Bundesländern, seine Schulen als christliche Schulen, so kann das bloße Tragen eines Kopftuchs durch die muslimische Lehrerin mit der Feststellung einhergehen, daß derartige Personen für den Lehrerberuf ungeeignet sind.[151] Dieses Ergebnis kollidiert jedoch mit Art. 33 Abs. 3 GG, wonach jeder unabhängig von seinem religiösen Bekenntnis Zugang zu öffentlichen Ämtern hat. Steht das christliche Bekenntnis jedoch nicht im Vordergrund der Schulziele, so stellt sich die Frage, ob das Toleranzgebot sich generell öffnen will für die geistige Auseinandersetzung mit anderen Religionen oder ob es generell auf Distanz zum religiösen Bekenntnis geht.

---

149 VGH München, RdJB 1995, 109; VerfGH Rheinland-Pfalz, DVBl. 1997, 997: Daß eine Arbeitszeitverlängerung von entsprechender Besoldungserhöhung abhängig sei, widerspreche dem Alimentationsprinzip.
150 Rennert, Entwicklungen in der Rechtsprechung zum Schulrecht, DVBl. 2001, 511.
151 VG Stuttgart, DÖV 2000, 560.

In diesem Fall aber wäre auch das Kettchen der Christin oder die Kopfbedeckung des Juden in die rechtliche Überprüfung einzubeziehen.[152]

Angelegenheiten, die dem Beamten während seiner Amtstätigkeit bekannt geworden sind, unterliegen der **Verschwiegenheitspflicht** (§ 39 BRRG).[153] Sie besteht gegenüber jedermann, auch gegenüber den Kollegen und gilt auch nach Beendigung des Beamtenverhältnisses fort. Gegenüber Gerichten und anderen Behörden darf der Beamte nur Aussagen und Erklärungen abgeben, wenn ihm vorher seitens seines Dienstvorgesetzen eine Aussagegenehmigung erteilt wurde. Allgemeine, der Öffentlichkeit ohnehin zugängliche Informationen brauchen nicht geheimgehalten zu werden. Klar der Verschwiegenheit unterliegen jedoch persönliche Daten der Schüler. Die Schweigepflicht wird durchbrochen bei Kenntnis strafbarer Handlungen. Eine schuldhafte Verletzung der Verschwiegenheitspflicht kann als Dienstvergehen geahndet werden.

Der Lehrer muß als Beamter innerhalb und außerhalb des Dienstes der **Achtung** und dem Vertrauen gerecht werden, die sein Beruf erfordert (§ 36 BRRG). Wann diese Maßstäbe verletzt sind, läßt sich abstrakt nicht entscheiden und ist eine Frage der Einzelfallbewertung. Ein unwürdiges Verhalten kann disziplinarische Folgen haben.

Der Beamte ist zwar nicht verpflichtet, am Dienstort zu wohnen, hat seinen Wohnsitz aber so zu wählen, daß eine ordnungsgemäße Wahrnehmung seiner Aufgaben sichergestellt ist.

Aus der Pflicht des Beamten zur Hingabe der vollen Arbeitskraft resultieren gewisse Beschränkungen für **Nebentätigkeiten.** Für jede Nebentätigkeit muß der Beamte eine Genehmigung einholen, es sei denn, sie gehört zu den genehmigungsfreien Nebentätigkeiten des Landesbeamtenrechts, oder er ist zur Übernahme der Tätigkeit verpflichtet. Leidet die Erfüllung der Dientpflichten unter der Nebentätigkeit (in etwa bei einem Umfang von einem Fünftel der Wochenarbeitszeit) oder könnte sie seine Unparteilichkeit beeinflussen oder seinem Ansehen in der Öffentlichkeit schaden, ist sie zu versagen (§ 42 BRRG). Gewissen Beschränkungen unterliegen zudem Beschäftigungen nach Beendigung des Beamtenverhältnisses, wenn durch sie dienstliche Interessen beeinträchtigt werden können (§ 42 a BRRG).

Geschenke dürfen nur mit Genehmigung der Behörde angenommen werden (§ 43 BRRG). Hierbei geht es nicht nur um Geld und Sachwerte, sondern auch um geldwerte Vergünstigungen jedweder Art. Geringwertige Aufmerksamkeiten gelten als stillschweigend genehmigt (Reklameartikel einfacher Art, Geschenke aus dem Kollegenkreis, Bewirtungen auf dienstbezogenen Veranstaltungen). Verstöße gegen das Verbot der Geschenkannahme ohne Genehmigung werden als Dienstvergehen geahndet, manchmal sogar als strafbare Handlung (vgl. §§ 331, 332 StGB).

---

152 So Rennert, a. a. O.
153 Vgl. hierzu auch unter C. IV 5.

Ohne Genehmigung darf der Beamte dem Dienst nicht **fernbleiben**, es sei denn im Falle der Dienstunfähigkeit, die dem Dienstvorgesetzten unverzüglich mitzuteilen ist. Ansonsten verliert er für die Zeit des Fernbleibens seine Dienstbezüge und muß mit disziplinarischen Folgen rechen. Im Krankheitsfall ist bereits nach drei Tagen eine ärztliche Bescheinigung vorzulegen. Bei lang andauernder Krankheit kann der Dienstherr eine amtsärztliche Untersuchung verlangen.

6. Besondere Lehrerpflichten: Unterricht, Aufsicht, Arbeitszeit

Der Lehrer erteilt den Unterricht in den seiner **Lehrbefähigung** entsprechenden Bereichen, kann aber auch zur Unterrichtung in anderen Fächern und Schulformen verpflichtet werden, wenn er hierzu vorher angehört wurde. Weiterhin können dem Lehrer Aufgaben der schulischen Selbstverwaltung außerhalb des Unterrichts zugewiesen werden. Er ist zur **Fortbildung** verpflichtet und berechtigt. Werden bei dem betreffenden Lehrer im Rahmen von Unterichtsbesichtigungen **mangelhafte Unterrichtsleistungen** festgestellt, so dürfen Schulleitung und Aufsichtsbehörde Auflagen erteilen (etwa sich an die Planungen zu halten und den Unterricht sorgfältig vorzubereiten). Bleiben die Auflagen unbeachtet, so verstößt der Lehrer gegen die ihm obliegende Pflicht, sich mit voller Hingabe seinem Beruf zu widmen und kann daher disziplinarisch belangt werden.[154] Einer persönlichen Schadensersatzpflicht des Lehrers gegenüber dem Schüler im Falle eines erzieherischen Fehlverhaltens dürften jedoch erhebliche Probleme beim Nachweis der Kausalität zwischen Schadensursache und Schaden sowie bei der Spezifizierung der Schadenshöhe entgegenstehen.[155] Ähnlich ist die Problematik überdies bei krassen Fällen des Unterrichtsausfalls.[156]

Die Ausübung der **Aufsicht** soll den Schüler vor Personen- und Sachschäden bewahren. Was im einzelnen vom Lehrer in dieser Hinsicht verlangt werden kann, hängt von Alter, Anzahl und Reifegrad der Schüler, den örtlichen Verhältnissen und der Art der Schulveranstaltung ab. Eine ständige Beaufsichtigung wird vom Lehrer nicht erwartet und ginge im übrigen auch nicht konform mit dem Ziel, die Schüler zur Selbständigkeit zu erziehen. Die Schüler sollten jedoch wissen, daß sie jederzeit von Stichkontrollen überrascht werden können. In den einzelnen Bundesländern gelten unterschiedliche Rechts- und Verwaltungsvorschriften zur Aufsicht, – etwa im Zusammenhang mit dem unbefugten Verlassen des Schulgrundstücks, mit

154 Beschluß der Disziplinarkammer bei dem VG Oldenburg vom 30. Mai 1988 – DK 8 9/86 – (Gehaltskürzung von einem Zehntel für die Dauer von 12 Monaten).

155 Erste Ansätze in dieser Richtung zeigt jedoch das Beispiel Großbritannien: Meredith, Schadensersatzpflicht für Fehlerziehung – der Fall Phelps im britischen House of Lords, RdJB 2001, 370.

156 Avenarius/Heckel schlagen vor, die Schadenshöhe am Entgelt für erteilten Privatunterricht auszurichten (dies., Schulrechtskunde, 7. Aufl. 2000, 526, Fn. 27). Hiermit ist die Frage der Schadenskausalität aber noch nicht beantwortet, zumal der schulische Einfluß im Kontext vieler anderer „überholender" Schadensursachen der Gesellschaft gesehen werden muß.

Schulbushaltestellen, mit Schulwanderungen, dem Schulsport und dem Chemieunterricht.[157] Die Aufsicht erstreckt sich lediglich auf das Schulgrundstück, sonstige Veranstaltungsorte der Schule sowie auf Bushaltestellen am Schulgelände, nicht jedoch auf den Schulweg des Schülers von und zu seiner Wohnung. Sie reicht von Unterrichtsbeginn bis Unterrichtsschluß, einschließlich der Pausen und Freistunden. Der Lehrer kann geeignete Schüler und Erziehungsberechtigte mit der Aufsicht beauftragen, ist jedoch für ihre sorgfältige Auswahl verantwortlich. Bei schuldhafter Verletzung der Aufsichtspflicht haftet das jeweilige Land dem Verletzten für etwaige Schäden. Dieses kann den Lehrer in Regress nehmen, wenn Vorsatz oder grobe Fahrlässigkeit im Spiel war. Ist trotz ordnungsgemäßer Beaufsichtigung ein Schaden entstanden, kommt die gesetzliche Unfallversicherung hierfür auf.

Zur Regelung der **Arbeitszeiten** des Lehrers wurden in den Bundesländern zumeist Arbeitszeitverordnungen erlassen. Die schulischen Arbeitszeiten bemessen sich nach der regelmäßigen Pflichtstundenzahl als Anzahl derjenigen Unterrichtsstunden, die vollbeschäftigte Lehrkräfte wöchentlich zu erteilen haben. Eine Unterrichtsstunde wird mit 45 Minuten angesetzt. Die Pflichtstundenzahl ist abhängig von der jeweiligen Schulform und niedriger als die allgemeine Arbeitszeit von 40 Wochenstunden, da der Lehrer die restliche Zeit zur Vorbereitung, für Korrekturen, Konferenzen und Elternsprechstunden benötigt. Dies schließt freilich nicht aus, Arbeiten wie diese bei ausreichender Raumkapazität im Schulgebäude zu erledigen. Ein Recht auf Unterrichtsvorbereitung im häuslichen Bereich hat der Lehrer nicht. Bei Wahrnehmung besonderer ständiger Aufgaben (Beratungsaufgaben, Vertretungs- und Leitungsfunktionen, Schulversuche, Erarbeitung von Richtlinien) können bestimmte Zeiten auf die Pflichtstunden angerechnet werden.

Mit Erreichen einer bestimmten Altersstufe wird dem Lehrer zumeist eine **Stundenermäßigung** eingeräumt. Gleiches gilt für schwerbehinderte Lehrer sowie Lehrer mit vorübergehend geminderter Dienstfähigkeit. Eine Teilzeitbeschäftigung sowie ein mehrjähriger Urlaub kommen für Beamte, je nach landesgesetzlicher Rechtslage, aus familiären Gründen dann in Betracht, wenn ein Kind oder ein pflegebedürftiger Angehöriger zu betreuen ist. Das Gehalt entfält oder vermindert sich in diesem Fall. Auch aus Arbeitsmarktgründen kann eine Teilzeitbeschäftigung oder Urlaub gewährt werden, wenn dienstliche Belange nicht entgegenstehen.

7. Disziplinarmaßnahmen

Beamte, aber auch Ruhestandsbeamte, die schuldhaft ihre Amtspflichten verletzen, begehen ein Dienstvergehen, das nach der jeweiligen Landesdisziplinarordnung verfolgt werden kann, aber nicht muß. Insofern steht die Einleitung des Verfahrens

---

157 Luthe, Aufsicht und Haftung, in: Neue Praxis der Schulleitung 1993, B 4.3; Margies/Rieger, Aufsicht und Haftung in der Schule, RdJB 2000, 280.

sowie die Auswahl der einzelnen Disziplinarmaßnahmen im Ermessen des Dienstherrn. Als **Disziplinarmaßnahmen** kommen in Betracht:

- der Verweis (offizieller Tadel eines bestimmten Verhaltens),
- die Geldbuße (bis zur Höhe der einmonatigen Dienstbezüge),
- die Gehaltskürzung (um höchstens ein Fünftel),
- die Versetzung in ein Amt derselben Laufbahn mit geringerem Endgehalt,
- die Entfernung aus dem Dienst,
- die Kürzung und Aberkennung des Ruhegehalts (bei Ruhestandsbeamten).

Der Dienstvorgesetzte führt zunächst Vorermittlungen durch, wenn der Verdacht eines Dienstvergehens besteht. Der Beamte kann auch selbst die Einleitung eines Verfahrens gegen sich beantragen, um unberechtigte Vorwürfe gegen sich klären zu lassen. Er muß zunächst angehört werden. Das wesentliche Ergebnis der Ermittlungen ist ihm schriftlich mitzuteilen. Daraufhin wird er nochmals angehört. Läßt sich ein Dienstvergehen nicht feststellen, wird das Verfahren eingestellt. Die Einstellungsverfügung ist zu begründen und förmlich zuzustellen, ebenso die Disziplinarverfügung bei einem Verweis, einer Geldbuße oder einer Gehalts- bzw. Ruhegehaltskürzung. Hiergegen kann der Beamte innerhalb eines Monats Beschwerde einlegen. Bei Zurückweisung durch die Behörde ist der Weg zur Disziplinarkammer bei den Verwaltungsgerichten eröffnet. Wurde die Verfügung von der obersten Diensbehörde erlassen, ist die Durchführung eines verwaltungsinternen Beschwerdeverfahrens nicht erforderlich und unmittelbar die Möglichkeit gerichtlicher Überprüfung gegeben.

In besonderen Fällen muß ein förmliches Disziplinarverfahren durchgeführt werden, das durch schriftliche Verfügung der Behörde eingeleitet wird. Der Beamte kann einen Verteidiger bestellen. Ein von der Einleitungsbehörde bestellter Untersuchungsleiter stellt die erforderlichen Ermittlungen an und leitet die Sache bei positivem Ergebnis mit einer Anschuldigungsschrift der Disziplinarkammer zu.

8. Der Lehrer als Angestellter

Nach dem Grundgesetz (Art. 33 GG) sind hoheitliche Befugnisse in der Regel Beamten zu übertragen. Zum Hoheitsbereich wird nach herrschender Meinung nicht nur die Eingriffsverwaltung (Polizei, Finanzamt), sondern auch die Leistungsverwaltung gezählt. Da an Schulen hoheitsrechtliche Befugnisse in Gestalt von Versetzungen, Ordnungsmaßnahmen u. dgl. ausgeübt werden, ist auch die Tätigkeit des Lehrers unmißverständlich eine nach dem Willen des Grundgesetzes **regelmäßig im Beamtenstatus** zu erbringende hoheitliche Aufgabe. Daraus folgt, daß eine Beschäftigung im Angestelltenverhältnis die Ausnahme sein muß und eine anders geartete Personalpolitik der Länder, insbesondere wenn sie von fiskalischen Erwägungen getragen wird, mit der Verfassung nicht im Einklang stehen dürfte. Aus diesem Grund kommt eine Anstellung im Angestelltenverhältnis nur in Betracht für Staatsangehörige eines anderen Mitgliedstaats der Europäischen Union, für Personen, die die vorgeschriebene Höchstaltersgrenze überschritten haben sowie für Bewerber ohne Laufbahnbefähigung (etwa Naturwissenschaftler).[158]

Das Arbeitsverhältnis von angestellten Lehrern ist ein privatrechtliches Vertragsverhältnis auf der Basis eines schriftlich geschlossenen **Arbeitsvertrages,** dem die Bestimmungen des Bundesangestelltentarifvertrages mit der Sonderregelung für Angestellte als Lehrkräfte (Anlage 2 I zum BAT) in der jeweiligen Fassung zugrunde liegen. Daneben gelten die allgemeinen Grundsätze des Arbeitsrechts.

Die **Rechte und Pflichten** der Angestellten entsprechen im wesentlichen denen der Beamten. Angestellten Lehrern steht jedoch das Streikrecht zu. Sie sind an die Erziehungsziele und Grundwerte der Verfassung gebunden, unterliegen jedoch nicht der gesteigerten Verfassungstreuepflicht wie Beamte.[159] Im übrigen gilt auch der angestellte Lehrer als Repräsentant des Staates, ist deshalb zur Mäßigung innerhalb und außerhalb des Dienstes verpflichtet, hat seine Aufgaben in Unterricht und Erziehung wahrzunehmen, ist zu Gehorsam und Verschwiegenheit verpflichtet und ebenso an Arbeitszeitregelungen und sonstige Pflichten gebunden wie der verbeamtete Lehrer (§§ 8–10 BAT/BAT-O). Er hat Anspruch auf Fürsorge und Schutz und genießt pädagogische Freiheit, hat jedoch kein Recht auf eine Amtsbezeichnung oder eine dienstliche Beurteilung im Sinne einer Regelbeurteilung.

Im Rahmen seiner **vermögensrechtlichen Position** erfolgt die Eingruppierung in Anlehnung an die dem BAT beigefügte Vergütungsordnung zumeist durch besonderen Ministererlaß. Die Vergütung orientiert sich an der Vergütungsgruppe, die aus der Grundvergütung und dem Ortszuschlag besteht, wobei auch Überstunden vergütet werden.[160]

Die Versorgung erfolgt im Rahmen der allgemeinen Angestelltenversicherung nach Maßgabe besonderer tarifvertraglicher Bestimmungen. Krankenbezüge werden, wie sonst auch, für 6 Wochen gezahlt; danach besteht Anspruch auf Krankengeld gegenüber der Krankenversicherung. Für Beihilfen, Reisekosten, Umzugskosten, Vorschüsse, Unterstützungen und Trennungsgeld gelten die beamtenrechtlichen Grundsätze entsprechend.

Das Arbeitsverhältnis kann von beiden Seiten unter Beachtung der gesetzlichen Kündigungsfristen und der Vorschriften des Kündigungsschutzgesetzes **gekündigt** werden. Bei Dienstunfähigkeit endet es automatisch, ebenso bei Erreichen der Altersgrenze. Nach einer Beschäftigungsdauer von 15 Jahren, frühestens nach Vollendung des 40. Lebensjahres, tritt Unkündbarkeit ein. Dem Angestellten kann dann allenfalls noch bei Vorliegen eines wichtigen Grundes, d. h. bei sehr schwerwiegenden Pflichtverstößen, außerordentlich gekündigt werden. Bei Streitigkeiten aus dem Arbeitsverhältnis sind die Arbeitsgerichte, nicht die Verwaltungsgerichte zuständig.

---

158 Avenarius/Heckel, Schulrechtskunde, 7. Aufl. 2000, 404.
159 BVerwGE 81, 212, 214ff.
160 Zur Mehrarbeitsvergütung bei Beamten vgl. § 44 BRRG.

G. Berufsbildungsrecht

Weiterführende Literatur:

Natzel, Berufsbildungsrecht, Ausbildung, Fortbildung und Umschulung, 3. Aufl. 1982; Gedon/ Spiertz, Berufsbildungsrecht, 1992; Götz, Berufsbildungsrecht 1992; Knopp/Kraegeloh, Berufsbildungsgesetz, 4. Aufl. 1998; Schaub, Arbeitsrechtshandbuch, 9. Aufl. 2000; Weber, Berufsbildungsgesetz und Berufsbildungsförderungsgesetz, 13. Aufl. 1999; ders., Berufsbildungsgesetz, 2000; Wohlgemuth, Berufsbildungsgesetz, 2. Aufl. 1995; Woortmann, Kursänderung im Berufsbildungsgesetz, RdJB 1998, 11; Görmer, Berufliche Bildung, RdJB 1998, 3; Altvater, Das zweite Gesetz zur Änderung des Berufsbildungsförderungsgesetzes, RdJB 1994, 372; Käufer, Weiterbildung im Arbeitsverhältnis 2001; Opolony, Berufsbildungsrecht 2001.

I. Allgemeine Trends

Im Berufsbildungsrecht und insbesondere in den Auseinandersetzungen rund um das Berufsbildungsgesetz vom 14.08.69 spiegelt sich ein Teil der großen Fragen um die Leistungsfähigkeit und Grenzen von Markt und Staat. Der **Markt** als Seismograph für den Qualifikationsbedarf und die Ausbildungsbereitschaft der Wirtschaft ist in seiner Dynamik, seiner Offenheit für das Neue und in seiner Zielgenauigkeit für das, was gerade gebraucht wird, durch nichts zu überbieten. Seine Perspektive ist jedoch im Zweifel eher kurzfristiger und stark funktionalisierter Natur. Die hochgradig spezialisierte und dringend gebrauchte Arbeitskraft von heute ist nicht selten morgen schon ein Auslaufmodell, der Beruf als motivierende Berufung und identitätsstiftendes Element der Erwerbsgesellschaft unter Marktgesichtspunkten allenfalls als Signal für jeweils verwertbare Qualifikationsinhalte und als Ausgangsvoraussetzung von Arbeitnehmermobilität interessant. Berufliche Qualifizierung ist das, was Konjunktur hat.

Demgegenüber erfüllt staatliche Berufsbildungspolitik eine wichtige **Ausgleichsfunktion**. Zur Absicherung möglichst langfristiger Erwerbschancen des Berufsinhabers sind Ausbildungsberufe mit einer gewissen Qualifikationsbreite und Qualifikationstiefe unumgänglich. Die Entwicklung von Berufsbildern innerhalb staatlicher Ausbildungsordnungen hat deshalb den Kompromiß zu suchen zwischen dem Verwertungsinteresse der Wirtschaft und dem Schutz des Arbeitnehmers. Auf einen Mangel an Ausbildungsbereitschaft der Wirtschaft muß der Staat durch eigene Ausbildungsangebote reagieren. Die Qualität der Ausbildung im Dualen System erfordert ein vielschichtiges Netz staatlicher Kontrollen gegenüber der ausbildenden Wirtschaft.

Hier aber droht ein Umschlagen notwendiger Staatlichkeit in innovationsfeindlichen **Bürokratismus**, wenn staatlich verordnete Konsensfindung bei der Entwicklung von Berufsbildern und Ausbildungsordnungen in lähmender Blockadepolitik der beteiligten Interessengruppen mündet. Dann degenerieren Ausbildungs- und Berufsordnungen zu einem Zwangskorsett, das den internationalen Anforderungen nicht mehr gerecht werden kann und ein ungesundes Mißverhältnis zwischen offenen Stellen bei gleichzeitig hoher Arbeitslosigkeit hinterläßt. Dann ist überdies zweifelhaft, ob der Staat noch über eine ausreichende Rechtfertigungsbasis verfügt, die er benötigt, wenn er in die verfassungsrechtlich garantierte Berufsfreiheit des Bürgers mit entsprechenden Ordnungen einzugreifen gedenkt. Vor diesem allgemeinen Hintergrund zeichnen sich folgende Entwicklungstrends ab:

- **Duales System:** Das duale System bezeichnet das Nebeneinander schulischer und betrieblicher Ausbildung. Mit der Idee des Berufsschulbesuchs soll ein Gegengewicht zu den kurzfristigen Verwertungsinteressen der Wirtschaft geschaffen werden. Die Berufsschule legt den Grundstein für den Erwerb einer möglichst breit angelegten und lebenslang wirkenden Qualifikation in der Erstausbildung. Insbesondere aber technologisches Wissen veraltet in immer kürzeren Zyklen, was einerseits den vielbeschworenen Zwang zum lebenslangen Lernen begründet, andererseits der Berufsschule viel von ihrer ursprünglichen Bedeutung nimmt. Die Fokussierung auf allgemeinbildende Unterrichtsanteile als Ausweichstrategie des Berufsschulwesens provoziert verständlicherweise den Widerstand der Wirtschaft, die im Zuge des voranschreitenden technischen Wandels an differenzierten Lösungen interessiert ist, wie etwa die Kombination von kaufmännischen, technischen und dienstleistungsorientierten Qualifikationen, die Einführung flexibler Seminarformen und moderner Selbstlernmedien sowie die Differenzierung und Modularisierung des Unterrichts angesichts der wachsenden Niveauspreizung unter den Berufsschülern (Abiturienten und Hauptschüler im gleichen Ausbildungsberuf). Eine deutlichere Orientierung an neuen Qualifizierungsmustern erscheint demnach als Gebot der Stunde. Hierfür aber besteht wenig Veranlassung, solange die in der Berufsschule erbrachten Leistungen für die Abschlußprüfung der Berufsausbildung so gut wie keine Bedeutung haben.[1]
- **Die Ordnung der Berufe:** Hier liegt das Problem in der Vermittlung von beruflicher Konsolidierung und betrieblicher Spezialisierung. In vielen Betrieben nimmt die Spezialisierung der Tätigkeiten zu. Gefordert wird deshalb eine betriebsnahe Ausbildung und eine Verengung von Berufsbildern. Das Gegenkonzept heißt: Vermittlung von Schlüsselqualifikationen. Dahinter verbergen sich jedoch zumeist recht triviale Anforderungen an Kompetenzen, die man entweder hat oder nicht hat, insgesamt aber nur allgemeine Ratlosigkeit dokumentieren. Vor allem bleibt hierbei offen, wer die nachlassende Ausbildungsreife vieler Schulabgänger zu verantworten hat. In der Gesamtschau läßt sich der Übergang von einer statischen zu einer dynamischen Berufsbildkonstruktion gut be-

1 Zum Ganzen: Woortmann, RdJB 1998, 11; Görner, RdJB 1998, 3; Euler, Modernisierung des Dualen Systems, 1997; von Bardeleben, Kosten und Nutzen der betrieblichen Berufsausbildung, 1994; Bundesministerium für Bildung und Forschung, Berufsbildungsbericht 2000; Bündnis für Arbeit, Ausbildung und Wettbewerbsfähigkeit, Ergebnisse des Spitzengesprächs vom 06. 07. 99.

obachten. Der neue Berufsgedanke präsentiert sich als „Einheit in der Vielfalt“, insbesondere durch Verknüpfung von Basisqualifikationen mit Spezialisierungs- und Vertiefungsqualifikationen. Gleichzeitig wird hiermit ein neues Organisationsprinzip für die betriebliche Ausbildung geschaffen. Betriebe, die einen derart hohen Grad an Spezialisierung aufweisen, daß sie für sich genommen nicht mehr über die erforderliche Eignung eines Ausbildungsbetriebes verfügen, werden durch ein in sich differenziertes Berufsbild in die Lage versetzt, entsprechenden Ausbildungsverbünden mit anderen Betrieben beizutreten. Für den Berufsinhaber selbst wird die Berufskategorie zu einer weit in die Zukunft ausgreifenden Kette individueller Berufsgestaltungsentscheidungen. Das sog. lebenslange Lernen ist nur eine andere Umschreibung für die zunehmende Individualisierung von Berufsbiographien, in denen der Beruf im Wege individueller Synthetisierung äußerer Anforderungen mit der persönlichen Sinnperspektive laufend neu erfunden werden muß. Der Beruf verändert sich damit von einer gleichbleibenden Erwerbschance[2] zu einem Stimulus des Aufbruchs und der Veränderung mit nie dagewesenen Rollenzumutungen an seinen Träger.

- **Strukturveränderungen:** Berufe sind mehr denn je an den Außenstrukturen und weniger an den Innenstrukturen der Unternehmen ausgerichtet. Tonangebend ist die Entwicklung kundenorientierter Dienstleistungeberufe, häufig in Verbindung mit komplexer Technik oder mit besonderen Sozialkompetenzen der Dienstleistungserbringer. Mehr als sonst bestimmt hier das Kundenfeld den Qualifikationsbedarf, der somit in den Sog allgemeiner gesellschaftlicher Entwicklungen gerät. Dies dürfte den Trend zur Basisqualifikation mit entsprechenden Vertiefungs- und Ergänzungsmodulen verstärken und gleichzeitig auf einen Bedeutungszuwachs des Weiterbildungsbereichs schließen lassen, der sich im Zuge des lebensbegleitenden Lernens jedoch mehr und mehr zu arbeitsplatznahen und arbeitsplatzintegrierten Lernformen hin entwickelt.

- **Wettbewerb:** Jeder zweite Beschäftigte nimmt alljährlich an beruflichen Weiterbildungsmaßnahmen teil. Tendenz steigend. Einen großen Teil der Kosten übernehmen die Bundesanstalt für Arbeit, Träger beruflicher Rehabilitation und die kommunale Fürsorgeverwaltung im Rahmen von Arbeitshilfen für Sozialhilfeempfänger und Jugendliche, ohne daß die Qualität und Wirtschaftlichkeit der Maßnahmen wirklich gesichert ist. Die Hauptursache für Qualitätsmängel liegt in den kartellähnlichen Kooperationen zwischen staatlichem Geldgeber und privater Weiterbildungsindustrie. An ernstzunehmender Kontrolle besteht nur geringes Interesse. Denn gewerkschaftliche und arbeitgebereigene Bildungseinrichtungen verdienen kräftig mit und werden, wie im Fall der Bundesanstalt für Arbeit, von Organen kontrolliert, in denen die Vertreter von Arbeitgebern und Gewerkschaften das Sagen haben. Nur ein kompromißloser Qualitätswettbewerb zwischen den Bildungseinrichtungen mit flankierender staatlicher Kontrolle kann hier Abhilfe schaffen. Das setzt eine ebenso kompromißlose Anwendung des

---

2 So noch Hesse, Berufe im Wandel, 1968.

bei der Vergabe öffentlicher Aufträge anzuwendenden Vergaberechts und überdies ein ausreichendes und entsprechend vielfältiges Angebot von Bildungseinrichtungen voraus, damit der Bürger die ihm zustehende Rolle als souveräner Nachfrager von Bildungsdienstleistungen wahrnehmen kann.

- **Finanzierung:** Drei Modelle sind denkbar, insbesondere das freiwillige Engagement der Wirtschaft, die staatlich betriebene Aus- und Weiterbildung sowie das Umlagesystem. Die Modelle haben Vor- und Nachteile. Der Nachteil freiwilliger, **einzelbetrieblicher Finanzierung** besteht in der mangelnden Ausbildungsbereitschaft der Wirtschaft in Zeiten wirtschaftlicher Krisen. Dadurch schaden sich die Unternehmen langfristig selbst und nicht nur den abhängig Beschäftigten. Der Vorteil dieses Modells liegt schlicht und einfach darin, daß ausgebildet wird, was gebraucht wird. Ausgebildet wird nach Bedarf unter Vermeidung betriebs- und volkswirtschaftlich relevanter Fehlinvestitionen im Humankapital. Die Ausbildung in alleiniger **staatlicher Verantwortung** (zweite Variante) ist bereits heute Realität, insbesondere bei den staatlichen Hilfen für Ausbildungsschwache. In dieser Hinsicht erfüllt der Staat eine sozialpolitische Funktion, die mit der wirtschaftlichen Funktion von Ausbildung nur bedingt kompatibel ist. Die duale Ausbildung in Berufsschule und Betrieb gründet sich zudem auf die Idee einer stärker berufsbezogenen anstatt betriebsbezogenen Ausbildung. Die Nachteile einer staatlich betriebenen Ausbildung liegen jedoch in mangelnder Abstimmung mit dem Qualifikationsbedarf der Unternehmen bei hoher Wirtschaftsdynamik. Eine Lösung könnte daher in betrieblichen **Ausbildungssubventionen** gesehen werden. Diese begründen allerdings die nicht unerhebliche Gefahr einer staatlichen Finanzierung von Ausbildungsplätzen, die auch ohne staatliche Unterstützung eingerichtet worden wären (sog. Mitnahmeeffekte). Bereits heute läßt sich beobachten, daß die Ausbildungsbereitschaft der Betriebe sinkt, wenn der Staat entsprechende Offerten unterbreitet. Langfristig bedeutet dies einen Verlust von betriebseigener Ausbildungsinfrastruktur; der Mangel an betrieblichen Ausbildungsplätzen wird statisch. Im übrigen bewirkt die staatlich betriebene oder subventionierte Berufsausbildung, zumindest ab einer bestimmten Größenordnung, eine Verzerrung des Wettbewerbs auf dem europäischen Binnenmarkt, da den Unternehmen durch das staatliche Ausbildungsengagement im Vergleich zu anderen Unternehmen aus den europäischen Mitgliedstaaten gemeinschaftsrechtlich bedenkliche Wettbewerbsvorteile zuwachsen. Der Vorteil des **Umlageverfahrens** (dritte Variante) liegt im gerechten Lastenausgleich zwischen ausbildenden und nichtausbildenden Betrieben. Bei entsprechend hoher Ausgleichsprämie werden auch ausbildungsunwillige Betriebe zur Bereitstellung von Ausbildungsplätzen angereizt. Der Nachteil eines solchen Zwangsumlagesystems besteht jedoch darin, daß die Ausbildung junger Menschen auch auf Ausbilderseite hohe Motivation erfordert und daher freiwillig bleiben sollte. Eine finanziell zu schwach bemessene Ausgleichsabgabe führt jedoch zu Effekten des Freikaufens wie im Schwerbehindertenrecht. Die Probleme potenzieren sich, wenn die durch Ausgleichsabgabe eingefahrenen Mittel, wie vorstehend erwähnt, zur Schaffung staatlich betriebener Ausbildungsplätze verwendet werden und nicht den ausbildenden Betrieben zukommen. Freilich besteht auch hier die Gefahr, daß die ohnehin ausbildungswilligen Betriebe die ihnen aus der Ausgleichsabgabe zugeführten Mittel, die dann nichts anderes als Subventionen darstellen, nur „mitnehmen". Umlageverfahren und staatliches Engagement können daher nur ein Kriseninterventionsinstrument sein. Dauerhaft und insbesondere in Zeiten wirtschaftlicher Normalität dürfte die freiwillige, einzelbetriebliche Finanzierung die wenigsten Nachteile mit sich bringen. Im Weiterbildungsbereich im übrigen ist die Frage der Finanzierung entsprechender Maßnahmen ganz in den Konsens zwischen Arbeitnehmer und Arbeitgeber gestellt. Eine etwaige Verpflichtung des Arbeitgebers auf Gewährung und Finanzierung von Weiterbildung besteht – abgesehen von der allein zeitlichen Freistellung nach den Bildungsurlaubsgesetzen der Länder – jedenfalls nicht. Lediglich die vom Arbeitgeber angeordnete oder nahegelegte Weiterbildungsmaßnahme gilt als entgeltpflichtige Arbeitszeit.[3] Jedoch können kollektivrechtliche Bestimmungen in Betriebsvereinbarungen und Tarifverträgen einen Weiterbildungsanspruch des Arbeitnehmers enthalten.

– **Planung und Koordination:** Prognosen über zukünftigen Qualifikationsbedarf sind stets mit großer Unsicherheit belastet, je konkreter die Empfehlungen ausfallen. Die Erkenntnis des Wandels von der Industrie- zur Informations- und Wissensgesellschaft ist ebenso geläufig wie trivial. Eingetretene Vorhersagen über benötigte Qualifikationen und Berufsbilder sind dagegen häufig nichts als Zufallstreffer und nachträgliche Erfolgszuschreibungen. Immerhin geht es um Arbeits-„Märkte", somit um Informationsunsicherheiten, subjektive Präferenzen und Kreativität in einem auf sich selbst bezogenen Entdeckungsverfahren (v. Hayek). Bildungsprogramme, seien sie nun nationaler oder europäischer Herkunft, sind für sich genommen zumeist abstrakt und ohne Aussage, gewinnen an Kontur regelmäßig erst in der Durchführungsphase und sind nicht selten nur Durchlauferhitzer für Entwicklungen, die in der Praxis ohnehin geschehen. Dies zwingt zu einer Schwerpunktverlagerung von Planung auf Koordination. Gebot der Stunde ist die Koordination der einzelnen Bildungsstufen in einem Prozeß des lebenslangen Lernens. Koordinations- und Harmonisierungsbedarf zeigt sich aber auch als Folge des Freizügigkeitsrechts der EU-Arbeitnehmer, insbesondere bei der Vergleichbarkeit ihrer Bildungsabschlüsse. Insgesamt dürfte es also weniger um langfristige Vorhersagen gehen als vielmehr um die Vermeidung von Reibungsverlusten zwischen Staat und Wirtschaft. Sollte der Beschreibungsversuch einer Wissensgesellschaft zutreffen, so dürfte deutlich werden, daß wirtschaftliche Prosperität mehr und mehr vom Bildungs- und Ausbildungsstand der Bevölkerung abhängt und sich insbesondere das Problem der Arbeitslosigkeit in wachsendem Maße als Phänomen strukturell bedingter qualifikatorischer Mismatch-Arbeitslosigkeit präsentiert: Eine hohe Anzahl offener Stellen bei gleichzeitiger hoher Arbeitslosigkeit, weil die benötigten Qualifikationen nicht zur Verfügung stehen.

---

3 BAG, AP Nr. 33 zu § 87 BetrVG; BAG DB 1968, 1319.

II. Begriff der Berufsbildung

Gem. § 1 Abs. 1 BBiG gliedert sich die Berufsbildung in die Berufsausbildungsvorbereitung, die Berufsausbildung, die berufliche Fortbildung und die berufliche Umschulung. Die Begriffsbildung ist jedoch im wesentlichen auf die Besonderheiten des Berufsbildungsgesetzes zugeschnitten. Das Arbeitsförderungsgesetz (SGB III) knüpft bei der beruflichen Ausbildung zwar an das Berufsbildungsgesetz an (§ 60 SGB III). Fortbildungs- und Umschulungsmaßnahmen wurden hier jedoch unter dem Begriff der beruflichen Weiterbildung zusammengefaßt (§ 77 SGB III). Das Betriebsverfassungsgesetz versteht unter beruflicher Bildung wiederum jede Ausbildungsmaßnahme, die dem Arbeitnehmer die für die Ausfüllung seines Arbeitsplatzes und seiner beruflichen Tätigkeit notwendigen Fertigkeiten und Kenntnisse vermittelt (§§ 96–98 BetrVG).

Definitionsgemäß hat die **Berufsausbildung** eine breit angelegte berufliche **Grundbildung** und die für die Ausübung einer qualifizierten beruflichen Tätigkeit notwendigen fachlichen Fertigkeiten und Kenntnisse in einem geordneten Ausbildungsgang zu vermitteln; sie hat ferner den Erwerb der erforderlichen Berufserfahrungen zu ermöglichen (§ 1 Abs. 2 BBiG): Die berufliche Grundbildung erfaßt das Erlernen von Grundfertigkeiten und Grundkenntnissen und soll hiermit den Zugang zu mehreren Berufen eröffnen unter Einbeziehung auch von Allgemeinbildung.[4] Dies wird durch das Nebeneinander von schulischer und betrieblicher Ausbildung im Dualen System erreicht. Im ersten Ausbildungsjahr kann zudem ein Berufsgrundbildungsjahr absolviert werden, das nach Maßgabe der entsprechenden Anrechnungsverordnungen auf die Dauer der Berufsausbildung anzurechnen ist.[5]

Die auf die Grundbildung folgende berufliche **Fachbildung** ermöglicht die Spezialisierung im angestrebten Beruf. Auch hier wird an der Idee einer Aufgabenteilung zwischen Berufsschule und Betrieb festgehalten. Die theoretischen Kenntnisse sollen in der Berufsschule vermittelt werden, die praktischen Fertigkeiten dagegen im Betrieb.

Die gesetzlich geforderte Vermittlung von **Berufserfahrung** erfolgt entweder durch Teilnahme des Auszubildenden an den täglichen Betriebsabläufen oder durch die möglichst wirklichkeitsnahe Simulation von Betriebsprozessen bei überbetrieblicher Ausbildung.[6]

Die Berufsausbildung hat in einem **geordneten Ausbildungsgang** zu erfolgen: Erforderlich ist also eine systematisch gegliederte Ausbildung im Rahmen betrieblicher und überbetrieblicher Ausbildungspläne. Nur bei den anerkannten Aus-

---

4 Zum Ganzen: Gesprächskreis für Fragen der beruflichen Bildung, BArbBl. 1969, 100ff.

5 Zum Zweck der Anrechnungsverordnung, betriebliche Ausbildungsplätze im Interesse der Ausbildung junger Menschen nicht länger als nötig in Anspruch zu nehmen: BVerwG, BB 1985, 293.

6 VG Oldenburg, EzB § 3 Abs. 1 BBiG Nr. 9.

bildungsberufen, die für Jugendliche unter 18 Jahren verpflichtend sind (§ 28 Abs. 2 BBiG), sind die Ausbildungsinhalte jedoch durch den Ausbildungsrahmenplan (§ 25 Abs. 2 Nr. 4 BBiG) überbetrieblich vorgegeben. Dieser wird durch betriebliche Ausbildungspläne konkretisiert. Eine besondere Form der Ordnung von Ausbildungsgängen ist die Stufenausbildung (§ 26 Abs. 1 BBiG). Auch die Stufenausbildung gliedert sich in Grundbildung sowie die allgemeine und besondere berufliche Fachbildung. Auf jeder Ausbildungsstufe kann jedoch ein eigenständiger Ausbildungsabschluß erworben werden, der bereits zu einer Berufstätigkeit befähigt, aber auch die Fortsetzung der Berufsausbildung ermöglicht.[7]

Die berufliche **Fortbildung** soll die beruflichen Kenntnisse und Fertigkeiten erhalten, erweitern, diese der technischen Entwicklung anpassen und zum Aufstieg verhelfen (§ 1 Abs. 3 BBiG). Sie baut auf der Berufsausbildung und vorhandenen Kenntnissen auf (z. B. Meisterlehrgänge). An die berufliche Fortbildung knüpft das Gesetz nur geringe Anforderungen und enthält nur Vorgaben für das Prüfungswesen und den Bildungsstil (Erfordernisse beruflicher Erwachsenenbildung, § 46 Abs. 1 BBiG). Insbesondere die §§ 3 bis 18 BBiG gelten nur für die Berufsausbildung, nicht jedoch für die Fortbildung. Daher ist die Abgrenzung zur beruflichen Umschulung von erheblicher rechtlicher Bedeutung.

Die berufliche **Umschulung** soll zu einer anderen beruflichen Tätigkeit befähigen (§ 1 Abs. 4 BBiG). Ebenso wie bei der Fortbildung sind auch hier die sog. Erfordernisse der beruflichen Erwachsenenbildung zugrunde zu legen (§ 47 Abs. 3 BBiG), also erwachsenengerechte Unterrichtsformen anzuwenden. Bei der beruflichen Umschulung wird also ein neuer Beruf erlernt. Die bisherigen Kenntnisse und Fertigkeiten sind nicht von entscheidender Bedeutung.[8] Keine Umschulung ist also die höhere Qualifizierung in der gleichen Fachrichtung; sie gilt als Fortbildung.[9] Die Umschulung kann zum einen im Rahmen eines anerkannten Ausbildungsberufs gem. § 25 BBiG erfolgen, dann unter Zugrundelegung des jeweiligen Berufsbildes, des Ausbildungsrahmenplans und der einschlägigen Prüfungsanforderungen (§ 47 Abs. 3 BBiG). Sie kann aber auch außerhalb anerkannter Ausbildungsberufe stattfinden, dann mit geringerer Reglementierung im Kontext von Prüfungen und sonstigen Verfahrenspflichten (§ 47 Abs. 2 BBiG).

§ 46 und § 47 BBiG zur Fortbildung und Umschulung sind spezielleres Recht gegenüber den insoweit unanwendbaren allgemeinen Vorschriften der §§ 3 bis 19 BBiG, die nur die berufliche Erstausbildung betreffen. Der Erstausbildung gleichgestellt ist die sog. Zweitausbildung, die direkt im Anschluß an eine Erstausbildung aufgenommen wird, ohne daß eine vorherige berufliche Tätigkeit ausgeübt wurde.[10]

---

7 Hiervon hat vor allem die Bauwirtschaft Gebrauch gemacht.

8 BSG, ZfS 1976, 273; zur Unterscheidung von Umschulung und Zweitausbildung, letztere mit eingeschränkter Kündigungsmöglichkeit gem. §§ 13 ff. BBiG: BAG, BB 1992, 216.

9 Götz, Berufsbildungsrecht 1992, Nr. 9.

10 BAG, BB 1992, 216: Dann gelten die strengen Anforderungen des Kündigungsschutzes und des Vergütungsanspruch gem. §§ 10 ff. BBiG.

Die im Jahre 2003 eingeführte **„Berufsausbildungsvorbereitung"** (§ 1 Abs. 1a BBiG) hat das Ziel, an eine Berufsausbildung in einem anerkannten Ausbildungsberuf oder eine gleichwertige Ausbildung heranzuführen.

III. Die Berufsbildungsstätten

Gem. § 1 Abs. 5 BBiG wird die Berufsbildung in Betrieben der Wirtschaft, in vergleichbaren Einrichtungen außerhalb der Wirtschaft (insbesondere des öffentlichen Dienstes, der Angehörigen freier Berufe und in Haushalten) sowie in berufsbildenden Schulen und sonstigen Berufsbildungseinrichtungen außerhalb der schulischen und betrieblichen Berufsbildung durchgeführt.

Das Duale System, also das Nebeneinander von schulischer und betrieblicher Berufsausbildung, kommt im Gesetz allerdings nur indirekt zum Ausdruck (insbesondere in den §§ 6 Abs. 1 Nr. 4, 7, 9 Satz 2 Nr. 2 sowie 37 Abs. 2 BBiG). Grundsätzlich **läßt das Gesetz offen, auf welche Weise die Berufsbildung durchgeführt wird.**[11] Ob die Ausbildung ohne Berufsschulbesuch, also ausschließlich in Betrieben oder umgekehrt, ausschließlich in besonderen Berufsschulen durchgeführt werden kann, ist abgesehen vom Normalfall der Dualen Erstausbildung eine Frage bestehender Sonderregelungen.[12] Der Bereich von Fortbildung und Umschulung ist (abgesehen von § 37 Abs. 2 BBiG) grundsätzlich nicht an eine Berufsschulpflicht geknüpft. Sonstige Berufsbildungseinrichtungen, wie betriebliche Ausbildungswerkstätten, Umschulungswerkstätten, Rehabilitationswerkstätten, Berufsförderungswerke, Berufsbildungswerke oder außerbetriebliche Übungskontore wiederum bilden außerhalb von Schule und Betrieb aus (§ 1 Abs. 5 BBiG). Im Rahmen des Dualen Systems ist schließlich die innerbetriebliche Organisation der Berufsausbildung dem Betrieb überlassen, der an Einzelausbildungsplätzen, in einer Lehrwerkstatt, einer Lehrlingsecke oder auch einer Übungsfirma ausbilden kann.[13]

Die Bildungsstätten im dualen System beruhen auf unterschiedlichen **Rechtsordnungen.** Die öffentlich-rechtliche Berufsschulpflicht fällt in die Zuständigkeiten der Kultusminister der Länder, während der betriebliche Ausbildungsteil auf der Basis eines durch das BBiG vorstrukturierten privatrechtlichen Ausbildungsvertrages erfolgt. Den Berufsschulen bleibt es jedoch unbenommen, die fachlichen Ausbildungsbestandteile der Ausbildungsordnungen in die schulischen Lehrpläne zu integrieren. Insgesamt ist die Koordination von schulischer und betrieblicher Ausbildung jedoch unterentwickelt, was vor allem auf die unterschiedlichen Gesetzgebungskompetenzen von Bund und Ländern zurückzuführen ist.

---

11 Götz, Berufsbildungsrecht, 1992, Rn. 18.

12 Arbeitstherapeuten, Logopäden oder Diätassistenten dürfen beispielsweise ausschließlich in Schulen ausgebildet werden, vgl. § 107 BBiG.

13 Opolony, Taschenbuch Berufsausbildungsrecht, 2001, Rn. 139.

1. Begriff und Eignung der betrieblichen Ausbildungsstätten

Betriebliche **Ausbildungsstätten** der Wirtschaft sind organisatorische Einheiten von Arbeitsmitteln, mit deren Hilfe ein bestimmter arbeitstechnischer Zweck fortgesetzt verfolgt wird.[14] Zu den Betrieben der Wirtschaft zählen insbesondere Betriebe der Industrie, des Handels, des Handwerks, des Bauwesens, des Versicherungswesens, der Landwirtschaft, des Bergbaus, der kleineren Hochseefischerei und der Küstenfischerei.

Als mit den Betrieben vergleichbare Einrichtungen kommen in Betracht die Einrichtungen des öffentlichen Dienstes, der Angehörigen der freien Berufe sowie die Einrichtungen der Haushalte. Die Aufzählung ist jedoch nicht abschließend.

Gem. § 22 BBiG muß die Ausbildungsstätte nach Art und Einrichtung für die Berufsbildung **geeignet** sein, und die Zahl der Auszubildenden muß in einem angemessenen Verhältnis zur Zahl der Ausbildungsplätze oder zur Zahl der beschäftigten Fachkräfte stehen. Für das Handwerk bestehen gem. § 23 HandwO inhaltsgleiche Anforderungen. Wie die Ausbildung jedoch innerbetrieblich organisiert wird, ist dem jeweiligen Betrieb grundsätzlich freigestellt (s. o.). Wesentlich ist, daß die Kenntnisse und Fertigkeiten der jeweils geltenden Ausbildungsordnung vermittelt werden können.[15] Eine zu starke Spezialisierung des Betriebes spricht regelmäßig gegen seine Eignung als Ausbildungsstätte. Es kommen jedoch Kompensationsmaßnahmen in Betracht, etwa durch Schaffung von Ausbildungsverbünden einzelner Betriebe.[16]

Zur ausreichenden Einrichtung des Betriebes gehören diejenigen sachlichen und räumlichen Gegebenheiten, die eine geordnete Ausbildung nach Maßgabe des Ausbildungsberufs und Ausbildungsrahmenplans erwarten lassen. Sicherheitstechnische und arbeitsmedizinische Anforderungen sind zu wahren.[17]

Gem. § 22 Abs. 1 Nr. 2 BBiG müssen **Ausbildungs- bzw. Arbeitsplätze** ausreichend vorhanden sein. Das Gesetz spricht lediglich von einem angemessenen Verhältnis der Zahl der Auszubildenden zur Zahl der Ausbildungsplätze oder zur Zahl der beschäftigten Fachkräfte. Der unbestimmte Rechtsbegriff der Angemessenheit ist jedoch allein nach § 1 Abs. 2 zu interpretieren. Deshalb darf das Verhältnis nicht vom jeweiligen Bedarf an Fachkräften abhängig gemacht werden.[18] Das angemes-

---

14 BAG AP Nr. 1 zu § 81 BetrVG.

15 Bundesinstitut für Berufsbildung, Empfehlung über die Eignung der Ausbildungsstätten, BArbBl. 1972, 344.

16 VG Braunschweig, EzB § 23, 24 BBiG Nr. 10; VG Oldenburg, EzB § 22 BBiG Nr. 13.

17 § 28 Abs. 1 JArbSchG sowie die Gefahrstoffverordnung, die Arbeitsstätten-Verordnung, das Gesetz über Mindestanforderungen an Unterkünfte für Arbeitnehmer und das Gerätesicherheitsgesetz.

18 So BT-Drs. 5/4260, S. 13.

sene Verhältnis von Auszubildenden zu Fachkräften liegt – um ein Beispiel zu geben – bei 3 bis 5 Fachkräften für 2 Auszubildende.[19]

Im Bereich der Berufsbildung der Landwirtschaft und der Berufsbildung der Hauswirtschaft bestehen gem. §§ 82 Abs. 1 sowie 96 Abs. 1 BBiG Sonderregelungen. Hier muß die nach Landesrecht zuständige Behörde die Anerkennung als Ausbildungsstätte genehmigen.

Über die Eignung der Ausbildungsstätte **wacht** gem. § 23 Abs. 1 BBiG bzw. § 23a Abs. 1 HandwO die zuständige Stelle. Der Ausbildende hat festgestellte Mängel zu beseitigen (§ 23 Abs. 2 BBiG). Im übrigen ist das Einstellen und Ausbilden zu untersagen, wenn die persönliche oder fachliche Eignung nicht oder nicht mehr vorliegt (§ 24 Abs. 1 BBiG). Entsprechende Maßnahmen der zuständigen Stelle sind vor den Verwaltungsgerichten anfechtbare Verwaltungsakte. Verliert der Auszubildende wegen des Eignungsmangels seinen Ausbildungsplatz, so stehen ihm ggf. Schadensersatzansprüche gegen den Ausbildungsbetrieb zu.[20]

2. Schulische Ausbildungsstätten

Gem. § 1 Abs. 5 BBiG wird die Berufsausbildung neben den Betrieben der Wirtschaft in berufsbildenden Schulen durchgeführt:

- **Berufsschulen** werden von Berufsschulpflichtigen oder Berufsschulberechtigten besucht. Diese befinden sich regelmäßig in der beruflichen Erstausbildung. Vermittelt werden allgemeine und fachliche Lehrinhalte. Der Unterricht erfolgt in Teilzeitform oder als Blockunterricht in Vollzeitform.
- **Berufsfachschulen** sind Schulen mit Vollzeitunterricht von mindestens einjähriger Dauer. Eine Berufsausbildung kann, muß aber nicht Ziel der Ausbildung sein (etwa Handelsschule mit Abschluß als Bürogehilfe, Berufsfachschule mit der Möglichkeit der Anrechnung der Ausbildungszeit in anerkannten Ausbildungsberufen).
- **Berufsaufbauschulen** werden von Schülern nach Erfüllung der Berufsschulpflicht oder nach Abschluß einer Berufsausbildung besucht. Ziel ist die Vermittlung einer allgemeinen und fachtheoretischen Bildung. Sie umfaßt bei Vollzeitunterricht ein Schuljahr und verleiht nach bestandener Abschlußprüfung die Fachschulreife (bspw. Berufsaufbauschule mit allgemein-gewerblicher, gewerblich-technischer, kaufmännischer oder sozialpädagogischer Fachrichtung).
- **Fachoberschulen** führen aufbauend auf einem Realschulabschluß oder einem als gleichwertig anerkannten Abschluß durch Vermittlung allgemeiner, fachtheoretischer und fachpraktischer Kenntnisse und Fähigkeiten zur Fachhochschul-

---

19 Bundesinstitut für Berufsbildung, Empfehlung über die Eignung der Ausbildungsstätten, BArbBl. 1972, 344; auch LAG Berlin, EzB § 22 BBiG Nr. 4; OVG NW, EzB § 22 BBiG Nr. 6.
20 Opolony, Taschenbuch Berufsausbildungsrecht, 2001, Rn. 157.

reife. Die 11. Klasse hat starke fachpraktische Anteile und kann durch eine einschlägige Berufsausbildung ersetzt werden. Der Unterricht in Klasse 12 erfolgt regelmäßig in Vollzeitform, in Teilzeitform dauert er mindestens zwei Jahre (Fachoberschulen für Technik, für Wirtschaft, für Sozialpädagogik und für Ernährungs- und Hauswirtschaft).

- **Fachschulen** dienen der beruflichen Fortbildung oder Umschulung und fördern die Allgemeinbildung. Voraussetzung ist eine Berufsausbildung. Die Ausbildungsdauer beträgt bei Vollzeitunterricht mindestens ein halbes Schuljahr, bei Teilzeitunterricht einen entsprechend längeren Zeitraum (Technikerschulen, Fachschulen für Textil- und Bekleidungsgewerbe).
- Weitere Schultypen der beruflichen Bildung sind **Berufsoberschulen** (Vollzeitunterricht, zumeist abgeschlossene Berufsausbildung oder Realschulabschluß als Voraussetzung, allgemeine und fachtheoretische Bildung mit fachgebundener Hochschulreife), **Berufskollegs** (Realschulabschluß als Voraussetzung, berufliche Erstqualifikation nach ein bis drei Jahren, Fachhochschulreife), **Fachgymnasien** (zumeist Realschulabschluß als Voraussetzung, allgemeine Bildung und berufliche Schwerpunktausbildung, Teil- oder Vollabschluß in einem Beruf), **Berufsakademien** (Abitur als Voraussetzung, duale Ausbildung in Berufsakademie und Betrieb, Hochschulabschluß auf Bachelor-Niveau).

3. Sonstige Berufsbildungseinrichtungen/Fernunterricht

Außerhalb der schulischen und betrieblichen Berufsbildung kann die Ausbildung gem. § 1 Abs. 5 BBiG erfolgen an überbetrieblichen Ausbildungswerkstätten, Umschulungswerkstätten, Rehabilitationswerkstätten, Berufsförderungswerken, Berufsbildungwerken oder außerbetrieblichen Übungskontoren.

Gem. § 25 Abs. 2 S. 2 BBiG bzw. § 25 Abs. 2 S. 2 HandwO kann in der Ausbildungsordnung vorgesehen werden, daß berufliche Bildung durch Fernunterricht vermittelt wird. Wenn die Ausbildungsordnung dies vorsieht, ist eine Zulassung nach dem Fernunterrichtsschutzgesetz notwendig. Die Anerkennung erfolgt durch das Bundesinstitut für Berufsbildung.

IV. Gesetzliche Grundlagen der Berufsausbildung

1. Berufsbildungsgesetz

Das Berufsbildungsgesetz als **Schutzgesetz** zugunsten der Auszubildenden darf weder im Ausbildungsvertrag noch in Tarif- oder Betriebsvereinbarungen ausgehebelt werden. Abweichende Vereinbarungen sind gem. § 18 BBiG nichtig. Der erste Teil des Gesetzes enthält allgemeine Begriffsdefinitionen und bestimmt den Geltungsbereich des Gesetzes. Der zweite Teil enthält privatrechtliche Vorschriften über die

Ausgestaltung des Berufsausbildungsverhältnisses. Der dritte Teil umfaßt öffentlich-rechtliche Vorschriften zur Ordnung der Berufsausbildung, der vierte trifft Regelungen der Ausschüsse für die Berufsausbildung und der fünfte Teil widmet sich der Berufsbildungsforschung. Im übrigen enthält das Gesetz Sonderbestimmungen für verschiedene Wirtschaftsbereiche, Regelungen über Ordnungswidrigkeiten und Übergangsregelungen.

§ 2 BBiG beschränkt den **Anwendungsbereich** des Gesetzes auf die Berufsbildung, soweit sie nicht in den berufsbildenden Schulen durchgeführt wird, die den Schulgesetzen der Länder unterstehen. Trotz der Länderkompetenz im schulischen Bereich darf in der Abschlußprüfung nach § 35 BBiG auch der in der Berufsschule vermittelte berufsbezogene Lehrstoff geprüft werden.[21]

Bestimmte Ausbildungsbereiche sind jedoch von der ansonsten umfassenden Geltung des Berufsbildungsgesetzes ausgenommen:

- **Öffentlicher Dienst:** Im öffentlichen Dienst erfolgt die Ausbildung in einem öffentlich-rechtlichen Dienstverhältnis (§ 2 Abs. 2 Nr. 1 BBiG). Dies gilt jedoch nicht für die Ausbildung von Arbeitern und Angestellten, die somit unter das Berufsbildungsgesetz fallen.
- **Schiffahrt:** Dem Seehandel dienende Kauffahrteischiffe sind gem. § 2 Abs. 2 Nr. 2 BBiG vom Geltungsbereich des Gesetzes ausgenommen. Hier gilt das Seemannsgesetz mit seinen Verordnungen.[22]
- **Handwerk:** Für die Organisation der Berufsausbildung gelten spezielle Vorschriften in der Handwerksordnung. Ansonsten sind die §§ 3 bis 19 BBiG – die privatrechtlichen Vorschriften der beruflichen Bildung betreffend – im Handwerk unmittelbar anwendbar.
- **Heil- und Hilfsberufe:** Sie sind gem. § 107 BBiG zwar grundsätzlich von der Geltung des Berufsbildungsgesetzes ausgenommen; dies gilt jedoch nur, insoweit die Berufsbildung nicht durch Bundesrecht nach Art. 74 Nr. 19 GG oder durch Landesrecht als schulische Ausbildung geregelt ist.[23] Insbesondere bei landesrechtlicher Regelung der Ausbildung hängt die Anwendbarkeit des Berufsbildungsgesetzes davon ab, ob eine schulische oder eine arbeitsrechtlich-betriebliche Ausbildung vorliegt.[24] Dabei kommt es maßgeblich auf die Gesamtumstände an, etwa auf die Anbindung der Ausbildung an das jeweilige Landesschulgesetz, eine etwaige Dominanz praktischer Ausbildungsbestandteile, das Ausmaß betrieblicher Organisation der Ausbildung u. v. m.[25] Arzt-, Zahnarzt- und Apothekenhelfer sind jedoch ausdrücklich in den Anwendungsbereich des Berufsbildungsgesetzes ein-

---

21 BVerwG, EzB Art. 74 GG Nr. 1.

22 Für Schiffe der kleinen Hochseefischerei und der Küstenfischerei gilt hingegen das Berufsbildungsgesetz. Die Schiffe sind zumeist nur kurze Zeit auf See. Deshalb kann hier Berufsschulunterricht erteilt werden.

23 Näher hierzu Opolony, Taschenbuch Berufsausbildungsrecht 2001, Rn. 56 ff.

24 BAG, AP Nr. 4 zu § 611 BGB; BAG, BB 1980, 417.

25 W. N. aus der Rechtsprechung Opolony, a. a. O., Rn. 59.

bezogen (§§ 91 f. BBiG). Unberührt vom Berufsbildungsgesetz bleiben schließlich bestehende bundesgesetzliche Vorschriften über Heil- und Heilhilfsberufe.[26]

– **Ausbildungsähnliche Rechtsverhältnisse:** Für Volontäre und Praktikanten als „Personen, die eingestellt werden, um berufliche Kenntnisse, Fertigkeiten oder Erfahrungen zu erwerben, ohne daß es sich um eine Berufsausbildung ... handelt" (§ 19 BBiG) gelten die §§ 3 bis 18 BBiG nur eingeschränkt.[27] Wird der Betroffene jedoch als normaler Arbeitnehmer, d. h. ohne jeden Ausbildungszweck, beschäftigt, so bleibt das Berufsbildungsgesetz vollständig unanwendbar.[28]

2. Handwerksordnung

Die Ausbildung im Handwerk verteilt sich auf zwei Regelungskomplexe: Insbesondere die Berechtigung zum Einstellen und Ausbilden, die Ausbildungsordnung, das Verzeichnis der Berufsausbildungsverhältnisse, das Prüfungswesen, die Regelung und Überwachung der Berufsausbildung, die berufliche Fortbildung und Umschulung, die berufliche Bildung Behinderter und schließlich der Berufsbildungsausschuß ist in der Handwerksordnung geregelt. Für alles weitere, also auch die privatrechtliche Ausgestaltung des Ausbildungsverhältnisses, gilt das Berufsbildungsgesetz. Im übrigen aber sind die Vorschriften der Handwerksordnung weitgehend identisch mit denen des Berufsbildungsgesetzes. Die Verlagerung des öffentlich-rechtlichen Organisationsteils des handwerklichen Ausbildungswesens in die Handwerksordnung beruht allein auf gesetzestechnischen Erwägungen.

3. Berufsbildungsförderungsgesetz

Das Berufsbildungsförderungsgesetz vom 23. 12. 81 betrifft die Berufsbildung, soweit sie in berufsbildenden Schulen durchgeführt wird, die den Schulgesetzen der Länder unterstehen (§ 1 Abs. 1 BerBiFG). Das Gesetz beschreibt die Ziele der Berufsbildungsplanung (§ 2), sieht die jährliche Erstellung und Vorlage des Berufsbildungsberichtes vor (§ 3), enthält Regelungen über Zweck, Inhalt und Durchführung der Berufsbildungsstatistik (§§ 4 und 5) und bestimmt die Aufgaben des Bundesinstituts für Berufsbildung (§§ 6–18).

---

26 Insbesondere die Ausbildungs- und Prüfungsordnungen für die Berufe des Beschäftigungs- und Arbeitstherapeuten, des Logopäden, des pharmazeutisch-technischen Assistenten, des Krankenpflegers, der Hebamme, des Rettungsassistenten, des medizinisch-technischen Assistenten, des Orthopisten, des Diätassistenten, des Masseurs und des Physiotherapeuten.

27 Zwar gelten die Kündigungsschutzregelungen der §§ 13 ff. BBiG. Die gesetzliche Probezeit kann jedoch abgekürzt werden, auf die Vertragsniederschrift verzichtet, und bei vorzeitiger Lösung des Vertragsverhältnisses kann Schadensersatz nicht verlangt werden (§ 19 BBiG).

28 Zum Ganzen: Schmidt, BB 1971, 622 (Abgrenzung Volontär/Auszubildender); Scherer, NZA 1986, 281 (Praktikanten); BAG, BB 1981, 1838 (keine Anwendbarkeit des BBiG auf Medizinstudenten im praktischen Jahr); BAG, BB 1992, 216 (keine Anwendbarbeit des BBiG auf Umschüler und Teilnehmer an Fortbildungen).

Die **Aufgaben** des Bundesinstituts für Berufsbildung liegen vor allem in der Mitwirkung an der Vorbereitung von Ausbildungsordnungen und des Berufsbildungsberichts (§ 6 Abs. 2 BerBiFG). **Organe** des Instituts sind der Hauptausschuß, der ständige Ausschuß und der Generalsekretär (§ 7 BerBiFG). Im Hauptausschuß sind Beauftragte der Arbeitgeber, der Arbeitnehmer, der Länder und des Bundes vertreten (§ 8 Abs. 3 BerBiFG). Die wichtige Aufgabe der Abstimmung zwischen den Ausbildungsordnungen und den schulischen Rahmenlehrplänen der Länder ist dem Länderausschuß als Unterausschuß des Hauptausschusses übertragen worden (§ 9 Abs. 1 BerBiFG). Die Aufgabe wird überdies vom Bund-Länder-Koordinierungsausschuß der Bundesregierung und der Kultusminister wahrgenommen.[29]

4. Ausbildungsordnungen

§ 25 Abs. 1 BBiG ermächtigt den Bundesminister für Wirtschaft oder den sonst zuständigen Fachminister im Einvernehmen mit dem Bundesminister für Bildung, Wissenschaft, Forschung und Technologie **Rechtsverordnungen** zu erlassen, die Ausbildungsberufe staatlich anerkennen, die Anerkennung aufheben und für die Ausbildungsberufe Ausbildungsordnungen erlassen. Für das Handwerk findet sich eine entsprechende Ermächtigungsgrundlage in § 25 HandwO. Zweck ist die Vereinheitlichung, Ordnung und Anpassung der Berufsausbildung an die technischen, wirtschaftlichen und gesellschaftlichen Erfordernisse.

Als **Mindestinhalt** einer Ausbildungsordnung bestimmt § 25 Abs. 2 BBiG/HandwO die Bezeichnung des Ausbildungsberufs, die Festlegung der Ausbildungsdauer und des Ausbildungsberufsbildes, des Ausbildungsrahmenplans und der Prüfungsanforderungen:

- **Bezeichnung des Ausbildungsberufs:** Sie soll die Inhalte oder Funktionen des Ausbildungsberufs mögslichst zielgenau wiedergeben.
- **Ausbildungsdauer:** Sie soll mindestens zwei und höchstens drei Jahre betragen. Kürzere Ausbildungszeiten sind damit aber nicht ausgeschlossen.[30] Die Ausbildungszeit hat sich an den notwendigen fachlichen Fertigkeiten und Kenntnissen sowie der erforderlichen Berufserfahrung zu orientieren. Maßstab ist das Begabungsniveau eines durchschnittlichen Hauptschülers.[31]
- **Ausbildungsberufsbild:** In ihm kommt die Festlegung der Fertigkeiten und Kenntnisse innerhalb der Ausbildungsordnung zum Ausdruck.

---

29 „Gemeinsames Ergebnisprotokoll betreffend das Verfahren bei der Abstimmung von Ausbildungsordnungen und Rahmenlehrplänen im Bereich der beruflichen Bildung zwischen der Bundesregierung und den Kultusministern (-senatoren) der Länder" vom 06. 11. 72 (Bundesanzeiger Nr. 216).

30 BT-Dr. V/4260, S. 14.

31 Herkert, Berufsbildungsgesetz, 2001, § 25, Rn. 15.

- **Ausbildungsrahmenplan:** Dieser stellt eine sachliche und zeitliche Gliederung der Fertigkeiten und Kenntnisse innerhalb der Ausbildungsordnung dar und gibt insofern den Rahmen ab für die Aufstellung des betrieblichen Ausbildungsplans.[32]

- **Prüfungsanforderungen:** Die in die Ausbildungsordnung aufzunehmenden Prüfungsanforderungen gewährleisten ein bundeseinheitliches Qualifikationsniveau für die einzelnen Ausbildungsberufe durch Festsetzung der Zeitdauer der Prüfung, der Prüfungsform, der Anzahl der Prüfungsarbeiten und der Prüfungsfächer.[33] Konkretisiert werden die Prüfungsanforderungen durch die seitens der zuständigen Stelle nach § 41 BBiG zu erlassene Prüfungsordnung.

Die staatliche Fixierung von Ausbildungsberufen ist ein rechtfertigungsbedürftiger Eingriff in das **Grundrecht der freien Berufswahl und Berufsausübung** gem. Art. 12 GG. Zwar ist das Bestehen einer Ausbildungsordnung keine zwingende Voraussetzung für die Möglichkeit, einen Beruf zu erlernen oder hierin auszubilden. Ist aber eine entsprechende Ausbildungsordnung erst einmal in Kraft getreten, so ist sie gem. § 28 Abs. 1 BBiG unabdingbar verbindlich und legt den Betroffenen damit ohne Rücksicht auf seine persönlichen Vorstellungen und Selbstverwirklichungsinteressen und prinzipiell auch ohne Rücksicht auf arbeitsmarktliche Verwertungschancen auf ein staatlich reglementiertes Berufsmuster fest. Dies erscheint deshalb bedenklich, als dem Grundverständnis einer freiheitlichen und dem Prinzip der Menschenwürde verpflichteten Verfassung nach jede Form der Identitätsbildung Sache des Einzelnen sein muß und der Beruf – auch und gerade in Zeiten gebrochener Erwerbsbiographien – ein wesentlicher Faktor sozialer Identitätsbildung darstellt. Diesen Anforderungen kann grundsätzlich nur ein in sich abgestuftes und flexibles System beruflicher Ausbildung gerecht werden, das dem Einzelnen ein Höchstmaß individueller Selbstbestimmung garantiert und Einschränkungen nur zuläßt, wenn dies zum Schutz des Auszubildenden im wohlverstandenen Interesse seiner beruflichen Zukunft wirklich geeignet, erforderlich und angemessen ist. So mag hinzunehmen sein, daß § 28 Abs. 2 BBiG die Ausbildung von Jugendlichen unter 18 Jahren nur in anerkannten Ausbildungsberufen akzeptiert und lediglich dem Volljährigen eine Ausbildung auch außerhalb anerkannter Ausbildungsordnungen zubilligt. Gleichwohl darf der Bogen nicht überspannt werden. Zwar ist das berufliche Schicksal des „selbstherrlichen" Individuums untrennbar mit dem gesamtwirtschaftlichen Interesse verwoben und diesem daher streckenweise notwendig unterworfen. Der prima-facie Vorrang der Freiheitsrechte setzt den reglementierenden Staat indes unter erheblichen Begründungszwang. Eine Typisierung von Ausbildung und Beruf gewissermaßen allein um der Typisierung willen und ohne erkennbaren Nutzen für den Grundrechtsträger kann den strengen Rechtfertigungsanforderungen des Berufsfreiheitsrechts

32 Bundesinstitut für Berufsbildung, BArbBl. 1972, 341.

33 Hauptausschuß des Bundesinstituts für Berufsbildung, Empfehlungen für die Vereinheitlichung von Prüfungsanforderungen in Ausbildungsordnungen vom 11. 02. 80.

jedenfalls nicht gerecht werden und ruft bei entsprechendem Systemversagen der beruflichen Ordnungsinstanzen die Rechtsschutzgarantie des Art. 19 Abs. 4 GG auf den Plan.

5. Autonomes Satzungsrecht

Die zuständigen Stellen als Berufskörperschaften werden im Berufsbildungsgesetz ermächtigt, für ihre Mitglieder verbindliches autonomes Recht zu setzen. Hervorzuheben ist die in § 41 BBiG enthaltene Befugnis zum Erlaß von Prüfungsordnungen sowie die in § 44 BBiG enthaltene Befugnis zur Regelung der Berufsausbildung, soweit Vorschriften nicht bestehen.[34]

6. Tarifvertragsrecht

Die vorstehend aufgeführten Rechtsquellen können durch Tarifvertragsrecht ergänzt und konkretisiert werden. Zwischen diesen besteht eine festgefügte **Rangordnung** in der Reihenfolge: Berufsbildungsgesetz bzw. Handwerksordnung, Rechtsverordnungen mit den Ausbildungsordnungen gem. 25 BBiG, autonomes Satzungsrecht und schließlich Tarifvertragsrecht. Mit tariflichen Ausbildungsbestimmungen darf also nicht in höherrangiges Recht eingegriffen werden. So ist es beispielsweise möglich, eine Übernahmegarantie des Auszubildenden nach Ablauf der Ausbildungszeit oder auch einen Ausgleich zwischen den Unternehmen für Aufwendungen in der Berufsausbildung im Tarifvertrag zu vereinbaren.

Der Tarifvertrag gilt jedoch nur bei beidseitiger Tarifbindung (§ 3 Abs. 1 TVG), d.h. sowohl der Ausbildende als auch der Auszubildende müssen der tarifvertragsschließenden Partei angehören oder der Tarifvertrag muß für allgemeinverbindlich erklärt worden sein (§ 5 TVG).[35] Aber auch ohne Tarifbindung der Parteien können einzelne Tarifvertragsbestandteile den jeweiligen Ausbildungsverträgen als Vertragsinhalt zugrunde gelegt werden.

V. Die zuständigen Stellen

Die sog. zuständigen Stellen erledigen die öffentlich-rechtlichen Aufgaben des Gesetzes unter Anwendung des Verwaltungsverfahrensgesetzes und mit entsprechender Zuständigkeit der Verwaltungsgerichte im Streitfall. Ihre **Aufgaben** sind:

---

34 Vgl. auch die Ermächtigungen in §§ 46 Abs. 1 und 2, 48 Abs. 2, 49, 77 Abs. 2, 81 Abs. 2 sowie 95 Abs. 2 BBiG sowie die entsprechenden Vorschriften der Handwerksordnung.

35 Vgl. Manteltarifvertrag für Auszubildende im öffentlichen Dienst vom 06.12.74 und 05.05.91; Tarifvertrag über die Berufsbildung im Baugewerbe vom 29.01.87.

- Überwachung der Durchführung der Berufsausbildung, Beratung der Auszubildenden und Ausbildenden sowie selbständige Regelung der Berufsausbildung mangels entgegenstehender Vorschriften (§§ 45, 47 Abs. 4, 44 BBiG).
- Überwachung der persönlichen und fachlichen Eignung des Ausbildungspersonals sowie der Eignung der Ausbildungsstätte mit entsprechenden Beanstandungsbefugnissen (§§ 23, 24, 47 Abs. 4 BBiG).
- Führung des Verzeichnisses der Berufsausbildungsverhältnisse. In dieses Verzeichnis ist der wesentliche Inhalt des Berufsausbildungsvertrages einzutragen; es dient der Überwachung der Ausbildung und der Beratung der Beteiligten (§§ 31, 33 BBiG).
- Durchführung der in den anerkannten Ausbildungsberufen vorgesehenen Abschlußprüfungen (§§ 34 Abs. 1, 46 Abs. 1, 47 Abs. 2 BBiG).
- Genehmigung von Verkürzungen und Verlängerungen der Ausbildungszeit (§§ 29, 40, 14 BBiG).

Als **zuständige Stellen** nennt das Gesetz:

- Die Handwerkskammern für die Berufsbildung in Handwerksbetrieben oder in handwerksähnlichen Betrieben (§ 74 BBiG).
- Die Industrie- und Handelskammern für die Berufsbildung in Gewerbebetrieben und in anderen Berufsbildungseinrichtungen mit gewerblicher Ausrichtung (§ 75 BBiG).
- Die Landwirtschaftskammern für die Berufsbildung in den Bereichen der Landwirtschaft einschließlich der ländlichen Hauswirtschaft (§ 79 BBiG).
- Die Ärzte-, Zahnärzte- und Apothekenkammern für die Berufsbildung der Arzt-, Zahnarzt- und Apothekenhelfer (§ 91 BBiG).
- Die Rechtsanwaltskammern für die Berufsbildung der Rechtsanwaltsgehilfen, die Patentanwaltskammern für die Berufsbildung der Patentanwaltsgehilfen, die Notarkammern für die Berufsbildung der Notargehilfen (§ 87 BBiG).
- Die Wirtschaftsprüferkammern und die Berufskammern der Steuerberater und der Steuerbevollmächtigten für die Berufsbildung der Gehilfen in wirtschaft- und steuerberatenden Berufen (§ 89 BBiG).
- Die vom Bund, den Ländern oder den Gemeinden bestimmten zuständigen Stellen für die Berufsbildung im öffentlichen Dienst (§ 84 BBiG).
- Die von den Kirchen und sonstigen Religionsgemeinschaften des öffentlichen Rechts bestimmten zuständigen Stellen für die Berufsbildung in kircheneigenen Ausbildungsberufen (§ 84 a BBiG).
- Die vom Bundesminister für Arbeit und Sozialordnung bestimmte zuständige Stelle für die Ausbildung in der Hauswirtschaft (§ 93 BBiG).
- Die vom zuständigen Fachminister bestimmte zuständige Stelle in den gesetzlich ungeregelten Bereichen (§ 97 BBiG).

VI. Das Berufsausbildungsverhältnis

Das Berufsausbildungsverhältnis ist ein Rechtsverhältnis des **Privatrechts.** Es wird zwischen dem Auszubildenen und dem Ausbildenden auf der Basis eines Berufsausbildungsvertrages begründet. Dieser beinhaltet jedoch kein reines Arbeitsverhältnis, da die Ausbildungs- und Erziehungsbestandteile überwiegen, wie zahlreiche Bestimmungen des Berufsausbildungsrechts nahelegen.[36] Trotz des dominanten Erziehungs- und Ausbildungscharakters des Berufsausbildungsverhältnisses wird das Recht des Auszubildenden zur Teilnahme an Arbeitskämpfen in der Rechtsprechung jedoch überwiegend bejaht.[37] Demgegenüber ist Kurzarbeit und Teilzeitarbeit im Ausbildungsverhältnis mit Rücksicht auf den Ausbildungszweck verboten.

1. Anerkennung des Ausbildungsberufs/Ausschließlichkeitsgrundsatz

Jugendliche unter 18 Jahren dürfen nur in anerkannten Ausbildungsberufen ausgebildet werden (§ 28 Abs. 2 BBiG, sog. **Ausschließlichkeitsgrundsatz**).[38] Für Volljährige kommt eine Ausbildung auch außerhalb anerkannter Ausbildungsberufe in Betracht. Wurde jedoch eine Ausbildungsordnung erlassen und damit ein Ausbildungsberuf anerkannt, so ist ihnen auch der Volljährige unterworfen. Die Freistellung gilt also nur insoweit, als das entsprechende Ausbildungssegment nicht durch vorhandene Regelungen verbaut wird. Eine Ausnahme besteht überdies für Ausbildungen, die auf den Besuch weiterführender Bildungsgänge vorbereiten, wie das etwa bei Hochschulpraktika oder bei beruflichen Maßnahmen für lernbeeinträchtigte oder sozial benachteiligte Jugendliche der Fall ist.[39] Schließlich bestehen Sonderregelungen für die Berufsausbildung körperlich, geistig und seelisch Behinderter (§ 48 BBiG). Vorschriftenverstöße machen den Ausbildungsvertrag gem. § 134 BGB nichtig. Nach den nunmehr anzuwendenden Grundsätzen des faktischen Arbeitsverhältnisses ist eine angemessene Vergütung zu zahlen.[40]

Voraussetzung für die Ausbildung Jugendlicher ist die Anerkennung der Berufsausbildung durch Rechtsverordnung gem. § 25 Abs. 1 BBiG/HandwO und der Erlaß einer Ausbildungsordnung. Die Voraussetzungen der **Anerkennung** sind ein ge-

---

36 So die Berufsausbildung als dominanter Zweck (§ 3 Abs. 1), die strenge Orientierung am Ausbildungszweck (§ 6 Abs. 2, 9), die Pflicht zur charakterlichen Förderung (§ 6 Abs. 1 Nr. 5), die Pflicht zur Freistellung für den Berufsschulunterricht (§ 7), die Beschränkung der Weisungsgewalt auf Ausbildungsinhalte (§ 9 S. 2 Nr. 3), die Bemessung der Vergütung nach dem Lebensalter und nicht nach Leistung (§ 10).

37 ArbG Düsseldorf, DB 1982, 387; ArbG Saarbrücken, BB 1 1982, 803, BAG, DB 1984, 2563 sowie 1985, 1697.

38 Vgl. hierzu auch G. IV. 4.

39 Letzteres etwa nach §§ 61, 241 Abs. 1 und Abs. 3 SGB III. Vgl. auch die Erprobungsregelung des § 28 Abs. 3 BBiG.

40 ArbG Detmold, EzB § 16 BBiG Nr. 5; ArbG Wilhelmshaven, EzB § 611 BGB, Haftung des Arbeitgebes Nr. 1.

richtlich weithin unbearbeitetes Terrain. Ausbildungsbereiten Jugendlichen und Arbeitgebern wird der Zugang zu benötigten und erwünschten Qualifikationen versperrt, wenn entsprechende Ausbildungsordnungen fehlen oder diese den Anforderungen nicht mehr entsprechen.[41] Gleichwohl wäre mit der Anerkennung kurzlebiger Qualifiktionen weder dem Transparenzinteresse des Arbeitsmarktes noch dem Sicherungsinteresse des Auszubildenden gedient.[42] Einerseits folgt hieraus ein Bedarf an überbetrieblicher und notwendig typisierender Festlegung. Andererseits wird in einzelnen Betrieben häufig der Grundstein für ein neues Berufsbild gelegt. Dies erfordert Weitsicht und Reaktionsfähigkeit gleichermaßen und Mut zur Erprobung neuer Ausbildungsformen und Ausbildungsberufe (vgl. insoweit § 28 Abs. 3 BBiG).

Befugt zur Stellung von Anträgen auf Anerkennung von Ausbildungsberufen sind der Bundesausschuß für Berufsbildung, die zuständigen Stellen nach dem BBiG sowie unternehmerische oder gewerkschaftliche Fachorganisationen bzw. deren Zusammenschlüsse. Hierbei sind die Spitzenorganisationen der Unternehmer und der Gewerkschaften sowie das Bundesinstitut für Berufsbildung einzuschalten (§ 6 Abs. 2 Nr. 1 a BerBiFG). Damit aber beherrschen verbandliche und staatliche Interessen das Anerkennungsverfahren. Die Betroffenen selbst werden hierdurch allenfalls mittelbar repräsentiert. Einem Partizipationsgremium der Auszubildenden und Ausbildungwilligen mögen auf den ersten Blick sachliche und insbesondere organisatorische Grenzen gesetzt sein. Diese scheinen jedoch nicht unüberwindbar. Mit der heute allgemein anerkannten Verfahrensdimension der Grundrechte und insbesondere des Grundrechts der Berufsfreiheit ist die Ausblendung des Betroffeneninteresses im Zuge staatlich-verbandlicher Fremdverwaltung des insoweit vorgelagerten beruflichen Selbstbestimmungsrechts jedoch nur schwer zu vereinbaren.

2. Ausbildungsvertrag

Das Berufsausbildungsverhältnis kann nur durch Vertrag begründet werden (§ 3 Abs. 1 BBiG), auch mündlich.[43] Spätestens vor Beginn der Berufsausbildung muß jedoch der wesentliche Inhalt des Vertrages schriftlich niedergelegt werden (§ 4 Abs. 1 BBiG). Die **Vertragsniederschrift** dient vor allem der Beweissicherung im Interesse der Vertragsparteien und der verwaltungsmäßigen Überprüfbarkeit nach § 32 Abs. Nr. 1 BBiG vor Eintragung des Ausbildungsvertrages in das geführte Verzeichnis.[44] Die Vertragsniederschrift ist der zuständigen Stelle vom Ausbildenden vorzulegen, wenn er die Eintragung des Berufsausbildungsverhältnisses in das Verzeichnis nach § 33 BBiG beantragt. § 4 Abs. 1 BBiG zeigt den Mindestinhalt der

41 Vgl. auch G. IV. 4.

42 Vgl. auch G. I.

43 BAG, NzA 1998, 37 sowie BB 1986, 2956.

44 Das Unterlassen der Niederschrift berührt zwar nicht die Wirksamkeit des Ausbildungsvertrages, ist jedoch eine Ordnungswidrigkeit gem. § 99 Abs. 1 Nr. 2 BBiG: BAG, BB 1972, 1191 (Vertragswirksamkeit auch ohne Vertragsniederschrift).

Niederschrift auf, ist jedoch nicht auf diesen beschränkt.[45] Zum **Mindestinhalt** gehört:

- Die Art und sachliche sowie zeitliche Gliederung der Ausbildung, das Ziel der Berufsausbildung, auch die ggf. betrieblich und außerbetrieblich vermittelten Ausbildungsinhalte. Das Erfordernis der sachlichen und zeitlichen Gliederung wird regelmäßig durch Beifügung eines betrieblichen Ausbildungsplans erfüllt. Dieser ermöglicht der zuständigen Stelle die Überprüfung der Anforderungen der Ausbildungsordnung und des Ausbildungsrahmenplans gem. § 25 BBiG.
- Die Angabe des Ausbildungsberufs.
- Beginn und Dauer der Berufsbildung. Maßgebend ist der rechtliche Beginn des Ausbildungsverhältnisses, nicht der Tag der Arbeitsaufnahme.
- Die Ausbildungsstätte, insbesondere wenn die Berufsausbildung in geeigneten Einrichtugnen außerhalb der Ausbildungsstätte durchgeführt wird (§ 27 BBiG). Gleiches gilt für die Ausbildung im Verbund (§ 22 Abs. 2 BBiG).
- Die Dauer der regelmäßigen täglichen Arbeitszeit, die sich aus den Vereinbarungen der Parteien oder einschlägigen Tarifverträgen ergibt.[46]
- Die Dauer der Probezeit.[47]
- Angaben zur Zahlung und Höhe der Vergütung. Sie ergibt sich aus den Vereinbarungen der Vertragsparteien oder dem einschlägigen Tarifvertrag.[48]
- Die Dauer des Urlaubs, der für die gesamte Ausbildungsdauer, verteilt auf die einzelnen Kalenderjahre, anzugeben ist. Bei unterjähriger Beschäftigung ist der anteilige Urlaubsanspruch im einzelnen zu berechnen. Es gelten die Bestimmungen des Bundesurlaubsgesetzes, des Jugendarbeitsschutzgesetzes, der Tarifverträge und des Ausbildungsvertrages.
- Die Angabe der Kündigungsmöglichkeiten, die in § 15 BBiG im einzelnen aufgeführt sind.[49]

Die Niederschrift ist von den Vertragsparteien zu unterzeichnen und dem Auszubildenden auszuhändigen.[50]

---

45 Opolony, Taschenbuch Berufsausbildungsrecht 2001, Rn. 199.

46 Das höchstzulässige Maß der Ausbildungszeit wird im Arbeitszeitgesetz und dem Jugendarbeitsschutzgesetz geregelt, vgl. § 3 ArbzG sowie § 8 Abs. 1 JArbSchG; eine Verlängerung der regelmäßigen täglichen Ausbildungszeit muß gem. § 10 Abs. 3 BBiG gesondert vergütet oder durch Freizeit ausgeglichen werden.

47 Nach deren Ablauf kommt nur eine außerordentliche Kündigung gem. § 15 BBiG in Betracht.

48 Der Auszubildende hat Anspruch auf eine angemessene Vergütung (§ 10 Abs. 1 BBiG); Einzelheiten bei Opolony, Taschenbuch Berufsausbildungsrecht 2001, Rn. 212 ff.

49 VG Kassel, EzB § 4 BBiG Nr. 2.

50 Vor der Unterzeichnung ist die Ausfertigung der Niederschrift auch dem gesetzlichen Vertreter des minderjährigen Auszubildenden zu übergeben.

Gem. § 32 muß der Berufsausbildungsvertrag durch die zuständige Stelle in das **Verzeichnis** der Berufsausbildungsverhältnisse eingetragen werden. Das Verzeichnis dient Dokumentations- und Überwachungspflichten der zuständigen Stelle.[51] Nachdem der Ausbildende die Eintragung des Ausbildungsvertrages beantragt hat (§ 33 BBiG, § 30 HandwO), prüft die zuständige Stelle, ob der Ausbildungsvertrag der Ausbildungsordnung entspricht und die persönliche und fachliche Eignung des Ausbildenden sowie die Eignung der Ausbildungsstätte vorliegt. Die **Prüfungskompetenz** der zuständigen Stelle beschränkt sich jedoch nicht nur auf die öffentlich-rechtlichen Ordnungsaspekte, sondern umfaßt auch den privatrechtlichen Bereich des BBiG, insbesondere auch die Angemessenheit der vereinbarten Vergütung.[52] Die Verweigerung der Eintragung durch die zuständige Stelle stellt einen vom Ausbildenden und Auszubildenden mit der Verpflichtungsklage angreifbaren Verwaltungsakt dar.[53]

Für Ausbildungsverträge gibt es eine Reihe von **Nichtigkeitsgründen.** Allgemein ist dies die fehlende Einwilligung des gesetzlichen Vertreters bei beschränkter Geschäftsfähigkeit des Auszubildenden (§§ 107, 108 BGB), der Verstoß gegen ein gesetzliches Verbot, insbesondere gegen Vorschriften zum Schutz des Auszubildenden (§ 134 BGB) sowie Verstöße gegen Rechtsnormen eines Tarifvertrages. Besondere Nichtigkeitsgründe des Berufsbildungsgesetzes sind Vereinbarungen, die den Auszubildenden für die Zeit nach Beendigung des Berufsausbildungsverhältnisses in der Ausübung einer beruflichen Tätigkeit beschränken (§ 5 Abs. 1 BBiG), wie etwa Wettbewerbsklauseln, Weiterarbeitsklauseln oder Bleibeverpflichtungen. Gleiches gilt für eine Vereinbarung, die den Auszubildenden verpflichtet, für die Berufsausbildung eine Entschädigung zu zahlen (§ 5 Abs. 2 Nr. 1 BBiG), eine Vereinbarung über Vertragsstrafen (§ 5 Abs. 2 Nr. 2 BBiG), eine Vereinbarung über den Ausschluß und die Beschränkung von Schadensersatzansprüchen (§ 5 Abs. 2 Nr. 3 BBiG) sowie schließlich eine Vereinbarung über die Festsetzung der Höhe eines Schadensersatzes in Pauschbeträgen (§ 5 Abs. 2 Nr. 4 BBiG).

3. Eignung des Ausbildenden

Ausbildender ist nach § 3 Abs. 1 BBiG, wer einen anderen zur Berufausbildung einstellt. Das kann auch eine juristische Person sein (AG, KG, GmbH). Der Ausbildende ist nicht zu verwechseln mit dem Ausbilder, der die Durchführung der Ausbildung übernimmt.

Der Ausbildende muß über die notwendigen fachlichen und persönlichen Eignungsvoraussetzungen und eine geeignete Ausbildungsstätte verfügen.[54]

---

51 Im Handwerk gibt es insofern die Lehrlingsrolle, § 29 HandwO.

52 BVerwG, EzB § 10 Abs. 1 BBiG, Nr. 48.

53 Vgl. D. sowie BVerwG, BB 1959, 536; VG Düsseldorf, EzB § 10 Abs. 1 BBiG, Nr. 27.

54 Bei den juristischen Personen müssen die Vertreter der juristischen Person über die erforderlichen fachlichen und persönlichen Voraussetzungen verfügen: VGH Baden-Württemberg, EzB §§ 20, 21 BBiG Nr. 22.

Die **Eignung** zur Einstellung von Auszubildenden gem. § 20 Abs. 1 BBiG bzw. 21 HandwO ist im Gesetz negativ umschrieben (Abs. 2). Die gesetzlichen Kriterien lassen jedoch erkennen, daß an die persönliche Eignung hohe Anforderungen zu stellen sind.[55] **Persönlich** nicht geeignet ist, wer Kinder und Jugendliche nicht beschäftigen darf oder wer bereits gegen die den Vorschriften des Berufsbildungsgesetzes oder gegen die aufgrund dieses Gesetzes erlassenen Vorschriften und Bestimmungen verstoßen hat. Gemeint sind hierbei vor allem Verstöße gegen Vorschriften des Jugendarbeitsschutzgesetzes und Ordnungswidrigkeitsverstöße nach § 99 BBiG. Die Verurteilung des Ausbildenden wegen eines Verbrechens oder wegen einer speziell gegen Kinder und Jugendliche gerichteten Straftat, wegen Verstoßes gegen das Betäubungsmittelgesetz sind insofern die insbesondere durch das Jugendarbeitsschutzgesetz auferlegten Ausbildungshindernisse.[56] Verstöße gegen das Berufsbildungsgesetz oder die Handwerksordnung führen jedoch nur dann zur Ungeeignetheit, wenn sie wiederholt aufgetreten sind oder schwer wiegen (§ 20 Abs. 2 Nr. 2 BBiG). Es reicht der reine Gesetzesverstoß; eine Ordnungswidrigkeit muß nicht vorliegen, indiziert jedoch regelmäßig die Schwere des Verstoßes.[57] Insbesondere der schwere Verstoß ist im Gesetz nicht weiter definiert. Er dürfte jedenfalls dann vorliegen, wenn für den Auszubildenden ein schwerer Schaden entstanden ist.[58] Die gesetzliche Aufzählung der Eignungsmängel ist jedoch nicht abschließend, wie das Wort „insbesondere“ zeigt. Grundsätzlich sind sämtliche ausbildungsrelevante Rechtsverstöße von Bedeutung, aber auch Versuche weltanschaulicher Beeinflussung, sexueller Belästigung durch Kollegen oder körperlicher Züchtigung.[59]

Die **fachliche** Eignung ist bereichsweise teils im Gesetz (§ 76 BBiG, Ausbildung in Gewerbebetrieben), teils in Rechtsverordnungen (§ 21 BBiG) und teils im Satzungsrecht der zuständigen Stellen (§ 44 BBiG) festgelegt. Für die Ausbildungseignung in Gewerbebetrieben (§ 74 BBiG) etwa muß man das 24. Lebensjahr und eine Abschlußprüfung in einer dem Ausbildungsberuf entsprechenden Fachrichtung bestanden haben.[60] Im Handwerksrecht ist die Meisterprüfung Eignungsvoraussetzung (§ 21 HandwO).

Neben den speziell geregelten Positivanforderungen an die fachliche Eignung benennt das Gesetz in § 20 Abs. 3 BBiG noch **weitere Negativkriterien**: Nicht geeignet ist, wer die erforderlichen beruflichen Fertigkeiten und Kenntnisse oder die

---

55 VGH Baden-Württemberg, EzB §§ 20, 21 BBiG Nr. 22.

56 Straftaten werden jedoch nicht mehr berücksichtigt, wenn seit seit dem Tag der Rechtskraft fünf Jahre verstrichen sind oder die Verurteilung aus dem Bundeszentralregister gestrichen wurde (§ 25 Abs. 1 Nr. 5 JArbschG, 45–48 BZRG).

57 Verstöße können insofern sein die Vernachlässigung der Pflicht zur Ausbildung, die Ausbildung ohne fachlich geeigneten Ausbilder, ohne zureichende Vergütung, oder das Abhalten vom Berufsschulbesuch, um nur einige wenige Beispiele zu nennen.

58 Bei den Verstößen gegen Berufsbildungsrecht gibt es prinzipiell keine „Verjährungsfrist“: OVG Nordrhein-Westfalen, EzB §§ 23, 24 BBiG Nr. 6.

59 OVG Nordrhein-Westfalen, EzB §§ 23, 24 BBiG Nr. 11 (Scientology); BayVGH, EzB § 24 HandwO Nr. 2 (untauglicher Ausbilder).

60 Weitere Regelungen finden sich in §§ 80, 88, 90, 92, 94 BBiG und § 21 HandwO.

erforderlichen berufs- und arbeitspädagogischen Kenntnisse nicht besitzt. Bei den beruflichen Fertigkeiten und Kenntnisssen orientiert man sich an den Anforderungen der Ausbildungsordnung und dem jeweiligen betrieblichen Ausbildungsplan.[61] Fehlen diesbezügliche Kenntnisse – auch in einem Teilbereich –, so dürfen Auszubildende nur eingestellt werden, wenn ein Ausbilder bestellt wird, der persönlich und fachlich für die Berufsausbildung geeignet ist (§ 20 Abs. 4 BBiG).[62]

Die berufs- und arbeitspädagogischen Kenntnisse ergeben sich aus der Verordnung über die berufs- und arbeitspädagogische Eignung für die Berufsausbildung (**Ausbilder-EignungsVO**).[63] Bereiche ohne eigene Ausbildereignungsverordnung sind dagegen an die allgemeinen Voraussetzungen des § 20 Abs. 3 gebunden.

Ohne erforderliche persönliche Eignung darf der Ausbildende nicht einstellen (§ 20 Abs. 1 BBiG). Ohne erforderliche fachliche Eignung darf er zwar einstellen, allerdings nicht ausbilden. Die fehlende fachliche Eignung des Ausbildenden kann jedoch dadurch kompensiert werden, daß er vor der Einstellung einen Ausbilder bestimmt, der seinerseits persönlich und fachlich für die Berufsausbildung geeignet sein muß (§ 20 Abs. 4 BBiG).

Schließlich ist die Berechtigung zum Einstellen und Ausbilden nur bei entsprechender Eignung der Ausbildungsstätte gegeben (§ 22 BBiG).[64]

Über das Vorhandensein der geforderten Eignungskriterien **wacht** die zuständige Stelle (§ 23 BBiG). Sind die Mängel behebbar und ist eine Gefährdung des Auszubildenden nicht zu erwarten, so kann der Ausbildende zur Beseitigung des Mangels aufgefordert werden (§ 23 Abs. 2 BBiG). Ansonsten ist der Mangel der nach Landesrecht zuständigen Behörde (etwa Bezirksregierung) mitzuteilen. Diese hat das Einstellen und Ausbilden dann zu untersagen (§ 24 BBiG). Wer ohne erforderliche persönliche oder fachliche Eignung einstellt oder ausbildet, handelt ordnungswidrig (§ 99 Abs. 1 Nr. 5 BBiG). Zwar berührt der Eignungsmangel die Wirksamkeit des Ausbildungsvertrages nicht. Jedoch hat der Ausbildende das Ausbildungsverhältnis in diesem Fall zu kündigen. Dem Auszubildenden steht das Recht der außerordentlichen Kündigung[65] sowie ggf. Schadensersatzansprüche zu (§ 16 Abs. 1 BBiG).[66] Gleiches gilt, wenn die Ausbildungsstätte nicht geeignet ist.[67]

---

61 BVerwG EzB Nr. 18 zu §§ 20, 21 BBiG; OVG NW EzB Nr. 17 zu § 20, 21 BBiG.

62 Die Bestellung unterliegt dem Mitbestimmungsrecht des Betriebsrats (§ 98 Abs. 2 BetrVG).

63 Vom 16. 02. 1999, BGBl. 1999 I, S. 157 sowie BGBl. 1999 I, S. 700; demnach müssen Ausbilder in Gewerbebetrieben, im Bergwesen, in der Landwirtschaft, in der Hauswirtschaft und im öffentlichen Dienst für die Ausbildung in geregelten Ausbildungsberufen den Erwerb der berufs- und arbeitspädagogischen Kenntnisse durch eine Prüfung, die zweimal wiederholt werden kann, nachweisen. Der Ausbilder hat über folgende Kenntnisse zu verfügen: Kenntnisse über die Grundlagen der Berufsausbildung, die Rechtsgrundlagen, die Planung der Ausbildung, die Mitwirkung bei der Einstellung von Auszubildenden, die Förderung der Lernprozesse, die Ausbildung am Arbeitsplatz, die Ausbildung in der Gruppe und den Abschluß der Ausbildung.

64 Vgl. hierzu G. III. 1.

65 Opolony, Taschenbuch Berufsausbildungsrecht, 2001, Nr. 286.

66 ArbG Detmold EzB Nr. 5 zu § 16 BBiG.

67 Allerdings liegt die Möglichkeit der Untersagung des Einstellens und Ausbildens hier – im

4. Pflichten des Ausbildenden

Bereits bei der Vertragsanbahnung hat der Ausbildende über alle wesentlichen Umstände des Ausbildungsverhältnisses **aufzuklären**, ansonsten besteht nachträglich die Möglichkeit der Anfechtung (§ 123 BGB).[68] Außerdem ist darauf hinzuwirken, daß der Jugendliche[69] sich der nach § 32ff. JArbSchG erforderlichen ärztlichen Untersuchung unterzieht.[70]

Im Rahmen seiner **Ausbildungspflicht** hat der Ausbildende eine geordnete Berufsausbildung sicherzustellen (§ 6 Abs. 1 Nr. 1 BBiG). Der wesentliche Inhalt der Ausbildungspflicht ergibt sich aus dem Ausbildungsberufsbild und dem Ausbildungsrahmenplan gem. § 25 BBiG. Allerdings kann im Einzelfall von der sachlichen und zeitlichen Gliederung der Ausbildungsrahmenpläne abgewichen werden.[71] Die Reichweite einer derartigen Flexibilität ist jedoch umstritten.[72] Werden einzelne Ausbildungsinhalte jedoch vernachlässigt, so kann sich der Ausbildende gegenüber dem Auszubildenden schadensersatzpflichtig machen.[73] Von einem ersatzpflichtigen Schaden des Auszubildenden wird dann auszugehen sein, wenn dieser aufgrund von Ausbildungsmängeln seine Abschlußprüfung nicht besteht und diese deshalb erst ein halbes Jahr später ablegen kann. Der Schaden ergibt sich hierbei aus der Differenz zwischen der Ausbildungsvergütung und dem erzielbaren Arbeitsentgelt.[74]

Die Pflicht zur Ausbildung trifft grundsätzlich den Ausbildenden selbst. Ansonsten muß ein Ausbilder bestellt werden.[75] Der Ausbilder ist jedoch nur Erfüllungsgehilfe

---

Gegensatz zum Fall persönlicher und fachlicher Eignungsmängel – im pflichtgemäßen Ermessen der zuständigen Behörde (§ 24 Abs. 2 BBiG).

68 Die Aufklärungspflicht kann sich etwa auf die Möglichkeit einer vorzeitigen Beendigung des Ausbildungsverhältnisses, das Nichtvorliegen der Eignungsvoraussetzungen oder auf Zahlungsschwierigkeiten beziehen, insofern derartige Umstände für den Vertragspartner von wesentlicher Bedeutung sein könnten: etwa BAG, BB 1977, 246; BAG, BB 1975, 184.

69 Das gilt nicht für den Erwachsenen.

70 Ohne Untersuchung besteht ein Beschäftigungsverbot; der Jugendliche kann den Arzt frei wählen; gem. § 39 Abs. 2 JAbSchG hat der Arzt eine Bescheinigung für den Arbeitgeber zu erstellen; zwischen ärztlicher Untersuchung und Beginn der Ausbildung dürfen nicht mehr als 14 Monate liegen; die Kosten trägt das Land; zwischen dem 9. und 12. Beschäftigungsmonat hat eine erste Nachuntersuchung zu erfolgen: hierzu Opolony, Taschenbuch Berufsausbildungsrecht, 2001, Nr. 330ff.

71 Leitlinien des Kuratoriums der deutschen Wirtschaft für Berufsbildung zur Erarbeitung von Ausbildungsordnungen vom 16. 07. 82.

72 Abweichung vom Ausbildungsrahmenplan, insofern weiterhin eine sinnvoll geordnete und planmäßig durchgeführte Ausbildung gewährleistet ist; Abweichung nur bei der Ausbildung von Absolventen eines Berufsgrundbildungsjahres; Abweichung, wenn betriebspraktische Gründe (etwa Ausbildungsverbund) dies erfordern: Götz, Berufsbildungsrecht, 1992, Rn. 120.

73 BAG, EzB § 611 BGB Haftung des Arbeitgebers Nr. 6; ArbG Duisburg, EzB § 6 Abs. 1 Nr. 1 BBiG Nr. 13; BAG EzB Nr. 6 zu § 611 BGB Haftung des Arbeitsgebers.

74 Die Haftung des Ausbildenden wird durch ein Mitverschulden des Auszubildenden jedoch eingeschränkt.

75 Vgl. dazu G. VI. 3.

des Ausbildenden und ändert an dessen Vertragspflichten nichts (vgl. auch § 278 BGB).[76]

Die **Ausbildungsmittel** sind dem Auszubildenden kostenlos zur Verfügung zu stellen (§ 6 Abs. 1 Nr. 3 BBiG), wie etwa Maschinen, Büro- und Zeichengeräte oder auch handwerkliche Werkzeuge.[77] Der Auszubildende wird jedoch nicht Eigentümer der von ihm hergestellten Sachen. Eine Ausnahme besteht jedoch bei Prüfungsstücken, weil die Anfertigung auf Veranlassung der prüfenden Stelle erfolgt.[78]

Gem. § 6 Abs. 1 Nr. 5 BBiG hat der Ausbildende auch für die **charakterliche Förderung** des Auszubildenden zu sorgen. Die Vorschrift verdeutlicht, daß das Ausbildungsverhältnis neben den fachlichen auch erzieherische Anteile besitzt. In einer pluralistisch verfaßten Gesellschaft verbietet sich hier jedoch jedwede Form der Indoktrination und Zwangsanpassung. Die Erziehungspflicht beinhaltet zwar ein Mehr gegenüber der praktischen Berufsbildung des Spezialisten. Im Kern kann es sich jedoch nur um die Vermittlung von Sekundärtugenden handeln, insofern diese für die Berufstätigkeit selbst von Bedeutung sind.[79] Auch der Schutz vor negativen außerbetrieblichen Einflüssen[80] sollte den notwendigen Respekt vor der Privatsphäre und Individualität des Auszubildenden wahren und sich auf äußere Gefahren der beruflichen Zukunft des Auszubildenden beschränken.

In ähnlicher Weise ist der in § 6 Abs. 1 Nr. 5 angesprochene **Schutz vor sittlicher und körperlicher Gefährdung** zu verstehen. Ohnehin ist der Arbeitgeber gem. § 2 Beschäftigungsschutzgesetz verpflichtet, die Beschäftigten vor sexueller Belästigung zu schützen. Die körperliche Gefährdung ergibt sich zudem aus § 22 JArbSchG, wonach insbesondere jugendlichen Auszubildenden keine Arbeiten übertragen werden dürfen, die ihre psychische oder physische Leistungsfähigkeit übersteigen, weshalb Akkordarbeiten ausdrücklich verboten sind (§ 23 Abs. 1 Nr. 2 JArbSchG). Für Auszubildende im Erwachsenenalter gelten hingegen die allgemeinen Anforderungen des § 6 Abs. 1 Nr. 5 BBiG. Auch ihnen dürfen nur Verrichtungen übertragen werden, die dem Ausbildungszweck dienen und ihren körperlichen Kräften angemessen sind (§ 6 Abs. 2 BBiG). Im übrigen ist der Auszubildende mit den einschlägigen Unfallverhütungsvorschriften vertraut zu machen.[81] Im Rahmen seiner

---

76 Gleichwohl ist der Ausbilder dem Auszubildenden gegenüber aus Haftungsrecht (§ 823 Abs. 2 BGB) verantwortlich.

77 Dies gilt jedoch nicht für die Berufs- oder Arbeitskleidung, wohl aber für die Sicherheitskleidung gem. §§ 618, 619, 670 BGB sowie § 120a GewO (BAG, BB 1998, 2525); Ausbildungsmittel der Berufsschule hat der Auszubildende allerdings selbst zu zahlen.

78 BAG, BB 1960, 557; zu den Ausnahmen beim Eigentumsübergang bei Prüfungsstücken: Götz, Berufsbildungsrecht 1992, Rn. 141.

79 Etwa Differenzierungsvermögen, Kritikfähigkeit, Zuverlässigkeit, Pünktlichkeit, Ehrlichkeit und Teamfähigkeit.

80 So Herkert, Berufsbildungsgesetz, 2001, § 6 Rn. 31.

81 Für Jugendliche folgt dies aus § 29 JArbSchG; für Erwachsene aus der Pflicht zum Schutz vor körperlichen Gefährdungen.

organisatorischen Möglichkeiten hat der Ausbildende schließlich einen rauchfreien Arbeitsplatz bereitzustellen.[82]

Nach § 6 Abs. 1 Nr. 4 BBiG hat der Ausbildende den Auszubildenen zum **Besuch der Berufsschule** anzuhalten.[83] Voraussetzung hierfür ist, daß sich der Ausbilder einen Überblick über den Unterrichtsgegenstand und die Unterrichtszeiten verschafft.[84] Auch wenn das Gesetz hierzu keine ausdrückliche Regelung getroffen hat, ist der Auszubildende verpflichtet, dem Ausbildenden bei Fernbleiben vom Berufsschulunterricht unter Angabe von Gründen unverzüglich Nachricht zu geben, weil der Ausbildende ansonsten seiner Ordnungspflicht nicht nachkommen kann.[85]

Gem. § 6 Abs. 1 Nr. 4 hat der Ausbildende den Auszubildenden zum Führen von **Berichtsheften** anzuhalten und solche auch durchzusehen. Da die Berichtshefte Zulassungsvoraussetzung für die Abschlußprüfung sind, sind sie auch von rechtlicher Bedeutung (§ 39 Abs. 1 Nr. 2 BBiG). Berichtshefte dienen dem Nachweis des Ausbildungsstandes. Nach den meisten Ausbildungsordnungen ist der Auszubildende zur Führung der Nachweise während der Ausbildungszeit berechtigt.[86]

Gem. § 7 BBiG hat der Ausbildende den Auszubildenden für die Teilnahme am Berufsschulunterricht, an Prüfungen sowie an Ausbildungsmaßnahmen außerhalb der Ausbildungsstätte **freizustellen**. Die Verletzung der Freistellungspflicht ist eine Ordnungswidrigkeit (§ 99 Abs. 1 Nr. 4 BBiG).[87]

Verletzt der Ausbildende seine Pflichten, so gilt dieser als persönlich und fachlich ungeeignet (§ 20 BBiG). Ggf. besteht ein Anspruch auf Schadensersatz, wenn das Berufsausbildungsverhältnis wegen der Pflichtverletzung nach der Probezeit vorzeitig gelöst werden muß (§ 16 BBiG).

5. Pflichten des Auszubildenden

§ 9 BBiG regelt die Pflichten des Auszubildenden. Diese sind jedoch in der Vorschrift nicht abschließend formuliert, wie das Wort „insbesondere“ zeigt.

---

82 BAG, BB 1998, 2113.

83 Immerhin ist gem. § 35 BBiG Gegenstand der Abschlußprüfung auch der Lehrstoff, der im Berufsschulunterricht vermittelt wird, soweit er für die Berufsausbildung wesentlich ist.

84 Fraglich ist, ob der Ausbildende ein Recht zur Auskunft über den Stand des Berufsschulunterrichts und zur Vorlage der Zeugnisse durch den Auszubildenden besitzt, hierzu Götz, Berufsbildungsrecht, 1992, Nr. 150.

85 Götz, ebenda, Rn. 149.

86 Dies gilt jedoch nicht, soweit die Ausbildungsordnung hierzu keine Aussage trifft: BAG EzB § 6 Abs. 1 Nr. 4 BBiG Nr. 1.

87 Grundsätzlich darf der Auszubildende der Ausbildungsstätte nur für die Zeit, für die die Freistellung erfolgt ist, fernbleiben. Danach muß er also wieder in die Ausbildungsstätte zurückkehren. Für die Teilnahme am Berufsschulunterricht sowie an der Abschlußprüfung gelten jedoch die Sonderregelungen der §§ 9, 10 Abs. 1 Nr. 2 JArbSchG.

Die gesetzlich statuierte **Lernpflicht** des Auszubildenden beinhaltet ein aktives und interessiertes Hinarbeiten auf das Ausbildungsziel.[88] Nachweisbare Verstöße gegen die Lernpflicht können zur fristlosen Kündigung des Berufsausbildungsverhältnisses führen (§ 15 Abs. 2 Nr. 1 BBiG).[89]

Weiterhin ist der Auszubildende verpflichtet, die ihm aufgetragenen Verrichtungen sorgfältig auszuführen, an allen Ausbildungsmaßnahmen teilzunehmen bei Freistellung, die für die Ausbildungsstätte geltende Ordnung zu beachten[90], Betriebsmittel pfleglich zu behandeln[91], über Betriebs- und Geschäftsgeheimnisse Stillschweigen zu bewahren.[92]

Insbesondere gem. § 9 Nr. 3 BBiG hat der Auszubildende den **Weisungen** zu folgen, die ihm im Rahmen der Berufsausbildung erteilt werden. Die Weisungsunterworfenheit des Auszubildenden findet jedoch ihre Grenze am Ausbildungszweck und der körperlichen Leistungsfähigkeit des Auszubildenden (§ 6 Abs. 2 BBiG). Es ist ausreichend, wenn die Aufgabe den Ausbildungszweck mittelbar fördert.[93] So sind Aufräumungs- und Reinigungsarbeiten grundsätzlich zulässig, solange noch ein Bezug zur Ausbildung besteht und insbesondere dem Ausbildungsrahmenplan nicht offenkundig zuwider gehandelt wird. Vieles ist von den Einzelfallumständen abhängig.[94] Weisungen, mit denen der Ausbildende lediglich seinen gesetzlichen Pflichten nachkommt, können jedenfalls niemals rechtswidrig sein. Weisungen außerhalb der Ausbildungszwecke werden als Ordnungswidrigkeit verfolgt (§ 99 Abs. 1 Nr. 3 i. V. m. Abs. 2 BBiG).

Vor Abschluß des Ausbildungsvertrages bestehen **Aufklärungspflichten** des Auszubildenden, deren Verletzung zur Anfechtung wegen Täuschung gem. § 123 BGB berechtigen. Von sich aus muß der Bewerber jedoch nur auf außerordentlich schwerwiegende Umstände hinweisen, etwa wenn er für den Ausbildungsberuf wegen Krankheit oder Behinderung von vornherein völlig ungeeignet ist.[95] Auf Nachfrage des Arbeitgebers braucht der Bewerber jedoch nur dann richtig zu antworten[96], wenn dieser ein berechtigtes Interesse hat[97], so etwa bei Fragen nach

---

88 Auch außerhalb der Ausbildungszeit muß gelernt werden: BAG AP Nr. 1 zu § 6 BBiG.

89 Klassische Kündigungsgründe sind: Häufiges Zuspätkommen, Fernbleiben von der Arbeit, Unzuverlässigkeit im Umgang mit den Aufgaben oder die verspätete Ablieferung des Berichtsheftes.

90 Jugendarbeitsschutzgesetz, Arbeitsstättenverordnung, Unfallverhütungsvorschriften, Betriebsordnung.

91 Der Auszubildende haftet gem. § 276 BGB i. V. m. § 3 Abs. 2 BBiG. Versäumnisse bei der Ausbildung können jedoch ein Mitverschulden des Ausbildenden zur Folge haben (OLG Düsseldorf, DB 1970, 1886). Bei schadensgeneigter Arbeit ist die Haftung des Auszubildenden jedoch auf grobe Fahrlässigkeit und Vorsatz beschränkt (BAG, DB 1970, 1886).

92 Dies gilt etwa für Kundenlisten, Preislisten, Inventurlisten, Bilanzen, Investitionsvorhaben, technisches Know How und Erfindungen; es gilt § 17 Abs. 1 UWG.

93 OLG Frankfurt/M., EzB § 99 BBiG Nr. 1; OLG Karlsruhe, EzB § 99 BBiG Nr. 3.

94 ArbG Bayreuth, BB 1972, 175 (Haartracht); LAG Hamm, BB 1992, 2364 (Bekleidung).

95 BAG, BB 1991, 1419; BAG, BB 1986, 1643.

96 Eine unzulässige Frage darf falsch beantwortet werden: BAG, BB 1991, 1419.

97 BAG, BB 1985, 1398.

eingetragenen Vorstrafen und Ermittlungsverfahren, nach dem beruflichen und schulischen Werdegang, nach ausbildungsrelevanten Körperbehinderungen, nicht jedoch bei Fragen nach einer bestehenden Schwangerschaft.[98]

6. Ausbildungs- und Arbeitszeit

Da das Berufsausbildungsverhältnis ein befristetes Rechtsverhältnis ist, wird im Berufsausbildungsvertrag sowohl der Beginn als auch das Ende der **Ausbildungszeit** vereinbart. Das Ausbildungsverhältnis endet damit automatisch mit Ablauf der vereinbarten Ausbildungszeit (§ 14 Abs. 1 BBiG). Nach § 25 Abs. 2 Nr. 2 BBiG „soll" die Ausbildungszeit nicht mehr als 3 und nicht weniger 2 Jahre betragen. Näheres regelt die jeweilige Ausbildungsordnung; im Ausnahmefall kann die Ausbildungsdauer auch mehr als 3 oder weniger als 2 Jahre betragen.

Bei der **Abkürzung der Ausbildungszeit** sieht das Gesetz folgende drei Möglichkeiten vor:

- **Anrechnung von Ausbildungszeiten:** Gem. § 29 Abs. 1 BBiG kann durch Rechtsverordnung bestimmt werden, daß der Besuch einer berufsbildenden Schule oder die Berufsausbildung in einer sonstigen Berufsbildungseinrichtung ganz oder teilweise auf die Ausbildungszeit anzurechnen ist.[99] Nach den einschlägigen Anrechnungsverordnungen besteht die Möglichkeit einer zumeist einjährigen Anrechnungszeit bei Absolventen eines Berufsgrundbildungsjahres oder einer Berufsfachschule. Die Anrechnung ist obligatorisch; auf den Willen der Vertragsparteien kommt es nicht an.[100]
- **Kürzung** der Ausbildungszeit: Gem. § 29 Abs. 2 BBiG hat die zuständige Stelle auf Antrag die Ausbildungszeit zu kürzen, wenn zu erwarten ist, daß der Auszubildende das Ausbildungsziel in der gekürzten Zeit erreicht. Im Gegensatz zur Anrechnung von Ausbildungszeiten handelt es sich hier um eine Einzelfallentscheidung. Die Antragstellung kann auch während des laufenden Berufsausbildungsverhältnisses noch erfolgen.[101] Abkürzungsgründe können sich ergeben aus dem Besuch einer höheren Schule, Berufsaufbauschule, aus einer vorausgegangenen Berufsausbildung oder der überdurchschnittlichen Leistungsfähigkeit des Auszubildenden.[102] Die Ablehnung des Antrages durch die

---

98 BAG, NJW 1970 (beruflicher und schulischer Werdegang); BAG, NZA 1999, 975 (Ermittlungsverfahren); BAG, BB 1985, 197 (Körperbehinderungen); BAG, NZA 1999, 584 (Schwerbehinderteneigenschaft); BAG, BB 1999, 219 (Schwangerschaft).

99 Insofern wird die in § 1 Abs 5 BBiG aufgeführte Möglichkeit berücksichtigt, daß Berufsausbildung auch in berufsbildenden Schulen und in sonstigen Berufsbildungseinrichtungen stattfinden kann.

100 Die Vergütung orientiert sich am Beginn der Berufsausbildung mit dem Fachschulbesuch: BAG EzB § 10 Abs. 1 BBiG Nr. 28.

101 Es muß jedoch noch genügend Ausbildungszeit verbleiben; kurz vor der Abschlußprüfung kommt nur noch die vorzeitige Zulassung zur Prüfung gem. § 40 Abs. 1 BBiG in Betracht.

102 Vgl. im einzelnen Bundesausschuß für Berufsbildung vom 25. 11. 74, BWP 1974, 29.

zuständige Stelle ist ein mit Widerspruch und Klage angreifbarer Verwaltungsakt.

- **Vorzeitige Zulassung** zur Abschlußprüfung: Gem. § 40 Abs. 1 BBiG kann der Auszubildende nach Anhörung des Ausbildenden und der Berufsschule vor Ablauf seiner Ausbildungszeit zur Abschlußprüfung zugelassen werden, wenn seine Leistungen dies rechtfertigen. Die Entscheidung liegt in pflichtgemäßem Ermessen der zuständige Stelle.[103] Die ablehnende Entscheidung der zuständigen Stelle ist ein mit Widerspruch und Klage angreifbarer Verwaltungsakt; in dringenden Fällen kommt der Erlaß einer einstweiligen Anordnung in Betracht.[104]

Die **Verlängerung der Ausbildungszeit** kommt in zwei Fällen in Betracht:

- **Verlängerung zur Erreichung des Ausbildungszieles:** Gem. § 29 Abs. 3 BBiG kann die zuständige Stelle auf Antrag des Auszubildenden die Ausbildungszeit verlängern, wenn die Verlängerung erforderlich ist, um das Ausbildungsziel zu erreichen. Die Entscheidung liegt im pflichtgemäßen Ermessen der zuständigen Stelle. Antragsberechtigt ist allein der Auszubildende. Typische Verlängerungsgründe sind längere Krankheitszeiten oder andere Ausfallzeiten, ebenso die Nichtversetzung in der Berufsschule.[105] Gem. § 4 Abs. 4 BBiG ist die Verlängerung vom Ausbildenden schriftlich niederzulegen. Die Ablehnung der Verlängerung durch die zuständige Stelle ist ein mit Widerspruch und Klage angreifbarer Verwaltungsakt.
- **Verlängerung bei Nichtbestehen der Abschlußprüfung:** Gem. § 14 Abs. 3 BBiG kann ein Auszubildender, der die Abschlußprüfung nicht bestanden hat, verlangen, daß sich das Berufsausbildungsverhältnis bis zur nächstmöglichen Wiederholungsprüfung, jedoch höchstens um ein Jahr, verlängert. Es handelt sich um eine Ermessensentscheidung der zuständigen Stelle, die ggf. mit Widerspruch und Klage, bei Eilbedürftigkeit auch mit Antrag auf Erlaß einer einstweiligen Anordnung, angegriffen werden kann. Auf den entgegenstehenden Willen des Ausbildenden kommt es nicht an.[106] Die Verlängerung ist gem. § 4 Abs. 4 BBiG vom Ausbildenden schriftlich niederzulegen.

Gem. §13 BBiG muß das Berufsausbildungsverhältnis mit einer **Probezeit** beginnen. Sie muß mindestens einen Monat und darf höchstens drei Monate betragen. In der Probezeit kann das Vertragsverhältnis ohne Einhaltung einer Kündigungsfrist und ohne Angabe von Gründen gekündigt werden (§ 15 Abs.1 BBiG). Im Rahmen einer Stufenausbildung (§ 26 BBiG) darf die Probezeit nur für die erste Aus-

---

103 Bei der Leistungsbeurteilung hat sowohl die betriebliche Ausbildung als auch die Ausbildung in der Berufsschule Berücksichtigung zu finden: OVG Rheinland-Pfalz EzB Nr. 21 zu § 40 Abs. 1 BBiG; vorausgesetzt werden mindestens mit „gut" bewertete Leistungen in Ausbildungsstätte und Berufsschule: VG Minden EzB Nr. 11 zu § 40 Abs. 1 BBiG sowie VG Oldenburg EzB Nr. 4 zu § 40 Abs. 1 BBiG.

104 Zu letzterem OVG Hamburg EzB § 123 VwGO Nr. 49; VG Köln EzB Prüfungsordnungen für Fortbildungsprüfungen, Bewertung Nr. 17.

105 Zu letzterem Opolony, Taschenbuch Berufsausbildungsrecht 2001, Nr. 600.

106 ArbG Emden EzB Nr. 2 zu § 14 Abs. 3 BBiG; LAG Hamm, DB 1977, 126.

bildungsstufe vereinbart werden.[107] Eine Unterbrechung der Ausbildung während der Probezeit verlängert diese nicht automatisch.[108]

Für die **tägliche Arbeits- bzw. Ausbildungszeit** gelten drei Regelungskomplexe: Vereinbarungen der Ausbildungsvertragsparteien, tarifvertragliche Regelungen sowie die Schutzvorschriften des Arbeitszeitgesetzes und – bei jugendlichen Auszubildenden – des Jugendarbeitsschutzgesetzes.

Die tägliche Ausbildungszeit muß so bemessen sein, daß das Ausbildungsziel erreicht werden kann. Sie ist in der Vertragsniederschrift festzuhalten. Ein über die vereinbarte regelmäßige tägliche Ausbildungszeit hinausgehende Beschäftigung ist besonders zu vergüten oder durch entsprechende Freizeit auszugleichen (§ 10 Abs. 3 BBiG). Weiterhin ist das Mitbestimmungsrecht des Betriebsrats bei der Festlegung der täglichen und wöchentlichen Arbeitszeit zu beachten (§ 87 Abs. 1 Nr. 2 BetrVG).

Für erwachsene Auszubildende gelten die Vorgaben des Arbeitszeitgesetzes (§ 3 Abs. 2 BBiG), wonach die werktägliche Arbeitszeit 8 Stunden nicht überschreiten darf (§ 3 ArbZG).[109] Die vom Gesetz vorgesehenen Ruhepausen sind einzuhalten (§§ 4, 5 ArbZG).[110]

Jugendliche Auszubildende dürfen nicht mehr als 8 Stunden täglich und nicht mehr als 40 Stunden wöchentlich beschäftigt werden (§ 8 Abs. 1 JArbSchG). Für die Regelung der Ruhepausen gilt § 11 JArbSchG. Nach Beendigung der täglichen Arbeitszeit dürfen Jugendliche nicht vor Ablauf einer ununterbrochenen Freizeit von mindestens 12 Stunden beschäftigt werden (§ 13 JArbSchG). Vor einem vor 9.00 Uhr beginnenden Berufsschulunterricht darf der Auszubildende nicht beschäftigt werden (§ 9 Abs. 1 Nr. 1 JArbSchG). Der jugendliche Auszubildende darf einmal in der Woche an einem Berufsschultag mit mindestens 5 Schulstunden nicht beschäftigt werden (§ 9 Abs. 1 Nr. 2 JArbSchG).[111] Die Unterrichtstage in der Berufsschule mit 5 oder mehr Stunden werden auf die Ausbildungszeit mit 8 Stunden angerechnet.[112]

Der **Urlaubsanspruch** ist im Jugendarbeitsschutzgesetz (§ 19) sowie im Bundesurlaubsgesetz geregelt, es sei denn, es gelten besondere tarifvertragliche oder ausbildungsvertragliche Vereinbarungen (§ 13 BUrlG, § 19 Abs. 4 JArbSchG).

---

107 BAG EzB § 13 BBiG Nr. 23.

108 BAG EzB § 13 BBiG Nr. 14 (jedoch kann eine unterbrechungsbedingte Verlängerung vertraglich vereinbart werden).

109 Die Regelarbeitszeit von 8 Stunden kann auf bis zu 10 Stunden verlängert werden, wenn innerhalb von 6 Kalendermonaten oder innerhalb von 24 Wochen im Durchschnitt 8 Stunden werktäglich nicht überschritten werden; vgl. auch § 14 ArbZG.

110 An Sonn- und Feiertagen besteht ein Beschäftigungsverbot (§ 9 ArbZG); zu den Ausnahmen vgl. § 10 ArbZG.

111 Dies gilt jedoch nicht, wenn der Berufsschulunterricht an mehreren Tagen stattfindet. Dann kann an den anderen Tagen im Anschluß an die Berufschule die Ausbildung im Betrieb fortgesetzt werden: ArbG Mannheim EzB § 9 JArbSchG Nr. 11.

112 Zu weiteren Einzelheiten vgl. Opolony, Taschenbuch Berufsausbildungsrecht 2001, Nr. 534 sowie Götz, Berufsbildungsrecht 1992, Nr. 185 ff.

7. Vergütung

Gem. § 10 Abs. 1 BBiG hat der Auszubildende Anspruch auf Zahlung einer angemessenen Vergütung, die nach dem Lebensalter des Auszubildenden so zu bemessen ist, daß sie mit fortschreitender Berufsausbildung, mindestens jährlich, ansteigt. Der Vergütung kommt nur zum Teil die Bedeutung eines Entgelts für geleistete Arbeit zu.[113] Vor allem ist sie eine finanzielle Hilfe zur Durchführung der Berufsausbildung, erfüllt von daher eine erzieherische Funktion. Deshalb wird die Ausbildungsvergütung in der Rechtsordnung auch anders behandelt als normale Arbeitsentgelte.[114]

Die vom Gesetz geforderte **Angemessenheit der Vergütung** ist ein unbestimmter Rechtsbegriff, der unter Berücksichtigung der Funktion der Ausbildungsvergütung auszulegen ist.[115] Faktisch bestehen zwischen den Gewerbezweigen hinsichtlich der gewährten Vergütung große Unterschiede. Insofern ist die Verkehrsüblichkeit der Bemessung innerhalb der einzelnen Zweige ein wichtiger Indikator, zumindest solange Mindestanforderungen an die Entlohnung gewahrt sind. Wesentlichen Aufschluß bieten Tarifverträge und Empfehlungen der berufsständischen Kammern. Dies bedeutet jedoch nicht, daß tarifungebundene Parteien damit automatisch an die vereinbarten Ausbildungstarife gebunden wären.[116] Bei einer Unterschreitung der Tarife um mehr als 20 % spricht die Vermutung jedoch dafür, daß die Vergütung nicht mehr angemessen ist.[117] Maßgeblich ist, ob die Vergütung noch einen erheblichen Beitrag zu den Unterhaltskosten des Auszubildenden leistet. Bei öffentlich finanzierter Ausbildung durch die Bundesanstalt für Arbeit braucht die staatlich beauftragte Ausbildungseinrichtung eine Ausbildungsvergütung nur zu zahlen, insofern diese von der Bundesanstalt erstattet wird.[118]

Bei der Frage der Angemessenheit ist stets auch auf den Einzelfall abzustellen. So kann es auf die kommerzielle Verwertbarkeit der Arbeitsergebnisse ebenso ankommen wie auf ausbildungsbedingte Kosten, die vom Ausbilder nicht getragen werden.[119] Fraglich ist, ob die Differenzierung der Vergütungshöhe als Leistungsanreiz zulässig ist. Das dürfte zumindest dann zu bejahen sein, wenn der Ausbildungsbezug hierbei im Vordergrund steht und die Ausbildungsvergütung dadurch nicht zu einem Entgelt für geleistete Arbeit zweckentfremdet wird. Die

---

113 Opolony, BB 2000, 510, 511.
114 So ist streitig, ob die Vergütung als „Erziehungsgeld" gem. § 850a Nr. 6 ZPO unpfändbar ist, ob sie abgetreten (§ 400 BGB) oder verpfändet werden kann (§ 1274 Abs. 2 BGB), ob sie der Aufrechnung unterliegt (§ 394 BGB): Götz, Berufsbildungsrecht 1992, Nr. 247 (Vorrang der ausbildungsbezogenen Funktion); Opolony, Taschenbuch Berufsausbildungsrecht 2001, Rn. 516ff. (Vorrang des leistungsbezogenen Elements).
115 OVG Lüneburg, EzB § 10 Abs. 1 BBiG Nr. 25.
116 BAG, NZA 1991, 773.
117 BAG, BB 1992, 162; BAG, BB 1991, 1419; LAG Brandenburg, EzB-VjA § 10 Abs. 1 BBiG Nr. 71 (Unterschreitung um 45 % bei gemeinnütziger Ausbildungsstätte zulässig).
118 BAG vom 15. 11. 2000 – 5 AZR 269/99.
119 BAG EzB § 10 Abs. 1 BBiG Nr. 55 (geringe Vergütung, da die Ausbildung in Drittbetrieben durchgeführt wurde).

spätere Übernahme in das Arbeitsverhältnis, ein vorhandener Bewerberüberschuß oder die Umsatzsituation des Unternehmens ist hingegen kein berücksichtigungsfähiger Bemessungsfaktor.[120] Gem. § 10 Abs. 2 BBiG können Sachleistungen (etwa freie Kost und Wohnung) auf die Ausbildungsvergütung angerechnet werden, jedoch nur bis zu einer Höhe von 75 %. Die Vergütung bemißt sich nach Monaten und ist spätestens am letzten Arbeitstag des Monats zu zahlen (§ 11 BBiG).

§ 12 BBiG regelt die **Fortzahlung der Vergütung** in besonderen Fällen: Für Zeiten der Freistellung (§ 7) für die Teilnahme am Berufsschulunterricht oder an externen Ausbildungsmaßnahmen gilt die Fortzahlungspflicht jedoch nur, wenn der Auszubildende auch tatsächlich teilnimmt.[121] Die Fortzahlungspflicht besteht ferner für die Dauer von 6 Wochen, wenn die Ausbildung aus einem nicht in der Person des Auszubildenden liegenden Grund ausfällt sowie bei unverschuldeter Verhinderung aus persönlichen Gründen (wie Erkrankung naher Angehöriger, Wohnungswechsel, besondere Familienfeste oder Vorladungen zu Behörden).[122] Bei Arbeitsunfähigkeit infolge Krankheit gilt das Entgeltfortzahlungsgesetz (§ 12 Abs. 1 BBiG) mit der Pflicht zur Fortzahlung von bis zu 6 Wochen.[123]

Eine über die vereinbarte regelmäßige tägliche Ausbildungszeit hinausgehende Beschäftigung ist besonders zu vergüten oder durch entsprechende Freizeit auszugleichen (§ 10 Abs. 3 BBiG).[124] Ob Freizeitausgleich oder eine besondere Vergütung gewährt wird, steht – in den Grenzen des Ausbildungsvertrages, Tarifvertrages oder einer Betriebsvereinbarung – im freien Belieben des Ausbildenden.

8. Beendigung des Berufsausbildungsverhältnisses

Wegen des hohen Schutzbedürfnisses des Auszubildenden ist das **Kündigungsrecht des Ausbildenden** im Berufsbildungsgesetz erheblich eingeschränkt. Die Möglichkeit einer ordentlichen Kündigung beschränkt sich auf den Fall der Probezeit (§ 15 BBiG) sowie auf die Kündigung durch den Auszubildenden, wenn dieser die Berufsausbildung aufgeben oder sich für eine andere Berufstätigkeit ausbilden

120 Opolony, Taschenbuch Berufsausbildungsrecht 2001, Rn. 471 ff.

121 Eine Erschleichung der Vergütung berechtigt zur außerordentlichen Kündigung; die Vergütungspflicht besteht auch gegenüber Auszubildenden, die nicht berufsschulpflichtig sind, aber dennoch am Berufsschulunterricht teilnehmen (ArbG Münster, EzB § 12 Abs. 1 Rn. 1 BBiG Nr. 4).

122 Der Auszubildende ist diesbezüglich anzeige- und nachweispflichtig; hat ein Dritter die Verhinderung verschuldet, so muß der Auszubildende seinen Schadensersatzanspruch gegen den Dritten an den Ausbildenden in Höhe der fortzuzahlenden Vergütung abtreten (LG Hannover, EzB § 12 Abs. 1 Nr. 2 b BBiG).

123 Wird der Auszubildende wegen derselben Krankheit erneut arbeitsunfähig, verliert er wegen der erneuten Arbeitsunfähigkeit den Anspruch für einen weiteren Zeitraum von 6 Wochen nicht, wenn er vor der erneuten Arbeitsunfähigkeit mindestens 6 Monate nicht infolge derselben Krankheit arbeitsunfähig war oder seit Beginn der ersten Arbeitsunfähigkeit infolge derselben Krankheit eine Frist von 12 Monaten abgelaufen ist (§ 3 Abs. 1 EFZG).

124 Die Beschäftigung über die zulässige Höchstarbeitszeit hinaus bleibt jedoch verboten, vgl. G. VI. 6.

lassen will (§ 15 Abs. 2 Nr. 2 BBiG). Der Ausbildende kann ansonsten nur aus einem wichtigen Grund ohne Einhalten einer Kündigungsfrist kündigen (§ 15 Abs. 2 Nr. 1 BBiG). Im übrigen endet das Ausbildungsverhältnis mit dem Ablauf der Ausbildungszeit, dem vorzeitigen Bestehen der Abschlußprüfung oder mit Bestehen der Wiederholungsprüfung bei Verlängerung des Ausbildungsverhältnisses auf längstens ein Jahr (§ 14 Abs. 1–3 BBiG). Da die Probezeit sowie die Möglichkeit der Verlängerung des Berufsausbildungsverhältnisses bereits andernorts besprochen wurde, wird im folgenden nur die außerordentliche Kündigung behandelt.[125]

Die **außerordentliche Kündigung** „aus wichtigem Grund" statuiert zunächst ein besonderes Schriftformerfordernis: Gem. § 15 Abs. 3 BBiG hat die Kündigung schriftlich zu erfolgen und zwar unter Angabe der Kündigungsgründe. Ansonsten ist die Kündigung gem. § 125 BGB nichtig.[126] Dies gilt auch für die Kündigung durch den Auszubildenden. Die Gründe müssen durch konkrete Tatsachen untermauert werden. Pauschale Behauptungen oder Wertungen reichen nicht aus.[127]

Der **wichtige Grund** in § 15 Abs. 2 Nr. 1 BBiG begründet ein Abwägungserfordernis zwischen dem Interesse des Ausbildenden und des Auszubildenen an der Fortsetzung des Berufsausbildungsverhältnisses. Es gelten die Zumutbarkeitsvoraussetzungen des § 626 Abs. 1 BGB, allerdings unter Berücksichtigung der ausbildungsrechtlichen Besonderheiten.[128] Deshalb reicht vertragswidriges Verhalten in der Vergangenheit allein nicht aus. Vielmehr muß die Prognose ergeben, daß das Ausbildungsziel nicht mehr zu erreichen oder zumindest erheblich gefährdet ist. Je weiter das Berufsausbildungsverhältnis fortgeschritten ist, desto größer ist das Gewicht der Interessen des Auszubildenden.[129] Auf das jugendliche Alter ist bei der Bewertung der Schwere des Pflichtverstoßes Rücksicht zu nehmen. Die erzieherische Funktion der Berufsausbildung setzt zuvorderst auf das Mittel der Ermahnung oder Abmahnung des Auszubildenden, dessen Fehlen zumeist zur Unverhältnismäßigkeit der Kündigung führen dürfte. Die Kündigung seitens des Ausbildenden kommt vor allem dann in Betracht, wenn der Auszubildende notorisch den Berufsschulunterricht schwänzt, betriebsbezogene Straftaten begeht (insbesondere bei Wiederholungsgefahr), wenn der Ausbildende Beleidigungen oder tätlichen Angiffen ausgesetzt wird, eine Arbeitsunfähigkeit wegen Erkrankung nur vorgetäuscht wurde oder wenn das Berichtsheft nicht ordnungsgemäß geführt oder vorgelegt wurde. Es ist jedoch stets darauf zu achten, ob es sich möglicherweise um einmalige Verfehlungen handelt, denen man insbesondere auch mit den Mitteln der Ermahnung abhelfen kann. Neben den aufgeführten **verhaltensbedingten** Gründen kommen jedoch auch **personenbedingte** Gründe in Betracht, wenn das Ausbildungsziel wegen dieses Grundes gefährdet wird.[130] Insbesondere die

---

125 Vgl. G. VI. 6.
126 BAG, EzB § 15 Abs. 3 BBiG Nr. 4.
127 Insbesondere Fehlzeiten oder Berufsschulversäumnisse sind im einzelnen aufzulisten.
128 BAG, EzB § 15 Abs. 2 Nr. 1 BBiG Nr. 1.
129 BAG, DB 1973, 1512; kurz vor der Prüfung kommt eine fristlose Kündigung regelmäßig nicht in Betracht: LAG Köln EzB Nr. 63 zu § 15 Abs. 2 Nr. 1 BBiG.
130 Gedon/Spiertz, Berufsbildungsrecht 1992, § 15 Rn. 58.

fehlende Eignung für den Ausbildungsberuf kann einen Kündigungsgrund darstellen, wenn der Auszubildende nach Ablauf der Probezeit dauerhaft erkrankt oder sich körperliche Einschränkungen zeigen, welche die Ausübung des Ausbildungsberufs unmöglich machen. Häufige Kurzerkrankungen scheiden als wichtiger Grund jedoch regelmäßig aus. Als **betriebsbedingter** Grund kommt lediglich die Betriebseinstellung oder der behördliche Entzug der Ausbildungsberechtigung in Betracht.[131]

Der **Auszubildende besitzt einen wichtigen Grund** für die außerordentliche Kündigung, wenn der Ausbildende dauerhaft seine Ausbildungspflichten verletzt. Wird das Berufsausbildungsverhältnis nach der Probezeit vorzeitig gelöst, so kann der Ausbildende oder der Auszubildende Ersatz des Schadens verlangen, wenn der andere den Grund für die Auflösung zu vertreten hat (§ 16 Abs. 1 BBiG).

Die Kündigung aus wichtigem Grund muß jedoch innerhalb von 2 Wochen ab Kenntnis der sie begründenden Tatsachen ausgesprochen werden (§ 15 Abs. 5 BBiG).[132]

Einen besonderen **Kündigungsschutz** genießen Schwangere und junge Mütter (§ 9 MuSchG), Elternzeitberechtigte (§ 18, 20 BErzGG), schwerbehinderte Auszubildende (§ 85 SGB IX) sowie Mitglieder des Betriebsrats, der Jugend- und Auszubildendenvertretung oder des Wahlvorstands (§ 15 KSchG). Dies gilt auch für Kündigungen innerhalb der Probezeit.

Vor jeder Kündigung ist der **Betriebsrat bzw. Personalrat** anzuhören (§ 102 Abs. 1 BetrVG, § 79 S. 3 BPersVG). Wurde von der zuständigen Stelle ein Schlichtungsausschuß eingerichtet, so ist zunächst das Schlichtungsverfahren durchzuführen (§ 111 ArbGG). Wird der Schlichtungsspruch nicht innerhalb einer Woche anerkannt, kann in einer Frist von 2 Wochen Klage zum Arbeitsgericht erhoben werden.

Nach Beendigung des Berufsausbildungsverhältnisses hat der Ausbildende unaufgefordert ein **Zeugnis** auszustellen (§ 8 BBiG), unabhängig davon, ob gekündigt wurde oder das Ausbildungsverhältnis regulär beendet wurde. Im Regelfall wird ein sog. einfaches Zeugnis ausgestellt, das Angaben zur Art, zur Dauer, zum Ziel der Ausbildung sowie zu den erworbenen Fertigkeiten und Kenntnissen enthalten muß. Auf Verlangen des Auszubildenden sind jedoch auch Angaben über Führung, Leistung und besondere fachliche Fähigkeiten innerhalb eines sog. qualifizierten Zeugnisses aufzunehmen (§ 8 Abs. 2 S. 2 BBiG). Zudem sind die Arbeitspapiere auszuhändigen (Lohnsteuerkarte, Sozialversicherungsnachweis, Urlaubsbescheinigung).

---

131 ArbG, BB 1965, 1110; bei Insolvenz des Ausbildenden gilt jedoch zunächst § 113 InsO, wonach ein Arbeitsverhältnis mit einer Frist von 3 Monaten gekündigt werden kann, so daß ein Ausbildungsverhältnis wenn möglich in der Frist zu Ende zu führen ist (BAG EzB § 22 KO Nr. 1).
132 Gründe, die vor Ablauf der Ausschlußfrist liegen, können nur dann zur Begründung einer fristlosen Kündigung angeführt werden, wenn sie ein weiteres und letztes Glied in der Kette bilden und in einem inneren Zusammenhang mit den zuletzt angeführten Kündigungsgründen stehen: LAG Berlin, DB 1978, 259; BAG, DB 1975, 1656.

9. Weiterarbeit nach Beendigung

Nach Beendigung des Berufsausbildungsverhältnisses ist der Auszubildende weder zur Weiterarbeit verpflichtet noch hat er einen Anspruch auf Weiterbeschäftigung. Eine Übernahme des Auszubildenden kommt vielmehr nur in Betracht, wenn die Parteien dies ausdrücklich vereinbaren, wenn der Auszubildende im Anschluß an das Berufsausbildungsverhältnis auch ohne ausdrückliche Vereinbarung mit Wissen und Willen des Ausbildenden beschäftigt wird oder schließlich wenn der Auszubildende Mitglied der Jugend- und Auszubildendenvertretung oder des Betriebsrates ist und die Weiterbeschäftigung verlangt.

Im ersten Fall einer **ausdrücklichen Vereinbarung** kann diese auch bereits vor Beendigung des Berufsausbildungsverhältnisses geschlossen werden. Die Vereinbarung ist jedoch nur wirksam, wenn sie innerhalb der letzten 6 Monate des Berufsausbildungsverhältnisses abgeschlossen wird (§ 5 Abs. 1 S. 2 BBiG). Denn der Auszubildende soll sich erst dann auf eine Weiterbeschäftigung festlegen müssen, wenn er seinen Betrieb kennt und weiß, worauf er sich einläßt.[133] Wird die Weiterarbeit erst nach Beendigung des Berufsausbildungsverhältnisses vereinbart, so gelten für beide Parteien die allgemeinen Regeln des Arbeitsrechts.

Wird der Auszubildende unmittelbar im Anschluß an das Berufsausbildungsverhältnis beschäftigt, **ohne daß hierüber ausdrücklich etwas vereinbart** worden ist, so kommt das Arbeitsverhältnis auf unbestimmte Zeit zustande (§ 17 BBiG). Allerdings muß der Arbeitgeber Kenntnis von der Weiterarbeit haben. Dem Arbeitnehmer steht dann die branchenübliche bzw. tarifvertragliche Vergütung zu (§ 612 BGB).[134]

Einen besonderen Schutz genießen nach § 78a BetrVG die Mitglieder der Jugend- und Auszubildendenvertretung sowie des Betriebsrats. Der Ausbildende ist insofern zur Mitteilung verpflichtet, ob er den Auszubildenden in das Arbeitsverhältnis übernimmt; daneben kann der Auszubildende ein Weiterbeschäftigungsverlangen geltend machen, an das der Ausbildende gebunden ist, wenn er nicht durch das Arbeitsgericht von der Weiterbeschäftiungspflicht freigestellt wird (§ 78 Abs. 2 und 3 BetrVG).

10. Betriebsverfassungsrechtliche Aspekte

Mit Vollendung des 18. Lebensjahres ist der Auszubildende als Arbeitnehmer im Sinne des Betriebsverfassungsgesetzes (§ 5 Abs. 1 BetrVG) bei der Wahl eines Betriebsrats aktiv **wahlberechtigt** (§ 7 BetrVG). Vor dem 18. und bis zum 25. Lebens-

---

133 Wird die Weiterarbeit zu einem früheren Zeitpunkt als gesetzlich vorgesehen vereinbart, so ist die Abmachung nichtig (§ 5 Abs. 1 S. 1 BBiG).

134 Bei der für den Urlaubsanspruch erforderlichen Wartezeit wird die Ausbildungszeit mitgerechnet; dies gilt im Zweifel auch für Sonderzahlungen nach der Dauer der Betriebszugehörigkeit (BAG EzB Nr. 1 zu § 611 BGB, Gratifikation).

jahr besteht zudem ein Wahlrecht für die Bestellung der Jugend- und Auszubildendenvertretung (§ 60 BetrVG). Auch volljährige Auszubildende können sich in den Betriebsrat wählen lassen (§ 8 BetrVG); in die Jugend- und Auszubildendenvertretung können sich hingegen auch jüngere Arbeitnehmer bis zur Vollendung des 25. Lebensjahres wählen lassen. Eine Doppelmitgliedschaft in Betriebsrat und Jugendvertretung schließt § 61 Abs. 2 BetrVG jedoch aus. In reinen Ausbildungsbetrieben oder bei überbetrieblicher Ausbildung entfällt jedoch sowohl eine aktive als auch eine passive Wahlberechtigung, da die Auszubildenden im Sinne des Gesetzes nicht als Arbeitnehmer gelten.[135] Zur Durchführung ihrer Aufgaben hat die **Jugend- und Auszubildendenvertretung** ein allgemeines Initiativrecht gegenüber dem Betriebsrat, ein Überwachungsrecht hinsichtlich der Arbeitsschutzgesetze, die Aufgabe der Integration ausländischer Jugendlicher und Auszubildender, ein Unterrichtungsrecht gegenüber dem Betriebsrat sowie ein Teilnahmerecht an Betriebsratssitzungen sowie bei Besprechungen zwischen Betriebsrat und Arbeitgeber (§§ 67, 68, 70 BetrVG). Insbesondere der **Betriebsrat** hat seine allgemeinen Aufgaben und Mitbestimmungsrechte auch zugunsten der Auszubildenden wahrzunehmen (§ 80, 87 BetrVG). Bei Einstellung oder Versetzung besteht ein Mitbestimmungsrecht (§ 99 BetrVG), bei der Kündigung ein Anhörungsrecht des Betriebsrats (§ 102 Abs. 1 BetrVG).

Gem. § 96 BetrVG haben Arbeitgeber und Betriebsrat im Rahmen der betrieblichen **Personalplanung** und in Zusammenarbeit mit den zuständigen Stellen die Berufsbildung der Arbeitnehmer zu fördern. Auf Verlangen des Betriebsrats hat der Arbeitgeber mit diesem Fragen der Berufsbildung zu beraten, insbesondere auch bei der Schaffung betrieblicher Berufsbildungseinrichtungen oder entsprechender Bildungsmaßnahmen (§ 97 BetrVG). Bei der Durchführung solcher Maßnahmen besitzt der Betriebsrat ein spezielles Mitbestimmungsrecht (§ 98 BetrVG). Abgesehen vom Anspruch auf Bildungsurlaub besitzt der einzelne Arbeitnehmer jedoch **kein Recht auf Weiterbildung** bzw. auf Übernahme von Weiterbildungskosten, es sei denn, es bestehen diesbezüglich tarifvertragliche Regelungen oder die Weiterbildung ist erkennbar auf ein Verlangen des Arbeitgebers zurückzuführen.[136]

11. Fortbildung und Umschulung

Während die berufliche Fortbildung der Erhaltung, Erweiterung und Anpassung der beruflichen Kenntnisse und Fertigkeiten dient, soll die berufliche Umschulung zu einer anderen beruflichen Tätigkeit befähigen. Umgeschult werden kann in anerkannten Ausbildungsberufen ebenso wie unterhalb der Facharbeiter- bzw. Gehilfenebene. Da sich Fortbildungs- und Umschulungsmaßnahmen regelmäßig an Erwachsene wenden, müssen **Inhalt, Art, Ziel und Dauer** den besonderen

135 BAG, NZA 1997, 326; BAG, NZA 1997, 107; dies gilt jedoch nicht für Auszubildende, die ein Arbeitgeber mangels entsprechender Einrichtungen für die Ausbildungszeit in einem anderen Betrieb ausbilden läßt (LAG Hamm EzB § 5 BetrVG Nr. 16).
136 Zum Ganzen: Käufer, Weiterbildung im Arbeitsverhältnis 2002.

Erfordernissen der beruflichen Erwachsenenbildung entsprechen (§§ 47 Abs. 1, 46 Abs. 1 BBiG): Insbesondere die Inhalte sollen eine besondere Berufs- und Praxisorientierung erkennen lassen.[137] Bei Fortbildungsprogrammen ist der Lehrstoff mit der vorangegangenen Berufsausbildung abzustimmen; bei Umschulungsmaßnahmen sind die Anforderungen der Ausbildungsordnung zugrunde zu legen (§ 47 Abs. 3 S. 1 BBiG). Bei der Art der Maßnahme in ihrem Bezug zum methodischen und didaktischen Aufbau der Fortbildungs- und Umschulungsmaßnahme ist der unterschiedliche Bildungsstand der Teilnehmer und das individuelle Lerntempo zu berücksichtigen. Im Vordergrund steht die übungs- und arbeitsbezogene Vermittlung des Lernstoffs; partnerschaftliches Lernen – insbesondere im Team – ist dem herkömmlichen Frontalunterricht vorzuziehen. Ziel der Maßnahme ist der angestrebte Abschluß, – entweder in einem anerkannten Ausbildungsberuf oder im Rahmen einer zertifizierten Ausbildung. Die Maßnahmedauer ist regelmäßig kürzer als die reguläre Berufsausbildung im Sinne von § 1 Abs. 2 BBiG. Wird die Fortbildungs- oder Umschulungsmaßnahme durch die **Arbeitsverwaltung** nach dem Arbeitsförderungsesetz gefördert – hier werden beide Bereiche seit einigen Jahren unter dem Begriff der Weiterbildung zusammengefaßt – so werden die Anforderungen der §§ 46, 47 BBiG durch die arbeitsförderungsrechtlichen Regelungen weiter konkretisiert.[138]

Träger von Fortbildungs- und Umschulungsmaßnahmen sind gem. § 1 Abs. 5 BBiG Betriebe der Wirtschaft und vergleichbare Einrichtungen außerhalb der Wirtschaft (z. B. öffentlicher Dienst, freie Berufe), berufsbildende Schulen, sonstige Berufsbildungseinrichtungen außerhalb der Betriebe und der berufsbildenden Schulen.[139]

Als **Teilnehmer** an beruflichen Fortbildungs- und Umschulungsmaßnahmen kommen entweder Personen in Betracht, die eine staatlich finanzierte Förderung nach dem Arbeitsförderungsgesetz oder sonstigen sozialrechtlichen Regelungen (Hilfe zur Arbeit nach BSHG, Qualifizierung von Jugendlichen nach KJHG, berufliche Rehabilitation durch den jeweiligen Rehabilitationsträger) erhalten. Dies sind von Arbeitslosigkeit bedrohte Arbeitnehmer, Arbeitslose, Behinderte oder Jugendliche ohne Ausbildungsplatz bzw. mit Eingliederungsschwierigkeiten. Oder es handelt sich um Personen, die im Interesse und auf Kosten ihres Betriebes bzw. im Eigeninteresse und auf eigene Kosten fortgebildet und umgeschult werden. Liegt die Ausbildung ausschließlich im betrieblichen Interesse, so kommt eine Förderung durch das Arbeitsamt regelmäßig nicht in Betracht.

---

137 Götz, Berufsbildungsrecht 1992, Rn. 399ff.

138 Vgl. H.

139 Z. B. Industrie- und Handelskammern, Handwerkskammern, Landwirtschaftskammern; Bildungswerke der Arbeitgeber; Bildungswerke der Gewerkschaften; Träger der freien Wohlfahrtspflege; Gemeinden, Gemeindeverbände; Kreise mit den von ihnen getragenen Einrichtungen, sonstige private Einrichtungen wie Stiftungen, eingetragene Vereine; Qualifizierungsgesellschaften oder besondere Kooperationen von Betrieben und überbetrieblichen Bildungseinrichtungen (mit fachpraktischer Ausbildung im Betrieb und fachtheoretischer Ausbildung in der Bildungseinrichtung).

Fortbildungs- und Umschulungsmaßnahmen rufen die unterschiedlichsten **Vertragskonstellationen** auf den Plan, je nachdem, ob die Maßnahme im Rahmen eines bestehenden Arbeitsverhältnisses oder außerhalb eines solchen erfolgt. Im Rahmen eines **Arbeitsverhältnisses** kann die Maßnahme im eigenen Betrieb des Arbeitgebers oder auch in außerbetrieblichen Einrichtungen durchgeführt werden. Üblicherweise trägt dann der Arbeitgeber die Kosten. Bei von Arbeitslosigkeit bedrohten Arbeitnehmern kommt jedoch auch eine Finanzierung durch die Bundesanstalt für Arbeit in Betracht.[140] Arbeitnehmer und Arbeitgeber schließen dann regelmäßig eine befristete Vereinbarung über die Ausbildungsmaßnahme ab (unter Regelung der Kostenübernahme, der Freistellung von der Arbeit, einer Rückzahlungsverpflichtung). Bei überbetrieblicher Ausbildung muß zudem ein Weiterbildungsvertrag zwischen Arbeitnehmer und Bildungseinrichtung abgeschlossen werden. Werden die Kosten von der Bundesanstalt für Arbeit übernommen und findet die Ausbildung im Betrieb statt, so sind die wesentlichen Rechte und Pflichten innerhalb eines Auftragsverhältnisses durch Vertrag zwischen Betrieb und Bundesanstalt zu regeln.[141] Insbesondere das Arbeitgeberinteresse an Weiterbildung zielt jedoch häufig nicht nur auf die Qualifizierung der Arbeitnehmer; denn der Arbeitgeber ist verpflichtet, vor einer geplanten Kündigung dem Arbeitnehmer eine Fortbildung oder Umschulung anzubieten, wenn im Betrieb ein anderer Arbeitsplatz vorhanden ist, der nach der Weiterbildung mit dem Arbeitnehmer besetzt werden kann (§ 1 Abs. 2 S. 3 KSchG). Darüber hinaus bestehen zahlreiche Weiterbildungsverpflichtungen für Betriebsratsmitglieder, Sicherheitsbeauftragte, Datenschutzbeauftragte, Emissionsschutzbeauftragte, Betriebsärzte, Fachkräfte für Arbeitssicherheit und Frauenbeauftragte.[142] Einen Rechtsanspruch auf Weiterbildung und Übernahme diesbezüglicher Kosten hat der Arbeitnehmer jedoch nicht, es sei denn, die Weiterbildung erfolgt auf Verlangen des Arbeitgebers oder es liegt eine Freistellungsverpflichtung im Rahmen des Bildungsurlaubs vor (hier mit entsprechender Vergütungsfortzahlungspflicht, jedoch ohne Verpflichtung zur Zahlung der Weiterbildungskosten).[143] Die Durchführung von Weiterbildungsmaßnahmen im Interesse des Arbeitgebers aktiviert die im Betriebsverfassungsgesetz vorgesehenen Mitwirkungs- und Mitwirkungsrechte des Betriebsrats.[144] Die Weiterbildungsvereinbarung zwischen Arbeitgeber und Arbeitnehmer kann hinsichtlich Zweck, Inhalt und Dauer der Maßnahme frei gestaltet werden, es sei denn, es existieren Rechtsverordnungen des Bundes oder entsprechende Regelungen der zuständigen Stellen.[145] Typischer Vertragsinhalt ist die Zeit der Freistellung, die Frage der Kosten-

---

140 Vgl. H.

141 Etwa zum Maßnahmeort, zu den Ausbildungsinhalten, zur Dauer der Maßnahme, zur Höhe der zu erstattenden Kosten und zu den Zahlungsmodalitäten.

142 Käufer, Weiterbildung im Arbeitsverhältnis 2002, 57–90.

143 Ebenda; BAG AP Nr. 25 zu Art. 12 GG (grundsätzlich kein Rechtsanspruch auf Übernahme der Weiterbildungskosten).

144 So das Recht des Betriebsrats auf Unterrichtung und Beratung (§ 97 BetrVG), das Mitbestimmungsrecht bei der Durchführung von Maßnahmen und der Bestellung der Ausbildungskräfte (§ 98 Abs. 2 BetrVG) sowie das Vorschlagsrecht für dieTeilnahme von Arbeitnehmern des Betriebes (§ 98 Abs. 3 BetrVG).

145 BAnz Nr. 225 a, 132–141 sowie 114–131.

übernahme, der Fortzahlung der Vergütung sowie die Verpflichtung zur Teilnahme an Prüfungen. Weiterhin können Rückzahlungsklauseln vereinbart werden für den Fall, daß der Arbeitnehmer nach Beendigung der Weiterbildung vor Ablauf einer bestimmten Frist aus dem Arbeitsverhältnis ausscheidet.[146] Die ordentliche Kündigung der Weiterbildungsvereinbarung zwischen Arbeitgeber und Arbeitnehmer scheidet wegen der Befristung normalerweise aus.[147] Die außerordentliche Kündigung aus wichtigem Grund ist dagegen jederzeit möglich. Allerdings sind dann die dem Arbeitgeber entstandenen Auslagen zu ersetzen.[148] Das Recht zur außerordentlichen Kündigung steht auch dem Arbeitgeber zu, wenn sich während der Weiterbildungsmaßnahme zeigt, daß der Arbeitnehmer völlig überfordert ist und die Maßnahme nicht mit dem gewünschten Erfolg abschließen wird.

Außerhalb eines bestehenden Arbeitsverhältnisses kommt eine Weiterbildungsmaßnahme in Betracht, wenn eine betriebliche, schulische oder überbetriebliche Bildungseinrichtung entsprechende Maßnahmen für selbstzahlende oder staatlich geförderte Arbeitnehmer durchführt. In diesem Fall wird ein entsprechender Vertrag zwischen Bildungseinrichtung und Teilnehmer abgeschlossen. Bei staatlicher Förderung ist darüber hinaus ein Vertrag zwischen der Bundesanstalt für Arbeit und dem Maßnahmeträger erforderlich. Für den Regelfall der sog. freien Maßnahmen genießt der Teilnehmer das Recht der Trägerauswahl, insofern letzterer die nach dem SGB III erforderliche Anerkennung besitzt.[149] Während bei der Weiterbildung außerhalb eines Arbeitsverhältnisses regelmäßig nur die Bildungseinrichtung und der Teilnehmer Vertragspartner sein können, so kommt bei Weiterbildungsmaßnahmen innerhalb eines Arbeitsverhältnisses auch der Arbeitgeber als Vertragspartner der Bildungseinrichtung in Betracht. Ebenso wie Ziel, Inhalt und Dauer der Maßnahme Gegenstand der Vereinbarung zwischen Arbeitgeber und Arbeitnehmer sein können (siehe zuvor), sind sie es auch für die Ausgestaltung des Vertrages zwischen Arbeitgeber und Bildungseinrichtung.

Sowohl für die Fortbildung als auch für die Umschulung können entsprechende **Einzelheiten durch Rechtsverordnung** gem. § 46 Abs. 2 sowie § 47 Abs. 2 BBiG vorgegeben sein. Insbesondere bei der Umschulung für einen anerkannten Ausbildungsberuf sind das Ausbildungsberufsbild, der Ausbildungsrahmenplan und die entsprechenden Prüfungsanforderungen zugrunde zu legen (§ 47 Abs. 3 BBiG). Sowohl für die Fortbildung als auch die Umschulung gelten die prüfungsrecht-

---

146 Rückzahlungsklauseln müssen jedoch für den Arbeitnehmer zumutbar sein. Dies ist beispielsweise nicht der Fall, wenn die erlernten Fähigkeiten außerhalb des Betriebes nur begrenzt einsetzbar sind oder der Bindungszeitraum zu lang bemessen ist: BAG AP Nr. 25, 29 zu Art. 12 GG (Zumutbarkeit), BAG AP Nr. 3 zu § 611 BGB (betriebsspezifische Ausbildung); BAG AP Nr. 25, 29 zu Art. 12 GG (überwiegend dreijährige Höchstdauer).

147 Besteht ausnahmsweise die Möglichkeit der ordentlichen Kündigung, so muß diese auf Gründen beruhen, die der Betroffene nicht zu vertreten hat. Andernfalls besteht die Möglichkeit von Schadenersatz gem. §§ 284 f. BGB: BAG AP Nr. 1 zu § 611 BGB, Ausbildungsverhältnis.

148 BAG AP Nr. 2 zu § 611 BGB, Ausbildungsbeihilfe.

149 Im selteneren Fall der sog. Auftragsmaßnahmen muß als fraglich gelten, ob der Betroffene hier ein Wahlrecht gem. § 33 SGB I besitzt.

lichen Regelungen der §§ 34 Abs. 2, 37, 38, 41 und 43 BBiG entsprechend. Die zuständige Stelle regelt das Nähere zum Inhalt, zum Ziel, zu den Anforderungen und dem Verfahren von Prüfungen (§§ 46 Abs. 1, 47 Abs. 2 BBiG). Die berufliche Fortbildung und Umschulung gem. § 1 Abs. 3 und 4 BBiG ist damit umfassend der staatlichen bzw. verbandlichen Kontrolle unterstellt. Lediglich die Ausbildung in Schule und Hochschule erfolgt außerhalb des Geltungsbereichs des Berufsbildungsgesetzes. Nach Beendigung der Maßnahme ist zumeist ein **Zeugnis** auszustellen. Dies folgt entweder aus der Vereinbarung zwischen den Vertragsparteien oder ergibt sich direkt aus den Anerkennungsvoraussetzungen der Sozialgesetze bei staatlicher Finanzierung. Bei der Umschulung für einen anerkannten Ausbildungsberuf folgt dieses Erfordernis aus der Ausbildungsordnung gem. § 25 BBiG. Für die Vertragsgestaltung greift die Praxis häufig auf vorgefertigte Musterverträge zurück.[150]

Gem. § 46 Abs. 2 S. 2 und S. 3 sowie § 47 Abs. 2 BBiG kann die berufliche Fortbildung und Umschulung auch durch **Fernunterricht** vermittelt werden. Allerdings müssen die Lehrgänge nach dem Fernunterrichtsschutzgesetz zugelassen und als geeignet anerkannt worden sein. Verständlicherweise kommt als Fernunterricht nur die fachtheoretische Unterweisung in Betracht. Die praktischen Ausbildungsanteile müssen dann in betrieblichen oder überbetrieblichen Ausbildungsstätten erfolgen. Der Veranstalter von Fernunterricht hat gem. § 2 Abs. 1 FernUSG das Lehrmaterial zu liefern, den Lernerfolg zu überwachen und den Teilnehmern die notwendigen Anleitungen zu geben. Der Teilnehmer ist zur Zahlung der vereinbarten Vergütung verpflichtet, und zwar in Teilleistungen jeweils für einen Abschnitt von höchstens 3 Monaten (§ 2 Abs. 2 S. 1 und S. 2 FernUSG). An den Fernunterrichtsvertrag knüpft das Gesetz in § 3 zwingende Formvorschriften. § 3 Abs. 3 FernUSG enthält darüber hinaus – allerdings nur als Empfehlung – die maßgeblichen Inhalte des Fernunterrichtsvertrages. Der Teilnehmer besitzt ein Widerrufsrecht, über das er zu belehren ist (§§ 3 Abs. 4, 4 FernUSG). Außerdem gibt das Gesetz zugunsten des Teilnehmers diverse Kündigungsmöglichkeiten vor (§§ 5, 6, 7 Abs. 2, 12 Abs. 1 FernUSG). Sämtliche der aufgeführten Schutzvorschriften sind unabdingbar, von ihnen kann also durch Individualvereinbarung nicht abgewichen werden (§ 10 FernUSG). Unwirksam sind schließlich alle Vereinbarungen zu Lasten des Teilnehmers über Vertragsstrafen, über die Festsetzung der Höhe eines Schadensersatzes in Pauschalbeträgen, über den Abschluß oder die Beschränkung von Schadensersatzansprüchen oder über den Erwerb von Sachen und Dienstleistungen, die nicht den Zielen des Fernunterrichtsvertrages dienen (§ 2 Abs. 5 FernUSG).

Abgesehen von den aufgeführten gesetzlichen Bindungen privater Weiterbildungsträger insbesondere bei der Vertragsgestaltung sind freilich noch zahlreiche **Vertragsrechtsprobleme** allgemeiner Art von Bedeutung, so im Rahmen der dienstvertraglichen Regelungen des BGB, dies insbesondere auch im Interimsbereich

---

150 Zum Muster eines Fortbildungsvertrages zwischen Arbeitgeber und Arbeitnehmer, eines Umschulungsvertrages bei betrieblicher Umschulung sowie eines Umschulungsvertrages bei außerbetrieblicher Umschulung vgl. Götz, Berufsbildungsrecht 1992, Anhang 6 und 7.

von Werkvertrag und Mietvertrag, so ferner beim Abzahlungskauf bestimmter Lehrmittel unter Anwendung des Verbraucherkreditgesetzes, bei Zugrundelegung allgemeiner Geschäftsbedingungen[151], bei Vertragsstörungen sowie schließlich im Rahmen der ordentlichen und außerordentlichen Kündigung , vertraglicher Rücktrittsrechte und Anfechtungsmöglichkeiten.[152]

VII. Prüfungswesen

Gem. §§ 34 Abs. 1, 42 S. 1 BBiG sind **Abschlußprüfungen** und **Zwischenprüfungen** durchzuführen. Bei Fortbildungs- und Umschulungsmaßnahmen sind Prüfungen dagegen nicht zwingend vorgegeben. Es bleibt hier vielmehr den zuständigen Stellen überlassen, ob sie Prüfungen durchführen wollen (§§ 46 Abs. 1, 47 Abs. 2 BBiG).

Die Pflicht zur Durchführung von **Abschlußprüfungen** besteht nur für die staatlich anerkannten Ausbildungsberufe (§ 34 Abs. 1 BBiG). Zwischenprüfungen sind dagegen für jede Art der Berufsausbildung vorgeschrieben (§ 42 BBiG). Abschlußprüfungen sind zudem für die Behindertenberufe gem. § 44 i. V. m. § 48 BBiG vorgesehen. Zum freiwilligen Erwerb von Zusatzqualifikationen können die zuständigen Stellen gem. § 44 BBiG zudem entsprechende Rechtsvorschriften erlassen. Hinsichtlich der Abschlußprüfung besteht aufgrund des Ausbildungsvertrages eine Teilnahmeverpflichtung des Auszubildenden (§ 9 BBiG).[153] Die Abschlußprüfung ist für den Auszubildenden gebührenfrei; lediglich für den Ausbildenden fallen gem. § 6 Abs. 1 Nr. 3 BBiG Gebühren an, wenn die zuständige Stelle eine entsprechende Gebührenordnung erlassen hat.

Gem. § 41 BBiG hat die zuständige Stelle eine **Prüfungsordnung** für die Abschlußprüfung zu erlassen, welche die Zulassung zur Prüfung, die Gliederung der Prüfung, die Bewertungsmaßstäbe, die Erteilung der Prüfungszeugnisse, die Folgen von Verstößen gegen die Prüfungsordnung und die Wiederholungsprüfung regelt (§ 41 S. 2 BBiG). Wird bei berufsbezogenen Prüfungen von einem Multiple-Choice-Verfahren Gebrauch gemacht, so mußdies im Hinblick auf Aufgabenstellung und Bestehensvoraussetzungen in der Prüfungsordnung hinreichend deutlich zum Ausdruck kommen.[154]

Durch die Abschlußprüfung ist festzustellen, ob der Prüfling die erforderlichen Fertigkeiten beherrscht, die notwendigen praktischen und theoretischen Kenntnisse besitzt und mit dem ihm im Berufsschulunterricht vermittelten, für die Berufsausbildung wesentlichen Lehrstoff vertraut ist. Trotz dieser Aufspaltung des Prüfungsgegenstandes ist die Abschlußprüfung als **einheitliches Ganzes**

---

151 Insbesondere zu beachten: § 10 Nr. 4, 11 Nr. 13, 9, 11 Nr. 2 a sowie Nr. 12, 12 a, 12 b AGBG.
152 Im einzelnen Gounalakis/Gounalakis, RdJB 1997, 229 ff.
153 Es handelt sich jedoch nicht um eine öffentlich-rechtliche Pflicht gegenüber der zuständigen Stelle, die mit Zwangsmitteln durchgesetzt könnte.
154 Sächs OVGm DVBl. 2003, 348.

anzusehen.[155] Es werden nur die bei der Prüfung gezeigten Leistungen berücksichtigt. Andere Prüfungsleistungen, – auch Zeugnisse der Berufsschule oder Berichtshefte – dürfen das Prüfungsergebnis nicht beeinflussen.[156] Vielmehr ergibt sich der **Prüfungsstoff** in enger Anlehnung an die Ausbildungsordnung, insbesondere an den Ausbildungsrahmenplan und das Ausbildungsberufsbild (§ 25 BBiG). Die Einheitlichkeit der Abschlußprüfung kommt auch darin zum Ausdruck, daß grundsätzlich alle Mitglieder des Prüfungsausschusses über den gesamten Prüfungsgegenstand abzustimmen haben (§ 38 Abs. 2 S. 2 BBiG).

Bei der **Zulassung** zur Abschlußprüfung ist Voraussetzung, daß die Ausbildungszeit zurückgelegt wurde, die Teilnahme an den vorgeschriebenen Zwischenprüfungen erfolgte, die Berichtshefte ordnungsgemäß geführt wurden und die Eintragung in das Verzeichnis der Berufsausbildungsverhältnisse erfolgt ist. Näheres ergibt sich aus § 39 Abs. 1 Nr. 1–3 BBiG. Über die Zulassung entscheidet die zuständige Stelle. Hält sie die Zulassungsvoraussetzungen nicht für gegeben, so entscheidet der Prüfungsausschuß (§ 39 Abs. 2 BBiG). Ausnahmsweise kann jedoch eine vorzeitige Zulassung zur Abschlußprüfung erfolgen. Wenn die Leistungen des Auszubildenden dies rechtfertigen[157], kommt zudem eine Zulassung als Externer in Betracht, wenn dieser mindestens das Zweifache der Ausbildungszeit zurückgelegt hat. Schließlich ist die Zulassung auch bei Vorliegen einer der Berufsausbildung entsprechenden schulischen Ausbildung möglich, wenn die Ausbildung bspw. in sonstigen Berufsbildungseinrichtungen oder in berufsbildenden Schulen erfolgte (§ 40 Abs. 1–3 BBiG).[158] Das Nähere zur Antragstellung enthält die Prüfungsordnung. Die Entscheidung der zuständigen Stelle über die Zulassung ist ein mit den Mitteln des Widerspruchs und der Verpflichtungsklage anfechtbarer Verwaltungsakt.[159] Die Durchführung der Prüfung obliegt im Kern dem **Prüfungsausschuß** (§ 36 BBiG). Dieser wird von der zuständigen Stelle errichtet. Es ist streitig, ob der Prüfungsausschuß auch über die Auswahl der schriftlichen Prüfungsaufgaben bestimmen kann.[160] Nach der Musterprüfungsordnung von 1971 beschließt der Prüfungsausschuß zwar über die Prüfungsaufgaben, ist jedoch gehalten, überregional erstellte Prüfungsaufgaben zu übernehmen.

Die **Prüfung** unterfällt in die beiden Teile der Fertigkeitsprüfung und der Kenntnisprüfung. Letztere ist schriftlich abzunehmen. Sie kann durch eine mündliche Prüfung ergänzt werden (§ 13 Abs. 2 MusterPrO). Regelmäßig findet die Prüfung unter Ausschluß der Öffentlichkeit statt. Die Mitteilung des Prüfungsergebnisses erfolgt am

---

155 Götz, Berufsbildungsrecht 1992, Rn. 500.

156 Opolony, Taschenbuch Berufsausbildungrecht 2001, Rn. 644.

157 Dies ist eine Ermessensvorschrift.

158 VG Kassel EzB Nr. 4 zu § 40 Abs. 2 BBiG, VG Köln EzB Nr. 3 zu § 40 Abs. 2 BBiG (Anforderungen an die Zulassung als Externer); VG Münster EzB Nr. 2 zu § 40 Abs. 3 BBiG (Anforderungen gem. § 40 Abs. 3).

159 Daneben kommt die einstweilige Anordnung gem. § 123 VwGO in Betracht, vgl. D.

160 Ablehnend: VG Düsseldorf EzB Nr. 5 zu § 36 BBiG; OVG Nordrhein-Westfalen GewA 1990, 26; BVerwG GewA 1990, 363. Bejahend: OVG Hamburg EzB Nr. 5 zu § 37 BBiG; vgl. auch E. (Prüfungsausschuß).

letzten Prüfungstag. Hierüber erhält der Prüfling eine schriftliche Bescheinigung sowie ein Prüfungszeugnis, in dem das Gesamtergebnis der Prüfung und die einzelnen Prüfungsleistungen aufgeführt sind (§ 22 MusterPrO).

Die nicht bestandene Abschlußprüfung kann zweimal **wiederholt** werden (§ 34 Abs. 1 BBiG). Auf Antrag des Auszubildenden können jedoch einzelne Prüfungsteile aufrecht erhalten bleiben, wenn die Prüfungsordnung dies vorsieht (§ 24 Abs. 2 MusterPrO). Das negative Prüfungsergebnis ist ein vor den Verwaltungsgerichten anfechtbarer Verwaltungsakt.[161]

Die gem. § 42 BBiG durchzuführende **Zwischenprüfung** beschränkt sich auf die Überprüfung der nach dem Ausbildungsrahmenplan geforderten Fertigkeiten und Kenntnisse sowie auf den im Berufsschulunterricht zu vermittelnden Lehrstoff.[162] In der Regel liegt die Zwischenprüfung in der Mitte der Ausbildungszeit. Die Zwischenprüfung dient jedoch nur dem Zweck, den Ausbildungsstand zu ermitteln. Eine Prüfung im technischen Sinne ist sie nicht. Es geht deshalb nicht um ein Bestehen der Prüfung. Deshalb gibt es keine Wiederholungsmöglichkeit.[163] Da die §§ 34 bis 36 BBiG entsprechend anzuwenden sind, ist im Anschluß an die Zwischenprüfung ein Zeugnis auszustellen (§ 42 S. 2 i.V.m. § 34 Abs. 2 BBiG). Ebenso wie die Abschlußprüfung ist die Zwischenprüfung für den Auszubildenden gebührenfrei.

Auch im **Fortbildungs- und Umschulungsbereich** können die zuständigen Stellen entsprechende Prüfungen durchführen, sind hierzu jedoch nicht verpflichtet (§§ 46 Abs. 1 S. 1, 47 Abs. 2 S. 1 BBiG). Zuständig für die Durchführung von Fortbildungs- und Umschulungsprüfungen sind ausschließlich die zuständigen Stellen. Private Bildungseinrichtungen sind daher nur zur Abnahme privater Lehrgangsprüfungen, nicht aber zur Abnahme hoheitlicher Prüfungen berechtigt.

Einzelheiten sind in einer Prüfungsordnung zu regeln (§§ 46 Abs. 1 S. 2, 47 Abs. 2 S. 2 BBiG). Diese hat den Erfordernissen des § 41 BBiG zu entsprechen (s.o.). Auch für die zu errichtenden Prüfungsausschüsse gelten die üblichen Voraussetzungen der §§ 36–38 BBiG. Die zuständigen Stellen können von ihrer Regelungsbefugnis jedoch nur solange Gebrauch machen, wie der Bundesminister für Bildung und Wissenschaft keine einschlägige Rechtsverordnung gem. §§ 46 Abs. 2, 47 Abs. 2 BBiG zur Regelung des Prüfungswesens bei Fortbildungen und Umschulungen erlassen hat.

---

161 Vgl. D.

162 Götz, Berufsbildungsrecht 1992, Rn. 525.

163 Eine Ausnahme besteht jedoch bei der Stufenausbildung gem. § 26 BBiG; hier ist für jede Stufe eine Zwischenprüfung mit zweimaliger Wiederholungsmöglichkeit durchzuführen: Götz, Berufsbildungsrecht 1992, Rn. 529.

VIII. Berufsausbildungsvorbereitung

Die Berufsausbildungsvorbereitung ist die konsequente Antwort auf die häufig beklagte mangelnde Ausbildungseignung vieler Schulabgänger. Sie richtet sich an sozial **benachteiligte oder lernbeeinträchtigte Personen**, deren Entwicklungsstand eine erfolgreiche Ausbildung nicht erwarten läßt (§ 50 Abs. 1 BBiG). Neue Strukturen, wie die Einführung von Qualifizierungsbausteinen mit inhaltlich und zeitlich abgegrenzten Lerneinheiten (§ 51 Abs. 1 BBiG), sollen dabei eine verbesserte Transparenz und Verwertbarkeit der erworbenen Qualifikationen bei der Bewerbung um ein Ausbildungsverhältnis sicherstellen. Der insofern angestrebte Erwerb „beruflicher Handlungsfähigkeit" (§ 50 Abs. 2 BBiG) wird vom jeweiligen Anbieter der Berufsausbildungsvorbereitung mit einer Bescheinigung bestätigt (§ 51 Abs. 2 BBiG). Die Maßnahmen werden **sozialpädagogisch** begleitet (§ 50 Abs. 2 BBiG).

Als **Anbieter** entsprechender Bildungsmaßnahmen kommen vor allem Unternehmen in Betracht. So kann eine engere inhaltliche und organisatorische Anbindung an die spätere Berufsausbildung erreicht werden. Ziel ist die Heranführung an eine Ausbildung in einem anerkannten Ausbildungsberuf oder einer gleichwertigen Berufsausbildung. Insofern Teilqualifikationen vermittelt werden, die aus den Ausbildungsordnungen entwickelt werden, besteht die Möglichkeit der Anrechnung auf eine spätere Berufsausbildung. Im Einzelnen wird man hierzu entsprechende Regelungen auf Verordnungsebene abwarten müssen (§ 51 Abs. 2 BBiG). Die inhaltliche Ausrichtung der Ausbildungsvorbereitung auf die Berufsausbildung stellt an Betriebe besondere **Qualitätsanforderungen.** Insofern gelten die §§ 20, 22 sowie 21 Abs. 2 BBiG zur Ausstattung, Eignung und Konzeption beruflicher Ausbildungen auch für die Berufsausbildungsvorbereitung (§ 50 Abs. 3 BBiG). Die zuständige Stelle ist zur Förderung der Berufsausbildungsvorbereitung durch Beratung der betroffenen Kreise verpflichtet (§ 52 Abs. 2 BBiG).

Stets ist zu prüfen, ob für Maßnahmen der Berufsausbildungsvorbereitung eine **Förderung** durch das Arbeitsamt in Frage kommt (etwa § 235ff., 240ff., 242ff. SGB III).[164]

---

164 Vgl. unter H. IV. 4.

H. Arbeitsförderungsrecht

Weiterführende Literatur:

Arbeitslosenprojekt Tuwas (Hg.), Leitfaden für Arbeitslose, 18. Aufl. 2001; Henkes/Baur/Kopp/Polduwe, Handbuch Arbeitsförderung 1999; Ruhm, Arbeitsförderungsrecht 2000; Siegers, Arbeitsförderung 1978; Luthe, Rechtsanwendung in den Kernzonen aktiver Arbeitsmarktpolitik des SGB III, Die Sozialgerichtsbarkeit 2001, 345; ders., Das Job-Aqtiv-Gesetz, Die Sozialgerichtsbarkeit 2002, 77 (Teil 1), 136 (Teil 2); Bundesanstalt für Arbeit (Hg.), Zusammenarbeit von Arbeits- und Sozialämtern, in: Informationen für die Beratungs- und Vermittlungsdienste 2001; Fuchsloch, Die berufliche Bildung von Jugendlichen im neuen SGB III, RdJB 1998; Kendzia, Maßnahmen zur beruflichen Qualifizierung benachteiligter Jugendlicher, RdJB 1996, 244; Sauter, 20 Jahre Recht der Weiterbildung, RdJB 1997, 18.

I. Allgemeine Anwendungsvoraussetzungen

Das Arbeitsförderungsgesetz (SGB III) ist ein zweigeteiltes Gesetz: Auf der einen Seite die beitragsabhängigen Lohnersatzleistungen wie Arbeitslosengeld und Arbeitslosenhilfe, auf der anderen die aktive Förderung des Arbeitsmarktes mit Förderleistungen an Arbeitnehmer, Arbeitgeber und bestimmte Träger. Nur der letztgenannte Bereich ist von bildungsrechtlicher Relevanz. Gerade hier aber hat sich Ende der 90er Jahre des letzten Jahrhunderts ein gravierender Richtungswechsel vollzogen: Im Sinne einer outputorientierten Steuerung wurde den einzelnen Arbeitsämtern mehr Verantwortung übertragen.[1] Im Zentrum dieser **Dezentralisierungsstrategie** steht der sog. Eingliederungstitel im Haushaltsplan der Bundesanstalt (§ 71 b Abs. ?? SGB IV). Nahezu alle Leistungen der aktiven Arbeitsförderung sind den Arbeitsämtern nunmehr zur eigenständigen Bewirtschaftung zugewiesen. Die Arbeitsämter erhalten hierfür ein nach speziellen Arbeitsmarktindikatoren bemessenes Gesamtbudget, in dessen Rahmen der Verwaltungsausschuß des Arbeitsamts das Mittelvolumen für die einzelnen Leistungsarten nach eigenen regionalen Schwerpunktsetzungen festlegt. Nach Ablauf des Haushaltsjahres haben die Arbeitsämter die Effizienz der einzelnen Fördermaßnahmen in einer sog. **Eingliederungsbilanz** nachzuweisen (§ 11 SGB III). Der Grundgedanke ist: Welche Maßnahmen in welcher Weise notwendig sind, wird nunmehr „vor Ort" entschieden. Deshalb dürfen die Gestaltungsspielräume der Arbeitsämter im Bereich aktiver Arbeitsförderung zukünftig nur noch aus besonderen Gründen eingeschränkt werden (§ 371 Abs. 4 SGB III).[2]

---

1 Luthe, Rechtsanwendung in den Kernzonen aktiver Arbeitsmarktpolitik des SGB III, SGb 2001, 345.

2 Von der beruflichen Weiterbildung und der Arbeitsbeschaffung abgesehen sind sämtliche aufgrund des SGB III erlassenen Anordnungen vollständig aufgehoben worden.

Dezentrale Flexibilität läßt sich freilich nur auf der Basis hinreichend offener Gesetze herbeiführen. Deshalb wurden alle wesentlichen Leistungen der aktiven Arbeitsförderung als **Ermessensleistungen** ausgestaltet (§ 3 Abs. 5 SGB III). Die Bewilligung von Leistungen hängt damit davon ab, ob und in welchem Umfang entsprechende Mittel aus dem Eingliederungstitel zur Verfügung stehen. Und dies hängt wiederum ganz wesentlich von den regionalen Schwerpunktsetzungen und den Ergebnissen der Eingliederungsbilanz ab. Zwar hat das Bundessozialgericht bei Fördermaßnahmen des Arbeitsamtes festgestellt, daß der Mangel an **Haushaltsmitteln** für sich genommen nicht ausreicht, um die Versagung entsprechender Ermessensleistungen rechtfertigen zu können. Vielmehr ist stets auch der Einzelfall, d. h. die Fallbedeutung der Förderziele des Gesetzes zu berücksichtigen.[3] Auch muß ein planvolles und insgesamt rationales Ausgabeverhalten seitens der Arbeitsverwaltung nachgewiesen werden, wenn das Argument der Mittelerschöpfung ernstgenommen werden soll. Zweifelsohne aber wurde der Arbeitsverwaltung durch das Dezentralisierungskonzept des SGB III finanziell der Rücken gestärkt. Sie darf nunmehr sogar eine Deckelung der einzelnen Maßnahmebereiche vornehmen.[4] Die im Haushalt veranschlagten Ausgabenpositionen dienen also nicht nur – wie sonst – internen Zwecken der Haushaltskontrolle, sondern werden gezielt zur Umsetzung der regionalen Schwerpunktplanungen, also zur Steuerung der Leistungen, eingesetzt.

Durch die Verbindung von Schwerpunktsetzungen und diesen zugeordneten Budgets wird freilich nur eine Grobsteuerung des Verwaltungshandelns erreicht: Das Arbeitsamt „kann" die Leistung erbringen, solange die hierfür vorgesehenen Haushaltsmittel nicht aufgebraucht sind. Gleichwohl ist das Arbeitsamt nicht völlig frei bei der Frage, wie und wem gegenüber es tätig werden will. Nach wie vor ist das Arbeitsamt bei der Verteilung der eingeplanten Mittel an die Ziele und Fördervoraussetzungen des SGB III gebunden. Fördervoraussetzung etwa der beruflichen Weiterbildung (§ 77 Abs. 1 SGB III) ist zum einen (u. a.) die „Notwendigkeit" berufsfördernder Maßnahmen sowie zum anderen die Erfüllung der Vorbeschäftigungszeit (§ 77 Abs. 1 Nr. 1, § 78 SGB III), auch wenn die Frage, in welchem Umfang hierfür Haushaltsmittel bereit gestellt werden, von den jeweiligen Schwerpunkten abhängt und in dieser Weise dem Ermessen anheim gestellt bleibt.

---

3 BSG, SozR 3-4100, § 55 a Nr. 1.

4 Umstritten ist jedoch die Reichweite der Deckelung. Gem. § 71 b Abs. 3 SGB IV stellen die Arbeitsämter für „jede Art" der Ermessensleistungen Mittel unter Berücksichtigung der Besonderheiten des regionalen Arbeitsmarktes bereit. Die zugewiesenen Mittel sind gem. § 71 b Abs. 4 SGB IV so zu bewirtschaften, daß eine Bewilligung und Erbringung der einzelnen Leistungen im gesamten Haushaltsjahr gewährleistet ist. Beides steht jedoch unter dem Vorbehalt „der Besonderheiten" des regionalen Arbeitsmarktes. Kommt die Eingliederungsbilanz für bestimmte Maßnahmebereiche – etwa ABM oder Eingliederungszuschüsse – zu eindeutig negativen Ergebnissen, so werden Mittel allenfalls im Mindestmaß zur Verfügung gestellt werden können. Möglicherweise sind dann sogar Nullrunden innerhalb bestimmter Maßnahmebereiche zugunsten anderer Maßnahmebereiche rechtlich zulässig.

Das Förderermessen wird darüber hinaus aber auch durch die **Gesetzesziele** und allgemeinen **Fördergrundsätze** in ihrem Aussagegehalt für den jeweiligen individuellen Förderbedarf näher bestimmt, so etwa durch den Vorrang der Vermittlung (§ 4 SGB III), den Vorrang der aktiven Arbeitsförderung (§ 5 SGB III) sowie das Ziel der Frauenförderung (§ 8 SGB III). Insbesondere § 7 SGB III enthält einige Kriterien zur Auswahl der in Frage kommenden Ermessensleistungen: den Grundsatz der Wirtschaftlichkeit und Sparsamkeit sowie die Eignung der Leistung unter Berücksichtigung der Fähigkeiten der zu fördernden Personen, der Aufnahmefähigkeit des Arbeitsmarktes und des arbeitsmarktpolitischen Handlungsbedarfs.

Von besonderer Bedeutung bei der Ermessensausübung ist die sog. **Eingliederungsvereinbarung** (§ 35 Abs. 4 SGB III). In ihr sollen die zu einer beruflichen Eingliederung erforderlichen Leistungen und die eigenen Bemühungen des Arbeitslosen festgehalten werden[5], nachdem zusammen mit dem Arbeitslosen besondere Eingliederungserschwernisse geklärt worden sind. Ziel ist die Vermeidung von Langzeitarbeitslosigkeit. Im Rahmen dieser Verfahrensweise werden also eine Fülle von Einzelfallgesichtspunkten in den Vordergrund gerückt, die insbesondere bei der Auswahl der Ermessensleistungen zu berücksichtigen sind.[6] Nach dem Gesetzeswortlaut kommt es – abgesehen von der Berufsberatung und der beruflichen Rehabilitation (§§ 31 Abs. 1, 97 Abs. 2 SGB III) – bei der Vermittlung und sonstigen Förderung Arbeitsloser auf die Neigungen der Betroffenen grundsätzlich nicht an. Gleichwohl sind motivationale Faktoren für den Maßnahmeerfolg nicht ohne Bedeutung und daher im Rahmen einer Einzelfallwürdigung – auch der bisherigen Berufsbiographie – in die Ermessenserwägungen einzustellen.

Leistungen der aktiven Arbeitsförderung werden jedoch nur **subsidiär** erbracht, d. h. wenn nicht andere Träger zur Erbringung der Leistung verpflichtet sind (§ 22 Abs. 1 SGB III). Dies gilt vor allem für allgemeine und besondere Leistungen der beruflichen Rehabilitation behinderter Menschen (Abs. 2). Diese Leistungen werden jedoch im Kapitel über die berufliche Rehabilitation dargestellt (vgl. I.).

Die vorstehenden Gedanken dürften deutlich gemacht haben, daß das SGB III im Bereich seiner Fördermaßnahmen von sehr komplexen Formen der Rechtsanwendung bestimmt wird. Angesichts der Dominanz von Ermessensregelungen und unbestimmten Rechtsbegriffen (etwa Eignung und arbeitsmarktliche Zweckmäßigkeit der Maßnahme) bedeutet Rechtsanwendung hier nicht einfach nur Gesetzesvollzug, sondern beinhaltet vielmehr eine gestaltende Tätigkeit der Arbeitsmarktverwaltung. Im Gegensatz zur klassischen Eingriffsverwaltung ist ihr Handeln in hohem Maße erfolgsorientiert und hat daher für Situationserfordernisse offen zu sein. Entsprechend offen ist das Gesetz.

---

5 Näher Luthe, Das Job-Aqtiv-Gesetz, SGb 2002, 77, 79.

6 In die gleiche Richtung zielt der Individualisierungsgrundsatz des § 33 SGB I sowie die Einzelfallorientierung der Eignung von Leistungen in § 7 SGB III.

II. Inanspruchnahme von Privatanbietern

Staatliche Sozialleistungen und insbesondere Bildungsdienstleistungen werden innerhalb des deutschen Sozialsystems zumeist durch staatliche Inanspruchnahme privater Einrichtungen und Dienste erbracht. Diese sind grundsätzlich nicht Teil des staatlichen Verwaltungsapparates, sondern private Marktanbieter von Gütern[7], die regelmäßig durch Verträge in die Sozialleistungserbringung eingebunden sind. Hierbei treten notwendigerweise Konflikte auf: Der Privatanbieter wird seine Leistung nur erbringen können und wollen, wenn Gewinnerzielungsmöglichkeiten oder zumindest eine kostendeckende Finanzierung existieren. Der staatliche Sozialleistungsträger muß einerseits auf Wirtschaftlichkeit und Sparsamkeit bedacht sein, ist jedoch andererseits gegenüber dem leistungsberechtigten Bürger zur Gewährung bedarfsgerechter Leistungen verpflichtet. Letzterer wiederum hat ein starkes Interesse an einem vielfältigen Angebot an Diensten und Einrichtungen, zumindest dann, wenn das Gesetz ihm die Möglichkeit der Auswahl unter vorhandenen Anbietern einräumt (vgl. § 33 SGB I).

Die einzelnen Sozialleistungsbereiche tragen den hiermit gesetzten Anforderungen in unterschiedlicher Weise Rechnung. Insgesamt kommt hierbei der Gedanke eines offenen Qualitätswettbewerbs zwischen den Anbietern eine immer größere Bedeutung zu. Insofern sind verschiedene Grundmodelle denkbar:

- Der staatliche Kostenträger gibt die qualitativen Anforderungen im Rahmen einer öffentlichen **Ausschreibung** vor und erteilt dem günstigsten und leistungsfähigsten Anbieter den **Auftrag** zur Durchführung der Maßnahmen.
- Der staatliche Kostenträger gibt die qualitativen „und" kostenmäßigen Anforderungen vor, denen sich der Privatanbieter im Rahmen von **Vereinbarungen** mit der staatlichen Instanz unterwirft. Die Auswahl zwischen den insoweit zugelassenen Privatanbietern obliegt dem Leistungsempfänger.

Keines der vorgenannten Grundmodelle ist im Sozialrecht in Reinform verwirklicht. Teils sind die Finanzierungsformen der einen Variante, teils der anderen angenähert. Das Sozialhilfe-, Jugendhilfe- und Krankenversicherungsrecht folgt – bei aller Unterschiedlichkeit – im wesentlichen der zweiten Variante. Für sie hat sich der Begriff des **Dreiecksverhältnisses** eingebürgert: Zwischen Staat und Leistungsempfänger besteht eine öffentlich-rechtliche Leistungsbeziehung, zwischen Leistungsempfänger und Privatanbieter dagegen ein privatrechtliches Verhältnis, und zwischen Privatanbieter und Staat existiert eine (zumeist öffentlich-rechtliche) Vertragsbeziehung, die durch sozialgesetzliche Qualitäts- und Vergütungsregelungen vorstrukturiert wird (vgl. §§ 93 ff. BSHG, 77 ff. SGB VIII, 69 ff. SGB V, 69 ff. SGB XI, 34 Abs. 3 SGB VII).

---

7 Igl, Benötigt das Sozialrecht Regelungen zum Sozial-Wirtschaftsrecht?, in: Verfassung, Theorie und Praxis des Sozialstaats, Festschrift für Hans F. Zacher zum 70. Geburtstag, 1998, 281 ff.; Schmitt, Leistungserbringung durch Dritte im Sozialrecht, 1990; Neumann, Freiheitsgefährdung im kooperativen Sozialstaat, 1992.

H. Arbeitsförderungsrecht

In der beruflichen Rehabilitation des Rentenversicherungs-, Unfallversicherungs- und Arbeitsförderungsrechts sind die Strukturen hingegen weniger klar ausgebildet und stark durch die **Verwaltungspraxis** geprägt.[8] Dies hat vor allem traditionelle Gründe. In früheren Zeiten waren die entsprechenden Dienste und Einrichtungen fast vollständig in staatlicher Hand. Zwar hat der Staat den Anteil eigener Einrichtungen in den letzten Jahrzehnten kontinuierlich abgebaut. Ein echtes „Einkaufsmodell" dergestalt, daß die Nachfrage nach bestimmten Rehabilitationsleistungen ausgeschrieben wird, konnte sich bis heute aber nicht durchsetzen. Auch das neue Rehabilitationsrecht (SGB IX) läßt die Frage der Ausschreibungspflicht im Ungewissen (vgl. §§ 17, 19 SGB IX). Bei der Auswahl von Diensten und Einrichtungen sind Wünsche des Leistungsempfängers zwar zu berücksichtigen (§§ 33 SGB I, 9 SGB IX). Gleichwohl bestimmt der staatliche Leistungsträger über die Wahl der Einrichtung nach pflichtgemäßem Ermessen (§§ 13 SGB VI, 7 SGB III, 26 SGB VII).[9] Durch den Ausfall des Leistungsempfängers als Nachfrager fehlt somit ein wichtiges Korrektiv zur Herstellung der wettbewerbsrechtlich geforderten Anbietergleichheit. Umgekehrt dürfte u. a. dies für die Geltung der staatlichen Vergaberechtsordnung sprechen.

Bei der Insanspruchnahme privater Qualifizierungsträger kennt insbesondere das SGB III die sog. Auftragsmaßnahme und die sog. freie Förderung. Erstere entspricht in den wesentlichen Zügen dem Auftragsmodell (erste Variante), letztere dem Dreiecksmodell (zweite Variante).

1. „Freie Maßnahmen"

Die sog. freien Maßnahmen werden von privaten Bildungsträgern auf dem Markt angeboten. Zu ihnen hat jeder Zugang, der die gesetzlichen Zugangsvoraussetzungen erfüllt. Um freie Maßnahmen handelt es sich bei

- **Trainingsmaßnahmen** zur Verbesserung der Eingliederungsaussichten, die auf Vorschlag oder mit Einwilligung des Arbeitsamtes erfolgen (§ 48 Abs. 1 Nr. 2 SGB III);
- **Weiterbildungsmaßnahmen**, an denen teilgenommen werden kann, wenn die Maßnahme und der private Bildungsträger staatlich zugelassen wurden (§§ 77, 84, 85 SGB III).

Es ist jedoch zweifelhaft, ob hierbei von einem echten Dreiecksverhältnis ausgegangen werden kann. Unstreitig ist, daß zwischen Arbeitsverwaltung und Leistungsempfänger eine öffentlich-rechtliche Leistungsbeziehung sowie zwischen Leistungsempfänger und Privatanbieter ein zivilrechtlicher Weiterbildungsvertrag vorliegt. Unter den Voraussetzungen eines Dreiecksverhältnisses müßte jedoch auch eine

---

8 Schliehe, Rehabilitationseinrichtungen im Wettbewerb, in: Igl (Hg.), Das Gesundheitswesen in der Wettbewerbsordnung, 2000, 135 ff.
9 Vgl. I.

Rechtsbeziehung zwischen Arbeitsverwaltung und Privatanbieter angenommen werden können. Die für Dreiecksverhältnisse typischen Vereinbarungen zwischen öffentlichem und privatem Träger sieht das Gesetz jedoch nicht vor.

Es fordert insbesondere bei der Weiterbildung lediglich die Zulassung von Maßnahme und Träger und überträgt die Aufgabe einer externen Zulassungsagentur. Die Zulassung selbst dürfte, wie noch zu zeigen sein wird, die Voraussetzungen eines Verwaltungsakts erfüllen (§ 31 SGB X): Denn es kommt für die Qualifikation des Behördenhandelns nicht darauf an, ob eine Rechtsgrundlage für eine Regelung durch Verwaltungsakt gegeben ist. Maßgeblich ist vielmehr der objektive Sinngehalt der behördlichen Entscheidung aus Sicht des Empfängers. Schon dies spricht dafür, daß es sich bei der Anerkennung von Weiterbildungsmaßnahmen um einen feststellenden **Verwaltungsakt** handelt.[10]

Eine andere Frage ist, ob der Weiterbildungsträger bei Erfüllung der Voraussetzungen einen **Rechtsanspruch** auf Zulassung hat oder ob dieser hierdurch nur unbeabsichtigt oder allein im öffentlichen Interesse begünstigt wird. Minimalbedingung für einen Rechtsanspruch ist hingegen die Bestimmtheit des Adressatenkreises und der Anspruchsvoraussetzungen. Ein ausdrücklicher Bezug zu privaten Weiterbildungsträgern wird im Rahmen der Anerkennung gem. §§ 84, 85 SGB III indes nicht hergestellt. Gleichwohl wird man zugeben müssen, daß die Frage der Zulassung von unmittelbarer Bedeutung ist für die berufliche Betätigung des Anbieters. Könnte der Staat hier beliebig verfahren, so wäre dies mit der Berufsfreiheit der Anbieter kaum zu vereinbaren. Im Zweifelsfall ist deshalb von einem Rechtsanspruch auszugehen.

Im Gegensatz zur Weiterbildung ist bei den Trainingsmaßnahmen bereits das Vorliegen eines Verwaltungsakts im Verhältnis zum Privatanbieter zu verneinen. Sie erfolgen auf Vorschlag oder mit Einwilligung des Arbeitsamtes gegenüber dem Leistungsberechtigten. Eine rechtliche Beziehung zum Privatanbieter wird hierdurch nicht begründet, zumal sich dieser im Gegensatz zum Bereich der Weiterbildung auch keinen besonderen Zulassungsanforderungen zu unterwerfen hat.

2. Auftragsmaßnahmen

Auftragsmaßnahmen werden im Auftrag des Arbeitsamtes für förderungsbedürftige Personen auf der Grundlage eines Vertrages zwischen Arbeitsamt und Bildungsträger „vergeben“. Das SGB III verdeutlicht dies durch explizite Verwendung des Auftragsbegriffs.[11] Um Auftragsmaßnahmen handelt es sich insbesondere bei

---

10 So auch Henkes/Baur/Kopp/Polduwe, Handbuch Arbeitsförderung 1999, 27 unter Verweis auf LSG Niedersachsen, NZS 1995, 229 sowie L 8 Ar 408/95 und 436/95 sowie unter V. 2.

11 Nicht selten muß der Auftragscharakter jedoch durch Auslegung ermittelt werden. Ein Beispiel hierfür ist § 17 SGB IX. Vgl. auch Luthe, NDV 2001, 254 (m. w. N.).

- **berufsvorbereitenden Bildungsmaßnahmen** (§§ 61 Abs. 1 Nr. 3, 241 Abs. 4 Nr. 2 SGB III);
- Maßnahmen der Förderung der beruflichen Weiterbildung durch Vertretung (sog. **Job-Rotation**, §§ 229, 232 SGB III), wo Privatanbieter mit der Planung und Durchführung der Weiterbildung des beschäftigten Arbeitnehmers und der Auswahl seines Vertreters beauftragt werden können;
- der Beauftragung Dritter mit der **Vermittlung** (§ 37 a SGB III);
- der Vergabe von **Arbeitsbeschaffungsmaßnahmen** an ein Wirtschaftsunternehmen oder einen Träger (§ 262 SGB III);
- Maßnahmen der **Infrastrukturförderung**, wo ein Wirtschaftsunternehmen, das Arbeitslose beschäftigt, von öffentlichen Trägern mit der Durchführung von Infrastrukturprojekten beauftragt werden kann (§ 279 Abs. 1 Nr. 1 SGB III).
- Personal-Service-Agenturen zur Vermittlung von Leiharbeitnehmern (§ 37 c Abs. 1 und 2 SGB III);
- den besonderen Hilfen im Rahmen der Berufsvorbereitung und Ausbildung (§ 421 i SGB III).

Für die Auftragsvergabe gilt die **Verdingungsordnung für Leistungen** (VOL), welche einerseits die Aufgabe hat, durch wettbewerbliche Vergabeverfahren den Bedarf an Fördermaßnahmen am Markt wirtschaftlich zu decken, andererseits für unverfälschte Wettbewerbsverhältnisse sorgen soll.[12] Im einzelnen unterscheidet sich das Vergabeverfahren jedoch, je nachdem, ob es von nationaler oder europäischer Bedeutung ist. Maßgeblich ist der Schwellenwert von 200000,– €: Ist das Auftragsvolumen niedriger, gilt die Vedingungsordnung für Leistungen nach nationalem Haushaltsrecht; ist der Auftragswert höher, so gilt das in deutsches Recht transformierte europäische Vergaberecht in Gestalt der §§ 97 ff. GWB.[13]

Das Vergaberecht dient in erster Linie dem unverfälschten Qualitätswettbewerb. Es soll gewährleisten, daß der wirtschaftlichste, d. h. kostengünstigste, zuverlässigste und leistungsfähigste Anbieter den Zuschlag erhält. Das gelingt jedoch nur, wenn das Verfahren hinreichend transparent ausgestaltet ist. Deshalb müssen die Leistungen grundsätzlich **öffentlich ausgeschrieben** werden, so daß jeder die Chance zur Einreichung von Angeboten hat. Unter besonderen Voraussetzungen kommt jedoch auch die sog. **beschränkte Ausschreibung** in Betracht; dann werden von vornherein nur bestimmte Anbieter zur Abgabe von Angeboten aufgefordert.[14] Die sog.

---

12 Leinemann, Die Vergabe öffentlicher Aufträge, 2. Aufl. 2001.

13 § 2 Nr. 3 Vergabeverordnung, § 77 a SGB IV, §§ 97 ff. GWB i. V. m. Abschnitte 2–4 der VOL/A (sog. a-§§); bei der Ermittlung der Schwellenwerte bzw. der Auftragswerte ist von der geschätzten Gesamtvergütung auszugehen und auf eine bestimmte Laufzeit hochzurechnen, § 3 Vergabeverordnung.

14 Dies ist möglich, wenn die öffentliche Ausschreibung einen unzumutbaren Aufwand verursachen würde oder eine öffentliche Ausschreibung kein annehmbares Ergebnis gehabt hat oder die öffentliche Ausschreibung aus anderen Gründen unzweckmäßig ist.

freihändige Vergabe, also der Verzicht auf ein transparentes Bewerberverfahren, kommt dagegen nur im absoluten Ausnahmefall in Betracht.[15] Leider kommt es in der Praxis immer wieder vor, daß sich die Verwaltung ohne triftige Gründe für die freihändige Vergabe entscheidet und dadurch letztlich die ungeeigneteren Anbieter das Rennen machen. Gerade Newcomern mit innovativen Konzepten wird der Marktzutritt hierdurch nicht unerheblich erschwert. Dem rechtswidrig übergangenen Anbieter stehen jedoch Schadensersatzansprüche zu.[16]

Zweifelsohne haben wir es hier aber mit einer besonderen Marktsituation zu tun. Es herrscht „einseitiger Wettbewerb", da der staatliche Auftraggeber ein Nachfragemonopol besitzt und so die Preise diktieren kann. Je kleiner die Gewinnmargen, umso mehr ist der Anbieter aufgrund vorgehaltener Personal- und Betriebsmittel auf verläßliche Aufträge angewiesen. Umgekehrt kann es sich der staatliche Auftraggeber nicht erlauben, daß das Anbieterfeld austrocknet und die flächendeckende Versorgung mit Bildungsdienstleistungen nicht mehr gewährleistet ist. Er muß deshalb „auch" auf die Sicherung des vorfindlichen Bestandes achten. Gleichwohl sollte nicht verkannt werden, daß dieses an sich ernstzunehmende Argument sich nur allzu leicht in den Dienst einer Pfründenpolitik und Versorgungsmentalität zur Abwehr unliebsamer Konkurrenz stellen läßt, – auf Kosten notwendiger Angebotsqualität und vor allem Angebotsvielfalt. Möglicherweise kann im Wege der vergaberechtlich durchaus zulässigen Befristung von Beauftragungszeiträumen eine pragmatische Lösung dieser vielschichtigen Problematik herbeigeführt werden, die sowohl den wettbewerbsrechtlichen Anforderungen als auch dem Planungsinteresse des Anbieters gerecht wird. Dies macht jedoch nur Sinn, wenn als Ausgangsbasis von vornherein für ein hinreichend differenziertes Anbieterfeld gesorgt und das Aufkommen von Regionalkartellen und oligopolistischen Strukturen tunlichst vermieden wird.

III. Maßnahmen der Eignungsfeststellung/Trainingsmaßnahmen

Maßnahmen der Eignungsfeststellung und Trainingsmaßnahmen gem. § 48 SGB III dienen der Verbesserung von Eingliederungsaussichten und richten sich an arbeitslose und von Arbeitslosigkeit bedrohte Arbeitssuchende. Es handelt sich um **Ermessensleistungen.**

Als Maßnahmen kommen Lehrgänge oder auch praktische Tätigkeiten in Betrieben in Betracht. Insbesondere bei den Trainingsmaßnahmen soll der Kontakt mit dem ersten Arbeitsmarkt verbessert und die Selbstsuche von Arbeit, z. B. durch Bewer-

---

15 Ein solcher Ausnahmefall liegt vor, von von vornherein nur ein bestimmter Privatanbieter in Betracht kommt oder die Durchführung der Maßnahme besonders dringlich ist oder die Leistung nicht eindeutig beschreibbar ist oder nach Aufhebung einer Ausschreibung eine erneute Ausschreibung kein wirtschaftliches Ergebnis verspricht.

16 Hertwig, Praxis der öffentlichen Auftragsvergabe, 2000, Rn. 81 ff., 148 ff., 191 ff., 253 f.

bungstraining, unterstützt werden. Sie werden aber auch genutzt, um die Arbeitsbereitschaft von Arbeitslosen zu testen.[17] Denn nicht wenig Leistungsbezieher verweigern die Teilnahme, verlieren so ihren Leistungsanspruch und geben damit indirekt zu erkennen, daß sie über anderweitige Erwerbsquellen verfügen. Im Rahmen der Maßnahmen der Eignungsfeststellung soll vor alllem die Eignung für eine berufliche Tätigkeit oder für eine Weiterbildungsmaßnahme festgestellt werden.

Der geförderte **Personenkreis** umfaßt arbeitslose und von Arbeitslosigkeit bedrohte Arbeitssuchende. Das Arbeitsamt kann somit bereits bei absehbarer Arbeitslosigkeit, etwa nach der Kündigung oder vor Ablauf eines befristeten Arbeitsverhältnisses, eine Trainingsmaßnahme bewilligen. Diese kann bereits vor Beginn der Arbeitslosigkeit stattfinden, etwa außerhalb der Beschäftigungszeit oder bei Freistellung des Arbeitssuchenden. Hierdurch erhält die Maßnahme einen präventiven Charakter. Der Bezug von Arbeitslosengeld oder Arbeitslosenhilfe ist nicht Voraussetzung. Deshalb ist auch die Einbeziehung von Sozialhilfeempfängern im Zuge der gesetzlich geforderten Zusammenarbeit zwischen Arbeitsamt und Sozialamt möglich (§§ 371 a, 421 d SGB III sowie §§ 18 Abs. 2a, 18a BSHG).[18]

Im Rahmen der **sachlichen Förderungsvoraussetzungen** kommen Tätigkeiten in einem Betrieb oder die Teilnahme an einer Maßnahme in Betracht. Voraussetzung ist jedoch, daß die Maßnahme geeignet und angemessen ist, die Eingliederungsaussichten der geförderten Personen zu verbessern (§ 48 Abs. 1 Nr. 1 SGB III). Insofern sieht das Gesetz drei Gruppen von Maßnahmen vor (§ 49 SGB III):

- Maßnahmen der **Eignungsfeststellung** dienen der Feststellung von Kenntnissen, Fähigkeiten, des Leistungsvermögens und der beruflichen Entwicklungsmöglichkeiten unter Berücksichtigung der Arbeitsmarktlage und sonstiger für die Eingliederung bedeutsamer Umstände (§ 49 Abs. 1 SGB III). In diese Maßnahmekategorie fallen in erster Linie Angebote der beruflichen Orientierung, der Teilnehmerprofilerstellung sowie der Persönlichkeitsanalyse. Die Dauer ist im Regelfall auf 4 Wochen beschränkt (§ 49 Abs. 3 SGB III).

- Ein Teil der Trainingsmaßnahmen dient der **Unterstützung der Selbstsuche** von Arbeit, insbesondere durch Bewerbungstraining, durch Beratung über Möglichkeiten der Arbeitsplatzsuche sowie zur Überprüfung der Arbeitsbereitschaft und -fähigkeit (§ 49 Abs. 2 Nr. 1 SGB III). Hierbei handelt es sich im wesentlichen um Hilfen bei der Kontaktaufnahme mit Betrieben, um die Aquisition von Praktikumsplätzen, um Serviceleistungen für Teilnehmer und Betriebe, weiterhin um Nachbetreuung in der ersten Phase der Beschäftigung, um Stellenaquisitionstechniken und Arbeitsmarktinformationen. Die Dauer ist regelmäßig auf 2 Wochen begrenzt (§ 49 Abs. 3 SGB III).

---

17 So BT-Drs. 13/4941, S. 142, 162 f.

18 Hierzu Informationen für die Beratungs- und Vermittlungsdienste (hg. Bundesanstalt für Arbeit), Zusammenarbeit von Arbeits- und Sozialämtern, 05/01, 31.01.01.

- Ein weiterer Teil der Trainingsmaßnahmen dient der **Vermittlung von Kenntnissen und Fähigkeiten**, um eine Vermittlung in Arbeit oder eine erfolgreiche Aus- oder Weiterbildung zu erleichtern (§ 49 Abs. 2 Nr. 2 SGB III). Der Maßnahmebereich umfaßt die Vermittlung von Schlüsselqualifikationen, von Lern- und Arbeitstechniken, allgemeinbildenden und berufsspezifischen Kenntnissen, schließlich das berufspraktische betriebliche Training, betriebliche Praktika, Angebote zum Erhalt oder zur Weiterentwicklung der beruflichen Qualifikation und zur Erlangung sozialer Kompetenz. Von großer Bedetung sind zudem Maßnahmen, in denen bestimmte Befähigungsnachweise erlangt werden können (Gabelstapler-, Schweißer-, Personenbeförderungs-, Motorsägen-, Gefahrengutscheine sowie die Ausbildereignungsprüfung). Die Maßnahmen sind regelmäßig auf 8 Wochen begrenzt (§ 49 Abs. 3 SGB III).

Maßnahmen der einzelnen Kategorien können auch kombiniert angeboten werden. In diesem Fall darf die Förderung die Dauer von 12 Wochen nicht übersteigen (§ 49 Abs. 3 SGB III).

Trainingsmaßnahmen und Maßnahmen der Eignungsfeststellung werden im Normalfall als „freie Maßnahme" durchgeführt, teilweise aber auch als Auftragsmaßnahme. Die Förderung ist davon abhängig, daß sich der Teilnehmer die Maßnahme selbst sucht und das Arbeitsamt **einwilligt** oder diese auf einen Vorschlag des Arbeitsamtes zurückgeht (§ 48 Abs. 1 Nr. 2 SGB III). Sind andere Maßnahmen, etwa eine Weiterbildung, jedoch besser geeignet oder würde durch die Teilnahme die Vermittlung auf eine Stelle beeinträchtigt[19], so wird eine Einwilligung in der Regel nicht erteilt. Eine Förderung ist zudem dann ausgeschlossen, wenn ein überwiegendes Interesse des Arbeitgebers an der Maßnahme besteht (§ 51 SGB III). Die Vorschrift will Mitnahmeeffekte und die mißbräuchliche Inanspruchnahme von Maßnahmen vermeiden in denjenigen Fällen, in denen die Maßnahme zu einer Einstellung bei einem Arbeitgeber führen soll.[20]

Förderungsfähig sind auch Maßnahmen in einem anderen Mitgliedstaat der Europäischen Union oder in einem anderen außereuropäischen Staat, mit dem die Europäische Gemeinschaft ein Assoziierungsabkommen abgeschlossen hat, jedoch nur, wenn hierfür Fördermittel der Europäischen Gemeinschaft bereitgestellt werden (§ 48 Abs. 2 SGB III). Die Förderung in grenznahen Regionen ist jedoch unbeschränkt möglich (§ 48 Abs. 1 SGB III).

---

19 Vgl. § 4 SGB (Vorrang der Vermittlung).

20 Dies ist der Fall bei einem Arbeitgeber,
- der den arbeitslosen oder den von Arbeitslosigkeit bedrohten Arbeitsuchenden in den letzten 4 Jahren bereits mehr als 3 Wochen versicherungspflichtig beschäftigt hat,
- der dem arbeitslosen oder dem von Arbeitslosigkeit bedrohten Arbeitsuchenden vor Eintritt der Arbeitslosigkeit eine Beschäftigung angeboten hat,
- von dem eine Beschäftigung üblicherweise ohne solche Tätigkeiten oder Maßnahmen erwartet werden kann,
- dem geeignete Fachkräfte vermittelt werden können.

Nach Durchführung der Maßnahme ist dem Teilnehmer eine **Bescheinigung** auszustellen, aus der sich mindestens Art und Inhalt der Tätigkeit bzw. Maßnahme ergeben (§ 48 Abs. 3 SGB III).

Verweigert der Bezieher von Arbeitslosengeld oder Arbeitslosenhilfe die Teilnahme an einer Maßnahme, bricht er vorzeitig ab oder wird er aus der Maßnahme ausgeschlossen, so hat das Arbeitsamt die Möglichkeit, eine **Sperrzeit** von im Regelfall 12 Wochen zu verhängen, in der der Leistungsbezug ruht (§ 144 Abs. 1 Nr. 3, 4 SGB III).[21]

Die **Förderleistungen** bestehen zum einen aus der Weiterleistung von Arbeitslosengeld bzw. -hilfe für bisherige Leistungsbezieher sowie zum anderen aus der Übernahme der Maßnahmekosten. Bei den von Arbeitslosigkeit bedrohten Arbeitnehmern werden lediglich die Maßnahmekosten übernommen.

Zu den Maßnahmekosten zählen die

- erforderlichen und angemessenen Lehrgangskosten und Prüfungsgebühren,
- berücksichtigungsfähige Fahrkosten für die tägliche Hin- und Rückfahrt zwischen Wohnung und Maßnahmestätte,
- Kosten für die Betreuung der aufsichtsbedüftigen Kinder des Arbeitslosen in Höhe von 130,– € monatlich je Kind (§ 50 SGB III).

Die Lehrgangskosten umfassen zudem die angemessenen Kosten für eine sozialpädagogische Betreuung, insofern diese nach dem Maßnahmezielg erforderlich ist. Nach den Durchführungsanweisungen der Bundesanstalt belaufen sich die übernahmefähigen Lehrgangskosten pro Stunde und Teilnehmer auf ca. 6,– € (2002). Eine Überschreitung des Betrages ist jedoch möglich, wenn die Maßnahme dies aus besonderen Gründen erfordert.

IV. Förderung der Berufsausbildung

Die Förderung der Berufsausbildung umfaßt im wesentlichen vier Maßnahmekategorien: die berufliche Ausbildung in einem anerkannten Ausbildungsberuf (§ 60 SGB III), berufsvorbereitende Bildungsmaßnahmen zur Vorbereitung einer Ausbildung oder Ermöglichung der beruflichen Eingliederung (§ 61 SGB III), berufsbegleitende Fördermaßnahmen (§ 241 Abs. 1 SGB III) sowie die außerbetriebliche Ausbildung (§ 241 Abs. 2 SGB III). Bei Teilnahme an einer förderungsfähigen beruflichen Ausbildung oder berufsvorbereitenden Bildungsmaßnahme haben Auszubildende Anspruch auf Berufsausbildungsbeihilfe (§ 59 SGB III). Dies gilt auch für die Teilnahme an einer außerbetrieblichen Ausbildung, wenn die sachlichen und persönlichen Voraussetzungen der Berufsausbildungsbeihilfe erfüllt sind.

21 Eine Bildungsmaßnahme, die keine zusätzliche Befähigung vermittelt, ist jedoch unzumutbar und darf abgelehnt werden: SG Darmstadt, Urteil vom 10. 11. 87 – S 14 Ar 980/87; SG Gießen, Urteil vom 26. 07. 89 – S 14 Ar 779/88; SG Fulda, Urteil vom 29. 11. 89 – S 1 c Ar 202/88.

Die berufsbegleitende Förderung sowie die außerbetriebliche Ausbildung gem. § 241 SGB III wird innerhalb der Gesetzessystmatik bei den „Leistungen an Träger" erwähnt. Der Auszubildende ist nur mittelbar Adressat der Maßnahmen. Im Vordergrund stehen Zuschüsse für Dienste und Einrichtungen zur Förderung des in die Maßnahmen einbezogenen ausbildungsschwachen Personenkreises (§§ 242, 243 SGB III).[22]

Die vorgenannten Leistungen werden ergänzt durch sog. Übergangshilfen zwischen abgebrochener Ausbildung und neuer Berufsausbildung bzw. zwischen abgeschlossener Ausbildung und Beginn eines Arbeitsverhältnisses (§ 241 Abs. 2 SGB III) sowie durch Zuschüsse zur Ausbildungsvergütung an den Arbeitgeber für Ausfallzeiten, die dadurch zustande kommen, daß der geförderte Auszubildende an außerbetrieblichen Maßnahmen teilnimmt (§ 235 SGB III). Ferner können Arbeitgebern Praktikumsvergütungen erstattet sowie Zuschüsse zum Arbeitsentgelt gewährt werden, wenn berufsvorbereitende Bildungsmaßnahmen mit einem Betriebspraktikum verbunden wurden bzw. wenn der Arbeitnehmer zur Nachholung eines Berufsabschlusses von seinem Arbeitgeber für die Weiterbildung freigestellt wurde (§§ 235 b, 235 c SGB III).

1. Berufliche Ausbildung

Die Förderung der beruflichen Ausbildung dient im wesentlichen der **Erleichterung der Ausbildungsaufnahme** durch Gewährung von Ausbildungsbeihilfe bei auswärtiger Unterbringung, bei Zusammenleben mit einem Kind oder bei Unzumutbarkeit des Verweises auf die elterliche Wohnung (§ 64 SGB III). Förderungsfähig ist jedoch nur die mit einem Berufsausbildungsvertrag durchgeführte Ausbildung nach dem Berufsbildungsgesetz, der Handwerksordnung oder dem Seemannsgesetz (§ 60 Abs. 1 SGB III).[23] Die Ausbildung kann betrieblich oder außerbetrieblich durchgeführt werden.[24] Ausbildungen, die nach anderen Gesetzen des Bundes oder der Länder durchgeführt werden (etwa Gesundheitsfachberufe) sind zwar im Rahmen der beruflichen Weiterbildung, nicht jedoch der Berufsausbildungsbeihilfe förderungsfähig (§§ 59 Nr. 1, 60 SGB III). Gefördert wird im übrigen nur, solange die Ausbildung mit den Ausbildungsordnungen nach BBiG sowie HwO übereinstimmt, auch wenn ein beruflicher Abschluß erlangt wird.[25] Dagegen ist die Teilnahme an Berufsgrundbildungsjahren in kooperativer Form, wo bereits zu

---

22 Die Aufnahme behinderter Menschen ist prinzipiell zwar nicht ausgeschlossen (§ 98 Abs. 2 SGB III). Wenn Art oder Schwere der Behinderung oder die Sicherung der Teilhabe am Arbeitsleben dies erfordern, ist die Maßnahme jedoch in einer speziellen Einrichtung für behinderte Menschen durchzuführen (§ 102 SGB III).

23 Näher zum Berufsbildungsrecht unter G.

24 Zur außerbetrieblichen Ausbildung vgl. §§ 22 Abs. 2, 27 BBiG, 23 Abs. 2, 26 a HwO; außerbetriebliche Ausbildungsstätten gelten als sonstige Berufsausbildungseinrichtung im Sinne von § 1 Abs. BBiG (BSG SozR 4100 § 40 Nr. 13).

25 Staatliche Sonderprogramme zur Behebung eines allgemeinen Lehrstellenmangels genügen den Anforderungen häufig nicht: BSG SozR 3-4100 § 40 Nr. 2.

Beginn ein Ausbildungsvertrag abgeschlossen und dieser in das zu führende Verzeichnis der Berufsausbildungsverhältnisse eingetragen wurde (§§ 23, 31 BBiG), durchaus förderungsfähig.

Gefördert wird jedoch nur die erste Berufsausbildung (§ 60 Abs. 2 SGB III). Das Gesetz läßt jedoch eine Ausnahme zu, wenn für die Lösung des Ausbildungsverhältnisses ein berechtigter Grund bestand. Hierbei handelt es sich um einen gerichtlich voll überprüfbaren unbestimmten Rechtsbegriff, der maßgeblich von den Umständen des Einzelfalles geprägt wird.[26] Erneut gefördert werden kann lediglich nach einem einmaligen Abbruch. Die Förderung einer dritten oder weiteren Ausbildung kommt nicht in Betracht.

2. Berufsvorbereitende Bildungsmaßnahmen

Auch berufsvorbereitende Bildungsmaßnahmen zählen zur Berufsausbildung. Die Teilnehmer gelten deshalb als Auszubildende und haben Anspruch auf Berufsausbildungsbeihilfe (§ 14 SGB III). Schwerpunktmäßig wird die Vorbereitung der Aufnahme einer Ausbildung und als Alternative die berufliche Eingliederung bezweckt (§ 61 Abs. 1 Nr. 1 SGB III). Berufsvorbereitende Bildungsmaßnahmen sind nicht auf den betrieblichen oder außerbetrieblichen Bereich beschränkt. Häufig können die Maßnahmen nur in schulischer Form durchgeführt werden.[27] Inhaltlich läßt das Gesetz ein **weites Maßnahmeverständnis** erkennen. Es ist deshalb konsequent, bei den Maßnahmen auch allgemeinbildende Fächer und die Vorbereitung auf den Hauptschulabschluß zuzulassen (§ 61 Abs. 2 SGB III). Sonstige Maßnahmen zur Vorbereitung auf die Ausbildung an Schulen oder gar Hochschulen sind jedoch nicht möglich. Ausgeschlossen ist die Förderung zudem für das Berufsvorbereitungsjahr und Berufsgrundbildungsjahr.[28] Berufsvorbereitende Maßnahmen kommen nicht nur für die Erstausbildung, sondern auch im Rahmen der beruflichen Weiterbildung in Betracht.

Die vorherige Teilnahme einer mindestens 6 Monate dauernden berufsvorbereitenden Bildungsmaßnahme ist im übrigen Voraussetzung für die Förderung einer außerbetrieblichen Ausbildung und soll sicherstellen, daß von entsprechenden Fördermöglichkeiten im Bereich der sozialen Kompetenz und Allgemeinbildung vor Ausbildungsantritt Gebrauch gemacht wurde.

Die wesentlichen **Aufgaben** berufsvorbereitender Bildungsmaßnahmen sind[29]:

---

26 Anhaltspunkte für das Vorliegen eines berechtigten Grundes liefert § 144 Abs. 1 SGB im Rahmen der Sperrzeitverhängung. Der berechtigte Grund in § 60 SGB III geht über die dort geltenden Kriterien jedoch insoweit hinaus, als auch die subjektiv empfundene Nichteignung für eine Stelle einen berechigten Grund darstellen kann: Henkes (u. a.), Handbuch Arbeisförderung 1999, 213.

27 BSG SozR 4100 § 40 Nr. 10.

28 BSG SozR 4100 § 58 Nr. 169.

29 Henkes (u. a.), Handbuch Arbeitsförderung 1999, 251.

- die Erweiterung des Berufswahlspektrums,
- die Förderung der Ausbildungsmotivation,
- die individuelle lehrgangsbegleitende Beratung, insbesondere bei der Planung des Übergangs in Ausbildung oder in Beschäftigung,
- die Vermittlung fachpraktischer und fachtheoretischer Grundkenntnisse und -fertigkeiten,
- der Erwerb betrieblicher Erfahrungen (insbesondere durch Betriebspraktika),
- die Verbesserung des Bildungsniveaus zur Ausbildungsaufnahme,
- die Stärkung der sozialen Kompetenz und Unterstützung bei der Bewältigung von Problemen,
- die Förderung und Einübung von Einstellungen und Fähigkeiten, die für eine erfolgreiche Bewältigung einer Ausbildung oder einer Beschäftigung notwendig sind.

Je nach Zielgruppe sind innerhalb der Arbeitsverwaltung hierfür folgende **Maßnahmekategorien** entwickelt worden[30]:

- tip-Lehrgänge („Testen, Informieren, Probieren"). Sie werden vor allem als „Vorschaltmaßnahme" eingesetzt zur Förderung der Ausbildungs- und Beschäftigungsmotivation.
- Grundausbildungslehrgänge zielen ab auf die Aufnahme einer qualifizierten Ausbildung und vermitteln praktische und theoretische Grundkenntnisse und -fertigkeiten.
- Förderlehrgänge richten sich an behinderte Menschen und werden im Rahmen der Leistungen zur Teilhabe am Arbeitsleben gewährt (§§ 97 ff. SGB III).
- Lehrgänge zur Verbesserung der beruflichen Bildungs- und Eingliederungschancen sind berufsvorbereitende und -orientierende Bildungsmaßnahmen mit sozialpädagogischer Unterstützung.
- Mit der Kombination von Arbeitsbeschaffungsmaßnahmen und berufsvorbereitenden Bildungsmaßnahmen (Arbeiten und Lernen) sollen Theorie und Praxis in sinnvoller Weise aufeinander zugeführt werden.
- Blindentechnische und vergleichbare spezielle Grundausbildungen mit einer Dauer von bis zu einem Jahr richten sich an Blinde und Gehörlose.[31]
- Spezielle berufsvorbereitende Bildungsmaßnahmen in Werkstätten für Behinderte.

---

30 A.a.O., 252.

31 Hierzu zählen auch Verständigungstechniken für Hörbehinderte: BSG SozR 4100 § 40 Nr. 8.

§ 61 Abs. 1 Nr. 2 SGB III enthält **Qualitätsanforderungen** hinsichtlich der Ausbildung und Berufserfahrung des Leiters, des Ausbildungs- und Betreuungspersonals, hinsichtlich der Gestaltung des Lehrplans, der Unterrichtsmethode und hinsichtlich der Qualität der zum Einsatz vorgesehenen Lehr- und Lernmittel.

Im Gegensatz zum alten § 34 Abs. 1 AFG werden im Gesetz die einzelnen Unterrichtsarten nicht mehr erwähnt. Gleichwohl dürfte die hierzu ergangene Rechtsprechung nach wie vor Geltung besitzen.[32] **Unterricht** im Sinne des Gesetzes ist damit „die Vermittlung theoretischer Kenntnisse und die praktische Unterweisung durch Lehrkräfte".[33] Ein rein selbstgesteuertes Lernen ohne Lehrkräfte ist kein Unterricht im Sinne des Gesetzes, ein „Heimstudium" daher von der Förderung ausgeschlossen.[34] Gleichwohl ist ein den Anforderungen des Fernunterrichtsschutzgesetzes entsprechender Fernunterricht möglich, wie die §§ 68, 90 SGB III zeigen, zumindest, wenn der Fernunterricht mit ergänzendem Nahunterricht verbunden ist. Im übrigen kommt ganztägiger Unterricht (25–35 Wochenstunden), Teilzeitunterricht (12–24 Wochenstunden) und berufsbegleitender Unterricht in Betracht.

Die Maßnahmegestaltung stellt auf den pädagogischen, nicht arbeitsmarktpolitischen **Erfolg der Maßnahme** ab. Die Maßnahme läßt „eine erfolgreiche berufliche Bildung erwarten", wenn eine bestimmte Erfolgsquote oder Durchschnittsnote in Aussicht gestellt werden kann. Diese Prognoseentscheidung der Arbeitsverwaltung unterliegt der vollen gerichtlichen Überprüfung.[35] Im übrigen müssen Lehrplan, Unterrichtsorganisation und Unterrichtsmethode zielgruppengerecht sein. Insbesondere der Lehrplan hat das Ziel, die Gliederung, den Abschluß und die Inhalte der Maßnahme zu nennen.[36] Bei der Vorbereitung auf eine Berufsausbildung genügt jedoch die bloße Berufbezeichnung (§ 25 Abs. 2 Nr. 1 BBiG) als Zielvorgabe, weil alle weiteren Inhalte in Ausbildungsordnungen geregelt sind. Bei Maßnahmen der **beruflichen Eingliederung und der Weiterbildung** ist hingegen eine nähere Beschreibung der Ziele erforderlich. Der Lehrplan muß außerdem die Zugangsvoraussetzungen und die Art des Abschlusses enthalten.[37] Erforderlich ist weiterhin die differenzierte Benennung der Unterrichtsinhalte; eine bloße zusammenfassende Bezeichnung des Gegenstandes des Lehrplans ist nicht ausreichend.[38]

Als Anforderungen an das **Personal** benennt das Gesetz die Ausbildung und Berufserfahrung. Eine Lehrerausbildung ist nicht erforderlich. Allerdings müssen Erfahrung und Ausbildung den Lehrgangsinhalten entsprechen.[39]

---

32 Niesel, Kommentar zum SGB III, 1998, § 61, Nr. 6.
33 BSG, AuB 1983, 282.
34 BSG, SozR 4100 § 44 Nr. 45.
35 BSG SozR 3-4100 § 60 Nr. 1.
36 BSG SozR 4100 § 40 Nr. 20.
37 BSG SozR 4100 § 39 Nr. 16.
38 BSG SozR 4460 § 2 Nr. 4.
39 Hinsichtlich der Berufserfahrung wird üblicherweise von einem Zeitrahmen von 2 Jahren ausgegangen.

Bei der **Unterrichtsorganisation** und insbesondere der Festsetzung der zumutbaren Gesamtbelastung (einschließlich Teilzeitarbeit, Vor- und Nachbereitung, Wegezeiten usw.) ist die Gesamtbelastungsgrenze bei 48 Sunden wöchentlich anzunehmen.[40] Die zulässige Gruppengröße eines Lehrgangs hängt von den jeweiligen Unterrichtsformen ab und nicht zuletzt von der Anzahl der zur Verfügung stehenden Lehrpersonen.[41] Die Gesamtdauer der Maßnahme wird „nach oben" begrenzt durch die Grundsätze der Wirtschaftlichkeit und Sparsamkeit; „nach unten" durch das vor allem pädagogisch zu beurteilende Ziel einer erfolgreichen Maßnahmedurchführung.

Berufsvorbereitende Bildungsmaßnahmen sind gem. § 61 Abs. 1 Nr. 3 SGB III jedoch nur förderungsfähig, wenn sie nach den Grundsätzen der **Sparsamkeit und Wirtschaftlichkeit** geplant, als Auftragsmaßnahme durchgeführt werden und die Kosten angemessen sind. Grundsätzlich haben sich die Kosten am Maßnahmeziel zu orientieren und nicht umgekehrt. Lediglich bei gleicher Erfolgschance kann auf die kostengünstigere Maßnahme zurückgegriffen werden. Die Ermittlung der angemessenen Kosten erfolgt im Vergabeverfahren. Das Arbeisamt schließt mit dem beauftragten Bildungsträger einen Vertrag ab, in dem Einzelheiten der Maßnahmedurchführung sowie der Zusammenarbeit mit dem Arbeitsamt (Erfolgskontrolle, Stellungnahme des Betriebsrats bei Maßnahmen in Unternehmen) festgelegt werden.

Seit 2002 besteht die Möglichkeit, berufsvorbereitende Bildungsmaßnahmen mit einem **Betriebspraktikum** zu verbinden (§ 61 Abs. 3 SGB III). In früherer Zeit mußten die theoretischen Ausbildungsanteile insgesamt prägend für die Maßnahme sein. Das ist nun nicht mehr erforderlich. Der Anteil der berufsvorbereitenden Bildungsmaßnahme am Gesamtumfang braucht mittlerweile nur noch „mindestens 40 %" zu betragen. Die sozialpädagogische Begleitung des Auszubildenden im Betrieb ist sicherzustellen. Die Maßnahme wendet sich vor allem an (noch) nicht ausbildungsgeeignete Jugendliche und soll den Übergang in eine betriebliche oder sonstige Ausbildung oder Arbeit verbessern. Eine vom Arbeitgeber zu zahlende Praktikumsvergütung wird diesem vom Arbeitsamt erstattet (§ 235 b SGB III).

Förderungsfähig sind auch im Ausland durchgeführte berufliche Ausbildungen und berufsvorbereitende Bildungsmaßnahmen (§ 62 SGB III).

Auf die **Bewilligung der Maßnahme** als solche hat der Auszubildende grundsätzlich keinen Einfluß. Stets ist die Beauftragung eines privaten Bildungsträgers erforderlich. Wünsche des Auszubildenden bei der Auswahl mehrerer in Frage kommender Bildungsträger sind jedoch berücksichtigungsfähig (§ 33 SGB I). Da der Auszubildende einen Rechtsanspruch auf Berufsausbildungsbeihilfe bei Erfüllung der Voraussetzungen besitzt, dürfte es für die Anspruchsrealisierung nicht darauf ankommen, ob bei den Bildungsträgern Kapazitäten frei sind, wenn die Förderungs-

---

40 BSG SozR 3-4100 § 44 Nr. 14.

41 Die Förderungsfähigkeit einer Maßnahme darf von der Begrenzung der Teilnehmerzahl auf höchstens 50 „allein" nicht abhängig gemacht werden: SozR 4100 § 34 Nr. 6.

fähigkeit der Maßnahme und die Auftragserteilung vorliegt. Kapazitätserwägungen enthält das Gesetz nämlich nicht. Die Arbeitsverwaltung sollte deshalb ausreichende Kapazitäten einplanen, um ausschließen zu können, daß Berufsausbildungsbeihilfe paradoxerweise auch dann gewährt werden muß, wenn die förderungsfähige Person mangels ausreichender Angebote an entsprechenden Maßnahmen gar nicht teilnehmen kann.

Der private Bildungsträger kann seine Rechte jedoch nur innerhalb des **Vergabeverfahrens** wahren, im Regelfall nur im Wege von der Auftragserteilung nachgehenden Schadensersatzansprüchen. Die vorrangig zu betreibende öffentliche Ausschreibung der Maßnahmen sowie die Erteilung des Zuschlags hat sich an den gesetzlichen Kriterien zu orientieren. Übersteigt das gesamte Auftragsvolumen jedoch den europarechtlich relevanten Schwellenwert von 200000,– €, so kann die Vergabeentscheidung der Arbeitsverwaltung bereits innerhalb des laufenden Vergabeverfahrens von den in der Vergabeverordnung bestimmten Vergabekammern überprüft werden.

3. Berufsausbildungsbeihilfe

Die Berufsausbildungsbeihilfe ist eine **bedarfsabhängige Leistung** der aktiven Arbeitsförderung und kommt bei beruflicher Ausbildung und bei berufsvorbereitenden Bildungsmaßnahmen in Betracht (§ 59 SGB III). Im Unterschied zur beruflichen Weiterbildung, die einen Anspruch auf Unterhaltsgeld begründet, ist der Anspruch auf Berufsausbildungsbeihilfe nach seiner gesamten Zweckrichtung an die Ermöglichung einer ersten grundlegenden beruflichen Qualifizierung geknüpft.[42] Der Erwerb eines weiteren Berufsabschlusses kann nur im Rahmen der beruflichen Weiterbildung gefördert werden.[43] Abzugrenzen ist die Berufsausbildungsbeihilfe ferner von der **Berufsausbildungsbeihilfe für Arbeitslose** (§ 74 SGB III). Ihre Besonderheit besteht darin, daß die ansonsten bedarfsabhängige Berufsausbildungsbeihilfe ohne Berücksichtigung von Eltern- bzw. Ehegatteneinkommen und mindestens in Höhe des ansonsten zu zahlenden Arbeitslosengeldes bzw. der Arbeitslosenhilfe geleistet wird. Die Leistung wird nur Arbeitslosen gewährt, die nicht über eine abgeschlossene Berufsausbildung verfügen und innerhalb einer Frist von 3 Jahre vor Maßnahmebeginn mindestens 4 Monate in einem Versicherungspflichtverhältnis gestanden haben.

Für die Gewährung von Berufsausbildungsbeihilfe müssen **individuelle und ausbildungsbezogene Voraussetzungen** erfüllt sein. Die ausbildungsbezogenen Voraussetzungen wurden vorstehend bereits behandelt (§§ 60–62 SGB III). Die individuellen Voraussetzungen gliedern sich in den förderungsfähigen Personenkreis (§ 63) und sonstige persönliche Voraussetzungen (§ 64). Der Personenkreis betrifft

---

42 BSG SozR 4100 § 40 Nr. 12; SozR 4100 § 44 Nr. 14.

43 Das gilt auch für nicht arbeitslose Beschäftigte mit abgeschlossener Berufsausbildung, die länger als 6 Jahre in an- oder ungelernter Tätigkeit beschäftigt waren, § 77 Abs. 2 Nr. 2 SGB III.

- Deutsche;
- Ausländer, sofern sie aus der EU stammen;
- asylberechtigte Ausländer und anerkannte Flüchtlinge mit gewöhlichem Aufenthalt in Deutschland;
- Ausländer mit festgestelltem Abschiebungsschutz;
- Ausländer im Sinnes des § 1 des Gesetzes über die Rechtsstellung heimatloser Ausländer;
- Ausländer mit Wohnsitz in Deutschland, wenn ein Elternteil oder der Ehepartner Deutscher ist;
- sonstige Ausländer, wenn sie sich insgesamt 5 Jahre im Inland aufgehalten haben und rechtmäßig erwerbstätig gewesen sind (oder wenn sich ein Elternteil insgesamt 3 Jahre im Inland aufgehalten hat und rechtmäßig erwerbstätig gewesen ist) und sie voraussichtlich nach der Ausbildung rechtmäßig erwerbstätig sein werden.[44]

Die **sonstigen persönlichen Voraussetzungen** gem. § 64 SGB III sind davon abhängig, ob es sich um eine berufliche Ausbildung oder eine berufsvorbereitende Bildungsmaßnahme handelt. Der Grund für die Differenzierung ergibt sich daraus, daß es während berufsvorbereitender Bildungsmaßnahmen im Gegensatz zur beruflichen Ausbildung keine Ausbildungsvergütung gibt. Deshalb beschränkt sich die Zahlung von Ausbildungsbeihilfe bei der **beruflichen Ausbildung** im wesentlichen auf die Fälle der Unterbringung außerhalb des Elternhauses und der Existenz einer eigenen Familie, insbesondere

- wenn der Auszubildende nicht im Haushalt seiner Eltern bzw. eines Elternteils wohnt „und“
- er die Ausbildungsstätte von der Wohnung seiner Eltern bzw. eines Elternteils nicht in angemessener Zeit erreichen kann (§ 64 Abs. 1 SGB III).

Auszubildende mit eigenem Hausstand können jedoch nicht auf den elterlichen Haushalt verwiesen werden, wenn sie

- mindestens 18 Jahre alt sind,
- verheiratet sind oder waren,
- mit mindestens einem Kind zusammenleben „oder“
- aus schwerwiegenden sozialen Gründen nicht auf die Wohnung der Eltern oder eines Elternteils verwiesen werden können.[45]

---

44 Arbeitslosenprojekt Tuwas (Hg.), Leitfaden für Arbeitslose, 18. Aufl. 2001, 305.

45 Die Kriterien 1–3 müssen kumulativ vorliegen. „Schwerwiegende soziale Gründe“ liegen insbesondere dann vor, wenn die Eltern-Kind-Beziehung nicht nur vorübergehend gestört oder wenn das körperliche, geistige oder seelische Wohl des Auszubildenden durch die elterliche Umgebung ernsthaft gefährdet würde.

Bei den **berufsvorbereitenden Bildungsmaßnahmen** kommt es für den Anspruch dem Grunde nach auf das Wohnen im Haushalt der Eltern grundsätzlich nicht an. Eine Förderung kommt nur in Betracht, wenn die Maßnahme zur Vorbereitung auf eine Berufsausbildung oder zur beruflichen Eingliederung „erforderlich“ ist und die Fähigkeiten des Auszubildenden erwarten lassen, daß er das „Ziel der Maßnahme“ erreicht. Mit der Erforderlichkeit der Maßnahme soll nur sichergestellt werden, daß eine Förderung nicht lediglich zur Überbrückung der Zeit bis zur Aufnahme einer Ausbildung in Betracht kommt.[46] Die Bewertung der persönlichen Fähigkeiten ist mit einer Erfolgsprognose verbunden.[47] Die Prognoseentscheidung unterliegt der vollen gerichtlichen Überprüfung.[48]

Beim **Leistungsumfang** muß wiederum danach unterschieden werden, ob es sich um eine berufliche Ausbildung oder um eine berufsvorbereitende Bildungsmaßnahme handelt. Eine **Bedürftigkeitsprüfung** wird nämlich nur bei der beruflichen Ausbildung vorgenommen. Hierbei kommt es auf das Einkommen des Hilfeempfängers, seiner Eltern und seines Ehegatten bzw. Lebenspartners an (§ 71 Abs. 1 SGB III). Für Teilnehmer an berufsvorbereitenden Bildungsmaßnahmen wird von einer Anrechnung des Einkommens jedoch abgesehen (§ 71 Abs. 4 SGB III). Gefördert werden der Bedarf für den Lebensunterhalt (§§ 65, 66 SGB III), Fahrtkosten (§ 67 SGB III), sonstige Aufwendungen (§ 68 III) sowie Lehrgangskosten (§ 69 SGB III).

Im Falle **berufsvorbereitender Bildungsmaßnahmen** orientiert sich der Bedarf für den Lebensunterhalt an den Pauschbeträgen gem. § 13 BAföG, je nachdem, ob der Auszubildende bei den Eltern, anderweitig oder im Wohnheim untergebracht ist (§ 66 SGB III). Im Falle der Berufsausbildung orientiert sich der Bedarf für den Lebensunterhalt an § 13 BAföG und insbesondere an der Unterbringung außerhalb des Elternhauses ohne oder bei voller Verpflegung und an einer etwaigen Förderung im Ausland (§ 65 III).[49] Behinderte haben Anspruch auf Berufsausbildungbeihilfe indes auch dann, wenn die Person während der Ausbildung im Haushalt der Eltern wohnt (§ 101 Abs. 3 SGB III).

Bezogen auf den Gesamtbedarf[50] findet im Falle beruflicher Ausbildungsmaßnahmen eine **Einkommensanrechnung** statt (§ 71 SGB III). Diese richtet sich nach den

---

46 Menard, in: Niesel, SGB III-Kommentar, 1998, § 64, Rn. 11.

47 Bei der Beurteilung der Fähigkeiten kommt es auf die Vorbildung, Ausbildung und Berufserfahrung, auf die körperliche und geistige Verfassung sowie die charakterlichen Eigenschaften der Person an; vgl. hierzu BSG SozR 4100 § 36 Nr. 5.

48 Ein Beurteilungsspielraum der Verwaltung wird im allgemeinen abgelehnt. Deshalb ergeht die die gerichtliche Entscheidung auch nicht als „Bescheidungsurteil“: m. w. N. Menard, a. a. O., § 64, Rn. 13.

49 Hinzuzurechnen sind die Kosten der Unterkunft, soweit sie einen bestimmten Betrag monatlich übersteigen (§ 65 Abs. 1 S. 2 SGB III).

50 Dieser setzt sich zusammen aus dem Bedarf für den Lebensunterhalt bei beruflicher Ausbildung (§ 65), Arbeitskleidung (§ 68 Abs. 3), Fernunterrichtsgebühren (§ 68 Abs. 1), Lehrgangsgebühren (§ 69), Lernmittel bei berufsvorbereitenden Maßnahmen (§ 68 Abs. 2 Nr. 1), Fahrtkosten in pauschalierter Höhe (§ 67), Kosten einer Heimfahrt pro Monat (§ 67 Abs. 2 Nr. 2), Beiträge zur Kranken- und Pflegeversicherung (§ 68 Abs. 2 Nr. 2), Kosten für Kinderbetreuung (§ 69 Abs. 3) sowie sonstige unvermeidbare Ausbildungskosten auf besonderen Antrag (§ 68 Abs. 3).

§§ 11 Abs. 4, 21–25 BAföG. In Höhe bestimmter Freibeträge bleibt das Einkommen jedoch anrechnungsfrei. Grundlage sind die positiven Einkünfte im Sinne des Einkommenssteuerrechts.[51] Vom Bruttoeinkommen sind die Steuern und die mit festen Prozentsätzen und Höchstbeträgen pauschalierten Beiträge zur Sozialversicherung abzuziehen. Benötigt werden hierfür die Angaben aus dem vorletzten Kalenderjahr. Für den Auszubildenden werden die bei Antragstellung absehbaren Einkünfte zugrunde gelegt (§ 71 Abs. 2 Nr. 1 SGB III, § 24 Abs. 1 BAföG). Das Gesetz bezieht sich auf § 11 Abs. 4 BAföG (Einkommensanrechnung im Falle mehrerer Auszubildender in der Familie) sowie auf die §§ 21–25 BAföG (allgemeine Vorschriften über die Einkommensanrechnung), weicht hiervon jedoch in einigen wesentlichen Punkten ab.[52]

Das Gesetz ermöglicht die **Vorausleistung** von Berufsausbildungsbeihilfe, wenn die Eltern sich weigern, den Unterhalt zu zahlen oder die erforderlichen Auskünfte für die Einkommensanrechnung zu erteilen, allerdings nur, wenn hierdurch die Ausbildung gefährdet wird (§ 72 Abs. 1 SGB III). Die Frage der Gefährdung der Ausbildung ist stark von Einzelfallumständen abhängig. Bereits die vorübergehende Finanzierung von dritter Seite (Kredite oder darlehensweise gewährte Sozialhilfe) dürfte als Gefährdungsgrund anzuerkennen sein. Die Umstände, die zur Vorausleistung verpflichten, sind lediglich glaubhaft zu machen.[53] Im Verfahren sind die Eltern anzuhören. Hiervon kann jedoch aus wichtigem Grund abgesehen werden. Der Unterhaltsanspruch des Auszubildenden gegen die Eltern geht auf das Arbeitsamt über, d. h. das Arbeitsamt tritt gewissermaßen in die Fußstapfen des Auszubildenden und kann den Anspruch selbständig vor dem Familiengericht geltend machen (§ 72 Abs. 2 SGB III). Die Förderung ist den Eltern gegenüber anzuzeigen. Die Vorleistungspflicht des Arbeitsamts entfällt, sobald die Eltern bereit sind, Unterhalt durch Sachleistungen, also insbesondere durch Unterkunft und Verpflegung, zu gewähren (§ 72 Abs. 3 SGB III). Denn § 1612 Abs. 2 BGB gibt den Eltern ein Bestimmungsrecht, in welcher Weise sie ihr unverheiratetes Kind unterhalten wollen. Dieses Recht endet erst mit der Verheiratung.[54] Hiergegen kann sich der Auszubildende nur mit einer vormundschaftsgerichtlichen Entscheidung zur Wehr setzen.

---

51 Ein Verlustausgleich findet jedoch nicht statt; das Kindergeld zählt nicht zum Einkommen der Eltern.

52 So bleibt die Ausbildungsvergütung in bestimmter Höhe anrechnungsfrei, wenn die Vermittlung einer geeigneten beruflichen Ausbildungsstelle nur bei Unterbringung des Auszubildenden außerhalb des Haushalts der Eltern oder eines Elternteils möglich ist (§ 71 Abs. 2 Nr. 2 SGB). Außerdem werden Leistungen Dritter, die zur Aufstockung der Berufsausbildungsbeihilfe erbracht werden, nicht angerechnet (§ 71 Abs. 2 Nr. 3 SGB III). Außerdem enthält das Gesetz Sonderregelungen zur Ausbildung im Betrieb von Angehörigen (§ 71 Abs. 3 SGB III) sowie für die Freistellung vom Elterneinkommen, wenn ihr Aufenthaltsort nicht bekannt ist oder wenn ein Unterhaltsanspruch nicht besteht oder dieser verwirkt ist (§ 71 Abs. 5 SGB III). Berechnungsbeispiele finden sich im Arbeitslosenprojekt Tuwas (Hg.), Leitfaden für Arbeitslose, 2001, 309 ff. Vgl. auch unter L.

53 Hinsichtlich der Mitwirkungspflicht der Eltern wird § 47 Abs. 4 BAföG analog anzuwenden sein.

54 BGH JZ 1981, 192.

Berufsausbildungsbeihilfe wird für die gesamte **Dauer** der beruflichen Ausbildung oder der berufsvorbereitenden Bildungsmaßnahme gezahlt (§ 73 Abs. 1 SGB III). Kann die Ausbildung nach Berufsbildungsrecht (BBiG) verlängert werden, so verlängert sich auch der Förderungszeitraum.[55] Der Anspruch besteht jedoch nur für die tatsächliche Dauer der Maßnahme; unterrichtsfreie Zeiten sind nicht förderungsfähig. Fortzahlung von Berufsausbildungsbeihilfe ist nur in den vom Gesetz abschließend aufgeführten Fällen, nämlich bei

- Krankheit, längstens bis zum Ende des 3. Monats, der auf den Eintritt der Krankheit folgt. Im Falle einer beruflichen Ausbildung gilt dies jedoch nur, solange das Ausbildungsverhältnis fortbesteht;
- Schwangerschaft und darüber hinaus, wobei das Gesetz unterscheidet zwischen einer beruflichen Ausbildung und einer berufsvorbereitenden Bildungsmaßnahme;
- Fernbleiben von der Ausbildung, wenn die Ausbildungsvergütung weitergezahlt wird;
- Fernbleibenden des Auszubildenden bei einer berufsvorbereitenden Bildungsmaßnahme, wenn ein sonstiger wichtiger Grund vorliegt (analog zum wichtigen Grund bei der Sperrzeit, § 144 SGB).

4. Benachteiligtenförderung

Im Rahmen der sog. Benachteiligtenförderung soll **lernbeeinträchtigten** und **sozial benachteiligten Auszubildenden** eine berufliche Ausbildung ermöglicht werden. Als Maßnahmen kommen in Betracht:

- ausbildungsbegleitende Hilfen (§ 241 Abs. 1 SGB III),
- außerbetriebliche Ausbildung (§ 241 Abs. 2 SGB III),
- Übergangshilfen (§ 241 Abs. 2 SGB III),
- Ausbildungszuschüsse an Arbeitgeber (§ 235 SGB III),
- Aktivierungshilfen (§ 241 Abs. 3 a SGB III)[56],
- Beschäftigung begleitende Eingliederungshilfen (§ 246 a SGB III).[57]

Es handelt sich um Leistungen an **Träger** (§ 21 SGB III). Lediglich die Ausbildungszuschüsse sind sog. Leistungen an Arbeitgeber. Die Benachteiligtenförderung darf nicht mit denjenigen Leistungen verwechselt werden, die im Rahmen der beruf-

55 Vgl. unter G.
56 Hinsichtlich der Aktivierungshilfen tritt das Gesetz ab 01.01.2004 in Kraft.
57 Im Hinblick auf Beschäftigung begleitende Eingliederungshilfen tritt das Gesetz ab 01.01.2004 in Kraft.

lichen Eingliederung Behinderter ausschließlich Behinderten vorbehalten sind.[58] Auf die Leistungen besteht kein Rechtsanspruch; die Förderung liegt vielmehr im **Ermessen** des Arbeitsamtes (§ 3 Abs. 5 SGB III). Die Leistungen werden grundsätzlich nur auf Antrag bewilligt, können mit Zustimmung des Berechtigten aber auch von Amts wegen erbracht werden (§§ 23 Abs. 1, 324 Abs. 1 SGB III).[59]

Die Benachteiligtenförderung war bislang ausschließlich auf die Förderung der beruflichen Ausbildung ausgerichtet. Ab 2004 tritt nach heutigem Stand der Dinge ein weiteres Förderungsziel in Kraft: die Förderung der Heranführung an Ausbildung, Qualifizierung und Beschäftigung durch soziale Betreuungsmaßnahmen (§ 240 Nr. 2 SGB III). Als Maßnahme gewährt das Gesetz hierfür sog. Aktivierungshilfen (§ 241 Abs. 3 a SGB III).

Zu den förderungsfähigen Maßnahmen gehören insbesondere die **ausbildungsbegleitenden Hilfen** (§ 241 Abs. 1 SGB III). Die Hilfen müssen eine betriebliche Ausbildung in einem staatlich anerkannten Ausbildungsberuf unterstützen und über betriebs- und ausbildungsübliche Inhalte hinausgehen.[60] Bis zu 3 Monate dauernde Abschnitte der Berufsausbildung können jedoch auch in einer außerbetrieblichen Einrichtung gefördert werden, sofern sie ausbildungsbegleitende Hilfen ergänzen. Förderungsfähig sind vor allem Maßnahmen zum Abbau von Sprach- und Bildungsdefiziten, zur Förderung der Fachpraxis und Fachtheorie sowie zur sozialpädagogischen Begleitung. Die gesetzliche Aufzählung ist jedoch nicht abschließend. Insbesondere können sämtliche in Frage kommenden Maßnahmen mit sozialpädagogischer Unterstützung kombiniert werden.[61] Da die betriebliche Berufsausbildung in der Regel einen höheren beruflichen Eingliederungseffekt hat, genießen ausbildungsbegleitende Hilfen prinzipiell Vorrang gegenüber der außerbetrieblichen Ausbildung.[62] Die Maßnahmen können durch den ausbildenden Betrieb selbst oder durch einen Dritten angeboten werden.[63]

Die **außerbetriebliche Ausbildung** wird im Rahmen eines Berufsausbildungsvertrages nach dem Berufsbildungsgesetz anstelle einer Ausbildung in einem Betrieb

---

58 Vgl. I IV. 5.
59 Zur Vermeidung unbilliger Härten kann das Arbeitsamt jedoch einen verspäteten Antrag zulassen (§ 324 Abs. 1 SGB III).
60 Fraglich ist, ob die Förderung ausschließlich auf „betriebliche" Ausbildungen beschränkt ist und somit Einrichtungen außerhalb der Wirtschaft (insbesondere des öffentlichen Dienstes, der Angehörigen freier Berufe und in Haushalten) und sonstigen Berufsbildungseinrichtungen somit nicht unter die Förderungsvoraussetzungen fallen. Der Wortlaut der Vorschrift und der enge Bezug zum Berufsbildungsrecht dürfte keine andere Auslegung zulassen.
61 Die sozialpädagogische Unterstützung betrifft vor allem soziale und kommunikative Kompetenzen im Rahmen einer zielgruppenorientieren Methodik und Didaktik sowie Einzelfallhilfen in Krisensituationen und Freizeitangebote.
62 BT-Drs. 13/4941, S. 196.
63 Auch während der betrieblichen Ausbildung, vorzugsweise in der Anfangsperiode, kommen ergänzende Maßnahmen in einer außerbetrieblichen Ausbildungseinrichtung in Betracht (§ 241 Abs. 1 S. 3 SGB III). Für die Zeit, in der der Auszubildende dem Ausbildungsbetrieb nicht zur Verfügung steht, kann der Arbeitgeber von der weiter zu leistenden Ausbildungsvergütung durch Zuschüsse des Arbeitsamtes entlastet werden (§ 235 SGB III).

durchgeführt. Wegen des Vorrangs der betrieblichen Ausbildung (und entsprechend der ausbildungsbegleitenden Hilfen) ist dieser Maßnahmebereich nur unter restriktiven Voraussetzungen förderungsfähig (§ 241 Abs. 2 SGB III):

- Der Auszubildende kann auch mit ausbildungsbegleitenden Hilfen nicht in eine betriebliche Ausbildungsstelle vermittelt werden.
- Nach Erfüllung der allgemeinbildenden Vollzeitschulpflicht muß der Auszubildende an einer berufsvorbereitenden Bildungsmaßnahme mit einer Dauer von mindestens 6 Monaten teilgenommen haben. Damit soll sichergestellt werden, daß die einer Ausbildung vorausgehenden Fördermöglichkeiten zum Abbau von Defiziten genutzt worden sind.[64] Durch die Voraussetzung der Vorförderung wird zudem sichergestellt, daß nur schwer beeinträchtigte Auszubildende in die Maßnahme gelangen und keine Verschiebung von Ausbildungsplätzen vom ersten in den zweiten Ausbildungsmarkt stattfindet.[65]
- Der Anteil betrieblicher Praktikumsphasen darf 6 Monate pro Ausbildungsjahr nicht überschreiten.

Die Ausbildung in einer außerbetrieblichen Einrichtung ist grundsätzlich **auf 1 Jahr befristet**. Eine Verlängerung kommt nur in Betracht, solange dem Auszubildenden auch mit ausbildungsbegleitenden Hilfen eine betriebliche Ausbildung nicht vermittelt werden kann. Im Zusammenwirken mit den Trägern der Maßnahmen muß das Arbeitsamt alle Möglichkeiten nutzen, um den Übergang des Auszubildenden auf einen betrieblichen Ausbildungsplatz zu fördern, ggf. mit ausbildungsbegleitenden Hilfen. Scheitert Auszubildende jedoch nach erfolgtem Übergang in die betriebliche Ausbildung, so kann die außerbetriebliche Ausbildungsmaßnahme fortgesetzt werden.

Die außerbetriebliche Ausbildung erfaßt neben der Fachausbildung auch sozialpädagogisch orientierte Fördermaßnahmen zur Entwicklung sozialer und kommunikativer Komptenzen der Auszubildenden. Der Träger muß nach dem Berufsbildungsgesetz zur Einstellung und Ausbildung berechtigt sein.[66] Die Ausbildung wird in der Praxis zumeist von Trägern der freien Jugendhilfe (§ 75 SGB VIII), von den Kommunen, von Bildungseinrichtungen der Arbeitgeber und Gewerkschaften sowie sonstigen gemeinnützigen oder gewerblich tätigen Organisationen des Privatrechts (Vereine, Stiftungen, GmbH) betrieben.

---

64 Für Auszubildende ohne Vorförderung kommen dagegen die ausbildungsbegleitenden Hilfen in Betracht.

65 Als Vorförderung kommen auch in Betracht: Vorbereitungslehrgänge zum nachträglichen Erwerb des Hauptschulabschlusses, allgemeinbildende Kurse zum Abbau von beruflich schwerwiegenden Bildungsdefiziten, das Berufsgrundbildungsjahr in Sonderformen einschließlich Berufsvorbereitungsjahr, berufsvorbereitende Bildungsmaßnahmen aufgrund tarifvertraglicher Regelungen sowie das 10. und 11. Schuljahr an Schulen für Lernbehinderte; vgl. Henkes (u. a.), Handbuch Arbeitsförderung 1999, 158.

66 Vgl. G. VI.

Übergangshilfen sollen die Beschäftigungswirksamkeit der mit erheblichem Aufwand geförderten Ausbildungsmaßnahmen steigern. Die Förderung ist nicht nur nach erfolgreicher Beendigung einer Ausbildung möglich, sondern auch nach einem Abbruch der Ausbildung innerhalb eines Betriebes oder einer außerbetrieblichen Einrichtung (§ 241 Abs. 3 SGB III). Die zu zahlende Übergangsbeihilfe wird entweder für einen Zeitraum bis zur ersten Arbeitsentgeltzahlung gewährt oder bis zur Aufnahme einer weiteren Ausbildung. Voraussetzung ist jedoch, daß die Förderung für die Aufnahme einer Beschäftigung bzw. Ausbildung erforderlich ist. Insofern ist die finanzielle Situation des Arbeitslosen zu berücksichtigen. Die Förderung darf eine Dauer von 6 Monaten nicht übersteigen. Sie ist nur einmal möglich. Die Übergangshilfen des § 241 Abs. 3 sind nicht mit den Übergangsbeihilfen gem. § 54 Abs. 1 zu verwechseln. Erstere dienen der einer Maßnahme nachgehenden Festigung des Auszubildenden, letztere ist eine allgemeine Mobilitätshilfe zur Aufnahme einer Beschäftigung und wird als Darlehen gewährt. Da die Übergangshilfe der Benachteiligtenförderung im Gesetz jedoch keinen eigenen Leistungstatbestand vorfindet, dürften die Vorschriften der Mobilitätshilfe und damit die Darlehensförderung hier analog anwendbar sein.[67]

Im Rahmen der **Aktivierungshilfen** werden Jugendliche im Wege niedrigschwelliger Angebote im Vorfeld von Ausbildung, Qualifizierung und Beschäftigung gefördert. Die Jugendlichen sollen insbesondere an Treffpunkten angesprochen werden, an denen sie sich in der Regel aufhalten, um sie für eine berufliche Qualifizierung zu motivieren (§ 241 Abs. 3a SGB III). Die Förderung wird an die Voraussetzung geknüpft, daß sich ein Dritter, insbesondere der Jugendhilfeträger, mindestens zur Hälfte an der Finanzierung beteiligt. Die Vorschrift leistet insofern einen Beitrag zur gesetzlich gewollten Zusammenarbeit zwischen Arbeitsamt und Jugendamt (§ 9 Abs. 3 SGB III, § 13, 81 SGB VIII).

Im Rahmen der sog. **Beschäftigung begleitenden Eingliederungshilfen** können Träger durch Zuschüsse gefördert werden, wenn sie durch zusätzliche Hilfen für förderungsbedürftige Arbeitnehmer diesen die betriebliche Eingliederung ermöglichen und ihre Aussichten auf dauerhafte berufliche Eingliederung verbessern (§ 246a SGB III). Unterstützt werden soll vor allem die Anfangszeit im Betrieb. Förderungsbedürftig sind jüngere Arbeitnehmer, die wegen in ihrer Person liegenden Gründen ohne die Förderung ein Arbeitsverhältnis nicht begründen oder festigen können (§ 246 b SGB III). Die förderungsfähigen Maßnahmen entsprechen im wesentlichen denjenigen der ausbildungsbegleitenden Hilfen (§ 246c SGB III). Die Förderung ist auf 6 Monate begrenzt und umfaßt die angemessenen Personal-, Sach- und Verwaltungskosten (§ 246d SGB III)[68].

Die **Beschäftigung begleitenden Eingliederungshilfen** selbst sind den Anforderungen jedoch nicht unterworfen. Insofern überprüft das Arbeitsamt die Ausbildung

---

67 Das Darlehen ist auf maximal 80 % des bis zur ersten Entgeltabrechnung zu erwartenden Bruttoarbeitsentgelts begrenzt (§ 54 Abs. 1 SGB III).

68 Die Maßnahmen sind bestimmten Qualitätsanforderungen unterworfen (§ 241 Abs. 4 SGB III).

und Berufserfahrung des Ausbildungs- und Betreuungspersonals, die Gestaltung des Lehrplans, die Unterrichtsmethode und die Güte der zum Einsatz gebrachten Lehr- und Lernmittel. Außerdem müssen die Maßnahmen nach den Grundsätzen der Wirtschaftlichkeit und Sparsamkeit geplant und die Kosten angemessen sein (§ 241 Abs. 4 SGB III). Es handelt sich um Auftragsmaßnahmen (s. o.).[69] Die Anforderungen finden insofern Parallelen bei der beruflichen Weiterbildung und den berufsvorbereitenden Bildungsmaßnahmen (§§ 61, 86 SGB III). Sämtliche Maßnahmebereiche sind intensiv auf sozialpädagogische und psychologische Unterstützung angewiesen, insbesondere bei der integrativen Planung und Vermittlung fachlicher und psychosozialer Maßnahmebestandteile. Die Angemessenheit der Kosten hat sich vorrangig am Maßnahmeziel zu orientieren und nicht umgekehrt. In der Praxis geht die Bundesanstalt regelmäßig von angemessenen Kosten aus, wenn die von ihr festgesetzten durchschnittlichen Kostensätze nicht überschritten werden.

Der förderungsbedürftige **Personenkreis** betrifft gem. § 242 SGB III lernbeeinträchtigte und sozial benachteiligte Auszubildende, die personenbedingt ohne Förderung eine berufliche Ausbildung nicht beginnen, fortsetzen oder erfolgreich beenden können. Das gleiche gilt für Auszubildende, die nach dem Abbruch einer Berufsausbildung eine weitere Ausbildung nicht beginnen oder nach erfolgreicher Beendigung einer Ausbildung ein Arbeitsverhältnis nicht begründen oder festigen können. Ab 2004 sind auch diejenigen förderungsbedürftig, für die Angebote zur beruflichen Eingliederung nicht oder nicht mehr in Frage kommen.[70] Förderungbedürftig sind somit insbesondere

- Schulabgänger ohne Hauptschulabschluß;
- Abgänger aus Sonderschulen/Förderschulen für Lernbehinderte;
- verhaltensgestörte Jugendliche;
- Legastheniker;
- Jugendliche, für die Hilfe zur Erziehung im Sinne der Kinder- und Jugendhilfe nach dem SGB VIII geleistet worden ist oder wird;
- ehemals drogenabhängige Jugendliche;
- strafentlassene Jugendliche;
- junge Strafgefangene, wenn durch die außerbetriebliche Ausbildung eine Berufsausbildung ermöglicht wird, deren Fortsetzung nach Entlassung aus dem Strafvollzug sonst nicht sichergestellt werden könnte;

---

69 Anders als bei Weiterbildungsmaßnahmen nehmen bei der Benachteiligtenförderung nur vom Arbeitsamt geförderte Personen teil, so daß eine Maßnahmedurchführung als „freie Maßnahme", wo der Arbeitnehmer von gängigen Marktangeboten Gebrauch machen kann, hier keinen Sinn macht.

70 Hierbei geht es um den Personenkreis, der mit den Aktivierungshilfen nach § 240 Nr. 2 gefördert werden kann, also insbesondere ehemalige Sonderschüler und Hauptschüler ohne qualifizierten Abschluß sowie Jugendliche aus einem schwierigen sozialen Umfeld.

- junge Straffällige oder Strafgefangene, wenn die Aufnahme oder Fortsetzung der Berufsausbildung strafmindernd wirkt oder zur Strafaussetzung zur Bewährung führt;
- jugendliche Spätaussiedler mit Sprachschwierigkeiten;
- junge Ausländer mit Sprachschwierigkeiten;
- sonstige Auszubildende, deren betriebliche Ausbildung ohne ausbildungsbegleitende Hilfen zu scheitern droht.[71]

Die Maßnahmen richten sich an förderungsberechtigte **Träger**. Zu einer etwaigen Leistungsberechtigung der **Teilnehmer** sagt das Gesetz nichts aus. Die personenbedingten Förderkriterien des § 242 SGB III sind Voraussetzungen der Trägerförderung, begründen jedoch keinen eigenen Leistungsanspruch für den förderungsbedürftigen Personenkreis auf Zuweisung in eine bestimmte Maßnahme. Der Auszubildende hat lediglich Anspruch auf Berufsausbildungsbeihilfe. Liegen die Vorausetzungen hierfür jedoch vor, so ist dem Betroffenen eine Trägermaßnahme grundsätzlich zuzuweisen, auch wenn dieser auf die nähere Ausgestaltung keinen Einfluß hat. Im Bereich der Benachteiligtenförderung kommt Berufsausbildungsbeihilfe jedoch nur bei der außerbetrieblichen Ausbildung in Betracht. In Ermangelung einer entsprechenden leistungsrechtlichen Untermauerung bei den restlichen Maßnahmearten kommt für den hier förderungsbedürftigen Personenkreis nur ein Anspruch auf pflichtgemäße Ausübung des Ermessens bei der Entscheidung über das „Ob" und „Wie" von Maßnahmen bei der Auswahl von Leistungen in Betracht (§ 7 SGB III). Hierbei ist vor allem die Gleichbehandlung mit bislang geförderten Personen zu berücksichtigen, insbesondere wenn Haushaltsmittel und Einrichtungsplätze zur Verfügung stehen und die regionalen Förderkriterien des jeweiligen Arbeitsamtes erfüllt sind.

Die **Förderleistungen** umfassen Zuschüsse zur Ausbildungsvergütung, Maßnahmekosten und sonstige Kosten (§ 243 SGB III).[72] Bei den neu eingefügten Aktivierungshilfen wird die Förderung auf eine Höhe von bis zu 50 % der Gesamtkosten beschränkt (§ 243 Abs. 2 SGB III, ab 2004).

Die **Zuschüsse** zur Ausbildungsvergütung umfassen auch den Gesamtsozialversicherungsbeitrag und den Beitrag zur Unfallversicherung.[73] Sie sind jedoch nur bei der außerbetrieblichen Ausbildung möglich. Als Obergrenze gilt unabhängig von den Sozialversicherungsbeiträgen der Bedarfssatz für das Ausbildungsgeld gem. § 105 Abs. 1 Nr. 1 SGB III.[74] Nicht selten ist die Ausbildungsvergütung nicht höher als der gewährte Zuschuß. Ob der Einrichtungsträger eine darüber hinausgehene Vergütung zu zahlen hat, richtet sich nach dem Ausbildungsvertrag. Berufs-

71 Henkes (u. a.), Handbuch Arbeitsförderung 1999, 209 f.

72 Nach Satz 2 sind die Leistungen gegenüber Leistungen Dritter, die für den gleichen Zweck erbracht werden, subsidiär.

73 Vgl. § 28 d SGB IV, § 243 Nr. 1, 244 SGB III.

74 Ab dem zweiten Ausbildungsjahr erhöht sich der Betrag um jährlich 5 %.

bildungsrechtlich ist anerkannt, daß die Ausbildungsvergütung bei staatlicher Förderung der Ausbildung nicht höher sein muß als die gewährte öffentliche Förderung.[75]

Die **Maßnahmekosten** erfassen die angemessenen Personal-, Sach- und Verwaltungskosten (§ 245 SGB III). Prüfungsgebühren sowie sonstige Ausbildungskosten im Rahmen des Berufsbildungsrechts sind den Maßnahmekosten zuzuschlagen. Die einzelnen Kostensätze werden vor Beginn der Maßnahme zwischen Arbeitsamt und Maßnahmeträger nach erfolgter Ausschreibung vertraglich festgelegt.

Sonstige Kosten sind insbesondere Weiterbildungskosten aus Anlaß anerkannter Weiterbildungsmaßnahmen für das Ausbildungs- und Betreuungspersonal, außerdem Fahrkosten zur Weitergabe an den Auszubildenden bei Teilnahme an ausbildungsbegleitenden Maßnahmen (§ 246 Nr. 1, 2 SGB III). Im übrigen erhält der außerbetriebliche Ausbildungsträger bei erfolgreicher vorzeitiger Vermittlung des Auszubildenden in den ersten Arbeitsmarkt eine Vermittlungspauschale in Höhe von 2000,– € (2002) für jede Vermittlung (§ 246 Nr. 3 SGB III).[76]

Arbeitgeber können bei der Beschäftigung benachteiligter Auszubildender für teilnahmebedingte Ausfallzeiten des Auszubildenden **Ausbildungszuschüsse** erhalten (§ 235 SGB III). Die Zuschußhöhe errechnet sich aus der anteiligen monatlichen Ausfallzeit und berücksichtigt auch den Arbeitgeberanteil am Gesamtsozialversicherungsbeitrag (§ 28d SGB IV). Ab 01. 01. 04 können Arbeitgeber zudem durch **Erstattung der Praktikumsvergütung** einschließlich des Gesamtsozialversicherungsbeitrages gefördert werden, wenn sie Auszubildenden im Rahmen einer berufsvorbereitenden Bildungsmaßnahme (§ 61 Abs. 3 SGB III) einen Praktikumsplatz zur Verfügung stellen (§ 235b SGB III). Förderungsfähig sind Betriebspraktika, die einen Übergang in eine Berufsausbildung erleichtern. Dies kann zu einer Verkürzung der berufsbildungsrechtlich vorgeschriebenen Ausbildungszeit führen. Die im Rahmen der Benachteiligtenförderung möglichen Arbeitgeberzuschüsse sind zu unterscheiden von den Zuschüssen zur Ausbildungsvergütung schwerbehinderter Menschen (§ 235a SGB III), von den Zuschüssen zur Ausbildungsvergütung bei der betrieblichen Aus- und Weiterbildung behinderter Menschen (§ 236 SGB III), von den Zuschüssen für Arbeitshilfen für behinderte Menschen (§ 237 SGB III) sowie ferner von der Kostenübernahme im Falle einer Probebeschäftigung behinderter Menschen (§ 238 SGB III).[77]

---

75 BAG vom 15. 11. 00, 5 AZR 269/99.

76 Die Vermittlung muß jedoch spätestens 12 Monate vor dem vertraglichen Ende der außerbetrieblichen Ausbildung erfolgt sein. Außerdem muß das Ausbildungsverhältnis auf dem ersten Arbeitsmarkt länger als 3 Monate fortbestehen. Die Pauschale wird für jeden Auszubildenden nur einmal gezahlt.

77 Vgl. unter I.

V. Förderung der beruflichen Weiterbildung

Die Weiterbildungsförderung ist die bedeutendste Leistungsart der aktiven Arbeitsförderung.[78] Die Maßnahmen dienen der Beendigung von Arbeitslosigkeit, der Abwendung drohender Arbeitslosigkeit sowie der nachträglichen Vermittlung eines qualifizierenden Berufsabschlusses auch für beschäftigte Arbeitnehmer, die ohne anerkannten Berufsabschluss zu den Problemgruppen des Arbeitsmarktes zählen. Insbesondere haben die Maßnahmen das Ziel,

- berufliche Kenntnisse, Fertigkeiten und Fähigkeiten festzustellen, zu erhalten, zu erweitern, der technischen Entwicklung anzupassen;
- einen beruflichen Aufstieg zu ermöglichen;
- einen beruflichen Abschluß zu vermitteln;
- zu einer anderen beruflichen Tätigkeit zu befähigen (§ 85 Abs. 3 SGB III).

Es handelt sich um **Ermessensleistungen**, die auf Antrag gewährt werden (§§ 77, 324 SGB III). Der Antragsteller hat somit keinen Rechtsanspruch auf Förderung, sondern nur einen Anspruch auf fehlerfreie Ermessensausübung. Selbst wenn die grundlegenden Förderungsvoraussetzungen erfüllt sind (Vorbeschäftigungszeit, Beratung und Zustimmung durch das Arbeitsamt, Anerkennung von Träger und Maßnahme, Notwendigkeit der Weiterbildung, § 77 Abs. 1 SGB III), kann das Arbeitsamt die Leistung noch versagen. Allein unter Hinweis auf fehlende Haushaltsmittel ist die Ablehnung der Leistung jedoch ermessensfehlerhaft. Das Arbeitsamt darf jedoch nach regionalen Schwerpunkten hinsichtlich der Maßnahmen und zu fördernden Personen Prioritäten setzen (§ 71 b Abs. 3 SGB IV). Stets aber sind die Ergebnisse der Eingliederungsvereinbarung und die allgemeinen Auswahlkriterien des Gesetzes zugrunde zu legen (§§ 6, 7, 8, 35 SGB III).

Für Personen, auf die die genannten Förderungsvoraussetzungen **nicht** zutreffen, besteht die Möglichkeit, Weiterbildung über den Topf der sog. freien Förderung zu betreiben (§ 10 SGB III). Hiermit wurde den Arbeitsämtern unabhängig von bestehenden Förderungsmöglichkeiten ein flexibel einsetzbares Förderinstrument in die Hand gegeben, das auch unkonventionelle, aber wirkungsvolle Maßnahmen zuläßt.[79] Neben der individuellen Förderung läßt das Gesetz ausdrücklich auch die Projektförderung zu. Insgesamt können bis zu 10 % der im Eingliederungstitel enthaltenen Mittel für freie Leistungen eingeplant werden (§§ 10, 378 Abs. 3 SGB III).

---

78 Mit 420000 Teilnehmern und Ausgaben in Höhe von 6,5 Mrd. € für 1997.

79 Etwa Existenzgründungsqualifizierung, Förderung von Verbundausbildungen in Betrieben, Erwerb von Fahrerlaubnissen, Sprachkurse, Kostenübernahme für Qualifikationsnachweise aller Art.

1. Förderungsvoraussetzungen

Die Förderung der Weiterbildung ist an persönliche und maßnahmebezogene Voraussetzungen geknüpft. Zu den **persönlichen Voraussetzungen** zählt die **Notwendigkeit** für Weiterbildung, um Arbeitnehmer bei Arbeitslosigkeit beruflich einzugliedern oder um eine drohende Arbeitslosigkeit abzuwenden (§ 77 Abs. 1 Nr. 1 SGB III). Notwendig ist die Wieiterbildung aber auch, wenn nur eine Teilzeitbeschäftigung ausgeübt wird oder der Arbeitnehmer keinen Berufsabschluß hat. In beiden Fallgruppen ist das Risiko der Arbeitslosigkeit besonders hoch. Weiterbildung dient hierbei also vor allem einer präventiven Zielsetzung.

Eine Notwendigkeit der Weiterbildung besteht nicht, wenn voraussichtlich auch ohne sie eine berufliche Eingliederung in angemessener Zeit erfolgen wird.[80] Denn vorrangig ist die Vermittlung des Arbeitslosen zu betreiben (§ 4 SGB III). Ausreichend ist, daß der Arbeitslose auf eine zumutbare Stelle vermittelt werden kann, auch wenn diese nicht seinem Qualifikationsniveau entspricht (§ 121 SGB III). Die Notwendigkeit einer Weiterbildung ist zudem dann nicht gegeben, wenn die angestrebte Qualifizierungsmaßnahme Inhalte vermittelt, die auf dem Arbeitsmarkt nicht nachgefragt werden.[81] Maßnahmen für den beruflichen Aufstieg sind jedoch keineswegs ausgeschlossen.

Grundsätzlich ist auf die Wirtschaftlichkeit der Maßnahme ebenso abzustellen wie auf die **Fähigkeiten der zu fördernden Personen** (§ 7 SGB III). Obgleich das Gesetz die Neigungen des Betroffenen als Auswahlkriterium unberücksichtigt läßt, diese aber von den Fähigkeiten kaum zu isolieren sind, dürfte es bei verständiger Betrachtung insbesondere des Einzelfalls sowie unter Einbeziehung des in § 33 SGB I aufgeführten Wunschrechts auch auf die Berufswünsche des Arbeitnehmers innerhalb der vorzunehmenden Gesamtabwägung ankommen. Im Vordergrund steht jedoch, daß die Eingliederungschancen nach Abschluß der Maßnahme erheblich verbessert sind und die begründete Aussicht besteht, daß dem Antragsteller ein angemessener Dauerarbeitsplatz zur Verfügung stehen wird.[82]

Die **Notwendigkeit** der Weiterbildung wegen drohender Arbeitslosigkeit kann auch ohne ausgesprochene Kündigung vorliegen. Eine lediglich schwierige Arbeitsmarktlage ist jedoch nicht ausreichend. Ebensowenig rechtfertigt der Verlust des bisherigen Arbeitsplatzes eine Weiterbildung, wenn ein Arbeitsplatzwechsel möglich ist.

Die Notwendigkeit der Weiterbildung wegen fehlenden Berufsabschlusses setzt weder bestehende noch drohende Arbeitslosigkeit voraus. Ein **fehlender Berufsabschluß** liegt dann vor, wenn die Personen nicht über eine mindestens zweijährige Regelausbildung mit förmlichem Abschluß verfügen oder wenn sie zwar

---

80 BSG SozR 4100 § 44 Nr. 21.

81 Die gleiche Frage stellt sich bei der Beurteilung der arbeitsmarktpolitischen Zweckmäßigkeit im Rahmen der Anerkennung der Weiterbildungsförderung gem. § 86 Abs. 1 Nr. 8 SGB III.

82 BSG SozR 4100 § 44 Nr. 33; 4100 § 44 Nr. 46.

über einen Berufsabschluß verfügen, die entsprechende Beschäftigung jedoch aufgrund einer mehr als 4 Jahre ausgeübten Tätigkeit in an- oder ungelernter Position nicht mehr ausüben können (§ 77 Abs. 2 Ziff. 1 und 2 SGB III).[83] Im Regelfall sind Arbeitnehmer ohne Berufsabschluß jedoch nur förderungsfähig, wenn sie mindestens 3 Jahre beruflich tätig gewesen sind (§ 77 Abs. 2 Ziff. 2 SGB III). Ist dies nicht der Fall, so soll zunächst die berufliche Ausbildung oder eine berufsvorbereitende Bildungsmaßnahme in Angriff genommen werden. Hierauf kann lediglich dann verzichtet werden, wenn derartige Maßnahmen aus persönlichen Gründen nicht möglich oder nicht zumutbar sind.[84]

Zur Vermeidung von „Sozialkarrieren" war die **mehrfache Förderung** von Weiterbildungen früher bereits nur eingeschränkt möglich: es mußten seit der ersten Maßnahme 3 Jahre verstrichen oder die Teilnahme an der Maßnahme mußte unerläßlich sein, etwa weil die frühere Weiterbildung aus wichtigem Grund nicht beendet werden konnte (vgl. § 79 Abs. 1 SGB III a. F.). In der Neuregelung von 2003 wurde die entsprechende Vorschrift gänzlich aufgehoben. Daraus kann jedoch nicht geschlossen werden, daß der Gesetzgeber die Möglichkeit mehrfacher Förderung kategorisch ausschließen wollte. Die Frage beurteilt sich nunmehr im Rahmen der Ermessensentscheidung über die Förderung gem. § 77 Abs. 1 SGB III und wird somit gänzlich einer Einzelfallwürdigung unterzogen. In diesem Rahmen ist gleichwohl nicht ausgeschlossen, die bisherigen Grundsätze einer Mehrfachförderung in die Ermessensentscheidung einfließen zu lassen.

Entfallen ist seit 2003 zudem die Möglichkeit der **Wiederholung eines Maßnahmeteils**, etwa bei Nichtbestehen einer Zwischen- oder Abschlußprüfung (vgl. § 79 Abs. 2 SGB III a. F.). Insofern gilt das vorstehend Gesagte entsprechend. Denn letztlich macht es keinen Sinn, dem Arbeitnehmer jede Wiederholungsmöglichkeit zu verweigern, obgleich ggf. mit einem erfolgreichen Abschluß der Maßnahme gerechnet werden kann. Angesichts der getätigten Bildungsinvestitionen wäre dies auch mit dem Grundsatz der Wirtschaftlichkeit und Sparsamkeit kaum zu vereinbaren (§ 7 SGB III).

Weitere Voraussetzung der Weiterbildung ist die Erfüllung der **Vorbeschäftigungszeit** (§§ 77 Abs. 1 Nr. 2, 78 SGB III). Sie ist zudem Voraussetzung für das Unterhaltsgeld. Der Teilnehmer soll erst dann in den Genuß dieser zumeist kostenintensiven Leistungen gelangen, wenn er selbst einen Beitrag an die Solidargemeinschaft geleistet hat, mithin sozialversicherungspflichtig beschäftigt war. Ohne die geforderte

---

83 Der die Förderung ausschließende berufliche Abschluß beschränkt sich nicht nur auf eine Berufsausbildung nach Berufsbildungsrecht, sondern kann in jeder rechtlich geregelten Form vorliegen (BSG SozR 4100 § 44 Nr. 30). Auch die erste Stufe einer Stufenausbildung gem. § 26 BBiG gilt als beruflicher Abschluß, wenn die Qualifikation der eines Facharbeiters bzw. eines Gesellen entspricht (BSG SozR 4100 § 44 Nr. 30).

84 Die Frist von 3 Jahren beruflicher Tätigkeit kann auch erfüllt werden durch Zeiten des Wehr- und Zivildienstes oder einer Hausfrauen- bzw. Hausmanntätigkeit, ferner durch berufsvorbereitende Maßnahmen, ein Studium oder eine Tätigkeit als Selbständiger oder Beamter. Ein zeitlicher Zusammenhang der Tätigkeiten muß nicht bestehen.

Vorbeschäftigungszeit können Arbeitnehmer aber immerhin noch durch Übernahme der Weiterbildungskosten gefördert werden (ohne Unterhaltsgeld), so daß insbesondere auch Sozialhilfeempfänger in den Genuß von Leistungen kommen können, wodurch eine sinnvolle Kooperation zwischen Arbeitsamt und Sozialamt ermöglicht wird (§ 77 Abs. 1 S. 2 SGB III).

Die vollständige Förderung mit Unterhaltsgeld ist jedoch an die Erfüllung der Vorbeschäftigungszeit geknüpft. Diese kann durch zwei Konstellationen erfüllt worden sein. Der Antragsteller muß innerhalb einer Frist von 3 Jahren vor Beginn der Teilnahme entweder mindestens 12 Monate in einem **Versicherungsverhältnis** gestanden haben oder die Voraussetzungen für einen **Anspruch** auf Arbeitslosengeld oder Anschlußarbeitslosenhilfe erfüllt und eine dieser Leistungen beantragt haben (§ 78 SGB III). Die Rahmenfrist von 3 Jahren beginnt unmittelbar vor dem Beginn der Teilnahme an der Maßnahme, geht also dem ersten Maßnahmetag unmittelbar voraus.[85] Die dreijährige Rahmenfrist gilt jedoch nicht für Berufsrückkehrer.[86] Für Arbeitnehmer mit einer nützlichen Auslandsbeschäftigung verlängert sich der 3-Jahres-Zeitraum maximal um 2 Jahre.

Eine weitere zwingende Voraussetzung der Weiterbildung ist die vorherige **Beratung** durch das Arbeitsamt (§ 77 Abs. 1 Nr. 3 SGB III).

Schließlich müssen die Maßnahme und der jeweilige Träger der Weiterbildungsförderung durch das Arbeitsamt **zugelassen** sein (§ 77 Abs. 1 Nr. 4 SGB III).

Liegen die genannten Voraussetzungen vor, so erhält der Arbeitnehmer einen sog. **Bildungsgutschein** (§ 77 Abs. 3 SGB III). Dessen Erteilung, vor allem aber dessen Ablehnung ist ein rechtsmittelfähiger Verwaltungsakt. Positiv wird hierdurch die Notwendigkeit einer Weiterbildung dem Grunde nach festgestellt. Der Inhaber des Bildungsgutscheins wird in dieser Weise zur freien Wahl unter zugelassenen Bildungsmaßnahmen und Trägern ermächtigt. Allerdings kann das Arbeitsamt den Bildungsgutschein auf bestimmte Bildungsziele oder regional begrenzen. Hierdurch wird die wirtschaftliche Verwendung der Fördermittel unterstützt und verhindert, daß Arbeitnehmer Bildungsmaßnahmen auswählen, für die sie nach ihrer Vorbidlung oder Berufserfahrung nicht geeignet sind. Prinzipiell wird so der Wettbewerb unter den Bildungsträgern gefördert. Durch die Möglichkeit regionaler Begrenzung kann jedoch auch das genaue Gegenteil erreicht werden, wenn nämlich regional nur wenige Anbieter zur Verfügung stehen, denen dann automatisch eine wettbewerbswidrige Marktmacht zuwächst. Der von dem Gutscheininhaber ausgewählte und zugelassene Bildungsträger kann die Lehrgangskosten unmittelbar mit dem Arbeitsamt abrechnen. Zu diesem Zweck hat er den Gutschein vor Beginn

---

85 Maßnahmebeginn ist der erste nach dem Lehrgangsplan vorgesehene Tag, nicht dagegen der erste Tag, an dem der Arbeitnehmer tatsächlich am Lehrgang teilnimmt: BSG, AuB 1983, 217.

86 Berufsrückkehrer sind Frauen und Männer, die ihre Erwerbstätigkeit oder Arbeitslosigkeit oder eine betriebliche Berufsausbildung wegen der Betreuung und Erziehung von Kindern oder der Betreuung pflegebedürftiger Angehöriger unterbrochen haben und in angemessener Zeit (bis zu einem Jahr) danach in die Erwerbstätigkeit zurückkehren wollen (§ 20 SGB III).

der Maßnahme dem Arbeitsamt vorzulegen. Gegenüber dem **Bildungsträger** wird mit dem Bildungsgutschein im Regelfall kein Rechtsverhältnis begründet.[87] Insofern ist die Erteilung des Gutscheins zu unterscheiden von der Zulassung des Trägers und den entsprechenden Maßnahmen gem. §§ 84, 85 SGB III. Wird im Zuge inhaltlicher oder regionaler Begrenzung des Gutscheins jedoch eine durch die Zulassung entstandene Rechtsposition des Trägers ausgehebelt oder wird der Zustrom von Teilnehmern hierdurch einseitig zu bestimmten Anbietern gelenkt, ohne insofern ausreichend durch die Förderungsziele gedeckt zu sein, muß von einem rechtswidrigen Eingriff in die wirtschaftlichen Freiheitsrechte des betroffenen bzw. übergangenen Anbieters ausgegangen werden.[88]

2. Rechtsqualität der Zulassung

Für die Weiterbildung muß sowohl der Träger (§ 84 SGB III) als auch die Maßnahme (§ 85 SGB III) zugelassen sein. Hierbei steht die Frage im Vordergrund, ob und in welcher Weise durch die Zulassung ein Rechtsverhältnis mit dem Weiterbildungsträger begründet wird. Hierbei sind drei Gesichtspunkte relevant: Ob die Zulassung von Bedarfsüberlegungen abhängig gemacht werden darf, ob sie ein rechtsmittelfähiger Verwaltungsakt ist und wie das Wirken der „fachkundigen Stelle" beurteilt werden muß.

Bedarfsüberlegungen: Der Versuch einer Steuerung der Anzahl von Anbietern könnte von der Überlegung getragen sein, einen Verdrängungswettbewerb zwischen Anbietern auszuschalten, um auf diese Weise eine verläßliche Infrastruktur von Bildungsdienstleistungen aufrechtzuerhalten.[89] Jede Form der Bedarfssteuerung stellt wegen der hohen wirtschaftlichen Abhängigkeit der Privatanbieter vom staatlichen Leistungsangebot jedoch einen Eingriff vor allem in deren Grundrecht der Berufsfreiheit dar.[90] Je größer die Abhängigkeit, umso stärker geraten Bedarfserwägungen in die Nähe einer objektiven Einschränkung der Berufswahl, an die das Bundesverfassungsgericht jedoch höchste Anforderungen stellt.[91] In formeller Hinsicht bedürfte es hierfür zunächst einer hinreichend bestimmten gesetzlichen Eingriffsgrundlage. Eine solche ist im SGB III nicht ersichtlich. Insbesondere der allgemeine Wirtschaftlichkeitsgrundsatz taugt hierfür nicht (§§ 7, 85 Abs. 1 Nr. 4 SGB III). Denn der Wirtschaftlichkeitsgrundsatz kommt nur auf der Ebene der individuellen Förderleistungen und bei der Qualitätsprüfung der jeweiligen Weiterbildungsmaßnahme zur Anwendung. Nur hier ist die Finanzwirksamkeit der Weiterbildung von Bedeu-

---

87 BSG SozR 4100, § 34 Nr. 6 (zur alten Rechtslage).

88 Auch die in § 86 Abs. 2 SGB III behandelte Sanktion des Ausschlusses „der Geltung des Bildungsgutscheins für diesen Träger" beweist das Bestehen einer Rechtsbeziehung zum Träger, auch wenn die Vorschrift ansonsten mißlungen ist (s. u.).

89 Vgl. dazu auch unter H. II. 2.

90 Dabei kann es prinzipiell auch nicht darauf ankommen, ob und inwieweit die Möglichkeit beruflicher Tätigkeit durch den Staat überhaupt erst geschaffen wurde.

91 BVerfGE 7, 377, 407 f.; vgl. dazu auch unter B. IV. 2.

tung und damit der Wirtschaftlichkeitsgrundsatz gefordert. Die bloße Zulassung einer Maßnahme ist dagegen nicht mit finanziellen Aufwendungen verbunden. Die **Steuerung der Nachfrage** – und nur diese – erfolgt ausschließlich bei der Leistungsbewilligung. In materieller Hinsicht sind Bedarfszulassungen einer strengen Verhältnismäßigkeitsprüfung unterworfen und nur aus Gemeinwohlgründen von besonders hohem Gewicht erlaubt. Ob allgemeine Kostendämpfungserwägungen oder die Absicherung eines flächendeckenden Angebots von Weiterbildungseinrichtungen die Anforderungen erfüllen, sei dahingestellt. Zum einen fehlt es hierfür am erforderlichen empirischen Nachweis.[92] Zum anderen wollte der Gesetzgeber im Zulassungsverfahren gerade den Wettbewerb zwischen den Anbietern stärken und ein möglichst vielfältiges Angebot von Bildungsdienstleistungen schaffen. Mit einer Bedarfssteuerung aber wird das genaue Gegenteil erreicht. Abgesehen hiervon würde der pauschale Ausschluß bestimmter Anbieter ihre Stellung als Wettbewerber und damit ihre Gleichbehandlung als Berufsinhaber empfindlich beeinträchtigen[93], von den europarechtlichen und wettbewerbsrechtlichen Konsequenzen eines derartigen Vorhabens ganz abgesehen.[94]

Verwaltungsaktqualität der Zulassung: Verwaltungsprozessual ist der Verwaltungsakt ein Schlüsselbegriff für die Zulässigkeit von gerichtlichem Rechtsschutz.[95] Er ist insofern eine wesentliche Vorbedingung der verfassungsrechtlich verbürgten Möglichkeit der Inanspruchnahme von Rechtsschutz gegen Entscheidungen der öffentlichen Gewalt (Art. 19 Abs. 4 GG). Wenn mit Entscheidungen über die Zulassung in Grundrechte der Privatanbieter eingegriffen wird, so hat dies innerhalb eines Verfahrens zu geschehen, das ein Höchstmaß an Transparenz und Kontrolle bietet. Ein solches Verfahren wird durch den Verwaltungsakt, insbesondere durch die mit ihm verbundene Begründungspflicht, aktiviert. Die Zulassung regelt die berufliche Betätigung der privaten Weiterbildungseinrichtungen und ihre Stellung als Wettbewerber auf einem Dienstleistungsmarkt. Deshalb muß von einer öffentlich-rechtlichen Beziehung zwischen der Zulassungsinstanz und dem Privatanbieter ausgegangen werden. Die Zulassung ist als rechtsmittelfähiger Verwaltungsakt zu qualifizieren. Aber selbst unter den Annahme ein rein privatrechtlichen Vertragsbeziehung zwischen Zulassungsinstanz und Weiterbildungsträger genießt erstere nicht die Stellung eines mit Privatautonomie ausgestatteten Rechtssubjekts, sondern ist vielmehr auch hier vollständig der Grundrechtsbindung und insbesondere dem Gleichbehandlungsgrundsatz unterworfen. Die Anerkennung der Weiterbildungsförderung ist anders als im Leistungsrecht nicht als Ermessensregelung

---

92 BVerfGE 11, 30, 45 ff.

93 BVerfGE 32, 311, 317; 46, 120, 137 f.; 18, 1.

94 Hierzu etwa Reich, Wirkungen des Wettbewerbs auf die „Kunden" im europäischen Kontext, in: Igl, Das Gesundheitswesen in der Wettbewerbsordnung, 2000, 449; Benicke, Die Bedeutung des EG-Rechts für gemeinnützige Einrichtungen, EuZW 1996, 175; Luthe, Privilegien der freien Wohlfahrtspflege aus gemeinschaftsrechtlicher Sicht, Die Sozialgerichtsbarkeit 2000, 505 (Teil 1), 585 (Teil 2); ders., Wettbewerb, Vergabe und Rechtsanspruch im „Sozialraum" der Jugendhilfe, NDV 2001, 247.

95 BVerwGE 31, 304; DÖV 1973, 527.

ausgestaltet. Liegen die den §§ 84, 85 SGB III katalogisierten Zulassungsvoraussetzungen vor, so besitzt der private Weiterbildungsträger einen Rechtsanspruch auf Zulassung.[96] Ein Recht des Anbieters auf praktisch unbegrenzte Zuweisung teilnahmewilliger Leistungsempfänger erwächst hieraus aber nicht. Die Steuerung der Nachfrage nach Bildungsleistungen erfolgt insbesondere durch den Grundsatz der Wirtschaftlichkeit und Sparsamkeit (§ 7 SGB III) sowie durch die jeweiligen regionalen Schwerpunktsetzungen des Arbeitsamtes (§ 71b Abs. 3 SGB IV) im Rahmen der Leistungsbewilligung.

Die Bedeutung der **fachkundigen Stelle:** Zugelassen für die Förderung sind Träger, bei denen eine „fachkundige Stelle" festgestellt hat, daß die in §§ 84, 85 SGB III genannten Anforderungen erfüllt sind. Fachkundige Stellen sind im Regelfall externe Zertifizierungsagenturen, deren Fachkunde durch staatliche Akkreditierung auf Bundesebene festgestellt werden muß. Unabhängig von der vorgesehenen externen Prüfung kann auch das Arbeitsamt als fachkundige Stelle über die Zulassung von Trägern entscheiden, insbesondere, solange eine Zertifizierungsagentur nicht besteht oder um individuell ausgerichtete Bildungsmaßnahmen im Einzelfall fördern zu können. Die Trennung von Entscheidungen über die individuelle Förderung und die Zulassung von Trägern kommt der Forderung nach vermehrtem Qualitätswettbewerb zwischen den Anbietern entgegen. Das Problem regionaler Bildungsolygopole dürfte damit zukünftig der Vergangenheit angehören. Die Steuerung der Bildungsangebote erfolgt nunmehr im wesentlichen über die individuelle Nachfrage des Inhabers eines Bildungsgutscheins.[97]

Übernimmt das Arbeitsamt selbst die Aufgabe einer fachkundigen Stelle, so ist die mit der positiven Feststellung der Anforderungen automatisch gegegebene Zulassung, wie vorstehend ausgeführt, als (feststellender) Verwaltungsakt zu werten. Ist die Durchführung auf eine nichtstaatliche Stelle übertragen worden, so kommt es hinsichtlich der Rechtsqualität der Übertragung darauf an, ob die jeweilige Stelle Aufgaben einer Verwaltungsbehörde übernehmen soll und damit rechtsschutzfähige Verwaltungsakte erlassen kann oder ob sie lediglich als „Werkzeug" in die Erledigung hoheitlicher Aufgaben eingeschaltet ist. Im ersten Fall handelt es sich um eine Beleihung mit hoheitlichen Befugnissen. Im zweiten Fall ist die Stellung die eines Verwaltungshelfers.[98] Ist die Aufgabenübertragung gesetzlich geregelt und erfolgt die Durchführung vollständig in privater Hand, so wird man regelmäßig von einer Beleihung auszugehen haben. In diesem Fall richten sich Widerspruch und Klage gegen die Versagung der Zulassung gegen die nichtstaatliche Instanz. Ist die Stelle dagegen nur ein Verwaltungshelfer, so richten sich die Rechtsmittel gegen die staatliche Instanz. Da das Gesetz die Zulassung automatisch an die positive Feststellung der Anforderungen bindet, das Arbeitsamt selbst also gar nicht

---

96 Soweit eine staatliche Handlung in den Schutzbereich eines Grundrechts eingreift, ist den einschlägigen Normen des einfachen Rechts im Zweifel ein subjektiv-rechtlicher Gehalt zuzuerkennen: BSGE 60, 284, 285.

97 Vgl. dazu vorstehend unter 1.

98 Dazu näher Stober, Handbuch des Wirtschaftsverwaltungs- und Umweltrechts, 1989, 875 ff.

mehr tätig werden muß, liegt eine Beleihung der Zertifizierungsagentur mit hoheitlichen Aufgaben vor. Angesichts der verfassungsrechtlichen Bedeutung der Zulassung handelt diese öffentlich-rechtlich; ihre Feststellungen sind als Verwaltungsakte zu qualifizieren.[99] Aber selbst unter der Annahme einer rein privatrechtlichen Beziehung zwischen fachkundiger Stelle und Bildungsträger ist erstere nicht von verfassungsrechtlichen Bindungen befreit. Der Staat kann sich letztlich nicht aus der Verantwortung stehlen, indem er im Gesetz den Eindruck zu erzeugen versucht, die Frage der Zulassung bewege sich gleichsam in einem rechtsfreien Raum. Gerade vor dem Hintergrund des beabsichtigten Qualitätswettbewerbs unter den Anbietern wäre es völlig verfehlt, das vorgelagerte Problem der Wettbewerbsgleichheit ohne jede Rechtsschutzmöglichkeit dem undurchsichtigen Wirken irgendwelcher Zertifizierungsagenturen zu überlassen.

3. Anforderungen an Träger

Im Rahmen der Zulassung muß der Träger die erforderliche **Leistungsfähigkeit** besitzen (§ 84 Nr. 1 SGB III). Zur Leistungsfähigkeit gehört zum einen die finanzielle Leistungskraft: ein wirtschaftlicher Zusammenbruch des Trägers während der Maßnahme soll mit allen Mitteln vermieden werden. Zum anderen gehört hierzu ein gewisser Erfahrungshintergrund in der beruflichen Bildungsarbeit. Gleichwohl muß die Zulassung auch sog. Newcomern offenstehen. Nicht selten sind gerade hier die innovativsten Konzepte mit vergleichsweise hohen Eingliederungseffekten vorzufinden. Insofern sollte das Risiko des wirtschaftlichen Überlebens des Trägers stets mit der Effizienz und Effektivität der Bildungsmaßnahme abgewogen werden.

Der Träger muß in der Lage sein, durch **eigene Vermittlungsbemühungen** die Eingliederung von Teilnehmern zu unterstützen (§ 84 Nr. 2 SGB III). Die Verpflichtung zur Unterstützung der beruflichen Eingliederung durch eigene Vermittlungsbemühungen ist eine selbständige Zulassungsvoraussetzung, die mit der Beauftragung von Privatvermittlern gem. § 37a SGB III nicht verwechselt werden darf.[100] Welche Anforderungen hier konkret gelten, ist völlig offen. Reicht es aus, daß der

---

99 Dieses Ergebnis ändert sich auch nicht dadurch, daß das Gesetz nunmehr als Sanktion gegenüber Wieterbildungsträgern in § 86 Abs. 2 SGB III den Ausschluß der „Geltung des Bildungsgutscheins für diesen Träger" vorsieht, anstatt, wie früher, den Widerruf der Anerkennung zugrunde zu legen. Die Vorschrift ist vollständig verfehlt. Der Gesetzgeber wollte offensichtlich jeden Hinweis im Gesetz auslöschen, der für eine Rechtsbeziehung zum Weiterbildungsträger sprechen könnte. Das ist ihm nicht gelungen. Theoretisch müßten sämtliche sich im Umlauf befindende Bildungsgutscheine mit einem Geltungsausschluß versehen werden und nicht nur, folgt man dem Gesetzeswortlaut, ein einziger Bildungsgutschein. Das dürfte praktisch unmöglich sein. Abgesehen davon, wäre auch diese Verfahrensweise als Entzug der Zulassung durch belastenden Verwaltungsakt zu werten.

100 Da der Gesetzgeber trotz des gleichen Vermittlungsaufwandes Privatvermittlern im Gegensatz zu Weiterbildungseinrichtungen jedoch ein Honorar zukommen läßt, erscheint die Vorschrift unter Gleichbehandlungsgesichtspunkten problematisch: Luthe, Das Job-Aqtiv-Gesetz, Die Sozialgerichtsbarkeit 2002, 83.

Träger eine Internet-Seite mit entsprechenden Stellengesuchen einrichtet oder muß er direkt bei potentiellen Arbeitgebern vorsprechen?

Aus- und Fortbildung sowie **Berufserfahrung** des Leiters und der Lehrkräfte sollen eine erfolgreiche berufliche Weiterbildung erwarten lassen (§ 84 Nr. 3 SGB III). Hierbei setzt das Gesetz eine gewisse pädagogische und fachliche Eignung voraus. Die pädagogische Eignung liegt regelmäßig vor bei absolvierter Ausbildereignungsprüfung. Die fachliche Eignung setzt regelmäßig eine höhere Qualifikation als die der Maßnahmeteilnehmer voraus.

In früherer Zeit wurden die Anforderungen in einem sog. **Anforderungskatalog** der Bundesanstalt für Arbeit festgelegt. Die Weiterbildungseinrichtungen hatten sich den Anforderungen des Kataloges zu unterwerfen, wenn die jeweilige Maßnahme anerkannt werden sollte. Diese Verpflichtung ergab sich aus einer zum Weiterbildungsbereich ergangenen Anordnung der Bundesanstalt (§ 96 SGB III a. F.). Die Anordnungsermächtigung des Gesetzes wurde jedoch aufgehoben. Daraus kann geschlossen werden, daß den Arbeitsämtern nunmehr ein größerer Freiraum bei der Umsetzung der Trägeranforderungen zukommen soll, was nicht ausschließt, daß die konkrete Handhabung nunmehr in Verwaltungsvorschriften geregelt wird. Das aber verleiht den Gerichten die Kompetenz zu eigenständiger Interpretation der entsprechenden Gesetzesbegriffe (wenn man der hiesigen Auffassung folgt und der Zulassung die Qualität eines rechtsmittelfähigen Verwaltungsaktes zubilligt). In jedem Fall aber muß auf ein ausgewogenes Verhältnis von haupt- und nebenberuflichen Lehrkräften geachtet werden, wenn die Qualifikation der Lehrkräfte sichergestellt werden soll.

Schließlich muß der Träger ein System zur **Sicherung der Qualität** anwenden (§ 84 Nr. 4 SGB III). Gefordert ist somit ein aussagekräftiges Qualitätsmanagement, mit dem sichergestellt wird, daß der Träger dem permanenten Wandel von Ausbildungsinhalten und Lernmethoden Rechnung trägt.

4. Anforderungen an Maßnahmen

Wie bei den trägerbezogenen Zulassungsvoraussetzungen wurden auch die maßnahmebezogenen Voraussetzungen früher durch Anordnung der Bundesanstalt geregelt (§ 96 SGB III a. F.). Da die Anordnungsermächtigung im Gesetz entfallen ist, können die Anforderungen zukünftig nur noch durch Verwaltungsvorschrift vereinheitlicht werden. Da Verwaltungsvorschriften für die Gerichte jedoch nicht unmittelbar bindend sind, haben diese nunmehr die Möglichkeit zu eigenständiger Interpretation der jeweiligen Gesetzesbegriffe (wenn man der hiesigen Auffassung folgt und in der Zulassung einen rechtsmittelfähigen Verwaltungsakt erblickt).

Die Gestaltung der **Inhalte** der Maßnahme sowie der **Methoden** und **Materialien** ihrer Vermittlung müssen eine erfolgreiche berufliche Bildung erwarten lassen (§ 85 Abs. 1 Nr. 1 SGB III). Diese Anforderung ist in unmittelbarem Zusammenhang zu sehen mit dem geforderten Qualitätsmanagement in § 84 SGB III. Grundsätzlich gilt, daß die Lehr- und Lernmittel dem neuesten fachlichen Ausbildungsstand entsprechen sollten. Im Interesse größtmöglicher Flexibiliät wird jedoch von Detailregelungen zu denkbaren Unterrichtsformen und konkreten Maßnahmeausgestaltungen abgesehen. Ob die Gestaltung eine erfolgreiche berufliche Bildung erwarten läßt, ist eine Prognoseentscheidung. Dies spricht für eine Reduzierung der gerichtlichen Kontrolle und für die Einräumung eines Beurteilungsspielraums zugunsten der fachkundigen Stelle.

Die Maßnahme muß nach Lage und Entwicklung des Arbeitsmarktes **zweckmäßig** sein (§ 85 Abs. 1 Nr. 1 SGB II). Die Zweckmäßigkeit erfordert regelmäßig eine Prognose zum Zeitpunkt der zu treffenden Zulassungsentscheidung. Deshalb billigt das Bundessozialgericht der Zulassungsinstanz einen gerichtlich nur begrenzt überprüfbaren Beurteilungsspielraum zu.[101] Entscheidend ist die objektive Zweckmäßigkeit bezogen auf den allgemeinen Arbeitsmarkt. Deshalb kommt es auf individuelle Aspekte, wie das Vorliegen einer Einstellungszusage im Falle eines erfolgreichen Maßnahmeabschlusses, nicht an.[102] Indes steht die Tatsache, daß in dem zu fördernden Beruf die Zahl der Arbeitslosen die Zahl der offenen Stellen übersteigt, einer Förderung nicht in jedem Fall entgegen.[103] Im Gegensatz zu früher kann der Weiterbildungsteilnehmer nach Abschluß der Maßnahme auch eine selbständige Beschäftigung oder eine Tätigkeit im Ausland aufnehmen. Die Aufnahme einer versicherungspflichtigen Beschäftigung als individuelle Förderungsvoraussetzung ist entfallen. Ebenso dürfte es nicht mehr darauf ankommen, ob für die Selbständigkeit oder eine abhängige Beschäftigung ausgebildet wird. Im Sinne der Nachhaltigkeit der Weiterbildung muß jedoch grundsätzlich auf den überregionalen Arbeitsmarkt abgestellt werden.[104] Einerseits wird von den Arbeitnehmern ein gewisses Maß an Mobilität erwartet. Andererseits ändern sich die Arbeitsmärkte zu schnell, als daß ein regionalisierter Zuschnitt der Qualifikation verantwortet werden könnte.[105] Die Maßnahme ist jedoch nur zweckmäßig, wenn sie in angemessener Zeit nach ihrem Abschluß zur Beschäftigung führt. Dies hängt verständlicherweise von der erlernten Tätigkeit und der Arbeitsmarktlage ab. Einen Anhaltspunkt bietet die übliche Dauer der Arbeitsplatzsuche im angestrebten Beruf. Insgesamt ist die Zweckmäßigkeit von unsicheren Prognosen abhängig. Zwar hat das Arbeitsamt die Möglichkeit, durch Träger- und Teilnehmerbefragung sich einen Eindruck vom zu erwartenden Eingliederungserfolg zu verschaffen (§ 86 Abs. 1 SGB III). Außerdem hat jedes Arbeitsamt nach Abschluß eines Haushaltsjahres eine Eingliederungsbilanz über sämtliche Leistungen der aktiven Arbeitsförderung zu erstellen, insbesondere unter Berücksichtigung der 6 Monate nach Maßnahmeabschluß sozialversicherungspflichtig beschäftigten Arbeitnehmer im Verhältnis zur Gesamtzahl geförderter Arbeitnehmer innerhalb einzelner Maßnahmebereiche (§ 11 Abs. 2 Nr. 6 SGB III). Rückschlüsse auf die Effizienz einzelner Maßnahmen sind dennoch

101 BSG SozR 3-4100 § 36 Nr. 1.
102 BSG SozR 3-4100 § 36 Nr. 1.
103 SG Reutlingen, info also 1986, 19.
104 BSG vom 18. 09. 97 – 11 RAr 85/96.
105 Allgemein hierzu BSG, NZA 1991, 323 ff.

nur bedingt möglich, da sich Angebot und Nachfrage auf dem Arbeitsmarkt permanent verändern und die künftige Nachfrage von den in der Vergangenheit ermittelten Ergebnissen durchaus abweichen kann.

Die Maßnahme muß **angemessene Teilnahmebedingungen** bieten (§ 85 Abs. 1 Nr. 3 SGB III). Diese Voraussetzung bezieht sich in erster Linie auf die Ausgestaltung des zwischen dem Teilnehmer und der Weiterbildungseinrichtung abzuschließenden privatrechtlichen Vertrages. Dieser soll den Teilnehmer zum einen vor unzumutbaren wirtschaftlichen Nachteilen schützen und zum anderen die Wirksamkeit der Bildungsmaßnahme sicherstellen.[106] Der Teilnehmer sollte darauf achten, ob der Vertrag auch ohne Angabe von Gründen gekündigt werden kann und ob ein kostenloses Rücktrittsrechts eingeräumt wurde. Schließlich sollte eine angemessene Ferienregelung getroffen werden.

Die Weiterbildungsmaßnahme muß mit einem **Zeugnis** abschließen (§ 85 Abs. 1 Nr. 3 SGB III). Dies gilt auch für Abschlüsse außerhalb anerkannter Ausbildungsberufe, für die dann trägerinterne Zertifikate auszustellen sind.

Die Maßnahme muß nach den Grundsätzen der **Wirtschaftlichkeit und Sparsamkeit** geplant und durchgeführt werden. Insbesondere müssen die Kosten angemessen sein (§ 85 Abs. 1 Nr. 4 SGB III). Die Wirtschaftlichkeit der Maßnahme und Angemessenheit der Kosten sind letztlich das Ergebnis einer Gesamtabwägung. Innerhalb der gesetzlichen Mindest- oder Höchstzeiten muß das Maßnahmeziel für die Teilnehmer überhaupt erreichbar sein. Die erforderlichen Kostensätze haben sich nicht nur am Prinzip der Kostengünstigkeit, sondern auch am Prinzip der Maßnahmequalität auszurichten. Die Einplanung eines Unternehmergewinns auf Seiten des Maßnahmeträgers ist nicht nur zulässig, als Anreiz vielmehr geradezu geboten. Im Regelfall orientiert sich das Arbeitsamt an bestimmten Durchschnittskostensätzen für die Maßnahmebereiche. Eine etwaige öffentliche Förderung von Maßnahmeträgern sollte bei der Kostenermittlung indes berücksichtigt werden, das geförderte Einrichtungen ihre Leistungen ansonsten zu günstigeren Preisen anbieten können (sog. Quersubventionierung) und damit einen marktwidrigen Verdrängungswettbewerb in Gang setzen, wenn staatlicherseits nicht gegengesteuert wird. Bei Einhaltung der Durchschnittskostensätze sind die Lehrgangskosten im Normalfall angemessen. Ihre Überschreitung ist jedoch möglich, wenn dies besonders begründet ist, etwa bei hoher Arbeitsmarkteffizienz der Maßnahme, bei überdurchschnittlicher technischer oder personeller Ausstattung, bei geringer Gruppengröße oder hohem regionalen Preisniveau sowie schließlich im Falle günstiger Gesamtkosten.[107]

---

106 Der Vertrag hat zumindest Angaben zu enthalten über allgemeine Geschäftsbedingungen, das Ziel und die Inhalte der Maßnahme, zur Art des Abschlusses, zu den Maßnahmekosten, zur Dauer der Maßnahme, zum Anspruch auf Weiterbildungsvergütung insbesondere bei betrieblichen Bildungsmaßnahmen, zur Zahlungsweise sowie zum Rücktrittsrecht und sonstigen Kündigungsmodalitäten.

107 Geringere Gesamtkosten können entstehen, wenn die Lehrgangsgebühren je Teilnehmer und Unterrichtsstunde zwar höher sind, die Maßnahme ohne Qualitätsverlust insgesamt aber kürzer ist als in vergleichbaren Fällen.

Die **Dauer** der Maßnahme muß angemessen sein (§ 85 Abs. 1 Nr. 4, Abs. 3 SGB III). Grundsätzlich ist die Maßnahmedauer auf den erforderlichen Umfang beschränkt (§ 85 Abs. 2 SGB III).

Vollzeitmaßnahmen müssen im Regelfall 35 Stunden und im Ausnahmefall 25 Stunden wöchentlich erteilt werden. Zeit der Vor- und Nachbereitung sowie Anfahrtzeiten sind hierin jedoch nicht enthalten. Auf die Lage und Verteilung der Unterrichtsstunden kommt es nicht an. Deshalb muß der Unterricht auch nicht mehr, wie früher, an fünf Tagen der Woche erteilt werden.[108] Die Ausnahme von 25 Stunden kommt für Teilzeitarbeitssuchende in Betracht, die z. B. bei bestehenden Betreuungs- oder Erziehungspflichten für eine Vollzeitbeschäftigung nicht zur Verfügung stehen. Im Normalfall können Weiterbildungsmaßnahmen, die zu einem Abschluß in einem anerkannten Ausbildungsberuf führen, nur dann anerkannt werden, wenn die Weiterbildungsdauer im Vergleich zur Dauer einer beruflichen Erstausbildung um mindestens ein Drittel der Ausbildungszeit verkürzt ist (§ 86 Abs. 2 SGB III). Bei einer üblicherweise 3-jährigen beruflichen Erstausbildung kann die Weiterbildung daher nur für die Dauer von zwei Jahren gefördert werden. Insbesondere für die Gesundheitsberufe ist eine Verkürzung der Ausbildungszeit aufgrund bestehender Bundes- und Landesgesetze aber nicht möglich. Trotzdem sollen die Arbeitsämter solche Weiterbildungen von bis zu zwei Dritteln der Ausbildungszeit fördern können, wenn bereits zu Beginn der Weiterbildung die Finanzierung für die gesamte vorgeschriebene Dauer gesichert ist (etwa durch Leistungen Dritter oder durch Eigenmittel des Teilnehmers).

Teilzeitmaßnahmen werden häufig wegen sonstiger beruflicher Tätigkeit oder häuslicher Bindungen der Teilnehmer in Anspruch genommen. Auch wenn das Gesetz hierzu nichts aussagt, wird man bei Teilzeitmaßnahmen von der Möglichkeit einer angemessenen Verlängerung der Maßnahmedauer auszugehen haben. Für den gleichzeitigen Bezug von Teilunterhaltsgeld muß die Maßnahme mindestens 12 Stunden wöchentlich umfassen (§ 154 SGB III). Gleiches gilt, wenn Vollzeitmaßnahmen mit weniger als 30 Stunden Unterricht wöchentlich angeboten werden.

Im Gegensatz zur früheren Gesetzeslage ist nunmehr eine bestimmte **Mindestdauer** von Maßnahmen nicht mehr vorgeschrieben. Insofern sind Weiterbildungen, die nicht auf einen anerkannten Ausbildungsabschluß hinführen und für die deshalb keine Ausbildungszeiten vorgegeben sind, auch dann anerkennungsfähig, wenn sie nur wenige Tage oder Wochen dauern. Allerdings hat die Zulassungsinstanz unter dem Gesichtspunkt der Wirtschaftlichkeit und Sparsamkeit zu prüfen, ob der gleiche Eingliederungseffekt nicht auch mit einer Trainingsmaßnahme erreicht werden kann, da bei ihr kein Unterhaltsgeld gezahlt, sondern nur Arbeitslosengeld oder Arbeitslosenhilfe weitergezahlt werden muß.

Sofern es dem Wiedereingliederungserfolg förderlich ist, sollen Maßnahmen nach Möglichkeit **betriebliche Lernphasen** vorsehen (§ 85 Abs. 1 S. 2 SGB III). Derartige

---

108 Henkes (u. a.), Handbuch Arbeitsförderung, 1999, 643.

Praktika sind sinnvoll, um theoretische Kenntnisse in der Praxis anzuwenden und zu vertiefen, die eigenen Fähigkeiten zu überprüfen und um einen frühzeitigen Kontakt mit möglichen Arbeitgebern herzustellen. Praktika sind vor allem dann einzuplanen, wenn sie für die Ausbildung oder die spätere Berufsausübung vorgeschrieben sind. Sog. Nachpraktika in Zeiten einer der beruflichen Weiterbildung folgenden Beschäftigung waren dagegen früher nicht anerkennungsfähig (§ 89 Abs. 2 SGB III a. F.). Diese Vorschrift ist nunmehr entfallen. Insofern dürfte es maßgeblich darauf ankommen, ob durch Nachpraktika die Erfolgsaussichten einer Eingliederung verbessert werden können. Über die Dauer der Praktika enthält das Gesetz seit 2003 keine Regelung mehr. Früher durften die Praktika regelmäßig die Hälfte der Dauer der Maßnahme nicht übersteigen. Dies dürfte auch weiterhin ein Anhaltspunkt sein, der jedoch im Einzelfall Abweichungen zuläßt, etwa wenn ein besonderes Interesse an der überwiegenden Vermittlung berufspraktischer Fertigkeiten besteht oder wenn der Teilnehmer einen Arbeitsplatz einnimmt, der deshalb frei geworden ist, weil der beschäftigte Arbeitnehmer selbst vom Betrieb für eine Weiterbildungsmaßnahme freigestellt wurde.[109] Auch während der Praktika werden Unterhaltsgeld und im Rahmen der Weiterbildungskosten die Fahrtkosten gezahlt.

Nach der Altregelung (§ 91 SGB III a. F.) waren auch **Maßnahmeteile** anerkennungsfähig, wenn diese bereits für sich genommen auf dem Arbeitsmarkt verwertbar waren oder der jeweilige Teil zur Erlangung eines Berufsabschlusses sinnvoll ergänzt werden konnte. Gemessen an den Förderungszielen des Gesetzes (§ 85 Abs. 3 SGB III) dürfte dies auch nach derzeitiger Gesetzeslage möglich sein. Die Anerkennung von Maßnahmeteilen ist insbesondere im Rahmen der sog. Stufenausbildung gem. § 26 BBiG erforderlich. Ermöglicht wird hiermit aber auch eine Qualifikation in kleineren Schritten im Rahmen einer modular aufgebauten Ausbildung.

Die Maßnahme kann auch im **Ausland** durchgeführt werden, wenn dies für das Erreichen des Bildungsziels besonders dienlich ist (§ 85 Abs. 3 S. 2 SGB III). Grundsätzlich kommen Maßnahmen mit teilweiser sowie Maßnahmen mit vollständiger Auslandsausbildung in Betracht. Die Ausbildung ist für das Ausbildungsziel dann besonders dienlich, wenn der Bildungsabschluß nur im Ausland erreicht werden kann, die Durchführung im Ausland aufgrund besonderer Vorschriften vorgeschrieben ist oder die Maßnahme im Ausland wesentlich günstiger zu erreichen ist als inländische Maßnahmen (insbesondere bei Grenzgängern). Außerdem kommt es darauf an, ob der angestrebte Beruf Auslandserfahrung voraussetzt. Hat der Weiterbildungsträger seinen Sitz im Ausland, so muß dessen Kontrolle sichergestellt sein.

Das Gesetz enthält keine Sonderregelung für den **Fernunterricht** (§ 90 SGB III a. F.). Fernunterricht ist jedoch weiterhin anerkennungsfähig, wenn die gesetzlichen Förderungsziele hierdurch erreicht werden können. Es sollte jedoch sicher-

---

109 Die letztgenannte Alternative wird nunmehr ergänzt durch die Vorschriften über die Förderung der beruflichen Weiterbildung durch Vertretung (§ 229 ff. SGB III).

gestellt sein, daß der Fernunterricht in ausreichendem Umfang durch Nahunterricht oder entsprechende mediengestützte Kommunikation ergänzt wird. Weiterhin sind regelmäße Erfolgskontrollen erforderlich. Die zu übernehmenden Weiterbildungskosten umfassen in diesem Fall auch die Kosten für Lehrbriefe und die Korrektur von Übungsaufgaben. Auch bei Fernunterrichtsmaßnahmen wird Unterhaltsgeld und Teilunterhaltsgeld gezahlt. In der Praxis dürfte der Fernunterricht aus Gründen der Teilnehmerkontrolle aber eine seltene Ausnahme darstellen.

Zeiten einer der beruflichen Weiterbildung folgenden Beschäftigung, die der Erlangung der staatlichen Anerkennung oder der staatlichen Erlaubnis zur Ausübung des Berufes dienen, gelten nicht als berufliche Weiterbildung im Sinne des Gesetzes (§ 85 Abs. 5 SGB III). Sog. Nachpraktika (s. o.) sind jedoch nicht generell ausgeschlossen, sondern nur dann, wenn eine staatliche Anerkennung oder Erlaubnis angestrebt wird.

Die Zulassung muß nach § 85 Abs. 1 SGB III **vor Beginn** der Maßnahme erfolgen („festgestellt hat"). Die Maßnahme hat den in § 85 Abs. 3 SGB III aufgeführten **Zielen der Weiterbildungsförderung** zu entsprechen. Grundsätzlich wird die berufliche Erstausbildung nur nach § 60 SGB III gefördert. Im Rahmen der Anerkennung müssen die Maßnahmen das Ziel haben, berufliche Kenntnisse, Fertigkeiten und Fähigkeiten festzustellen, zu erhalten, zu erweitern, der technischen Entwicklung anzupassen oder einen beruflichen Aufstieg zu ermöglichen (§ 85 Abs. 3 Nr. 1 SGB III). Die Kriterien sind nicht sonderlich trennscharf und überschneiden sich häufig. Maßnahmen zur **Feststellung** von Qualifizierungsmöglichkeiten sind auch als Trainingsmaßnahmen gem. § 49 Abs. 1 Nr. 1 SGB möglich. Insofern entscheidet das Arbeitsamt über die Maßnahmeart nach pflichtgemäßem Ermessen (§ 7 SGB III). Maßnahmen der **Anpassung und Erweiterung** beruflicher Kentnisse umfassen auch Prüfungs- und Vorbereitungslehrgänge mit abschließender Prüfungsabnahme[110] sowie einfache Qualifikationen, die vorhandene Fachqualifikationen sinnvoll ergänzen. Unerheblich ist, ob die Inhalte am derzeitigen Arbeitsplatz benötigt werden. Unerheblich ist ferner, ob die Maßnahme schulisch, betrieblich oder außerbetrieblich durchgeführt wird.[111] Die Ermöglichung des beruflichen **Aufstiegs** sollte zu Abschlüssen über der Facharbeiter-, Gesellen- oder Gehilfenebene führen. Ausreichend ist jedoch die Chance auf eine gehobene Stellung, nicht der Erwerb einer höheren formellen Qualifikation. Die Aufstiegsförderung als Zulassungsvoraussetzung ist jedoch zu unterscheiden von der individuellen Förderung des Aufstiegs, bei der sich das Arbeitsamt davon leiten lassen kann, ob sie die wirtschaftlichste Form der beruflichen Eingliederung ist.

Weiteres Zulassungsziel ist die Vermittlung eines **beruflichen Abschlusses** (§ 85 Abs. 3 Nr. 2 SGB III). Grundsätzlich kann in diesem Rahmen nur die Zweitausbildung gefördert werden. Im Regelfall handelt es sich um Umschulungen nach

---

110 BSG SozR 4100 § 41 Nr. 6.
111 BSG SozR 4100 § 47 Nr. 14; ein Selbststudium ist jedoch nicht förderungsfähig (BSG SozR 4100 § 41 Nr. 47).

dem Berufsbildungsgesetz, der Handwerksordnung oder sonstiger bundes- oder landesrechtlicher Vorschriften. Das es jedoch primär auf arbeitsmarktliche Verwertbarkeit des Abschlusses ankommt, dürften auch privatzertifizierte Bildungsabschlüsse bei entsprechender Anerkennung in der Wirtschaft förderungsfähig sein. Dagegen ist die Befähigung zu einer **anderen beruflichen Tätigkeit** (§ 85 Abs. 3 Nr. 3 SGB III) nicht notwendig auf den Erwerb eines beruflichen Abschlusses ausgerichtet, sondern soll nur den Übergang in eine andere geeignete berufliche Tätigkeit ermöglichen.[112]

Nicht mit den Zielen der Weiterbildungsförderung vereinbar und deshalb ausgeschlossen sind Maßnahmen, in denen überwiegend **allgemeinbildendes Wissen** vermittelt wird oder die berufsqualifizierenden Studiengängen an Hochschulen entsprechen (§ 85 Abs. 4 SGB III). Hierzu zählen auch nicht berufsbezogene Fremdsprachenkenntnisse. An Hochschulen sind jedoch nur berufsqualifizierende Studiengänge ausgeschlossen, nicht jedoch von Hochschulen angebotene Maßnahmen generell. Ausgeschlossen ist ferner die Vermittlung nicht berufsbezogener Inhalte, wie etwa der Erwerb der Fahrerlaubnis. Inhalte, die zur Vorbereitung der Aufnahme einer selbständigen Tätigkeit dienen, sind seit 2003 jedoch anerkennungsfähig (etwa Existenzgründungsseminare).

5. Der Zusammenhang zwischen individueller Förderung und Zulassung

Grundsätzlich muß zwischen den Zielen der Zulassung in § 85 Abs. 3 und den Zielen der individuellen Förderung in § 77 Abs. 1 Nr. 1 unterschieden werden. Die positive Feststellung der Maßnahmeanforderungen durch die zuständige Stelle bedeutet nicht, daß die Maßnahme damit automatisch „notwendig" ist, um den Arbeitnehmer beruflich einzugliedern. Dieser genießt mit dem Bildungsgutschein zwar ein gewisses Maß an **Wahlfreiheit** bei der Auswahl des Bildungsträgers. Allerdings kann der Bildungsgutschein befristet sowie regional und auf bestimmte Bildungsziele beschränkt werden (§ 77 Abs. 3 SGB III, s. o.). Wenn das Arbeitsamt also von einer solchen **Beschränkungsmöglichkeit** Gebrauch macht, wird es sich zunächst daran orientieren, was für den Arbeitnehmer im Sinne des Gesetzes notwendig ist. Diese Frage beurteilt sich letztlich danach, welche Maßnahmen mit welcher Ausrichtung von der fachkundigen Stelle zugelassen wurden. Die fachkundige Stelle hat ihrerseits also genau anzugeben, welche Zulassungsziele mit der jeweiligen Maßnahme erreicht werden sollen. Erst dies versetzt das Arbeitsamt in die Lage, eine Entscheidung über die Notwendigjkeit der Eingliederung herbeizuführen und eine entsprechende Beschränkungsauflage in den Bildungsgutschein aufzunehmen. Ein völlig kriterienloses Öffnung des Bildungsmarktes für den Arbeitnehmer dürfte dem Kriterium der **Notwendigkeit** regelmäßig widersprechen.

---

112 BSG SozR 4100 § 43 Nr. 9; dagegen BSG SozR 4100 § 151 Nr. 7: In der Regel ist die Ablegung einer Abschlußprüfung erforderlich.

Denn notwendig ist die Weiterbildung nur dann, wenn ein Eingliederungserfolg in Aussicht gestellt werden kann. Dies ist aber nicht schon dann der Fall, wenn die Maßnahme zugelassen ist. Die Zulassung ist insofern eine notwendige, jedoch noch keine hinreichende Bedingung der individuellen Förderung. Deshalb ist die zugelassene Maßnahme stets auch mit dem jeweiligen Bedarf im Einzelfall in Beziehung zu setzen. Nur selten wird man es dem Arbeitnehmer allein überlassen können, welche Kenntnisse in welcher Weise zu erwerben sind, ob ein beruflicher Abschluß vermittelt werden oder zu einer anderen beruflichen Tätigkeit befähigt werden soll, wie die Maßnahmedauer auszugestalten ist und vor allem welche Wissensinhalte zu vermitteln sind. Dies alles bedarf der Feinabstimmung im einzelnen Fall, weshalb von der Beschränkung des Bildungsgutscheins in Abstimmung mit der Eingliederungsvereinbarung (§ 35 Abs. 4 SGB III) regelmäßig in mehr oder weniger großem Umfang Gebrauch gemacht werden dürfte. Die Wahlfreiheit des Arbeitnehmers ist vor allem dort zu berücksichtigen, wo mehrere Träger für die im Einzelfall geforderte Maßnahme zur Verfügung stehen. Freilich darf die Wahlfreiheit des Arbeitnehmers nicht ad absurdum geführt werden. Deshalb erfordert bereits das Kriterium der Notwendigkeit der Eingliederungsmaßnahme eine **Abwägung** zwischen der individuellen Wahlentscheidung des Arbeitnehmers und den auf das unbedingt Erforderliche zu beschränkenden Steuerungsdirektiven des Arbeitsamtes. Hierbei ist ferner zu berücksichtigen, daß sich der Gesetzgeber bewußt für ein wettbewerbliches System der Dienstleistungserbringung entschieden hat, um auf diese Weise ein Höchstmaß an Angebotsvielfalt und Leistungsqualität zu erreichen. Insofern wurde dem Arbeitnehmer als Nachfrager von Bildungsdienstleistungen eine hervorgehobene Stellung eingeräumt. Auf welche Weise, ob in der Eingliederungsvereinbarung oder durch Gebrauch der Beschränkungsmöglichkeit des Bildungsgutscheins, eine Steuerung herbeigeführt wird, ist letztlich nicht entscheidend. Im Grundsatz jedenfalls ist das Arbeitsamt nur in moderater Weise zur Einwirkung auf das Nachfrageverhalten des Arbeitnehmers berechtigt.

6. Kontrolle

Zur Qualitätssicherung der beruflichen Weiterbildungsförderung ist die Maßnahmebegleitung und Erfolgsbeobachtung jeder einzelnen Maßnahme für die Arbeitsämter obligatorisch (§ 86 Abs. 1 SGB III). Dies ist nicht nur eine wesentliche Vorbedingung für die Wirtschaftlichkeit der Maßnahme, sondern auch für die Auswahl der bestmöglichen Leistung im Einzelfall (§ 7 SGB III). Das Arbeitsamt kann insbesondere Träger- oder Teilnehmerauskünfte einholen und die Einhaltung der Anerkennungsvoraussetzungen durch Einsichtnahme in alle die Maßnahme betreffenden Unterlagen überprüfen. Das Arbeitsamt ist deshalb auch während der Maßnahme berechtigt, Grundstücke, Geschäfts- und Unterrichtsräume des Privatanbieters sowie ggf. einer Praktikumsstelle zu betreten. Auch unangemeldete Überprüfungen sind zulässig. Der Kontrolle unterliegen auch datenschutzrechtliche Vorschriften. Etwaige Verstöße sind der zuständigen Kontrollbehörde für den Datenschutz zu melden.

Nach Ablauf der Weiterbildungsmaßnahme müssen Arbeitsämter und Bildungsträger zudem eine maßnahmebezogene **Bilanz** erstellen, aus der der Eingliederungserfolg ersichtlich ist (§ 86 Abs. 3 SGB III). Über den Zeitpunkt der Bilanzerstellung sagt das Gesetz nichts aus. Mit aussagekräftigen Ergebnissen wird man jedoch erst nach Ablauf einer gewissen Phase der Arbeitsplatzsuche durch den Teilnehmer rechnen können, nicht jedoch bereits im unmittelbaren Anschluß an die Maßnahme.

Zunächst kann das Arbeitsamt die Beseitigung festgestellter **Mängel** innerhalb angemessener Frist verlangen (§ 86 Abs. 2 SGB III). Bei Verstößen kann das Arbeitsamt die Geltung des Bildungsgutscheins für den jeweiligen Träger ausschließen und die Entscheidung über die individuelle Förderung aufheben. Dies kommt insbesondere dann in Betracht, wenn festgestellte Mängel nicht fristgerecht beseitigt werden, wenn das Arbeitsamt schwerwiegende und kurzfristig nicht behebbare Mängel feststellt, geforderte Auskünfte nicht erteilt werden oder wenn die Kontrolle des Weiterbildungsbetriebes nicht geduldet wird.

Der **Geltungsausschluß** des Bildungsgutscheins ist, ebenso wie die Versagung der Zulassung (s. o.), ein rechtsmittelfähiger Verwaltungsakt gegenüber dem Bildungsträger und dem Teilnehmer. Er hat zur Folge, daß die Weiterbildungsmaßnahme auch für den Teilnehmer endet und auf diese Weise in eine durch den Bewilligungsakt entstandene Rechtsposition eingegriffen wird. Deshalb wird man dem Teilnehmer eine entsprechende Ersatzmaßnahme anbieten müssen. Überdies ist der Geltungsausschluß eine recht eigenwillige Konstruktion. Alle im Umlauf befindlichen Bildungsgutscheine, von denen noch nicht Gebrauch gemacht wurde, müßten eingezogen und entsprechend verändert werden. Der Geltungsausschluß kann über die Verwaltungsaktqualität entsprechender Entscheidungen nicht hinwegtäuschen. Vor allem unter Praktikabilitätsgesichtspunkten wäre es angebracht, den Entzug der Zulassung offen anzugehen und mittels Erlaß eines entsprechenden Bescheides an den Träger durchzusetzen. Auch im Falle der Nachfrage eines Arbeitsnehmers dürften dann keine Bildungsdienstleistungen mehr erbracht werden. Darauf müßte der Träger im Bescheid selbst hingewiesen werden. Man erspart sich hierdurch den Einzug von Bildungsgutscheinen und erreicht auf diese Weise ein höheres Maß an rechtsstaatlicher Verfahrenstransparenz. Verfahrensrechtlich handelt es sich bei dem Entzug der Zulassung um einen Widerruf eines rechtmäßigen begünstigenden Verwaltungsaktes gem. § 47 Abs. 1 Nr. 1 SGB X. Voraussetzung hierfür ist, daß der Widerruf im Verwaltungsakt vorbehalten ist. Voraussetzung für einen Widerrufsvorbehalt ist, daß mit ihm sichergestellt werden soll, daß die gesetzlichen Vorausetzungen der Zulassung erfüllt werden (§ 32 Abs. 1 SGB X). Die gesetzlichen Voraussetzungen der Zulassung ergeben sich aus den §§ 84, 85 SGB III. Aus der Tatsache, daß der Träger entsprechenden Maßnahmen der Qualitätsprüfung (§ 86 SGB III) nicht nachkommt, kann geschlossen werden, daß die Anforderungen der Zulassung nicht erfüllt werden. Die Möglichkeit der Aufnahme eines Widerrufsvorbehalts erstreckt sich somit auch auf die Sicherstellung der Qualitätsprüfung.

7. Leistungen an den Teilnehmer

Teilnehmer, bei denen die allgemeinen Förderungsvoraussetzungen erfüllt sind, werden durch Übernahme der **Weiterbildungskosten** (Lehrgangskosten und Kosten für die Eignungsfeststellung, Fahrkosten, Kosten für Unterbringung und Verpflegung, Kosten für die Betreuung von Kindern) sowie ggf. durch Zahlung von **Unterhaltsgeld** gefördert (§§ 80, 81, 153 SGB III). Die Leistungen können jedoch unmittelbar an den Maßnahmeträger ausgezahlt werden, soweit die Kosten unmittelbar bei ihm entstehen (§ 79 Abs. 2 SGB III). Trotz dieser weit verbreiteten Praxis bleibt der Weiterbildungsteilnehmer der eigentliche Leistungsberechtigte. Die Direktzahlung an den Weiterbildungsträger geschieht vor allem aus verwaltungspraktischen Erwägungen. Ohne diese Möglichkeit würden die Kosten zunächst beim Weiterbildungsteilnehmer entstehen; dieser müßte sie sich vom Arbeitsamt erstatten lassen.

Zu den **Lehrgangskosten** zählen die Lehrgangsgebühren „einschließlich" der Kosten für erforderliche Lernmittel, Arbeitskleidung, Prüfungsstücke und Prüfungsgebühren (§ 80 SGB III). Die einzelnen Posititonen sind also in den Lehrgangsgebühren zwingend enthalten. Der einzelne Bildungsträger hat dies von vornherein in seine Kalkulation einzubeziehen, auch unter der Erwägung eines möglichen Preiswettbewerbs mit anderen Anbietern. Nicht selten wird Teilnehmern während der Weiterbildungsmaßnahme ein Arbeitsplatz vermittelt. Um beim Bildungsträger keine wirtschaftlichen Nachteile entstehen zu lassen, kann eine Lehrgangskostenerstattung bis zum planmäßigen Ende der Maßnahme erfolgen. Dies kommt allerdings nur dann in Betracht, wenn das Arbeitsverhältnis durch den Träger vermittelt wurde und eine Nachbesetzung des frei gewordenen Weiterbildungsplatzes in der Maßnahme mit einem anderen Arbeitnehmer nicht möglich ist.

An **Fahrkosten** werden zum einen übernommen Fahrten zwischen Wohnung und Bildungsstätte sowie zum anderen die Kosten für die An- und Abreise und für eine monatliche Familienheimfahrt bei auswärtiger Unterbringung; alternativ zur Familienheimfahrt werden auch Fahrkosten des Angehörigen übernommen (§ 81 SGB III).[113]

Als Kosten für **auswärtige Unterbringung** wird pro Tag ein Betrag in Höhe von 31,– €, je Kalendermonat jedoch höchstens ein Betrag in Höhe von 340,– € erbracht. Für die Verpflegung beträgt der Tagessatz 18,– € je Kalendermonat jedoch höchstens 136,– € (§ 82 SGB III, Stand 2003).

---

113 Bei Benutzung eines öffentlichen Verkehrsmittels werden die in der niedrigsten Klasse des Verkehrsmittels anfallenden Kosten getragen. Bei Benutzung sonstiger Verkehrsmittel gilt § 6 Abs. 1 des Bundesreisekostengesetzes. Danach wird – abhängig von der jeweiligen Hubraumklasse des Kraftfahrzeuges – eine Wegstreckenentschädigung für jeden gefahrenen Kilometer geleistet. Absolute Obergrenze der Fahrkostenübernahme für Fahrten zwischen Wohnung und Bildungsstätte (Pendelfahrten) sind die Kosten, die bei auswärtiger Unterbringung für Unterbringung und Verpflegung zu leisten wären (§ 81 Abs. 3 SGB III). Diese Kosten ergeben sich aus § 82 SGB III.

Kosten für die **Betreuung** der aufsichtsbedürftigen Kinder können in Höhe von 130,– € monatlich je Kind übernommen werden (§ 83 SGB III). Die Entstehung der Kosten muß jedoch auf die Teilnahme zurückgeführt werden können.[114] Erstattungsfähig sind neben Kosten professioneller Einrichtungen auch Mehraufwendungen für die Betreuung durch Nachbarn und Verwandte. Kann die Betreuung von der Weiterbildungseinrichtung geleistet werden, so handelt es sich hierbei um Weiterbildungskosten, die direkt an die Weiterbildungseinrichtung ausgezahlt werden können.

Das **Unterhaltsgeld** (§ 153 SGB III) dient der Sicherung des Lebensunterhalts bei Teilnahme an einer Weiterbildungsmaßnahme. Im Gegensatz zum ähnlichen Übergangsgeld für behinderte Menschen ist das Unterhaltsgeld eine (in der Praxis jedoch wie eine Pflichtleistung behandelte) Ermessensleistung der aktiven Arbeitsförderung (§ 3 Abs. 5 SGB III). Unterhaltsgeld wird geleistet bei Teilnahme an einer Vollzeitmaßnahme, Teilunterhaltsgeld bei Teilnahme an einer Teilzeitmaßnahme.

Unterhaltsgeld wird nur bei tatsächlicher Teilnahme an der Maßnahme geleistet, volles Unterhaltsgeld also nur bei Vollzeitmaßnahmen.[115] Unterrichtsfreie Tage, wie Samstage sowie Sonn- und Feiertage gelten als Unterrichtstage. Unterbrechungen des Unterrichts aus wichtigem Grund (etwa Krankheit) sind für die Leistung irrelevant, solange das Maßnahmeziel nicht gefährdet ist.[116]

Die Gewährung von Unterhaltsgeld setzt jedoch voraus, daß die allgemeinen Förderungsvoraussetzungen der Weiterbildung, insbesondere die Vorbeschäftigungszeit, erfüllt sind (s. o.).[117]

Im Rahmen einer Teilzeitmaßnahme, die mindestens 12 Stunden wöchentlich umfassen muß, kann **Teilunterhaltsgeld** (154 SGB III) geleistet werden, wenn die allgemeinen Förderungsvoraussetzungen erfüllt sind und die Teilnahme an einer Vollzeitmaßnahme nicht möglich oder nicht zumutbar ist (etwa wegen Kindererziehung oder Betreuung von Angehörigen). Denn grundsätzlich haben Vollzeitmaßnahmen Vorrang vor Teilzeitmaßnahmen. Ferner kommt Teilunterhaltsgeld in Betracht, wenn Arbeitnehmer nach Erfüllen der Vorbeschäftigungszeit eine Teilzeitbeschäftigung ausüben und die Teilnahme an der Maßnahme zur Aufnahme einer Vollzeitbeschäftigung notwendig oder die Notwendigkeit der Weiterbildung wegen fehlenden Berufsabschlusses anerkannt ist (§ 154 SGB III).[118]

---

114 Ist das Kind ohnehin im Kindergarten untergebracht, kommt eine Kostenübernahme nicht in Betracht.

115 Bei Fernunterrichtsmaßnahmen kommt es auf den geschätzten zeitlichen Umfang der Inanspruchnahme des Teilnehmers an.

116 Ist der Lebensunterhalt jedoch durch Krankengeld gesichert, wird Unterhaltsgeld nicht gezahlt.

117 Auch ohne Erfüllung der Vorbeschäftigungszeit können die Weiterbildungskosten jedoch gem. § 77 S. 2 übernommen werden.

118 Die Möglichkeit der Weiterbildung wegen fehlenden Berufsabschlusses bezieht sich auf die Regelung des § 77 Abs. 2 SGB III.

Unterhaltsgeld in Sonderfällen (§ 155 SGB III) wird auch für Zeiten erbracht, in denen der Arbeitnehmer aus einem wichtigen Grund nicht an der Maßnahme teilnehmen kann[119] oder in denen Leistungsfortzahlung des Arbeitslosengeldes bei Arbeitsunfähigkeit erfolgen müßte. Die Leistungsfortzahlung bei Arbeitsunfähigkeit ist in § 126 SGB III geregelt: Das Unterhaltsgeld bis zur Dauer von 6 Wochen fortgezahlt, längstens jedoch bis zur endgültigen Beendigung der Maßnahme. Dauert die Arbeitsunfähigkeit länger als 6 Wochen an, so ruht das Unterhaltsgeld gem. § 157 Abs. 1 Nr. 4 i. V. m. § 142 Abs. Nr. 2 für die Zeit der Zahlung von Krankengeld (§ 49 SGB V).[120] Ein Sonderfall liegt ferner vor für Zeiten, die das Arbeitsamt als Ferien anerkannt hat[121], die zwischen dem Ende des Unterrichts und dem Ende der Prüfung liegen[122] und die zwischen dem Maßnahmeende an einem Freitag und dem darauf folgenden Montag liegen (§ 155 SGB III).

Im Gegensatz zu früher gelten Zeiten des Unterhaltsgeldbezuges **nicht mehr als Anwartschaftszeit** für den Bezug von Arbeitslosengeld. Der Gesetzgeber wollte hiermit vor allem sog. Karusseleffekte ausschließen, die durch den permanenten Wechsel zwischen Arbeitslosigkeit und Fördermaßnahme zustande kamen.[123]

Das frühere **Anschlußübergangsgeld** (§ 156 SGB III) verfolgte das Ziel, Absolventen beruflicher Weiterbildung im Falle der Arbeitslosigkeit für eine Übergangszeit finanziell abzusichern. Es wurde abgeschafft.

Die **Höhe des Unterhaltsgeldes** entspricht der Höhe des Arbeitslosengeldes (§§ 157 Nr. 2 i. V. m. §§ 129–139 SGB III). Das Unterhaltsgeld beträgt somit 60 % des pauschalierten Nettoentgelts bzw. 67 % bei Versorgung eines Kindes. Ausgangspunkt für die Berechnung der Leistung ist das Bruttoentgelt (Bemessungsentgelt, §§ 132–135 SGB III), das innerhalb eines bestimmten Bemessungszeitraums anfällt.[124] Der für die Höhe des Unterhaltsgeldes maßgebliche Leistungssatz bezieht sich jedoch nicht auf das Bruttoeinkommen, sondern auf ein aus der Bruttobemessungsgrundlage errechnetes Nettoentgelt. Dieses ist jedoch nicht das individuelle Nettoentgelt des Arbeitnehmers, sondern ein pauschaliertes Nettoentgelt. Dieses errechnet sich,

---

119 Wohnungswechsel, Eheschließung, Jubileen, Erkrankung des Teilnehmers, Erkrankung des Ehepartners oder Kindes usw. Fehlzeiten sind unverzüglich zu melden (§ 60 SGB I). Dies gilt auch für den Arbeitgeber bzw. Träger (§ 318 SGB III).

120 Die Fortzahlung von Unterhaltsgeld kommt jedoch auch für Zeiten der Betreuung bei Erkrankung eines Kindes in Betracht (§ 126 Abs. 2 SGB III).

121 Ein Urlaubsanspruch steht nur beschäftigten Arbeitnehmern zu (§ 1 Bundesurlaubsgesetz). Bei Maßnahmen mit einer Dauer von nicht mehr als 6 Monaten werden mit Ausnahme von Kurzferien keine Ferien anerkannt. Ansonsten gilt als Faustformel: Ferien von 24 Unterrichtstagen je Maßnahmejahr.

122 Jedoch nur, wenn die Prüfung innerhalb von 3 Wochen nach dem Ende des Unterrichts abgeschlossen wird. Der Kandidat soll sich in dieser Zeit intensiv auf die Prüfung vorbereiten können.

123 Beim Übergangsgeld, bei Arbeitsbeschaffungsmaßnahmen und Strukturanpassungsmaßnahmen sowie bei der Job-Rotation besteht dieses Risiko jedoch auch heute noch.

124 Der Bemessungszeitraum umfaßt grundsätzlich die abgerechneten Entgeltabrechnungszeiträume der letzten 52 Wochen, mindestens aber 39 Wochen vor der Entstehung des Leistungsanspruchs, in denen Versicherungspflicht bestand.

indem vom Bruttoentgelt in pauschalierter Weise gewöhnlich anfallende Steuern und Beiträge abgezogen werden.[125] Entscheidend ist daher auch die jeweilige Leistungsgruppe bzw. Steuerklasse des Arbeitnehmers. Das Endergebnis ist den jährlich zu erstellenden Leistungstabellen des Arbeitsamts zu entnehmen.

Hiervon abweichend enthält § 158 SGB III **Sonderregelungen** für Teilnehmer, die innerhalb der letzten 3 Jahre vor Maßnahmebeginn Arbeitslosengeld oder Arbeitslosenhilfe bezogen und danach nicht mindestens 12 Monate in einem Versicherungspflichtverhältnis gestanden haben. Hier ist dem Unterhaltsgeld dasjenige Bemessungentgelt zugrunde zu legen, nach dem das Arbeitslosengeld zuletzt bemessen worden ist (§ 158 Abs. 1 SGB III). Besonderheiten der Berechnung bestehen zudem bei Teilnehmern, für die es mit Rücksicht auf den durchschnittlichen wöchentlichen Umfang der Maßnahme **unbillig** hart wäre, von dem letzten maßgeblichen Bemessungsentgelt auszugehen (etwa wenn wegen der Pflege von Angehörigen nur eine Teilzeittätigkeit ausgeübt werden konnte). In diesem Fall ist das erzielbare tarifliche Arbeitsentgelt zugunde zu legen (§ 158 Abs. 2 SGB III). Bei **Teilzeitmaßnahmen** neben einer Teilzeitbeschäftigung ist für das Teilunterhaltsgeld als Bemessungsentgelt die Hälfte des Arbeitsentgelts zugrunde zu legen, das bei durchschnittlicher regelmäßiger Arbeitszeit einer Vollzeitbeschäftigung der Bemessung des Arbeitslosengeldes zugrunde zu legen wäre (§ 158 Abs. 3 Nr. 1 SGB III). Wird keine Teilzeitbeschäftigung ausgeübt, so wird als Bemessungsentgelt das Entgelt zugrunde gelegt, das der Bemessung des Arbeitslosengeldes zugrunde zu legen wäre (§ 158 Abs. 3 Nr. 2 SGB III).[126]

Üblicherweise wird neben Weiterbildungsmaßnahmen kein **Einkommen** erzielt. Dies ist jedoch weder ausgeschlossen noch unzulässig, so lange das Maßnahmeziel durch die Doppelbelastung nicht gefährdet wird. Das Gesetz unterscheidet danach, ob das Einkommen „neben" dem Bezug von Unterhaltsgeld oder „wegen" der Weiterbildung gezahlt wird. Im ersten Fall gilt auch für das Unterhaltsgeld grundsätzlich die Regelung zur Anrechnung von Nebeneinkommen auf das Arbeitslosengeld (§§ 159, 157 Nr. 3, 141 SGB III). Anders als Bezieher von Arbeitslosengeld können Weiterbildungsteilnehmer jedoch mehr als 15 Stunden wöchentlich arbeiten (§ 159 Abs. 1 SGB III).[127] Erhält der Teilnehmer Leistungen vom Arbeitgeber wegen der Teilnahme oder aufgrund eines bestehenden oder früheren Arbeitsverhältnisses für die Zeit der Teilnahme (§ 159 Abs. 2 SGB III) kommt es zur Anrechnung von Leistungen des Arbeitgebers oder Maßnahmeträgers, soweit diese nach Abzug von Abgaben zusammen mit dem Unterhaltsgeld das dem Unterhaltsgeld zugrunde liegende Leistungsentgelt übersteigen.[128] Einkommen aus einer Teilzeitbeschäfti-

125 Individuelle Freibeträge bleiben damit unberücksichtigt.

126 Bei Teilzeitmaßnahmen wird der Teilehmer also nicht schlechter gestellt als ohne Förderung, also bei Fortzahlung des Arbeitslosengeldes; vgl. aber § 158 Abs. 2.

127 Hierdurch können die Teilnehmer den Kontakt zum ersten Arbeitsmarkt aufrecht erhalten.

128 Anrechenbare Arbeitgeberleistungen sind etwa das Arbeitsentgelt, Sachbezüge, Wehrsold, Praktikumsvergütungen, Entlassungsentschädigungen. Arbeitgeberleistungen zu den Weiterbildungskosten vermindern dagegen lediglich die Höhe der übernahmefähigen Weiterbildungskosten. Entsprechende Leistungen werden häufig jedoch auch von Weiterbildungsträgern

gung neben einer Teilzeitweiterbildung bleibt bei Zahlung von Teilunterhaltsgeld anrechnungsfrei (§ 159 Abs. 4 SGB III).

8. Nationale und europäische Subventionen

Träger von Einrichtungen der beruflichen Aus- oder Weiterbildung und Einrichtungen der beruflichen Rehabilitation können durch Darlehen und Zuschüsse gefördert werden, wenn dies für die Erbringung von Leistungen der aktiven Arbeitsförderung erforderlich ist und die Träger sich in angemessenem Umfang an den Kosten beteiligen (§ 248 Abs. 1 SGB III). Die Vorschrift betrifft die institutionelle Förderung der beruflichen Weiterbildung und soll ein ausreichendes Angebot an Bildungsträgern schaffen und erhalten. Gefördert werden können insbesondere Einrichtungen sowie Maßnahmen zur Entwicklung von Lehrgängen, Lehrprogrammen und Lehrmethoden.[129] Förderungsfähig sind öffentlich-rechtliche (Kommunen, Kammerorganisationen) und private (Verbände der freien Wohlfahrtspflege, Stiftungen und Vereine, Berufsverbände) Organisationen. Die Vorhaben müssen jedoch im Rahmen einer überregionalen Planung mit dem Bundesministerium für Arbeit und Sozialordnung abgestimmt sein (§ 248 Abs. 2 SGB III). Die Förderung liegt im Ermessen der Arbeitsämter. Sie ist jedoch ausgeschlossen bei berufsbildenden Schulen und Einrichtungen, die überwiegend betrieblichen, verbandlichen oder Erwerbszwecken dienen (§ 250 SGB III).

Weitere Förderungsmöglichkeiten bestehen über den **Europäischen Sozialfonds,** der für zusätzliche arbeitsmarktpolitische Maßnahmen zur Verfügung steht und aus Bundesmitteln mitfinanziert wird. Grundlage sind die „Richtlinien für aus Mitteln des ESF mitfinanzierte zusätzliche arbeitsmarktpolitische Maßnahmen im Bereich des Bundes" vom 20.01.00. Gefördert werden Langzeitarbeitslose und Arbeitslose, die von Langzeitarbeitslosigkeit bedroht sind, Jugendliche bis zur Vollendung des 25. Lebensjahres, die eine Beschäftigung oder ein Ausbildungsverhältnis suchen sowie Arbeitnehmer, insbesondere Frauen, die nicht über eine ausreichende Qualifikation verfügen oder wieder in das Berufsleben zurückkehren wollen. Eine Förderung ist jedoch nur möglich, wenn Leistungen nach dem SGB III nicht erbracht werden können und eine Doppelförderung ausgeschlossen ist.

Förderungsfähig ist danach die Vorbereitung und Sicherung einer **Existenzgründung** zum einen für Personen, die zukünftig ein Überbrückungsgeld erhalten wollen, aber die hierfür erforderlichen fachlichen Voraussetzungen noch nicht

---

erbracht, etwa Krankenpflegeschulen. Soweit der Bezieher von Unterhaltsgeld die anzurechnenden Leistungen tatsächlich nicht erhält, wird das Unterhaltsgeld gem. § 159 Abs. 3 zunächst ohne Anrechnung geleistet.

129 Im Bereich der beruflichen Bildung etwa außerbetriebliche Lehrwerkstätten, sonstige Einrichtungen der außerbetrieblichen Berufsausbildung, Einrichtungen der beruflichen Weiterbildung sowie Einrichtungen, die Grundausbildungs- und Förderungslehrgänge und andere berufsvorbereitende Maßnahmen durchführen: Brandts, in: Niesel, SGB III-Kommentar 1998, § 248, Rn. 3.

erfüllen; zum anderen für Personen, die Überbrückungsgeld bereits beziehen und in der Existenzgründungsphase auf begleitende Hilfen (Coaching, Lehrgangs- und Kinderbetreuungskosten) angewiesen sind. Zur Ergänzung der üblichen Leistungen zur beruflichen Qualifizierung können ferner Teilnehmer an Maßnahmen der beruflichen Weiterbildung gefördert werden, die wegen Nichterfüllung der Vorbeschäftigungszeit kein Unterhalts- oder Übergangsgeld erhalten können. Für diese Teilnehmer kommt ein **pauschaliertes ESF-Unterhaltsgeld** in Betracht. Zusätzlich können die Kosten für einen **Schutz im Krankheits- oder Pflegefall** sowie die Kosten für eine notwendige sozialpädagogische Betreuung übernommen werden.

Neben der Sicherung des Lebensunterhaltes besteht zudem die Möglichkeit der **Förderung an sich nicht förderungsfähiger Module** im Bereich der beruflichen Weiterbildung oder bei berufsvorbereitenden Bildungsmaßnahmen, wie etwa die Vermittlung von Sprachkenntnissen, der Besuch von Lehrgängen mit berufsbezogenem allgemeinbildenden Inhalt sowie die Ermöglichung von Auslandspraktika. Die Teilnehmer erhalten für die Zeit der Teilnahmen an den Modulen ein ESF-Unterhaltsgeld.[130] Übernahmefähig sind zudem die Kosten einer angemessenen Krankheitsvorsorge, Weiterbildungskosten sowie Kosten für eine notwendige sozialpädagogische Betreuung.

Schließlich ist eine **Lehrgangskostenerstattung** für Qualifizierungen während des Bezuges von Kurzarbeitergeld möglich. Leistungsberechtigt ist jedoch ausschließlich der Arbeitgeber. In begründeten Ausnahmefällen können dem Arbeitgeber während der Qualifizierungsmaßnahme auch die von ihm zu tragenden **Beiträge** und Zuschüsse zur Kranken-, Renten- und Pflegeversicherung ganz oder teilweise erstattet werden. Die Leistungen können jedoch nur erbracht werden, wenn sich der Arbeitgeber an den Kosten angemessen beteiligt.

VI. Job-Rotation

Im Rahmen der „Förderung der beruflichen Weiterbildung durch Vertretung" (Job-Rotation) können Arbeitgeber, die einem Arbeitnehmer die Teilnahme an einer beruflichen Weiterbildung ermöglichen und dafür einen Arbeitslosen einstellen, einen **Zuschuß** zum Arbeitsentgelt des Vertreters, also des eingestellten Arbeitslosen, erhalten (§ 229 SGB I). Solche Zuschüsse können jedoch auch Arbeitgeber erhalten, die von einem gewerbsmäßigen Verleiher verliehene Arbeitnehmer für einen anderen Arbeitnehmer, der sich beruflich weiterbildet, beschäftigen. Voraussetzung ist jedoch, daß der verliehene Arbeitnehmer vorher arbeitslos war und vom Verleiher gerade im Hinblick auf eine mögliche Job-Rotation eingestellt wurde.[131]

---

130 Dies entspricht der Höhe nach den ansonsten zu zahlenden Leistungen wie Unterhaltsgeld, Übergangsgeld, Berufsausbildungsbeihilfe oder Ausbildungsgeld.
131 Vgl. zum Ganzen: Erläuterungen zum Entwurf eines Gesetzes zur Reform der arbeitsmarktpolitischen Instrumente (Job-Aqtiv-Gesetz); hierzu auch Luthe, Das Job-Aqtiv-Gesetz, SGb 2002, Heft 2 und 3.

Das arbeitsmarktpolitische Konzept der Job-Rotation kombiniert strukturpolitische und arbeitsmarktpolitische Elemente. Einerseits wird die Freistellung eines Beschäftigten zur beruflichen Weiterbildung ermöglicht und andererseits einem Arbeitslosen die Chance zur Verbesserung seiner Wiedereingliederungschancen eingeräumt. Die Einstellung des vertretenden Arbeitnehmers muß jedoch nicht synchron zur weiterbildungsbedingten Abwesenheit des Stammarbeitnehmers erfolgen. Die Einstellung des Vertreters kommt auch bereits einige Zeit vor Beginn der Weiterbildungsmaßnahme in Betracht. Auf diese Weise kann etwa der Stammarbeitnehmer noch für die Einarbeitung des Vertreters sorgen. Die Möglichkeit der Förderung besteht auch dann, wenn der Stammarbeitnehmer normalerweise teilzeitbeschäftigt ist oder die berufliche Weiterbildungsmaßnahme in Teilzeit besucht. Insoweit kann die Vertretung auch in Form einer Teilzeitbeschäftigung erfolgen. Zudem kann eine Stelle mit mehreren teilzeitbeschäftigten Vertretern besetzt werden. Nicht erforderlich ist, daß der Arbeitslose unmittelbar den in beruflicher Weiterbildung sich befindenden Arbeitnehmer ersetzt. Es reicht aus, daß der Stammarbeitnehmer betriebsintern vertreten wird, aber für den betriebsinternen Vertreter ein Arbeitsloser eingestellt wird. Ebensowenig hängt die Förderung davon ab, daß der Vertreter dauerhaft eingestellt wird oder der Stammarbeitnehmer nach Beendigung seiner Weiterbildung bei dem Arbeitgeber weiterbeschäftigt wird. Schließlich ist eine Doppelförderung keineswegs ausgeschlossen: So kann der von Arbeitslosigkeit bedrohte oder ohne Berufsabschluß dastehende Stammarbeitenehmer eine reguläre Weiterbildung erhalten (§ 77 SGB III), während der Arbeitgeber für den Vertreter einen Zuschuß erhält.

Die **Höhe des Einstellungszuschusses** beträgt mindestens 50 % und höchstens 100 % des berücksichtigungsfähigen Arbeitsentgelts (Arbeitsentgelt und pauschalierter Anteil des Arbeitgebers am Gesamtsozialversicherungsbeitrag). Zwar dürfte das Gehalt des Stammarbeitnehmers während der Weiterbildungsmaßnahme üblicherweise weiterbezahlt werden. Die Möglichkeit der Bezuschussung ist hiervon jedoch nicht abhängig und kommt auch im Rahmen einer Freistellung ohne Gehaltszahlung in Betracht. Die konkrete Höhe des Zuschusses hängt von der Qualifikation und Förderungsbedürftigkeit des eingestellten Vertreters ab. Die **Dauer der Förderung** soll im Regelfall ein Jahr nicht überschreiten (§ 230 SGB III). Im Falle des Verleihs wird die maximale Dauer der Förderung durch die Vorschriften des Arbeitnehmerüberlassungsgesetzes bestimmt. Der Zuschuß beträgt in diesem Fall 50 % des vom Entleiher an den Verleiher zu zahlenden Entgelts.[132]

Für den zuvor arbeitslosen Vertreter gelten **arbeitsrechtliche Sonderbestimmungen** (§ 231 SGB III). Die Einstellung eines Vertreters gilt als sachlicher Grund für den Abschluß eines befristeten Arbeitsverhältnisses.[133] Die Geltung arbeitsrecht-

---

132 Die Begrenzung des Zuschusses auf 50 % des Entgelts erfolgt aus dem Umstand, daß die Entleihkosten des Verleihers regelmäßig höher sind als das berücksichtigungsfähige Arbeitsentgelt.

133 Die Vorschrift gilt jedoch nicht für das Arbeitsverhältnis zwischen Verleiher und Leiharbeitnehmer; hier gelten vielmehr die Regelungen des Arbeitnehmerüberlassungsgesetzes.

licher Schutzbestimmungen ist häufig an die Anzahl der beschäftigten Arbeitnehmer geknüpft. Das Gesetz stellt klar, daß zur Vermeidung einer betriebsverfassungsrechtlich relevanten Doppelzählung nur der vertretene Stammarbeitnehmer, nicht aber der Vertreter gezählt wird (§ 231 Abs. 2 SGB III).

Das Arbeitsamt kann **private Weiterbildungseinrichtungen** mit der Vorbereitung und Gestaltung der beruflichen Weiterbildung durch Vertretung beauftragen und durch Zuschüsse fördern. Es handelt sich jedoch nicht um eine institutionelle Förderung. Sie hat vielmehr unmittelbar im Zusammenhang zu stehen mit konkreten Job-Rotationsmaßnahmen. Als Auftragsmaßnahme ist die Förderung von Privatanbietern im Regelfall öffentlich auszuschreiben. Die Einschaltung von Privatanbietern ermöglicht die Planung und Durchführung sowohl der beruflichen Weiterbildungsmaßnahme als auch die Auswahl des Vertreters (und ggf. seiner Vorbereitung) „aus einer Hand". Die Förderung umfaßt die angemessenen Aufwendungen für das erforderliche Personal (etwa zu Zwecken der Beratung und Arbeitsplatzbegleitung), das erforderliche Leitungs- und Verwaltungspersonal sowie für Sach- und Verwaltungskosten.

Das Konzept der Job-Rotation, das an entsprechende Modelle in Dänemark und Schweden anknüpft, ist **arbeitsmarktökonomisch** ambivalent.[134] Einerseits bringt es den Gedanken des sog. lebenslangen Lernens zur Geltung und fördert den Kontakt zwischen Arbeitgebern und arbeitslosen Arbeitnehmern auf dem ersten Arbeitsmarkt. Andererseits kann der Teilnehmer bei Förderung von bis zu 12 Monaten einen erneuten Anspruch auf Arbeitslosengeld erwerben. Hierdurch verlängert sich die Dauer der staatlichen Unterstützung, und aktive Arbeitsmarktpolitik erhält einen ungewollt passiven Charakter (sog. Karusselleffekt).[135] Zudem stellt die Förderung der beruflichen Weiterbildung durch Vertretung eine staatliche Subventionierung des betrieblichen Qualifizierungswesens dar, die mit dem Verbot staatlicher Unternehmensbeihilfen in Art. 87 EGV angesichts der bis zu 100 % förderungsfähigen Personalkosten nicht im Einklang stehen dürfte.[136]

VII. Qualifizierung bei Personalabbau

Wir haben die Qualifizierungsmaßnahmen des Arbeitsförderungsrechts bislang als eigenständige Maßnahmebereiche kennengelernt. Sie können jedoch auch Teil betrieblicher Personalanpassungsmaßnahmen sein, insbesondere im Falle der Unternehmensinsolvenz sowie bei Stillegung oder Umstrukturierung von Unternehmensteilen. Um den Personalabbau in diesen Fällen so sozialverträglich wie möglich zu gestalten, gewährt das Arbeitsamt das sog. **Struktur-Kurzarbeitergeld** sowie **Zuschüsse zu Sozialplanmaßnahmen**, macht die Förderung jedoch davon

134 Kröger/van Suntum, Mit aktiver Arbeitsmarktpolitik aus der Beschäftigungsmisere?, 1999, 163.
135 Ebenda, 208.
136 Luthe, Das Job-Aqtiv-Gesetz, SGb 2002, 140.

abhängig, daß unter Beteiligung des Arbeitgebers Maßnahmen zur Verbesserung der Vermittlungsaussichten der entlassenen oder von Entlassung bedrohten Arbeitnehmer ergriffen werden. In dieser Hinsicht kommen vor allem Qualifizierungsmaßnahmen aller Art in Betracht.

Das **strukturelle Kurzarbeitergeld** (§ 175 SGB III) dient im Gegensatz zum regulären Kurzarbeitergeld nicht dazu, bestehende Arbeitsplätze zu erhalten, wird vielmehr auch bei dauerhaftem Arbeitsausfall gezahlt und setzt nicht voraus, daß der Arbeitnehmer noch seinen Arbeitsplatz innehat. Wesentliches Kennzeichen der Förderung sind betriebliche Strukturveränderungen als Folge eines allgemeinen Strukturwandels innerhalb des jeweiligen Wirtschaftszweiges. Bei den sog. **Sozialplanmaßnahmen** (§ 254 SGB III) kommt es dagegen im wesentlichen darauf an, daß infolge einer geplanten Betriebsänderung (Stillegung oder Verlegung des ganzen Betriebes oder von Betriebsteilen, Umstrukturierungsmaßnahmen) ein Personalabbau erforderlich wird. In diesem Fall muß vom Betrieb ein Sozialplan erstellt werden, der u. a. Abfindungszahlungen für die betroffenen Arbeitnehmer vorsieht. Mit den Sozialplanmaßnahmen des SGB III soll dagegen ein Anreiz geschaffen werden, die für Abfindungen zur Verfügung stehenden Mittel für die Arbeitsförderung und insbesondere für Weiterbildungsmaßnahmen zu gewinnen. Denn es ist keineswegs ausgeschlossen, anstelle von Abfindungen vom Betrieb mitfinanzierte Qualifizierungsmaßnahmen innerhalb eines Sozialplanes zu vereinbaren oder zumindest einen Teil der möglichen Abfindungssumme hierfür zu verwenden.

Zur Vermeidung einer Doppelförderung sind während einer Sozialplanmaßnahme anderen Leistungen aktiver Arbeitsförderung mit **gleichartiger Zielsetzung** ausgeschlossen (§ 258 SGB III). Deshalb muß im Rahmen der jeweiligen betrieblichen Gesamtstrategie stets bedacht werden, daß auch andere Förderungsmöglichkeiten in Betracht kommen: Werden Zuschüsse für eine im Sozialplan vereinbarte Qualifizierungsmaßnahme in Anspruch genommen, so ist eine berufliche Weiterbildung (§ 77 SGB III) mit Unterhaltsgeld und Übernahme der Weiterbildungskosten ausgeschlossen. Dies gilt auch, wenn im Rahmen einer Qualifizierung ABM (§ 260 SGB III), Trainingsmaßnahmen (§ 48 SGB III) sowie Struktur-Kurzarbeitergeld geleistet wird.[137] Im Unterschied zu den Sozialplanmaßnahmen können insbesondere während des Bezuges von Struktur-Kurzarbeitergeld nach dem **ESF-Bundesprogramm** Zuschüsse zu den Maßnahmekosten gezahlt und Sozialversicherungsbeiträge übernommen werden. Sonstige gleichartige Leistungen sind jedoch nur für die Teilnehmer an den Sozialplanmaßnahmen ausgeschlossen. Deshalb ist es durchaus möglich, für unterschiedliche Personengruppen eines Betriebes unterschiedliche Förderinstrumente in Anspruch zu nehmen.

Die Umsetzung der Personalanpassungsmaßnahmen erfolgt häufig durch Gründung **eigenständiger Gesellschaften**, in die die zur Kündigung vorgesehenen Arbeit-

---

137 Die allgemeine Obergrenze für den Bezug des Struktur-Kurzarbeitergeldes von 2 Jahren verlängert sich nach § 177 Abs. 4 Nr. 2 SGB III jedoch um Zeiten, für die ein Sozialplan eine Maßnahme vorsieht, die der beruflichen Eingliederung von Arbeitnehmern dient.

nehmer überwechseln. Die Aufgaben und Zielsetzungen derartiger Gesellschaften können sehr unterschiedlich sein. Es ist möglich, daß die Gesellschaft nur als **„Auffangbecken“** der entlassenen Arbeitnehmer dient und von hier aus Kooperationen mit externen Weiterbildungsträgern stattfinden.[138] Die Personalkosten der übergetretenen Arbeitnehmer werden in der Regel öffentlich bezuschußt, entweder durch Struktur-Kurzarbeitergeld oder durch Sozialplanzuschüsse. Das abgebende Unternehmen hat ebenfalls Mittel beizusteuern. Die Arbeitnehmer können durch die befristete Beschäftigung in der neuen Gesellschaft etwas für ihre Qualifizierung tun und im schlechtesten Fall den Eintritt der Arbeitslosigkeit hinauszögern. Bei der **Beschäftigungs- und Qualifizierungsgesellschaft** finden die Eingliederungsaktivitäten hingegen innerhalb der Gesellschaft statt. Sie wird häufig von unterschiedlichen Arbeitgebern einer Region genutzt, die ihr freigesetztes Personal dort unterbringen. Möglich ist die Kombination praktischer Beschäftigungs- und theoretischer Qualifizierungsanteile. Der Kreis der geförderten Teilnehmer bez. Beschäftigten rekrutiert sich aus unterschiedlichsten Fördertöpfen: In Frage kommen Struktur-Kurzarbeitergeld, Sozialplanmaßnahmen, die reguläre Weiterbildung und Ausbildung, Trainingsmaßnahmen, aber auch arbeitslose Sozialhilfeempfänger, die im Rahmen der Hilfe zur Arbeit (§§ 18 ff. BSHG) durch das Sozialamt gefördert werden.

1. Struktur-Kurzarbeitergeld

Struktur-Kurzarbeitergeld wird gezahlt, wenn **Strukturveränderungen** für einen Betrieb mit einer Einschränkung und Stillegung des ganzen Betriebes oder von wesentlichen Betriebsteilen verbunden ist und mit Personalanpassungsmaßnahmen in erheblichem Umfang einhergehen (§ 175 Abs. 1 Nr. 1 SGB III). Bei Vorliegen der Voraussetzungen besteht für die betroffenen Arbeitnehmer ein **Rechtsanspruch.**[139] Das strukturelle Kurzarbeitergeld soll Massenentlassungen verhindern und einen sozialverträglichen Personalabbau in den von der Strukturkrise betroffenen Betrieben ermöglichen.

Voraussetzung ist, daß die von dem Arbeitsausfall betroffenen Arbeitnehmer in einer **betriebsorganisatorisch eigenständigen Einheit** zusammengefaßt sind (§ 175 Abs. 1 Nr. 2 SGB III). Eine solche betriebsorganisatorische Einheit kann auch innerhalb des Betriebes geschaffen werden. Im Regelfall aber werden die vom Arbeitsausfall betroffenen und gekündigten Arbeitnehmer in einer „Beschäftigungs- und Qualifizierungsgesellschaft“ zusammengefaßt, wobei es sich um einen neuen Träger mit eigener Rechtspersönlichkeit handelt.[140]

---

138 Sog. Transfergesellschaft, hierzu: Kirsch/Knuth/Krone/Mühge, Ein Instrument mit vielen Gesichtern, IAB Werkstattbericht, Diskussionsbeiträge des Instituts für Arbeitsmarkt- und Berufsforschung der Bundesanstalt für Arbeit, Ausgabe Nr. 7 vom 18. 07. 00.

139 Sozialplanmaßnahmen sind dagegen nur Ermessensleistungen.

140 Erforderlich ist aber, daß ein Rest an Arbeitgeberpflichten beim alten Arbeitgeber verbleibt: GK-SGB III – Feckler § 175 Rn. 18 (der Kontakt kann bestehen im Verleihen von Arbeitsgeräten, in

Struktur-Kurzarbeitergeld wird jedoch nur gezahlt, wenn bei einer **„erheblichen Anzahl von Arbeitnehmern** des Betriebes" Entlassungen vermieden werden können (§ 175 Abs. 2 Nr. 2 SGB III). Was eine „erhebliche Anzahl" von Arbeitnehmern ist, regelt § 17 Kündigungsschutzgesetz, der die Anzeigepflicht bei Massenentlassungen behandelt.[141] Im übrigen kommt die Maßnahme auch bei Betrieben mit weniger als 20 Arbeitnehmern in Betracht, wenn bei mindestens 20 % der beschäftigten Arbeitnehmer Entlassungen vermieden werden können.[142]

Die Zahlung von Struktur-Kurzarbeitergeld soll dazu beitragen, die Schaffung und Besetzung neuer Arbeitsplätze zu erleichtern (§ 175 Abs. 1 SGB III). Die Zeiten des Arbeitsausfalls sollen deshalb vom Betrieb dazu genutzt werden, die **Vermittlungsaussichten** der Arbeitnehmer insbesondere durch eine berufliche Qualifizierung zu verbessern. Es handelt sich jedoch nur um eine „Soll-Vorschrift". Deshalb muß Struktur-Kurzarbeitergeld auch ohne Qualifizierung gezahlt werden. Dann allerdings ist der Anspruch auf 6 Monate befristet, während die Leistung im Falle der Qualifizierung bis zu 12 Monate gezahlt werden kann (§ 177 Abs. 1 S. 4 SGB III).

Die **Qualifizierungsmöglichkeiten** reichen weiter als bei der regulären Weiterbildung. So ist die Vorbereitung von Existenzgründungen ebenso möglich wie die zeitlich begrenzte Beschäftigung eines Kurzarbeiters bei einem anderen Arbeitgeber. Die bei externen Bildungsträgern entstehenden Kosten können durch Mittel aus dem Europäischen Sozialfonds finanziert werden, wenn der Arbeitgeber sich angemessen beteiligt.[143] Reguläre Weiterbildungsmaßnahmen oder Sozialplanmaßnahmen nach dem SGB III kommen daneben dann jedoch nicht mehr in Betracht.

Die **Höhe des Struktur-Kurzarbeitergeldes** beträgt 67 % bzw. 60 % der Nettolohneinbuße (§§ 178, 179, 182 Nr. 1 SGB III). Während des Bezugs von Kurzarbeitergeld und Struktur-Kurzarbeitergeld besteht die Versicherungspflicht in der Renten- und Krankenversicherung sowie in der Pflegeversicherung fort; die Beiträge zahlt zu 100 % der Arbeitgeber, allerdings mit der Möglichkeit der Erstattung aus dem Europäischen Sozialfonds. Der Arbeitsausfall kann vom Arbeitgeber oder vom Betriebsrat angezeigt werden. Zusätzlich ist ein Antrag auf Struktur-Kurzarbeitergeld beizufügen (§§ 173, 323 ff. SGB III). Auch der Betriebsrat kann, insbesondere bei Weigerung des Arbeitgebers, den Leistungsanspruch geltend machen.[144]

---

einem Zuschuß zu Qualifizierungskosten, in der Aufstockung des Kurzarbeitergeldes oder in der Überlassung von Räumen).

141 Bei 21 bis 59 beschäftigten Arbeitnehmern müssen mindestens bei 6 Entlassungen vermieden werden können, bei mindestens 60 und weniger als 500 Arbeitnehmern müssen 10 % der Arbeitnehmer oder mehr als 25 Arbeitnehmer, bei mindestens 500 Arbeitnehmern müssen mindestens 30 Arbeitnehmer von Entlassungen verschont werden.

142 Gerade Kleinbetriebe können somit die Möglichkeit nutzen, ihre Arbeitnehmer bei externen Gesellschaften unterzubringen, die, z. T. für mehrere Betriebe, dann in die Arbeitgeberrechte und -pflichten eintreten.

143 Siehe § 7 der Richtlinien für aus Mitteln des ESF mitfinanzierte zusätzliche arbeitsmarktpolitische Maßnahmen im Bereich des Bundes vom 20. 01. 00.

144 §§ 80 Abs. 1 Nr. 1, 87 Abs. 1 Nr. 3 BetrVG i. V. m. § 173 Abs. 1, 323 Abs. 2 SGB III.

2. Sozialplanmaßnahmen

Ein Sozialplan regelt den Ausgleich oder die Milderung der wirtschaftlichen Nachteile, die Arbeitnehmern in Folge einer **geplanten Betriebsänderung** entstehen; er wird zwischen Arbeitsgeber und Betriebsrat vereinbart (§ 112 Abs. 1 BetrVG). Üblicherweise wird der notwendige Ausgleich über Abfindungen vorgenommen. Ziel der arbeitsförderungsrechtlichen Sozialplanmaßnahmen ist, die für Abfindungen zur Verfügung stehenden Mittel auf Qualifizierungs- und sonstige Eingliederungsmaßnahmen umzulenken, indem hierfür Zuschüsse gewährt werden (§ 254 SGB III, s. o.). Es handelt sich um „Leistungen an Träger“. Als Träger kommen alle privaten Bildungsträger in Betracht, aber auch der jeweilige Betrieb selbst, der die Maßnahmen dann in eigener Regie durchführt.

Die Maßnahme ist durch Zuschüsse **förderungsfähig**, wenn

- die zu fördernden Arbeitnehmer wegen einer geplanten Betriebsänderung von Arbeitslosigkeit bedroht sind,
- über die Betriebsänderung ein Interessenausgleich nach § 112 des Betriebsverfassungsgesetzes versucht worden ist,
- für die zu fördernden Arbeitnehmer ein Sozialplan mit dem Betriebsrat vereinbart worden ist,
- die vorgesehene Maßnahme nach Art, Umfang und Inhalt arbeitsmarktlich zweckmäßig ist und nach den Grundsätzen der Sparsamkeit und Wirtschaftlichkeit geplant ist,
- der Unternehmer im Rahmen des Sozialplans in angemessenem Umfang Mittel zur Finanzierung der Maßnahme zur Verfügung stellt,
- die Durchführung der Maßnahme gesichert ist (§ 255 Abs. 1 SGB III).

Hinsichtlich der **Eingliederungsmaßnahmen** kommen vor allem berufliche Qualifizierungsmaßnahmen in Betracht. Diese sind in jedem Fall förderungsfähig, wenn sie nach den Grundsätzen der beruflichen Weiterbildung anerkannt werden können (§ 86 SGB III). Eine förmliche Anerkennung ist jedoch nicht erforderlich. Die Anerkennungsgrundsätze der Weiterbildung dienen nur als Anhaltspunkt und lassen im übrigen viel Spielraum für neue Modelle. Gleichwohl muß die Maßnahme arbeitsmarktlich zweckmäßig sein, d. h. es muß in angemessener Zeit nach ihrem Abschluß, in der Regel nach 6 Monaten, die Möglichkeit einer beruflichen Eingliederung bestehen.[145] Wie bei der regulären Weiterbildung muß die Maßnahme zudem nach den Grundsätzen der Wirtschaftlichkeit und Sparsamkeit geplant sein. Dies gilt vor allem für die anfallenden Teilnehmerkosten. Zugrunde gelegt werden können die Durchschnittskostensätze für vergleichbare Weiterbildungsmaßnahmen im

---

145 Hinsichtlich der arbeitsmarktlichen Zweckmäßigkeit der zuschußfähigen Maßnahme genießt das Arbeitsamt einen gerichtlich nicht voll kontrollierbaren Beurteilungsspielraum. BSGE 79, 269, 272, 273.

Zuständigkeitsbereich des Landesarbeitsamtes. Die Finanzierung weiterer Sonderleistungen durch das jeweilige Unternehmen ist damit aber keineswegs ausgeschlossen.[146]

Die angemessene finanzielle **Beteiligung des Betriebes** kann auch aus Fremdmitteln erfolgen, insbesondere im Insolvenzfall. Bei wirtschaflich angeschlagenen Unternehmen wird die vom Gesetz geforderte „gesicherte Maßnahmedurchführung" nicht selten nur gewährleistet sein, wenn das Unternehmen entsprechende Sicherheiten, wie etwa auf die Maßnahme bezogene Bürgschaften, nachweisen kann.

Die Förderung ist jedoch ausgeschlossen, wenn die Maßnahme überwiegend **betrieblichen Interessen** dient oder diese den gesetzlichen Zielen der Arbeitsförderung zuwider läuft (§ 255 Abs. 2 SGB III).

Die **Höhe des Zuschusses** ist begrenzt. Maximal kann ein Betrag geleistet werden, der sich errechnet aus der Anzahl der Teilnehmer, multipliziert mit dem durchschnittlichen jährlichen Nettozahlbetrag an Arbeitslosengeld für den einzelnen arbeitslosen Arbeitnehmer (2001: ca. 8 800,– € pro Teilnehmer).

Während der Qualifizierungsmaßnahme sind für die Teilnehmer andere Leistungen der aktiven Arbeitsförderung mit gleichartiger Zielsetzung ausgeschlossen (§ 258 SGB III). Deshalb sind Struktur-Kurzarbeitergeld, die reguläre Weiterbildung sowie Trainingsmaßnahmen neben einer Sozialplanmaßnahme ausgeschlossen.

Bereits während der Sozialplanverhandlungen muß das Landesarbeitsamt den Unternehmer und den Betriebsrat auf Verlangen über etwaige Sozialplanmaßnahmen beraten und auf Antrag bereits im voraus über die Maßnahme entscheiden (§ 256 SGB III).

VIII. Arbeitsbeschaffungsmaßnahmen

Arbeitsbeschaffungsmaßnahmen entstehen durch Vereinbarung zwischen dem Arbeitsamt und einem Arbeitgeber. Der **Arbeitgeber** als Träger der Maßnahme erhält einen **Zuschuß** vom Arbeitsamt für die befristete Einstellung eines förderungsbedürftigen Arbeitslosen. Als Arbeitgeber kommen juristische Personen des öffentlichen Rechts (etwa Länder, Kreise, Gemeinden) sowie private Unternehmen in Betracht. Die Maßnahmen sind nur förderungsfähig, wenn die vorgesehenen Arbeiten **zusätzlich** sind und im **öffentlichen Interesse** liegen (§ 260 Abs. 1 SGB III).[147] Das

---

146 Etwa Weiterzahlung des Arbeitsentgelts bei Qualifizierungsmaßnahmen, Fahrtkostenübernahme, Bereitstellung einer betriebseigenen Weiterbildungsstätte.

147 Das Kriterium der Zusätzlichkeit ist dann erfüllt, wenn die Arbeiten ohne die Förderung nicht oder erst zu einem späteren Zeitpunkt durchgeführt werden können. Das Zusätzlichkeitskriterium soll verhindern, daß reguläre Arbeitsplätze auf dem ersten Arbeitsmarkt durch geförderte Arbeitsplätze des zweiten Arbeitsmarktes verdrängt werden. Arbeiten liegen im öffentlichen Interesse, wenn das Arbeitsergebnis der Allgemeinheit dient (etwa Bau von Kinderspielplätzen, Waldarbeiten).

Erfordernis der Zusätzlichkeit entfällt, wenn Maßnahmen an Wirtschaftsunternehmen vergeben werden und der Verwaltungsausschuß zustimmt (§ 260 Abs. 3 SGB III). „Zusätzliche“ Arbeiten führen nicht selten zur Dequalifizierung des Arbeitslosen, weil die Arbeiten auf dem ersten Arbeitsmarkt nicht gebraucht werden und so schnell zu einer Verlängerung der Arbeitslosigkeit beitragen können.

Der Träger kann die Arbeitsbeschaffungsmaßnahme auf zweierlei Weise durchführen: Er kann sie selbst oder durch Dritte durchführen lassen (§ 21 SGB III). Führt er sie selbst durch (sog. **Regiemaßnahme**), so wird das Arbeitsverhältnis zwischen dem vom Arbeitsamt zugewiesenen Arbeitnehmer und dem Träger abgeschlossen. Werden die Maßnahmen von einem Dritten durchgeführt (sog. **Vergabemaßnahme**), so vergibt der Träger die Arbeiten an ein Wirtschaftsunternehmen, das mit den dem Träger zugewiesenen Arbeitnehmern die Arbeitsverträge abschließt und dem Träger die aufgrund eines Vertrages durchgeführten Arbeiten in Rechnung stellt (§ 262 SGB III). Um eine Verdrängung regulärer Arbeitsplätze auf dem ersten Arbeitsmarkt durch geförderte Arbeitsplätze auszuschließen, dürfen Arbeitsbeschaffungsmaßnahmen im gewerblichen Bereich grundsätzlich nur an Wirtschaftsunternehmen vergeben werden. Hiervon statuiert das Gesetz jedoch einige Ausnahmen (vgl. § 262 S. 2 SGB III).

Förderungsbedürftig sind Arbeitnehmer, die arbeitslos sind, die durch die Förderung eine Beschäftigung aufnehmen können und die die Voraussetzungen für Arbeitslosengeld, Arbeitslosenhilfe, Übergangsgeld oder Unterhaltsgeld erfüllen (§ 263 Abs. 1 SGB III).[148]

Speziell in bildungsrechtlicher Hinsicht relevant ist die Förderungsvoraussetzung des § 261 Abs. 1 SGB III: Maßnahmen, die in Eigenregie des Trägers durchgeführt werden, sind nur förderungsfähig, wenn sie **Qualifizierungs- oder Praktikumsanteile** von mindestens 20 % der Zuweisungsdauer der geförderten Arbeitnehmer enthalten. Hierdurch wird ein Ausgleich geschaffen für die bei Eigenregiemaßnahmen erforderliche Zusätzlichkeit von Arbeiten, die auf dem ersten Arbeitsmarkt so nicht vorfindbar sind und deshalb die Rückführung des Arbeitnehmers erschweren. Spätestens nach Beendigung der Beschäftigung muß der Träger eine Teilnehmerbeurteilung des geförderten Arbeitnehmers ausstellen (§ 261 Abs. 5 SGB III). Diese sollte auch Aussagen zur Qualifizierung bzw. zum Praktikumseinsatz auf dem ersten Arbeitsmarkt enthalten, um das Erfordernis in Abs. 1 kontrollierbar zu halten.

IX. Personal-Service-Agentur

Jedes Arbeitsamt ist zur Einrichtung mindestens einer Personal-Service-Agentur verpflichtet (§ 37c Abs. 1 SGB III). Diese hat die Aufgabe, eine Arbeitnehmerüberlassung zur Vermittlung von Arbeitslosen in Arbeit durchzuführen und ihre

---

148 Die Voraussetzungen für die genannten Entgeltersatzleistungen müssen jedoch nicht vorliegen, wenn die Ausnahmetatbestände des § 263 Abs. 2 SGB III vorliegen.

Beschäftigten in verleihfreien Zeiten zu qualifizieren und weiterzubilden. Zur Einrichtung der Agenturen schließt das Arbeitsamt mit **Verleihfirmen** entsprechende Verträge (§ 37c Abs. 2 SGB III) über die Aufgabenübertragung. Hierfür gilt Vergaberecht.[149] Die Agenturen erhalten für Ihre Tätigkeit ein Honorar. Zur Honorargestaltung macht das Gesetz keinerlei Angaben. Auch zu den Qualifizierungsverpflichtungen der Agenturen ist dem Gesetz nichts zu entnehmen. Die **Vertragsgestaltung** wird insofern vollständig dem Arbeitsamt überlassen. Dieses sollte zu den verleihfreien Zeiten Regelungen vereinbaren, die vor allem auch den Besonderheiten des regionalen Arbeitsmarktes entsprechen. Was die erforderlichen Qualifizierungen anbetrifft, so bietet das Gesetz im Kontext der Trainingsmaßnahmen sowie der Aus- und Weiterbildung genügend Anhaltspunkte für die Vertragsgestaltung. Das Honorar kann erfolgsbezogen berechnet werden und sollte einen Anreiz zur raschen Einmündung der Arbeitslosen in ein Beschäftigungsverhältnis bieten. Es bleibt jedoch zu beachten, daß andere Leistungen der Arbeitsförderung nach dem Grundsatz der Wirtschaftlichkeit und Geeignetheit (§§ 7, 3 Abs. 1 Nr. 1 i. V. m. § 3 Abs. 4, 5 SGB III). **Vorrang** haben, wenn sie in voraussichtlich kürzerer Zeit zu einer Beschäftigungsaufnahme außerhalb der Personal-Service-Agentur führen.

Ist innerhalb des Arbeitsamtsbezirks keinerlei Bereitschaft von Verleihfirmen zur Gründung entsprechender Agenturen gegeben, kann sich das Arbeitsamt an Verleihunternehmen beteiligen (§ 37c Abs. 2 SGB III).[150] Ist auch dies nicht möglich, kann das Arbeitsamt eigene Agenturen gründen (§ 37c Abs. 3 SGB III).

X. Zur Wirksamkeit von Qualifizierungsmaßnahmen

International nehmen Trainings- und Qualifizierungsmaßnahmen als Instrumente aktiver Arbeitsmarktpolitik eine bedeutende Stellung ein.[151] Pauschalierte Aussagen zur **Effizienz** und Effektivität von Qualifizierung schlechthin sind jedoch nicht möglich, da die Eingliederungsergebnisse von Programm zu Programm variieren. Allgemein läßt sich jedoch sagen, daß die Effektivität von Qualifizierungsmaßnahmen mit zunehmender Teilnehmerzahl zurückgeht. Von Vorteil ist die Orientierung an den Bedürfnisses des lokalen Arbeitsmarktes und den vorhandenen Qualifikationen des Arbeitslosen. Die Frage, ob inner- oder außerbetriebliche Kurse gewählt werden sollten oder ob Maßnahmen von längerer oder kürzerer Dauer effektiver sind, läßt sich nicht eindeutig beantworten. Maßnahmen von langer Dauer sollten jedoch zu einem anerkannten Berufsabschluß führen, um hierdurch eindeutige Signale hinsichtlich der Produktivität der Teilnehmer auszusenden.

---

149 Vgl. H. II. 2.

150 Es gelten die §§ 7, 65 Abs. 1, 92, 111, 91 Abs. 1 Nr. 4 BHO (§ 77a SGB IV).

151 Hierzu Kröger/van Suntum, Mit aktiver Arbeitsmarktpolitik aus der Beschäftigungsmisere, 2. Aufl. 2000, 42 ff.; Zentrum für europäische Wirtschaftsforschung (ZEW), Von der Finanzierung der Arbeitslosigkeit zur Förderung von Arbeit, Endbericht an das Bundesministerium der Finanzen vom 28. 02. 00, 8 ff.

Die Wirksamkeit von Qualifizierungsmaßnahmen wird jedoch generell beeinträchtigt durch die Möglichkeit, durch Teilnahme an Maßnahmen einen **erneuten Anspruch auf Arbeitslosengeld** zu erwerben. Es beteiligen sich dann auch Arbeitssuchende, die an den eigentlichen Programminhalten nicht interessiert sind.

Speziell für **Deutschland** weisen die meisten mikroökonomischen Studien insbesondere zur beruflichen **Weiterbildung** entweder keinen signifikant positiven oder kurzfristig sogar negative Beschäftigungseffekte aufgrund einer Teilnahme auf.[152] Die Aussagekraft aller Studien ist jedoch begrenzt aufgrund der schwachen Datenlage, so daß die Effekte weder nach einzelnen Personengruppen noch nach Art der Weiterbildungsmaßnahme differenziert werden können. Bei der beruflichen **Erstausbildung** in Deutschland hingegen kommt es nicht nur zu Mitnahmeeffekten durch Unternehmen, sondern zu einer „Förderfalle". Eine Erhöhung der Anzahl von Ausbildungsstellen konnte durch Fördermaßnahmen nicht erreicht werden; gleichzeitig aber ist bei einer Verminderung der Förderung mit einem Einbruch der Ausbildungsbereitschaft der privaten Wirtschaft zu rechnen. Insbesondere außerbetriebliche Ausbildungseinrichtungen schmälern den Anreiz privater Unternehmen, in eigene Ausbildung zu investieren. Zudem findet die geförderte berufliche Ausbildung gerade in Bereichen statt, in denen in Zukunft nur mit einem begrenzten Bedarf zu rechnen ist. „Die Ergebnisse ... deuten darauf hin, daß massive Förderung von betrieblicher Ausbildung nicht nur zur Verschwendung öffentlicher Mittel, Verdrängung nicht geförderter Ausbildung und Abhängigkeit von staatlichen Zuschüssen führen kann, sondern auch zu langfristiger Mismatch-Arbeitslosigkeit aufgrund von qualifikatorischer Profildiskrepanz zwischen Arbeitsangebot und -nachfrage".[153]

Positiv ist zu vermerken, daß insbesondere Weiterbildungsteilnehmer seit 1998 durch die Teilnahme **keinen Anspruch mehr auf Arbeitslosengeld** erwerben. Hierdurch wird der Anreiz verstärkt, direkt im Anschluß an die Maßnahme eine Beschäftigung aufzunehmen. Allgemein negativ wirkt sich jedoch der Umstand aus, daß Personen während der Teilnahme an beruflichen Qualifizierungsmaßnahmen im Vergleich zu den Nichtteilnehmern eine geringere Intensität der **Arbeitsplatzsuche** aufweisen oder weniger Suchzeit zur Verfügung haben.[154] Dieser „Locking-in"-Effekt kann grundsätzlich dadurch reduziert werden, daß die Laufzeit der Maßnahmen sinkt. Insbesondere in den Monaten vor Beginn einer Qualifizierungsmaßnahme läßt sich bei den Teilnehmern ein Rückgang der Beschäftigungsquote im Vergleich zu den Nichtteilnehmern feststellen, was dadurch erklärt werden kann, daß die Arbeitslosen in Erwartung der Teilnahme ihre Suchanstrengungen einschränken bzw. Stellenangebote ausschlagen. Nicht ausgeschlossen ist zudem, daß nach der Teilnahme an Qualifizierungsmaßnahmen die **Mobilität**

---

152 ZEW, a. a. O., 12 ff.
153 Ebenda, 14.
154 Ebenda, 22.

der Arbeitssuchenden gesenkt wird, da sie sich auf Stellenangebote konzentrieren, die ihrer erworbenen Qualifikation entsprechen.[155]

Hinsichtlich der **Qualität der Maßnahmen** liegt z. Zt. kein aussagekräftiges Datenmaterial vor.[156] Im Sommer 2002 hat der Bundesrechnungshof gegenüber der Arbeitsverwaltung indes erhebliche Mängel bei der Kontrolle der Qualität von Weiterbildungsmaßnahmen und ihrer Kosten festgestellt. Dies bestärkt den Eindruck vieler Insider aus der Praxis, daß die Maßnahmen vielfach nicht den Bedürfnissen des Arbeitsmarktes entsprechen und es nur darauf anzukommen scheint, den Teilnehmer aus der Arbeitslosenstatistik verschwinden zu lassen. Zugegebenermaßen sind Prognosen über zukünftigen Arbeitskräftebedarf stets mit großen Unsicherheiten belastet. Wird jedoch nicht einmal der Versuch einer Qualitäts- und Kostenkontrolle unternommen, so fehlt dem System staatlicher Qualifizierung von vornherein jede Rechtfertigungsgrundlage. Dann wird es Zeit, darüber nachzudenken, ob sich das Ziel der Beseitigung von Massenarbeitslosigkeit nicht besser über eine Verminderung der Beitragslast von Arbeitnehmern und Arbeitgebern im Wege verminderter Ausgaben für den Qualifizierungsbereich herbeiführen läßt. Denn einer der wesentlichen Gründe für Arbeitslosigkeit in Deutschland sind die im internationalen Vergleich hohen Arbeitskosten, und diese sind vor allem Folge der hohen Sozialabgaben.

155 Ebenda, 24.
156 Insofern ist es konsequent, daß der Gesetzgeber in § 86 SGB III erhöhte Anforderungen an die Qualitätsprüfung während und nach Abschluß der Maßnahme gesetzt hat.

I. Berufliche Rehabilitation

Weiterführende Literatur:

Heilmann/Lauterbach, Rehabilitationsrecht, in: Weiss/Gagel, Handbuch des Arbeits- und Sozialrechts, 1990; Mrozynski, Rehabilitationsrecht, 3. Aufl. 1992; Mühlum/Kemper, Rehabilitation in Berufsförderungswerken, 1992; Mühlum/Oppl, Handbuch der Rehabilitation, 1992; Jung/Preuß, Kommentar zum Rehabilitations-Angleichungsgesetz, 2. Aufl. 1975; Löschau/Marschner, Das neue Rehabilitations- und Schwerbehindertenrecht, 2001; Kolb, Rehabilitationsrecht, in: von Maydell/Ruland, Sozialrechtshandbuch, 2. Aufl. 1996; Mössinger-Germer, Berufliche Rehabilitation im Arbeitsförderungsrecht, Schriftenreihe des Instituts für Fort- und Weiterbildung sozialer Berufe e.V. (Braunschweig), 2001; Haines, Eingliederung Behinderter, in: Bundesministerium für Arbeit und Sozialordnung, Übersicht über das Sozialrecht, 3. Aufl. 1994, 325 ff.; Bundesvereinigung Lebenshilfe für geistig Behinderte e.V., WfB-Handbuch. Ergänzbares Handbuch, 1992; Luthe, Mindestbedarfsschutz Behinderter, in: ders., Optimierende Sozialgestaltung, 2001; Lachwitz/Wendt, Hilfen für geistig behinderte Menschen im Bundessozialhilfegesetz, 1985; Majerski-Pahlen/Pahlen, Mein Recht als Schwerbehinderter, 4. Aufl. 1994; Trenk-Hinterberger, Die Rechte behinderter Menschen und ihrer Angehörigen, 24. Aufl. 1997; Verband der Kriegs- und Wehrdienstopfer, Behinderten und Sozialrentner e. V., Handbuch des Behindertenrechts, 2. Aufl. 1995; Ziller/Sauerbier, Rechtliche und finanzielle Grundlagen der Integration behinderter Kinder im Kindergarten, 3. Aufl. 1992; Herms, Die rechtliche Stellung des Rehabilitanden in außerbetrieblichen Rehabilitationseinrichtungen, 2001; Cramer, Werkstätten für Behinderte, 2. Aufl. 1997; Dings, Berufliche Rehabilitation Erwachsener, 1998; Kolb/Seidel, Rehabilitationsrecht 1985; Dau/Düwell/Haines (Hg.), Lehr- und Praxiskommentar zum SGB IX, 2002.

I. Zweck und Aufbau des Rehabilitationsrechts

Aufgabe und Ziel der Rehabilitation ist die Integration Behinderter oder von Behinderung bedrohter Menschen in das Arbeits- und Berufsleben sowie in die Gemeinschaft. Hierfür stehen **medizinische, berufliche, unterhaltssichernde** und **sozialintegrative** Leistungen zur Verfügung (§ 5 SGB IX). Diese Maßnahmebereiche stehen jedoch nicht unverbunden nebeneinander, sondern dienen sämtlich der Selbstbestimmung und Teilhabe behinderter Menschen am Leben in der Gesellschaft (§ 1 SGB IX). Deshalb werden sämtliche Rehabilitationsleistungen nach neuerem Verständnis als **„Leistungen zur Teilhabe“** bezeichnet. Rehabilitationsrechtliche Regelungen finden sich in nahezu allen Gesetzesmaterien des Sozialrechts, die, abgesehen vom Sozialhilferecht, mittlerweile sämtlich im Sozialgesetzbuch aufgeführt sind. Eine besondere Schwierigkeit des Rehabilitationsrechts liegt zunächst darin, den jeweils zuständigen staatlichen Leistungsträger ausfindig zu machen. Nicht selten sind mehrere Leistungsträger oder verschiedene Einrichtungen an der Aufgabe der Teilhabe beteiligt. Deshalb ist die Koordination von Trägern und Leistungen sowie die Beratung des Betroffenen im Rehabilitationsrecht von größter Bedeutung. Vor diesem Hintergrund ist mit dem SGB IX ein „Dachgesetz“ geschaffen worden, das dem Leistungsberechtigten einen Überblick über das Leistungsspektrum, die Zuständigkeiten und besondere Verfahrensanforderungen gewährt. Die Vorschriften des **SGB IX** gelten jedoch nur, soweit sich aus den für den jeweiligen Rehabilitationsträger geltenden Leistungsgesetzen **nichts Abweichendes ergibt** (§ 7 SGB IX). Rehabilitationsregelungen anderer Leistungsgesetze können den Regelungsbereich des SGB IX mithin sowohl einengen als auch erweitern.

Leistungsberechtigt sind behinderte Menschen, von Behinderung bedrohte Menschen sowie Schwerbehinderte. Menschen sind **behindert**, wenn ihre körperliche Funktion, geistige Fähigkeit oder seelische Gesundheit mit hoher Wahrscheinlichkeit länger als sechs Monate von dem für das Lebensalter typischen Zustand abweichen und daher ihre Teilhabe am Leben in der Gesellschaft beeinträchtigt ist. Sie sind **von Behinderung bedroht**, wenn die Beeinträchtigung zu erwarten ist (§ 2 Abs. 2 SGB IX). **Schwerbehindert** sind Menschen, wenn bei ihnen ein Grad der Behinderung von wenigstens 50 vorliegt und sie ihren Wohnsitz, ihren gewöhnlichen Aufenthalt oder ihre Beschäftigung in Deutschland haben (§ 2 Abs. 2 SGB IX). Schwerbehinderten gleichgestellt sind behinderte Menschen mit einem Grad der Behinderung von weniger als 50, aber wenigstens 30, falls sie infolge der gesundheitlichen Beeinträchtigung ohne eine solche Gleichstellung einen geeigneten Arbeitsplatz nicht erlangen oder behalten können (§ 2 Abs. 3 SGB IX).

Während der **erste Teil** des SGB IX Regelungen zur Rehabilitation behinderter und von Behinderung bedrohter Menschen enthält, befaßt sich der **zweite Teil** des Gesetzes mit besonderen Schutzrechten für erwerbstätige Schwerbehinderte.[1]

Wurde eine Behinderung festgestellt (im Schwerbehindertenrecht auf Antrag des Betroffenen gem. § 69 SGB IX), so ergeben sich die einzelnen Leistungsvoraussetzungen jedoch regelmäßig erst aus den einzelnen Sozialgesetzen. So ist beispielsweise der Rentenversicherungsträger nur zuständig für die Eingliederung in das Erwerbsleben und auch nur dann, wenn der Behinderte vor Eintritt seiner Behinderung beitragspflichtig beschäftigt gewesen ist. Für den frühbehinderten Menschen etwa ohne berufliche Eingliederungsaussichten kommen Leistungen deshalb unter Umständen nur nach dem Bundessozialhilfegesetz in Betracht. In sämtlichen Leistungsgesetzen aber ist die Rehabilitationsfähigkeit des Behinderten, also die **Erfolgsaussicht** der jeweiligen Maßnahme, das wesentliche Leistungskriterium. Ohne positive Erfolgsprognose bleiben zumeist nur Leistungen der Krankenbehandlung und Pflege übrig, was nicht heißt, daß Empfänger dieser Leistungen bei entsprechender Erfolgsaussicht nicht auch zusätzliche Leistungen zur Teilhabe in Anspruch nehmen könnten. Außerdem ist zu berücksichtigen, daß Personen ohne

---

1 Dieser Komplex war bis 2001 im Schwerbehindertengesetz geregelt. Die vornehmlich dem Arbeitsschutz schwerbehinderter Menschen dienenden Regelungen des Schwerbehindertenrechts (§§ 68 ff. SGB IX) sind jedoch nur von geringer bildungsrechtlicher Bedeutung und werden deshalb nur am Rande behandelt.

medizinische oder berufliche Rehabilitationsfähigkeit in sozialintegrativer Hinsicht durchaus teilhabefähig sein können.[2]

Neben Leistungen an behinderte Menschen sind zudem Leistungen an **Arbeitgeber** vorgesehen, um eine möglichst dauerhafte Teilhabe am Arbeitsleben sicherzustellen. Zumeist geht es hier um Zuschüsse zu betrieblichen Bildungsleistungen, Arbeitshilfen und Eingliederungsmaßnahmen. Die Arbeitgeberleistungen sind im Gesetz den beruflichen Rehabilitationsleistungen zugeordnet, die nach neuem Sprachgebrauch als **„Leistungen zur Teilhabe am Arbeitsleben"** bezeichnet werden (§§ 33–43 SGB IX).

II. Zuständigkeiten

1. Vorbemerkungen

Als **Rehabilitationsträger** gem. § 6 SGB IX gelten:

- Gesetzliche Krankenkassen,
- Bundesanstalt für Arbeit (Arbeitsämter),
- Träger der gesetzlichen Unfallversicherung (z. B. Berufsgenossenschaften und Unfallkassen),
- Rentenversicherungsträger,
- landwirtschaftliche Alterskassen,
- Träger der Kriegsopferversorgung/Kriegsopferfürsorge,
- Träger der öffentlichen Jugendhilfe,
- Träger der Sozialhilfe.

Diesen Rehabilitationsträgern sind in § 6 bestimmte **Leistungsgruppen** zugeordnet, nämlich

- Leistungen zur medizinischen Rehabilitation,
- Leistungen zur Teilhabe am Arbeitsleben,
- unterhaltssichernde und andere ergänzende Leistungen,
- Leistungen zur Teilhabe am Leben in der Gemeinschaft.[3]

So ist etwa die gesetzliche Krankenversicherung für medizinische und unterhaltssichernde Leistungen zuständig, die Bundesanstalt für Arbeit für Leistungen zur

---

2 Professionskonflikte zwischen helfenden und medizinischen Berufen bei der Begutachtung behinderter Menschen sind daher vorprogrammiert.

3 Eine besondere Zuständigkeit besteht für Leistungen in Werkstätten für behinderte Menschen, § 42 SGB IX).

Teilhabe am Arbeitsleben, jedoch nicht für medizinische Leistungen oder der Träger der Sozialhilfe zwar für medizinische, berufliche und sozialintegrative Reha-Leistungen zuständig, nicht jedoch für unterhaltssichernde Leistungen, wie Krankengeld, Übergangsgeld oder Ausbildungsgeld.[4] § 6 SGB IX gewährt jedoch nur einen Überblick über die Zuständigkeiten. Da für einzelne Leistungen verschiedene Rehabilitationsträger in Betracht kommen ist stets auch der im Einzelfall zuständige Träger zu klären. Hierfür gibt es in den speziellen Leistungsgesetzen Regelungen zur **Vor- bzw. Nachrrangigkeit:**

2. Leistungen zur Teilhabe am Arbeitsleben

Berufliche Rehabilitationsleistungen werden grundsätzlich erbracht von der Arbeitsverwaltung, Rentenversicherung, Unfallversicherung, Kriegsopferversorgung, Jugendhilfe und Sozialhilfe (§ 6 SGB IX). Die Leistungen zur Teilhabe am Arbeitsleben sind in den wesentlichen Grundzügen in den §§ 33–43 SGB IX geregelt und wenden sich zunächst unspezifisch an sämtliche Rehabilitationsträger. Die einzelnen Leistungsgesetze statuieren jedoch besondere Vorrang- bzw. Nachrrangbeziehungen zwischen den jeweiligen Trägern:

Arbeitsverwaltung: Das Arbeitsamt erbringt nach den §§ 97 ff. SGB III sog. allgemeine sowie besondere Leistungen zur Teilhabe am Arbeitsleben. Die **allgemeinen Leistungen** umfassen die üblichen Leistungen der aktiven Arbeitsförderung, die auch nicht-behinderten Menschen zustehen.[5] Die allgemeinen Leistungen sind – wie sonst auch – Ermessensleistungen. Die **besonderen Leistungen**, wie das Übergangsgeld, das Ausbildungsgeld und die Übernahme von Teilnahmekosten (§ 103 SGB III) sind jedoch nur bei besonderer Schwere der Behinderung zu gewähren, wie die Voraussetzungen des § 102 SGB III zeigen. Hierbei handelt es sich um Anspruchsleistungen (§ 3 Abs. 5 SGB III).[6] Gem. § 22 Abs. 2 SGB III besteht jedoch ein **Nachrang** der Leistungspflicht gegenüber anderen Rehabilitationsträgern. Im Regelfall ist dies bei der beruflichen Rehabilitation die Rentenversicherung. Wenn, was häufig vorkommt, der Behinderte jedoch nicht die langen Wartezeiten der Rentenversicherung erfüllt (vgl. etwa § 11 Abs. 1 SGB VI) oder besondere Ausschlußgründe vorliegen (etwa Arbeitsunfall, Altersrentenbezug, beamtenrechtliche Versorgung, vgl. § 12 SGB VI), muß in diesen Fällen der an sich nachrangige Träger der Arbeitsförderung leisten. Gegenüber der Arbeitsverwaltung ist der Sozialhilfeträger nach bislang herrschender Meinung wegen des Subsidiaritätsgrundsatzes in § 2

---

4 Die sozialhilferechtliche Hilfe zum Lebensunterhalt ist keine spezifische Annexleistung der Rehabilitation im Gegensatz zu den in § 44 SGB IX aufgeführten Leistungen.

5 Unterstützung der Beratung und Vermittlung, Verbesserung der Aussichten auf Teilhabe am Arbeitsleben, Förderung der Aufnahme einer Beschäftigung, Förderung der Aufnahme einer selbständigen Tätigkeit, Förderung der Berufsausbildung, Förderung der beruflichen Weiterbildung (§ 100 SGB III).

6 Die Kann-Formulierung in § 98 SGB III ist von daher irreführend, vgl. auch § 104 Abs. 1 SGB III, § 160 S. 1 SGB III sowie § 109 SGB III.

Abs. 2 BSHG nachrangig zuständig.[7] Unklar in Teilbereichen ist die Zuständigkeitsabgrenzung von Arbeitsverwaltung und Integrationsamt (§§ 102 Abs. 1, 104 Abs. 1 SGB IX). Eine besondere Zuständigkeit der Bundesanstalt für Arbeit ergibt sich im übrigen für gutachterliche Aufgaben (§ 38 SGB IX) sowie für Leistungen im Eingangsverfahren bzw. im Berufsbildungsbereich in Behindertenwerkstätten (§ 42 Abs. 1 Nr. 1 SGB IX).

Rentenversicherung: Vorrangiger Rehabilitationsträger für Leistungen zur Teilhabe am Arbeitsleben ist der Rentenversicherungsträger (§§ 9 ff. SGB VI). Ebenso wie bei der Arbeitsverwaltung (§ 97 SGB III) steht im Zentrum der Rehabilitationsleistung die Wiederherstellung der Erwerbsfähigkeit des Behinderten (§ 10 SGB VI). Für Kinder und Rentner, die nicht erwerbstätig sind, tritt die Rentenversicherung somit nicht ein, – weder im Rahmen beruflicher noch im Rahmen medizinischer Rehabilitation. Dies folgt vor allem aber aus den **versicherungsrechtlichen** Voraussetzungen der Rehabilitation mit entsprechenden Pflichtbeitragszeiten vor Eintritt des Versicherungsfalles (§ 11 SGB VI). Ausnahmsweise aber wird auf die lange Wartezeit von 15 Jahren oder den Bezug einer Erwerbsunfähigkeitsrente als Zugangsvoraussetzungen für die berufliche Rehabilitation verzichtet, wenn ohne entsprechende Maßnahmen eine Erwerbsunfähigkeitsrente zu zahlen wäre oder wenn die berufliche Reha direkt im Anschluß an eine medizinische Reha erforderlich ist (§ 11 Abs. 2 a SGB VI). Ansonsten entfällt die Zuständigkeit der Rentenversicherung bei Vorliegen der Ausschlußgründe in § 12 SGB VI. Im übrigen besteht eine besondere Zuständigkeit für Behindertenwerkstätten, und zwar im Eingangsverfahren und im Berufsbildungsbereich gem. § 42 Abs. 1 Nr. 3 SGB IX.

Unfallversicherung: Die Unfallversicherungsträger sind vorrangig zuständig bei Leistungen zur Teilhabe am Arbeitsleben, wenn diese als Folge von **Arbeitsunfällen** oder **Berufskrankheiten** erforderlich sind (§§ 1 Nr. 2, 26 SGB VII). Bei Behindertenwerkstätten ist der Träger der Unfallversicherung an den Leistungen im Eingangsverfahren, im Berufsbildungsbereich sowie im Arbeitsbereich beteiligt (§ 42 Abs. 1 Nr. 2 sowie Abs. 2 Nr. 1 SGB IX).

Kriegsopferversorgung/Kriegsopferfürsorge: Hierbei handelt es sich um soziale Entschädigungsleistungen durch die jeweils zuständige Versorgungsbehörde. Diese ist vorrangig zuständig erstens für die entschädigungsrechtlichen **Grundtatbestände** des Bundesversorgungsgesetzes und des Soldatenversorgungsgesetzes (etwa Unfall während der Ausübung des militärischen Dienstes und des Wehrdienstes, § 1 Abs. 1 BVG sowie § 81 Abs. 1 SVG), zweitens für mit dem **Zivildienst**

7 Niesel, SGB III-Kommentar 1998, § 22, Rn. 23; mittlerweile ist jedoch auch der Sozialhilfeträger Rehabilitationsträger im Sinne des SGB IX. § 22 Abs. 2 SGB III statuiert indes einen generellen Nachrang der Arbeitsverwaltung gegenüber allen sonstigen Rehabilitationsträgern. Es ist daher zweifelhaft, ob die berufsbezogenen Eingliederungsmaßnahmen der §§ 39 ff. BSHG nach wie vor nachrangig zu gewähren sind. Ggf. handelt es sich hier eine einvernehmlich zu klärende Abgrenzungsfrage gem. § 12 Abs. 1 Nr. 2 SGB IX. Die gleiche Problematik ergibt sich im übrigen für die Zuständigkeit des Jugendhilfeträgers gem. § 10 Abs. 1 SGB VIII, wonach Verpflichtungen anderer Träger durch das Jugendhilferecht nicht berührt werden.

zusammenhängende Gesundheitsschäden (§ 47 ZDG), drittens für Schäden durch politische **Haftmaßnahmen** nach dem Häftlingshilfegesetz (§ 10 HHG), viertens für **Impfschäden** (§ 51 Abs. 1 BSeuchG) sowie fünftens für gesundheitliche Schädigungen als Folge von **Kriminaltaten** (§ 1 Abs. 1 OEG). Die genannten Entschädigungsgesetze nehmen in Teilbereichen Bezug auf das Bundesversorgungsgesetz, welches in § 26 Hilfen zur beruflichen Rehabilitation vorsieht. Speziell für die Leistungen zur Teilhabe am Arbeitsleben sind jedoch nicht die Versorgungsämter und Landesversorgungsämter zuständig, sondern die Kreise, kreisfreien Städte sowie die Integrationsämter (§ 25 Abs. 1 BVG i. V. m. § 24 Abs. 2 SGB I, § 102 SGB IX). Bei Behindertenwerkstätten ist der Träger der Kriegsopferfürsorge mit Leistungen im Eingangsverfahren, im Berufsbildungsbereich sowie im Arbeitsbereich beteiligt (§ 42 Abs. 1 Nr. 4 sowie Abs. 2 Nr. 3 SGB IX).

Kinder- und Jugendhilfe: Der Jugendhilfeträger erbringt im Rahmen der **Eingliederungshilfe** für seelisch behinderte Kinder und Jugendliche insbesondere an Jugendliche Leistungen zur Teilhabe am Arbeitsleben (§ 35 a SGB VIII). Die Leistungen richten sich nach den entsprechenden Bestimmungen des Bundessozialhilfegesetzes (Abs. 3). Verpflichtungen anderer Träger werden nicht berührt (§ 10 Abs. 1 SGB VIII). Daraus ergibt sich ein grundsätzlicher Nachrang der Jugendhilfe. Bei körperlicher und geistiger Behinderung des jungen Menschen ist der Sozialhilfe- gegenüber dem Jugendhilfeträger vorrangig zuständig; letzterer hat somit lediglich die Zuständigkeit für seelische Behinderungen. In diesem Rahmen kommen neben § 35 a SGB VIII auch Maßnahmen nach § 41 Abs. 2 SGB VIII sowie nach § 27 Abs. 3 i. V. m. § 13 Abs. 2 SGB VIII als Leistungen zur Teilhabe am Arbeitsleben in Betracht. Bei den Behindertenwerkstätten ist der Jugendhilfeträger für Jugendliche mit seelischen Behinderungen mit Leistungen im Arbeitsbereich beteiligt (§ 41 Abs. 1 Nr. 3 SGB IX).

Sozialhilfe: Der Sozialhilfeträger erbringt **Eingliederungshilfen** für Behinderte (§ 39 BSHG) und in diesem Rahmen insbesondere auch Hilfen zu einer angemessenen Schulbildung, zur Ausbildung für einen angemessenen Beruf, zur Fortbildung und Umschulung, zur Erlangung eines geeigneten Arbeitsplatzes. Für Leistungen in Behindertenwerkstätten besteht eine Zuständigkeit für den Arbeitsbereich (§§ 40 Nr. 3–7 BSHG, 41 SGB IX). Näheres regeln die Eingliederungshilfeverordnung zu § 47 BSHG sowie die §§ 33, 41 SGB IX. Abgrenzungsschwierigkeiten bestehen jedoch gegenüber dem ebenfalls nachrangig zuständigen Arbeitsamt.[8] Nach herrschender Rechtsprechung[9] ist der Sozialhilfeträger bei der beruflichen Rehabilitation zwar nachrangig zuständig gegenüber dem Träger der Arbeitsverwaltung. Insofern erklärt es sich, daß die vielfältigen beruflichen Reha-Leistungen der Sozialhilfe in der sozialen Praxis nahezu zum Leerlauf verurteilt sind.[10] Dieses Ergebnis ist jedoch

---

8 Insbesondere seitdem der Sozialhilfeträger in § 6 SGB IX ebenfalls als Rehabilitationsträger aufgeführt wird.

9 BSG, SozR 1300 § 104 Nr. 6.

10 Mössinger-Germer, Berufliche Rehabilitation im Arbeitsförderungsrecht (Schriftenreihe des Instituts für Fort- und Weiterbildung sozialer Berufe e.V., Braunschweig), 2001, 26; seltene Aus-

nicht zwingend, seitdem der Sozialhilfeträger ebenso wie die Arbeitsverwaltung in § 6 SGB IX als Rehabilitationsträger aufgeführt ist und für beide Bereiche in gleicher Weise Nachrangigkeit besteht (§§ 39 Abs. 5 BSHG, 22 Abs. 2 SGB III). Deshalb dürfte es maßgeblich darauf ankommen, worin der Hauptzweck der Leistung zu sehen ist. Betrifft diese vornehmlich die Erwerbsfähigkeit (§ 97 SGB III) des Behinderten, so gilt die Zuständigkeit der Arbeitsverwaltung; tritt der soziale Integrationszweck (§ 39 BSHG) in den Vordergrund, so gilt die Zuständigkeit des Sozialhilfeträgers.[11]

3. Leistungen zur medizinischen Rehabilitation

Bei der medizinischen Rehabilitation sind grundsätzlich zuständig die Träger der Rentenversicherung, Krankenversicherung, Unfallversicherung, Alterssicherung der Landwirte, Kriegsopferversorgung/Kriegsopferfürsorge, Jugendhilfe und Sozialhilfe. Eine Vorprägung erfahren sämtliche Leistungen zur medizinischen Rehabilitation durch §§ 26–31 SGB IX. Die dort aufgeführten Leistungen wenden sich jedoch in unspezifischer Weise an sämtliche nach § 6 SGB IX für zuständig erklärten Rehabilitationsträger und bedürfen daher genauerer Eingrenzung im Kontext der speziellen Leistungsgesetze. Im einzelnen ergeben sich folgende Vorrang- bzw. Nachrangbeziehungen zwischen den einzelnen Trägern:

Rentenversicherung: Es besteht eine vorrangige Leistungspflicht der Träger der gesetzlichen Rentenversicherung, insofern der Behinderte die persönlichen und versicherungsrechtlichen Voraussetzungen erfüllt (§§ 10, 11 SGB VI) und keine Ausschlußgründe vorliegen (etwa bei Arbeitsunfällen und Berufskrankheiten). Die **persönlichen Voraussetzungen** zielen ab auf die Verbesserung der gefährdeten oder geschädigten Erwerbsfähigkeit. Nach den **versicherungsrechtlichen Voraussetzungen** müssen entweder Pflichtbeiträge entrichtet oder es muß nach Beendigung einer Ausbildung eine Beschäftigung aufgenommen worden sein oder eine Verminderung der Erwerbsfähigkeit vorliegen (vgl. im einzelnen § 11 Abs 2 SGB VI).[12] Für Kinder und Rentner tritt die Rentenversicherung somit nicht ein. Für sie leistet die Krankenversicherung gem. § 40 SGB V. Medizinische Reha-Leistungen der Rentenversicherung sind i. d. R. auf 3 Wochen begrenzt (§ 15 Abs. 3 SGB VI).

---

nahme mit Zuständigkeitsbegründung des Sozialamts: BVerwG v. 23.11.95, 5 C 13.94 (sozialhilferechtliche Eingliederungshilfe für eine schulische Ausbildung, wenn eine betriebliche Ausbildung nicht zumutbar ist).

11 Zweifelsohne bereitet die Abgrenzung Schwierigkeiten, wie überhaupt die Einheit des Rehabilitationsgedankens letztlich in gesellschaftlicher Teilhabe zu erblicken ist. Das hindert jedoch nicht daran, Erfolgsaussichtsgrade in der einen oder anderen Hinsicht gegeneinander abzuwägen, also bei vergleichsweise geringerer Erfolgswahrscheinlichkeit einer originär auf die Erwerbswirtschaft bezogenen Förderung auf gesellschaftliche Integration umzuschwenken.

12 Die versicherungsrechtliche Voraussetzung des § 11 Abs. 2 Nr. 1 ist auch dann erfüllt, wenn der Betroffene in den letzten zwei Jahren vor Antragstellung 6 Kalendermonate Pflichtbeiträge im Rahmen eines 325-Euro-Jobs gezahlt hat und der Beschäftigte gegenüber seinem Arbeitgeber den Verzicht auf die Versicherungsfreiheit erklärt hat: Löschau/Marschner, Das neue Rehabilitations- und Schwerbehindertenrecht, 2001 Rn. 24.

Krankenversicherung: Die gem. § 40 SGB V gewährten Leistungen zur medizinischen Rehabilitation umfassen **ambulante** und **stationäre Maßnahmen** mit Vorrang des ambulanten Bereichs (§ 40 Abs. 2 SGB V). Daneben gibt es spezielle medizinische Rehabilitationsleistungen für Mütter (§ 41 SGB V) sowie Maßnahmen der Belastungserprobung und Arbeitstherapie (§ 42 SGB V). Sämtliche Leistungen werden jedoch nur erbracht, wenn kein anderer Träger der Sozialversicherung zuständig ist (§§ 40 Abs. 4, 41 Abs. 2, 42 letzter Halbsatz).[13] Die Leistungen sind zeitlich begrenzt (§ 40 Abs. 3 S. 2 SGB V). Wie § 13 Abs. 2 SGB VI zu entnehmen ist, ist die medizinische Akutbehandlung – auch wenn sie rehabilitativen Charakter hat – dem Träger der Krankenversicherung vorbehalten.[14] Privat Krankenversicherte, die von der Krankenversicherungspflicht befreit sind, erhalten gesetzliche Rehabilitationsleistungen nur aus der Rentenversicherung.

Unfallversicherung: Gem. § 26 Abs. 1 SGB VII erbringt der Unfallversicherungsträger (nach den §§ 27–34 SGB VII) Leistungen zur medizinischen Rehabilitation als Folge von **Arbeitsunfällen** und **Berufskrankheiten.** In diesem Fall ist der Unfallversicherungsträger gegenüber anderen Rehabilitationsträgern vorrangig zuständig.[15]

Kriegsopferversorgung/Kriegsopferfürsorge: Hinsichtlich der allgemeinen Voraussetzungen wird auf die entsprechenden Leistungen zur Teilhabe am Arbeitsleben verwiesen (vorstehend 2.). Medizinische Rehabilitationsleistungen im engeren Sinne sind dem Bundesversorgungsgesetz nicht zu entnehmen (§ 25b BVG). Der allgemeine Versorgungsanspruch beschränkt sich auf Maßnahmen der Heilbehandlung, Krankenbehandlung, auf Versehrten-Leibesübungen, der Anspruch auf Kriegsopferfürsorge nach den §§ 25ff. BVG gem. § 26b BVG auf die Krankenhilfe. Liegt mithin ein sozialer Entschädigungstatbestand vor (etwa Militärunfall, Zivildienstschädigung, Häftlingsschaden, Impfschaden, Opferschädigung), so besteht ein Vorrang der jeweils zuständigen Versorgungsbehörden gegenüber anderen Leistungsträgern.

Alterssicherung der Landwirte: Gem. § 7 des Gesetzes über die Alterssicherung der Landwirte (ALG) erhalten Landwirte und ihre mitarbeitenden Familienangehörigen Leistungen der medizinischen Rehabilitation bei Beeinträchtigung ihrer Erwerbsfähigkeit nach den gleichen Grundsätzen wie in der gesetzlichen Rentenversicherung (§§ 8, 9 ALG). Für den genannten Personenkreis (§ 1 ALG) besteht daher ein Vorrang der landwirtschaftlichen Alterskassen gegenüber anderen Leistungsträgern.[16]

---

13 Bei den auch durch die Rentenversicherung gewährten Nach- und Festigungskuren wegen Geschwulsterkrankungen sowie bei Kinderheilbehandlungen besteht jedoch Gleichrang, so daß der Betroffene zwischen Kranken- und Rentenversicherungsleistung auswählen kann (§ 31 SGB VI i. V. m. § 40 Abs. 4 SGB V).

14 Näheres ist in den in § 13 Abs. 4 SGB VI aufgeführten Vereinbarungen geregelt; zahnärztliche Behandlungsleistungen übernimmt der Rentenversicherungsträger nur bei unmittelbarer Bedeutung der Leistung für das Ziel der Wiederherstellung der Erwerbsfähigkeit (§ 15 Abs. 1 S. 2 SGB VI).

15 Vgl. etwa § 12 Abs. 1 SGB VI, § 11 Abs. 4 SGB V.

16 Sind sowohl die Voraussetzungen in der Rentenversicherung als auch in der Alterssicherung der Landwirte erfüllt, besteht kein Vorrang. Zuständig ist dann der Träger, bei dem der Antrag

Kinder- und Jugendhilfe: Der öffentliche Jugendhilfeträger erbringt im Rahmen der **Eingliederungshilfe** für seelisch behinderte Kinder und Jugendliche (§ 35a SGB VIII) Leistungen zur medizinischen Rehabilitation in Orientierung an den Rehabilitationsleistungen des Sozialhilferechts (§ 35a Abs. 3 SGB VIII). Gem. § 10 Abs. 1 SGB VIII bleiben die Verpflichtungen anderer Sozialleistungsträger hiervon jedoch unberührt. Insbesondere dürfen sie Leistungen nicht deshalb ablehnen, weil entsprechende Leistungen auch im SGB VIII vorgesehen sind. Daraus ergibt sich eine grundsätzlicher **Nachrang** der Jugendhilfe gegenüber den anderen Rehabilitationsträgern. Bei körperlicher oder geistiger Behinderung statuiert das Gesetz in § 10 Abs. 2 SGB VIII einen Vorrang des Sozialhilfeträgers.[17]

Sozialhilfe: Gem. § 39 BSHG ist körperlich, geistig oder seelisch behinderten Menschen **Eingliederungshilfe** zu gewähren. Die Hilfe umfaßt auch medizinische Rehabilitationsleistungen (§ 40 Abs. 1 Nr. 1 und 2 BSHG). Der Anspruch ist jedoch **ausgeschlossen**, wenn gegenüber einem anderen Rehabilitationsträger ein Anspruch auf gleiche Leistungen besteht (§ 39 Abs. 5 BSHG). Andere Leistungsträger sind somit grundsätzlich vorrangig zuständig. Für seelisch behinderte Kinder und Jugendliche besteht jedoch eine vorrangige Leistungspflicht des Jugendhilfeträgers (§ 10 Abs. 2 SGB VIII).

4. Ergänzende Leistungen

Bei ergänzenden Leistungen zur medizinischen oder beruflichen Rehabilitation besteht eine grundsätzliche Zuständigkeit von Trägern der Rentenversicherung, Krankenversicherung, Unfallversicherung, Arbeitsverwaltung, Alterssicherung der Landwirte und Kriegsopferversorgung/Kriegsopferfürsorge. Lediglich die Träger der Jugendhilfe und Sozialhilfe sind von den ergänzenden Leistungen ausgenommen. Eine Vorprägung erfahren die ergänzenden Leistungen in den §§ 44–54 SGB IX. Sie werden in den speziellen Leistungsgesetzen jedoch weiter konkretisiert.

Die **ergänzenden Leistungen** umfassen **zum einen** Beiträge und Beitragszuschüsse zur gesetzlichen Sozialversicherung, Rehabilitationssport, Funktionstraining, Reisekosten, Betriebs- oder Haushaltshilfe, Kinderbetreuungskosten sowie die Beitragszahlung für eine freiwillige Krankenversicherung (§ 44 Abs. 1 Nr. 2–6 sowie Abs. 2), **zum anderen** Leistungen zum Lebensunterhalt (§ 45 SGB IX), wie Krankengeld, Verletztengeld, Übergangsgeld und Versorungskrankengeld bei der **medizinischen** Rehabilitation, Übergangsgeld bei Leistungen zur **Teilhabe am Arbeitsleben,** Ausbildungsgeld und Unterhaltsbeihilfe bei beruflichen und berufsvorbereitenden **Ausbildungsmaßnahmen** sowie die ergänzende Hilfe zum Lebensunterhalt bei Schwangerschaft oder Sterilisation im Rahmen der Kriegsopferfürsorge. Zuständig

zuerst gestellt wurde: Löschau/Marschner, Das neue Rehabilitations- und Schwerbehindertenrecht, 2001, Rn. 30.

17 Vgl. bereits vorstehend unter 2.

ist derjenige Rehabilitationsträger, der die **Hauptleistung** zu erbringen hat (§ 44 Abs. 1 S. 1 SGB IX).

5. Leistungen zur Teilhabe am Leben in der Gemeinschaft

Soziale Rehabilitationsleistungen fallen grundsätzlich in die Zuständigkeit von Trägern der Unfallversicherung, Kriegsopferversorgung/Kriegsopferfürsorge, Jugendhilfe und Sozialhilfe. Ihre Vorprägung erfahren die Leistungen in den §§ 55–59 SGB IX, werden jedoch in den einzelnen Leistungsgesetzen weiter konkretisiert. Insofern ergeben sich folgende Vorrang- und Nachrrangbeziehungen zwischen den Leistungsträgern:

Unfallversicherung: bei **Arbeitsunfällen** und **Berufskrankheiten** sind die Träger der gesetzlichen Unfallversicherung vorrangig zuständig. Die Leistungen zur Teilhabe am Leben in der Gemeinschaft ergeben sich teils aus dem SGB IX, teils aus den §§ 39 ff. SGB VII (hier etwa Kraftfahrzeughilfe, Wohnungshilfe, Haushaltshilfe und Kinderbetreuungskosten, Reisekosten).[18]

Kriegsopferversorgung/Kriegsopferfürsorge: Bei den Kriegs- und Wehrdienstgeschädigten des Bundesversorgungsgesetzes sowie denjenigen Personen, die Leistungen unter Bezugnahme auf dieses Gesetz erhalten (Opfer von Gewalttaten, Impfgeschädigte, Zivildienstgeschädigte), sind die Leistungen zur Teilhabe am Leben in der Gemeinschaft nicht systematisch geordnet, vielmehr im gesamten Gesetz verstreut. Es kommen diesbezüglich in Betracht etwa der Blindenführhund (§ 14 BVG), Kostenausgleich für Kleider- und Wäscheverschleiß (§15 BVG), Hilfen zur Weiterführung des Haushalts, Altenhilfe, Erziehungsbeihilfe, ergänzende Hilfe zum Lebensunterhalt, Erholungshilfe, Wohnungshilfe sowie Hilfen in besonderen Lebenslagen (§§ 26 d–27 d BVG).

Jugendhilfe: Bei „seelisch" behinderten Kindern und Jugendlichen ist der Jugendhilfeträger vorrangig zuständig auch für Leistungen zur Teilhabe am Leben in der Gemeinschaft, die nach den Bestimmungen der Eingliederungshilfe des Sozialhilferechts gewährt werden (§ 35 a Abs. 1 Nr. 2, Abs. 3 SGB VIII). Die soziale Rehabilitation geistig und körperlich behinderter Kinder und Jugendlicher fällt jedoch in die vorrangige Zuständigkeit des Sozialhilfeträgers (§ 10 Abs. 2 SGB VIII).

Sozialhilfe: Der Sozialhilfeträger ist traditionell „die" Instanz für soziale Rehabilitationsmaßnahmen. Während die Renten-, Kranken- und Arbeitslosenversicherung nur zu dem Zweck der Wiederherstellung der Erwerbsfähigkeit leistet, geht es bei der sozialhilferechtlichen Eingliederungshilfe für Behinderte um **gesellschaftliche Integration** (§ 39 Abs. 3 BSHG). Medizinische und soziale Teilhabeleistungen hat der Sozialhilfeträger also auch dann zu gewähren, wenn für die Wiederherstellung der Erwerbsfähigkeit keinerlei Erfolgsaussichten bestehen, solange die Auf-

---

18 Vgl. vor allem aber den weiten Auffangtatbestand des § 39 Abs. 1 Nr. 2 SGB VII.

gabe gesellschaftlicher Integration erfüllt werden kann (§ 39 Abs. 3 BSHG). Insofern kommt der sozialhilferechtlichen Eingliederungshilfe eine wichtige Auffangfunktion im Sozialleistungssystem zu. Der Anspruch ist jedoch ausgeschlossen, wenn gegenüber einem anderen Rehabilitationsträger ein Anspruch auf gleiche Leistungen besteht (§ 39 Abs. 5 BSHG). Außerdem gilt das allgemeine Subsidiaritätsprinzip des § 2 Abs. 2 BSHG. Damit ist der Sozialhilfeträger grundsätzlich **nachrangig** zuständig gegenüber anderen Rehabilitationsträgern. Die sozialhilferechtliche Eingliederungshilfe kommt somit vor allem dann in Betracht, wenn die versicherungsrechtlichen und persönlichen Voraussetzungen der Rentenversicherung nicht erfüllt sind (bei medizinischer und beruflicher Rehabilitation), wenn kein Krankenversicherungsschutz besteht (bei medizinischer Rehabilitation), wenn für eine Teilhabe am Arbeitsleben keinerlei Erfolgsaussichten bestehen (bei medizinischer und/oder beruflicher Rehabilitation durch den Träger der Rentenversicherung und Arbeitslosenversicherung) und wenn die Zuständigkeit des Jugendhilfeträgers (bei seelischer Behinderung), des Unfallversicherungsträgers (bei Arbeitsunfällen und Berufskrankheiten) sowie des Trägers der Kriegsopferversorgung/Kriegsopferfürsorge (im Rahmen sozialer Entschädigungstatbestände) gegeben ist.

6. Exkurs: Leistungen zur Pflege

Pflegeleistungen gehören nicht zu den Rehabilitationsleistungen im engeren Sinn. Denn der Pflegeversicherung geht es nicht um die Teilhabe des behinderten bzw. pflegebedürftigen Menschen am gesellschaftlichen Leben, sondern vorrangig um **Hilfen bei den Verrichtungen des täglichen Lebens** (§§ 14, 15 SGB XI), bestenfalls um die Wiedergewinnung und Erhaltung der „körperlichen, geistigen und seelischen Kräfte“ des Pflegebedürftigen (§ 2 Abs. 1 SGB XI), soweit dies im Rahmen der von vornherein nur beabsichtigten physiologischen Grundversorgung im Zuge gedeckelter Pflegeleistungen und fester Zeitbudgets überhaupt möglich erscheint. Von der Sache her liegen Pflege- und Rehabilitationsleistungen jedoch eng beieinander, da viele Behinderte neben Rehabilitationsleistungen auch Pflegeleistungen erhalten. Neben dem Pflegeversicherungsgesetz werden Pflegeleistungen auch durch die Unfallversicherung, die Kriegsopferversorgung/Kriegesopferfürsorge sowie zum Teil durch die Krankenversicherung bereitgestellt. Ein Gesamtüberblick würden den vorliegenden Rahmen jedoch sprengen. Die folgenden Ausführungen beschränken sich daher auf die praktisch wichtigsten Zuständigkeitsabgrenzungen:

Pflegeleistungen der Sozialhilfe und Pflegeversicherung: Grundsätzlich gehen die Leistungen der Pflegeversicherung vor (§ 13 Abs. 2 Nr. 1 SGB XI). Weitergehende Leistungen zur Pflege nach dem BSHG sowie Leistungen der Eingliederungshilfe bleiben jedoch unberührt (§ 13 Abs. 3 SGB XI). Pflegehilfe nach dem BSHG ist somit erhältlich, wenn

- der Betroffene nicht zum versicherten Personenkreis nach dem Pflegeversicherungsgesetz gehört, aber die Voraussetzungen der Pflegebedürftigkeit erfüllt und deshalb gem. § 68 BSHG einen Anspruch auf Pflege hat, oder

- der Betroffene krank und behindert ist, aber weniger als 6 Monate der Hilfe bedarf oder einen geringeren Hilfebedarf als nach § 68 S. 1 BSHG hat, oder
- einen „anderen“ Hilfebedarf als nach § 68 Abs. 5 BSHG hat (§ 68 Abs. 1 S. 2 BSHG).

Diese Personen haben Anspruch auf Pflege gem. § 68 Abs. 1 und Abs. 2 BSHG. „Ansonsten“ verweist § 68 Abs. 2 S. 2 BSHG bezüglich des „Inhalts“ der Leistungen auf das SGB XI, nicht aber bezüglich des „Umfangs“. Die in der Pflegeversicherung vorgenommen Deckelungen durch Höchstbeträge gelten im BSHG also nicht. Deshalb kann nach BSHG ein größerer Leistungsumfang gewährt werden, wenn die als Grundversorgung konzipierte Pflege nach PflegeVG nicht ausreicht und der Betroffene die Mehrleistungen selbst nicht tragen kann. Dann aber ist die Konkurrenzvorschrift des § 69 c BSHG zu beachten. Wir unterscheiden somit zwischen den **„weitergehenden“** Leistungen, die im Pflegeversicherungsgesetz nicht vorgesehen sind und den **„ergänzenden“** Leistungen, die den Umfang von Pflegeversicherungsleistungen übersteigen.

Sozialhilferechtliche Eingliederungshilfe und Pflegeversicherung: Die beiden Bereiche sind nicht klar voneinander abgrenzbar. Besteht Hilflosigkeit bei den täglichen Verrichtungen, dann tritt die Pflegeversicherung ein. Besteht Hilflosigkeit durch Beeinträchtigung der Teilhabefähigkeit aus medizinischen, beruflichen oder gesellschaftlichen Gründen, dann ist Eingliederungshilfe nach § 39 BSHG zu gewähren. Insbesondere § 71 Abs. 4 SGB XI legt fest, daß stationäre Rehabilitationseinrichtungen nicht als Pflegeeinrichtungen gelten.[19] Allerdings können behinderte Menschen, die in solchen Fördereinrichtungen auch Pflege im Umfang mindestens der Pflegestufe I erhalten, gem. § 43 a SGB XI einen Zuschuß zu diesen Aufwendungen bis maximal 250,– € monatlich (2002) beanspruchen.[20] Bei ungünstiger Erfolgsprognose (keine Integrationsfähigkeit) darf der Betroffene, sofern er bislang Reha-Hilfen erhalten hat, jedoch nur bei „Zumutbarkeit“ in die Pflegeeinrichtung verlagert werden.[21] Besteht in Teilaspekten die Eingliederungsfähigkeit des Betroffenen fort (ohne gegenüber der Pflegebedürftigkeit zu überwiegen), bleibt das Sozialamt weiter teilzuständig im Rahmen der §§ 39 ff. BSHG.

Wegen des Vorrangs von Rehabilitationsleistungen vor Pflegeleistungen (§ 31 SGB XI) müssen die Pflegekassen einen im Einzelfall festgestellten Rehabilitationsbedarf dem zuständigen Rehabilitationsträger gegenüber anzeigen (§ 31 Abs. 3 SGB XI). Ansonsten gewährt das Pflegeversicherungsgesetz nur ausnahmsweise vorläufige ambulante Leistungen zur Rehabilitation (§ 32 SGB XI). Es soll aber – im praktischen Ergebnis wohl nur „symbolische Politik“ – auch eine „aktivierende Pflege“ geleistet werden (§ 28 Abs. 4 SGB XI).

---

19 Gemeint sind z. B. Kurkliniken, Berufsbildungswerke, Werkstätten und Wohnheime für Behinderte, Sonderschulen.

20 Für die Finanzierung des gesamten Pflegesatzes hat bei entsprechender Bedürftigkeit des Hilfeempfängers der Sozialhilfeträger aufzukommen (§§ 39, 43 Abs. 1, 68 BSHG i. V. m. § 13 Abs. 3 S. 3 SGB XI).

21 BVerwG, NDV-RR 1996, 66, 68.

Pflegeversicherung und Krankenversicherung: Nicht zu den Leistungen bei häuslicher Pflege gehört die im Rahmen einer ärztlichen Behandlung erforderliche medizinische Behandlungspflege.[22] Als häusliche Krankenpflege fällt dieser Bereich in die Zuständigkeit der Krankenkassen (§ 37 SGB V). Wird nach Eintritt von Pflegebedürftigkeit häusliche Krankenpflege als Leistung der Krankenversicherung gewährt, ruht der Anspruch auf Leistungen bei häuslicher Pflege[23] (§ 34 Abs. 2 SGB XI). Häusliche Krankenpflege kommt insbesondere im Zusammenhang mit einer Krankenhausbehandlung oder zur Sicherung des Ziels einer ärztlichen Behandlung in Betracht (§ 37 Abs. 1 und 2 SGB V). Dann aber wird nicht nur die Behandlungs-, sondern auch die Grundpflege vollständig von der Krankenkasse übernommen.[24]

7. Zuständigkeitsklärung und Vorleistungspflicht

Die vorstehende Zuständigkeitsproblematik hat eine der wesentlichen Schwächen des deutschen Rehabilitationswesens vor Augen geführt: das Fehlen eines einheitlich zuständigen Rehabilitationsträgers. Es ist deshalb konsequent, daß durch **§ 14 SGB IX** nunmehr eine strenge Zuständigkeitsklärung in Gang gesetzt wird, um eine möglichst schnelle und aufeinander abgestimmte Leistungserbringung zu ermöglichen. Denn normalerweise ist der Rehabilitationserfolg bei frühzeitiger Einleitung der notwendigen Maßnahmen am größten.

Nach Eingang des Rehabilitationsantrags muß der Rehabilitationsträger innerhalb von **zwei Wochen** seine Zuständigkeit feststellen. Bei Unzuständigkeit leitet er den Antrag unverzüglich an den seiner Meinung nach zuständigen Rehabilitationsträger weiter. Kommt es bei der Feststellung auf die Ursache der Behinderung an (etwa Arbeitsunfall) und ist die Klärung innerhalb der Zwei-Wochen-Frist nicht möglich, so wird der Antrag unverzüglich demjenigen Rehabilitationsträger zugeleitet, der die Leistung ohne Rücksicht auf die Ursache erbringt (etwa Bundesanstalt für Arbeit oder Sozialhilfeträger).[25]

Wird der Antrag **nicht weitergeleitet**, hat der Rehabilitationsträger innerhalb von drei Wochen nach Antragseingang eine Entscheidung herbeizuführen. Ist vorher

---

22 Beispielsweise Wundversorgung, Spritzen setzen; vgl. Spinnake, in: Lehr- und Praxiskommentar zum Pflegeversicherungsgesetz, hrsg. von Klie/Krahmer, 1998, § 36 Rn. 12 sowie Klie/Steppe, ebenda, vor §§ 14–19.

23 Gleiches gilt für den Aufenthalt im Krankenhaus oder einer Einrichtung zur medizinischen Rehabilitation.

24 Jedoch nur, soweit eine im Haushalt lebende Person den Kranken in dem erforderlichen Umfang nicht pflegen und versorgen kann (§ 37 Abs. 3 SGB V).

25 Wird der Antrag bei der Bundesanstalt für Arbeit gestellt, darf der Antrag im Interesse einer zügigen Bearbeitugn nicht deswegen an eine Rentenversicherung weitergeleitet werden, weil diese ohne diese Leistungen Rente wegen verminderter Erwerbsfähigkeit zu zählen hätte (§ 14 Abs. 1 S. 4 SGB IX); auch darf die Bundesanstalt für Arbeit bei der Überprüfung ihrer Zuständigkeit nicht berücksichtigen, daß gem. § 22 Abs. 2 SGB III ggf. ein anderer Rehabilitationsträger vorrangig zuständig ist (§ 14 Abs. 1 S. 4 SGB IX). Die Bundesanstalt tritt damit unabhängig von ihrer wirklichen Zuständigkeit in eine Vorleistungspflicht.

noch ein **Gutachten** erforderlich, so muß über den Antrag innerhalb von zwei Wochen nach Vorliegen des Gutachtens entschieden werden. Wird der Antrag jedoch an einen anderen Träger **weitergeleitet**, so hat dieser endgültig innerhalb von **drei Wochen** nach Antragseingang (bei diesem Träger) zu entscheiden, es sei denn, es muß ein Gutachten eingeholt werden (§ 14 Abs. 2 SGB IX).

Wegen der kurzen Entscheidungsfristen wird es nicht selten dazu kommen, daß der zuerst angegangene Träger, spätestens jedoch der Träger, an den weitergeleitet wurde, unabhängig von seiner eigentlichen Zuständigkeit Leistungen zu erbringen hat. In diesem Fall werden die verausgabten Kosten durch den eigentlich zuständigen Leistungsträger erstattet (§§ 14 Abs. 4 SGB IV, 102 SGB X). Dies gilt jedoch nicht, wenn die Leistungen irrtümlich erbracht, also nicht an den zuständigen Träger weitergeleitet wurden (§ 14 Abs. 4 SGB IX).

Ist zur Feststellung des Rehabilitationsbedarfs ein Gutachten erforderlich, hat der Rehabilitationsträger dem Leistungsberechtigten unverzüglich in der Regel drei möglichst wohnortnahe **Sachverständige** zur freien Auswahl anzubieten. Das sozialmedizinische, bei Bedarf auch psychologische Gutachten ist innerhalb von zwei Wochen zu erstellen. Das Gutachten ist Grundlage für sämtliche Entscheidungen der zuständigen Rehabilitationsträger; Mehrfachbegutachtungen sind damit ausgeschlossen. (§ 14 Abs. 5 SGB IX).

8. Koordination

In allgemeiner Weise kommt die Zusammenarbeit der Leistungsträger in § 86 SGB X zur Sprache. U. a. beinhaltet sie die Aufgabe der Planung und Forschung (§ 95 SGB X). Die rechtliche Bindungswirkung dieser Vorschriften ist jedoch gering.[26] Anders ist dies bei dem nunmehr geltenden **§ 12 SGB IX**, der Anforderungen für die **Zusammenarbeit** der Rehabilitationsträger statuiert, die ihrerseits Bedeutung erlangen können bei der Ausübung des zumeist vorfindlichen Leistungsermessens und insbesondere bei der Beratung und Begutachtung der Leistungsberechtigten.[27] Das Gesetz fordert insofern eine effiziente Ausführung der Leistungen, die einvernehmliche Klärung von Abgrenzungsfragen, eine an den Zielen des Rehabilitationsrechts orientierte Beratung, möglichst einheitliche Grundsätze für die Durchführung von Begutachtungen sowie die Optimierung der Präventionsaufgabe. Hierauf hat sich die Zusammenarbeit zu erstrecken. Zudem sollen regionale Arbeitsgemeinschaften gebildet werden (§§ 12 Abs. 2 SG IX, 94 Abs. 2 SGB X). Schließlich sind gemeinsame Empfehlungen zu vereinbaren, zum einen zu den genannten Aufgaben der Zusammenarbeit, zum anderen aber auch zu einer ganzen Reihe von Aufgaben statistischer, planender, koordinierender und partizipatorischer Art (§ 13 Abs. 1–9 SGB IX).

---

26 Luthe, Sozialplanungsrecht, Zeitschrift für Sozialreform 1994, Heft 11 und12, 765 ff.
27 Zum sog. Herstellungsanspruch vgl. D. V. 4.

Wie § 6 SGB IX zeigt, sind nicht alle Rehabilitationsträger jeweils für sämtliche den in § 5 genannten Leistungsgruppen zuständig. Deshalb können mehrere Rehabilitationsträger am Rehabilitationsfall beteiligt sein. **§ 10 SGB IX** macht insofern das **nahtlose Ineinandergreifen** unterschiedlicher Leistungen zu einer (objektiven) Rechtspflicht der beteiligten Träger. Außerdem sollen die Leistungen entsprechend dem Verlauf der Rehabilitation **angepaßt** werden, was erfordert, daß der Fall laufend unter Kontrolle gehalten wird, weil ansonsten die überdies geforderte Leistungswirksamkeit nicht erreicht werden kann. Bei Leistungen für schwerbehinderte Menschen sind zudem die Integrationsämter (früher: Hauptfürsorgestellen) einzubeziehen (§ 10 Abs. 2 SGB IX). Bei Einleitung einer medizinischen Rehabilitationsmaßnahme hat der zuständige Rehabilitationsträger überdies zu überprüfen, ob daneben Leistungen zur Teilhabe am Arbeitsleben in Betracht kommen, wobei die Bundesanstalt für Arbeit insbesondere bei Fragen **arbeitsmarktlicher Zweckmäßigkeit** von Maßnahmen zu beteiligen ist (§ 11 Abs. 1 SGB IX). Die Anforderungen gelten auch im Falle einer Gefährdung des Arbeitsplatzes als Folge medizinischer Rehabilitationsmaßnahmen (§ 11 Abs. 2 SGB IX).

Die Koordinationserfordernisse sind für sich genommen nicht erzwingbar. Ihre Nichtbeachtung kann im Falle einer Leistungsablehnung jedoch auf eine fehlerhafte Ausübung des **Rehabilitationsermessens** hinauslaufen, wenn hierdurch der Rehabilitationsbedarf im Sinne einer wirksamen und einzelfallgerechten Leistungsausführung unter Berücksichtigung der Gesetzesziele (§§ 1–4 SGB IX) nicht gedeckt sein sollte.

Das SGB IX beschränkt sich auf die Koordination von Leistungen. Eine **integrative Versorgung** „aus einer Hand" mit entsprechender Kostenteilung der beteiligten Träger hat das Gesetz jedoch nicht realisiert.[28] So wird nach wie vor beim sog. Betreuten Wohnen die medizinische Versorgung, Pflege, Alltagsbewältigung, Haushaltsführung und Teilhabe an der Gesellschaft auf unterschiedliche Träger verteilt. Gleiches gilt für Tagesstätten für Behinderte, wo die Grundversorgung (§ 39 BSHG), die Arbeitstherapie (§ 42 SGB V) oder die berufsvorbereitende Bildungsmaßnahme (§§ 101 Abs. 2, 59 SGB III) zwar gewissermaßen unter einem Dach stattfinden kann; die rechtliche Aufspaltung der Zuständigkeiten aber bleibt bestehen. Einer integrativen Versorgung mit Pflege- und Rehabilitationsleistungen schiebt überdies § 71 Abs. 4 SGB XI einen Riegel vor. Mit der Betonung der selbständigen und eigenverantwortlichen Aufgabenwahrnehmung durch die einzelnen Rehabilitationsträger (§§ 4 Abs. 2, 6 Abs. 2 sowie 7 SGB IX, § 30 Abs. 1 SGB IV) werden integrative Versorgungskonzepte praktisch unmöglich gemacht. Lediglich die sozialpädiatrische Versorgung in § 30 SGB IX besitzt in dieser Hinsicht Modellcharakter, da hier Leistungen der Krankenversicherung mit solchen der Jugend- und Sozialhilfe unter anteiliger Kostenübernahme zu einer einheitlichen „Komplexleistung" verbunden worden sind.

---

28 Mrozynski, Rehabilitationsleistungen – Integrierte Versorgung im gegliederten System, SGb 2001, 277.

9. Gemeinsame Service-Stellen/Integrationsfachdienste/ Rehabilitationseinrichtungen

Zur Optimierung des örtlichen Beratungsangebots haben die Rehabilitationsträger sicherzustellen, daß in allen Landkreisen und kreisfreien Städten gemeinsame **Service-Stellen** bestehen (§ 23 Abs. 1 SGB IX). Hierbei handelt es sich um trägerübergreifende Anlaufstellen mit detailliert umschriebenen Aufgaben (vgl. § 22 SGB IX): Die Betroffenen erhalten hier **Informationen** über die Leistungsvoraussetzungen, Hilfen bei der Klärung des individuellen Rehabilitationsbedarfs, Informationen über den zuständigen Rehabilitationsträger sowie eine begleitende Unterstützung des Betroffenen bis zur endgültigen Entscheidung. Darüber hinaus hat die Service-Stelle besondere Pflichten bei der **Beschleunigung** des Verfahrens (Information des Rehabilitationsträgers über voraussichtlich erforderliche Gutachten, Vorbereitung der Entscheidung der Rehabilitationsträgers in Fällen offenkundig notwendiger Teilhabeleistungen, Hinwirken auf zeitnahe Entscheidung und Leistung bei Rehabilitationsträgern, Koordinierung und Vermittlung zwischen mehreren Rehabilitationsträgern und Beteiligten). Hieran sind zudem die Integrationsämter, Pflegekassen sowie die privaten Verbände und Interessenvertretungen beteiligt (§ 22 Abs. 1 S. 3 SGB IX). In den Service-Stellen soll eine umfassende **Beratung** sichergestellt werden; abgesehen von der eigentlichen Antragstellung und der nach wie vor notwendigen Einschaltung von Spezialdiensten (etwa Sozialdienst im Krankenhaus, psychiatrische Dienste, Suchtberatungsstellen) hat die Verweisung auf andere Träger möglichst zu unterbleiben. Hierfür wird besonders **qualifiziertes Personal** mit breiten Fachkenntnissen insbesondere des Rehabilitationsrechts und der Praxis eingesetzt (§ 23 Abs. 3 SGB IX). Insofern wird deutlich, daß der Gesetzgeber an die Qualität der Beratung hohe Sorgfaltsanforderungen geknüpft hat, was nicht ohne Auswirkungen auf private Haftungsansprüche bei Falschberatung bleiben dürfte.[29]

Zur Sicherung von Beratung und Auskunft sind für besondere Kontaktpersonen des Behinderten spezielle Hinweis- und Handlungspflichten vorgeschrieben. So sollen die **Personensorgeberechtigten** (Eltern, Vormünder, Pfleger, Betreuer) mit den ihnen anvertrauten Personen im Falle einer wahrgenommenen Behinderung eine entsprechende Beratungsstelle aufsuchen (§ 60 SGB IX). Angehörige **helfender und erzieherischer Berufe** (Hebammen, Entbindungspfleger, Medizinalpersonen [außer Ärzten], Lehrer, Sozialarbeiter, Jugendleiter und Erzieher) haben die Personensorgeberechtigten auf mögliche Behinderungen und entsprechende Beratungsangebote hinzuweisen (§ 61 Abs. 2 SGB IX). Die Beratung insbesondere durch **Ärzte**, denen eine Person mit einer Behinderung vorgestellt wird, erstreckt sich auf die geeigneten Leistungen und das gesetzliche Beratungsangebot (§ 60 Abs. 1 SGB IX).

Während die gemeinsamen Servicestellen staatliche Einrichtungen sind, handelt es sich bei den **Integrationsfachdiensten** um Dienste „Dritter", die im Auftrag der

---

29 Zum Herstellungsanspruch vgl. überdies D. V. 4 sowie III. 2.

Bundesanstalt für Arbeit, der Rehabilitationsträger und der Integrationsämter bei der Durchführung der Maßnahmen zur Teilhabe schwerbehinderter Menschen am Arbeitsleben beteiligt werden (§ 109 Abs. 1 SGB IX). Unterstützt werden sollen **vor allem schwerbehinderte Menschen** mit einem besonderen Bedarf an arbeitsbegleitender Betreuung, insbesondere beim Übergang von der Werkstatt für behinderte Menschen sowie von der Schule auf den allgemeinen Arbeitsmarkt (§ 109 Abs. 2 Nr. 1–3 SGB IX). Die Integrationsfachdienste „können" jedoch auch für behinderte Menschen ohne Schwerbehinderung tätig werden (§ 109 Abs. 4 SGB IX). Neben allgemeinen Beratungs-, Unterstützungs- und Vermittlungspflichten gegenüber schwerbehinderten Menschen und Arbeitgebern gehört es zu den **Aufgaben** des Integrationsfachdienstes, individuelle Qualifikationsprofile zu entwickeln, geeignete Arbeitsplätze zu erschließen, schwerbehinderte Menschen auf die Arbeit vorzubereiten, diese am Arbeitsplatz zu begleiten, Arbeitskollegen zu informieren und zu beraten, Krisenintervention und psychosoziale Betreuung durchzuführen sowie sich als Ansprechpartner für den Arbeitgeber zur Verfügung zu stellen (§ 110 Abs. 1 und Abs. 2 SGB IX). Die Integrationsfachdienste werden im Auftrag der Bundesanstalt für Arbeit, der Integrationsämter und der Rehabilitationsträger tätig, wenn die **fachlichen Anforderungen** erfüllt sind (Anforderungen an die Ausstattung, Erfahrungen, Berufsqualifikation, psychosoziale oder arbeitspädagogische Zusatzqualifikation, ausreichende Berufserfahrung, Eigenständigkeit in rechtlicher, organisatorischer und wirtschaftlicher Hinsicht, §§ 111, 112 SGB IX). Nähres zur Beauftragung, zur Zusammenarbeit mit den zuständigen Trägern sowie zu sonstigen Qualitätsanforderungen enthält eine eigens zu erlassende Mustervereinbarung (§ 111 Abs. 4 SGB IX). Die Inanspruchnahme des Integrationsfachdienstes wird vom Auftraggeber **vergütet** (§§ 111 Abs. 2, 113 SGB IX). Grundsätzlich soll in jedem Arbeitsamtsbezirk nur ein Integrationsfachdienst eines Trägers oder eines Verbundes verschiedener Träger beauftragt werden (§ 111 Abs. 5 SGB IX). Da es sich um die Erteilung eines **öffentlichen Auftrages** handelt, sind die Vorschriften der Verdingungsordnung für Leistungen (VOL) anwendbar.[30] Insofern gelten strenge Anforderungen an die Transparenz des Auswahlverfahrens unter Beteiligung zunächst aller geeigneter Anbieter. Ungeklärt ist, ob schwerbehinderte Personen einen Rechtsanspruch auf Beteiligung von Integrationsfachdiensten besitzen.[31] Zu den Leistungen zur Teilhabe am Arbeitsleben gehört gem. § 33 Abs. 6 Nr. 8 SGB IX zwar auch die Beteiligung von Integrationsfachdiensten. Wegen des Vorrangs der spezialgesetzlichen Leistungen gem. § 7 SGB IX kommt es letztlich auf den hier bestehenden Anspruchsrahmen an. Spezialgesetzlich sind Art und Umfang der Leistung jedoch regelmäßig in das Behördenermessen gestellt. Im Ermessensbereich existiert lediglich ein Recht des Bürgers auf fehlerfreie Ermessensausübung[32], das jedoch nur bei Unterlassen einer zwingend notwendigen Beteiligung verletzt sein kann.

30 Vgl. H. II. 2.

31 Zum subjektiv-öffentlichen Recht vgl. D. V. 1.

32 Zur Ermessensausübung im Sozialrecht vgl. Luthe, Optimierende Sozialgestaltung 2001, 95 f., 168, 172, 178, 250 f., 266, 333 f., 350, 445 f. sowie D. IV. 3.

Rehabilitationsdienste und -einrichtungen sind private Leistungserbringer, die von den Rehabilitationsträgern in Anspruch genommen werden (§ 19 SGB IX). Die staatlichen Instanzen haben darauf hinzuwirken, daß fachlich und regional erforderliche Dienste und Einrichtungen in **ausreichender Zahl und Qualität** zur Verfügung stehen. Dies ist zunächst nicht mehr als eine rein objektiv wirkende Optimierungspflicht mit mittlerem Anforderungsgehalt[33], die, wie generell bei Infrastrukturmaßnahmen, subjektiv nicht eingeklagt werden kann. Im Zusammenhang mit § 19 Abs. 2 SGB IX läßt das Gesetz jedoch einen unmißverständlichen Trend zur Ermöglichung wohnortnaher Leistungen erkennen, der wiederum das Leistungsermessen der zuständigen Träger beeinflussen muß und ausnahmsweise zu einem subjektiven Recht auf wohnortnahe Leistungserbringung erstarken kann.[34] Ergänzende Regelungen zu **Einrichtungen der beruflichen Rehabilitation** enthält zudem § 35 ff. SGB IX mit der Benennung von Berufsförderwerken, Berufsbildungswerken und Werkstätten für behinderte Menschen.

Rehabilitationsdienste oder -einrichtungen „können" gem. § 19 Abs. 5 SGB IX durch **Subventionen** gefördert werden. Hieraus folgt jedoch kein subjektiv-öffentliches Recht auf Förderung in bestimmter Höhe oder für bestimmte Aufgabeninhalte, sondern allenfalls das Recht auf fehlerfreie Ermessensausübung bei der Mittelvergabe unter Wahrung des Gleichbehandlungsgrundsatzes (Art. 3 GG). Die eigentliche **Entgeltfinanzierung** erfolgt jedoch über die in § 21 SGB IX aufgeführten **Verträge** mit den Leistungserbringern. Diese enthalten insbesondere Regelungen über die Maßnahmequalität entsprechend der gem. § 20 SGB IX zwischen den Rehabilitationsträgern vereinbarten Empfehlungen sowie Regelungen über Vergütungsvereinbarungen (§ 21 Abs. 1 Nr. 1 und 2 SGB IX). Wo jedoch bereits ein differenziertes Regelwerk über die Qualität, Vergütung und Kontrolle der zu erbringenden Leistungen besteht – so in der Sozialhilfe (§§ 93 ff. BSHG), Jugendhilfe (§ 78 a Abs. 1 Nr. 5 SGB VIII) sowie im Krankenversicherungsbereich (§§ 92 Abs. 1 Nr. 8, 107 Abs. 2, 111, 122 b, 137 d, 140 b Abs. 2 SGB V) – dürften die Vorschriften des SGB IX aber kaum praktische Bedeutung erlangen.

Bei der **Auswahl** des jeweiligen Rehabilitationsdienstes bzw. der jeweiligen Rehabilitationseinrichtung richtet sich der Rehabilitationsträger danach, wer die Leistung in der am besten geeigneten Form unter Beachtung der Grundsätze der Wirtschaftlichkeit und Sparsamkeit ausführt (§ 19 Abs. 4 i. V. m. § 35 S. 1 Nr. 4 SGB IX), was durch die Qualitätssicherungsempfehlungen und vertraglichen Vereinbarungen gem. §§ 20, 21 SGB IX näher konkretisiert wird.

Die Frage, **ob** der zuständige Rehabilitationsträger gem. § 17 SGB IX private Dienste und Einrichtungen in Anspruch nimmt, ist grundsätzlich seinem Ermessen anheim gestellt. Hierbei kommt es darauf an, welche Einrichtung zur Erbringung von Leistungen ambulanter, teilstationärer oder betrieblicher Form am besten geeignet ist. Das jeweilige Profil der Einrichtung und ihre Unabhängigkeit, insbesondere bei

---

33 Luthe, Optimierende Sozialgestaltung 2001, 483.
34 Ebenda, 166 f., 185 ff., 216 ff., 323 ff.

freier und gemeinnütziger Trägerschaft, sind besonders zu beachten (§ 19 Abs. 4 SGB IX). Der Abschluß von Verträgen mit dem jeweiligen Privatanbieter gem. § 21 SGB IX ist keine zwingende Voraussetzung der Inanspruchnahme. Das **Wunschrecht** des Betroffenen gem. § 9 Abs. 1 SGB IX ist eine streng gefaßte Ermessensdirektive erstens bei der Auswahl zwischen Leistungsträgern, zweitens bei der Auswahl zwischen Leistungsträgern und Privatanbietern, drittens bei der Auswahl von Sachleistungen und Geldleistungen sowie schließlich bei der Auswahl zwischen Privatanbietern. Die Auswahl von Leistungen ist stets eine Einzelfallentscheidung unter Beachtung des Wirksamkeits- und Wirtschaftlichkeitsgebots (§§ 17 Abs. 1 i. V. m. 19 Nr. 4 S. 2 SGB IX). Bestehende Vertragsvereinbarungen mit Diensten und Einrichtungen entbinden nicht von der Pflicht zur Inanspruchnahme auch anderer Einrichtungen nach Maßgabe des besonderen Rehabilitationsbedarfs im Einzelfall. Werden Privatanbieter in Anspruch genommen, so handelt es sich der Sache nach um eine **öffentliche Auftragsvergabe,** die staatliches Vergaberecht und insbesondere die Verdingungsordnung für Leistungen aktiviert. Die Anwendung des Vergaberechts auf derartige Konstellationen ist zwar nicht unumstritten. Denn die Auftragserteilung erfolgt zumeist auf öffentlich-rechtlicher Grundlage unter Mitwirkung des sein Wunschrecht ausübenden Leistungsempfängers. Gleichwohl kann allein dies die wirtschaftliche Ausrichtung des Behördenhandelns im Sinne einer entgeltlichen Geschäftstätigkeit – Kernpunkt des Vergabeverfahrens – kaum in Frage stellen.[35]

III. Allgemeine Grundlagen des Rehabilitationswesens

1. Mitwirkungspflichten des Leistungsberechtigten

Eines der wesentlichen Leitziele des SGB IX ist die Förderung der Selbstbestimmung des behinderten Menschen (§ 1 SGB IX). Gegen den Willen des Leistungsberechtigten können deshalb grundsätzlich keine Maßnahmen zur Teilhabe durchgeführt werden. Deshalb bedürfen die Leistungen der Zustimmung der Leistungsberechtigten (§ 9 Abs. 4 SGB IX). Gleichwohl ist der Leistungsberechtigte bei Strafe des Leistungsentzuges bestimmten Mitwirkungspflichten unterworfen:

So ist der Leistungsberechtigte gem. § 60 SGB I zur **Angabe von Tatsachen** verpflichtet, die für die Leistung erheblich sind. Änderungen in den Verhältnissen

---

35 Luthe, Wettbewerb, Vergabe und Rechtsanspruch im „Sozialraum" der Jugendhilfe, NDV 2001, 247, 254; ders, Das Job-Aqtiv-Gesetz, SGb 2002, Heft 2 und 3, zu § 37a (Vermittlungsauftrag, Heft 1); keine Beauftragung im Sinne des Vergaberechts liegt vor, wenn der öffentliche Auftraggeber alleiniger Anteilseigner des Beauftragten ist, er über diesen umfassende Kontrolle ausübt und der Beauftragte seine Tätigkeit im wesentlichen für diesen öffentlichen Auftraggeber verrichtet: BGH, DVBl. 2001, 1607f. Nicht selten versuchen die Leistungsträger dem Vergaberecht dadurch zu entkommen, daß sie den Vertragsabschluß als öffentlich-rechtlichen Vertrag gem. § 53ff. SGB X ausgestalten. Die Rechtmäßigkeit dieser Praxis ist jedoch mehr als zweifelhaft. Allein durch die öffentliche Rechtsform dürfte der vergaberechtliche Auftragscharakter keineswegs aufgehoben sein.

müssen unverzüglich mitgeteilt werden (etwa bei Besserung des Gesundheitszustandes). Beweismittel und Beweisurkunden sind vorzulegen.

Weiterhin kennt das SGB I die Verpflichtung zum persönlichen **Erscheinen** (§ 61 SGB I), die Verpflichtung zur Teilnahme an ärztlichen **Untersuchungen** (§ 62 SGB I), die Verpflichtung zur Teilnahme an **Heilbehandlungen** (§ 63 SGB I) sowie die **Teilnahme** an Leistungen zur Teilhabe am Arbeitsleben (§ 64 SGB I).

Grenzen der genannten Mitwirkungspflichten bestehen gem. § 65 SGB I jedoch dann, wenn diese unverhältnismäßig sind, ihre Erfüllung nicht zugemutet werden kann, sich der Leistungsträger die erforderlichen Kenntnisse selbst beschaffen kann, die Heilbehandlung einen Gesundheitsschaden hervorrufen kann, diese mit erheblichen Schmerzen verbunden ist oder einen erheblichen Eingriff in die körperliche Unversehrtheit bedeutet.

Liegen die genannten Mitwirkungsgrenzen jedoch nicht vor, so ist die **fehlende Mitwirkung** mit nachteiligen Rechtsfolgen verbunden (§ 66 SGB I). Kommt der Leistungsempfänger seiner Mitwirkungspflicht, Tatsachen anzugeben, persönlich zu erscheinen oder sich untersuchen zu lassen, nicht nach, kann der Rehabilitationsträger ohne weitere Ermittlungen die Leistung bis zum Nachholen der Mitwirkung ganz oder teilweise versagen oder entziehen, soweit die Voraussetzungen nicht nachgewiesen sind. Dies gilt entsprechend, wenn der Antragsteller oder Leistungsberechtigte in anderer Weise absichtlich die Aufklärung des Sachverhalts erheblich erschwert. Gegenüber denjenigen, die eine Sozialleistung speziell wegen Pflegebedürftigkeit, wegen Arbeitsunfähigkeit, wegen Gefährdung oder Minderung der Erwerbsfähigkeit oder wegen Arbeitslosigkeit beantragen oder erhalten und sich weigern, an Untersuchungen, Heilbehandlungen und Leistungen zur Teilhabe am Arbeitsleben teilzunehmen, kommt ebenfalls die Leistungsversagung in Betracht, wenn anzunehmen ist, daß deshalb die Fähigkeit zur selbständigen Lebensführung sowie die Arbeits-, Erwerbs- oder Vermittlungsfähigkeit beeinträchtigt und nicht verbessert wird.

Sanktionen kommen jedoch nur dann in Betracht, nachdem der Leistungsberechtigte hierauf schriftlich hingewiesen worden ist (§ 66 Abs. 3 SGB I). Die Leistungsversagung ist jedoch dem pflichtgemäßen Ermessen des Rehabilitationsträgers anheim gestellt. Hierbei sind die Ziele des SGB IX besonders zu berücksichtigen (§§ 1, 3, 4, 8, 9 SGB IX).

2. Leistungsgrundsätze

§ 3 SGB IX statuiert einen **Vorrang präventiver Maßnahmen.** Demnach wirken die Rehabilitationsträger darauf hin, daß der Eintritt einer Behinderung (einschließlich einer chronischen Krankheit) vermieden wird. Leistungen sind damit grundsätzlich bereits bei drohender Behinderung zu erbringen. Eine drohende Behinderung liegt nach dem Gesetz vor, „wenn die Beeinträchtigung zu erwarten ist“

(§ 2 Abs. 1 S. 2 SGB IX). Hierbei ist zu beachten, daß die speziellen Leistungsgesetze der Rehabilitationsträger eine ganze Reihe von Präventivmaßnahmen enthalten, denen mit dem Präventionsziel des § 3 SGB IX nunmehr gesteigerte Bedeutung zukommt (etwa §§ 31 Abs. 1 Nr. 2 SGB VI; 20–24 b SGB V; 5, 35 Abs. 2 Nr. 2, 48 Abs. 1, 49 Abs. 2, 53 Abs. 1, 175 Abs. 1 Nr. 2, 255 Abs. 1 Nr. 1 i.V.m. 100 SGB III; 39 Abs. 2 BSHG).

§ 8 SGB IX statuiert einen **Vorrang von Leistungen zur Teilhabe gegenüber anderen Leistungen**, insbesondere Renten. Deshalb muß der Träger unabhängig von seiner Entscheidung über die beantragte Rentenleistung prüfen, ob Leistungen zur Teilhabe voraussichtlich erfolgreich sind (§ 8 Abs. 1 SGB IX). Theoretisch kann es dann zu einem Nebeneinander von Rentenleistungen und unterhaltssichernden Leistungen der Rehabilitation (etwa Übergangsgeld) kommen. Auf das bei Leistungen zur Teilhabe am Arbeitsleben gezahlte Übergangsgeld werden insbesondere Renten jedoch angerechnet (§ 52 SGB IX). Deshalb sind Doppelzahlungen im Regelfall ausgeschlossen. Gem. § 8 Abs. 3 SGB IX prüft der Rehabilitationsträger auch, ob durch Leistungen zur Teilhabe Pflegebedürftigkeit abgewendet oder vermindert werden kann. Die gleiche Verpflichtung trifft überdies die Pflegekasse, die eine festgestellte Rehabilitationsbedürftigkeit unverzüglich dem zuständigen Rehabilitationsträger mitzuteilen hat (§ 31 Abs. 3 SGB XI).

Das **Wunschrecht** bei der Ausführung der Leistungen besagt, daß berechtigten Wünschen und Vorstellungen der Leistungsberechtigten entsprochen werden muß (§ 9 Abs. 1 SGB IX). Dabei ist auf die persönlichen und familiären Bedürfnisse und Lebensverhältnisse, die sich auch auf Alter und Geschlecht sowie religiöse und weltanschauliche Bereiche erstrecken, Rücksicht zu nehmen. Im übrigen gilt der Individualisierungsgrundsatz des § 33 SGB I.

Das Wunschrecht hat vor allem bei der Ausführung von Leistungen gem. § 17 SGB IX sowie beim Leistungsort gem. § 18 SGB IX Bedeutung. So kann der Leistungsempfänger Wünsche hinsichtlich der Auswahl der Rehabilitationsdienste und Rehabilitationseinrichtungen ebenso geltend machen wie Wünsche zur Sachleistungserbringung im Ausland. Der Betroffenenwunsch ist jedoch nur eine – wenn auch gewichtige – **Ermessensdirektive**, die der Rehabilitationsträger mit entgegenstehenden Belangen (etwa Kapazitäts-, Wirtschaftlichkeits- oder Fachlichkeitserwägungen) gewissenhaft abzuwägen hat. Denn anerkannt sind nur „berechtigte" Wünsche. Und die Berechtigung des Wunsches ist nichts anderes als das Ergebnis einer nach allen Seiten hin ausgewogenen Abwägungsentscheidung (vgl. bereits II. 9.).

Eine besondere Form des Wunschrechts ist die Möglichkeit der Inanspruchnahme von **Geldleistungen**, wenn die Maßnahmen nicht in Rehabilitationseinrichtungen auszuführen sind (§ 9 Abs. 2 SGB IX). Voraussetzung ist jedoch, daß die erforderlichen Leistungen hierdurch voraussichtlich bei gleicher Wirksamkeit mindestens ebenso wirtschaftlich erbracht werden können. Abgesehen von diesem Wunschrecht des Leistungsberechtigten haben die Rehabilitationsträger die Möglichkeit, **persönliche Budgets** bereitzustellen (§ 17 Abs. 1 Nr. 4 SGB IX). Letzteres dürfte jedoch auch und gerade für Leistungen in Rehabilitationseinrichtungen in Betracht kommen.[36]

Die Möglichkeit der **Erstattung selbstbeschaffter Leistungen** (§ 15 SGB IX) ist eine wichtige Ausnahme vom grundsätzlich vorherrschenden Sachleistungsprinzip des Rehabilitationsrechts. Das Sachleistungsprinzip verdankt sich der Einsicht in die hohen fachlichen Anforderungen bei der Beurteilung von Rehabilitationsfällen und die ggf. hohen Maßnahmekosten auf der einen Seite und der Tatsache einer zumeist nicht vorhandenen Konsumentensouveränität des Leistungsempfängers auf der anderen. Bereits in früherer Zeit hat das Bundessozialgericht hiervon jedoch gewisse Ausnahmen zugelassen.[37] Die Möglichkeiten der Erstattung selbstbeschaffter Leistungen sind jedoch, über die von der Rechtsprechung entschiedenen Fälle hinausgehend, erweitert worden: Kann über die Leistungen innerhalb der in § 14 Abs. 2 SGB IX genannten Fristen nicht entschieden werden, hat der Träger dies dem Berechtigten unter Angabe der Gründe rechtzeitig mitzuteilen. Unterbleibt jedoch die Mitteilung oder liegen keine ausreichenden Gründe für die Verzögerung vor, so können die Leistungsberechtigten dem Rehabilitationsträger eine angemessene Frist setzen und dabei erklären, daß sie sich nach Ablauf der Frist die erforderliche Leistung selbst beschaffen. In diesem Fall muß der zuständige Rehabilitationsträger die Kosten bis zur Höhe der erforderlichen Aufwendungen erstatten.

Die Erstattungspflicht besteht ansonsten jedoch auch bei unaufschiebbaren Leistungen sowie bei unrechtmäßiger Ablehnung der Leistung.[38] Bei den Trägern der Sozialhilfe, der Jugendhilfe und der Kriegsopferfürsorge ist die Möglichkeit der Selbstbeschaffung jedoch ausgeschlossen.

Bei der **Ausführung von Leistungen zur Teilhabe** kann der Rehabilitationsträger zwischen verschiedenen Formen der Leistungsausführung nach pflichtgemäßem Ermessen wählen: Er kann die Leistung allein oder gemeinsam mit anderen Leistungsträgern, durch andere Leistungsträger, unter Inanspruchnahme von geeigneten Rehabilitationsdiensten und -einrichtungen oder durch ein persönliches Budget ausführen (§ 17 Abs. 1 SGB IX). Insbesondere die Inanspruchnahme geeigneter Rehabilitationsdienste und -einrichtungen erfolgt nach den Grundsätzen der §§ 19 – 21 sowie 35, 39 SGB IX. Hierbei kann es sich auch um eigene Einrichtungen der Rehabilitationsträger handeln (§ 21 Abs. 4 SGB IX). Bei der Entscheidung über die in § 17 Abs. 1 aufgeführten Ausführungsarten muß der Rehabilitationsträger dem individuellen Rehabilitationsbedarf entsprechend flexibel reagieren können. Dies

---

36 Das Wunschrecht gem. § 9 Abs. 2 SGB IX ist hier jedoch unanwendbar. Es bezieht sich auf die Umwandlung von Sachleistungen in Geldleistungen. In § 17 Abs. 1 Nr. 4 handelt es sich jedoch von vornherein um Geldleistungen. Diesbezüglich gilt das allgemeine Wunschrecht in § 9 Abs. 1 i. V. m. § 17 Abs. 1 SGB IX.

37 BSGE 57, 157 sowie 58, 263: Das Ermessen des Rehabilitationsträgers bei Art und Umfang der Maßnahme darf nicht vollständig verstellt und die Kostenübernahme im Einzelfall nicht ausgeschlossen sein.

38 Vgl. hierzu näher Schulin, in: ders., Handbuch des Sozialversicherungsrechts, 1994, Bd. 1, § 6, Rn. 133, 138.

bringt das Gesetz dadurch zum Ausdruck, daß der **Wirksamkeit** und **Wirtschaftlichkeit** der Leistungserbringung gegenüber sonstigen Belangen (etwa Wunschrecht des Leistungsempfängers, Kapazitätsauslastung von Einrichtungen) eine besondere Bedeutung eingeräumt wird (§§ 17 Abs. 1, 19 Abs. 2 und Abs. 4 S. 2 SGB IX).

Bei der Bestimmung des **Leistungsorts** können Sachleistungen auch im Ausland erbracht werden, wenn sie dort bei zumindest gleicher Qualität und Wirksamkeit wirtschaftlicher ausgeführt werden können (§ 18 SGB IX). Bei Leistungen zur Teilhabe am Arbeitsleben kommt eine Durchführung im grenznahen Ausland zudem dann in Betracht, wenn dies für die Aufnahme oder Ausübung einer Beschäftigung oder selbständigen Tätigkeit erforderlich ist. Die speziellen Regelungen über den Leistungsort innerhalb der einzelnen Leistungsgesetze sind gem. § 7 SGB IX jedoch vorrangig anzuwenden (§§ 88 SGB III, 16–18 SGB V, 97 SGB VII, 30 Abs. 2 SGB I).

Durch die §§ 13–15 SGB I werden die Sozialleistungsträger allgemein zur **Aufklärung, Auskunft** und **Beratung** verpflichtet. Die Aufklärung erfolgt durch allgemeine Information der Öffentlichkeit (etwa Informationsbroschüren), die Auskunft ist im wesentlichen auf die Benennung des zuständigen Sozialleistungsträgers beschränkt („Wegweiserfunktion"), und die Beratung umfaßt die Information über bestehende Rechte und Pflichten im Einzelfall. Spezielle Beratungspflichten enthalten die §§ 8 BSHG, 17, 18, 28 SGB VIII. Im Rehabilitationsbereich wird die Beratung durch die örtlichen Servicestellen durchgeführt (§ 22 SGB IX)[39].

Die Verpflichtung zur Beratung setzt ein, wenn ein Bürger um Beratung, Information usw. bittet. Ein ausdrücklicher Antrag ist nicht erforderlich.[40] Der Sozialleistungsträger hat den Bürger umfassend über seine Rechtsstellung zu informieren. Wird erkennbar, daß eine günstige Gestaltungsmöglichkeit für den Bürger besteht, muß die Behörde von sich aus darauf hinweisen.[41] Die Beratung kann mündlich oder schriftlich erfolgen. Bei fehlerhafter Beratung besteht die Möglichkeit des Schadensersatzes wegen **Amtspflichtverletzung** nach § 839 BGB. Voraussetzung ist jedoch ein Verschulden des beratenden Amtsinhabers.[42] Im Rahmen ihrer Zuständigkeit haben die Sozialgerichte zudem einen sog. **Herstellungsanspruch** bei Beratungsfehlern entwickelt. Auf Verschulden kommt es hierbei nicht an. Ausreichend ist die objektive Pflichtverletzung der Behörde durch Handeln oder Unterlassen als wesentliche Bedingung für den eingetretenen Schaden.[43] Die Verwaltungsgerichte haben die Übernahme dieses Rechtsinstituts bislang jedoch überwiegend abgelehnt.[44]

---

39 Vgl. bereits hierzu I. II. 9.
40 BSGE 46, 1745.
41 BGE 50, 12 und 88.
42 OLG Düsseldorf, NZA-RR, 1997, 33.
43 BSG, ZfSH/SGB 1985, 220; BSGE 56, 61 sowie 34, 124.
44 Vgl. jetzt aber BVerwG, NJW 1997, 2966.

IV. Die berufliche Rehabilitation im Besonderen

1. SGB IX

Die in § 33–43 SGB IX aufgeführten Leistungen zur Teilhabe am Arbeitsleben ordnen, ergänzen und konkretisieren die grundsätzlich vorrangigen (§ 7 SGB IX) Leistungen der beruflichen Rehabilitation innerhalb der einzelnen Spezialgesetze. Sie werden erbracht, um die Erwerbsfähigkeit behinderter oder von Behinderung bedrohter Menschen zu erhalten, zu verbessern, herzustellen oder wiederherzustellen und ihre Teilhabe am Arbeitsleben möglichst auf Dauer zu sichern (§ 33 Abs. 1 SGB IX). Größtenteils wird in den Spezialgesetzen ausdrücklich auf die Leistungen des SGB IX Bezug genommen (§§ 16 SGB VI, 43, 43 a SGB V, 35 SGB VII, 40 BSHG). Die **„Voraussetzungen"** für die Leistung ergeben sich im übrigen ebenfalls aus den einzelnen Leistungsgesetzen (§ 7 S. 2 SGB IX). Aus sich heraus haben die Leistungen des SGB IX regelmäßig keine Bedeutung.

– Beispiel: X. stellt die Frage, ob er auf die in § 33 Abs. 6 Nr. 8 SGB IX aufgeführte Beteiligung von Integrationsfachdiensten einen Rechtsanspruch besitzt. Gemäß § 7 SGB IX richten sich Zuständigkeit und die Voraussetzungen für Leistungen zur Teilhabe nach den für den jeweiligen Rehabilitationsträger geltenden Leistungsgesetzen. X. erfüllt die persönlichen und versicherungsrechtlichen Voraussetzungen der §§ 10, 11 SGB VI. Deshalb ist die Rentenversicherung der für ihn zuständige Rehabilitationsträger. Hinsichtlich der eigentlichen Leistungen zur Teilhabe am Arbeitsleben verweist § 16 SGB VI auf die §§ 33–38 SGB IX. Damit ist aber noch nicht die Frage beantwortet, welche der im SGB IX aufgeführten Leistungen in Betracht kommen, insbesondere ob eine Beteiligung von Integrationsfachdiensten möglich ist. Auch hierüber wird im SGB VI und nicht im SGB IX entschieden: Gemäß § 13 Abs. 1 SGB VI bestimmt die Rentenversicherung u. a. die „Art" der Leistung nach pflichtgemäßem Ermessen. X. besitzt deshalb keinen Rechtsanspruch auf eine ganz bestimmte Leistung, sondern hat nur einen Anspruch darauf, daß die Rentenversicherung ihr Ermessen fehlerfrei ausübt. Unter Abwägung aller relevanten Umstände (insb. Einzelfallwürdigung, Wirtschaftlichkeit, Arbeitsmarkt, Neigung und Eignung, §§ 13 SGB VI i. V. m. 33 Abs. 4 SGB IX) „kann" das zu dem Ergebnis führen, daß die begehrte Leistung bewilligt wird. Das „muß" aber nicht der Fall sein.

Die Vorschrift des § 33 SGB IX ist **gegliedert** in die allgemeine Zielbestimmung des Abs. 1, das Frauenförderziel des Abs. 2, die Kernleistungen des Abs. 3, denen wiederum besondere Leistungen des Abs. 8 zugeordnet sind, in die Auswahlkriterien des Abs. 4, die psychosozialen Hilfen des Abs. 6 sowie in die Sonderleistungen des Abs. 7. Daneben gewährt das Gesetz Leistungen an Arbeitgeber (§ 34), enthält besondere Bestimmungen über Einrichtungen der beruflichen Rehabilitation bzw. Behindertenwerkstätten (§§ 35–43, 136) sowie schließlich einen Katalog unterhaltssichernder und anderer ergänzender Leistungen (§ 44–54).

Ein wichtiges Ziel des Gesetzes ist die Herstellung von **Chancengleichheit für Frauen**, insbesondere durch Gewährung wohnortnaher und auch in Teilzeit nutzbarer Angebote (§ 33 Abs. 2 SGB IX). Diesem Zweck dienen vor allem die Haushalts- oder Betriebshilfen sowie die Möglichkeit der Übernahme von Kinderbetreuungskosten gem. § 54 SGB IX. Einen Anspruch auf Schaffung wohnortnaher Angebote für Frauen enthält die Vorschrift jedoch nicht. Gleichwohl handelt es sich um einen objektiven Handlungsauftrag der Rehabilitationsträger. Schwere Versäumnisse wären also durch Rechtsaufsicht zu korrigieren.

Als **Kernleistungen** zur Teilhabe am Arbeitsleben sieht das Gesetz vor:

- Hilfen zur Erhaltung oder Erlangung eines Arbeitsplatzes,
- Berufsvorbereitung,
- berufliche Anpassung und Weiterbildung,
- berufliche Ausbildung,
- Überbrückungsgeld,
- sonstige Hilfen zur Förderung der Teilhabe am Arbeitsleben (§ 33 Abs. 3 SGB IX).

Bei der **Auswahl** der geeigneten Leistungen sind Eignung, Neigung und bisherige Tätigkeit des Leistungsempfängers angemessen zu berücksichtigen (§ 33 Abs. 4 SGB IX). Hierbei ist eine gezielte Abklärung der Eignung vorzunehmen und ggf. eine Arbeitserprobung durchzuführen. Die Angemessenheit der Berücksichtigung von Eignung, Neigung und bisheriger Tätigkeit deutet in Ansehung sonstiger Gesetzesziele (etwa §§ 3, 8, 9, 10, 11 SGB IX) jedoch auf ein Ausgleichserfordernis hin, so daß allein aus dem Vorliegen der Maßnahmeeignung nicht auf die zu bewilligende Leistung geschlossen werden kann. Auch entgegenstehende Erwägungen wirtschaftlicher, kapazitärer oder planerischer Art sind in den vorzunehmenden Ausgleich einzubeziehen, insofern das spezielle Leistungsgesetz diesbezügliche Regelungen enthält.

Die **Eignung** einer Maßnahme ist dann gegeben, wenn es wahrscheinlich ist, daß der Teilnehmer das Maßnahmeziel erreichen wird und dieser unter Berücksichtigung seiner Behinderung voraussichtlich in der Lage sein wird, den Anforderungen gerecht zu werden, die die spätere Tätigkeit an ihn stellt.[45]

Mit der Berücksichtigung der **Neigung** des Betreffenden bringt das Gesetz zum Ausdruck, daß mit einem Eingliederungserfolg ohne ausreichende Motivation auf Betroffenenseite kaum gerechnet werden kann. Geht es um die Ausbildung zu einem bestimmten Beruf, so ist zudem der Wertgehalt des Grundrechts der Berufsfreiheit (Art. 12 GG) in Rechnung zu stellen.[46] Deshab sind auch hochqualifizierte

---

45 BSG vom 03. 11. 76, in: Kleinere Schriften des Deutschen Vereins für öffentliche und private Fürsorge, Rechtsprechung des Bundessozialgerichts und des Bundesverwaltungsgerichts zur Rehabilitation, 1981, 40.

46 „Reichten die Mittel der BA nicht aus, wäre gemessen an Art. 12 GG eine niedrigere oder z. T. nur darlehensweise gewährte Förderung sachgerecht, nicht aber der vollständige Ausschluß eines erheblichen Teils der Ausbildungsberufe, zumal auch das Ziel der beruflichen Rehabilitation,

Aus- und Weiterbildungen sowie der berufliche Aufstieg grundsätzlich förderungsfähig. Allein aus der Neigung des Betreffenden lassen sich derartige Maßnahmen jedoch nicht begründen.[47]

Die Berücksichtigung der **bisherigen Tätigkeit** ist unter motivationalen Aspekten ebenfalls von größter Bedeutung. Auch in Zeiten dynamischer Berufsbildentwicklungen und gebrochener Erwerbsbiographien ist der erlernte Beruf und die ausgeübte Tätigkeit „die" Konstitutionsbedingung individueller Identitätsbildung im sozialen Raum.[48] Der ausgeprägte „personale Bezug" des Berufs aktiviert den Schutz des Berufsfreiheitsrechts als einer bei allen staatlichen Entscheidungen zu berücksichtigenden Wertentscheidung der Verfassung, durch die der bisher ausgeübte Beruf ein besonderes Gewicht bei der zu treffenden Auswahlentscheidung erlangt.[49]

Bei der Auswahl der Leistungen kommt es aber auch auf die **Lage und Entwicklung auf dem Arbeitsmarkt** an (§ 33 Abs. 4 SGB IX). Insofern müssen innerhalb angemessener Zeit nach Abschluß der Maßnahme dem Maßnahmeziel entsprechende Beschäftigungsmöglichkeiten in Aussicht stehen. Dabei wird sich die Beurteilung regelmäßig auf den überregionalen Arbeitsmarkt richten müssen.[50] Bei der Beurteilung der arbeitsmarktlichen Zweckmäßigkeit steht dem zuständigen Rehabilitationsträger ein gerichtlich nur beschränkt kontrollierbarer Beurteilungsspielraum zu.[51] Beurteilungsgrundlage ist die von der Bundesanstalt für Arbeit vorzubereitende gutachterliche Stellungnahme gem. § 38 SGB IX.

Im einzelnen beinhalten die in § 33 Abs. 3 SGB IX aufgeführten Kernleistungen folgende Hilfen:

Als **Hilfen zur Erhaltung oder Erlangung eines Arbeitsplatzes** kommen in Betracht

- **Arbeitsausrüstung, Hilfsmittel und technische Arbeitshilfen** (§ 33 Abs. 8 Nr. 5 SGB IX): Es handelt sich um arbeitsplatzsbezogene Leistungen, die häufig von schwerbehinderten Menschen in Beschäftigung in Anspruch genommen werden. Hierbei geht es vor allem um die Übernahme von Kosten für die Arbeitsausrüstung, für nichtorthopädische Hilfsmittel und technische Arbeitshilfen, insofern die Kosten nicht vom Arbeitgeber übernommen werden müssen (§ 81 Abs. 4 SGB IX).
- **Kraftfahrzeughilfe** (§ 33 Abs. 8 Nr. 1 SGB IX): Sie wird auf Grundlage der Kraftfahrzeughilfe-Verordnung (KfzHV) erbracht. Die Leistungen umfassen die Hilfe zur Beschaffung eines Kraftfahrzeugs, die Gewährung einer behinderungs-

---

nämlich die dauerhafte Eingliederung der Behinderten in das Erwerbsleben, nur über einen frei gewählten Beruf gewährleistet wird": BSG, SozR 3 – 4100 § 56 AFG, Nr. 1, 8 f.

47 BSGE 49, 263 sowie 69, 130.

48 Luthe, SGb 2001, 345, 349.

49 Zum Zeitraum der Berücksichtigung bisheriger Tätigkeiten: BSGE 49, 265.

50 BSG v. 18. 09. 97 – 11 RAr 85/96 – unveröffentlicht; BSG, NzA 1991, 323–324.

51 BSG, NZS 1997, 381 ff.

bedingten Zusatzausstattung sowie Leistungen zur Erlangung eines Führerscheins. Voraussetzung ist jedoch, daß der Betreffende nicht nur vorübergehend auf die Benutzung eines Autos angewiesen ist, um seinen Arbeitsplatz oder Ausbildungsort zu erreichen, was körperliche Beeinträchtigungen von einiger Dauer (mindestens 6 Monate) sowie Schwierigkeiten anderweitiger Beförderung voraussetzt. Insbesondere die Hilfe zur Beschaffung eines Kraftfahrzeugs ist einkommensabhängig; zumeist wird sie nur als Zuschuß geleistet.[52] Für eine behinderungsbedingte Zusatzausstattung[53] gelten jedoch keine Einkommensgrenzen (§ 7 KfzHV). Wiederum einkommensabhängig sind die Hilfen zur Erlangung des Führerscheins (§ 8 KfzHV).

- **Wohnungskosten** (§ 33 Abs. 8 Nr. 6): Zielen ab auf die Ermöglichung eines behinderungsgerechten Wohnens.
- **Arbeitsassistenz** (§ 33 Abs. 8 Nr. 3 SGB IX): Ist eine Hilfe zur Erlangung eines Arbeitsplatzes für schwerbehinderte Menschen. Ausführende Instanz ist das Integrationsamt (§§ 33 Abs. 8, 102 SGB IX). Die Leistung wird jedoch auch außerhalb rehabilitativer Maßnahmen gewährt (§ 102 Abs. 4 SGB IX). Arbeitsassistenten unterstützen den schwerbehinderten Menschen im Arbeitsleben, insbesondere auch am Arbeitsplatz.
- **Ausgleich von Verdienstausfall** (§ 33 Abs. 8 Nr. 2 SGB IX): Ausgeglichen wird der unvermeidbare Verdienstausfall des behinderten Menschen oder einer erforderlichen Begleitperson wegen Fahrten der An- und Abreise zu bzw. von einer Eingliederungsmaßnahme.

Leistungen zur Berufsvorbereitung (§ 33 Abs. 3 Nr. 2 SGB IX) umfassen auch die erforderliche Grundausbildung. Hierbei geht es im wesentlichen um die Vorbereitung beruflicher Aus- oder Weiterbildungsmaßnahmen, d.h. um die Herstellung der Ausbildungs- bzw. Weiterbildungseignung des Betroffenen (Sprachlehrgänge, Förderung des Allgemeinwissens, Ausgleich schulischer Defizite).

Die **berufliche Anpassung und Weiterbildung** (§ 33 Abs. 3 Nr. 3 SGB IX) will durch berufliche Qualifizierung zu dauerhafter Teilhabe am Arbeitsleben befähigen. Gefördert wird auch der schulische Abschluß, soweit dieser für Maßnahmen beruflicher Anpassung und Weiterbildung erforderlich ist. Die berufliche Anpassung dient der Beseitigung allgemeiner Qualifikationsdefizite (Anpassung an den neuesten Entwicklungsstand, Schließen von Wissenslücken, Umstellung auf andere Tätigkeitsschwerpunkte des erlernten Berufs).[54] Die berufliche Weiterbildung

52 Maximale Kostenübernahme bei geringem Verdienst: 9500,– € (§ 5 KfzHV). Berechnungsgrundlage sind das Nettoarbeitsentgelt, das Nettoarbeitseinkommen sowie vergleichbare Lohnersatzleistungen.

53 Automatisches Getriebe, Servolenkung, Bremskraftverstärker, Spezialsitz, Ein- und Ausstiegshilfe.

54 Auch bei Arbeitslosigkeit nach durchgeführter Weiterbildung kommt eine Anpassungsmaßnahme in Betracht; insofern ist Weiterbildungsmaßnahme und berufliche Anpassung als einheitliche Leistung zur Teilhabe zu verstehen: BSG, ZfS 1994, 307.

umfaßt Fortbildung und Umschulung. Insofern gelten die Vorschriften des Berufsbildungsgesetzes (§§ 46, 47 BBiG). Jedoch ermöglicht das Berufsbildungsgesetz Abweichungen von seinen Vorschriften, um die Eingliederung behinderter Menschen zu erleichtern. So können Behinderte, soweit es Art und Schwere der Behinderung erfordern, auch außerhalb anerkannter Ausbildungsberufe und abweichend von Ausbildungs- und Weiterbildungsordnungen ausgebildet werden (§§ 49, 48 BBiG).[55]

Die **berufliche Ausbildung** (§ 33 Abs. 3 Nr. 4 SGB IX) ist stets als Erstausbildung zu verstehen. Sie kann z. T. auch schulisch durchgeführt werden, wenn der schulische Abschnitt zeitlich nicht überwiegt. Auch hier gelten die Vorschriften des Berufsbildungsgesetzes. Soweit Art und Schwere der Behinderung es erfordern, können auch Jugendliche ausnahmsweise außerhalb anerkannter Ausbildungsberufe ausgebildet werden, selbst wenn eine Ausbildungsordnung besteht (§§ 48, 49 BBIG). Eine Ausnahmeerteilung kommt jedoch nur bei behinderungsbedingten Ausbildungsdefiziten in Betracht. Ansonsten unterliegen auch behinderte Menschen in vollem Umfang den Regelungen des Berufsbildungsgesetzes und der Handwerksordnung.

Ausbildungen und Weiterbildungen werden in **Berufsförderungswerken, Berufsbildungswerken** und **anderen Ausbildungsstätten** sowie in **Betrieben** durchgeführt. Insbesondere Berufsförderungswerke und Berufsbildungswerke gelten als „sonstige Berufsbildungseinrichtungen" außerhalb der schulischen und betrieblichen Berufsbildung (§ 1 Abs. 5 BBiG). Die Leistungen werden für die Zeit erbracht, die vorgeschrieben oder allgemein üblich ist, um das angestrebte Teilhabeziel zu erreichen (§ 37 Abs. 1 SGB IX). Es gelten damit die Ausbildungszeitregelungen des Berufsbildungsgesetzes und der Handwerksordnung. Bei der beruflichen Weiterbildung sollen die Leistungen bei ganztägigem Unterricht jedoch nicht länger als zwei Jahre in Anspruch genommen werden, es sei denn, die Leistungsziele lassen sich nur bei längerer Dauer erreichen (§ 37 Abs. 2 SGB IX).

Arbeitnehmer, die durch Aufnahme einer selbständigen Tätigkeit die Arbeitslosigkeit beenden oder vermeiden, erhalten ein **Überbrückungsgeld** unter entsprechender Anwendung des § 57 SGB III (§ 33 Abs. 3 Nr. 5 SGB IX). Dies gilt jedoch nicht bei Zuständigkeit des Sozialhilfe- oder Jugendhilfeträgers. Das Überbrückungsgeld dient der Unterhaltssicherung für die Zeit nach der Existenzgründung. Es wird für die Dauer von 6 Monaten geleistet (§ 57 Abs. 3 SGB III) und handelt sich um eine Ermessensleistung. Für die Höhe der Leistung ist das vorher bezogene Arbeitslosengeld bzw. die vorher bezogene Arbeitslosenhilfe maßgeblich sowie die darauf entfallenden pauschalierten Sozialversicherungsbeiträge (§ 57 Abs. 4 SGB III).

§ 33 Abs. 3 Nr. 6 SGB IX gewährt im übrigen **„sonstige Hilfen zur Förderung der Teilhabe am Arbeitsleben"**. Diesbezüglich dürfte bereits vieles in den Leistungen

55 Zum Berufsbildungsgesetz vgl. G.

nach Nr. 1 enthalten sein. Ebenso wie das Wort „insbesondere" am Anfang des Absatzes 3 deuten die sonstigen Hilfen darauf hin, daß der Leistungskatalog keine abschließende Aufzählung enthält, sondern gerade für unvorhersehbare Bedarfskonstellationen offen ist.

Zur Optimierung der Teilhabe am Arbeitsleben werden begleitende **medizinische, psychologische und pädagogische Hilfen** gewährt (§ 33 Abs. 6 SGB IX). Hierbei handelt es sich im wesentlichen um sozialintegrative Maßnahmen zur Förderung der Erwerbsfähigkeit (Krankheits- und Behinderungsverarbeitung, Aktivierung von Selbsthilfepotentialen, Information von Kollegen und Angehörigen, Ermittlung institutioneller Kontakte, psychische und soziale Unterstützung, Training lebenspraktischer Fähigkeiten, Anleitung und Motivation, Beteiligung von Integrationsfachdiensten).

Zu den Leistungen gehört auch die Übernahme von **Unterkunfts- und Verpflegungskosten** sowie von weiteren **Nebenkosten** (Lehrgangskosten, Prüfungsgebühren, Lernmittel, Arbeitskleidung, Arbeitsgerät, § 33 Abs. 7 SGB IX).

Im Rahmen des **Schwerbehindertenrechts** (§§ 68 ff. SGB IX) statuiert das Gesetz schließlich besondere Rechte des schwerbehinderten Menschen gegenüber dem Arbeitgeber. Dieser hat den Behinderten bei innerbetrieblichen Maßnahmen der **beruflichen Bildung** bevorzugt zu berücksichtigen und diesem die Teilnahme an außerbetrieblichen Maßnahmen der beruflichen Bildung zu erleichtern (§ 81 Abs. 4 Nr. 2 und 3 SGB IX). Im Rahmen seiner Zuständigkeit für die begleitende Hilfe im Arbeitsleben können entsprechende Aufklärungs-, Schulungs- und Bildungsmaßnahmen auch vom Integrationsamt erbracht werden (§ 102 Nr. 3 S. 2 SGB IX).

Mit den in § 34 SGB IX vorgesehenen **Leistungen an Arbeitgeber** (Ausbildungszuschüsse, Eingliederungszuschüsse, Zuschüsse für Arbeitshilfen im Betrieb, Kostenerstattung für befristete Probebeschäftigung) begründet das Gesetz einen weiteren eigenständigen Leistungstyp. Es handelt sich durchweg um Ermessensleistungen, – sowohl bei der Frage des „Ob" als auch der Frage des „Wie" der Leistung.[56]

Ausbildungszuschüsse dienen primär der Abgeltung des sog. sozialen Kostenfaktors. Hierbei handelt es sich um Mehrkosten bei der Arbeitsunterweisung behinderter Menschen.

Eingliederungszuschüsse (§ 34 Abs. 3 SGB IX) fungieren als Anreiz zur Einstellung behinderter oder von Behinderung bedrohter Menschen. Sie betragen höchstens 50 % der regelmäßig gezahlten Entgelte und sollen im Regelfall für nicht mehr als ein Jahr geleistet werden. Im Ausnahmefall kommt jedoch auch eine Förderung in Höhe von 70 % in Betracht mit einer Förderungshöchstdauer von 2 Jahren. Zur Absicherung des Beschäftigungsverhältnisses hat der Gesetzgeber eine Rückzahlungsverpflichtung des Arbeitgebers vorgesehen, wenn das Arbeitsverhältnis

56 Vorrang genießen bei Zuständigkeit des Arbeitsamts jedoch die Arbeitgeberleistungen des SGB III.

innerhalb der Förderungsdauer beendet wird.[57] Die Verpflichtung zur Rückzahlung des Eingliederungszuschusses entfällt im Falle der Kündigung durch den leistungsberechtigten Arbeitnehmer, bei Erreichen des Mindestalters für den Bezug der gesetzlichen Altersrente sowie bei Kündigung des Arbeitgebers aus wichtigem Grund.[58]

Bei den **Zuschüssen für Arbeitshilfen im Betrieb** geht es im wesentlichen um die behinderungsgerechte Ausstattung des Arbeits- oder Ausbildungsplatzes (etwa Auffahrrampen, Treppenlifte oder behinderungsgerechte sanitäre Einrichtungen). Hierbei handelt es sich um Einzelfallmaßnahmen, die von den allgemeinen Verpflichtungen des Arbeitgebers zur Ermöglichung der Beschäftigung behinderter Menschen zu unterscheiden sind (§ 81 Abs. 4 SGB IX).

Die teilweise oder volle **Kostenerstattung für eine befristete Probebeschäftigung** wird regelmäßig nur dann in Betracht kommen, wenn ein Dauerarbeitsplatz in Aussicht steht.[59] Denn das Gesetz will die Teilhabe am Arbeitsleben möglichst auf Dauer sichern (§ 33 Abs. 1 SGB IX). Erstattungsfähig sind Lohn- und Gehaltskosten sowie der Arbeitgeberanteil zur Sozialversicherung. Nach bisherigen Erfahrungen beschränkt sich die Förderungsdauer zumeist auf 3 Monate.[60] Im Rahmen einer einzelfallgerechten Ermessensausübung wird man den Förderungszeitraum jedoch an den Erfordernissen einer von der jeweiligen Behinderung abhängigen Eignungsfeststellung auszurichten haben.

Ergänzend zu den Leistungen zur medizinischen Rehabilitation und zur Teilhabe am Arbeitsleben erhalten die Leistungsberechtigten **unterhaltssichernde und sonstige Leistungen** (§ 44 SGB IX). Sie werden nur in Verbindung mit der eigentlichen Rehabilitationsmaßnahme gewährt. Die Träger der Sozial- und Jugendhilfe sind von der Leistungsverpflichtung jedoch ausgenommen.

Bei der **medizinischen Rehabilitation** gewährt die Krankenkasse Krankengeld, die Unfallversicherung Verletztengeld, die Rentenversicherung Übergangsgeld und der Träger der Kriegsopferversorgung Versorgungskrankengeld (§ 45 Abs. 1 SGB IX).

Im Zusammenhang mit Leistungen zur **Teilhabe am Arbeitsleben wird Übergangsgeld** gewährt (§ 45 Abs. 2 SGB IX).[61] Der Anspruch besteht auch für die Dauer der Abklärung der beruflichen Eignung oder Arbeitserprobung (§ 45 Abs. 3 SGB IX) und ist unabhängig davon gegeben, ob die Leistung stationär oder ambulant erbracht wird.[62] Letzteres war nicht immer so. Daß Übergangsgeld auch bei

---

57 Das Kündigungsverbot besteht maximal für ein Jahr nach Beendigung der Leistung. Die Rückzahlung ist auf die Hälfte des Förderungsbetrages begrenzt, darf aber insgesamt den im letzten Jahr vor der Beendigung des Beschäftigungsverhältnisses gewährten Förderungsbetrag nicht überschreiten (§ 34 Abs. 3 S. 6 SGB IX).

58 Die Kündigung aus wichtigem Grund kommt in Betracht aus Gründen, die in der Person oder dem Verhalten des Arbeitnehmers liegen oder aus dringenden betrieblichen Erfordernissen.

59 Löschau/Marschner, Das neue Rehabilitations- und Schwerbehindertenrecht 2001, Rn. 285.

60 Ebenda, Rn. 288.

61 Wegen der fehlenden Zuständigkeit für die berufliche Rehabilitation ist die Krankenversicherung jedoch von der Gewährung von Übergangsgeld ausgeschlossen.

62 Hauck, in: ders., Kommentar zum Sozialgesetzbuch (SGB VI), § 20, Rn. 5 f.

ambulant erbrachten Leistungen gewährt wird, ist die Konsequenz der nunmehr erfolgten Gleichstellung ambulanter und stationärer Erbringungsformen in § 19 Abs. 2 SGB IX. Entsprechend wurde das Entgeltfortzahlungsgesetz dahingehend geändert, daß auch bei ambulanten Leistungen insbesondere der medizinischen Rehabilitation nunmehr eine Entgeltfortzahlung durch den Arbeitgeber stattfindet (§ 9 EFZG). Bei den Leistungen zur Erhaltung oder Erlangung eines Arbeitsplatzes gem. § 33 Abs. 3 Nr. 1 SGb IX wird ein Anspruch auf Übergangsgeld jedoch allgemein abgelehnt.[63] Denn hierbei handelt es sich zumeist nicht um Leistungen von längerer Dauer, die ihrerseits in besonderem Maße eine ausreichende Lohnersatzleistung erfordern. Der Gesetzeswortlaut gibt diese Einschränkung freilich nicht her.

Bei der erstmaligen beruflichen Ausbildung, bei berufsvorbereitenden Bildungsmaßnahmen sowie im Eingangsverfahren im Berufsbildungsbereich von Werkstätten für behinderte Menschen besteht zudem ein Anspruch auf **Ausbildungsgeld** (§ 45 Abs. 5 SGB IX).[64]

Bei der **Berechnung des Übergangsgeldes** wird zunächst das sog. Regelentgelt ermittelt. Dieses beträgt 80 % des Arbeitsentgelts, soweit es der Beitragsberechnung unterliegt (§ 46 Abs. 1 SGB IX). Eine Konkretisierung der Beitragsberechnung wird durch § 47 SGB IX vorgenommen, insbesondere durch Bestimmung des maßgeblichen Entgeltabrechnungszeitraums. Höchstgrenze des Regelentgelts ist jedoch das Nettoarbeitsentgelt (§ 46 Abs. 2 SGB IX). Leistungsempfänger mit mindestens einem Kind oder pflegenden bzw. pflegebedürftigen Angehörigen erhalten 75 % des Regelentgelts. Die übrigen Leistungsempfänger erhalten 68 % des Regelentgelts als ausgezahltes Übergangsgeld.[65] Im Falle einer Freistellung mit entsprechenden Wertguthaben, bei Teilarbeitslosigkeit, nach dem Empfang von Kurzarbeitergeld und Winterausfallgeld sowie für im Inland nicht einkommensteuerpflichtige Leistungsempfänger gelten hinsichtlich der Entgeltberechnung Besonderheiten (§ 47 Abs. 2–5 SGB IX). Weitere Berechnungsbesonderheiten gelten schließlich für Fälle beruflicher Rehabilitation unter den Voraussetzungen des § 48 SGB IX. Bestimmte Einkünfte werden jedoch auf das Übergangsgeld angerechnet (§ 52 SGB IX).[66] Hierbei handelt es sich um Erwerbseinkommen aus Beschäftigung und selbständiger Tätigkeit, um Arbeitgeberleistungen, um Geldleistungen von einer öffentlich-rechtlichen Stelle im Zusammenhang mit Leistungen zur Teilhabe, um Renten wegen verminderter Erwerbsfähigkeit und Verletztenrenten, um Altersrenten sowie um Verletztengeld.

---

63 Ebenda.

64 Dieses wird von der Bundesanstalt für Arbeit nach Maßgabe der §§ 104–108 SGB III geleistet. Der Träger der Kriegsopferfürsorge gewährt in diesen Fällen Unterhaltsbeihilfe nach den §§ 26–26 a des Bundesversorgungsgesetzes (§ 45 Abs. 5 SGB IX).

65 Leistungsbezieher der Kriegsopferfürsorge erhalten dagegen 70 % bzw. 80 % des Regelentgelts als Übergangsgeld (§ 46 Abs. 1 Nr. 2 SGB IX).

66 Betroffen sind die Übergangsgelder aus der Arbeitslosenversicherung, Rentenversicherung, Alterssicherung der Landwirte sowie Kriegsopferversorgung/Kriegsopferfürsorge.

Neben den unterhaltssichernden Leistungen sind noch **weitere ergänzende Leistungen** zur Teilhabe möglich (§ 44 Abs. 1 Nr. 2–6, Abs. 2 SGB IX). Die Träger der Jugend- und Sozialhilfe sind hiervon jedoch ausgeschlossen.

So werden die eigentlichen Rehabilitationsleistungen ergänzt durch **Beiträge und Beitragszuschüsse** zur Krankenversicherung, Unfallversicherung, Rentenversicherung, Arbeitslosenversicherung und Pflegeversicherung. Das Gesetz hinterläßt an dieser Stelle jedoch eine Regelungslücke. Unklar ist, ob die Leistungen in jedem Fall zu erbringen sind, unter welchen Voraussetzungen die Beiträge voll oder nur als Zuschuß übernommen werden und wie hoch ein etwaiger Zuschuß sein muß. Aus der Tatsache, daß die Beitragsübernahme dem gleichen Forderungskatalog entstammt wie die Anspruchsleistung des Übergangsgeldes, kann jedoch nicht auf eine identische Rechtsqualität der Beitragsübernahme geschlossen werden. Dafür sind die Anspruchsvoraussetzungen zu unbestimmt. Im übrigen können im Einzelfall auch Beiträge zu einem privaten Krankenversicherungsunternehmen gezahlt werden (§ 44 Abs. 2 SGB IX).

Zu den ergänzenden Leistungen zählt auch die Kostenübernahme für Rehabilitationssport und Funktionstraining. Beide Leistungen bedürfen der ärztlichen Verordnung.

Zu den erstattungsfähigen **Reisekosten** gem. § 53 IX zählen die erforderlichen Fahr-, Verpflegungs- und Übernachtungskosten sowie schließlich die Kosten für besondere Beförderungsmittel (etwa Gepäcktransportkosten). Falls erforderlich werden auch die Kosten für eine Begleitperson übernommen, einschließlich des der Begleitperson entstandenen Verdienstausfalls. Falls die Betreuung von Kindern nicht sichergestellt ist, werden auch diese im Rahmen der Reisekosten mitfinanziert. Zu den Reisekosten gehören auch Familienheimfahrten (in der Regel 2 Familienheimfahrten je Monat) sowie die Kosten für Besuchsfahrten von Angehörigen (§ 53 Abs. 2 SGB IX). Die Ermittlung der Höhe der erstattungsfähigen Reisekosten erfolgt in der Praxis zumeist in analoger Anwendung des Bundesreisekostengesetzes.

Schließlich erhält der Leistungsempfänger **Haushalts- oder Betriebshilfe** sowie die Übernahme von **Kinderbetreuungskosten** (§ 54 SGB IX). Bei der Haushaltshilfe ist Voraussetzung, daß die Weiterführung des Haushalts – auch durch andere im Haushalt lebende Personen – durch die Teilnahme an der Rehabilitationsmaßnahme nicht möglich ist und daß das im Haushalt lebende Kind das zwölfte Lebensjahr noch nicht vollendet hat oder dieses behindert ist. Der Rehabilitationsträger stellt die erforderliche Haushaltshilfe entweder selbst zur Verfügung oder erstattet die hierfür erforderlichen Kosten (Bezugnahme auf § 38 Abs. 4 SGB V).[67] Anstelle einer Haushaltshilfe werden jedoch auch die Kosten für die Mitnahme eines Kindes zur Rehabilitationsstätte oder für seine anderweitige Unterbringung übernommen

67 In der Praxis der Rehabilitationsträger wird zumeist ein täglicher Höchstbetrag von 2,5 % der monatlichen Bezugsgröße (§ 18 SGB IV) übernommen. Bei Ersatzkräften von öffentlichen oder caritativen Einrichtungen gelten die nach § 132 Abs. 1 SGB V vereinbarten Kostensätze: Löschau/Marschner, Das neue Rehabilitations- und Schwerbehindertenrecht 2001, Rn. 353 f.

(§ 54 Abs. 2 SGB IX). Auch „unvermeidbare" Kinderbetreuungskosten werden finanziert (2001: 65,– € bzw. 105,– €, § 54 Abs. 3 SGB IX). Selbständige Landwirte erhalten von den landwirtschaftlichen Alterskassen und den landwirtschaftlichen Krankenkassen Betriebs- und Haushaltshilfen nach den einschlägigen Versorgungsgesetzen der Landwirte (§ 54 Abs. 4 SGB IX).

2. SGB VI

Das Rentenversicherungsrecht **verweist** in § 16 SGB VI hinsichtlich der Leistungen zur Teilhabe am Arbeitsleben auf die §§ 33–38 SGB IX. Gem. § 7 SGB IX bleibt es jedoch beim Vorrang abweichender Regelungen der Spezialgesetze. Deshalb sind zunächst die allgemeinen Voraussetzungen der rentenrechtlichen Rehabilitation der §§ 9–13 SGB VI zu prüfen, insbesondere die persönlichen und versicherungsrechtlichen Voraussetzungen. Zudem weicht das SGB VI beim Übergangsgeld (§ 20, 21), bei den sonstigen Leistungen (§ 31) sowie mit einer gesonderten Regelung zur Zuzahlung bei Leistungen zur medizinischen Rehabilitation und bei sonstigen Leistungen (§ 32) von den Bestimmungen des SGB IX streckenweise ab und genießt in dieser Hinsicht Vorrang.

§ 9 SGB VI verdeutlicht **Aufgabe und Ziel** der rentenrechtlichen Leistungen zur Teilhabe. Danach soll mit den Leistungen den Auswirkungen von Krankheiten oder Behinderungen möglichst weitgehend entgegengewirkt werden, um Beeinträchtigungen der Erwerbsfähigkeit der Versicherten oder ihr vorzeitiges Ausscheiden aus dem Erwerbsleben zu verhindern oder sie dadurch dauerhaft in das Erwerbsleben wieder einzugliedern. Es handelt sich hierbei jedoch nur um eine allgemeine Aufgabenbeschreibung, nicht um Anspruchsvoraussetzungen.[68] Die Leistungen zur Teilhabe haben Vorrang vor Rentenleistungen (§ 9 Abs. 1 S 2 SGB VI). Diesem wichtigen Grundsatz des Rehabilitationsrechts (Reha vor Rente) entspricht verfahrensmäßig § 8 SGB IX, wonach jeder Rehabilitationsträger vor der Bewilligung von Leistungen, die mit einer Behinderung im Zusammenhang stehen, die Erfolgsaussichten möglicher Rehabilitationsmaßnahmen zu überprüfen hat, um bspw. den Bezug von Renten wegen verminderter Erwerbsfähigkeit oder von Pflegeleistungen abzuwenden.

Nach § 9 Abs. 2 SGB VI „können" Rehabilitationsleistungen erbracht werden, wenn die persönlichen und versicherungsrechtlichen Voraussetzungen vorliegen. Rentenrechtliche Rehabilitationsleistungen sind also wesensmäßig **Ermessensleistungen.** Nach herrschender Meinung ist Ermessen jedoch nur beim „Wie" der Rehabilitation eingeräumt, bezieht sich also nur auf Art, Dauer, Umfang, Beginn, Durchführung und Ort der Leistung (gem. § 13 SGB VI).[69] Man sollte jedoch klar sehen, daß das Ermessen beim „Ob" der Maßnahme nur faktisch eingeschränkt ist: Da es bei der

---

68 Diese ergeben sich aus §§ 10, 11 SGB VI.
69 BSGE 57, 157, 161; 66, 84, 87.

Rehabilitation grundsätzlich um hochrangige Rechtsgüter wie Leben und Gesundheit geht, liegt in den meisten Fällen eine Ermessenschrumpfung vor[70], so daß gegenüber der grundsätzlichen Pflicht zum Handeln zumeist keine weitere Alternative mehr verbleibt. Darüber hinaus wird der Ermessensspielraum des Rehabilitationsträgers auch durch den Grundsatz „Rehabilitation vor Rente" eingeschränkt und führt so zu dem gleichen Ergebnis.

Stets müssen jedoch die **persönlichen Voraussetzungen** der Rehabilitation erfüllt sein (§ 10 SGB VI). Danach reicht für Reha-Leistungen das Vorliegen einer Krankheit oder Behinderung des Versicherten allein nicht aus. Hierfür ist zusätzlich die Beeinträchtigung der Erwerbsfähigkeit erforderlich und die Aussicht, daß diese durch die Maßnahmen verbessert werden kann. Unter Erwerbsfähigkeit ist die Fähigkeit zu verstehen, einen bisherigen Beruf oder eine der jeweiligen Eignung, Neigung und bisherigen Tätigkeit angemessene Erwerbs- oder Berufstätigkeit dauernd auszuüben. Maßnahmen zur Rehabilitation kommen nicht nur dann in Betracht, wenn die Erwerbsfähigkeit bereits gemindert ist, sondern auch, wenn sie erheblich gefährdet ist (§ 10 Abs. 1 Nr. 1 SGB VI). Vorübergehende Krankheiten reichen jedoch nicht aus. Stets muß die Gefahr einer „Ausgrenzung aus Arbeit, Beruf und Gesellschaft" vorliegen.[71] Die Gefährdung ist jedoch nur dann „erheblich" im Sinne des Gesetzes, wenn mit der Minderung der Leistungsfähigkeit in absehbarer Zeit gerechnet werden kann (analog § 102 Abs. 2 SGB VI kann ein Zeitraum von bis zu 3 Jahren zugrunde gelegt werden).[72]

Die Beeinträchtigung der Erwerbsfähigkeit muß ihre **Ursache** jedoch in einer Krankheit oder einer körperlichen, geistigen oder seelischen Behinderung haben. Es muß also eine regelwidrige Abweichung vom Leitbild des gesunden Menschen mit entsprechenden psychischen oder physischen Funktionsstörungen vorliegen (Krankheitsbegriff) bzw. eine länger als 6 Monate andauernde behinderungsbedingte Beeinträchtigung vorliegen (Behinderung, § 2 SGB IX).

Die persönlichen Voraussetzungen sind jedoch nur erfüllt, wenn mit den Maßnahmen eine positive **Erfolgsprognose** verbunden werden kann (§ 10 Abs. 1 Nr. 2 SGB VI). Die Erfolgsprognose ist in hohem Maße einzelfallabhängig und auf medizinischen, pädagogischen und psychologischen Sachverstand angewiesen. Gleichwohl ist der jeweils anzulegende Wahrscheinlichkeitsmaßstab nicht ohne juristische Wertungsüberlegungen zu haben; er fordert vielmehr stets die Auseinandersetzung mit dem Wertgehalt der betroffenen Rechtsgüter.[73] Obgleich die Erfolgsprognose viel von den eigentlichen Ermessenserwägungen des § 13 SGB VI vorwegnimmt und demgemäß dem Entscheidungsspielraum des Rehabilitationsträgers überantwortet werden könnte, so wird sie von der Rechtsprechung dennoch uneingeschränkt

---

70 Vgl. D. IV. 2.

71 BSG, SozR 2200 § 1236 RVO, Nr. 31, S. 58; vgl. auch § 13 Abs. 2 Nr. 1 SGB XI.

72 Hauck, in: Hauck/Haines, Kommentar zum SGB VI, § 10, Rn. 6.

73 OVG des Saarlandes, FEVS 29, 1980, 29 f. (Sorgfaltsmaßstab bei der Bewertung ärztlicher Diagnosen); Luthe, Optimierende Sozialgestaltung, 2001, 116, 249 ff., 253 f., 256, 271, 285, 287 f., 354.

kontrolliert.[74] Das bedeutet, daß das Gericht den Fall auch hinsichtlich sachverständiger Aussagen vollständig in der Hand hat und sich nicht mit etwaigen Expertisen des Rehabilitationsträgers zufriedengeben muß.

Neben den persönlichen Voraussetzungen müssen zudem die **versicherungsrechtlichen Voraussetzungen** erfüllt sein (§ 11 SGB VI). Grundsätzlich muß eine Mindestversicherungszeit von 15 Jahren vorliegen. Diese errechnet sich aus Beitrags- und Ersatzzeiten (§§ 51 Abs. 1 und 4, 55, 250ff. SGB VI). Die Voraussetzungen sind jedoch auch erfüllt, wenn die Versicherten bei Antragstellung eine Rente wegen verminderter Erwerbsfähigkeit beziehen. Gerade bei jüngeren Versicherten sind diese Voraussetzungen aber zumeist nicht erfüllt. Bei beruflichen Rehabilitationsleistungen kommen dann nur noch die in § 11 Abs. 2a genannten Möglichkeiten in Betracht: Auch ohne Wartezeiterfüllung und Rentenbezug werden Leistungen zur Teilhabe am Arbeitsleben erbracht, wenn ohne diese Leistungen Rente wegen verminderter Erwerbsfähigkeit (§ 43 SGB VI) zu leisten wäre. Als weitere Ausnahme sind berufliche Rehabilitationsleistungen auch dann möglich, wenn für eine erfolgreiche Rehabilitation solche Leistungen im Anschluß an medizinische Rehabilitationsmaßnahmen erforderlich sind.

Liegen die genannten Voraussetzungen vor und sind Leistungen gem. § 12 SGB VI nicht explizit ausgeschlossen, so ist über den jeweiligen **Leistungsumfang** zu entscheiden (§ 13 SGB VI). Demnach bestimmt der Rehabilitationsträger im Einzelfall unter Beachtung der Grundsätze der Wirtschaftlichkeit und Sparsamkeit Art, Dauer, Umfang, Beginn und Durchführung der Leistungen sowie die Rehabilitationseinrichtung nach pflichtgemäßem Ermessen. Durch die Einräumung von Ermessen soll der Rehabilitationsträger im Hinblick auf sich wandelnde Therapieformen Behandlungsdauer und -inhalt flexibel gestalten können. Unter Beachtung der Grundsätze der Wirtschaftlichkeit und Sparsamkeit sind die Wünsche des Versicherten gem. §§ 33 SGB I, 9 SGB IX zu berücksichtigen.[75] Insbesondere der Wirtschaftlichkeitsgrundsatz läßt sich analytisch als Effizienzprinzip, als Kollektivgut, als Wettbewerbsmaxime und als Haushaltsdirektive verstehen.[76] Von welcher Ausprägung sich das Gesetz leiten läßt, ist nicht erkennbar. Der Grundsatz dürfte jedoch nicht allein nach Kriterien marktgängiger oder naturwissenschaftlicher Effizienz zu beurteilen sein, sondern stets einen Prozeß der Abwägung zwischen Kosten und Nutzen, d. h. zwischen Individualschutz und Versichertengemeinschaft erfordern. Bei der Ausübung von Ermessen und der in diesem Rahmen vorzunehmenden Abwägung aller wesentlichen Entscheidungsbelange steht dem Rehabilitationsträger hinsichtlich der konkreten Fallumstände ein von den Gerichten zu respektierender Entscheidungsspielraum zu.

---

74 BSG, vom 30.11.77, in: Kleinere Schriften des Deutschen Vereins für öffentliche und private Fürsorge, Rechtsprechung des Bundessozialgerichts und des Bundesverwaltungsgerichts zur Rehabilitation, 1981, 119; Luthe, a. a. O., 250.

75 BSG, RuP 1993, 29.

76 Luthe, Optimierende Sozialgestaltung 2001, 319ff.

3. SGB VII

Die Unfallversicherungsträger erbringen die Leistungen zur Teilhabe am Arbeitsleben nach den §§ 33–38 SGB IX sowie in Werkstätten für behinderte Menschen nach den §§ 40, 41 SGB IX (§ 35 Abs. 1 SGB VII). Abweichende Vorschriften des Unfallversicherungsgesetzes genießen jedoch Vorrang gegenüber den Bestimmungen des 9. Buches (§ 7 SGB IX). Voraussetzung für die Leistungspflicht der Unfallversicherung ist der Eintritt des gesetzesspezifischen Versicherungsfalls (§§ 7–13 SGB VII). Für Art und Umfang der Leistungsgewährung sind zudem die allgemeinen Grundsätze des § 26 SGB VII zu beachten. Bei den Leistungen zur Teilhabe am Arbeitsleben werden Hilfen zu einer angemessenen Schulbildung besonders hervorgehoben (§ 35 Abs. 2 SGB VII). Wird vom Versicherten im Rahmen beruflicher Rehabilitation eine höherwertige, nach den persönlichen Voraussetzungen gleichwohl unangemessene Tätigkeit angestrebt, so werden nur die angemessenen Kosten übernommen (§ 35 Abs. 3 SGB VII). Zur Unterhaltssicherung während beruflicher Rehabilitationsmaßnahmen erhält der Versicherte Übergangsgeld. Dieses bestimmt sich nach den §§ 46–51 SGB IX (§§ 49, 50 SGB VII). Unter bestimmten Voraussetzungen wird in Erwartung von Leistungen beruflicher Rehabilitation sowie bei gleichzeitiger Erbringung medizinischer und beruflicher Rehabilitationsleistungen ein Verletztengeld gezahlt (§ 45 Abs. 2, 3 SGB VII).

Die Leistungspflicht der Unfallversicherung setzt ein mit Eintritt des **Versicherungsfalles.** Hierbei handelt es sich zum einen um den Arbeitsunfall, einschließlich Wegeunfall (§ 8 Abs. 1, 2 SGB VII) sowie zum anderen um die Berufskrankheit (§ 9 SGB VII). Hierbei spielt der unfallversicherungsrechtliche **Kausalitätsbegriff** eine bedeutende Rolle. „Haftungsbegründende Kausalität“ muß bestehen zwischen versicherter Tätigkeit (§§ 2ff. SGB VII) und Arbeitsunfall bzw. Berufskrankheit. „Haftungsausfüllende Kausalität“ muß bestehen zwischen Arbeitsunfall bzw. Berufskrankheit und dem jeweiligen Personenschaden. Hierbei gilt jedoch kein naturwissenschaftlicher Maßstab. Gerade in Zweifelsfällen wird die Frage der Zurechnung auf Ursachen zu einer Frage der **Wertung** („wesentliche Ursache“). So sind im Rahmen haftungsbegründender Kausalität auch „selbstgeschaffene Gefahren“ noch der versicherten Tätigkeit zuzurechnen, wenn hierbei betriebsbedingte Gründe verfolgt wurden. Bei Trunkenheitsfahrten während der Arbeit wird bei einem Blutalkoholgehalt von 1,8 ‰ absolute Fahruntüchtigkeit angenommen und damit ein Arbeitsunfall abgelehnt. Bei Wegeunfällen ruht der Versicherungsschutz bei kurzzeitiger Unterbrechung (bis 2 Stunden) und lebt bei Fortsetzung wieder auf. Im Rahmen haftungsausfüllender Kausalität müssen grundsätzlich alle Mitursachen erfaßt und gegeneinander abgewogen werden. Deshalb ist der Personenschaden nicht dem Arbeitsunfall zuzurechnen, wenn beispielsweise gesundheitliche Vorschädigungen in der Gesamtbetrachtung ein derartiges Übergewicht haben, daß der eigentliche Arbeitsunfall für den Personenschaden keine wesentliche Mitursache mehr sein kann. Ob insbesondere **Berufskrankheiten** auf versicherte Tätigkeiten zurückführbar sind, ist oft schwer zu entscheiden. Deshalb hat der Gesetzgeber einen Berufskrankheitenkatalog eingeführt (§ 9 Abs. 6 SGB VII). Das Vorliegen einer katalogisierten Berufskrankheit ist Indiz dafür, daß Schadensursache die versicherte Tätigkeit ist, es sein denn, außergewöhnliche Umstände belegen das Gegenteil (§ 9 Abs. 3 SGB VII).

Ist der Versicherungsfall eingetreten, so haben die Versicherten **Anspruch** auf Heilbehandlung, auf medizinische, berufliche und soziale Rehabilitation, auf Pflegeleistungen, ergänzende Leistungen sowie auf Geldleistungen (§ 26 Abs. 1 SGB VII). Bei der Frage, „ob" geleistet werden muß, besitzt der Unfallversicherungsträger mithin keinen Ermessensspielraum. Lediglich die Bestimmung von Art, Umfang und Durchführung der Leistung sowie die Bestimmung der jeweiligen Einrichtungen erfolgt nach **pflichtgemäßem Ermessen** (§ 26 Abs. 5 SGB VII). Hierbei haben aktive Maßnahmen der Heilbehandlung und Rehabilitation Vorrang vor Rentenleistungen und Pflegeleistungen (§ 26 Abs. 3, 5 S. 2 SGB VII). Die Unfallversicherungsträger haben die Leistungsziele „mit allen geeigneten Mitteln möglichst frühzeitig" zu verfolgen (§ 26 Abs. 2 SGB VII). Einen Wirtschaftlichkeitsgrundsatz kennt das Unfallversicherungsrecht im Rahmen der Leistungsgewährung nicht. Deshalb ist hier grundsätzlich von einem höheren Versorgungsniveau als in den anderen Sozialversicherungszweigen auszugehen, die ansonsten sämtlich dem Wirtschaftlichkeitsgebot unterworfen sind.

4. SGB VIII

Seelisch behinderte Kinder und Jugendliche haben Anspruch auf Eingliederungshilfe bei vorliegender oder drohender Beeinträchtigung ihrer **Teilhabe am Leben in der Gesellschaft** (§ 35 a SGB VIII). Die Hilfe richtet sich maßgeblich nach den Bestimmungen des Bundessozialhilfegesetzes (§§ 39 Abs. 3 und 4 S. 1, 40, 41 BSHG). Bei den für anwendbar erklärten Leistungen des Bundessozialhilfegesetzes sind von bildungsrechtlicher Relevanz vor allem die schulischen und beruflichen Ausbildungshilfen des § 40 Abs. 1 Nr. 4–6 BSHG. Im übrigen verweist das BSHG auf die im SGB IX geregelten Leistungen zur Teilhabe am Arbeitsleben sowie die dortigen Leistungen in Behindertenwerkstätten und sonstigen Werkstätten (§ 40 Abs. 1 Nr. 3, 7 BSHG), die im Jugendhilferecht somit ebenfalls gelten. Unterhaltssichernde Leistungen wie das Übergangsgeld sind jedoch ausgeschlossen (§§ 35 a Abs. 3 SGB VIII i. V. m. 39 Abs. 4 S. 1 BSHG, § 6 Abs. 1 Nr. 6 SGB IX). Bei Unterbringung außerhalb des Elternhauses ist auch der notwendige Unterhalt des Kindes oder Jugendlichen sicherzustellen (§ 39 SGB VIII). Sachlich **zuständig** ist der örtliche Jugendhilfeträger (§ 85 Abs. 1 SGB VIII).

Bei teilstationärer und stationärer Hilfe (§ 91 Abs. 1 Nr. 5 SGB VIII) können Kinder bzw. Jugendliche und deren Eltern zu den **Kosten** herangezogen werden. Ambulante Formen der Eingliederungshilfe wie Beratung oder ambulante Einzelfallhilfe bleiben kostenfrei. Der Einsatz von Einkommen und Vermögen ist jedoch keine Leistungsvoraussetzung. Auch bei vorhandenen Eigenmitteln wird die Leistung zunächst in vollem Umfang gewährt (§ 92 Abs. 3 SGB VIII). Eltern und ihre Kinder werden jedoch nachträglich zu den Kosten herangezogen (§§ 93, 94 SGB VIII), oder

der Jugendhilfeträger realisiert den kraft Gesetzes auf ihn übergegangenen Unterhaltsanspruch des Kindes gegenüber den Eltern (§§ 95, 96 SGB VIII). Der Umfang der Kostenerstattung richtet sich nach den Einkommensgrenzen (§§ 79–87 BSHG) sowie Vermögensbestimmungen (§§ 88, 89 BSHG) des Bundessozialhilfegesetzes (§ 93 SGB VIII). Eine gewisse Schonung der Eigenmittel wird jedoch durch die Sonderbestimmung des § 94 SGB VIII sowie die Härteklausel des § 93 Abs. 6 SGB VIII erreicht.

Voraussetzung des Anspruchs auf Eingliederungshilfe ist das Vorliegen einer **seelischen Behinderung.** Das Gesetz geht hierbei davon aus, daß die „seelische Gesundheit mit hoher Wahrscheinlichkeit länger als 6 Monate von dem für ihr Lebensalter typischen Zustand abweicht". Eine erste Konkretisierung erfährt der Begriff der seelischen Behinderung durch § 3 VO zu § 47 BSHG (Eingliederungshilfeverordnung).[77] Die hier aufgeführten Störungsbilder sind jedoch überwiegend an Krankheitsbildern der Erwachsenenpsychiatrie orientiert.[78] Deshalb ist grundsätzlich von einem an jungen Menschen orientierten Begriff der seelischen Behinderung auszugehen.[79] Insbesondere der Verzicht auf die im Sozialhilferecht geltende Wesentlichkeit der Behinderung und außerdem die gerade bei jungen Menschen so wichtige Aufgabe, auch drohende Behinderungen (Verweis auf § 39 Abs. 3 BSHG) zu behandeln, zeigt, daß das Jugendhilferecht eigenständige Kriterien entwickeln muß. Grundsätzlich ist deshalb festzustellen: Auch Kinder oder Jugendliche, die nicht wesentlich seelisch behindert sind oder von einer solchen Behinderung bedroht sind, haben einen Rechtsanspruch auf Eingliederungshilfe. Hat der Jugendliche das 15. Lebensjahr vollendet, so kann er selbst Anträge auf Leistungen stellen (§ 36 SGB I).

Bei der Feststellung der Behinderung und der Einplanung der Maßnahmen haben die Betroffenen **mitzuwirken**; sie sind umfassend zu **beraten** (§ 36 Abs. 1 SGB VIII). Außerdem ist ein **Hilfeplan** zu erstellen, der Feststellungen über den Bedarf, die zu gewährende Art der Hilfe und die notwendigen Leistungen enthält (Abs. 2). Insbesondere bei Rehabilitationsmaßnahmen ist ein Arzt und ggf. auch die Bundesanstalt für Arbeit zu beteiligen (Abs. 3). Werden die Hilfen außerhalb der Familie erbracht,

---

77 Danach sind seelisch wesentlich behindert Personen, bei denen infolge seelischer Störungen die Fähigkeit zur Eingliederung in die Gesellschaft in erheblichem Umfang beeinträchtigt ist. Hierbei handelt es sich vor allem um körperlich nicht begründbare Psychosen, seelische Störungen als Folge von Krankheiten oder Verletzungen des Gehirns, von Anfallsleiden oder von anderen Krankheiten oder körperlichen Beeinträchtigungen, um Suchtkrankheiten sowie um Neurosen und Persönlichkeitsstörungen.

78 Wiesner, in: ders./Kaufmann/Mörsberger/Oberloskamp/Struck, Kommentar zum SGB VIII, vor § 35 a, Rn. 9.

79 Wiesner (a. a. O.) benennt folgende Störungsbilder: Körperlich nicht begründbare Psychosen, seelische Störungen als Folge von Krankheiten, Suchtkrankheiten, Neurosen und Persönlichkeitsstörungen (emotionale Störungen, frühe Bindungsstörungen, Angststörungen und Panikstörungen, Zwangserkrankungen, Konversionsstörungen, dyssoziative Störungen, Somatisierungsstörungen, Persönlichkeitsstörungen), andere seelische Störungen (Eßstörungen, Entwicklungsstörungen wie frühkindlicher Autismus sowie autistische Psychopathie, hyperkinetische Störungen, Störungen des Sozialverhaltens, Einkoten, Einnässen, Ticstörungen), andere wesentliche Faktoren, die eine seelische Störung mitbestimmen.

insbesondere in Einrichtungen oder bei Pflegepersonen, so soll eine intensive Zusammenarbeit mit den Eltern und den Pflegepersonen stattfinden (§ 37 SGB VIII).

Anspruchsinhaber der Eingliederungshilfe ist der jeweilige Jugendliche bzw. das jeweilige Kind. Daneben allerdings haben auch die Eltern einen Anspruch auf Erziehungshilfe gem. §§ 27ff. SGB VIII bei entprechenden Erziehungsdefiziten. Häufig wird daher Eingliederungshilfe und Erziehungshilfe nebeneinander zu gewähren sein. In diesem Fall sollen Einrichtungen in Anspruch genommen werden, die beiden Hilfen gerecht werden (§ 35 a Abs 4 SGB VIII).

Als Maßnahmen der Bildungs- und Berufsförderung kommen gem. § 35 a SGB VIII demnach in Betracht:

- **Hilfe zu einer angemessenen Schulbildung:** Da der Jugendhilfeträger nur nachrangig zuständig ist (§ 10 Abs. 1 SGB VIII), greifen derartige Hilfen erst, wenn Leistungen der Schule nicht ausreichen (etwa bei Schulverweigerung, Schulphobie). Hierbei kann es sich um psychotherapeutische und/oder sozialpädagogische Maßnahmen handeln. Auch schwere Formen der Dyskalkulie und Legasthenie gelten zwar nicht per se als seelische Behinderung, können jedoch bei unterlassener Behandlung als drohende Behinderung aufgefaßt werden.[80] Weiterhin ist Eingliederungshilfe für den Besuch einer weiterführenden Schule möglich[81], wenn zu erwarten ist, daß der Behinderte das Bildungsziel durch die entsprechende Hilfe (etwa Unterbringung in einem Landschulheim mit heilpädagogischer Ausrichtung) erreichen kann. Selbst hierbei anfallende überdurchschnittliche Kosten hat das Jugendamt zu tragen, wenn der erzielbare Erfolg in einem vernünftigen Verhältnis zum finanziellen Mehraufwand steht.
- **Hilfe zur Ausbildung für einen Beruf oder eine sonstige angemessene Tätigkeit:** In Betracht kommen vor allem Hilfen in Einrichtungen (etwa Berufsbildungswerk), wo behinderte Jugendliche u. U. bei gleichzeitiger Unterbringung in einem Internat mit ärztlicher, pädagogischer und psychologischer Hilfe zu einem Berufsabschluß geführt werden. Es muß sich jedoch nicht um einen formalisierten Ausbildungsabschluß handeln. Auch eine sonstige angemessene Tätigkeit kann gefördert werden, wenn eine Berufsausbildung wegen der Schwere der Behinderung nicht möglich ist. In diesem Fall stehen auch die Werkstätten für Behinderte zur Verfügung.
- **Hilfe zur Fortbildung und Umschulung:** Die Hilfe zur Fortbildung setzt eine abgeschlossene Erstausbildung voraus. Sie will den Betroffenen in den alten oder einen ähnlichen Beruf wieder eingliedern. Die Umschulung kommt nur dann in Betracht, wenn der frühere Beruf nicht mehr ausgeübt werden kann. Auf seelisch behinderte Jugendliche trifft diese Hilfe regelmäßig nicht zu.

---

80 BVerwG, FEVS 33, 457; OVG Bremen, FEVS 41, 49 sowie VG Freiburg vom 05.05.98 und Hess. VGH vom 14.01.97, beides in Rspr.-Sammlung zum SGB VIII, hg. von Westerholt/Baltz/Münder, zu § 35 a, Nr. 1 und 2.

81 VG Augsburg v. 09.10.97, in: Westerholt/Baltz/Münder (Hg.), Rspr.-Sammlung zum SGB VIII, zu § 35 a, Nr. 3.

- **Hilfe zur Erlangung eines geeigneten Platzes im Arbeitsleben und nachgehende Hilfe:** Die Hilfe zielt auf die Vermittlung des Behinderten auf dem freien Arbeitsmarkt, insofern diese Aufgabe nicht von der Bundesanstalt für Arbeit übernommen wird. Außerdem kommt eine nachgehende Betreuung im Arbeitsleben durch Ärzte, Heilpädagogen oder Sozialpädagogen in Betracht. Diese Maßnahmen sind jedoch auf Jugendliche grundsätzlich nicht zugeschnitten.
- **Beschäftigung in einer Werkstatt für Behinderte:** Wegen der Art und Schwere der Behinderung sind oftmals arbeits- und berufsfördernde Maßnahmen mit dem Ziel der Eingliederung in den allgemeinen Arbeitsmarkt nicht mehr möglich. Solchen Behinderten wird daher eine Beschäftigung in speziellen Behindertenwerkstätten angeboten (§ 35 a Abs. 3 SGB VIII i. V. m. § 40 Abs. 1 Nr. 7 BSHG). Die Leistungen im Eingangsverfahren und im Berufsbildungsbereich erbringt die Bundesanstalt für Arbeit. Im Arbeitsbereich werden die Leistungen für seelisch behinderte Jugendliche dagegen von der öffentlichen Jugendhilfe getragen (§ 42 SGB IX). Diese zahlt der jeweiligen Werkstatt eine entsprechende Vergütung für ihre tätigkeitsfördernden Leistungen gegenüber dem behinderten Menschen sowie ggf. auch ein Arbeitsförderungsgeld zur Auszahlung an die Beschäftigten (§§ 41 Abs. 3, 43 SGB IX).

Sämtliche der aufgeführten Hilfen können prinzipiell in ambulanter **Form**, in Tageseinrichtungen oder anderen teilstationären Einrichtungen, durch geeignete Pflegepersonen oder, bei vollstationärer Unterbringung, in Einrichtungen oder Wohnformen geleistet werden (§ 35 a Abs. 2 SGB VIII). Für rehabilitative Ausbildungs- und Beschäftigungsmaßnahmen werden praktisch aber nur stationäre und teilstationäre Einrichtungen infrage kommen.

Bei der **Auswahl der Leistungen** nach Art, Form, Dauer usw. wird man der Behörde einen Ermessensspielraum zuzugestehen haben, auch wenn das Gesetz dies nicht ausdrücklich vorsieht. Denn die Beurteilung des in § 35 a Abs. 2 SGB VIII genannten Einzelfalls ist derart stark in fachliche sowie situativ eingefärbte Gewichtungsfragen eingebunden, daß die Gerichte, würden sie auch in den feinsten Verästelungen des Falles noch Kontrolle ausüben wollen, die ihnen allein nur zustehenden Kompetenzen als Vollzugskontrollorgane überschreiten würden.

Wünschen der Betroffenen soll jedoch entsprochen werden, insofern dies nicht mit unverhältnismäßigen Mehrkosten verbunden ist (§§ 5, 36 Abs. 1 SGB VIII).

Wie in allen anderen Gebieten des Rehabilitationsrechts ist der Leistungsanspruch nur bei positiver **Erfolgsprognose** erfüllt (§§ 35 a Abs. 3 SGB VIII i. V. m. 39 Abs. 1 S. 1 BSHG).[82]

---

82 Vgl. hierzu die nachfolgenden Ausführungen.

5. SGB III

Behinderten Menschen können Leistungen zur Förderung der Teilhabe am Arbeitsleben erbracht werden, die wegen Art oder Schwere der Behinderung erforderlich sind, um ihre **Erwerbsfähigkeit** zu erhalten, zu bessern, herzustellen oder wieder herzustellen und ihre Teilhabe am Arbeitsleben zu sichern (§ 97 Abs. 1 SGB III). Hierfür enthält das SGB III ein breites Spektrum an Leistungen. Entsprechend der Gesetzessystematik kann es sich um Leistungen an Arbeitnehmer, Arbeitgeber oder Träger handeln. Bei den **Leistungen an Arbeitnehmer** bzw. den behinderten Menschen kommen zum einen allgemeine Leistungen in Betracht, die auch Nicht-Behinderten gewährt werden (§§ 98 Abs. 1, 100, 101 SGB III) sowie zum anderen besondere Leistungen wie das Übergangsgeld, das Ausbildungsgeld sowie die Übernahme von Teilnahmekosten bei besonderer Schwere der Behinderung (§§ 98 Abs. 1, 102 ff. SGB III). Bei den **Leistungen an Arbeitgeber** gewährt das Gesetz Eingliederungszuschüsse bei erschwerter Vermittlung (§ 218 Abs. 1 Nr. 2 SGB III), Zuschüsse zur Ausbildungsvergütung schwerbehinderter und behinderter Menschen (§§ 235 a, 236 SGB III), Zuschüsse für Arbeitshilfen (§ 237 SGB III) sowie die Möglichkeit der Kostenübernahme für eine befristete Probebeschäftigung behinderter Menschen (§ 238 SGB III). Bei den **Leistungen an Träger** geht es um die Förderung von Einrichtungen der beruflichen Aus- oder Weiterbildung oder zur beruflichen Eingliederung Behinderter (§§ 248 ff. SGB III) sowie um die Zuweisung von Behinderten in Arbeitsbeschaffungsmaßnahmen (§ 263 Abs. 2 Nr. 4 SGB III). Sämtliche Leistungen sind im SGB III so umfassend geregelt, daß auf Leistungen des SGB IX nur äußerst selten verwiesen wird (etwa §§ 109, 260 SGB III).

Für das Arbeitsförderungsrecht enthält § 19 eine **Definition des Behinderten** und des von Behinderung bedrohten Menschen. Es muß insofern eine körperliche, geistige oder seelische Beeinträchtigung vorhanden oder mit hoher Wahrscheinlichkeit zu erwarten sein. Maßstab ist insofern § 2 Abs. 1 SGB IX. Das Vorliegen der genannten Beeinträchtigungen allein ist jedoch nicht ausreichend. Zudem müssen die Aussichten, am Arbeitsleben „teilzuhaben oder weiter teilzuhaben“ nicht nur vorübergehend (in der Regel länger als ein halbes Jahr) wesentlich gemindert sein.[83] Deshalb müssen die genannten Funktionsstörungen grundsätzlich zur Gefährdung des Arbeitsplatzes führen oder bei Arbeitslosen Hilfen zur beruflichen Eingliederung erforderlich machen.[84]

Anders als bei der Renten- und Unfallversicherung ist der Nachweis einer **Vorversicherungszeit** oder die Ausübung einer versicherten Tätigkeit **nicht** erforderlich. Für die Erbringung von allgemeinen oder besonderen Leistungen zur beruflichen Eingliederung Behinderter müssen folgende **Anspruchsvoraussetzungen** erfüllt sein[85]:

---

83 Dies gilt ausdrücklich auch für lernbehinderte Menschen, vgl. § 19 SGB III.

84 Das gilt auch bei Schwerbehinderten: BSG SozR 4100 § 56 Nr. 8.

85 Niesel, SGB III-Kommentar, 1998, § 97 Rn. 11.

- Es wird keine Leistung zur medizinischen, sondern zur beruflichen Eingliederung begehrt.
- Es ist nach § 22 Abs. 2 SGB III kein anderer Reha-Träger vorrangig zuständig.
- Der Arbeitnehmer ist Behinderter im Sinne des § 19 SGB III.
- Die Leistung ist wegen Art oder Schwere der Behinderung erforderlich, um die in § 97 Abs. 1 SGB III genannten Ziele zu erreichen.
- Die in den Vorschriften der §§ 45–96 SGB III genannten Voraussetzungen für die konkrete Leistung sind erfüllt, soweit in den §§ 101–114 SGB III nichts Abweichendes bestimmt ist (§ 99 SGB III).[86]
- Soweit die Bundesanstalt von ihrer Anordnungsermächtigung in § 115 SGB III Gebrauch macht, die Voraussetzungen näher zu konkretisieren, müssen auch die Regelungen dieser Anordnung erfüllt sein.
- Es muß ein Antrag vorliegen (§ 323 SGB III, dieser zählt jedoch nicht zu den materiellen Anspruchsvoraussetzungen).
- Bei den besonderen Leistungen muß eine besondere Schwere der Behinderung vorliegen. Die allgemeinen Leistungen genießen Vorrang vor den besonderen Leistungen (§§ 98 Abs. 2, 102 SGB III).

Hierbei gilt im Besonderen: Die in § 97 Abs. 1 geforderte **Erforderlichkeit** der Leistungen setzt stets voraus, daß die berufliche Eingliederung ohne Förderung nicht erreicht werden kann. Ohne nennenswerte Einschränkung der Wettbewerbsfähigkeit des behinderten Menschen auf dem allgemeinen Arbeitsmarkt kommt eine Förderung somit nicht in Betracht.[87] Die Voraussetzung einer positiven Beeinflussung der Erwerbsfähigkeit stellt auf die Beeinträchtigung der bisherigen Tätigkeit ab.

Dies gilt unter besonderen Voraussetzungen auch für Behinderte, die wegen Art und Schwere der Behinderung auf dem allgemeinen Arbeitsmarkt nicht tätig sein können und auf einen Arbeitsplatz in einer Werkstatt für Behinderte angewiesen sind.[88] Die **Eingliederungsziele** (Erhaltung, Besserung, Herstellung, Wiederherstellung, Sicherung) müssen objektiv erreichbar sein. Ziel ist grundsätzlich die volle Erwerbsfähigkeit. Deshalb hat die Herstellung der Erwerbsfähigkeit bei der Auswahl von Maßnahmen Vorrang gegenüber der bloßen Besserung. Ein Behinderter kann somit nicht verlangen, zu einem Beruf umgeschult zu werden, in dem er nur in einem Teil des Berufsfeldes einsatzfähig ist, wenn für andere Berufe eine solche Einschränkung nicht besteht.[89]

---

86 Für den Anspruch auf Übergangsgeld müssen zudem die in den §§ 160 ff. genannten Voraussetzungen erfüllt sein.

87 BSGE 28, 18, 20; BSG SozR 2200 § 1237 a Nr. 16 (die Behinderung darf sich nicht nur unter den Besonderheiten des Arbeitsplatzes auswirken).

88 BSG SozR 4100 § 58 Nr. 14; vgl. § 102 Abs. 2 SGB III, der auf § 40 SGB IX verweist.

89 BSG SozR 3-2200 § 556 Nr. 2.

Liegen die genannten Voraussetzungen vor, so „können“ entsprechende Leistungen erbracht werden (§ 97 Abs. 1 SGB III). Hierbei sind Eignung, Neigung, bisherige Tätigkeit sowie Lage und Entwicklung des Arbeitsmarktes angemessen zu berücksichtigen (§ 97 Abs. 2 SGB III). Daneben gelten die allgemeinen **Auswahlkriterien des § 7 SGB III:** Der Grundsatz der Wirtschaftlichkeit und Sparsamkeit, die Auswahl der am besten geeigneten Leistung oder Kombination von Leistungen, die Berücksichtigung der Fähigkeiten der zu fördernden Person, der Aufnahmefähigkeit des Arbeitsmarktes und des arbeitsmarktpolitischen Handlungsbedarfs. Letzterer orientiert sich vor allem an der **Eingliederungsvereinbarung** zwischen Arbeitsamt und Leistungsempfänger, mit der die beruflichen Fähigkeiten und Eignung des Betroffenen sowie etwaige Eingliederungsdefizite festgestellt werden (§ 6 SGB III).[90]

Grundsätzlich ist jedoch nicht nur das „Wie“ der Leistung, sondern auch das „Ob“ dem **Ermessen** des Arbeitsamtes anheim gestellt.[91] Angesichts der hohen verfassungsrechtlichen Bedeutung des Schutzes behinderter Menschen[92] und eingedenk des Vorrangs der aktiven Arbeitsförderung (§ 5 SGB III) dürfte bei der Frage des „Ob“ jedoch regelmäßig eine Ermessenschrumpfung vorliegen, die eine positive Handlungspflicht der Arbeitsverwaltung zur Folge hat.[93]

Bei der **Auswahl der Leistungen** sind vorrangig die Fähigkeiten der zu fördernden Personen und die Erfolgsaussichten einer Eingliederung zugrunde zu legen. Ist der Betroffene körperlich und geistig für die von ihm gewünschte Maßnahme objektiv nicht geeignet, so kann es auf seine Neigungen und Wünsche nicht mehr wesentlich ankommen. Das Arbeitsamt muß ihm jedoch den richtigen Weg zur Leistung aufzeigen, wenn dazu Anlaß besteht.[94] Insbesondere bei der Weiterbildung muß die vorgesehene Maßnahme aber der Bedeutung und sozialen Wertschätzung der bisher ausgeübten Tätigkeit entsprechen. Ein sozialer Abstieg ist grundsätzlich nicht zumutbar.[95]

Da der Behinderte möglichst auf Dauer einzugliedern ist, kommt es ebenfalls auf die **Lage und Entwicklung des Arbeitsmarktes** an. Eine Weiterbildung ohne Arbeitsmarktchancen ist deshalb ausgeschlossen.[96] Soweit erforderlich, schließt das Verfahren zur Auswahl der Leistung eine Abklärung der beruflichen Eignung oder eine Arbeitserprobung ein (§ 97 Abs. 2 SGB III).

Die Gewährung **besonderer Leistungen** knüpft § 102 SGB III im wesentlichen an die Art und Schwere der Behinderung, welche Maßnahmen in einer besonderen Einrichtung oder in einer sonstigen besonderen Durchführungsweise erforderlich

---

90 Luthe, Das Job-Aqtiv-Gesetz (Teil 1), 77, 79.

91 Vgl. § 3 Abs. 5 SGB III; die besonderen Leistungen zur beruflichen Eingliederung Behinderter sind demgemäß jedoch durchgehend Pflichtleistungen.

92 BVerfGE 40, 121, 133; 35, 202, 236; 5, 85, 198; 44, 353, 375.

93 Zum Ermessen vgl. auch die Ausführungen zum SGB VI.

94 BSG SozR 2200 § 1237 Nr. 18.

95 Niesel, SGB III-Kommentar, 1998, § 97 Rn. 30; es muß jedoch keine möglichst hohe Qualifikation finanziert werden: BSG SozR 2200 § 1236 Nr. 15.

96 BSG SozR 2200 § 1236 Nr. 15.

machen. So kommen Aus- und Weiterbildungen in besonderen Einrichtungen ebenso in Betracht wie eine Förderung in Werkstätten für behinderte Menschen bei Nichtintegrierbarkeit auf dem allgemeinen Arbeitsmarkt (§ 102 Abs. 2 SGB III). In diesen Fällen werden ein Übergangsgeld oder Ausbildungsgeld sowie die Übernahme der Teilnahmekosten für eine Maßnahme gewährt (§ 103 SGB III).

Das **Übergangsgeld** ist eine Entgeltersatzleistung für Behinderte, die bei Teilnahme an Maßnahmen zur beruflichen Eingliederung als besondere Leistung erbracht wird. Anspruch auf Übergangsgeld besteht jedoch nur, wenn der Behinderte die Vorbeschäftigungszeit gem. § 161 SGB III erfüllt hat und dieser an einer beruflichen Rehabilitationsmaßnahme teilnimmt (§ 160 SGB III). Auf die Vorbeschäftigungszeit wird jedoch verzichtet, wenn der behinderte Mensch innerhalb des letzten Jahres vor Beginn der Maßnahme eine Berufsausbildung absolviert hat (§ 162 SGB III). Im übrigen verweist das Gesetz auf die entsprechenden Vorschriften des 9. Buches (SGB IX).

Ziel des **Ausbildungsgeldes** (§§ 104–109 SGB III) ist, Behinderten, deren eigenes Einkommen und das ihrer Angehörigen zur Bestreitung des Lebensunterhaltes nicht ausreichen, während betrieblicher Ausbildungen oder berufsvorbereitender Bildungsmaßnahmen finanziell abzusichern. Die speziellen Leistungsvoraussetzungen für das Ausbildungsgeld ergeben sich unmittelbar aus § 104 Abs. 1, darüber hinaus aus den grundlegenden Leistungsvoraussetzungen zur Berufsausbildungsbeihilfe (§§ 63, 64 SGB III), die entsprechend anzuwenden sind (§ 104 Abs. 2 SGB III). Der Anspruch auf Ausbildungsgeld ist jedoch gegenüber einem bestehenden Übergangsgeldanspruch subsidiär. Für die Höhe des Ausbildungsgeldes sind bestimmte Bedarfssätze vorgegeben (§§ 105–107 SGB III). Auf den Gesamtbedarf ist das Einkommen anzurechnen (§ 71, 104 Abs. 2 SGB III i. V. m. BAföG). Bestimmte Einkommen bleiben jedoch anrechnungsfrei (§ 108 SGB III).[97]

Hinsichtlich der **Teilnahmekosten** verweist § 109 SGB III auf die §§ 33, 44, 53 sowie 54 des 9. Buches (SGB IX).[98] Übernahmefähig sind überdies Aufwendungen für eingliederungsbegleitende Dienste (z. B. eine sozialpädagogische Begleitung während oder im Anschluß an die Maßnahme, § 109 Abs. 2 SGB III). Zumeist sind in den Lehrgangskosten der einschlägigen Maßnahmeträger (Berufsbildungswerke, Berufsförderungswerke, Einrichtungen der medizinisch-beruflichen Rehabilitation, Werkstätten für Behinderte) auch die Kosten für Lernmittel, Arbeitskleidung, Unterkunft, Verpflegung und Reisekosten enthalten. Eine weitere Kostenübernahme für den Behinderten ist dann ausgeschlossen. Die Auszahlung erfolgt in

---

97 Bei Maßnahmen in Behindertenwerkstätten findet eine Einkommensanrechnung jedoch nicht statt (§ 108 Abs. 1 SGB III).

98 Etwa Lehrgangskosten einschließlich Prüfungsgebühren, Kosten für erforderliche Lernmittel und für erforderliche Arbeitsausrüstung, Reisekosten, Kosten für Unterbringung und Verpflegung, Kosten für eine Haushaltshilfe oder für die Betreuung von aufsichtsbedürftigen Kindern, Kosten für eine erforderliche Kranken- und Pflegeversicherung sowie weitere Aufwendungen, die wegen Art und Schwere der Behinderung unvermeidbar entstehen (zu letzterem: § 109 Abs. 1 S. 2 SGB III).

diesem Fall an den Maßnahmeträger (§ 99 i.V.m. § 81 Abs. 2 SGB III). Nach Abschluß der Maßnahme werden für längstens 6 Monate **Übergangshilfen** gewährt (§ 109 Abs. 2 i.V.m. § 241 Abs. 3 SGB III).

Hinsichtlich der **allgemeinen Leistungen** wird auf die Ausführungen zum Arbeitsförderungsrecht verwiesen.[99] Gem. § 101 SGB III gelten für die allgemeinen Leistungen jedoch wichtige **Besonderheiten**, um den behinderten Menschen den Zugang zu diesen Leistungen zu erleichtern. So werden Mobilitätshilfen auch an nichtarbeitslose Behinderte erbracht.[100] Abweichend von § 60 SGB III sind für Behinderte ferner auch solche Ausbildungen förderungsfähig, die im Rahmen des Berufsbildungsgesetzes oder der Handwerksordnung abweichend von den staatlichen Ausbildungsordnungen durchgeführt werden.[101] Die Ausbildung kann betrieblich oder außerbetrieblich durchgeführt werden, letzteres jedoch nur bei besonderer Schwere der Behinderung (§ 102 Abs. 1 Nr. 1 SGB III). Bei besonderer Schwere der Behinderung kommt zudem eine Verlängerung, Wiederholung der Ausbildung oder eine erneute Berufsausbildung in Betracht. Wie bei der beruflichen Ausbildung ist auch die berufliche Weiterbildung abweichend von staatlichen Ausbildungsordnungen möglich.[102] Eine vorherige Arbeitslosigkeit ist nicht erforderlich.[103] Insofern ist selbst bei abgeschlossener Berufsausbildung die berufliche Neuorientierung förderungsfähig, wenn sie erforderlich ist, um den Behinderten dauerhaft beruflich einzugliedern. Die Förderung eines beruflichen Aufstiegs ist keineswegs ausgeschlossen.[104] Weiterbildungskosten können auch dann übernommen werden, wenn die Voraussetzungen für die Vorbeschäftigungszeit bei beruflicher Weiterbildung nicht erfüllt sind (§ 101 Abs. 5 S. 3 SGB III, § 78 SGB III). Es muß sich dann jedoch um eine behindertenspezifische Maßnahme handeln.[105] Förderungsfähig sind auch schulische Ausbildungen, nicht jedoch ein Hochschulstudium. Anders als sonst besteht ein Anspruch auf Berufsausbildungsbeihilfe auch dann, wenn der behinderte Mensch während der beruflichen Ausbildung im Haushalt der Eltern oder eines Elternteils wohnt.[106] Das Förderziel ist erreicht, wenn der Behinderte eine seiner Leistungsfähigkeit entsprechende Beschäftigung auf einem Dauerarbeitsplatz aufgenommen hat.[107]

---

99 Vgl. H.

100 Hierbei handelt es sich um die Übergangsbeihilfe, die Ausrüstungsbeihilfe, um die Fahrtkostenbeihilfe sowie um die Trennungs- und Umzugskostenbeihilfe, vgl. §§ 53 ff. SGB III.

101 Vgl. auch § 48 BBiG sowie § 42b HwO.

102 Vgl. §§ 48 BBiG, 42b HwO.

103 Der Arbeitnehmer darf jedoch noch nicht 3 Jahre beruflich tätig gewesen sein oder er muß eine längere Förderung als nicht behinderte Menschen oder eine erneute Förderung benötigen (§ 101 Abs. 5 Nr. 2 sowie Nr. 3 SGB III).

104 BSG SozR 3-4100 § 56 Rn. 7.

105 Anders als sonst muß der Behinderte nach der Maßnahme auch keine beitragspflichtige Beschäftigung aufnehmen. Auch eine selbständige Beschäftigung oder eine Beschäftigung als Beamter kommt in Betracht (insofern abweichend von § 80 SGB III).

106 In diesen Fällen beträgt der allgemeine Bedarf 282,– € monatlich. Er beträgt 353,– €, wenn der behinderte Mensch verheiratet ist oder das 21. Lebensjahr vollendet hat (§ 101 Abs. 3 SGB III).

107 BSGE 73, 240, 242.

I. Berufliche Rehabilitation

Neben den Leistungen an den einzelnen Behinderten gewährt das Gesetz auch **Leistungen an Arbeitgeber.** Diesen können sog. **Eingliederungszuschüsse** zur Eingliederung behinderter Menschen bei erschwerter Vermittlung gewährt werden (§§ 217, 218 Abs. 1 Nr. 2 SGB III). Hierbei handelt es sich um Anreize für die Einstellung schwer vermittelbarer Arbeitnehmer. Voraussetzung ist, daß der jeweilige Arbeitnehmer ohne den Eingliederungszuschuß nicht oder nicht dauerhaft in den Arbeitsmarkt eingegliedert werden kann (§ 217 S. 2 SGB III). Die Förderungshöhe beträgt im Regelfall maximal 50 % des berücksichtigungsfähigen Arbeitsentgelts und wird für maximal 12 Monate gewährt (§ 220 Abs. 1 Nr. 2 sowie Abs. 2 Nr. 2 SGB III). Der Zuschuß erfolgt als Ausgleich für die Minderleistung des Arbeitnehmers insbesondere während der Einarbeitung. Die Regelförderungshöhe von maximal 50 % kann jedoch bei hoher Minderleistung um bis zu 20 Prozentpunkte höher festgelegt werden (§ 221 SGB III). In begründeten Fällen kommt zudem eine verlängerte Förderung bis maximal 24 Monate in Betracht (§ 122 Abs. 1 SGB III).[108] Für besonders betroffene schwerbehinderte Menschen beträgt die Förderungshöhe jedoch von vornherein 70 % des berücksichtigungsfähigen Arbeitsentgelts bei einer Förderungsdauer von maximal 36 Monaten (§ 222a SGB III).[109] Die Kriterien für „besonders betroffene schwerbehinderte Menschen" ergeben sich aus § 104 Abs. 1 Nr. 3 a–d SGB IX.[110] Menschen mit einem Grad der Behinderung von wenigstens 30 sind schwerbehinderten Menschen im Sinne des Gesetzes gleichgestellt (§ 222a Abs. 5 SGB III, 2 Abs. 3 SGB IX). Um eine mißbräuchliche Inanspruchnahme von Mitteln auszuschließen, ist die Förderung jedoch ausgeschlossen, wenn zu vermuten ist, daß der Arbeitgeber die Beendigung eines Beschäftigungsverhältnisses veranlaßt hat, um einen Eingliederungszuschuß zu erhalten oder wenn die Einstellung bei einem früheren Arbeitgeber erfolgt, bei dem der Arbeitnehmer während der letzten 4 Jahre vor Förderungsbeginn beschäftigt war (§ 223 Abs. 1 SGB III). Außerdem besteht eine Rückzahlungsverpflichtung, wenn das Beschäftigungsverhältnis während des Förderzeitraums oder innerhalb eines Jahres nach dem Ende der Förderungszeit beendet wird (§ 223 Abs. 2 SGB III). Das gilt nur dann nicht, wenn das Arbeitsverhältnis aus wichtigem Grund gekündigt wird, die Beendigung des Arbeitsverhältnisses auf Betreiben des Arbeitnehmers hin erfolgt oder der Arbeitnehmer das Mindestalter für den Bezug der gesetzlichen Altersrente erreicht hat.

Außerdem können Arbeitgeber durch **Zuschüsse zur Ausbildungsvergütung** schwerbehinderter Menschen, die zur Aus- oder Weiterbildung eingestellt werden,

---

108 In diesem Fall sind die Eingliederungszuschüsse jedoch entsprechend der zu erwartenden Zunahme der Leistungsfähigkeit des Arbeitsnehmers zu vermindern (§ 222 Abs. 2 SGB III).

109 Bei schwerbehinderten Menschen, die das 50. Lebensjahr vollendet haben, beträgt die Förderungsdauer maximal 96 Monate (§ 222a Abs. 2 SGB III).

110 Hierbei handelt es sich um schwerbehinderte Personen, die wegen Art oder Schwere ihrer Behinderung oder sonstiger Umstände im Arbeitsleben besonders betroffen sind i. S. d. § 72 Abs. 1 SGB IX, die langzeitarbeitslos sind, die im Anschluß an eine Beschäftigung in einer anerkannten Werkstatt für behinderte Menschen oder einem Integrationsprojekt eingestellt werden, die als Teilzeitbeschäftigte eingestellt werden.

gefördert werden, wenn die Aus- oder Weiterbildung sonst nicht zu erreichen ist (§ 235a SGB III). Die Zuschüsse betragen regelmäßig 80% der monatlichen Ausbildungsvergütung, können in Ausnahmefällen jedoch auch bis zur Höhe der Ausbildungsvergütung für das letzte Ausbildungsjahr erbracht werden. Bei Übernahme in ein Arbeitsverhältnis nach abgeschlossener Aus- oder Weiterbildung kann ein Eingliederungszuschuß gewährt werden. Für die betriebliche **Aus- oder Weiterbildung behinderter Menschen** sind zudem Zuschüsse in Höhe von regelmäßig 60% der Ausbildungsvergütung möglich (§ 236 SGB III). Bei den Zuschüssen sowohl für schwerbehinderte als auch behinderte Menschen besteht jedoch das Erfordernis, daß die Aus- oder Weiterbildung sonst nicht zu erreichen ist. Von der Förderung ausgeschlossen sind somit Fälle, in denen der Arbeitgeber zur Ausbildung verpflichtet oder auch ohne Gewährung des Zuschusses bereit ist, den Behinderten aus- oder weiterzubilden.[111] Schließlich können **Zuschüsse** für eine behindertengerechte **Ausgestaltung von Ausbildungs- oder Arbeitsplätzen** erbracht werden sowie Kosten für eine **befristete Probebeschäftigung** behinderter, schwerbehinderter oder ihnen gleichgestellter Menschen erstattet werden (§§ 237, 238 SGB III).

Gem. § 248 SGB III können **Träger von Einrichtungen** der beruflichen Rehabilitation durch Darlehen und Zuschüsse gefördert werden, wenn dies erforderlich ist und die Träger sich in angemessenem Umfang an den Kosten beteiligen. Die Vorschrift betrifft den Bereich der institutionellen Förderung (nicht Projektförderung). Als Träger solcher Einrichtungen fungieren in der Praxis vor allem Werkstätten für Behinderte, Berufsförderungswerke sowie Berufsbildungswerke. Die Vorhaben müssen jedoch im Rahmen einer überregionalen Planung mit dem BMA abgestimmt sein; ferner muß der Einfluß der Bundesanstalt für Arbeit gesichert sein. **Förderungsfähig** sind infrastrukturelle und edukative Maßnahmen. Ausgeschlossen ist die Förderung jedoch bei vorrangiger Zuständigkeit eines anderen staatlichen Leistungsträgers (§ 22 Abs. 1 und 2 SGB III). Über den **Umfang der Kostenbeteiligung** des Einrichtungsträgers schweigt das Gesetz. Hierbei sind im Einzelfall die Interessen des Arbeitsamtes an der Maßnahmedurchführung sowie die finanziellen Verhältnisse der Einrichtung zu berücksichtigen. Näheres kann durch Anordnung geregelt werden (§ 251 SGB III). Schließlich können Träger von **Arbeitsbeschaffungsmaßnahmen** für die Beschäftigung von zugewiesenen Arbeitnehmern durch Zuschüsse und Darlehen gefördert werden (§ 260 SGB III). Förderungsfähig sind insbesondere Arbeitnehmer, bei denen die Voraussetzungen für Leistungen zur Teilhabe am Arbeitsleben vorliegen (§ 263 Abs. 1 Nr. 2 SGB III). Normalerweise sind Maßnahmen im gewerblichen Bereich nur förderungsfähig, wenn sie an ein Wirtschaftsunternehmen vergeben werden. Hiervon kann jedoch abgesehen werden, wenn die Maßnahme sinnvoll nur sozialpädagogisch betreut durchgeführt werden kann oder überwiegend Arbeitnehmer zugewiesen werden, die behindert sind (§ 262 Abs. 1 Nr. 1 und 2 SGB III). In diesem Fall kann die Maßnahme auch in eigener Regie des Trägers durchgeführt werden. Die Vorschrift ist darauf zurückzuführen,

---

111 Gagel, AFG, § 60, RN 4.

daß staatlich subventionierte Tätigkeiten des „Zweiten Arbeitsmarktes" nicht zu einer Verdrängung von Arbeitsplätzen auf dem Ersten Arbeitsmarkt führen sollen. Außerdem werden durch eine unternehmensnahe Tätigkeit die Vermittlungsaussichten verbessert. Deshalb kommen Maßnahmen in Eigenregie des Trägers – im gewerblichen Bereich – nur ausnahmsweise in Betracht.

6. Kriegsopferfürsorge

Die Versorgungsverwaltung erbringt Leistungen zur Rehabilitation im Rahmen des sozialen Entschädigungsrechts. Es handelt sich hierbei um Entschädigungsleistungen an Personen, die einen Gesundheitsschaden erlitten haben, für dessen Folgen die staatliche Gemeinschaft in **Abgeltung eines besonderen Opfers** einzustehen hat (§ 5 SGB I). Die berufsfördernden Leistungen werden nach den Grundsätzen der Kriegsopferfürsorge erbracht (§§ 25–27 d BVG). Leistungen der Kriegsopferfürsorge werden nur gewährt, wenn und soweit die Beschädigten infolge der Schädigung und die Hinterbliebenen nicht in der Lage sind, trotz der übrigen Leistungen nach dem Bundesversorgungsgesetz sowie ihres sonstigen **Einkommens und ihres Vermögens** eine angemessene Lebensversorgung zu erlangen oder sich zu erhalten. Hierin spiegelt sich das Bedürftigkeitsprinzip der Sozialhilfe. Gleichwohl gehen Leistungen der Kriegsopferfürsorge der Sozialhilfe vor.

Das **Ziel** der beruflichen Rehabilitation ergibt aus § 26 Abs. 1 i. V. m. §§ 25 Abs. 2, 25 a Abs. 1 BVG. Berufsfördernde Leistungen werden demgemäß erbracht, um die Folgen der erlittenen Schädigung angemessen auszugleichen oder zu mildern. Sie sollen dazu beitragen, die Beschädigten darin zu unterstützen, eine angemessene Lebensstellung zu erlangen und sich zu erhalten sowie insbesondere die Erwerbsfähigkeit entsprechend der Leistungsfähigkeit zu erhalten, zu bessern, herzustellen oder wiederherzustellen und den Beschädigten hierdurch möglichst auf Dauer beruflich einzugliedern.

§ 26 BVG verweist hinsichtlich der **Leistungen** zur Teilhabe am Arbeitsleben auf die §§ 33–38 sowie § 40 des 9. Buches (SGB IX). Bei Unterbringung des Beschädigten in einer Einrichtung der beruflichen Rehabilitation werden dort entstehende Aufwendungen nur als Sachleistungen übernommen (§ 26 Abs. 2 BVG). Zu den Leistungen zur Teilhabe am Arbeitsleben gehören auch Hilfen zur Gründung und Erhaltung einer selbständigen Existenz. Geldleistungen hierfür sollen in der Regel als Darlehen gewährt werden (§ 26 Abs. 3 BVG).

Als **ergänzende Leistungen** erhalten die Betroffenen Übergangsgeld und Unterhaltsbeihilfe, Entrichtung von Beiträgen zur gesetzlichen Rentenversicherung für Zeiten des Bezuges von Übergangsgeld, Erstattung der Aufwendungen zur Alterssicherung von nicht rentenversicherungspflichtigen Beschädigten, für freiwillige Beiträge zur gesetzlichen Rentenversicherung sowie für Beiträge zur privaten Versicherung usw. Außerdem sind eine Haushaltshilfe, die Übernahme von Reisekosten und sonstige Hilfen möglich (vgl. § 26 Abs. 4 BVG). Im Rahmen der sonstigen

Hilfen kommt auch die Hilfe zur Beschaffung und Unterhaltung eines Kraftfahrzeugs in Betracht. Entsprechend angewandt werden die Vorschriften auf Witwen und Witwer (§ 26 Abs. 5 BVG). Bei den Leistungen zur Teilhabe am Arbeitsleben sind – abgesehen vom Übergangsgeld (§ 26a Abs. 2 BVG) sowie von der Kraftfahrzeughilfe (§ 26 Abs. 5 BVG) – Einkommen und Vermögen grundsätzlich nicht zu berücksichtigen (§ 26 Abs. 5 BVG).

7. BSHG

Berufliche Rehabilitation ist Teil der Eingliederungshilfe für Behinderte gem. §§ 39ff. BSHG. Danach „ist" Personen, die durch eine **Behinderung** im Sinne von § 2 Abs. 2 S. 1 SGB IX in ihrer Fähigkeit, an der Gesellschaft teilzuhaben, eingeschränkt oder von einer solchen wesentlichen Behinderung bedroht sind, Eingliederungshilfe zu gewähren. Personen mit einer **anderen** körperlichen, geistigen oder seelischen Behinderung „kann" Eingliederungshilfe gewährt werden (§ 39 Abs. 1 BSHG). Bei einer **drohenden** Behinderung ist jedoch zu beachten, daß zunächst die erforderliche Gesundheits- oder Krankenhilfe durchgeführt werden muß (§ 39 Abs. 2 BSHG). Erst wenn nach der Durchführung der Akutbehandlung noch eine Behinderung droht, ist Eingliederungshilfe durchzuführen.

Aufgabe der Eingliederungshilfe ist die Eingliederung des behinderten Menschen in die Gesellschaft (§ 39 Abs 3 BSHG). Im Gegensatz etwa zur Rentenversicherung und Arbeitsförderung ist die Gewährung von Leistungen also grundsätzlich nicht daran gebunden, daß die Erwerbsfähigkeit des Betroffenen wieder hergestellt oder eine Eingliederung in das Arbeitsleben erfolgen kann.[112] Die einzelnen Leistungen der Eingliederungshilfe sind in § 40 BSHG geregelt und werden durch die **Eingliederungshilfeverordnung** gem. § 47 BSHG näher konkretisiert.

Sachlich **zuständig** ist grundsätzlich der örtliche Träger der Sozialhilfe (§ 96 Abs. 1 BSHG). Bei teilstationärer oder stationärer Unterbringung gilt jedoch die Zuständigkeit des überörtlichen Trägers (§ 100 Abs. 1 Nr. 1 BSHG).

Auf die Leistung besteht ein **Rechtsanspruch** dem Grunde nach. Lediglich bei Personen mit einer „anderen" Behinderung liegt das „Ob" der Leistung im Ermessen der Behörde. Wegen der notwendigen Einzelfallflexibilität des Entscheidungsträgers ist bei der Bestimmung von Art und Umfang der Leistung jedoch ein Ermessensspielraum gegeben (§§ 4 Abs. 2, 3 Abs. 1 BSHG).

Die Gewährung der Leistung ist vom **Einkommen und Vermögen** des Leistungsempfängers und seiner Angehörigen abhängig, insofern dies zumutbar ist (§ 28 BSHG). Die Zumutbarkeit wird in den §§ 79–87 (Einsatz des Einkommens) und in

---

112 Mit Ausnahme von § 40 Abs. 1 Nr. 3, der insofern auf § 33 SGB IX verweist. Indes bleibt der soziale Integrationszweck des § 39 Abs. 3 BSHG maßgebend. Im Bereich der beruflichen Förderung aber ist die Verbesserung der Erwerbsfähigkeit als Zwischenstadium auf dem Weg zur sozialen Integration anzusehen.

den §§ 88, 89 (Einsatz des Vermögens) bestimmt. Die Ermittlung insbesondere des **Einkommens** erfolgt gem. § 76 BSHG: Vom Bruttoeinkommen werden die in § 76 Abs. 2 genannten Positionen (wie etwa Abgaben und sonstige Belastungen) abgesetzt. Danach sind die **Einkommensgrenzen** zu ermitteln. Die Einkommensgrenze bewirkt, daß das unter dieser Grenze liegende Einkommen grundsätzlich unberücksichtigt bleibt. Die Einkommensgrenze setzt sich zusammen aus einem Grundbetrag, den Kosten der Unterkunft sowie einem Familienzuschlag (§ 79 BSHG). Bei der Eingliederungshilfe für behinderte Menschen wird jedoch ein erhöhter Grundbetrag gewährt (§ 81 BSHG). Soweit das zu berücksichtigende Einkommen die maßgebliche Einkommensgrenze übersteigt, ist dem Hilfesuchenden die Aufbringung der Mittel **„in angemessenem Umfang"** zuzumuten (§ 84 Abs. 1 BSHG). In diesem Rahmen können somit besondere Belastungen im Einzelfall angeführt werden. Ist der Bedarf jedoch nur von kurzer Dauer (etwa kurzfristige Behandlungsmaßnahme) oder handelt es sich um einmalige Leistungen (etwa Versorgung mit Hilfsmitteln), so „kann" von den Betroffenen das Ansparen erforderlicher Mittel verlangt werden (§ 84 Abs. 2 und 3 BSHG). Liegt das Einkommen „unterhalb" der Einkommensgrenze, so wird grundsätzlich kein Einkommenseinsatz zugemutet. Hiervon statuiert das Gesetz drei Ausnahmen: Der Hilfsbedürftige erhält von jemandem Leistungen, die im Einzelfall dem gleichen Zweck dienen wie die Sozialhilfe; es handelt sich um sog. Bagatellfälle; der Hilfsbedürftige erspart durch einen voll- oder teilstationären Aufenthalt Kosten, die er ansonsten zuhause hätte (§ 85 Abs. 1 BSHG). Beim Vermögen sind bestimmte Positionen von der Verwertung ausgeschlossen (§ 88 Abs. 2 BSHG).[113]

Hinsichtlich des **Personenkreises** verlangt das Gesetz in § 39 eine „wesentliche" Einschränkung der Fähigkeit, an der Gesellschaft teilzuhaben. Insofern gilt der Behindertenbegriff der Eingliederungshilfeverordnung für die Definition der wesentlichen körperlichen, geistigen und seelischen Behinderung sowie der Bedrohung von Behinderung. Regelmäßig ist hier eine Beeinträchtigung „in erheblichem Umfange" erforderlich. Hierbei kommt es auf eine Würdigung der besonderen Lebensverhältnisse des jeweiligen Hilfesuchenden an, auch unter Berücksichtigung seines erlernten und ausgeübten Berufs. Bei der Feststellung der Behinderung wird regelmäßig ein ärztliches oder psychologisches Gutachten erforderlich sein.[114]

Leistungsvoraussetzung ist die **Aussicht**, daß die Aufgabe der Eingliederungshilfe erfüllt werden kann (§ 39 Abs. 1 BSHG). Wenn eine bestimmte in Aussicht gestellte Hilfsmaßnahme in Anbetracht von Art und Schwere der Behinderung sich als nicht geeignet und erfolgversprechend herausstellen sollte, so entbindet dies nicht von der Pflicht zur Überprüfung weiterer Alternativen. Hierbei ist in Rechnung zu stellen, daß schon die Möglichkeit der Milderung der Behinderung oder ihrer Folgen den Leistungsanspruch begründet (§ 39 Abs. 3 BSHG). Auch einem pflegebedürf-

---

113 Etwa Vermögen zur Gründung eines Hausstandes, angemessener Hausrat, Familien- und Erbstücke, ein angemessenes und von den Betroffenen bewohntes Hausgrundstück sowie kleinere Barbeträge.

114 Vgl. zu den Ermittlungsanforderungen D. V. 4.

tigen Menschen steht bei Erfüllung der Voraussetzungen daher zusätzlich Eingliederungshilfe zu.[115]

Die einzelnen infrage kommenden **Maßnahmen** der Eingliederungshilfe sind in den §§ 40 BSHG sowie den §§ 6–24 Eingliederungshilfeverordnung geregelt: Grundsätzlich kommen Leistungen zur Teilhabe am Arbeitsleben nach § 33 SGB IX sowie sonstige Hilfen zur Erlangung eines geeigneten Platzes im Arbeitsleben, Hilfen zu einer angemessenen Schulbildung, Hilfe zur schulischen Ausbildung für einen angemessenen Beruf (einschließlich Hochschulbesuch), Hilfe zur Ausbildung für eine sonstige angemessene Tätigkeit, Leistungen in anerkannten Werkstätten für behinderte Menschen oder in vergleichbaren Beschäftigungsstätten sowie nachgehende Hilfe zur Sicherung der Teilhabe der behinderten Menschen am Arbeitsleben in Betracht (§ 40 Abs. 1 Nr. 1, 3, 4, 5, 6, 7, 9 BSHG). Vor allem zur Eingliederung in das Arbeitsleben gewährt die **Eingliederungshilfeverordnung** Hilfe zur Beschaffung eines Kraftfahrzeuges (§ 8) sowie diverse Hilfsmittel, wie behindertengerechte Schreibmaschinen, Verständigungsgeräte und Tonbandgeräte (§ 9 EingliederungshilfeVO). Die Hilfe zu einer angemessenen Schulbildung umfaßt heilpädagogische Maßnahmen, Maßnahmen der Schulbildung sowie Hilfe zum Besuch einer schulischen Ausbildungsstätte (§ 12 EingliederungshilfeVO). Die Hilfe zur Ausbildung für einen angemessenen Beruf umfaßt Hilfe zur Berufsausbildung, zur Ausbildung an Fachschulen und Hochschulen und sonstigen Ausbildungsstätten, wenn die beabsichtigte Ausbildung erreichbar und erforderlich ist (§ 13 Abs. 1 und 2 EingliederungshilfeVO). Entsprechendes gilt für eine etwaige Fortbildung und Umschulung (§ 14 EingliederungshilfeVO). Ist eine geordnete Ausbildung wegen Art oder Schwere der Behinderung nicht möglich, so sind auch Hilfen zum Erwerb praktischer Kenntnisse und Fähigkeiten möglich (§ 15 EingliederungshilfeVO). Im übrigen kommt Hilfe zur Beschaffung von Gegenständen sowie anderen Leistungen in Betracht, wenn sie zur Beschäftigung im Arbeitsleben erforderlich sind (§ 17 EingliederungshilfeVO). Für erforderliche Begleitpersonen werden Fahrtkosten, Auslagen und sonstige Kosten übernommen (§ 22 Eingliederungshilfeverordnung). Wegen der nach h. M. **vorrangigen Zuständigkeit der Bundesanstalt für Arbeit** (s. o.) dürfte der Sozialhilfeträger jedoch nur in Ausnahmefällen zur Leistung verpflichtet sein.[116]

Die vorstehend skizzierte Anrechnung von Einkommen und Vermögen wird durch die **erweiterte Hilfe** gem. § 43 BSHG gerade für schulische und berufliche Aus-

115 Bei sog. Komplexleistungen (z. B. Hilfe durch Zivildienstleistende beim Besuch eines Regelkindergartens) ist der Eingliederungshilfe als der umfassenderen Hilfe im Zweifel der Vorzug zu geben, auch wenn ihre Aufgabe nur teilweise erreichbar ist: VGH BW NVwZ-RR 1997, 363.
116 Hinsichtlich der Zuständigkeitsabgrenzung zur Arbeitsverwaltung ist dieses Ergebnis jedoch nicht zwingend, seitdem der Sozialhilfeträger ebenso wie die Arbeitsverwaltung in § 6 SGB IX als Rehabilitationsträger aufgeführt ist und für beide Bereiche in gleicher Weise eine Nachrangigkeit besteht (§§ 39 Abs. 5 BSHG, 22 Abs. 2 SGB III). Deshalb muß es maßgeblich darauf ankommen, worin der Hauptzweck der Leistung zu sehen ist. Betrifft diese vornehmlich die Erwerbsfähigkeit des Behinderten, so gilt die Zuständigkeit der Arbeitsverwaltung; tritt der soziale Integrationszweck in den Vordergrund, so gilt die Zuständigkeit des Sozialhilfeträgers, auch wenn berufliche Rehabilitationsmaßnahmen im Spiel sind.

bildungsmaßnahmen erheblich relativiert. Die Vorschrift zerfällt in zwei Bestandteile. Durch Abs. 1 wird sichergestellt, daß vor allem in Einrichtungen durchgeführte Eingliederungsmaßnahmen auch dann in vollem Umfang zu gewähren sind, wenn der Bedarfsgemeinschaft (der Hilfesuchende, Ehegatte, Eltern minderjähriger Kinder) die Aufbringung der Mittel nur teilweise möglich ist. Abs. 2 stellt die Bedarfsgemeinschaft von den originären Maßnahmekosten frei und läßt sie nur für die Kosten des Lebensunterhalts aufkommen. Hierdurch soll erreicht werden, daß die Eingliederung aus finanziellen Gründen nicht vernachlässigt oder gar hintertrieben wird.[117]

Können die Kosten von der Bedarfsgemeinschaft nach Abs. 1 **nur zu einem Teil** aufgebracht werden, so trifft den Sozialhilfeträger eine Vorleistungspflicht. In Höhe des zumutbaren Teils hat die Bedarfsgemeinschaft jedoch zu den Kosten der Hilfe beizutragen.[118] Die Vorschrift durchbricht also den Grundsatz, daß Sozialhilfeleistungen von Anfang an nur für den nicht gedeckten Teil der Maßnahmekosten gewährt werden. Können diese jedoch in vollem Umfang aufgebracht werden (durch das über der Einkommensgrenze liegende Einkommen), so entfällt die Vorleistungspflicht der Behörde.[119]

Die **Maßnahmekosten entfallen** nach Abs. 2 bei heilpädagogischen Maßnahmen für Kinder, bei der Hilfe zu einer angemessenen Schulbildung, bei der Hilfe des noch nicht eingeschulten behinderten Menschen, bei der einrichtungsbezogenen Hilfe zur schulischen Berufsausbildung oder zu einer sonstigen angemessenen Tätigkeit, bei Leistungen zur medizinischen Rehabilitation und zur Teilhabe am Arbeitsleben, bei Leistungen in Behindertenwerkstätten sowie bei teilstationären Hilfen zum Erwerb praktischer Kenntnisse und Fähigkeiten. Grundsätzlich hat die Bedarfsgemeinschaft dann nur für die Kosten des Lebensunterhalts aufzukommen. Leistungen für den Lebensunterhalt werden häufig jedoch auch in den Einrichtungen erbracht (etwa Ernährung, Körperpflege). In diesem Fall (§ 43 Abs. 2 Ziff. 1–6 BSHG) sind jedoch nur die für den häuslichen Lebensunterhalt ersparten Aufwendungen anzusetzen.[120] Die Kostenbefreiung gilt im Regelfall jedoch nur bis zum 18. Lebensjahr. Bei Leistungen in Behindertenwerkstätten und bei Hilfen zum Erwerb praktischer Kenntnisse und Fähigkeiten (Abs. 2 Nr. 7, 8) gilt jedoch die Sonderregelung, daß Kosten des Lebensunterhalts nur dann von der Bedarfsgemeinschaft zu tragen sind, wenn der behinderte Mensch ein Einkommen hat, das über dem doppelten Regelsatz liegt.

§ 44 BSHG gewährt **vorläufige Hilfeleistungen** durch den zuerst angegangenen Träger der Sozialhilfe, wenn spätestens vier Wochen nach Bekanntwerden des Be-

117 BVerwGE 48, 228, 234.
118 Die Heranziehung zu den Kosten geschieht durch (anfechtbaren) Verwaltungsakt.
119 In begründeten Fällen kommt eine Vorleistungspflicht dann nur noch als Ermessensleistung gem. § 29 BSHG in Betracht.
120 Grundsätzlich ist hierbei die tatsächliche und nicht eine fiktiv berechnete Haushaltsersparnis zugrunde zu legen: BVerwGE 40, 308, 310; 52, 51, 56. Entstehen die Kosten für den Lebensunterhalt dagegen im häuslichen Bereich, so kommen die allgemeinen Vorschriften zur Einkommensanrechnung (§§ 76ff.) zur Geltung.

darfs die Zuständigkeit anderer Träger (etwa der Sozialhilfe oder sonstiger Rehabilitationsträger) noch ungeklärt ist. Die Vorschrift genießt gem. § 7 SGB IX Vorrang vor der Zuständigkeitsvorschrift des § 14 SGB IX.[121]

Zur Koordinierung von Maßnahmen hat der Träger der Sozialhilfe so frühzeitig wie möglich einen **Gesamtplan** zu erstellen (§ 46 BSHG). Nach Sinn und Zweck der Vorschrift ist dies aber nur erforderlich, wenn mehr als eine Maßnahme notwendig ist und insbesondere medizinische und berufliche Maßnahmen aufeinander abgestimmt werden müssen. Der Gesamtplan hat jedoch nicht nur koordinierende Funktion. Durch die Beteiligung auch des behandelnden Arztes sowie sonstiger öffentlicher Stellen (§ 46 Abs. 2 BSHG) wird vor allem auch ein Höchstmaß an Transparenz und Kontrolle im Hilfeprozeß erreicht, wodurch umgekehrt der verdeckte Einfluß von Kapazitäts- und Kostenerwägungen auf die Hilfeentscheidung vermindert wird. Der Hilfesuchende hat einen Rechtsanspruch auf Aufstellung eines Gesamtplanes.[122]

V. Besondere Rehabilitationseinrichtungen

Im folgenden sollen vier klassische Einrichtungstypen vorgestellt werden: Einrichtungen der medizinisch-beruflichen Rehabilitation, Werkstätten für Behinderte, Berufsbildungswerke und Berufsförderungswerke. Daneben gibt es zahlreiche Spezialeinrichtungen, wie etwa Blindenwerkstätten oder berufliche Trainingszentren für psychisch Behinderte. Für welche Einrichtung sich der zuständige Rehabilitationsträger entscheidet, ist gem. § 17 SGB IX seinem **Ermessen** anheimgestellt.[123] Bei der Auswahl privat betriebener oder gemeinnütziger Dienste und Einrichtungen ist grundsätzlich derjenige Träger in Anspruch zu nehmen, der die Leistung in der am besten geeigneten Form ausführt (§ 19 Abs. 4 SGB IX). Die Leistung kann in ambulanter, teilstationärer oder betrieblicher Form unter Einbeziehung familienentlastender und -unterstützender Dienste erbracht werden (§ 19 Abs. 2 SGB IX). Hierbei ist die Vielfalt der Träger und deren Selbständigkeit, Selbstverständnis und Unabhängigkeit sowie schließlich die Wirtschaftlichkeit der Leistungserbringung zu beachten (§ 19 Abs. 4 SGB IX). Die **Finanzierung** der Dienste und Einrichtungen erfolgt durch Subventionen (§ 19 Abs. 5 SGB IX) sowie im Rahmen von Entgelt- und Qualitätsvereinbarungen (§ 21 SGB IX). Insbesondere Einrichtungen der beruflichen Rehabilitation unterliegen den in § 39 SGB IX aufgeführten Anforderungen. Sie erbringen die in § 33 SGB IX aufgeführten Leistun-

---

121 Der Vorrang besteht jedoch nur für den Fall, daß zu befürchten ist, daß die Maßnahme sonst nicht oder nicht rechtzeitig durchgeführt wird (§ 44 Abs. 1 BSHG). Kommt es auf die Rechtzeitigkeit der Maßnahmedurchführung nicht an, so gilt die Zuständigkeitsregelung in § 14 SGB IX.

122 Der Gesamtplan dient im wesentlichen nur der Vorbereitung der nachfolgend aus ihm hervorgehenden Leistungsbewilligungen. Vorbereitungshandlungen fehlt regelmäßig der Regelungscharakter. Deshab ist der Gesamtplan auch kein Verwaltungsakt. Zulässige Klageart ist daher die Leistungsklage: OVG NW FEVS 22, 14; VGH BB NDV-RD 1997, 64.

123 Vgl. dazu bereits I.I.9.

gen zur Teilhabe am Arbeitsleben zur Erhaltung, Verbesserung, Herstellung und Wiederherstellung der Erwerbsfähigkeit behinderter oder von Behinderung bedrohter Menschen. Eine Sonderstellung nehmen demgegenüber Leistungen in Werkstätten für behinderte Menschen ein (§§ 39, 136 SGB IX). Sie kümmern sich um Behinderte mit starken Leistungsdefiziten, die für eine Beschäftigung auf dem allgemeinen Arbeitsmarkt oder eine reguläre Berufsausbildung nicht in Betracht kommen.

1. Einrichtungen der medizinisch-beruflichen Rehabilitation

Einrichtungen der medizinisch-beruflichen Rehabilitation schließen die Lücke zwischen Akutbehandlung bzw. Erstversorgung und beruflicher Rehabilitation. Häufig werden bereits am Krankenbett berufsdiagnostische und berufsvorbereitende Maßnahmen durchgeführt.[124] So ist beispielsweise gerade für Patienten mit Schädel- oder Hirnverletzungen eine multidisziplinäre Förderung von größter Bedeutung. Ihr Ziel ist die Ermöglichung der Rückkehr auf den alten Arbeitsplatz oder die Vorbereitung auf eine Berufsausbildung, Umschulung oder Tätigkeit in einer Werkstatt für Behinderte. Hierbei wird insbesondere Belastungserprobung und Arbeitstherapie gewährt und ein frühzeitiger Kontakt mit der früheren Arbeitsstelle hergestellt (§ 26 Abs. 2 Nr. 7 sowie Abs. 3 Nr. 3 SGB IX). So wird ein gleitender Übergang vom medizinischen zum beruflichen Maßnahmebereich ermöglicht. Häufig ist dieser Übergang mit einem Wechsel der Finanzierungsverantwortung verbunden. In diesem Fall kommt den Regelungen zur Koordinierung von Leistungen, ihrem Zusammenwirken sowie zur Zusammenarbeit der Rehabilitationsträger besondere Bedeutung zu (§§ 10–14 SGB IX).

2. Werkstätten für behinderte Menschen

Werkstätten für Behinderte haben den **Auftrag,** Behinderten, die wegen Art und Schwere ihrer Behinderung nicht, noch nicht oder noch nicht wieder auf dem allgemeinen Arbeitsmarkt beschäftigt werden können, Gelegenheit zur Teilhabe am Arbeitsleben zu bieten. Dazu gehört das Angebot angemessener beruflicher Bildung und die Möglichkeit, die persönliche Leistungsfähigkeit oder Erwerbsfähigkeit zu entwickeln, zu erhöhen oder wiederzugewinnen (§ 39 SGB IX). Die Werkstätten sollen allen Behinderten offenstehen, unabhängig von der Art der Behinderung. Den größten Anteil bilden jedoch die Menschen mit geistigen Behinderungen.[125] Das SGB IX zerfällt hinsichtlich der Behindertenwerkstätten in zwei Regelungs-

124 Zum Ganzen: Mössiger-Germer, Berufliche Rehabilitation im Arbeitsförderungsrecht, Schriftenreihe des Instituts für Fort- und Weiterbildung sozialer Berufe e.V. (Braunschweig), 2001, 59 ff.

125 Bundesvereinigung der Lebenshilfe (Hg.), Wege zum allgmeinen Arbeitsmarkt, Ergebnisbericht und Empfehlungen der Projektgruppe, Marburg 1996.

komplexe: §§ 39–43 regeln die Leistungen an den behinderten Menschen, §§ 136–144 die Anforderungen an die Einrichtung.

Als **Leistungen** kommen in Betracht Leistungen im Eingangsverfahren und im Berufsbildungsbereich (§ 40 Abs. 1 SGB IX), Leistungen im Arbeitsbereich (§ 41 SGB IX) sowie ein Arbeitsförderungsgeld als Ergänzung des regelmäßig niedrigen Arbeitsentgelts (§ 43 SGB IX). Die Zuständigkeit des jeweiligen Rehabilitationsträgers ergibt sich aus § 42 SGB IX.

Im **Eingangsverfahren** soll festgestellt werden, ob der Behinderte überhaupt werkstattgeeignet ist, d. h. es wird geprüft, ob er ein Mindestmaß an wirtschaftlich verwertbarer Arbeitsleistung erbringen kann, ob er gemeinschaftsfähig und nicht außerordentlich pflegebedürftig ist. Die Leistungen können im Einzelfall bis zu 3 Monaten erbracht werden (§ 40 Abs. 1 Nr. 1, Abs. 2 SGB IX).

Im **Berufsbildungsbereich** geht es um die Entwicklung der Leistungs- oder Erwerbsfähigkeit des behinderten Menschen. Dieser soll in die Lage versetzt werden, wenigstens ein Mindestmaß wirtschaftlich verwertbarer Arbeitsleistung zu erbringen. Denn dies ist Voraussetzung für die spätere Aufnahme in den Arbeitsbereich. Die Leistungen im Berufsbildungsbereich werden maximal für zwei Jahre erbracht und zunächst für ein Jahr bewilligt (§ 40 Abs. 1 Nr. 2, Abs. 3 SGB IX).

Das **Leistungsangebot** ist vielschichtig. Gefördert werden extrafunktionale Fähigkeiten im Bereich des Sozial- und Arbeitsverhaltens, praktische Fertigkeiten im Umgang mit Arbeitsinstrumenten und Arbeitsmaterialien sowie lebenspraktische Fertigkeiten im Bereich der Körperpflege, Gesundheitspflege, Nahrungszubereitung, Verkehrserziehung usw. Im übrigen werden auch theoretische Unterrichtseinheiten in Anlehnung an den Berufsschulunterricht angeboten. Am Ende der Förderung im Arbeitstrainingsbereich muß der Fachausschuß gegenüber dem zuständigen Sozialleistungsträger eine Stellungnahme dazu abgeben, ob und welche weitere Förderung zweckmäßig erscheint. In Betracht kommen dabei andere bzw. weiterführende berufsfördernde Bildungsmaßnahmen oder eine Beschäftigung im Arbeitsbereich der Werkstatt oder auf dem allgemeinen Arbeitsmarkt.[126]

Leistungen im Arbeitsbereich kommen nur für diejengen behinderten Menschen infrage, die wegen Art oder Schwere ihrer Behinderung nicht in der Lage sind, einer Beschäftigung auf dem allgemeinen Arbeitsmarkt nachzugehen oder an beruflichen Fördermaßnahmen (§ 33 Abs. 3 Nr. 2–4 SGB IX) teilzunehmen. Ergänzend zur eigentlichen Arbeitstätigkeit erhalten die Beschäftigten eine arbeitsbegleitende Förderung zur Erhaltung und Verbesserung ihrer Leistungsfähigkeit sowie zur Weiterentwicklung ihrer Persönlichkeit sowie schließlich eine Förderung des Übergangs auf den allgemeinen Arbeitsmarkt (§ 41 Abs. 2 SGB IX). Die Werkstätten erhalten für diese Leistungen angemessene Vergütungen (§ 41 Abs. 3 SGB IX).

---

126 Für eine Beschäftigung außerhalb des Arbeitsbereichs kamen 1997 jedoch nur 5 bis 10 % der Erwachsenen mit geistiger Behinderung infrage. Die Vermittlungsquote der Werkstattbeschäftigten liegt pro Jahr jedoch insgesamt unter 0,5 %: Mössinger-Germer, Berufliche Rehabilitation im Arbeitsförderungsrecht, 2001, 70.

Die Werkstatt steht allen behinderten Menschen unabhängig von Art und Schwere der behinderung offen, sofern erwartet werden kann, daß wenigstens ein **Mindestmaß wirtschaftlich verwertbarer Arbeitsleistung** erbracht werden kann (§ 136 Abs. 2 SGB IX). Behinderte Menschen, bei denen diese Voraussetzungen nicht erfüllt sind, sollen in Einrichtungen oder Gruppen außerhalb der Werkstatt gefördert werden (§ 136 Abs. 3 SGB IX). Die im Arbeitsbereich beschäftigten behinderten Menschen stehen zu den Werkstätten in einem **arbeitnehmerähnlichen Rechtsverhältnis** und erhalten für ihre Tätigkeit ein Arbeitsentgelt (§ 138 Abs. 1, Abs. 2 SGB IX). Die Beschäftigten sind kranken-, renten-, pflege- und unfallversicherung-, nicht jedoch arbeitslosenversichert.[127] Zur Verfolgung ihrer Interessen wirken die behinderten Menschen in speziellen Werkstatträten an den Angelegenheiten der Werkstatt mit (§ 139 SGB IX).

Um sich am Markt behaupten zu können, werden den Behindertenwerkstätten besondere Vergünstigungen eingeräumt. So können Arbeitgeber, die Aufträge an anerkannte Werkstätten vergeben, 50 % des Rechnungsbetrages auf die **Ausgleichsabgabe anrechnen,** die für unbesetzte Schwerbehindertenarbeitsplätze zu entrichten ist (§ 140 SGB IX). Außerdem sollen öffentliche Aufträge bevorzugt an Behindertenwerkstätten vergeben werden (§ 141 SGB IX). Das Nähere zu den fachlichen Anforderungen an die Werkstatt sowie zum Verfahren der Anerkennung von Werkstätten enthält die Werkstättenverordnung (WVO).[128]

3. Berufsbildungswerke

Die in § 33 SGB IX aufgeführten Leistungen zur Teilhabe am Arbeitsleben werden gem. § 17 Abs. 1 Nr. 3 teilweise unter Inanspruchnahme „von geeigneten, insbesondere auch freien und gemeinnützigen oder privaten Rehabilitationsdiensten und -einrichtungen erbracht", zu denen gem. § 35 SGB IX auch Berufsbildungswerke zählen. Diese befinden sich zumeist in der **Trägerschaft** von gemeinnützigen Gesellschaften mit beschränkter Haftung, Stiftungen oder eingetragenen Vereinen, die zudem häufig Verbänden der freien Wohlfahrtspflege angeschlossen sind. Berufsbildungswerke unterliegen bestimmten qualifikatorischen Anforderungen, haben angemessene Teilnahmebedingungen zu bieten und den Teilnehmenden

127 Die Rechtsstellung der Teilnehmer an Maßnahmen im Eingangsverfahren und im Berufsbildungsbereich ergibt sich aus § 36 SGB IX. Danach sind die Teilnehmer keine Arbeitnehmer im Sinne des Betriebsverfassungsgesetzes. Arbeitnehmerschutzvorschriften werden jedoch entsprechend angewendet (§ 138 Abs. 4 SGB IX).

128 Sie enthält Regelungen zum Fachausschuß, zum Eingangsverfahren, Berufsbildungsbereich und Arbeitsbereich, zur Beschäftigungszeit, zur Größe der Werkstatt, zur baulichen Gestaltung und Ausstattung, zur Werkstattleitung und zum Fachpersonal, zu den begleitenden Diensten, zur Forbildung, zur Wirtschaftsführung, zu den Werkstattverträgen zwischen Werkstatt und dem behinderten Menschen, zur Mitwirkung der behinderten Menschen, zum Verbund mehrerer Werkstätten, zur Form der Werkstatt als teilstationäre Einrichtung oder selbständiger Teil einer stationären Einrichtung, zur Anerkennungsfähigkeit von Einrichtungen, zum Antragsverfahren und zur verläufigen Anerkennung.

angemessene Mitwirkungsmöglichkeiten einzuräumen. Schließlich müssen die Leistungen nach den Grundsätzen der Wirtschaftlichkeit und Sparsamkeit zu angemessenen Vergütungssätzen erbracht werden. Die zuständigen Rehabilitationsträger vereinbaren hierüber gemeinsame Empfehlungen gem. §§ 13 und 20 SGB IX (§ 35 SGB IX).

Berufsbildungswerke dienen der erstmaligen **Berufsausbildung** vornehmlich jugendlicher Behinderter, die „in einer auf ihre Behinderungsart und deren Auswirkung eingestellten Ausbildungsorganisation und bei einer auf die jeweiligen Belange ausgerichteten kontinuierlichen ausbildungsbegleitenden Betreuung durch Ärzte, Psychologen, Sonderpädagogen und andere Fachkräfte der Rehabilitation zu einem Ausbildungsabschluß nach dem Berufsbildungsgesetz und dadurch zur Eingliederung auf dem allgemeinen Arbeitsmarkt befähigt werden können".[129]

Der **Personenkreis** der in Berufsbildungswerken auszubildenden Behinderten umfaßt solche mit Lern-, Körper-, Seh-, Sinnes-, Hör-, Sprach- und Mehrfachbehinderungen und mit psychischen Behinderungen, bei denen eine Ausbildung auf dem allgemeinen Arbeitsmarkt nicht möglich ist.

Das **Angebot** umfaßt Maßnahmen zur Berufsfindung, Maßnahmen zur Arbeitserprobung, berufsvorbereitende Fördermaßnahmen sowie die Durchführung der Berufsausbildung. Bei den berufsvorbereitenden Förderungsmaßnahmen (sog. F-Lehrgänge) wird ein differenzierter Förderbedarf zugrunde gelegt. **Teilnahmeberechtigt** sind Personen, die für eine Berufsausbildung in Betracht kommen, jedoch wegen einer behinderungsbedingten Lernerschwernis einer besonderen Förderung bedürfen (bis 12 Monate), um Personen, die aufgrund der Art und Schwere ihrer Behinderung für eine Berufsausbildung nicht in Betracht kommen (bis 24 Monate), um Personen, die für eine Berufsausbildung nicht in Betracht kommen, andererseits durch die Beschäftigung in einer Werkstatt für Behinderte unterfordert wären (bis 36 Monate) sowie um Personen, die wegen der Dauer ihrer medizinischen Rehabilitation nicht mehr wettbewerbsfähig sind (bis 6 Monate).[130] Die **Berufsausbildung** erfolgt nach den Vorschriften des Berufsbildungsgesetzes bzw. der Handwerksordnung (§ 25 BBiG, HwO). Soweit Art und Schwere der Behinderung dies erfordern, kann die Ausbildung jedoch auch abweichend vom Berufsbildungsrecht erfolgen (§§ 48 BBiG, 42b HwO). Die Ausbildung erfolgt im Dualen System, d. h. die praktische Ausbildung in den Ausbildungswerkstätten wird durch Unterricht an der Berufsschule, die in der Regel ins Berufsbildungswerk integriert ist, ergänzt.[131] Hierzu ist ein auf die besonderen Bedürfnisse abgestimmter Förderunterricht notwendig. Vornehmlich im letzten Ausbildungsabschnitt findet ein

129 Bundesministerium für Arbeit und Sozialordnung (Hg.), Berufsbildungswerke, Einrichtungen zur beruflichen Rehabilitation junger Menschen mit Behinderung – Erstausbildung –, 1999, 9.

130 Bundesanstalt für Arbeit (Hg.), Berufliche Rehabilitation junger Menschen, Handbuch für Schule, Berufsberatung und Ausbildung, 1997.

131 Mössinger-Germer, Berufliche Rehabilitation im Arbeitsförderungsrecht, 2001, 77.

mehrwöchiges Betriebspraktikum außerhalb der Einrichtung statt. Während der Ausbildung durch geeignete Fachkräfte (zumeist mit arbeitspädagogischer Zusatzqualifikation) findet eine begleitende Betreuung durch Ärzte, Psychologen und Sozialpädagogen statt. Zur persönlichen Stabilisierung und Förderung der Kontaktaufnahme mit dem allgemeinen Arbeitsmarkt wird zudem ein Sozial- und Integrationstraining angeboten.[132]

4. Berufsförderungswerke

Berufsförderungswerke unterliegen den gleichen Bestimmungen wie Berufsbildungswerke (s. o., §§ 17 Abs. 1 Nr. 3, 19 Abs. 4, 33, 35 SGB IX). Auch sie befinden sich zumeist in der **Trägerschaft** von gemeinnützigen Gesellschaften mit beschränkter Haftung, Stiftungen oder eingetragenen Vereinen, die häufig Verbänden der freien Wohlfahrtspflege angeschlossen sind. Berufsförderungswerke dienen der **Fortbildung und Umschulung** behinderter Erwachsener, die in der Regel bereits berufstätig waren, und sollen eine Rückführung in das Erwerbsleben ermöglichen. Für Fortbildungs- und Umschulungsmaßnahmen gelten die §§ 46, 47 BBiG. Die Maßnahmen müssen insofern den besonderen Erfordernissen beruflicher Erwachsenenbildung entsprechen.[133] Soweit es Art und Schwere der Behinderung erfordern, kann auch abweichend von anerkannten Ausbildungsordnungen fortgebildet und umgeschult werden (§ 49 BBiG). Im Handwerksbereich existieren insofern identische Regelungen (§ 42 c HwO).

Leistungen werden nur dann in Berufsförderungswerken ausgeführt, soweit Art oder Schwere der Behinderung oder die Sicherung des Erfolges die besonderen Hilfen dieser Einrichtung erforderlich machen (§ 35 SGB IX). Nach einem von der Arbeitsgemeinschaft deutscher Berufsförderungswerke entworfenen **Kriterienkatalog** ist dies der Fall aus besonderen medizinischen Gründen (etwa Auftreten von Notfallsituationen oder lebensbedrohenden Zuständen), aus medizinischen Gründen in Kombination mit psychosozialen Belastungsfaktoren sowie bei psychosozialen Belastungen und besonderen Personengruppen (Auftreten von Krisensituationen, Lern- und Arbeitsschwierigkeiten, behinderungsbedingten und besonderen sozialen Defiziten, letzteres insbesondere bei Randgruppen).[134]

Das **Leistungsangebot** umfaßt Maßnahmen der Berufsfindung und Arbeitserprobung, Maßnahmen der Rehabilitationsvorbereitung sowie Maßnahmen der beruflichen Bildung. Insbesondere die Rehabilitationsvorbereitung dient der Förderung von noch nicht qualifizierungsgeeigneten Teilnehmern, etwa durch Nachbereitung schulischer Wissensdefizite, Behebung von Lernstörungen oder Symptomen der

---

132 Das Integrationstraining erfolgt für eine Übergangszeit von maximal 6 Monaten nach Beendigung der Ausbildungsmaßnahme, § 241 Abs. 3 SGB III.

133 Vgl. G. VI. 11.

134 Arbeitsgemeinschaft deutscher Berufsförderungswerke, Kriterienkatalog als Entscheidungshilfe für die Durchführung von Reha-Maßnahmen in einem Berufsförderungswerk, 1996, 3.

Arbeitsentwöhnung (i. d. R. 2–6 Monate). Insbesondere die berufliche Bildung soll die dauerhafte Teilhabe am Arbeitsleben sichern (§ 33 Abs. 1 SGB IX). Das Bildungsangebot umfaßt insofern unterschiedliche **Bildungsgänge** in anerkannten Ausbildungs-, Fortbildungs- und Umschulungsmaßnahmen nach BBiG sowie HwO, Fachschul- und Hochschulausbildungen sowie Bildungsgänge, die der Anpassung an veränderte Arbeitsbedingungen dienen. Die Dauer der Ausbildung beträgt regelmäßig zwischen 3 und 36 Monaten. Berufsausbildungsmaßnahmen erfolgen im Dualen System, wobei die praktischen Fertigkeiten in angeschlossenen Werkstätten, Labors und Übungsfirmen geschult werden. Während der Ausbildung finden externe Betriebspraktika statt. Die Bildungsmaßnahmen werden durch begleitende Fachdienste mit sozialer, psychologischer und medizinischer Ausrichtung unterstützt.

J. Kinder- und Jugendhilferecht

Weiterführende Literatur:

Kunkel, Leistungsverpflichtungen und Rechtsansprüche im Kinder- und Jugendhilfegesetz, insbesondere die Hilfe zur Erziehung, ZfJ 1991, 145; Fieseler/Herborth, Recht der Familie und Jugendhilfe, 4. Aufl. 1996; Oberloskamp/Adams, Jugendhilferechtliche Fälle für Studium und Praxis, 8. Aufl. 1994; Wiesner/Zarbock, Das neue Kinder- und Jugendhilfegesetz und seine Umsetzung in die Praxis, 1991; Luthe, Die sozialpädagogische Freiheit – Rechtsgrundlagen funktionaler Autonomie in der Sozialverwaltung, ZfSH/SGB 1993, 514; ders., Die Mindestsicherung des Kindeswohls, in: Optimierende Sozialgestaltung. Bedarf – Wirtschaftlichkeit – Abwägung, 2001, 78 ff.; Maas, Probleme der Konkretisierung der Hilfe zur Erziehung als jugendhilferechtlicher Individualleistung, RsDE 25, 1; Münder, Ansprüche auf Leistungen im Jugendhilferecht, ZfJ 1991, 286; Ollmann, Eltern, Kind und Staat in der Jugendhilfe, FamRZ 1992, 388; Stolleis, Behinderte und nichtbehinderte Kinder im Kindergarten, 1988; Deutscher Verein für öffentliche und private Fürsorge, Empfehlungen und Arbeitshilfe für den Ausbau und die Verbesserung der Zusammenarbeit der Kinder- und Jugendhilfe mit der Schule, NDV 2000, 311; Hartnuß/Maykus, Schulbezogene Angebote der Jugendhilfe im KJHG und in den Landesausführungsgesetzen – Der Stellenwert einer bundesrechtlichen Neuverortung, NDV 2000, 321; dies., Zur Notwendigkeit der Präzisierung schulbezogener Angebote der Jugendhilfe im KJHG, ZfJ 1999, 475; Fricke/Söchtig/Kunkel, Kinder- und Jugendhilferecht, Fälle und Lösungen, 2. Aufl. 2001.

I. Allgemeine Grundlagen

Das Kinder- und Jugendhilferecht ist für den Bildungsbereich angesichts seiner Vorschriften mit bildungspolitischer Zielsetzung nicht nur von unmittelbarer Bedeutung. Wichtig ist auch der Zusammenhang zwischen Schule und Jugendamt, wird bedacht, daß unter den staatlichen Einrichtungen in der Regel die Schule als diejenige Instanz mit dem größten „Ermittlungspotential" zur Feststellung sozialer Problemlagen der Schülerschaft hervortritt. Nicht das Jugendamt, sondern die Schule pflegt dauernden Kontakt mit dem Schüler, registriert sein Sozialverhalten und verfügt zumeist auch über Kenntnisse über das soziale und familiäre Umfeld des Schülers. Aus dieser Position heraus könnte der Lehrer viel häufiger als in der Praxis tatsächlich der Fall am Anfang eines jeden Hilfeprozesses stehen, die erforderliche Initiative ergreifen und gemeinsam mit Eltern und Jugendamt die Möglichkeit von Erziehungs- und sonstigen Hilfeleistungen ventilieren. Diese Aufgabe setzt jedoch voraus, daß sowohl Schule als auch Jugendamt ihre Kooperationsverantwortung anerkennen und insbesondere die Schule den sozialpolitischen Bereich als Teil des schulischen Erziehungsauftrages akzeptiert. Die kompetentielle Aufspaltung der übergreifenden Erziehungsaufgabe in kommunale Jugendfürsorge und staatliche Bildungsvermittlung mag dazu beigetragen haben, daß die üblichen Verfahrensweisen bereits Züge einer „negativen Koordination" angenommen haben:

Man vergewissert sich allenfalls der eigenen Unzuständigkeit für Probleme der anderen Instanz, ohne über ein mögliches Zusammenspiel der Kräfte ernsthaft nachzudenken. Abhilfe erscheint derzeit nur über den engagierten Einsatz des einzelnen Lehrers denkbar. Gleichwohl mehren sich Anzeichen, daß im Zuge derzeit zunehmend praktizierter sozialräumlicher Kooperation der maßgeblichen Institutionen (Sozialamt, Jugendamt, Schule, Arbeitsamt, Kindergarten) eine Trendwende herbeigeführt werden könnte, die einen zielgerichteteren Umgang mit der Bildungs- und Erziehungsproblematik erkennen läßt und der allgemeinen Schutzverantwortung des Staates für Kinder und Jugendliche Ausdruck verleiht.[1]

Die folgenden Zeilen beschränken sich auf einen äußerst knapp gehaltenen Überblick über die Aufgaben und Leistungen der Kinder- und Jugendhilfe im allgemeinen. Ausführlicher ist dagegen die Darstellung der besonderen Leistungen und Aufgaben des Kinder- und Jugendhilfegesetzes in bildungsrechtlicher Hinsicht. Die in § 35 a SGB VIII aufgeführte Regelung zur Rehabilitation seelisch behinderter Kinder und Jugendlicher wurde indes bereits im Kapitel über die berufliche Rehabilitation[2] aufgegriffen und wird an dieser Stelle daher nicht mehr behandelt.

Das Kinder- und Jugendhilfegesetz zerfällt in zwei wesentliche Aufgabenbereiche: Zum einen geht es um begünstigende Leistungen, zum anderen um Eingriffsmaßnahmen zum Schutz von Kindern und Jugendlichen.

Die **Leistungen** der Kinder- und Jugendhilfe unterscheiden sich in ihrem Verpflichtungsgehalt erheblich. Teilweise handelt es sich um allgemeine Aufgabenzuweisungsnormen, bei deren Umsetzung der jeweilige Jugendhilfeträger einen weiten Gestaltungsspielraum besitzt (§§ 11–15 SGB VIII). Teilweise sind die Leistungen nicht nur als zwingender Handlungsauftrag vorgegeben, sondern auch mit Rechtsansprüchen der Betroffenen verknüpft, zumindest was den Grund des Anspruchs anbetrifft (zumeist §§ 16–26 SGB VIII). Von hoher Normierungsdichte bzw. Verpflichtungskraft sind schließlich die Leistungen der Hilfe zur Erziehung, der Eingliederungshilfe für seelisch behinderte Kinder und Jugendliche sowie der Hilfe für junge Volljährige (§§ 27–41 SGB VIII).[3]

Insofern gewährt das SGB VIII Leistungen zur Jugendarbeit, zur Jugendsozialarbeit sowie zum erzieherischen Kinder- und Jugendschutz (§§ 11–15), Leistungen zur Förderung der Erziehung in der Familie (§§ 16–21), Leistungen zur Förderung von

---

1 Hierzu Luthe, Wettbewerb – Vergabe und Rechtsanspruch im „Sozialraum" der Jugendhilfe, NDV 2001, 247; Nellissen, Sozialräumliche Gestaltung im aktivierenden Sozialstaat, Ms. Oldenburg, 2002; „Sozialraumorientierung und neue Finanzierungsformen", Dokumentation des Kongresses vom 11. und 12. Oktober 1999 in Frankfurt am Main, eine Kooperationsveranstaltung des Bundesministeriums für Familie, Senioren, Frauen und Jugend und der Dr.-Jan-Schröder-Beratungsgesellschaft; Deutscher Verein, Empfehlungen und Arbeitshilfe für den Ausbau und die Verbesserung der Zusammenarbeit der Kinder- und Jugendhilfe mit der Schule, NDV 2000, 311; Hartnuß/Maykus, Zur Notwendigkeit der Präzisierung schulbezogener Angebote der Jugendhilfe im KJHG, ZfJ 1999, 475.

2 Vgl. I.

3 Zum Ganzen: Wiesner/Kaufmann/Mörsberger/Oberloskamp/Struck, Kommentar zum SGB VIII, vor § 11; Luthe, Optimierende Sozialgestaltung 2001, 164–199.

Kindern in Tageseinrichtungen und in Tagespflege (§§ 22–26) sowie Leistungen der Hilfe zur Erziehung, der Eingliederungshilfe für seelisch behinderte Kinder und Jugendliche sowie der Hilfe für junge Volljährige (§§ 27–41). Die Leistungen stehen teils den Personensorgeberechtigten (§ 27 SGB VIII), teils den Kindern und Jugendlichen selbst zu (§ 35a SGB VIII). Im übrigen genießen die Leistungsempfänger Beteiligungsrechte in bestimmten Maßnahmebereichen, sind zu beraten und auf ihre Rechte hinzuweisen (§§ 8, 9, 18, 30, 36, 38).

Diejenigen Bereiche, in denen das Jugendamt als **Eingriffsbehörde** handelt, sind im Gesetz als „andere Aufgaben der Jugendhilfe" aufgeführt. Insofern gibt es vorläufige Maßnahmen bei Gefährdung des Kindeswohls, zu deren Abwehr die Eltern nicht imstande sind oder das Vormundschaftsgericht nicht rechtzeitig angerufen werden kann (§§ 42, 43 SGB VIII), bestimmte Mitwirkungspflichten des Jugendamts in gerichtlichen Verfahren (Verfahren vor den Vormundschafts- und Familiengerichten, Adoptionsverfahren und jugendgerichtliche Verfahren, §§ 50–52 SGB VIII), ferner bestimmte Formen der Beistandschaft, Pflegschaft und Vormundschaft für Kinder und Jugendliche (§§ 53–58 SGB VIII) sowie schließlich bestimmte Schutzvorschriften bei Unterbringung von Kindern und Jugendlichen in der Familienpflege und in Einrichtungen (§§ 44–49 SGB VIII).

Die Kinder- und Jugendhilfe hat ein möglichst vielschichtiges Angebot an Leistungen und Aktivitäten **unterschiedlicher Träger** zu unterbreiten (§ 3 Abs. 1 SGB VIII). Träger der **freien** Jugendhilfe sind kraft Gesetzes die Kirchen und Religionsgemeinschaften des öffentlichen Rechts sowie die auf Bundesebene zusammengeschlossenen Verbände der freien Wohlfahrtspflege (§ 75 SGB VIII). Dazu gehören ebenso Jugendverbände, insofern sie anerkannt wurden (§§ 11 Abs. 2, 75 SGB VIII). Träger der **öffentlichen** Jugendhilfe sind die örtlichen und überörtlichen Träger (§ 69 Abs. 1 SGB VIII). Örtliche Träger sind die Kreise und kreisfreien Städte. Die Aufgaben können jedoch durch Landesrecht auf kreisangehörige Gemeinden übertragen werden. Die überörtlichen Träger bestimmt das Landesrecht (etwa Landeswohlfahrtsverbände, Landschaftsverbände, Fachministerien oder besondere Landesmittelbehörden). Außerdem gibt es auf kommunaler und Landesebene einen Jugendhilfeausschuß, der sich insbesondere mit Fragen der Jugendhilfeplanung und Förderung der freien Jugendhilfe befaßt (§ 71 SGB VIII). Zuständig für die Gewährung von „Leistungen" und die Erfüllung „anderer Aufgaben" ist das Jugendamt auf der Ebene der Kreise und kreisfreien Städte (§ 85 SGB VIII).

Die Aufgabe der Jugendhilfe ist eine **pflichtige Selbstverwaltungsaufgabe** des kommunalen Bereichs. Das bedeutet, daß den Kommunen einerseits durch Bundesgesetz Aufgaben- und Leistungspflichten auferlegt werden können, die Organisation und nähere Ausgestaltung (insbesondere bei den Aufgabenzuweisungsnormen) andererseits jedoch selbständig durch die Kommunen erfolgt.[4] Das bedeutet auch, daß die Finanzierung der Aufgaben weitestgehend aus Eigenmitteln der Kommunen bewerkstelligt werden muß. Die Problematik dieser Kompetenz-

---

4 Grundlegend BVerfGE 22, 180.

spaltung zwischen Bund und Kommune liegt klar auf der Hand: Der Bund beschließt über Leistungsverpflichtungen, die er nicht finanzieren muß; Landkreise und kreisfreie Städte aber finanzieren Leistungen, die zumeist wenig populär sind und daher nur allzu leicht in den Sog öffentlicher Sparzwänge geraten können.[5]

II. Jugendhilfe als Bildungsaufgabe

Mit den Vorschriften über die Jugendarbeit, Jugendsozialarbeit und dem erzieherischen Kinder- und Jugendschutz ist im SGB VIII ein besonderer Aufgabentyp verwirklicht worden: Es handelt sich um sog. **Aufgabenzuweisungsnormen**, die hochgradig offen formuliert sind und der ausführenden Instanz einen weiten Gestaltungsspielraum bei der Umsetzung belassen.[6] Geregelt ist im wesentllichen nur das „Ob" der Handlungsverpflichtung. Das „Wie" ist dagegen eine Frage der konkreten Bedarfssituation vor Ort unter Berücksichtigung der verfügbaren Haushaltsmittel und sonstiger politischer Prioritäten von Land und Kommune. Die Vorschriften beinhalten nicht mehr als einen „objektiven" Auftrag zum Tätigwerden; ein **subjektiver Rechtsanspruch** von Kindern, Jugendlichen oder Personensorgeberechtigten läßt sich den Vorschriften dagegen nicht entnehmen. Auch die vorrangig in die Aufgabenerledigung einbezogenen privaten Verbände, Gruppen und Initiativen besitzen keinen originären Rechtsanspruch auf **Förderung** der angesprochenen Maßnahmebereiche, sondern lediglich einen Rechtsanspruch auf fehlerfreie Ermessensausübung und insbesondere auf Gleichbehandlung bei der Vergabe von Fördermitteln (§§ 11 Abs. 2, 12, 13 Abs. 2, 74 SGB VIII). Die Förderung hat also grundsätzlich nach sachlichen Kriterien in einem transparenten Verfahren zu erfolgen, wobei dem Jugendhilfeträger ein gerichtlich unkontrollierbarer Spielraum bei der Planung und Auswahl der jeweiligen Förderkonzepte und ihrer Kosten zukommt.

Nicht selten sind die relevanten **Förderkriterien** speziellen Förderrichtlinien des Jugendhilfeträgers zu entnehmen. Wichtige Anhaltspunkte können mancherorts zudem aus dem Jugendhilfeplan entnommen werden (§ 80 SGB VIII). Hierbei sollte frühzeitig von den an der Planung zu beteiligenden Trägern der freien Jugendhilfe (§ 80 Abs. 3 SGB VIII) auf die Berücksichtigung entsprechender Bildungs- und Erziehungsmaßnahmen hingewirkt werden, da die Jugendhilfeplanung ihrerseits als Maßstab der Förderung der freien Jugendhilfe vom Jugendhilfeausschuß zugrunde gelegt werden kann (§ 74 Abs. 2, § 71 Abs. 2 SGB VIII).

Zwischen der Jugendarbeit, der Jugendsozialarbeit und dem erzieherischen Kinder- und Jugendschutz bestehen geringe, gleichwohl kompetenzrechtlich wichtige Unterschiede im Verpflichtungsgehalt der Vorschriften. Wie ausgeführt, besteht

---

5 Insbesondere bei den Gestaltungsleistungen der §§ 11–14 SGB VIII sowie bei der Auswahl von Erziehungshilfen gem. §§ 27 ff. SGB VIII.

6 Mit unterschiedlicher Nuancierung etwa Wiesner (u. a.), Kommentar zum SGB VIII, vor § 11 sowie Luthe, Optimierende Sozialgestaltung, 2001, 166 f., 185 ff., 216 ff., 323 ff. (offene Kompetenznormen).

hinsichtlich der Ausführungsmodalitäten („Wie") ein weiter Gestaltungsspielraum. Das „Ob" der Aufgabenverpflichtung ist hingegen in abgestufter Weise in Ist-, Soll- und Kannformulierungen eingebunden. Angebote der **Jugendarbeit** „sind" zu unterbreiten (§ 11 Abs. 1). **Jugendsozialarbeit** „soll" angeboten werden und in diesem Rahmen „können" sozialpädagogisch begleitete Ausbildungs- und Beschäftigungsmaßnahmen sowie begleitete Wohnformen angeboten werden (§ 13 Abs. 1, 2, 3 SGB VIII). **Erzieherischer Kinder- und Jugendschutz** wiederum „soll" angeboten werden (§ 14 Abs. 1 SGB VIII). Eine definitive Umsetzungsverpflichtung des Jugendhilfeträgers besteht insofern nur bei der Jugendarbeit und der ihr korrespondierenden Förderung von Jugendverbänden (§§ 11, 12 SGB VIII).[7] Die gesetzlichen Soll-Verpflichtungen in §§ 13, 14 SGB VIII sind hingegen nur als Optimierungsgebot zu verstehen[8], d. h. anzustreben ist die möglichst optimale Verwirklichung der Regelungsziele im Rahmen des finanziell Möglichen und politisch Gewollten, so daß auch das „Ob" der Aufgabenerfüllung einer Relativierung – nicht aber einer Aushöhlung – im Zuge haushaltspolitischer Zwänge zugänglich erscheint.

Wo die Bundesländer vom **Landesrechtsvorbehalt** in § 15 SGB VIII Gebrauch gemacht haben und innerhalb der Ausführungsgesetze zum SGB VIII (so Schleswig-Holstein und Thüringen) oder in eigenen Jugendbildungsgesetzen (so Baden-Württemberg, Bremen, Hessen, Rheinland-Pfalz, Saarland) eine eigene Ausgestaltung der §§ 11–14 SGB VIII vorgenommen haben, geschah dies in erster Linie bei der Jugendarbeit.[9] Auch ohne landesgesetzliche Umsetzung bleiben die Handlungsaufträge des Bundesgesetzgebers für den Jugendhilfeträger freilich in der beschriebenen Weise verbindlich.

1. Jugendarbeit

Jungen Menschen sind die zur Förderung ihrer Entwicklung erforderlichen Angebote der Jugendarbeit zur Verfügung zu stellen (§ 11 Abs. 1 SGB VIII). Zu den **Schwerpunkten** der Jugendarbeit gehören u. a. die außerschulische Jugendarbeit mit allgemeiner, politischer, sozialer, gesundheitlicher, kultureller, naturkundlicher und technischer Bildung (§ 11 Abs. 3 SGB VIII).

---

7 Der Landesrechtsvorbehalt in § 15 SGB VIII hat hingegen nur deklaratorische Bedeutung für Bereiche, in denen der Bund seine konkurrierende Gesetzgebungskompetenz nicht ausgeschöpft hat und deshalb den Ländern ein eigener Gestaltungsspielraum verbleibt. Die Länder sind jedenfalls nicht zum Erlaß ergänzender Regelungen verpflichtet. Gleichwohl bleibt die Umsetzungsverpflichtung des jeweiligen Jugendhilfeträgers, unabhängig davon, ob ein entsprechendes Landesgesetz existiert, in den Grenzen des Gesetzes vollauf bestehen.

8 Luthe, Optimierende Sozialgestaltung, 2001, 71 ff., 95 f., 193 f., 216 ff., 374, 425 ff., 463 ff., 484 ff.

9 Zweifelsohne aber verschwimmen die Grenzen zwischen Jugendarbeit, Jugendsozialarbeit und erzieherischem Kinder- und Jugendschutz bei genauer Betrachtung, insbesondere wenn es um Bildungsmaßnahmen geht, die von allen drei Bereichen grundsätzlich erfaßt werden. Zum Recht der Jugendbildung vgl. auch unter M.

Jugendarbeit als garantierte Pflichtleistung richtet sich nicht auf bestimmte Dienst-, Sach- oder Geldleistungen, sondern auf die Teilnahme an allgemein zugänglichen Veranstaltungen oder die Nutzung öffentlicher Einrichtungen.[10] Der Sache nach geht es um Lern- und Sozialisationshilfen außerhalb von Schule und Beruf, die auf dem Prinzip freiwilliger Teilnahme beruhen und an den Interessen junger Menschen orientiert sind, von ihnen mitbestimmt und mitgestaltet werden und sie zur Selbstbestimmung und gesellschaftlichen Mitverantwortung befähigen (§ 11 Abs. 1 S. 2 SGB VIII). Im Rahmen der gesetzlich vorstrukturierten Angebotsformen kommen **Angebote für Mitglieder** bestimmter Verbände, Gruppen und Initiativen, **offene Angebote** außerhalb bestimmter Organisationszugehörigkeiten (offene Jugendarbeit) sowie **gemeinwesenorientierte Angebote** vor allem in sozialen Brennpunkten (auch als Straßensozialarbeit und mobile Jugendarbeit) in Betracht (§ 11 Abs. 2 S. 2 SGB VIII).

Die **bildungsrechtlichen Schwerpunkte** der Jugendarbeit liegen in der außerschulischen Jugendbildung sowie in der arbeitswelt- und schulbezogenen Jugendarbeit (§ 11 Abs. 3 Nr. 1 sowie Nr. 3 SGB XIII). Die außerschulische Jugendbildung umfaßt traditionell politische, zunehmend aber auch ökologische und gesundheitliche Bildungsinhalte. Für den Arbeitsweltbezug kommt vor allem der Umgang mit neuen Kommunikationsmedien in Frage. Größere Aufmerksamkeit als bisher verdient die Schnittstelle zwischen Schule und Arbeitswelt, etwa durch Berufskunde, Betriebsbesuche sowie durch frühzeitige Schulung von Grundfertigkeiten. Ebenso wichtig ist die stärkere Zusammenführung von Schule, Familie und Freizeit im Rahmen der schulbezogenen Angebote, nicht zuletzt um die Schule in einen stärkeren Zusammenhang mit der Lebens- und Erfahrungswelt der Jugendlichen zu rücken. Der Schwerpunktkatalog ist jedoch nicht abschließend formuliert. Die Zielbestimmung des Abs. 1 läßt auch weitere Angebote zu, insbesondere auf der Grundlage geschlechtsspezifischer (Mädchentreffs), mulitkultureller und kulturpädagogischer Ansätze. Zwar liegt der Altersschwerpunkt der Teilnehmer zwischen 12 und 21 Jahren (§ 11 Abs. 4 SGB VIII). Die Arbeit mit Kindern ist jedoch keineswegs ausgeschlossen und auch nötig, wie die Praxis mit ihren Betreuungsangeboten für Schulkinder, mit der Einrichtung von Spielnachmittagen und Abenteuerspielplätzen sowie dem Einsatz von Spielmobilen zeigt.

Das Gesetz überläßt die Durchführung einer **Vielfalt von Trägern und Organisationsformen** (§ 11 Abs. 2 S. 1 SGB VIII). Neben dem staatlichen Jugendhilfeträger kommen als Anbieter die klassischen Verbände der Jugendarbeit in Betracht (insbesondere bei Anerkennung gemäß § 75 SGB VIII), aber auch andere Träger der Jugendarbeit, wie Städte und Gemeinden ohne eigenes Jugendamt sowie sonstige Organisationen ohne eigenständigen Jugendverbandsstatus. Wichtiger denn je sind jedoch losere Gruppen und Initiativen der Jugendarbeit mit geringem Organisationsgrad (Szenetreffs, Kneipen, Initiativen und Arbeitskreise), wo die Jugendlichen im Vergleich zu den von außen leicht bürokratisch anmutenden und stark eigen-

10 Wiesner (u. a.), Kommentar zum SGB VIII, § 11, Rn. 5.

interessierten Profiorganisationen zumeist leichter zu erreichen sind. Gleichwohl hat der Gesetzgeber gerade den Profiorganisationen in § 12 SGB VIII eine eigene Vorschrift gewidmet und sie mit einer staatlichen **Förderverpflichtung** bedacht. Diese ist im Kern jedoch nur eine Gewährleistungsverpflichtung, d. h. der Jugendhilfeträger ist nur verpflichtet, „überhaupt" Mittel für die Jugendverbandsarbeit zur Verfügung zu stellen. Die Vorschrift gewährt jedoch keinen Rechtsanspruch auf Förderung zugunsten des einzelnen Jugendverbandes.[11] Hinsichtlich der **Förderungsfähigkeit** verweist die Vorschrift auf § 74 SGB VIII. Danach muß der jeweilige Jugendverband die dort aufgeführten fachlichen und wirtschaftlichen Kriterien erfüllen, gemeinnützige Ziele verfolgen, eine angemessene Eigenleistung erbringen und in seiner Arbeit den Zielen des Grundgesetzes entsprechen. Darüber hinaus müssen die allgemeinen Anforderungen an die Verbandstätigkeit (§ 12 Abs. 2 SGB VIII) erfüllt sein, d. h. es muß sich um eine auf Dauer angelegte Interessenvertretung der Jugendlichen handeln (etwa Jugendringe oder Dachverbände). Lockere Inititativen fallen aus dem Förderkreis damit heraus. Ob dies dem Förderbedarf der Jugendlichen immer gerecht wird, mag bezweifelt werden.

2. Jugendsozialarbeit

Jungen Menschen, die wegen sozialer oder individueller Defizite in erhöhtem Maße auf Unterstützung angewiesen sind, sollen sozialpädagogische Hilfen angeboten werden, die ihre schulische und berufliche Ausbildung, Eingliederung in die Arbeitswelt und ihre soziale Integration fördern (§ 13 Abs. 1 SGB VIII). Insbesondere können geeignete sozialpädagogisch begleitete Ausbildungs- und Beschäftigungsmaßnahmen angeboten werden (§ 13 Abs. 2 SGB VIII). Kernpunkt des Maßnahmebereichs ist somit die **Jugendberufshilfe** und die **Schulsozialarbeit**. Ebenso wie bei der Jugendarbeit und ihrer Förderung (§§ 11, 12 SGB VIII) begründet die Regelung jedoch nur einen **objektiven Handlungsauftrag** an den Jugendhilfeträger, gewährt jedoch keinen individuell einklagbaren Rechtsanspruch auf staatliches Tätigwerden.[12] Da die Vorschrift im Gegensatz zu § 11 jedoch nur mit einer Soll-Forderung ausgestattet ist, besitzt der jeweilige Jugendhilfeträger einen vergleichsweise höheren Umsetzungsspielraum, auch bei der Frage der für den Maßnahmebereich zur Verfügung zu stellenden Haushaltsmittel.

Die Hilfen sind für besondere **Zielgruppen** vorgesehen. Hierzu gehören junge Menschen ohne Ausbildungs- und Arbeitsstelle, ausländische Jugendliche mit besonderen Integrationsschwierigkeiten, Jugendliche aus sozialen Brennpunkten oder auch Mädchen und junge Frauen mit besonderen Schwierigkeiten, etwa mit geschlechtsspezifischen Schwierigkeiten auf dem Arbeitsmarkt.

Namentlich die **Jugendberufshilfe** umfaßt die Förderung der beruflichen Ausbildung sowie der Eingliederung in die Arbeitswelt (Abs. 1). Die Hilfe kann ebenso

---

11 Wiesner (u. a.), Kommentar zum SGB VIII, § 12, Rn. 9.
12 Schellhorn/Wienand, Kommentar zum KJHG, 1991, § 13, Rn. 13.

während wie auch anstelle einer regulären Ausbildung oder Berufsausübung angeboten werden. Die speziell vorgesehenen sozialpädagogisch **begleiteten** Ausbildungs- und Beschäftigungmaßnahmen (Abs. 2) wenden sich jedoch nur an besonders beeinträchtigte Jugendliche, für die weder reguläre Arbeitsplätze zur Verfügung stehen noch durch die Arbeitsverwaltung zielgerichtete Angebote unterbreitet werden. Gleiches gilt für die in Abs. 3 aufgeführte Möglichkeit der Unterbringung in sozialpädagogisch begleiteten Wohnformen.[13]

Sämtliche Leistungen der Jugendberufshilfe sind jedoch **nachrangig** gegenüber Leistungen anderer Träger, insbesondere der Schule und Arbeitsverwaltung (§§ 10 Abs. 1, 13 Abs. 2 SGB VIII).[14] Vor allem die Förderleistungen der Arbeitsverwaltung sind als Ermessensleistungen jedoch in besonderem Maße von den verfügbaren Haushaltsmitteln abhängig und werden daher häufig nicht im erforderlichen Umfang angeboten werden können. Zudem sind die Maßnahmen zuvorderst an den Bedürfnissen des Arbeitsmarktes und weniger am individuellen Hilfebedarf der Personen ausgerichtet, so daß für die Jugendberufshilfe regelmäßig genug Betätigungsraum verbleiben dürfte. Gleichwohl ist der Jugendhilfeträger zur Vermeidung von Mehrfachangeboten im gleichen Konzeptbereich zur Abstimmung mit anderen Trägern verpflichtet und hat hierauf bereits frühzeitig im Zeitpunkt der Maßnahmeplanung Rücksicht zu nehmen (§ 13 Abs. 4 SGB VIII).

Im Mittelpunkt der **Schulsozialarbeit** stehen die sozialen Probleme im Alltag der Schüler. Im Hinblick auf die Unterrichtsinhalte bleibt die Schule vorrangig zuständig (§ 10 Abs. 1 SGB VIII). Gleichwohl steht es der Schulverwaltung frei, eigene Angebote der Schulsozialarbeit zu unterbreiten. Es handelt sich dann freilich nicht mehr um eine Leistung der Jugendhilfe. Die kompetentielle Abspaltung von Unterricht und schulbezogener sozialer Integration dürfte den Bedürfnissen der Praxis jedoch nicht immer gerecht werden. Disziplinprobleme und Konzentrationsschwächen im Unterricht haben zumeist einen sozialen Hintergrund, während die soziale Problematik nicht selten auf methodische und inhaltliche Defizite des Wissenserwerbs zurückführbar ist. Deshalb sollte von vornherein eine möglichst enge Verzahnung und **Abstimmung** der Angebote von Schule und Jugendamt herbeigeführt werden, wozu § 13 Abs. 4 SGB VIII überdies auch verpflichtet. Abgesehen von der Notwendigkeit integrativer Maßnahmen reicht Schulsozialarbeit über die Handlungsmöglichkeiten und Handlungskompetenzen des üblichen Lehrpersonals hinaus: Der Schulsozialarbeiter hat die Vermittlung mit anderen Instanzen anzuleiten (Gesundheitsamt, Sozialamt, Sozialversicherungsträger, Polizei und Gerichte, Jugendgruppen und -verbände), die Sozialleistungsberatung sicherzustellen

---

13 § 13 Abs. 3 SGB VIII enthält im Wortlaut zwar keine Einschränkung auf besonders unterstützungsbedürftige Personengruppen. Es handelt sich jedoch um eine Ermessensregelung, bei deren Umsetzung der insbesondere in Abs. 1 der Vorschrift niedergelegte Ermessenszweck zu berücksichtigen ist, so daß das Leistungsspektrum sich von vornherein auf benachteiligte Jugendliche beschränkt.

14 Zu ähnlichen Leistungen der Bundesanstalt für Arbeit (insbesondere §§ 59ff., 235, 240ff. SGB III) vgl. unter H. Arbeitsförderungsrecht.

und nicht zuletzt den Kontakt zwischen Schule und Familie des Jugendlichen herzustellen.

3. Erzieherischer Kinder- und Jugendschutz

Jungen Menschen und Erziehungsberechtigten sollen Angebote des erzieherischen Kinder- und Jugendschutzes gemacht werden (§ 14 Abs. 1 SGB VIII). Die Maßnahmen sollen **junge Menschen** befähigen, sich vor gefährdenden Einflüssen zu schützen und ihre Eigenverantwortlichkeit zu stärken. **Erziehungsberechtigte** sollen befähigt werden, Kinder und Jugendliche vor Gefährdungen zu schützen (§ 14 Abs. 2 SGB VIII). Gegenüber der Jugendarbeit und Jugendsozialarbeit zeichnet sich die Vorschrift vor allem durch ihren **präventiven** Charakter sowie ihren Zuschnitt auf gesellschaftliche Gefährdungsbereiche (Sexualbereich, Drogen, jugendgefährdende Schriften, Sekten, Extremismus, Gewalt gegen Kinder und Jugendliche, Arbeitslosigkeit und Obdachlosigkeit) aus. Dennoch besteht zwischen sämtlichen Bereichen ein enger Zusammenhang. Bildungsangebote der Jugendarbeit und Jugendsozialarbeit haben zumeist auch präventiven Charakter. Zumindest in dieser Hinsicht sind die Grenzen fließend.

Ebenso wie bei der Jugendarbeit und Jugendsozialarbeit begründet die Vorschrift nur einen **objektiven Handlungsauftrag** des Jugendhilfeträgers, enthält jedoch keinen einklagbaren Rechtsanspruch auf Leistungsgewährung. Maßnahmeadressaten sind junge Menschen und Erziehungsberechtigte. Als Erziehungsberechtigte kommen auch Lehrer, Leiter von Einrichtungen, Gewerbetreibende und Jugendgruppenleiter in ihrer Funktion als Multiplikatoren in Betracht. Insofern sind Informationsveranstaltungen, Medienarbeit, Computeraktivitäten, Sexualaufklärung, Pressearbeit und die Erstellung und Verbreitung von Informationsmaterial denkbar.

III. Hilfe zur Erziehung

§ 27 SGB VIII gewährt dem Personensorgeberechtigten einen **Rechtsanspruch** auf Erziehungshilfen, wenn eine dem Wohl des Kindes oder des Jugendlichen entsprechende Erziehung nicht gewährleistet ist und die Hilfe für seine Entwicklung geeignet und notwendig ist. (Abs. 1). Die Hilfe wird nach den §§ 28–35 SGB VIII gewährt und umfaßt insbesondere die Erziehungsberatung, soziale Gruppenarbeit, den Erziehungsbeistand und Betreuungshelfer, die sozialpädagogische Familienhilfe, die Erziehung in einer Tagesgruppe, die Vollzeitpflege, die Heimerziehung und sonstige betreute Wohnformen sowie schließlich die intensive sozialpädagogische Einzelbetreuung. Die genannten Erziehungshilfen sind im Gesetz jedoch nicht abschließend geregelt, so daß grundsätzlich auch andere Hilfen möglich sind. Hierzu gehören auch **Bildungsmaßnahmen**, wenn diese für die Entwicklung des Kindes bzw. Jugendlichen geeignet und notwendig sind und eine Gefährdung oder Beeinträchtigung des Kindeswohls vorliegt. Aber auch innerhalb der im Gesetz aufgeführten Erziehungshilfen (§§ 28–35) können flankierende Bildungsmaßnahmen notwendig werden. Das Gesetz bringt die besondere Bedeutung von Bildung als **eigenständige** oder **flankierende Hilfeleistung** in zweifacher Weise zum Ausdruck: einerseits durch Betonung des pädagogischen Charakters der Erziehungshilfen und andererseits im Wege einer gezielten Einbeziehung von Ausbildungs- und Beschäftigungsmaßnahmen im Sinne des § 13 Abs. 2 SGB VIII in das Leistungsspektrum (§ 27 Abs. 3 SGB VIII).

Aspekte von Bildung und Ausbildung sind grundsätzlich in allen der im Gesetz aufgeführten Erziehungshilfen relevant, gleichgültig, ob es sich um ambulante, teilstationäre oder stationäre Maßnahmen handelt. Insbesondere aber die Heimerziehung kennt eine lange Tradition des Verbundes von Erziehungshilfe und Berufsausbildung.[15] Den verantwortlichen Erziehern in den Heimen kommt eine besondere Verantwortung für die Beratung und Unterstützung der Jugendlichen in Fragen der Ausbildung und Beschäftigung zu (§ 34 S. 3 SGB VIII).

Die **Hausaufgabenbetreuung** ist in nahezu sämtlichen Maßnahmebereichen möglich. Insbesondere bei der Hilfe zur Erziehung in einer Tagesgruppe ist die Begleitung der schulischen Förderung ein wesentlicher Gesetzesinhalt (§ 32 SGB VIII). Zu unterscheiden ist jedoch die bloße Hausaufgabenbetreuung von einem professionell angeleiteten **Nachhilfeunterricht.** Diese ist eine eigenständige Hilfe und insofern nicht in den genannten Erziehungshilfen aufgehoben: Voraussetzung für die Leistungspflicht speziell des Jugendamtes ist jedoch das Vorliegen einer Gefährdung oder Beeinträchtigung des Kindeswohl (§ 27 Abs. 1 SGB VIII). Ist das Schulversagen mithin auf reine Begabungsschwächen zurückzuführen, so kommt – bei entsprechender Bedürftigkeit – das Sozialamt im Rahmen einmaliger Leistungen für die Kosten auf.[16] Dagegen kommt das Jugendamt für die Kosten auf, wenn der Nachhilfeunterricht beispielsweise dazu dient, die Konzentration und Motivation zum Schulbesuch zu fördern und eine psychisch belastete alleinerziehende Mutter zu entlasten.[17] Gesonderter Nachhilfeunterricht kommt jedoch auch im Rahmen stationärer und teilstationärer Unterbringung in Betracht. Für diese in den §§ 35–35 a SGB VIII erwähnten Fälle soll der gesamte Bedarf zwar durch laufende Leistungen gedeckt werden (§ 39 Abs. 1 und 2 SGB VIII). Mit dem monatlichen Pauschalbetrag nicht abgegolten sind jedoch Aufwendungen für einmalige und laufende Kosten für besondere pädagogische und therapeutische Hilfen, wie dem Nachhilfeunterricht.[18]

Die Eltern und das Kind haben für die Kosten bestimmter Jugendamtsleistungen selber aufzukommen, wenn ihr Einkommen bestimmte Grenzen übersteigt (§§ 91 ff. SGB VIII).

---

15 Wiesner (u. a.), Kommentar zum SGB VIII, § 27, Rn. 18.

16 Einzel-Nachhilfeunterricht ist Teil des notwendigen Lebensunterhalts, wenn der Nachhilfeunterricht erforderlich ist, um eine Versetzung in die nächsthöhere Klasse/Jahrgangsstufe zu erreichen oder den Übergang auf die Sonderschule zu vermeiden: VGH Hessen, FEVS 35, 453.

17 Ebenda.

18 OVG Lüneburg, FEVS 45, 19.

In der Gesamtbetrachtung ist festzustellen, daß die Hilfe zur Erziehung zwar in vielfältiger Weise dem Bildungsgedanken Rechnung trägt, es gleichwohl an einer strukturierten pädagogischen Erfassung von Bildungsnotwendigkeiten bei den Erziehungshilfen mangelt. Insbesondere fehlt es an Analysen, die Bildungsdefizite als Einschränkung bzw. Gefährdung des Wohls von Kindern und Jugendlichen sowie, verglichen mit den Anforderungen einer Wissens- und Informationsgesellschaft, als ernstzunehmendes Entwicklungshemmnis sichtbar machen. Hierbei kann es nicht darum gehen, den Eltern jede Verantwortung zu nehmen und jede „natürliche" Minderbegabung auszugleichen. Die notwendige Einbeziehung des engeren sozialen Umfeldes des Kindes oder Jugendlichen (§ 27 Abs. 2 SGB VIII) läßt es jedoch angezeigt erscheinen, klar lokalisierbare Negativeinflüsse entweder im Rahmen der elterlichen Erziehung oder im näheren gesellschaftlichen Umfeld auch als Blockaden des Wissenserwerbs und der Wissensanwendung zu thematisieren. Allgemeine Konzentrationsstörungen und Disziplinprobleme sind daher nicht nur in therapeutischer Hinsicht ein Problem für das Wohl des Kindes bzw. Jugendlichen. Sie beeinträchtigen die Kindesentwicklung hinsichtlich der Aneignung gesellschaftlich notwendiger Bildung und sind selbst „auch" als Ergebnis mangelnder Bildungsfähigkeit zu begreifen. Eltern, die selbst nicht über das notwendige Bildungsniveau verfügen, fehlt zumeist jede Einsicht in entsprechende Erziehungsnotwendigkeiten, so daß gem. § 27 Abs. 1 SGB VIII eine dem Wohl des Kindes bzw. Jugendlichen entsprechende Erziehung nicht gewährleistet ist.

IV. Förderung von Kindern in Tageseinrichtungen

In Kindergärten, Horten und anderen Einrichtungen, in denen sich Kinder für einen Teil des Tages oder ganztags aufhalten, soll die Entwicklung des Kindes zu einer eigenverantwortlichen und gemeinschaftsfähigen Persönlichkeit gefördert werden (§ 22 Abs. 1 SGB VIII). Die Aufgabe umfaßt die Betreuung, **Bildung** und Erziehung des Kindes (Abs. 2). Vom vollendeten dritten Lebensjahr an hat ein Kind bis zum Schuleintritt Anspruch auf den Besuch eines Kindergartens. Für Kinder unter drei Jahren sind Plätze in Tageseinrichtungen vorzuhalten (§ 24 SGB VIII). Im einzelnen obliegt die Umsetzung den jeweiligen Bundesländern (§ 26 SGB VIII).[19]

Tageseinrichtungen für Kinder kommt somit nicht nur eine Betreuungs- und Erziehungsverantwortung, sondern auch eine Bildungsverantwortung zu. Üblicherweise steht beim Begriff der Bildung die Wissensvermittlung im Vordergrund, während die Erziehung vor allem die Einübung alltäglicher Verhaltensmuster und Moralvorstellungen umfaßt. Zweifelsohne aber sind die Grenzen zwischen den Bereichen fließend. Fraglich ist, ob über den Bildungsauftrag auch spezielle Leistungsanforderungen und eine **Differenzierung** der Begabungspotentiale ins Spiel gebracht wird. Immerhin soll sich das Leistungsangebot pädagogisch und organisatorisch an den Bedürfnissen der Kinder und ihrer Familien orientieren (§ 22 Abs. 2

---

19 Hier in den jeweiligen Kindertagesstättengesetzen.

SGB VIII). Dieses Erfordernis schließt entsprechende organisatorische Maßnahmen, wie etwa die Einrichtung unterschiedlich zusammengesetzter Gruppen oder begabungsspezifischer Lernformen keineswegs aus, reibt sich jedoch mit dem Ziel der Entwicklung des Kindes zu einer gemeinschaftsfähigen Persönlichkeit sowie allgemein mit den Anforderungen, die an Tageseinrichtungen als Schonraum für Kinder gesetzt sind. Eine etwaige Leistungsprofilierung kann daher nur in sehr schonender Weise umgesetzt werden. Zum einen muß dafür gesorgt werden, daß – wie in der Grundschule – der sozialintegrative Charakter der Tageseinrichtung hinreichend gewahrt bleibt; zum anderen bedürfen gerade leistungsschwache Kinder einer intensiven Förderung, die jedenfalls nicht im Wege einer wie auch immer gearteten „Elitebildung" vernachlässigt werden darf.

V. Kooperationspflichten

Die Aufgaben des Jugendhilfeträgers stehen in einem engen Zusammenhang mit den Aufgaben anderer Stellen und öffentlicher Einrichtungen. Aus diesem Grund ist der **Träger der öffentlichen Jugendhilfe** zur Zusammenarbeit u. a. mit Schulen und Stellen der Schulverwaltung, mit Einrichtungen der beruflichen Aus- und Weiterbildung, Einrichtungen des öffentlichen Gesundheitsdienstes, der Bundesanstalt für Arbeit und den Trägern anderer Sozialleistungen verpflichtet (§ 81 SGB VIII). Darüber hinaus sollen Angebote der **Jugendsozialarbeit** mit Maßnahmen der Schulverwaltung, der Bundesanstalt für Arbeit, der Träger betrieblicher und außerbetrieblicher Ausbildung sowie der Träger von Beschäftigungsangeboten abgestimmt werden (§ 13 Abs. 4 SGB VIII, s. o.). Schließlich haben Lehrer, Sozialarbeiter, Jugendleiter und Erzieher sowie sonstige Personen, die bei der Ausübung ihres Berufs **Behinderungen wahrnehmen**, die Personensorgeberechtigten auf die Behinderung und Beratungsangebote hinzuweisen (§ 61 Abs. 2 SGB IX).

Insbesondere die in § 81 SGB VIII aufgeführte Kooperationspflicht richtet sich jedoch nur an die Träger der öffentlichen Jugendhilfe, nicht an die möglichen Kooperationspartner, so daß deren Kooperation nicht erzwungen werden kann.

Insbesondere der Zusammenarbeit zwischen **Jugendamt und Schule** kommt in der heutigen Zeit eine immer größere Bedeutung zu.[20] So wird die Schule in wachsendem Maße mit den sozialen Schwierigkeiten der Schülerschaft konfrontiert und ist schon lange keine Instanz reiner Wissensvermittlung mehr. Sie pflegt intensiven Dauerkontakt mit dem Schüler und ist von daher zumeist die einzige Instanz außerhalb des Elternhauses, die über die sozialen Probleme der jungen Menschen informiert ist und die deshalb gerade auch in präventiver Hinsicht erste Impulse setzen kann. Das lebenslagen- und problemorientiert arbeitende Jugendamt

---

20 Deutscher Verein für öffentliche und private Fürsorge, Empfehlungen und Arbeitshilfe für den Ausbau und die Verbesserung der Zusammenarbeit der Kinder- und Jugendhilfe mit der Schule, NDV 2000, 311; Hartnuß/Maykus, Zur Notwendigkeit der Präzisierung schulbezogener Angebote der Jugendhilfe im KJHG, ZfJ 1999, 475.

wiederum verfügt über ein vielschichtiges Angebot an schulergänzenden Leistungen innerhalb von Tageseinrichtungen für Kinder, der Jugendarbeit und Jugendsozialarbeit, des erzieherischen Kinder- und Jugendschutzes, der Hilfe zur Erziehung sowie Eingliederungshilfe für seelisch behinderte junge Menschen. Obgleich die Schulsozialarbeit in § 13 SGB VIII nicht ausdrücklich erwähnt ist, so hat sie heute dennoch als zentraler Bestandteil der Jugendsozialarbeit zu gelten und stellt das wichtigste Kooperationsangebot seitens des Jugendhilfeträgers dar.[21] Gleichwohl ist kritisch anzumerken, daß die einzelnen Bundesländer innerhalb ihrer Ausführungsgesetze zum SGB VIII sowie innerhalb entsprechender Erlasse und Richtlinie zwar organisatorisch-koordinative Verfahrensregelungen zur Kooperation von Jugendhilfe und Schule erarbeitet haben, die weitere inhaltliche Ausgestaltung des Feldes jedoch zu wünschen übrig läßt, was vor allem auf die fehlende Klarheit und Verbindlichkeit von Kooperationspflichten und Inhalten der Schulsozialarbeit im SGB VIII zurückzuführen ist.[22]

21 Mühlum, Schulsozialarbeit, in: Becker-Textor/Textor (Hg.), Handbuch der Kinder- und Jugendbetreuung, 1993, 241–269; Olk/Bathke/Hartnuß, Jugendhilfe und Schule. Theoretische Reflexionen und empirische Befunde zur Schulsozialarbeit, 2000.

22 So Deutscher Verein für öffentliche und private Fürsorge, a. a. O., 325.

K. Sozialhilferecht

Weiterführende Literatur:

Schoch, Sozialhilfe, 2000; Hüttenbrink, Fragen zur Sozialhilfe, 7. Aufl. 2002; Münder (Hg.), Zukunft der Sozialhilfe, 1988; Schoch/Brühl/Schmidbauer, Sozialhilferecht. Fälle und Lösungen, 2. Aufl. 1996; Deutscher Verein für öffentliche und private Fürsorge, Reform des Sozialhilferechts, 1997; Freudenthal, Sozialhilferecht, 1985; Schulte/Trenk-Hinterberger, Sozialhilfe, 2. Aufl. 1986; von Bargen, Restriktive Tendenzen im Sozialhilferecht – am Beispiel des Regelsatzes, in: Festschrift für H. Simon, 1987, 745; Freidinger/Schulze-Böing (Hg.), Handbuch der kommunalen Arbeitspolitik, 2. Aufl. 1995; Frings, Keine Angst vor Ämtern – Zum praktischen Umgang mit dem Sozialhilferecht, 1990; Luthe, Sozialhilferecht, in: ders., Optimierende Sozialgestaltung, 2001, 199; Muthesius, Fürsorgerecht, 1928; Reis, Die „Hilfe zur Arbeit" im Spannungsfeld von Sozialhilfe und Beschäftigungsintitiativen, 1988; Luthe, Grundzüge des Sozialhilferechts. Hilfe zum Lebensunterhalt, in: Neue Praxis der Schulleitung, Ausgabe Februar 1994; Wenzel/Leibfried, Armut und Sozialhilferecht, 1996; Walwei/Werner, Beschäftigungsinitiativen in Deutschland, IAB (Werkstattbericht 2), 1997.

I. Allgemeine Grundlagen

Die Bedeutung der Sozialhilfe in der bundesdeutschen Gesellschaft wächst. Was einst als Ausfallbürgschaft für besondere Notlagen gedacht war, nimmt – völlig systemwidrig – heute bereits Züge einer Grundversorgung an, unter der der Haushalt der Kommunen als Träger der Sozialhilfe zusammenzubrechen droht. Erschreckend ist vor allem der stetig wachsende Anteil von Kindern und Jugendlichen unter den Hilfeempfängern. Schon aus diesem Grund erscheinen Grundkenntnisse im Sozialhilferecht für Angehörige der Bildungsprofessionen und insbesondere die Lehrerschaft unerläßlich. Hier allerdings ist die Vorstellung weit verbreitet, daß diejenigen, die über eigenes Einkommen und Arbeit verfügen, unmöglich zum Sozialhilfebezug berechtigt sein können. Das Bild täuscht: Selbst wenn das Einkommen zur Befriedigung eines laufenden Bedarfs ausreichen sollte, muß dies bei außerplanmäßig anfallenden Ausgaben noch längst nicht der Fall sein, wenn wir etwa an die Kosten bei der Einschulung eines Kindes denken. Darüber hinaus enthält das Sozialhilferecht zahlreiche Regelungen von unmittelbar bildungsrechtlicher Relevanz. Bildungsrechtliche Bedeutung kommt insbesondere der sozialhilferechtlichen Eingliederungshilfe für behinderte Menschen zu (§ 39ff. BSHG). Hierauf wird jedoch an anderer Stelle Bezug genommen.[1]

Das Sozialhilferecht spaltet sich auf in zwei große Bereiche: Bei der **Hilfe zum Lebensunterhalt** geht es um die Sicherstellung des alltäglichen Bedarfs notleiden-

1 Siehe I. Berufliche Rehabilitation.

der Personengruppen. Die **Hilfe in besonderen Lebenslagen** wendet sich an Personengruppen mit einer besonderen Hilfebedürftigkeit; das Gesetz kennt insofern die Hilfe zum Aufbau oder zur Sicherung der Lebensgrundlage, Krankenhilfe, Hilfe zur Familienplanung, Hilfe für werdende Mütter und Wöchnerinnen, Eingliederungshilfe für Behinderte, Blindenhilfe, Hilfe zur Pflege, Hilfe zur Weiterführung des Haushalts, Hilfe zur Überwindung besonderer sozialer Schwierigkeiten sowie Altenhilfe (§ 27 BSHG). Der praktische Unterschied der beiden Hilfen liegt in den unterschiedlichen **Einkommensgrenzen.** Während bei der Hilfe zum Lebensunterhalt Einkommen und Vermögen (abgesehen von abzugsfähigen Beträgen und geschonten Vermögensbestandteilen) in der Regel voll einzusetzen sind, trifft dies bei der Hilfe in besonderen Lebenslagen nur insoweit zu, als der Einkommenseinsatz für die Betroffenen zumutbar sein muß (§§ 11, 28 BSHG). Bei der Hilfe in besonderen Lebenslagen können die Betroffenen relativ mehr an Einkommen für sich behalten und brauchen erst bei Übersteigen einer relativ großzügig bemessenen Einkommensgrenze einen Eigenanteil zu leisten. Dies führt nicht selten zu der Konstellation, daß ein Normalverdiener-Haushalt seinen alltäglichen Bedarf zwar selbst befriedigen, er aber dennoch die erheblich kostenintensivere Hilfe in besonderen Lebenslagen in Anspruch nehmen kann, wenn etwa ein behinderter oder kranker Familienangehöriger vorhanden ist und kein Sozialversicherungsschutz besteht.

Der Anspruchsermittlung bei der **Hilfe zum Lebensunterhalt**[2] liegt folgende Systematik zugrunde:

- Hilfe zum Lebensunterhalt ist dem zu gewähren, der seinen notwendigen Lebensunterhalt nicht oder nicht ausreichend aus **eigenen Kräften und Mitteln,** vor allem aus seinem Einkommen und Vermögen, beschaffen kann. Die Hilfe ist eine Ist-Leistung; es besteht ein Rechtsanspruch (§§ 4, 11 BSHG).
- Welche **Bedarfspositionen** in der Hilfe zum Lebensunterhalt enthalten sind, wird grob in § 12 BSHG umrissen: Der Lebensunterhalt umfaßt insbesondere Ernährung, Unterkunft, Kleidung, Körperpflege, Hausrat, Heizung und Bedürfnisse des täglichen Lebens. Zu den Bedürfnissen des täglichen Lebens gehören in vertretbarem Umfang auch Beziehung zur Umwelt und eine Teilnahme am kulturellen Leben.
- Vorgenannte Bedarfspositionen können durch **laufende und einmalige Leistungen** befriedigt werden (§ 21 BSHG). Laufende Leistungen sind diejenigen Leistungen, die regelmäßig innerhalb eines Monats anfallen. Einmalige Leistungen fallen demgegenüber in größeren Abständen an (etwa Wintermantel, Schulbeihilfe, größere Anschaffungen von Hausrat usw.).
- **Laufende Leistungen** zum Lebensunterhalt werden nach Regelsätzen gewährt (§ 22 BSHG). Die Frage, was in den Regelsätzen im einzelnen enthalten ist, wird

---

2 Zur Anspruchsermittlung im Bereich der Hilfe in besonderen Lebenslagen vgl. I. Berufliche Rehabilitation.

konkretisiert durch die sog. Regelsatzverordnung und die Bedarfssätze der Landesregierungen (§ 22 Abs. 2 und 5 BSHG). Enthalten sind laufende Leistungen für Ernährung, hauswirtschaftlichen Bedarf einschließlich Haushaltsenergie sowie für persönliche Bedürfnisse des täglichen Lebens (§ 1 Regelsatzverordnung). Die Abgrenzung von einmaligen und laufenden Leistungen (Regelsätze) ist nicht immer einfach. Für den Hilfesuchenden ist von großer praktischer Bedeutung, ob der angemeldete Bedarf bereits in den Regelsätzen enthalten ist und von ihm somit auch aus den Regelsätzen heraus bestritten werden muß oder ob er zusätzlich zu den Regelsätzen seinen Bedarf als einmalige Leistung erhält. Dabei kann als Faustregel gelten, daß kleinere Anschaffungen von geringem Wert, die innerhalb eines Monats regelmäßig anfallen, im Regelsatz enthalten sind.

- Zusätzlich zu den Regelsatzleistungen werden die laufenden Leistungen für die **Unterkunft und Heizung** in Höhe der tatsächlichen Aufwendungen gewährt, sofern sie angemessen sind (§ 3 der Regelsatzverordnung).

- Besondere Personengruppen erhalten als laufende Leistungen zusätzlich sog. **Mehrbedarfszuschläge**, insbesondere ältere Menschen, werdende Mütter, Personen mit Kindern, behinderte Menschen, Kranke und Behinderte mit einem kostenaufwendigen Ernährungsbedarf.

- Regelsatzbedarf, Mehrbedarfszuschlag, Unterkunftsbedarf als laufende Leistungen sowie Sonderleistungen in Gestalt von Bekleidung, Hausrat, Weihnachtsbeihilfe usw. als einmalige Leistungen machen den **Gesamtbedarf** des Hilfesuchenden aus.

- Von diesem Gesamtbedarf sind jedoch eigene Mittel und Möglichkeiten des Hilfesuchenden in Abzug zu bringen. Eigenes **Einkommen und Vermögen** ist vom Gesamtbedarf abzuziehen (§§ 76, 88 BSHG). Bestimmte Beträge können jedoch vom Einkommen abgesetzt werden (etwa Steuern, Sozialversicherungsbeiträge, berufliche Aufwendungen sowie ein bestimmtes Schoneinkommen für Erwerbstätige). Auch beim Einsatz des Vermögens sind bestimmte Positionen ausgenommen (etwa Vermögen zur Sicherung der Lebensgrundlage, Gegenstände der Ausbildung und Erwerbstätigkeit, Familien- und Erbstücke, ein angemessenes Hausgrundstück sowie kleinere Barbeträge). Hat der Hilfesuchende Ansprüche gegenüber Dritten, insbesondere **Unterhaltsansprüche**, muß er diese vorrangig realisieren. Ggf. gehen diese Ansprüche auf das Sozialamt über (§§ 90, 91 BSHG). Schließlich muß der Hilfesuchende **zumutbare Arbeit** leisten. Wer sich weigert, zumutbare Arbeit zu leisten, verliert den Anspruch auf Sozialhilfe und muß mit einer Kürzung oder völligen Streichung der Leistung rechnen (§§ 18, 25 BSHG).

- Erst wenn feststeht, daß eigene Bedarfsdeckungsmöglichkeiten des Betroffenen nicht vorhanden sind oder diese nicht ausreichen, leistet die Sozialhilfe in vollem Umfang oder ergänzend. Lebt der Hilfesuchende mit seinem Ehegatten oder einem eheähnlichen Partner oder als minderjähriges Kind mit seinen Eltern zusammen, so liegt eine **Bedarfsgemeinschaft** vor: Die Mitglieder der Bedarfsgemeinschaft müssen ihr vorhandenes Einkommen und Vermögen füreinander einsetzen, insofern sie es für ihren Grundbedarf nicht selbst benötigen (§ 11 Abs. 1 S. 2 BSHG). Lebt der Hilfesuchende in Haushaltsgemeinschaft mit Verwandten oder Verschwägerten, so wird vom Gesetz vermutet, daß der Hilfesuchende von diesen Leistungen erhält, was von dem Betroffenen jedoch widerlegt werden kann (§ 16 BSHG).

II. Einmalige Leistungen von bildungsrechtlicher Relevanz

Sozialhilfeempfänger erhalten laufende und einmalige Leistungen zum Lebensunterhalt (§ 21 Abs. 1 BSHG). Zudem kann es bei Geringverdienern vorkommen, daß zwar die laufenden Ausgaben selbst finanziert werden können, jedoch für außerplanmäßige, teurere Anschaffungen kein Geld zur Verfügung steht. Um zu überprüfen, ob für derartige Anschaffungen das Sozialamt aufkommt, ist grundsätzlich nach vorgenanntem Schema vorzugehen: Zunächst ist der Gesamtbedarf zu errechnen. Davon sind das verfügbare Einkommen und Vermögen abzuziehen. Reichen Einkommen und Vermögen gerade zur Befriedigung der laufenden Bedarfe, ist der einmalige Bedarf vom Sozialamt zu tragen. Bei Hilfesuchenden, die keine laufenden Leistungen erhalten, „kann" bei der Gewährung einmaliger Leistungen jedoch das den Sozialhilfebedarf übersteigende Einkommen berücksichtigt werden, das die in der Bedarfsgemeinschaft lebenden Personen innerhalb eines **Zeitraumes von bis zu sechs Monaten** seit der Sozialhilfeentscheidung erwerben (§ 21 Abs. 2 BSHG).[3] Es handelt sich hierbei jedoch um eine Ermessensentscheidung, bei der die Praxis unterschiedliche Heranziehungszeiträume geltend macht.[4] Stets sind jedoch etwaige Besonderheiten in der Lebenssituation des Hilfesuchenden zu berücksichtigen, die einer Heranziehung für die Folgemonate entgegenstehen. Einmalige Leistungen von bildungsrechtlicher Bedeutung sind:

- **Kosten einer Klassenfahrt:** Der notwendige Lebensunterhalt umfaßt für Schüler auch Aufwendungen für die Teilnahme an einer mehrtägigen Klassenfahrt, auch in das Ausland.[5] Denn Klassenfahrten ermöglichen dem Schüler den Aufbau von „Beziehungen zur Umwelt" sowie eine „Teilnahme am kulturellen Leben", wie es § 12 BSHG vorsieht.
- **Einschulungsbedarf:** Das Sozialamt hat die Kosten für eine Schultüte, für die mit der Einschulung verbundene Mindestausstattung sowie für den weiteren anfallenden laufenden oder einmaligen Schulbedarf grundsätzlich als laufende oder einmalige Leistungen anzuerkennen.[6] Für Lernmittel für eine freiwillige

---

3 Entscheidungsmonat und sechs Folgemonate ergeben insgesamt sieben Heranziehungsmonate.

4 Etwa für Heizung ein Zeitraum von vier Monaten; für Bekleidung, Hausrat und andere einmalige Leistungen ein Zeitraum von drei Monaten und für einmalige Leistungen zum Weihnachtsfest ein Zeitraum von einem Monat.

5 BVerwG, NJW 1995, 2369; VG Braunschweig, info also 1986, 77; VG Hannover, ZfF 1994, 252 (Kosten für eine eintägige Klassenfahrt werden vom Regelsatz abgedeckt).

6 BVerwG, info also 1993, 75; info also 1996, 199; info also 1998, 24.

Schularbeitsgemeinschaft können dagegen keine einmaligen Leistungen beansprucht werden.[7] Nicht übernommen werden überdies auch die Kosten für eine private Ersatzschule (etwa Freie Waldorfschule) oder die hierfür notwendigen Fahrtkosten.[8] Ausnahmen kommen jedoch in Betracht, wenn der Besuch einer öffentlichen Grundschule aus besonderen Gründen nicht möglich oder zumutbar ist (etwa wegen der räumlichen Entfernung vom Wohnort oder aus weltanschaulichen Gründen).[9]

- **Nachhilfeunterricht:** Hierfür werden die Kosten übernommen, wenn der Nachhilfeunterricht erforderlich ist, um eine Versetzung in die nächsthöhere Klasse/ Jahrgangsstufe zu erreichen oder den Übergang auf die Sonderschule zu vermeiden.[10] Beruht die Notwendigkeit von Nachhilfeunterricht jedoch nicht auf einer allgemeinen Begabungsschwäche, sondern auf einem Erziehungsdefizit und ist das Wohl des Kindes bzw. Jugendlichen gefährdet oder beeinträchtigt, so kommt nicht das Sozialamt, sondern das Jugendamt für die Kosten auf. Anspruchsinhaber ist in diesem Fall der Personensorgeberechtigte (§ 27 SGB VIII).[11]
- **Spielzeug:** Im Gegensatz zu vielen Oberverwaltungsgerichten hat das Bundesverwaltungsgericht einmaligen Spielzeugbedarf bislang abgelehnt. Spielzeug sei bereits in den Regelsätzen enthalten und insofern abgegolten.[12] Das setzt aber voraus, daß der in den Regelsätzen enthaltene Spielzeugbedarf ausreichend bemessen ist.[13] Sollte dies nicht der Fall sein, was weiterer Aufklärung bedarf, muß der Bedarf als einmalige Leistung befriedigt werden. Hierfür spricht auch, daß Gebrauchsgüter von längerer Gebrauchsdauer und höherem Anschaffungswert durchaus als einmalige Leistungen vom Gesetzgeber anerkannt wurden (§ 21 Abs. 1 a Nr. 6 BSHG). Es ist kein Grund ersichtlich, warum insbesondere Spielzeug mit Gebrauchscharakter, wie etwa ein Fahrrad, hiervon ausgenommen sein sollte.

III. Hilfe zur Arbeit

Die Qualifizierung erwerbsloser Sozialhilfeempfänger ist im Vergleich zur arbeitsförderungsrechtlichen Qualifizierung über weite Strecken unterentwickelt und bleibt vorerst eine Zukunftsaufgabe. Die Gründe für diesen Entwicklungsrückstand sind zunächst im Bundessozialhilfegesetz selbst zu suchen. Danach sollen für Hilfesuchende, insbesondere für junge Menschen, die keine Arbeit finden können, **Arbeitsgelegenheiten geschaffen** werden (§ 19 Abs. 1 BSHG). Hierbei kann es sich

---

7 BVerwG, NDV-RD 1997, 11.
8 VGH BW, ZfF 1990, 84; BVerwG, NDV 1993, 196; OVG Lüneburg, info also 1990, 95.
9 BVerwG, NDV 1993, 196.
10 VGH Hessen, FEVS 35, 453.
11 Vgl. unter J. Nachhilfeunterricht als Jugendhilfeleistung kommt beispielsweise in Betracht, wenn sie erforderlich ist, um die Konzentration und Motivation zum Schulbesuch zu fördern und eine psychisch belastete alleinerziehende Mutter zu entlasten: VGH Kassel, FEVS 35, 453.
12 BVerwG, info also 1991, 97; a. A. OVG Lüneburg, info also 1992, 136.
13 So auch BVerwG, info also 1993, 14.

zum einen um reguläre sozialversicherungspflichtige Beschäftigungsverhältnisse handeln oder zum anderen um Beschäftigungen, bei denen unter Fortzahlung der Sozialhilfe eine Mehraufwandsentschädigung[14] gewährt wird (§ 19 Abs. 2 BSHG). Liegen keine Unzumutbarkeitsgründe vor (§ 18 Abs. 3 BSHG), so ist der Hilfeempfänger zur Aufnahme der ihm angebotenen Beschäftigung verpflichtet (§ 18 Abs. 1 BSHG) und muß bei Arbeitsverweigerung mit einer Kürzung oder sogar gänzlichen Streichung der Sozialhilfe rechnen (§ 25 BSHG). Die Stoßrichtung des Gesetzes liegt demnach klar auf Arbeitsbeschaffung und nicht auf Qualifizierung. Verschärfend tritt hinzu, daß die Kommunen an aktiver Eingliederung zumeist nur wenig Interesse haben und von den Handlungsinstrumenten einen eher **zweckwidrigen Gebrauch** machen. Entscheiden sich die Kommunen nämlich für die arbeitsvertragliche Variante unter Begründung eines sozialversicherungspflichtigen Beschäftigungsverhältnisses von zumeist einjähriger Dauer mit dem Sozialhilfeemfänger, so erwirbt dieser einen Anspruch auf Arbeitslosengeld (mit nachfolgender Arbeitslosenhilfe) mit dem Ergebnis, daß der nach Beschäftigungsende regelmäßig arbeitslose Sozialhilfeempfänger nunmehr in die Zuständigkeit der Arbeitsverwaltung überwechselt, der Kommune insoweit aber keine Sozialhilfekosten mehr entstehen. Die Hilfe zur Arbeit wird so unwillkürlich zu einem Verschiebebahnhof von Finanzierungslasten, trägt durch kommunale Passivität zur Verlängerung der Arbeitslosigkeit bei und würdigt den Leistungsbezieher zu einem Spielball politischer Interessen herab.

Die „künstliche Beatmung" der Arbeitsverhältnisse, insbesondere wenn diese in kommunalen Beschäftigungsgesellschaften geführt werden, durch staatliche Subventionierung der Arbeitskosten begründet zudem das nicht unerhebliche Risiko von **Verdrängungseffekten** auf dem regulären Arbeitsmarkt[15], weil nicht geförderte Betriebe mit den subventionsbedingt niedrigen Angebotspreisen des sog. zweiten Arbeitsmarktes nicht mehr mithalten können und hierbei selbst in den wirtschaftlichen Ruin getrieben werden, der weitere Arbeitslosigkeit zur Folge hat. Zwar sollen die geförderten Beschäftigungen „gemeinnützig" und „zusätzlich" sein, um genau dies auszuschließen. Hiervon hat das Gesetz jedoch eine großzügige Ausnahme statuiert, wenn „dadurch die Eingliederung in das Arbeitsleben besser gefördert wird" (§ 19 Abs. 2 BSHG). In der Tat ist der Eingliederungseffekt bei gemeinnützigen und zusätzlichen Arbeiten gering, da diese auf dem ersten Arbeitsmarkt nicht nachgefragt werden und den Sozialhilfeempfänger damit in eine regelrechte Arbeitslosenfalle bringen. Angesichts des hohen Anteils von Personen ohne Schul- und Berufsabschluß unter den Sozialhilfeempfängern aber erscheint weder das eine noch das andere ohne zusätzliche Qualifizierung als sonderlich erfolgversprechend.

Auch wenn das BSHG eine explizite Qualifizierungspflicht nicht kennt, so öffnet es sich in unbestimmter Weise an einigen Stellen dennoch für Maßnahmen aktiver

---

14 Zumeist in Höhe von 1,– bis 2,– € pro Stunde.

15 Typischerweise im Marktsegment von Reinigungsdiensten, Pflegediensten und Gärtnereibetrieben.

Eingliederung im allgemeinen, die gewissermaßen als Einfallstor für Qualifizierungsmaßnahmen in Betracht zu ziehen sind. Insbesondere kann gem. § 18 Abs. 4 „durch sonstige **geeignete Maßnahmen** darauf hingewirkt werden, daß der Hilfeempfänger Arbeit findet." In Betracht kommen insofern grundständige oder die Berufsausübung begleitende Qualifizierungen. In die gleiche Richtung zielt § 18 Abs. 5 BSHG, wonach der Träger der Sozialhilfe den Hilfeempfänger zur Überwindung von Hilfebedürftigkeit bei der Eingliederung in den allgemeinen Arbeitsmarkt **fördern** soll.[16] Überdies ist in geeigneten Fällen für den Hilfesuchenden unter Beteiligung des Sozialamts und des Arbeitsamts ein **Gesamtplan** zu erstellen, der den individuellen Hilfebedarf und alle darauf bezogenen Maßnahmen erfaßt und koordiniert (§ 19 Abs. 4 BSHG). Die Vorschrift ermöglicht eine sinnvolle Abstimmung von Praxis- und Theoriephasen bzw. von regulärer Berufstätigkeit und flankierender Qualifizierung.[17] Der Phantasie sind hier keine Grenzen gesetzt. Neben dem Erwerb eines Schul- oder Berufsabschlusses kommen Sprachkurse, Betriebspraktika und vieles mehr in Betracht.

In diesem Rahmen ist die **Kooperation mit dem Arbeitsamt** von besonderer Bedeutung (so auch § 19 Abs. 4 BSHG). Denn viele der im SGB III behandelten Eingliederungsangebote sind ohne Vorbeschäftigungszeit und damit auch von Sozialhilfeempfängern nutzbar.[18] Umgekehrt kann das Sozialamt auch für den Arbeitslosen ohne Sozialhilfebezug wertvolle Dienste leisten, wie etwa die Schuldner- und Familienberatung (§ 17 BSHG) sowie die Hilfe zur Überwindung besonderer sozialer Schwierigkeiten (§ 72 BSHG). Arbeitsmarkt- und Sozialintegration sind zumeist zwei Seiten ein und desselben Problemhintergrundes und deshalb auch institutionell, etwa durch gemeinsame Projekte und Anlaufstellen, zusammenzuführen.

Insofern sollen die Arbeitsämter seit dem Jahr 2000 zur Überwindung der Arbeitslosigkeit von Leistungsbeziehern nach dem SGB III und von arbeitslosen Empfängern von Hilfe zur Arbeit nach dem BSHG mit dem örtlich zuständigen Träger der Sozialhilfe **Kooperationsvereinbarungen** abschließen und durchführen (§§ 371 a SGB III, 19 Abs. 2 a BSHG). Mit den Kooperationsvereinbarungen sollen alle Möglichkeiten ausgeschöpft werden, um die Vermittlung in Arbeit zu verbessern, die Wirksamkeit der Hilfen zur Eingliederung in eine Erwerbstätigkeit zu steigern und das Verwaltungsverfahren bürgernah und einfach zu gestalten. Nach Möglichkeit sollen Maßnahmen zur Eingliederung von beiden Gruppen genutzt werden, zielgerichtete Verwaltungsstrukturen geschaffen werden, Verwaltungsverfahren einfacher gestaltet und Evaluationen durchgeführt werden.

---

16 Die allgemeinen Förderpflichten dürften sich insoweit nicht ausschließlich auf den Arbeitgeber- oder Arbeitnehmerzuschuß beziehen, sondern auch weitere Maßnahmen zulassen.

17 Insbesondere von einigen Beschäftigungsgesellschaften in kommunaler oder sonstiger Trägerschaft wird das Instrumentarium bereits erfolgreich eingesetzt: Feist/Schöb, Hilfe zur Arbeit – Lehren aus dem Leipziger Modell sowie Klein, Kooperation in der Beschäftigungspolitik, beides in: Bundesanstalt für Arbeit, Informationen für die Beratungs- und Vermittlungsdienste, 31.01.01, Zusammenarbeit von Arbeits- und Sozialämtern, 2001, 309, 345.

18 Vgl. beispielsweise §§ 48 ff., 53, 59 ff., 80, 97 ff., 29 ff., 35 ff., 240 ff. SGB III.

Darüber hinaus wird seit 2000 innerhalb von **Modellvorhaben** die gemeinsame Verwaltung und Betreuung von Arbeitslosenhilfeempfängern und Sozialhilfeempfängern erprobt (§§ 421 d SGB III, 18 a BSHG). So kann das Arbeitsamt die Arbeitslosenhilfe ganz oder teilweise durch den Sozialhilfeträger oder durch eine dafür gemeinsam gebildete Stelle erbringen lassen, oder das Sozialamt kann die Gewährung von Hilfe zur Arbeit und anderen Leistungen der Hilfe zum Lebensunterhalt ganz oder teilweise durch das zuständige Arbeitsamt oder entsprechende Stellen wahrnehmen lassen. In der Praxis werden die Aufgaben zumeist an gemeinnützige, städtische oder privatwirtschaftliche **Agenturen** oder öffentlich geförderte Beratungs- und Vermittlungsträger übertragen, im Zuge des populären Privatisierungsgedankens jedenfalls immer seltener von den Sozialverwaltungen selbst durchgeführt.[19] Die Beispiele zeigen, daß die vielbeschworene Qualifizierungsoffensive gerade erst begonnen haben dürfte, in Zukunft also mit einer Vielzahl von Trägern, Projekten und Kooperationen innerhalb eines Bildungsnetzwerkes gerechnet werden muß mit erwartbaren Vorteilen für die Zielgenauigkeit von Qualifizierungshilfe, hingegen mit Nachteilen in puncto Transparenz und Kalkulierbarkeit von Angeboten für Anbieter und Leistungsbezieher gleichermaßen.

IV. Hilfe zur Überwindung besonderer sozialer Schwierigkeiten

Die in § 72 BSHG geregelte Hilfe zur Überwindung besonderer sozialer Schwierigkeiten soll gesellschaftlichen **Randgruppen** die Teilnahme in der Gemeinschaft ermöglichen. Als sog. Ist-Leistung gewährt die Vorschrift einen Rechtsanspruch (§ 72 Abs. 1 BSHG). Die konkrete Ausgestaltung der Hilfe ist jedoch stark einzelfallabhängig und umfaßt grundsätzlich alle Maßnahmen, die notwendig sind, um die Schwierigkeiten abzuwenden, zu beseitigen, zu mildern oder ihre Verschlimmerung zu verhüten (§ 71 Abs. 2 BSHG). Das Gesetz statuiert im übrigen jedoch einen Nachrang gegenüber anderen in Frage kommenden Hilfesleistungen, wie etwa die Behinderten- und Krankenhilfe des BSHG oder die ähnlich gelagerte Hilfe für junge Volljährige gem. § 41 SGB VIII (§ 72 Abs. 1 S. 2 BSHG). Das Nähere zur Bestimmung des leistungsberechtigten Personenkreises und der in Frage kommenden Maßnahmen enthält eine Rechtsverordnung (RVO zu § 72 Abs. 5 BSHG).

Der leistungsberechtigte **Personenkreis** ist vom Gesetzgeber mit Rücksicht auf die Vielschichtigkeit sozialer Problemlagen bewußt offen gestaltet worden. Anspruchsberechtigt sind alle, bei denen besondere Lebensverhältnisse mit sozialen Schwierigkeiten verbunden sind, die aus eigener Kraft nicht bewältigt werden können (§ 72 Abs. 1 BSHG). Besondere Lebensverhältnisse bestehen vor allem bei fehlender und nicht ausreichender Wohnung, bei ungesicherter wirtschaftlicher Lebensgrundlage, bei gewaltgeprägten Lebensumständen, bei Entlassung aus einer geschlossenen Einrichtung oder bei vergleichbaren nachteiligen Umständen (§ 1 Abs. 2 VO zu § 72). Soziale Schwierigkeiten im Sinne des Gesetzes setzen im wesentlichen die

19 Bertelsmann-Stiftung, Kooperation statt Konkurrenz, 2000, 73 ff.

Ausgrenzung des Betroffenen aus der Gesellschaft voraus (§ 1 Abs. 3 VO). Die Hilfe richtet sich daher typischerweise an Personen ohne ausreichende Unterkunft, an Nichtseßhafte, an Landfahrer oder verhaltensgestörte Menschen.[20]

Als **Maßnahmen** kommen grundsätzlich alle dem Gesetzesziel entsprechenden Dienst-, Geld- und Sachleistungen in Betracht (§ 2 Abs. 2 VO). Von bildungsrechtlicher Bedeutung sind vor allem die in § 5 VO aufgeführten Hilfen zur Ausbildung sowie zur Erlangung und Sicherung eines Arbeitsplatzes, wie insbesondere der Erwerb eines Ausbildungsabschlusses an allgemeinbildenden Schulen, der Erwerb arbeitsmarkttauglicher Fähigkeiten und Fertigkeiten sowie die Ermöglichung einer Berufsausbildung (§ 5 Abs. 2 Nr. 2 sowie Nr. 3 VO). Hierbei sind geschlechts- und altersbedingte Besonderheiten sowie besondere Fähigkeiten und Neigungen zu berücksichtigen (§ 2 Abs. 2 VO). Angesichts der besonderen Problemlagen dürften die üblichen Qualifizierungsmaßnahmen, wie sie etwa vom Arbeitsamt angeboten werden, für sich genommen zumeist nicht ausreichen, um den Hilfebedarf zu befriedigen. Die Teilnahme an derartigen Maßnahmen ohne besonderen Zielgruppenbezug sollte daher durch eine intensive Betreuung und Beratung des Betroffenen begleitet werden (§ 3 VO). Kommen mehrere Maßnahmen – auch aus anderen Leistungsgesetzen – nebeneinander oder nacheinander in Betracht, so sind diese unter Beteiligung der jeweiligen Leistungsträger aufeinander abzustimmen und dem Entwicklungsfortschritt entsprechend anzupassen (§§ 72 Abs. 2 BSHG, 2 Abs. 3 VO).

Soweit persönliche Hilfe (Beratungs- und Betreuungsleistungen) erforderlich ist, bleibt das **Einkommen und Vermögen** des Hilfebedürftigen und seiner Angehörigen unangetastet. Ansonsten müssen Eigenmittel eingesetzt werden, es sei denn, der Hilfeerfolg wäre hierdurch gefährdet (§ 72 Abs. 3 BSHG). In dieser Hinsicht wird man stets darauf zu achten haben, ob die Aufnahme des Betroffenen in seine Familie gefährdet wird, wenn diese für angefallene Kosten einzustehen hat.

Zuständig für Hilfen außerhalb von Einrichtungen ist das örtliche Sozialamt, für Hilfen stationärer oder teilstationärer Art dagegen der überörtliche Sozialhilfeträger (§§ 99, 100 Abs. 1 Nr. 5 BSHG).

V. Altenhilfe

Gem. 75 BSHG soll alten Menschen Altenhilfe gewährt werden. Es handelt sich um eine Soll-Vorschrift, so daß im Regelfall ein Anspruch auf die Leistung besteht, dieser somit nur in Ausnahmefällen entfällt.

Von bildungsrechtlicher Bedeutung ist in erster Linie die im gesetzlichen Maßnahmekatalog aufgeführte Hilfe zum Besuch von Veranstaltungen oder Einrichtungen, die der Geselligkeit, der Unterhaltung, der Bildung oder den kulturellen Bedürfnissen alter Menschen dienen (§ 75 Abs. 2 Nr. 4 BSHG). In Betracht kommt

20 So die bis 1999 geltende alte Rechtsverordnung zu § 72 BSHG.

somit finanzielle und persönliche Hilfe für den Besuch von Volkshochschulkursen, für ein Seniorenstudium oder auch zur Anschaffung von Bildungsmaterial. Die Leistungen sind insofern zusätzlich zu den laufenden Hilfen zum Lebensunterhalt zu erbringen.[21] Für die entstehenden Kosten muß der Leistungsempfänger jedoch vorhandenes Einkommen und Vermögen einsetzen, es sei denn, es handelt sich um persönliche Hilfeleistungen (§ 75 Abs. 4 BSHG).

---

21 Nach § 75 Abs. 1 soll die Hilfe „außer der Hilfe nach den übrigen Bestimmungen dieses Gesetzes" gewährt werden; a. A. OVG Lüneburg, FEVS 33, 20.

L. Ausbildungsförderungsrecht

Weiterführende Literatur:

Ramsauer/Stallbaum, Mein Recht auf BAföG, 3. Aufl. 1997; Richter, Ausbildungsförderung, in: von Maydell/Ruland (Hg.), Sozialrechtshandbuch, 2. Aufl. 1996, 1469; Blanke, BAföG – eine Idee und ihre Gestaltung, 17. Aufl. 2000; Weber, Berufsbildungsgesetz und Berufsbildungsförderungsgesetz, 13. Aufl. 1999.

I. Allgemeines

Ebenso wie die meisten anderen Bereiche insbesondere des sozialrechtlich fundierten Bildungsrechts will die staatliche Ausbildungsförderung einen Beitrag zur Chancengleichheit leisten, in dem jeder die seiner Begabung und Neigung entsprechende Ausbildung erhält. Ihre Besonderheit besteht jedoch darin, daß sie nicht wie sonst auf einen konkreten und hochgradig individualisierten Bedarf abstellt, sondern auf einen abstrakten Bedarf, bei dem unterstellt wird, daß, wenn die Ausbildung aus dem Familieneinkommen nicht finanzierbar ist, die politischen Ziele der Chancengleichheit und Bildungsförderung hiermit erreicht werden können. Aus diesem Grund können sich die einschlägigen Leistungsgesetze auf ein relativ starres System von Regeln und Ausnahmen und insbesondere auf die Gewährung von Geldleistungen im Bereich der **Schülerförderung, Studentenförderung** und **beruflichen Aufstiegs- bzw. Aufbauförderung** beschränken.[1]

Das Recht der Ausbildungsförderung ist durch die Unterscheidung von schulischer bzw. schulisch geprägter Ausbildung einerseits und betrieblicher bzw. überbetrieblicher Ausbildung andererseits geprägt. Die Förderung des Schulbesuchs und insbesondere des Hochschulbesuchs erfolgt durch das Bundesausbildungsförderungsgesetz und den hierzu ergangenen Rechtsverordnungen. Einige Bundesländer haben zudem eigene Schülerförderungsgesetze erlassen. Denn das Bundesausbildungsförderungsgesetz, das ursprünglich die umfassende Förderung sowohl schulischer als auch akademischer Ausbildungen gewährleisten sollte, klammert inzwischen die Förderung des Besuches weiterführender allgemeinbildender **Schulen** sowie von Klassen der beruflichen Grundbildung weitgehend aus, indem praktisch nur noch Ausnahmefälle erfaßt werden.[2] Aus diesem Grund haben die (alten) Bundesländer eigene Schülerförderungsgesetze erlassen, deren Leistungen jedoch

1 Zur Struktur des deutschen Ausbildungsförderungsrechts vgl. auch Richter, Ausbildungsförderung, in: von Maydell/Ruland (Hg.), Sozialrechtshandbuch, 2. Aufl. 1996, 1470.
2 Ramsauer/Stallbaum, 3. Aufl. 1997, 1.01.

kaum bedarfsdeckend sind und die in einigen Bundesländern zudem nur eine Begabtenförderung vorsehen. **Betriebliche Ausbildungen** wiederum sind allenfalls nach dem SGB III förderungsfähig, nicht jedenfalls nach dem Bundesausbildungsförderungsgesetz. Das Aufstiegsfortbildungsförderungsgesetz, auch als Meister-BAföG bekannt, fördert dagegen Personen, die eine **Meisterprüfung** oder einen vergleichbaren Abschluß anstreben. In seinem Aufbau, Inhalt und seiner Struktur ähnelt es stark dem BAföG. Für die **Graduiertenförderung** von Personen mit abgeschlossenem Hochschulstudium stellt der Bund und insbesondere die Deutsche Forschungsgemeinschaft hin und wieder Fördermittel bereit, teilweise auch die Bundesländer mit entsprechenden Programmen zur Förderung des wissenschaftlichen oder künstlerischen Nachwuchses. Die Ausbildungs- und Weiterbildungsförderung des Arbeitsförderungsrechts, der beruflichen Rehabilitation sowie des Jugendhilfe- und Sozialhilferechts schließlich wird in gesonderten Kapiteln behandelt.

II. Bundesausbildungsförderungsgesetz

Das Bundesausbildungsförderungsgesetz gewährt einen **Rechtsanspruch** auf Leistung, wenn die erforderlichen Mittel anderweitig nicht zur Verfügung stehen (§ 1 BAföG). Anderweitig zur Verfügung stehende Mittel sind insbesondere das Einkommen und Vermögen des Auszubildenden selber, seines Ehegatten sowie seiner Eltern (§ 11 Abs. 2 BAföG). Zum Einkommen zählen auch sonstige Sozialleistungen (§ 21 Abs. 3 i. V. m. § 1 EinkommensVO). Im Regelfall ist die Förderung somit elterneinkommensabhängig. Lediglich beim Besuch eines Abendgymnasiums oder Kollegs bleibt das Elterneinkommen außer Betracht (§ 11 Abs. 3 BAföG).

1. Anspruchsvoraussetzungen

Grundsätzlich kommt die Förderung nur in Betracht, wenn die Ausbildung als solche förderungsfähig ist, die persönlichen Förderungsvoraussetzungen und ein Antrag auf Ausbildungsförderung vorliegen und der maßgebliche Bedarf nicht durch anzurechnendes Einkommen oder Vermögen gedeckt ist.

Förderungsfähig sind nur bestimmte **Ausbildungsgänge.** Zum Kreis der förderungsfähigen Ausbildungsstätten gehören alle Vollzeitschulen (ab Klasse 10) und Hochschulen mit Ausnahme der Grund- und Hauptschulen (§ 2 Abs. 1 BAföG). Ergänzend kommt eine Förderung auch bei privaten Ausbildungsstätten und nichtstaatlichen Hochschulen in Betracht, wenn deren Gleichwertigkeit mit entsprechenden staatlichen Ausbildungseinrichtungen anerkannt worden ist (§ 2 Abs. 2 BAföG). Zudem wurde der Kreis der Ausbildungsstätten mehrfach durch Rechtsverordnungen geordnet (§ 2 Abs. 3 BAföG).[3] Förderungsfähig sind schließlich Prak-

3 Hierbei handelt es sich um Ausbildungsstätten der Medizinalfachberufe, zur Vorbereitung

tika im Zusammenhang mit einer förderungsfähigen Ausbildung sowie Fernunterrichtslehrgänge (§§ 2 Abs. 4, 3 BAföG).[4]

Bei der **Schülerförderung** sind jedoch Besonderheiten zu beachten. Der Besuch allgemeinbildender Schulen wird nur gefördert, wenn die Auszubildenden nicht bei den Eltern wohnen und die besuchte Ausbildungsstätte oder eine entsprechende zumutbare andere Ausbildungsstätte von der Wohnung der Eltern aus nicht erreichbar ist, ferner wenn der Auszubildende einen eigenen Haushalt führt und verheiratet ist oder war oder einen eigenen Haushalt führt und mit mindestens einem Kind zusammenlebt (§ 2 Abs. 1 a BAföG).

Schüler, die nach den Bestimmungen des BAföG nicht gefördert werden können, erhalten in einigen Bundesländern eine ergänzende Schülerförderung. Einige dieser Länder beschränken sich hierbei auf eine Begabtenförderung.

Im Regelfall beschränkt sich die Förderung auf Ausbildungen im Inland (§ 4 BAföG). Die vollständige Förderung von **Auslandsausbildungen** gibt es hingegen nur bei Grenzgängern und Auslandsdeutschen (§§ 5 Abs. 1, 16 BAföG). Im übrigen wird die Ausbildung im Ausland nur gefördert, wenn diese förderlich ist und auf die Ausbildung im Inland angerechnet werden kann, zudem im Rahmen einer grenzüberschreitenden Zusammenarbeit von deutschen und ausländischen Ausbildungsstätten sowie schließlich nach dem mindestens einjährigen Besuch einer inländischen Ausbildungsstätte bis zum Erwerb des ausländischen Ausbildungsabschlusses (§ 5 Abs. 2 BAföG). Bei der Berechnung der Förderungshöchstdauer bleiben Ausbildungszeiten im Ausland bis zu einem Zeitraum von einem Jahr bei der Leistung von Ausbildungsförderung unberücksichtigt (§ 5 a BAföG).[5]

Im Rahmen der **persönlichen Anspruchsvoraussetzungen** ist die Förderung grundsätzlich auf deutsche Staatsbürger und die ihnen gleichgestellten Ausländer beschränkt (§ 8 Abs. 1 BAföG).[6] Andere Ausländer können nur dann gefördert werden, wenn sie entweder selbst oder ein Elternteil sich vor dem Beginn der Ausbildung eine bestimmte Zeit rechtmäßig im Inland aufgehalten haben und hier einer sozialversicherungspflichtigen Beschäftigung nachgegangen sind (§ 8 Abs. 2 BAföG).

Grundsätzlich dürfen die Auszubildenden bei Beginn des Ausbildungsabschnitts die **Altersgrenze** von 30 Jahren nicht überschritten haben (§ 10 Abs. 3 BAföG). Dies gilt jedoch nicht, wenn der Auszubildende die Zugangsvoraussetzungen für die zu fördernde Ausbildung nach einer abgeschlossenen Berufsausbildung in einer

---

des Besuchs von Kollegs und Hochschulen, für landwirtschaftlich-technische, milchwirtschaftlich-technische und biologisch-technische Assistentinnen und Assistenten, für kirchliche Berufe sowie von Fachlehrern und Sportlehrern.

4 Bei den Fernunterrichtslehrgängen sind jedoch nur die letzten 12 Monate eines Lehrgangs förderungsfähig (§ 15 Abs. 2 S. 2 BAföG).

5 Dies gilt jedoch nicht für Auslandsaufenthalte, die im Rahmen der inländischen Ausbildung zwingend vorgeschrieben sind.

6 Gleichgestellte Ausländer sind insbesondere anerkannte Asylberechtigte und Angehörige eines EG-Mitgliedstaates.

Fachoberschulklasse oder an Abendschulen bzw. einem Kolleg oder schließlich durch eine Nichtschülerprüfung bzw. Immaturenprüfung erworben hat. Ferner entfällt die Altersgrenze bei Personen, die aufgrund einer beruflichen Qualifikation an einer Hochschule eingeschrieben worden sind, die aus persönlichen oder familiären (Erziehung von Kindern bis zu 10 Jahren) Gründen gehindert waren, den Ausbildungsabschnitt rechtzeitig zu beginnen oder die in Folge einer einschneidenden Veränderung ihrer persönlichen Verhältnisse bedüftig geworden sind und deshalb keine förderungsfähige Ausbildung abschließen konnten (§ 10 Abs. 3 Nr. 1–4 BAföG).

Die Ausbildung wird grundsätzlich nur gefördert, wenn die Leistungen des Auszubildenden erwarten lassen, daß er das angestrebte **Ausbildungsziel erreicht** (§ 9 Abs. 1 BAföG). Beim Besuch von Ausbildungsstätten insbesondere des schulischen Sekundarbereichs kann die Behörde eine gutachterliche Stellungnahme der Ausbildungsstätte einholen (§ 48 Abs. 5 BAföG). Hierbei wird auf den üblichen Fortschritt der Ausbildung abgestellt, wobei die einmalige Wiederholung einer Klasse im Regelfall noch keine negative Prognose zuläßt.[7] Beim Besuch einer höheren Fachschule, Akademie oder Hochschule gilt der Eignungsnachweis dann als erbracht, wenn die durchschnittlichen Studienfortschritte vorliegen und insbesondere entweder eine nach dem dritten Fachsemester abgeschlossene Zwischenprüfung nachgewiesen oder eine nach dem Beginn des vierten Fachsemesters ausgestellte positive Bescheinigung über den Leistungsstand ausgestellt wird (§ 48 Abs. 1 BAföG).[8] Kann der Eignungsnachweis nicht erbracht werden, so wird die Förderung vom fünften Fachsemester an eingestellt.

Ausbildungsförderung wird grundsätzlich nur für die **erste Ausbildung** geleistet (§ 7 Abs. 1 BAföG). Als Erstausbildung zählt jedoch nur die nach § 2 BAföG förderungsfähige berufsqualifizierende Ausbildung, nicht aber etwa eine Lehrausbildung nach dem Berufsbildungsgesetz. Eine **Zweitausbildung** kommt jedoch ausnahmsweise in Betracht

- im Falle eines Master-, Magister- oder postgradualen Diplomstudienganges, der auf einer Bachelor-Ausbildung aufbaut (§ 7 Abs. 1 a BAföG);
- für ein Vertiefungs- und Ergänzungsstudium nach einem Hochschulstudium (§ 7 Abs. 2 Nr. 1, Nr. 2 BAföG);
- für eine Ausbildung des Zweiten Bildungsweges sowie nach einer Ausbildung des zweiten Bildungsweges (§ 7 Abs. 2 Nr. 3, 4 BAföG);
- für eine Ausbildung nach einer schulischen Berufsbildung (§ 7 Abs. 2 Nr. 5 BAföG).[9]

---

7 Ramsauer/Stallbaum, Mein Recht auf BAföG, 3. Aufl. 1997, Rn. 2.89.

8 Das Amt für Ausbildungsförderung kann die Vorlage der Bescheinigung jedoch zu einem späteren Zeitpunkt zulassen, wenn Tatsachen vorliegen, die voraussichtlich eine spätere Überschreitung der Förderungshöchstdauer nach § 15 Abs. 3 rechtfertigen (§ 48 Abs. 2 BAföG).

9 Im übrigen wird Ausbildungsförderung für eine einzige weitere Ausbildung nur geleistet,

Im Falle eines erstmaligen **Ausbildungsabbruchs** oder eines **Fachrichtungswechsels** ist die Förderung der neuen Ausbildung nur möglich, wenn ein „wichtiger Grund" oder ein „unabweisbarer Grund" vorliegt (§ 48 Abs. 3 BAföG). Im Falle einer akademischen Ausbildung kann man sich auf den wichtigen Grund jedoch nur bis zum Beginn des vierten Fachsemesters berufen; danach muß für den Wechsel oder Abbruch ein unabweisbarer Grund vorliegen. Auch ein zweiter Wechsel bzw. Abbruch ist nur im Falle eines unabweisbaren Grundes möglich. Ohne wichtigen oder unabweisbaren Grund geht der Anspruch auf weitere Förderung verloren. Der Begriff des wichtigen bzw. unabweisbaren Grundes ist ein unbestimmter Rechtsbegriff, der von den Gerichten in vollem Umfang überprüft wird. Insbesondere ein **wichtiger Grund** für den Abbruch oder Fachrichtungswechsel ist nach der Rechtsprechung nur dann gegeben, wenn dem Auszubildenden die Fortsetzung der bisherigen Ausbildung unter Berücksichtigung aller rechtserheblichen Umstände einschließlich der mit der Förderung verbundenen persönlichen und öffentlichen Interessen nicht mehr zugemutet werden kann.[10] Hierbei gilt: Je weiter das Studium vorangeschritten ist, desto höher sind die Anforderungen an den wichtigen Grund.[11] Außerhalb von Hochschulausbildungen wird in der Praxis der Förderungsämter im Regelfall jedoch auf eine individuelle Prüfung verzichtet und das Vorliegen eines wichtigen Grundes unterstellt. Für den Auszubildenden spricht, daß er sein Studium bislang zielstrebig verfolgt und auf den Eintritt des wichtigen Grundes unverzüglich durch Studienabbruch oder Fachrichtungswechsel reagiert hat.[12] Im übrigen schließt ein Eignungsmangel, ein Neigungswandel oder der Wechsel von der Parkausbildung zur Wunschausbildung das Vorliegen eines wichtigen Grundes grundsätzlich nicht aus.[13] Der **„unabweisbare Grund"** ist ebenfalls ein gerichtlich voll überprüfbarer unbestimmter Rechtsbegriff. Die Anforderungen sind jedoch entsprechend höher. Grundsätzlich muß das Festhalten an der bisherigen Ausbildung für den Betroffenen schlechterdings unerträglich erscheinen. Dies ist etwa der Fall bei unfallbedingten körperlichen Behinderungen oder bleibenden Schäden nach einer schweren Krankheit, wenn hierdurch die Fortsetzung der bisherigen Ausbildung unzumutbar wird. Der Eignungsmangel oder Neigungswandel stellt regelmäßig keinen unabweisbaren Grund dar. In sämtlichen Fällen bietet § 46 Abs. 5 BAföG die Möglichkeit, im Rahmen eines Vorabentscheidungsverfahrens die jeweiligen Gründe für den Abbruch oder Wechsel verbindlich klären zu lassen.

---

wenn die besonderen Umstände des Einzelfalles, insbesondere das angestrebte Ausbildungsziel, dies erfordern (§ 7 Abs. 2, letzter Satz BAföG).

10 BVerwGE 50, 161.

11 Dabei kommt es nicht darauf an, ob die aufgegebene Ausbildung nach dem BAföG bislang gefördert wurde.

12 BVerwGE 70, 230.

13 Dazu im einzelnen Ramsauer/Stallbaum, 3. Aufl. 1997, 3.4.7–3.5.4.

2. Leistungen

Die Leistungen richten sich nach dem gesetzlich fingierten und pauschalierten Bedarf. Hiervon wird das anrechenbare Einkommen und Vermögen abgezogen. Die Förderung besteht in der Regel zur Hälfte als Zuschuß und zur Hälfte als zinsloses Darlehen, dessen Rückzahlung einkommensabhängig ist. Bei Ausbildungen des sog. zweiten Bildungsweges bleibt das Einkommen der Eltern jedoch unberücksichtigt (§ 11 Abs. 3 BAföG). Bei der Vermögensanrechnung wird im Gegensatz zu früher heute nur noch das Vermögen des Auszubildenden berücksichtigt (§ 26 BAföG).

Die **Ermittlung des Bedarfs** erfolgt nicht nach individuellen Maßstäben, sondern errechnet sich pauschal aus folgenden Elementen:

- Bei den Schülern unterscheidet sich der Bedarfssatz danach, ob der Schulbesuch eine abgeschlossene Berufsausbildung voraussetzt bzw. nicht voraussetzt (§ 12 Abs. 1 BAföG). Außerdem kommt es darauf an, ob der Auszubildende bei seinen Eltern wohnt (Abs. 2 BAföG). Im Falle einer eigenen Unterkunft des Auszubildenden erhöht sich der Bedarf, wenn die Miete einen bestimmten Betrag überschreitet (§ 12 Abs. 3 BAföG). Bei Studierenden unterscheidet sich der Bedarfssatz danach, ob die Ausbildung eine abgeschlossene Berufsausbildung erfordert bzw. nicht erfordert (§ 13 Abs. 1 BAföG).

- Die Kosten der Unterkunft werden gesondert grundsätzlich nur bei Studierenden gem. § 13 Abs. 2 BAföG berücksichtigt.[14] Für die Höhe der berücksichtigungsfähigen Unterkunftskosten ist entscheidend, ob der Auszubildende bei den Eltern wohnt bzw. eine eigene Unterkunft besitzt (§ 13 Abs. 2 BAföG). Übersteigen die Unterkunftskosten einen bestimmten Betrag, so erhöht sich die Leistung (§ 13 Abs. 3 BAföG).[15]

- Für Auszubildende, die nicht bei ihren Eltern mitversichert sind, wird ein Zuschuß zur Kranken- und Pflegeversicherung gewährt (§ 13 a BAföG).

Der vorgenannte objektive Bedarf verringert sich jedoch um das anrechenbare **Einkommen und Vermögen** des Auszubildenden, seines Ehegatten sowie seiner Eltern (§ 11 Abs. 2–Abs. 4 BAföG). Im wesentlichen errechnet sich das anrechenbare Einkommen[16] nach dem Netto-Arbeitsverdienst einschließlich etwaiger Sozialleistungen und verringert sich um die jeweiligen Freibeträge des Auszubildenden bzw. seines Ehegatten und seiner Eltern (§§ 21–25 BAföG). Die Freibeträge erhöhen sich um die Anzahl unterhaltsberechtigter Kinder (§§ 23–25 BAföG). Beim Ehegatten und bei den Eltern wird jedoch nur die Hälfte des nach Abzug des Freibetrages verbleibenden Einkommens angerechnet (§ 25 Abs. 4 BAföG). Außergewöhnliche Belastungen werden durch Härteregelungen aufgefangen (§§ 23 Abs. 5, 25 Abs. 5 BAföG). Die

---

14 Bei Schülern sind sie im Bedarfssatz enthalten.
15 Bei Auslandsausbildungen werden bestimmte Zu- oder Abschläge vorgenommen (§§ 12 Abs. 4, 13 Abs. 4 BAföG).
16 Hierzu grundsätzlich BVerwGE 91, 306; 92, 272.

Berechnung wird für jeden Bewilligungszeitraum neu durchgeführt. Zum gegenwärtigen Zeitpunkt liegt die Förderungsgrenze bei einer Familie mit einem auswärts studierenden Kind und einem schulpflichtigen Kind bei etwa 5000,– EUR brutto; hier kommt auch eine Teilförderung nicht mehr in Betracht. Eine Vollförderung ist unterhalb eines monatlichen Bruttoeinkommens von etwa 2800,– EUR möglich (2002).

Macht der Auszubildende glaubhaft, daß die **Eltern sich weigern**, ihren Unterhaltsbeitrag zu leisten und ist die Ausbildung gefährdet, so erhält der Auszubildende Leistungen ohne Berücksichtigung des elterlichen Einkommens (§ 36 BAföG). Ein eventueller Unterhaltsanspruch des Auszubildenden gegen seine Eltern geht dann kraft Gesetzes bis zur Höhe der geleisteten Aufwendungen auf den Träger der zuständigen Behörde über (§ 37 BAföG). Die zuständige Behörde tritt dann gewissermaßen in die Fußstapfen des Auszubildenden und kann ihre Forderungen vor dem jeweiligen Gericht selbständig geltend machen.[17]

Die Ausbildungsförderung wird vom Beginn der Ausbildung an für die Dauer der Ausbildung gewährt, jedoch nicht über die **Förderungshöchstdauer** hinaus. Für Schüler ergibt sich die Förderungsdauer aus der tatsächlichen Dauer der Ausbildung (§ 15 Abs. 1 BAföG).[18] Für Studenten gilt jedoch eine Förderungshöchstdauer, es sei denn, es liegen besondere Gründe für die Überschreitung vor (§§ 15 a, 15 Abs. 2 a, 3 BAföG). Grundsätzlich entspricht die Förderungshöchstdauer der Regelstudienzeit nach § 10 Abs. 2 des Hochschulrahmengesetzes. Dieses verweist wiederum auf die in den jeweiligen Prüfungsordnungen festgelegten Studienzeiten. Fehlt eine solche Regelung, so beträgt die Förderungshöchstdauer beim Universitätsstudium 9 Semester, beim Fachhochschulstudium mit Praxiszeiten 8 Semester, bei aufbauenden Studiengängen 2 Semester sowie bei Lehramtsstudiengängen für die Primarstufe und die Sekundarstufe I 7 Semester (§ 15 a Abs. 1 BAföG).[19] Auslandsausbildungszeiten bis zu einem Jahr werden jedoch nicht mitgerechnet, es sei denn, der Auslandsaufenthalt war für die inländische Ausbildung notwendig (§ 5 a BAföG).

Eine **Überschreitung** der Förderungshöchstdauer kommt „für eine angemessene Zeit" jedoch in Betracht aus „schwerwiegenden Gründen", wenn der Auszubildende in der Hochschulselbstverwaltung mitgewirkt hat, bei erstmaligem Nichtbestehen der Abschlußprüfung sowie infolge einer Behinderung, einer Schwangerschaft oder der Pflege und Erziehung eines Kindes im Alter von bis zu 10 Jahren (§ 15 Abs. BAföG). Der gerichtlich voll überprüfbare unbestimmte Rechtsbegriff der „schwer-

---

17 Der Vorausleistungsanspruch des Auszubildenden war früher auf Erstausbildungen beschränkt und zwar unabhängig von einer tatsächlich bestehenden Unterhaltspflicht der Eltern. Das Bundesverfassungsgericht hat diese Regelung als mit dem Gleichheitssatz unvereinbar angesehen. Nach der geltenden Rechtslage kommt es deshalb nicht mehr darauf an, ob die Eltern nach bürgerlichem Recht tatsächlich zu Unterhaltsleistungen verpflichtet sind: BVerfG, ZFSH/SGB 1999, 297.

18 Die einmalige Wiederholung einer Klasse ist jedoch in aller Regel unschädlich.

19 Die mittlerweile abgeschaffte Förderungshöchstdauerverordnung gilt für Auszubildende, die ihre Ausbildung vor dem 01. 04. 01 aufgenommen haben weiter, wenn die Vorschriften für den Auszubildenden günstiger sind.

wiegenden Gründe" umfaßt Gründe im persönlichen Bereich ebenso wie Gründe, die die Ausbildungsinstitution zu vertreten hat. Ist der Auszubildende für die Verlängerung seines Studiums jedoch selbst verantwortlich, so kommt eine Erweiterung des Förderungszeitraums grundsätzlich nicht in Betracht.[20] Gründe, die im Bereich der Hochschule liegen, werden von den Gerichten jedoch zumeist nicht anerkannt, da der Student, so die übliche Begründung, im Zuge einer sorgfältigen Studienplanung entsprechende Verzögerungen vermeiden kann.[21] Ein etwaiger Studienortwechsel, ein Doppelstudium, die Nichtanerkennung von Fachsemestern oder überdurchschnittliche Anforderungen werden als Verlängerungsgründe regelmäßig nicht anerkannt.[22] Liegt jedoch keiner der genannten Ausnahmegründe vor, so kommt jedoch eine besondere Studienabschlußförderung von maximal 2 Semestern in Betracht (§ 15a BAföG). Voraussetzung ist, daß der Auszubildende spätestens innerhalb von 4 Semestern nach Ablauf der Förderungshöchstdauer zum Examen zugelassen worden ist und sein Studium während der Studienabschlußförderung voraussichtlich auch beenden kann. In diesem Fall aber erfolgt die Förderung durch Bankdarlehen (§ 17 Abs. 3 Nr. 3 BAföG).

Im Rahmen der **Förderungsart** kommen Zuschüsse, Staatsdarlehen und Bankdarlehen in Betracht (§ 17 BAföG). Schüler erhalten einen nicht rückzahlbaren Zuschuß. Studenten dagegen werden je zur Hälfte durch Zuschuß und durch ein unverzinsliches Darlehen gefördert, das jedoch höchstens bis zu einem Gesamtbetrag von 10000,– EUR zurückgezahlt werden muß (§ 17 Abs. 2 BAföG).[23] Bei einer Förderung über die Regelleistungen hinaus, also insbesondere für die Förderung weiterer berufsqualifizierender Ausbildungen nach § 7 Abs. 2 BAföG, für die Förderung nach Studienabbruch oder Fachrichtungswechsel und für die Studienabschlußförderung nach § 15 Abs. 3a BAföG erfolgt die Förderung durch ein verzinsliches Bankdarlehen nach § 18c BAföG (§ 17 Abs. 3 BAföG).[24] Da das Gesetz hierfür keine besonderen Bedingungen aufstellt, gilt in den Fällen zulässiger Überschreitung der Förderungshöchstdauer (§ 15 Abs. 3) wie sonst auch die Regelförderung durch Zuschuß und Darlehen.

Die **Rückzahlungsmodalitäten** beim unverzinslichen Darlehens ergeben sich neben den §§ 18ff. BAföG auch aus der Darlehensverordnung zu § 18 Abs. 6 BAföG. Die Rückzahlung erfolgt grundsätzlich in monatlichen Raten von mindestens 105,– EUR (§ 18 Abs. 3 BAföG). Es besteht jedoch die Möglichkeit der Freistellung von der Rückzahlung, solange das Einkommen einen bestimmten Betrag nicht übersteigt (§ 18a BAföG). Der regelmäßige Rückzahlungszeitraum von 20 Jahren (§ 18 Abs. 3

---

20 BVerwG, FamRZ 1980, 730; FamRZ 1980, 1161.

21 BVerwG, FamRZ 1979, 242; 1980, 730; 1982, 204.

22 Kritisch hierzu, mit weiteren Nachweisen, Richter, Ausbildungsförderung, in: von Maydell/Ruland (Hg.), Sozialrechtshandbuch, 2. Aufl. 1996, Rn. 83.

23 Die Darlehensförderung gilt jedoch nicht für den Zuschlag zum Bedarf nach § 13 Abs. 4 BAföG sowie für die Ausbildungsförderung nach § 15 Abs. 3 Nr. 5 BAföG (§ 17 Abs. 2 BAföG).

24 Besteht für den Fachrichtungswechsel oder den Studienabbruch jedoch ein unabweisbarer Grund, so erfolgt die Förderung nicht als Bankdarlehen, sondern im Rahmen der regelmäßigen Kombination von Zuschuß und Darlehen (§ 17 Abs. 3, letzter Satz BAföG).

BAföG) wird im Falle der Freistellung jedoch maximal nur für einen Zeitraum von bis zu 10 Jahren verlängert (§ 18 a Abs. 5 BAföG). Das Darlehen kann aber zumindest teilweise erlassen werden. Diese Möglichkeit besteht, wenn der Auszubildende nach Bestehen der Abschlußprüfung zu den ersten 30 % aller Prüfungsabsolventen gehört (§ 18 b Abs. 1 – Abs. 2 a BAföG), wenn die Ausbildung vor dem Ende der Förderungshöchstdauer beendet wurde (Abs. 3) oder wenn Ausbildungsförderung wegen einer Behinderung über die Förderungshöchstdauer hinaus geleistet worden ist (Abs. 4), außerdem bei Unterschreiten der Einkommensgrenze in Zeiten der Kindererziehung (Abs. 5) sowie bei vorzeitiger Rückzahlung des Darlehensbetrages (§ 6 DarlehensVO). Näheres regelt im übrigen die BAföG-Teilerlaßverordnung. Im Falle eines zinspflichtigen Bankdarlehens ist dieses einschließlich der Zinsen in monatlichen Raten von 105,– EUR innerhalb von 20 Jahren zurückzuzahlen (§ 18 c Abs. 6 BAföG). Grundsätzlich ist der Zinssatz variabel, kann jedoch für einen Zeitraum von 10 Jahren vereinbart werden (§ 18 c Abs. 3, 4 BAföG). Das Darlehen kann jederzeit voll oder teilweise zurückgezahlt werden (§ 18 c Abs. 9 BAföG).

Die **Bewilligung der Leistung** erfolgt auf Antrag und gilt grundsätzlich für ein Jahr, so daß nach Ablauf des Bewilligungszeitraums ein neuer Antrag gestellt werden muß (§§ 46, 50 BAföG). Die Ablehnung der Förderung ist ein mit Widerspruch und Klage angreifbarer Verwaltungsakt. Bei Gefährdung der Ausbildung kommt ein Antrag auf Erlaß einer einstweiligen Anordnung in Betracht. Gerichtskosten werden in BAföG-Angelegenheiten nicht erhoben (§ 188 VwGO). Nachteilige gesetzliche Änderungen der Förderungsbedingungen während des Studiums hat der Auszubildende grundsätzlich hinzunehmen, wenn dies durch gewichtige Gründe des Gemeinwohls gerechtfertigt ist.[25] Grundsätze des Vertrauensschutzes, die eine Rückwirkung auf laufende Studienverhältnisse ausschließen, müssen demgegenüber zurücktreten, insbesondere wenn der Staat im Rahmen eines veränderten Förderkonzepts bestimmte Förderleistungen zugunsten derjenigen Studenten umverteilt, die ihr Studium innerhalb der Förderungshöchstdauer zuende bringen. Vor allem in denjenigen Fällen, wo jenseits der vorgesehenen Höchstdauer staatliche Zusatzleistungen erbracht werden, hat der Vertrauensschutzgedanke in der Abwägung mit dem Gemeinwohl von vornherein geringeres Gewicht.

III. Aufstiegsfortbildungsförderungsgesetz

Nach dem Aufstiegsfortbildungsförderungsgesetz (AFBG), auch „Meister-BAföG" genannt, werden Maßnahmen der beruflichen Aufstiegsfortbildung, insbesondere wenn diese zur Meisterprüfung führen, durch Beiträge zu den **Maßnahmekosten** und zum **Lebensunterhalt** finanziell unterstützt (§§ 1, 2 AFBG). Leistungen zum Lebensunterhalt werden jedoch nur bei entsprechender Bedürftigkeit der Teilnehmer gewährt. Förderungsfähig sind zudem der Meisterprüfung gleichwertige Abschlüsse (§ 2 Abs. 1 a AFBG), auch wenn die Durchführung der Maßnahme öffent-

---

25 BVerfG, Az. 1 BvR 1594/99.

lich-rechtlich nicht geregelt ist (§ 2 Abs. 2 AFBG). Gefördert werden können Vollzeit- und Teilzeitmaßnahmen, außerdem Fernunterricht und geeignete Selbstlernprogramme (§§ 2 Abs. 3, 4, 4a AFBG). Die Förderung der Maßnahme ist jedoch ausgeschlossen, wenn für sie Ausbildungsförderung nach dem Bundesausbildungsförderungsgesetz oder Unterhaltsgeld nach SGB III geleistet wird oder wenn ein Anspruch auf Leistungen zur Rehabilitation besteht (§ 3 AFBG).

Grundsätzlich ist nur die **erste Fortbildung** förderungsfähig. Eine zweite Fortbildung ist jedoch möglich, wenn sie auf der ersten aufbaut oder wenn besondere Umstände des Einzelfalls dies rechtfertigen (§ 6 Abs. 3 AFBG).[26] Grundsätzlich endet die Förderung bei vorzeitigem Abbruch der Maßnahme oder vorzeitiger Kündigung durch den Ausbildungsträger (§ 7 Abs. 1 AFBG). Kann für den Abbruch jedoch ein wichtiger Grund angeführt werden[27], so wird dieselbe oder eine andere Fortbildung erneut gefördert (§ 7 Abs. 2, 3 AFBG). Die einmalige Wiederholung einer Maßnahme kommt nur in Betracht, wenn besondere Umstände des Einzelfalles dies rechtfertigen und der Stoff auch bei Verlängerung der Förderungshöchstdauer nicht nachgeholt werden kann (§ 7 Abs. 5 AFBG).

Im Rahmen der **persönlichen Förderungsvoraussetzungen** sind förderungsfähig deutsche Staatsangehörige und die ihnen gleichgestellten Ausländer, insbesondere Asylberechtigte und EU-Bürger (§ 8 Abs. 1 AFBG). Andere Ausländer erhalten die Förderung nur, wenn sie sich insgesamt 5 Jahre im Inland aufgehalten haben und einer sozialversicherungspflichtiggen Tätigkeit nachgegangen sind (§ 8 Abs. 2 AFBG). Außerdem müssen die Teilnehmer erwarten lassen, daß sie die Maßnahme erfolgreich abschließen können, wobei unterstellt wird, daß dies der Fall ist, wenn an der Maßnahme teilgenommen wird und sich der Teilnehmer um einen erfolgreichen Abschluß bemüht.

Die **Förderung** umfaßt einen Beitrag zu den Kosten der Lehrveranstaltung, einen Erhöhungsbetrag für Kosten der Kinderbetreuung und für den nicht getrennt lebenden Ehegatten sowie einen Beitrag zur Deckung des Unterhaltsbedarfs (§ 10 AFBG). Auf den Unterhaltsbedarf sind Einkommen und Vermögen des Antragstellers und seines Ehegatten anzurechnen (§ 10 Abs. 3 AFBG).

Bei Maßnahmen in Vollzeitform beträgt die maximale **Förderungsdauer** 24 Monate, in Teilzeitform 48 Monate (§ 11 Abs. 1 AFBG). Unter bestimmten Voraussetzungen kann die Förderungshöchstdauer jedoch angemessen verlängert werden (etwa Kindererziehung, besondere Einzelfallumstände, längere Fortbildungsdauer).

Der staatliche Beitrag zu den **Kosten der Lehrveranstaltung** (Maßnahmebeitrag) setzt sich zusammen aus Lehrgangs- und Prüfungskosten bis maximal 10 226,– EUR, Kosten im Rahmen der Erstellung der fachpraktischen Arbeit in der Meisterprüfung

---

26 Besondere Umstände des Einzelfalls sind insbesondere dann gegeben, wenn ein wichtiger Grund der Ausübung des Berufs entgegensteht, zu dem die erste Fortbildung qualifiziert hat: § 6 Abs. 3 AFBG.

27 Zum wichtigen Grund vgl. auch die Ausführungen zum Bundesausbildungsförderungsgesetz.

in Höhe von maximal 1534,– EUR sowie einem Zuschuß zu den notwendigen Kosten der Kinderbetreuung (§ 12 Abs. 1 AFBG). Die Lehrgangs- und Prüfungskosten werden in Höhe von 35% als Zuschuß, im übrigen durch Bankdarlehen gefördert; dieses ist zins- und tilgungsfrei während der Maßnahme und innerhalb einer Karenzzeit von maximal 6 Jahren. Der Beitrag zu den Kosten der Kinderbetreuung wird als Zuschuß und der **Unterhaltsbeitrag** teilweise durch Zuschuß, teilweise durch Bankdarlehen gefördert (§ 12 Abs. 1 Nr. 3, Abs. 2 AFBG).

Das auf die Lehrgangs- und Prüfungsgebühren entfallende Darlehen kann jedoch zu 75 % **erlassen** werden, wenn der Darlehensnehmer innerhalb von 3 Jahren nach Maßnahmeende ein Unternehmen oder eine freiberufliche Existenz gründet, in diesem Rahmen mindestens ein Jahr tätig ist und spätestens am Ende des dritten Jahres nach der Existenzgründung mindestens zwei Personen für die Dauer von mindestens 4 Monaten sozialversicherungspflichtig beschäftigt hat, von denen zumindest eine Person nicht nur geringfügig beschäftigt sein darf (§ 13 Abs. 6 AFBG).[28] Die Verpflichtung zur Rückzahlung des Darlehens entfällt, soweit das Einkommen des Darlehensnehmers monatlich den Betrag nach § 18a Abs. 1 BAföG nicht übersteigt (§ 13 a AFBG).

Eine Anrechnung von **Einkommen und Vermögen** des Auszubildenden und seines Ehegatten findet nur beim Unterhaltsbeitrag, nicht jedoch beim Maßnahmebeitrag und beim Erhöhungsbetrag statt (§§ 10 Abs. 3, 17 AFBG). Insbesondere beim Vermögenseinsatz werden bestimmte Freibeträge gewährt (§ 17 a AFBG).

Über die Förderleistung entscheidet die zuständige Behörde auf schriftlichen Antrag (§ 19 AFBG). Die Regelung der Zuständigkeit ist Ländersache. Der Förderbescheid (§ 23 AFBG) ist ein mit Widerspruch und Klage vor den Verwaltungsgerichten (§ 26 AFGB) angreifbarer Verwaltungsakt.

---

28 In den ersten drei Jahren nach der Existenzgründung fällige Rückzahlungsraten werden zudem auf Verlangen des Darlehensnehmers bis zu dem Betrag, der erlassen werden kann, gestundet.

M. Recht der Erwachsenenbildung

Weiterführende Literatur:

Bubenzer, Grundlagen für Staatspflichten auf dem Gebiet der Weiterbildung, 1983; Dikau, Rechtliche und organisatorische Bedingungen der beruflichen Weiterbildung, in: Arnold/Lipsmeier (Hg.), Handbuch der Berufsbildung, 1995, 427; Gabler/Grimmer, Verrechtlichung der Erwachsenenbildung, in: Schmitz/Tietgens (Hg.), Erwachsenenbildung. Enzyklopädie Erziehungswissenschaft, Bd. 11, 1984, 316; Keim/Urbach, Zur rechtlichen und politischen Bedeutung eines pluralen Weiterbildungssystems, RdJB 1981, 344; Knoll/Pöggeler/Schulenberg, Erwachsenenbildung und Gesetzgebung. Entstehung, Praxis und Auswirkung des niedersächsischen Gesetzes zur Förderung der Erwachsenenbildung, 1983; Kuhlenkamp, Weiterbildung zwischen Förderung und Gewährleistung. Zu den Weiterbildungsgesetzen der Länder, RdJB 1983, 113; Nuissl, Ordnungsgrundsätze der Erwachsenenbildung in Deutschland, in: Tippelt (Hg.), Handbuch Erwachsenenbildung/Weiterbildung, 1994, 343; Richter, Das Recht der Weiterbildung, 1993; Rohlmann, Weiterbildungsgesetze der Länder, in: Tippelt (Hg.), Handbuch Erwachsenenbildung/Weiterbildung, 1994, 356; Senzky, Rechtsgrundlagen der Erwachsenenbildung, in: Nuissl (Hg.), Taschenbuch der Erwachsenenbildung, 1982, 12; Diemer/Peters, Bildungsbereich Weiterbildung, 1998.

I. Allgemeine Grundlagen

Die Pädagogik unterscheidet zwischen **beruflicher Weiterbildung** und **allgemeiner Weiterbildung** in Gestalt der Erwachsenenbildung.[1] Der beruflichen Weiterbildung wird gewöhnlich die Fortbildung und Umschulung zugerechnet, der allgemeinen Weiterbildung bzw. Erwachsenenbildung die Grundbildung und politische Bildung. Die Unterscheidung ist jedoch nicht in jeder Hinsicht tragfähig. Denn der Erwachsenenbildungsbereich umfaßt neben der **kulturellen** und **politischen** auch die **berufliche** Weiterbildung. Der wesentliche Unterschied ergibt sich jedoch aus der Finanzhilfeberechtigung von Einrichtungen der Erwachsenenbildung sowie aus den Anerkennungsvoraussetzungen für den Bildungsurlaub. Dient die Einrichtung oder die jeweilige Bildungsveranstaltung wirtschaftlichen, parteipolitischen oder religiösen **Sonderinteressen**, so kommt regelmäßig weder eine Förderung noch eine Anerkennung der Bildungsmaßnahme für den Bildungsurlaub in Betracht.[2] Dies gilt auch für Formen beruflicher Erwachsenenbildung. Anpassungsfortbildungen allein im betrieblichen Interesse sind mit den Aufgaben der Erwachsenenbildung somit nicht zu vereinbaren. Gemessen an den Weiterbildungszielen der einzelnen Weiterbildungsgesetze der Länder ist vielmehr stets ein

1 Diemer/Peters, Bildungsbereich Weiterbildung, 1998, 25.

2 Vgl. etwa § 3 Abs. 5 Niedersächsisches Erwachsenenbildungsgesetz sowie § 11 Abs. 2 Niedersächsisches Bildungsurlaubsgesetz; siehe auch unter J.

überschießendes Element im Spiel: Über das unmittelbare Verwertungsinteresse hinaus muß immer auch ein Beitrag zur individuellen oder gesellschaftlichen Entwicklung erkennbar sein. Berufliche Bildung im engeren Sinne ist dagegen prinzipiell an Arbeitsmarkterfordernissen ausgerichtet und kann, dann aber zumeist ohne öffentliche Förderung, auch im Sonderinteresse einzelner Betriebe durchgeführt werden. Der Bereich der allgemeinen Weiterbildung schließt Formen beruflicher Bildung somit keineswegs aus, verknüpft diese jedoch mit allgemeinen Zielvorstellungen von Bildung.

Allgemeine Weiterbildung umfaßt jedoch nicht nur die **Erwachsenenbildung**, sondern auch die (außerschulische) **Jugendbildung**. Diese ist eng verzahnt mit den bundesgesetzlichen Vorgaben des Kinder- und Jugendhilfegesetzes zur Jugendarbeit und Jugendsozialarbeit (§§ 11–13 SGB VIII). Diese verpflichten den Jugendhilfeträger zu Angeboten in außerschulischer Jugendbildung mit allgemeiner, politischer, sozialer, gesundheitlicher, kultureller, naturkundlicher und technischer Bildung sowie zur Förderung der schulischen und beruflichen Ausbildung sowie sozialen Integration; außerdem „können" sozialpädagogisch begleitete Ausbildungs- und Beschäftigungsmaßnahmen angeboten werden. Teilweise sind die Länder diesen Anforderungen mit eigenen Jugendbildungsgesetzen nachgekommen.[3] Aber auch diejenigen Länder ohne eigene Jugendbildungsgesetze sind den Bildungsregelungen des SGB VIII freilich vollständig unterworfen und zu entsprechenden Aktivitäten verpflichtet. Unterhalb der gesetzlichen Ebene werden von den Ländern zudem vielfältige Förderprogramme aufgelegt, die teilweise aus Bundes- oder EU-Mitteln mitfinanziert werden.

Die allgemeine Weiterbildung und insbesondere Erwachsenenbildung steht im engen Zusammenhang mit dem Recht auf **Bildungsurlaub**. Rein faktisch dürfte die Inanspruchnahme allgemeiner Weiterbildungsangebote zumindest auch vom Bestehen eines entsprechenden Anspruchs abhängig sein. In rechlicher Hinsicht ist die Verzahnung zwischen allgemeiner Weiterbildung und Bildungsurlaub seitens der einzelnen Bundesländer jedoch sehr unterschiedlich ausgestaltet worden. In Niedersachsen etwa „dient" der Bildungsurlaub der Erwachsenenbildung im Sinne des Niedersächsischen Erwachsenenbildungsgesetzes. Für die Anerkennung von Bildungsurlaub hat der allgemeine Bildungsgedanke deshalb grundsätzlich größere Bedeutung als etwa in Hessen und Hamburg, wo politische und berufliche Bildung eigenständig im Gesetz aufgeführt sind und Bildungsurlaub ohne weiteres auch dann anerkannt werden kann, wenn die Veranstaltungen rein funktional auf Qualifikationserfordernisse ausgerichtet sind.[4] In einigen **Bundesländern** (Bayern, Baden-Württemberg, Sachsen, Thüringen und Mecklenburg-Vorpommern) ist der Bildungsurlaub jedoch nicht verwirklicht worden: Angesichts der bundesweit nur geringen Inanspruchnahme landesgesetzlicher Bildungsfreistellungsmaßnahmen

---

3 Vgl. etwa Jugendbildungsgesetz Baden-Württemberg vom 8. Juli 1996, Hessisches Jugendbildungsförderungsgesetz vom 16. 12. 97.

4 §§ 1, 15 Hamburgisches Bildungsurlaubsgesetz; 1, 11 Hessisches Gesetz über den Anspruch auf Bildungsurlaub.

und in Anbetracht des Verwaltungsaufwandes bei der Prüfung und Anerkennung von Bildungsmaßnahmen steht die Einführung eines Gesetzes angeblich in keiner vernünftigen Relation zu dem zu erwartenden bescheidenen Ergebnis.[5]

Als Teil der Bildungspolitik fällt die allgemeine Weiterbildung und insbesondere die **Erwachsenenbildung** in den **Zuständigkeitsbereich der Länder** (Art. 70 GG). Gegenstände der konkurrierenden Gesetzgebung sind dagegen die öffentliche Fürsorge, das Recht der Wirtschaft sowie das Arbeitsrecht (Art. 74 Abs. 1 Nr. 7, 11, 12 GG). Im Bereich der konkurrierenden Gesetzgebung haben die Länder die Befugnis zur Gesetzgebung, soweit und solange der Bund von seiner Gesetzgebungszuständigkeit **nicht** Gebrauch gemacht hat (Art. 72 GG). Dies ist beim **Bildungsurlaub** als Gegenstand des Arbeitsrechts und der Wirtschaft der Fall. So erklärt es sich, daß einige Länder einen entsprechenden Anspruch verwirklicht haben, andere nicht. Das Kinder- und Jugendhilfegesetz des Bundes ist Teil der öffentlichen Fürsorge und fällt damit in die konkurrierende Gesetzgebungszuständigkeit des Bundes. Dies ist somit der Grund dafür, daß zumindest ein Teil des **Jugendbildungsrechts** im SGB VIII durch Bundesgesetz umgesetzt wurde, insofern mit der Jugendbildung ein originär sozialpolitischer Förderungszweck verbunden ist. „Bildung in Reinform" verbleibt dagegen weiterhin in landesrechtlicher Zuständigkeit.[6] Die innerhalb der Gesetzgebungskompetenzen betriebene Abspaltung des Bildungsbereichs von seiner sozialpolitischen Verantwortung ist freilich eine gewillkürte Konstruktion, die den Erfordernissen der Praxis und insbesondere einer einheitlichen Systembildung auf dem Gebiet einer edukativen Sozialpolitik bzw. sozialkompensatorischen Bildungspoltik im Wege steht.[7] Angesichts der föderalistischen Zerfaserung des Rechts der Jugend- und Erwachsenenbildung kann im folgenden nur ein Ausschnitt aus der gesamten Bildungslandschaft behandelt werden. Da die Regelungen sich sehr ähneln, ist dies jedoch unschädlich.

---

5 So die offizielle Begründung des Freistaats Bayern: „Bundesweit lag 1994 die Gesamtbeteiligung an Bildungsfreistellungsmaßnahmen bei 8%; dabei gingen lediglich 26% auf ein entsprechendes Landesgesetz zurück. Weit überwiegend fußten die Freistellungen auf tarifvertraglichen Regelungen, Betriebsvereinbarungen sowie auf individuellen Regelungen. Dies bedeutet, daß die Quote der Bildungsfreistellung aufgrund landesgesetzlicher Regelung im Durchschnitt bei nur rund 2% der Anspruchsberechtigten liegt. Gleichzeitig erreichte Bayern auch ohne Bildungsfreistellungsgesetz aufgrund der o. g. Regelungen im gleichen Jahr eine Teilnehmerquote von 9% der Erwerbstätigen".

6 Vgl. dazu etwa § 2 Abs. 2 Jugendbildungsgesetz Baden-Württemberg: Die Landkreise und Gemeinden sollen die freiwillige Tätigkeit im Sinne dieses Gesetzes fördern, soweit sie örtliche Träger der öffentlichen Jugendhilfe sind nach den Vorschriften des 8. Buches Sozialgesetzbuch, im übrigen als freiwillige Aufgabe.

7 Die gleiche Problematik zeigt sich im übrigen im Verhältnis der Länderzuständigkeit für das Schulwesen und der Bundeszuständigkeit für das Kinder- und Jugendhilfegesetz. Trotz gewisser Kooperationsverpflichtungen auf Bundes- und Landesebene führen die beiden Instanzen in der Praxis ein Eigenleben auf Kosten sozialkompensatorischer Bedürfnisse der Schüler bzw. edukativer Bedürfnisse der Leistungsbezieher.

II. Erwachsenenbildung

Die Erwachsenenbildung ist in den Erwachsenenbildungsgesetzen bzw. Weiterbildungsgesetzen der einzelnen Bundesländer geregelt. Die Gesetze enthalten Aussagen über die Ziele und Aufgaben der Weiterbildung, über die Förderungsberechtigung von Einrichtungen und Trägerorganisationen, zur Koordination und Kooperation von Weiterbildungsträgern, zu den Modalitäten der finanziellen Förderung sowie zur Qualifikation der Mitarbeiter.[8] Die nähere Ausgestaltung der Gesetze erfolgt durch Rechtsverordnungen und Richtlinien, die die Gestaltungsabsichten der Länder den aktuellen Erfordernissen anpassen.

Die gesetzlichen **Ziele und Aufgaben** der Weiterbildung sind hochgradig interpretationsoffen. Sie entfalten daher nur geringe strukturierende Wirkung und können allenfalls zur Lösung von Zweifelsfragen bei der Anerkennung finanzhilfeberechtigter Weiterbildungseinrichtungen eine Rolle spielen. Gemeinsames Kennzeichen aller Zielbestimmungen ist jedoch die Absicht, den Bereich der allgemeinen Weiterbildung als einen eigenständigen und gleichberechtigten Teil des Bildungswesens hervortreten zu lassen. Erwachsenenbildung umfaßt die Bereiche der **allgemeinen, politischen, beruflichen und kulturellen Weiterbildung** und schließt zudem den Erwerb von Schulabschlüssen und die Eltern- und Familienbildung ein.[9] Weiterbildung soll insofern einen individuellen und/oder gesellschaftlichen Nutzen bringen, etwa zur Förderung der Urteilsbildung, zur geistigen Auseinandersetzung, bei der Bewältigung von Lebensproblemen, zur Mitgestaltung des demokratischen Gemeinwesens und zur Bewältigung der Anforderungen der Arbeitswelt.[10] **Erwachsenbildung** ist ausgerichtet auf die „Bildungsbedürfnisse der Erwachsenen" und betrifft vor allem die Fortsetzung oder Wiederaufnahme organisierten Lernens nach Beendigung einer ersten Bildungsphase.[11] Speziell in Nordrhein-Westfalen sind Erwachsenenbildung und Jugendbildung jedoch in einem einzigen Gesetz zusammengefaßt worden.[12]

Das eigentliche Gestaltungsinstrument des Staates bilden jedoch nicht die Zielbestimmungen, sondern die **Förderinstrumente.** Um gefördert zu werden, müssen Weiterbildungseinrichtungen bestimmte Kriterien erfüllen: Zumeist müssen die Bildungsangebote für jedermann zugänglich sein, die Einrichtungen müssen bestimmte Leistungsanforderungen erfüllen (Qualität und Planmäßigkeit der Bildungsansgebote, Personalqualifikation, Themenvielfalt), die Einrichtung muß eigenständig sein (Unabhängigkeit von kirchlichen, politischen oder wirtschaftlichen Organisationen), es bestehen Offenlegungspflichten hinsichtlich der Finanzierung und der Arbeitsprogramme, außerdem dürfen keine Gewinne erzielt

8 Einen guten Überblick geben Diemer/Peters, Bildungsbereich Weiterbildung, 1998, 47 ff.

9 So § 3 Nordrhein-Westfälisches Weiterbildungsgesetz.

10 § 2 Abs. 2 Erwachsenenbildungsgesetz Thüringen, § 3 Abs. 1 Erwachsenenbildungsgesetz Nordrhein-Westfalen.

11 § 1 Abs. 1 sowie Abs. 2 Erwachsenenbildungsgesetz Niedersachsen.

12 § 2 Weiterbildungsgesetz Nordrhein-Westfalen.

werden. Das Nähere wird zumeist durch Verordnungen der jeweiligen Landesregierung geregelt.[13] Die Förderung beschränkt sich auf eine Zuschußfinanzierung. Ein beträchtlicher Teil der Angebote muß deshalb durch Eigenmittel finanziert werden.

Das **Förderkriterium der Leistungsfähigkeit** des Trägers beinhaltet seine Fähigkeit zu kontinuierlicher, thematisch vielfältiger und qualitativ gesicherter Bildungsarbeit. Hierdurch werden Einrichtungen mit einem hohen Organisationsgrad begünstigt. „Newcomer" und kleinere Bildungsträger (etwa im Bereich der Stadtteilarbeit und alternativer Kulturangebote) haben daher zumeist nur geringe Chancen auf Anerkennung. Unter Wettbewerbsgesichtspunkten wird so eine gewaltige Schieflage produziert: Wer schon immer gefördert wurde und so zur Vorhaltung von Personal und Infrastruktur in der Lage ist, für den begründet das Leistungsfähigkeitskriterium einen Förderautomatismus, während nicht geförderte Anbieter mit geringer Durchsetzungsmacht staatlich errichtete Marktzutrittsbarrieren vorfinden. Vom vielbeschworenen Trägerpluralismus kann dann eigentlich keine Rede mehr sein. In die gleiche Richtung wirkt das nur wenigen Anbietern vorbehaltene Kriterium der **Gemeinnützigkeit** von Weiterbildungsträgern.[14] Bei genauer Betrachtung dürfte völlig unstreitig sein, daß Weiterbildungseinrichtungen, gleichgültig ob in staatlicher oder in gemeinnütziger privater Hand, durch die Erzielung von Entgelten sowie in Anbetracht nationaler und europäischer Konkurrenz auf dem Weiterbildungsmarkt als Unternehmen im Sinne des europäischen **Gemeinschaftsrechts** anzusehen sind und damit dem Verbot staatlicher Unternehmensbeihilfen (Art. 87 EGV) unterliegen. Zudem ist die Dienstleistungsfreiheit europäischer Anbieter tangiert (Art. 49 EGV). Ob für die staatliche Subventionierung europarechtlich anerkennbare Rechtfertigungsgründe vorliegen oder die Ausnahmebestimmungen vom Beihilfeverbot (Art. 87 Abs. 2 EGV) einschlägig sind, bedarf genauerer, auch ökonomischer, Analyse.[15] Angesichts des prinzipiellen Vorrangs der europäischen Wettbewerbsregeln und Marktfreiheiten gegenüber nationalstaatlichen Regelungen ist somit keineswegs ausgeschlossen, daß die Förderbestimmungen der Bundesländer in der derzeitigen Ausgestaltung gegen Europarecht verstoßen und somit einer Überprüfung durch die Europäische Kommisson, den Europäischen Gerichtshof und die zur Anwendung des Europarechts verpflichteten nationalen Gerichte harren.[16]

In der Regel werden öffentliche (etwa Volkshochschulen) und freie Bildungsträger (etwa Kirchen) gleichberechtigt gefördert. In manchen Bundesländern ist der **Um-**

---

13 Etwa § 3 Abs. 7 Erwachsenenbildungsgesetz Niedersachsen.

14 Etwa § 7 Abs. 2 Nr. 7 Erwachsenenbildungsgesetz Thüringen.

15 Vgl. hierzu Luthe, Privilegien der freien Wohlfahrtspflege aus gemeinschaftsrechtlicher Sicht, Die Sozialgerichtsbarkeit, Heft 11 u. 12/2000, 505, 585; ders., Gemeinnützige Sozialunternehmen im europäischen Wettbewerb, NDV 2000, 361 (m. w. N.).

16 Einen Überblick über anzuwendendes nationales und europäisches Wettbewerbsrecht im Falle kartellartiger Kooperationen staatlicher und privater Sozialorganisationen findet sich m. w. N. bei Luthe, Wettbewerb, Vergabe und Rechtsanspruch im „Sozialraum" der Jugendhilfe, NDV 2001, 247; vgl. auch unter C. Europäisches Bildungsrecht.

fang der Bezuschussung jedoch unterschiedlich geregelt.[17] Zur Sicherstellung einer flächendeckenden Versorgung mit Weiterbildungsangeboten besteht in diesen Ländern die Verpflichtung zur Vorhaltung eines Mindestangebots. Insbesondere in strukturell benachteiligten Gebieten ist insofern eine bevorzugte Förderung möglich.

Die Förderung erfolgt zumeist in Bezug auf bestimmte **Kostenarten**, wie Personalkosten, Kosten der Bildungsarbeit (insbesondere Dozentenhonorare) und Kosten für besondere **Leistungen** (Mitarbeiterfortbildung, Modellvorhaben, Angebote in unterversorgten Gebieten oder für bestimmte Zielgruppen, Investitionen in Lernmittel).[18] Insbesondere Personalkostenzuschüsse sind für das hauptberuflich tätige pädagogische und Verwaltungspersonal vorgesehen. Zuschüsse für die Bildungsarbeit erfolgen zumeist kostenneutral nach Unterrichtsstunden und Teilnehmertagen. Aus diesem Grund ist der Anreiz zur Unterbreitung kostenintensiver Angebote von hoher Qualität normalerweise gering, es sein denn, es wird, wie in einigen Ländern, der Mehraufwand für besonders förderungswürdige Angebote mit geringer Nachfrage oder für bestimmte Zielgruppen (sozial Schwache) gesondert unterstützt. In dieser Weise wird ein Mindestmaß an staatlicher Lenkung der ansonsten in ihrer Tätigkeit unabhängigen Einrichtungen sichergestellt.

Förderungsfähig sind im Regelfall öffentliche und als gemeinnützig anerkannte private Weiterbildungsträger. Im **öffentlichen Bereich** handelt es sich, neben einigen wenigen staatlichen Einrichtungen (etwa Landeszentrale für politische Bildung), vor allem um in kommunaler Trägerschaft (Landkreise, Städte) geführten Volkshochschulen. Diese sind auch dann dem öffentlichen Bereich zuzurechnen, wenn sie, wie häufig der Fall, als eingetragener Verein oder Zweckverband geführt werden. Im **privaten Bereich** finden sich regional wie überregional tätige Träger. Sie werden zumeist in der Rechtsform eines gemeinnützigen Vereins oder einer gemeinnützigen Gesellschaft mit beschränkter Haftung geführt und rekrutieren sich in den allermeisten Fällen aus den Reihen der Gewerkschaften, Verbänden der Wirtschaft oder der Kirchen. Besondere Formen privater Bildungseinrichtungen sind sog. Heimvolkshochschulen mit entsprechenden Unterbringungsmöglichkeiten und Arbeitsstätten (etwa Tagungsstätten). Zumindest im Ansatz erkennbar ist somit ein gewisser Angebotspluralismus, der einerseits als Ausdrucksform einer demokratischen Bildungsgesellschaft gewertet werden kann, andererseits jedoch Probleme der politischen Steuerbarkeit, der Angebotstransparenz und der Maßnahmeeffizienz mit sich bringt. Neben den eigentlichen Zuschußgebern sind jedoch die **Landesrechnungshöfe** – auch gegenüber den Privatanbietern – zur näheren Überprüfung der Mittelverwendung berechtigt.[19] Teilweise sind die Bildungsträger verpflichtet, ihre Bildungsarbeit in bestimmten Zeitabständen durch Dritte evaluieren zu lassen.[20]

---

17 Diemer/Peters, Bildungsbereich Weiterbildung, 1998, 52 f.
18 Ebenda.
19 Vgl. etwa § 12 Erwachsenenbildungsgesetz Niedersachsen.
20 Vgl. etwa § 10 Erwachsenenbildungsgesetz Niedersachsen.

Bei der Förderung ist zwischen der Anerkennung der **Finanzhilfeberechtigung** und der konkreten **Mittelzuweisung** zu unterscheiden. In beiden Fällen handelt es sich um rechtsmittelfähige **Verwaltungsakte.** Sowohl die Anerkennung als auch der Förderungsumfang ist regelmäßig detailliert geregelt. Liegen die Voraussetzungen hierfür vor, so besteht ein **Rechtsanspruch** auf Anerkennung bzw. auf Mittelzuweisung in bestimmter Höhe. Weder Grund, noch Art, noch Umfang der Förderung sind somit als Ermessensregelungen ausgestaltet.[21] Insbesondere die Kommunen sind durch den jeweiligen Landesgesetzgeber zur Weiterbildung und Einrichtung von Volkshochschulen verpflichtet worden. Die hierin liegende Beschränkung der in Art. 28 Abs. 2 GG garantierten Autonomiebefugnisse der Gemeinden ist verfassungsrechtlich durchaus haltbar, erfordert aber, wie in den Bildungsgesetzen regelmäßig geschehen, einen finanziellen Ausgleich durch das Land.[22] Bei den Kommunen ist der Förderungsanspruch somit auch von verfassungsrechtlicher Bedeutung.

III. Jugendbildung

Die öffentlich geförderte außerschulische Jugendbildung folgt ähnlichen Grundsätzen und Verfahrensanforderungen wie die Erwachsenenbildung. Je nach Bundesland ist die Jugendbildung teils in einem eigenständigen Gesetz geregelt, teils ist sie Bestandteil eines einheitlichen Weiterbildungsgesetzes, teils findet sie sich wieder in den Ausführungsgesetzen der Länder zum Kinder- und Jugendhilfegesetz und teils fehlt es an entsprechenden Landesbestimmungen mit sodann ausschließlicher Geltung des SGB VIII. Ebenso wie die Erwachsenenbildung wird die außerschulische Jugendbildung als eigenständiger und gleichberechtigter Teil des gesamten Bildungswesens verstanden.[23] Jugendbildung soll junge Menschen[24] zur Selbstverwaltung und Wahrnehmung staatsbürgerlicher Pflichten befähigen. Sie wird von ehrenamtlichen und hauptberuflich tätigen Personen wahrgenommen.

Gefördert wird vor allem die außerschulische Bildungsarbeit von Jugendverbänden, von Musikschulen und sonstigen Kulturträgern. Hierbei kann es sich um **öffentliche und private Einrichtungen** handeln. Im öffentlichen Bereich sind dies vor allem die Jugendämter, vor allem wenn sie Aufgaben außerhalb ihrer Verpflichtungen nach dem Kinder- und Jugendhilfegesetz wahrnehmen. Im privaten Bereich sind dies Jugendverbände aller Art (etwa Jugendring), die auf regionaler und überregionaler Ebene organisiert sein können.

---

21 §§ 8, 9 Erwachsenenbildungsgesetz Thüringen; 3 Erwachsenenbildungsgesetz Niedersachsen; 15, 16 Weiterbildungsgesetz Nordrhein-Westfalen; 6, 12, 15 Hessisches Weiterbildungsgesetz.

22 Zur Selbstverwaltungsgarantie grundlegend: BVerfGE 1, 175; 7, 364, 21, 117; zum Anspruch auf finanziellen Ausgleich: etwa BVerwG, NVwZ 87, 789; zur Weiterbildungsverpflichtung: §§ 10, 13 Weiterbildungsgesetz Nordrhein-Westfalen, 6 Erwachsenenbildungsgesetz Niedersachsen; 9, 12 Hessisches Weiterbildungsgesetz.

23 Etwa § 1 Abs. 1 Jugendbildungsgesetz Baden-Württemberg, § 1 Hessisches Jugendbildungsförderungsgesetz, § 1 Hessisches Weiterbildungsgesetz.

24 Bis zum 27. Lebensjahr, so Jugendbildungsgesetz Baden-Württemberg.

Voraussetzung der Förderung ist die Anerkennung als Bildungsträger, die sich u. a. danach richtet, ob der Träger die Fähigkeit zu kontinuierlicher Bildungsarbeit besitzt (Leistungsfähigkeitskriterium), über fachlich geeignete Mitarbeiter verfügt und die Anforderungen der Gemeinnützigkeit im Sinne des Steuerrechts erfüllt.[25]

Die Förderung besteht aus **Zuschüssen** zu Personal- und Sachkosten, insbesondere für die sachliche Ausstattung, für die Errichtung und Einrichtung von Jugendbildungsstätten und die Erprobung von Modellen in der außerschulischen Bildungsarbeit. Förderungsfähig sind darüber hinaus einzelne Bildungsmaßnahmen, manchmal auch Personalkosten für sog. Bildungsreferenten in größeren Jugendverbänden.[26] Die Förderung von Musikschulen, von Maßnahmen für Mädchen und junge Frauen oder benachteilgte Zielgruppen erfolgt nicht selten nach besonderen Förderungsgrundsätzen.[27]

IV. Bildungsurlaub

Mehr als die Hälfte der deutschen Bundesländer haben einen gesetzlichen **Anspruch** auf Bildungsurlaub verwirklicht. Bildungsurlaub dient der **politischen** und **beruflichen** Weiterbildung sowie der Schulung zur Wahrnehmung eines **Ehrenamtes.**[28] Es handelt sich stets um einen Anspruch auf „bezahlten“ Bildungsurlaub. Anspruchsberechtigt sind regelmäßig Arbeitnehmer und Arbeitnehmerinnen, d. h. Arbeiter und Arbeiterinnen, Angestellte sowie die zu ihrer Berufsausbildung Beschäftigten. Teilweise ist der Anspruch jedoch **ausgeschlossen,** wenn dem Arbeitnehmer für die Bildungsveranstaltung nach anderen Gesetzen, tarifvertraglichen oder betrieblichen Vereinbarungen eine bezahlte Freistellung für die übliche Dauer des Bildungsurlaubes zusteht.[29] Der Anspruch umfaßt regelmäßig **fünf Arbeitstage** innerhalb eines laufenden Kalenderjahres.[30] In manchen Bundesländern können nicht ausgeschöpfte Bildungsurlaubsansprüche vergangener zu einem mehrwöchigen Bildungsurlaub zusammengefaßt werden.[31] Dies gilt auch,

---

25 Vgl. etwa § 4 Jugendbildungsgesetz Baden-Württemberg.

26 §§ 6–8 Jugendbildungsgesetz Baden-Württemberg.

27 Vgl. etwa § 7 Hessisches Jugendbildungsförderungsgesetz, § 10–14 Jugendbildungsgesetz Baden-Württemberg.

28 Vgl. etwa § 1 Abs. 2 Hessisches Gesetz über den Anspruch auf Bildungsurlaub, § 1 Abs. 2 Arbeitnehmerweiterbildungsgesetz Nordrhein-Westfalen, § 1 Abs. 2 Hamburgisches Bildungsurlaubsgesetz, § 1 Niedersächsisches Gesetz über den Bildungsurlaub für Arbeitnehmer und Arbeitnehmerinnen (hier dient Bildungsurlaub generell der Erwachsenenbildung im Sinne des Niedersächsischen Erwachsenenbildungsgesetzes).

29 § 2 Abs. 1 Niedersächsisches Gesetz über den Bildungsurlaub; nach § 4 Arbeitnehmerweiterbildungsgesetz Nordrhein-Westfalen können Bildungsveranstaltungen, die auf anderen rechtlichen Grundlagen beruhen, auf den Bildungsurlaubsanspruch angerechnet werden.

30 Arbeitet der Arbeitnehmer regelmäßig an mehr oder weniger als fünf Arbeitstagen in der Woche, so ändert sich der Anspruch auf Bildungsurlaub entsprechend, § 2 Abs. 4 Niedersächsisches Gesetz über den Bildungsurlaub, § 2 Abs. 1 Hessisches Gesetz über den Anspruch auf Bildungsurlaub.

31 § 2 Abs. 6 S. 2 Niedersächsisches Gesetz über den Bildungsurlaub; § 3 Abs. 4 Arbeitnehmerweiterbildungsgesetz Nordrhein-Westfalen.

wenn der Bildungsurlaub nicht in der von den Beschäftigten vorgesehenen Zeit genommen werden kann, weil **dringende betriebliche Erfordernisse** entgegen stehen.[32]

Der Arbeitnehmer muß dem Arbeitgeber die Inanspruchnahme von Bildungsurlaub bereits mehrere Wochen vorher schriftlich **mitteilen.** Regelmäßig muß eine vom Veranstalter ausgestellte **Anmeldebestätigung** beigefügt werden. Nach Beendigung der Bildungsveranstaltung muß der Veranstalter dem freigestellten Arbeitnehmer eine **Teilnahmebescheinigung** zur Vorlage beim Arbeitgeber ausstellen. Diese Bescheinigung ist die Grundlage für die Lohnfortzahlung. Grundsätzlich sind nur staatlich anerkannte Bildungsveranstaltungen urlaubsfähig.[33]

Die **Anerkennung** von Bildungsveranstaltungen als bildungsurlaubsfähig erfolgt durch Antrag des Veranstalters. Dieser muß zumeist mehrere Monate vor Beginn der Veranstaltung bei der Verwaltungsstelle eingegangen sein. Teilweise ist die Durchführung des Anerkennungsverfahrens auf **nichtstaatliche Stellen** übertragen worden.[34] Hinsichtlich der Rechtsqualität der Übertragung kommt es darauf an, ob die jeweilige Stelle Aufgaben einer Verwaltungsbehörde übernehmen soll und damit rechtsschutzfähige Verwaltungsakte erlassen kann oder ob sie lediglich als „Werkzeug“ in die Erledigung hoheitlicher Aufgaben eingeschaltet ist. Im ersten Fall handelt es sich um eine Beleihung mit hoheitlichen Befugnissen; im zweiten Fall ist die Stellung die eines Verwaltungshelfers.[35] Da die Anerkennung von Bildungsveranstaltungen in jedem Fall als Verwaltungsakt erfolgt[36], richten sich Widerspruch und Klage im Falle der Beleihung gegen die nichtstaatliche, im Falle des Verwaltungshelfers gegen die staatliche Instanz. Ist die Aufgabenübertragung gesetzlich geregelt und erfolgt die Durchführung vollständig in privater Hand, so wird man regelmäßig von einer Beleihung auszugehen haben.

Die Anerkennung der Bildungsveranstaltung hat grundsätzlich nur **landesweite Gültigkeit** und wird grundsätzlich nur für die beantragte Veranstaltung ausgesprochen. Liegt jedoch bereits eine Anerkennung aus einem anderen Bundesland vor, wird zumeist ein **vereinfachtes Verfahren** durchgeführt. Für Erstantragsteller ist das Verfahren regelmäßig zweistufig: Zum einen muß die allgemeine Leistungsfähigkeit des Veranstalters nachgewiesen werden (hinsichtlich seiner Einrichtungen, seiner materiellen Ausstattung, Lehrkräfte und Bildungsziele). Zum anderen wird die Eignung der konkreten Bildungsmaßnahme geprüft. Im vereinfachten

---

32 § 5 Abs. 4 Hessisches Gesetz über den Anspruch auf Bildungsurlaub; § 3 Abs. 4 i. V. m. § 5 Abs. 2 Arbeitnehmerweiterbildungsgesetz Nordrhein-Westfalen.

33 In Niedersachsen haben jedoch auch die Arbeitnehmer die Möglichkeit, Bildungsveranstaltungen für sich selbst anerkennen zu lassen, wenn die Veranstaltung außerhalb Niedersachsens stattfindet, der Träger dieser Veranstaltung seinen Sitz außerhalb Niedersachsens hat und die Anerkennung dieser Veranstaltung nicht selbst beantragt hat, § 1 Abs. 2 Verordnung zur Durchführung der Niedersächsischen Bildungsurlaubsgesetzes.

34 § 10 Abs. 1 Niedersächsisches Gesetz über den Bildungsurlaub; § 16 Abs. 2 Hessisches Gesetz über den Anspruch auf Bildungsurlaub.

35 Dazu näher Stober, Handbuch des Wirtschaftsverwaltungs- und Umweltrechts, 1989, 875 ff.

36 Vgl. unter H. V. 2.

Verfahren wird auf die Überprüfung der allgemeinen Leistungsfähigkeit des Veranstalters verzichtet und nur die einzelne Maßnahme überprüft. Die Möglichkeit des vereinfachten Verfahrens besteht zudem für Veranstalter, die im Zuständigkeitsbereich der jeweiligen Stelle bereits häufiger erfolgreich tätig gewesen sind.[37]

Anerkennungsvoraussetzung der einzelnen Bildungsveranstaltung ist regelmäßig, daß sie den gesetzlichen Zielvorstellungen genügt, jeder Person offentsteht, das Programm veröffentlicht wird und die Trägereignung gegeben ist. Die Anerkennung ist regelmäßig ausgeschlossen, wenn die Teilnahme von der Zugehörigkeit zu Parteien, Gewerkschaften oder Kirchen abhängig gemacht wird, parteipolitische oder rein betriebliche Inhalte vermittelt werden, die Erholung oder Unterhaltung im Vordergrund stehen oder Fragen persönlicher Lebensbewältigung behandelt werden.[38] Die Ausschlußgründe verdeutlichen insofern die allein maßgeblichen politischen und beruflichen Zielsetzungen freistellungswürdiger Weiterbildungen, nehmen darüber hinaus Abstand von jedweder Instrumentalisierung des Weiterbildungsbereichs im Interesse einzelner Betriebe. Zum Nachweis der Voraussetzungen muß regelmäßig das Veranstaltungsprogramm unter Erläuterung der zugrunde liegenden Lernziele vorgelegt werden.[39] Vorgeschrieben ist zudem eine bestimmte Dauer des täglichen Arbeitsprogramms.[40] Grundsätzlich sind die Veranstaltungen an fünf zusammenhängenden Tagen in der Woche durchzuführen; zumeist aber werden Ausnahmen hiervon zugelassen. Das nähere Verfahren regeln Rechtsverordnungen und Richtlinien.

Insbesondere Niedersachsen räumt öffentlich-rechtlichen Veranstaltern (Hochschulen, Kommunen, Kammern des Handwerks und der Industrie, Kirchen) sowie gemeinnützigen Privatanbietern eine **Vorrangstellung** bei der Anerkennung ein. Sonstige Privatanbieter müssen „besonders qualifizierte Leistungen" hinsichtlich ihrer Einrichtungen, ihrer materiellen Ausstattung, ihrer Lehrkräfte und Bildungsziele nachweisen. Ähnlich wie bei der Anerkennung von Einrichtungen der Erwachsenenbildung (s. o.) stößt auch diese Praxis der Ungleichbehandlung gemeinnütziger und sonstiger Antragsteller unter wettbewerblichen Aspekten auf massive verfassungsrechtliche Bedenken. Im transnationalen Kontext des Europarechts werden für Anbieter aus dem europäischen Ausland, wo eine Gemeinnützigkeitsanerkennung durchweg unbekannt ist, darüber hinaus gemeinschaftswidrige Marktzutrittsbarrieren errichtet. Da bereits die abstrakte Möglichkeit der Marktbehinderung ausreicht und auch deutsche Behörden und Gerichte zum Vollzug des Europarechts verpflichtet sind, sollte das Gesetz in diesem Punkt bis auf weiteres nicht mehr vollzogen werden.

---

37 Vgl. etwa Richtlinie zur Durchführung des Anerkennungs- und Berichtsverfahrens nach dem Niedersächsischen Bildungsurlaubsgesetz, Nr. 2.1.2.

38 § 11 Abs. 2 Niedersächsisches Gesetz über den Bildungsurlaub; § 11 Abs. 2 Hessisches Gesetz über den Anspruch auf Bildungsurlaub; § 9 Abs. 2 Arbeitnehmerweiterbildungsgesetz Nordrhein-Westfalen.

39 Vgl. etwa § 11 Abs. 1 Nr. 1 Hessisches Gesetz über den Anspruch auf Bildungsurlaub.

40 In Hessen: 6 Stunden täglich; in Niedersachsen: 4 Stunden am Tag der An- und Abfahrt, ansonsten 8 Stunden.

Sachregister

Sachregister

Sachregister

Sachregister

Sachregister

Sachregister

Sachregister